栾丰实考古文集

（四）

栾丰实　著

文物出版社

第四册目录

良渚文化的分期与年代

以太湖为中心的长江下游地区，自距今七千多年以来，就逐渐形成了一个具有独自体系的古代文化分布区，或可称为太湖文化区。它在中国史前文化的发展与中华文明的孕育、诞生过程中，曾起过十分重要的作用。继崧泽文化而起的良渚文化，则是这一文化谱系发展史上最为辉煌的时期。

良渚文化发现之初，曾一度将其归入龙山文化，直到20世纪50年代后半期，才把它从龙山文化中独立出来，并赋予良渚文化的名称，开始了良渚文化研究的新阶段。70年代以来，尤其是最近几年，良渚文化玉器的大量出土和祭坛、殉人墓等重要遗迹的发现，令人耳目一新，引起国内外学术界的瞩目。有的学者甚至提出应恢复良渚玉器的历史地位，把它列为中华文明的标志[1]。这些新的发现和研究，不仅仅是开阔了我们的视野，在某种意义上，可以说是更新了我们长期积淀而成的传统认识与观念。

既然良渚文化的地位与作用如此重要，那么它所存在的年代是首先应该解决的，而对这一问题尚缺乏深入的探讨。本文拟就良渚文化的分期与年代提出管见，以供关心这一问题的同志参考。

一

由于缺乏大面积揭露的典型遗址和明确层位关系，从而给良渚文化的分期带来较大困难。依碳－14测定的年代数据的早晚趋势，以及与崧泽文化的远近程度，学术界比较一致的认识是，以张陵山上层为代表的良渚文化遗存，文化面貌与崧泽文化晚期极为接近，时代应当较早。而以雀幕桥为代表的良渚文化遗存则与崧泽文化差别较大，时代则应较晚。据此，我们从良渚文化各遗址中选择变化比较敏感、资料较为齐全（包括演变关系清楚和有共存遗物）和具有一定代表性的鼎、鬶、豆、壶、带流罐和带流杯等六类器物，进行类型学的分析与排比。

1. 鼎

变化比较清楚的是盆形鼎。依口沿、腹与足部的变化，分为4式。

1式　窄折沿，腹较深，鱼鳍形扁足。标本张陵山上层M4∶26[2]（图一，1）。

2式　折沿略宽，腹较浅，类鱼鳍形扁侧足。标本福泉山T23M2∶48[3]（图一，2）。

3式　宽折沿，浅腹较圆，丁字形足。标本福泉山T22M5∶90（图一，3）。

[1]　邵望平：《史前艺术品的发现及史前艺术功能的演变》，《庆祝苏秉琦考古五十五年论文集》，文物出版社，1989年。

[2]　南京博物院：《江苏吴县张陵山遗址发掘简报》，《文物资料丛刊·6》，文物出版社，1982年。

[3]　上海市文物保管委员会：《上海青浦福泉山良渚文化墓地》，《文物》1986年第10期。

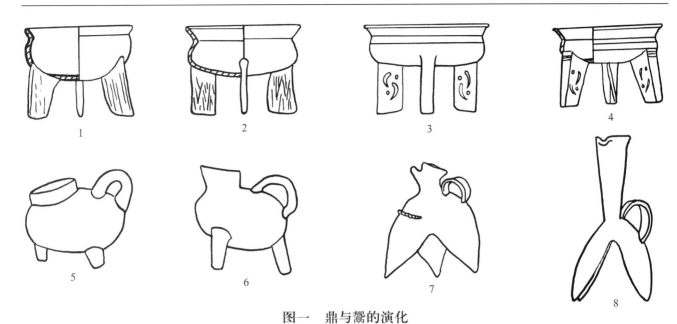

图一　鼎与鬶的演化

1. 张陵山（M4：26）　　2、3、5. 福泉山（T23M2：48、T22M5：90、T4M6：32）　　4. 草鞋山（M198[I]：2）　　6. 广富林（M1：3）
7. 寺墩（T8：1）　　8. 亭林

4式　宽折沿，折腹，丁字形足。标本草鞋山M198[I]：2[11]（图一，4）。

盆形鼎的演变规律为：口沿由窄到宽，腹部从深到浅，口径由略小于腹径到大于腹径，三足则从鱼鳍形经类似鱼鳍形扁侧足，演变为丁字形。

2. 鬶

陶鬶在良渚文化器物群中数量不甚多，但特征鲜明，与海岱地区同类器既有共同点又有差异。可分两型。

A型　实足鬶。分2式。

1式　矮颈，椭圆形腹，柱状实足。标本福泉山T4M6：32[2]（图一，5）。

2式　平流前端略高，颈稍长，扁圆形腹。标本广富林M1：3[3]（图一，6）。

B型　袋足鬶。分2式。

1式　口前端两侧内凹成流，矮细颈，下接锥状袋足，后侧袋足上部有錾手。标本寺墩T8：1[4]（图一，7）。

2式　卷流，细长颈，下接细长袋足，錾手多贴于颈根部与后侧袋足之间。标本亭林[5]（图一，8）。

良渚文化陶鬶发现的不多，并且缺乏明确的层位关系，参照海岱地区鬶的演化进程，可初步判定实足鬶（南京太岗寺出土的长颈实足鬶当属例外）较早，袋足鬶较迟。袋足鬶中1式较早，2式较晚。其演变是从实足鬶到袋足鬶，颈部由矮向高发展。

[1] 南京博物院：《江苏吴县草鞋山遗址》，《文物资料丛刊·3》，文物出版社，1980年。

[2] 上海市文物保管委员会：《上海福泉山良渚文化墓葬》，《文物》1984年第2期。

[3] 上海市文物保管委员会：《上海市松江县广富林新石器时代遗址试探》，《考古》1962年第9期。

[4] 南京博物院：《江苏武进寺墩遗址的试掘》，《考古》1981年第3期。

[5] 黄宣佩：《太湖地区新石器时代文化剖析》，《史前研究》1984年第3期，图十二，3。

3. 豆

良渚文化的陶豆主要有浅盘豆和深盘豆两大类，资料较系统的为后者。可分5式。

1式　盘壁圆折，圈足粗矮。标本张陵山上层（图二，1）。

2式　盘壁方折，粗圈足略高。标本反山M18：28[1]（图二，2）。

3式　圈足略细并相对加高。标本福泉山T21M4：42（图二，3）。

4式　盘略深，圈足细高，柄部饰瓦棱纹。标本福泉山T27M2：2（图二，4）。

5式　盘较深，圈足细高。标本雀幕桥M2[2]（图二，5）。

豆的演化主要表现在：豆盘逐渐加深，圈足由粗矮向细高发展，豆柄上的装饰则从弦纹发展为竹节状瓦棱纹，镂孔渐次减少。

4. 壶

演变线路比较清楚的是长颈贯耳壶。可分5式。

1式　长颈微内倾，鼓腹较深，圈足或饰有扁长方形镂孔。标本越城M7：1[3]（图二，6）。

2式　长颈，口部微外侈，鼓腹略浅，圈足或饰镂孔。标本马桥M9：1[4]（图二，7）。

3式　长颈略细并微内束，鼓腹较浅，圈足略高。标本草鞋山M198[Ⅱ]：6（图二，8）。

4式　口外侈，长颈内束，鼓腹，圈足较高。标本雀幕桥M1（图二，9）。

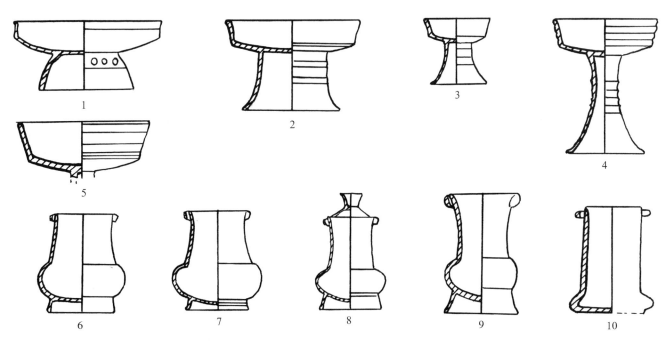

图二　豆和贯耳壶的演化

1. 张陵山　2. 反山（M18：28）　3、4. 福泉山（T21M4：42、T27M2：2）　5、9. 雀幕桥（M2、M1）　6. 越城（M7：1）　7. 马桥（M9：1）　8. 草鞋山（M198[Ⅱ]：6）　10. 寺墩采

---

[1] 浙江省文物考古研究所反山考古队：《浙江余杭反山良渚墓地发掘简报》，《文物》1988年第1期。

[2] 嘉兴市文化局：《浙江嘉兴市雀幕桥遗址试掘简报》，《考古》1986年第9期。

[3] 南京博物院：《江苏越城遗址的发掘》，《考古》1982年第5期。

[4] 上海市文物管理委员会：《上海马桥遗址第一、二次发掘》，《考古学报》1978年第1期。

5式　长直颈，鼓腹甚浅。标本寺墩采[1]（图二，10）。

贯耳壶的演化主要为：口部由内倾向外侈发展，腹部自深至浅，圈足渐加高，镂孔逐渐消失。

5. 带流罐

一侧有流，另一侧腹部有单把。底部有平底、三足和圈足三种，演变趋势一致。可分4式。

1式　斜流较短，矮颈，窄肩，圆腹，平底。标本张陵山上层M4∶2（图三，1）。

2式　斜流，颈略高，肩稍宽，腹部外鼓，三足。标本越城M6∶5（图三，2）。

3式　斜长流，颈增高，鼓腹，三足或圈足。标本福泉山T27M2∶12（图三，3）。

4式　斜长流，颈较高，鼓腹，圈足。标本雀幕桥M1（图三，4）。

带流罐的演化趋势是：口由大到小，颈部从矮向高发展，腹部由圆腹到明显外鼓，底部则从平底到三足或圈足。

6. 带流杯

带流杯是良渚文化最富特征的器类之一，变化也极为敏感，是分期断代的理想器类。可分为5式。

1式　矮短流，颈不明显，杯体粗矮，把手上下间距较窄。标本福泉山T23M2∶44（图三，5）。

2式　流较长，有颈。标本福泉山T22M5∶2（图三，6）。

3式　斜长流，短颈，杯体较瘦，把手上下间距略宽。标本雀幕桥M2（图三，7）。

4式　长流斜高，细颈，杯体瘦高，把手上下间距较宽。标本雀幕桥[2]（图三，8）。

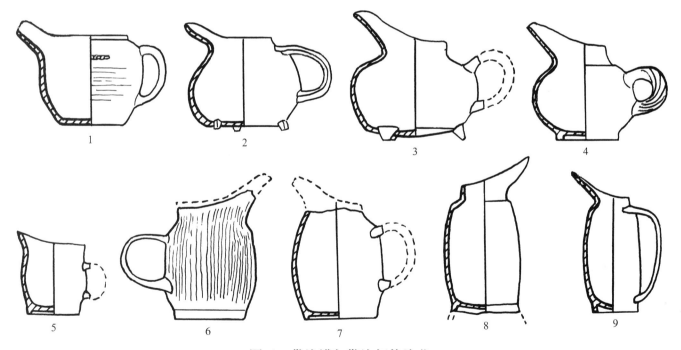

图三　带流罐与带流杯的演化

1. 张陵山（M4∶2）　2. 越城（M6∶5）　3、5、6、9. 福泉山（T27M2∶12、T23M2∶44、T22M5∶2、T15M3∶112）　4、7、8. 雀幕桥（M1、M2、木板坑）

---

[1]　陈丽华：《江苏武进寺墩遗址的新石器时代遗物》，《文物》1984年第2期。

[2]　浙江省嘉兴县博物、展览馆：《浙江嘉兴雀幕桥发现一批黑陶》，《考古》1974年第4期。

5式　长流斜高，束颈，杯体细高，把手上下间距甚宽。标本福泉山T15M3：112（图三，9）。

带流杯的变化规律为：流部由矮而短到高而长，口部从大到小，把手上下间距由窄到宽，整体从粗矮向细高发展。

二

50多年来，经过发掘的良渚文化遗址不下数十处，比较重要的有上海市的福泉山、马桥和广富林等，江苏省的张陵山、越城、寺墩[1]、草鞋山和澄湖前后湾[2]等，浙江省的雀幕桥、钱山漾[3]、反山和瑶山[4]等。其中以福泉山公布的资料最为丰富。

福泉山隶属上海市郊的青浦县，遗址为一高出地面约6米的土墩。1982年以来经多次发掘，收获颇丰。已发布资料的良渚遗存主要有10座墓葬，墓内除发现大量玉器之外，还有陶器80余件，发掘简报将这批良渚遗存划分为早晚两期。仔细分析这批墓葬材料，我们认为其延续时间较长，文化内涵比较丰富，可进一步分期。

依据典型陶器的演化和器物组合的差异，福泉山良渚墓葬至少可以划分为依次的4组，即：

第1组　以T3M2为代表，出有四系罐、鼓腹罐、圈足罐、贯耳壶和大口缸等。

第2组　以T23M2为代表，出有盆形鼎、浅盘高圈足豆、彩陶背壶、圈足簋、带流罐和带流杯等。

第3组　以T22M5和T27M2为代表，出有罐形鼎、盆形鼎、浅盘豆、深盘豆、贯耳壶、圈足罐、圈足盆、带流罐、带流杯和角把筒形杯等。

第4组　以T15M3为代表，出有盆形鼎、矮细足豆、圈足簋、罐和带流杯等。

福泉山4组墓葬之间，由于出土遗物较少，或本来某些组之间就有缺环，同类器形尚不能连贯下来。但从鼎、豆、壶、带流罐、圈足簋和带流杯等器形的演变关系看，4组间的相对年代关系还是可以肯定的，即第1组较早，第4组较晚。这4组分别代表着福泉山良渚墓地的四个阶段。

福泉山这批良渚墓葬之间没有直接的层位关系（指相互间的叠压打破关系）。由发掘简报可知，第1组时代最早。其余各组均分布于土墩之上，其中T23M2墓底距墩面2.2米，T22M5墓底距墩面1.78米，T27M2墓底距墩面1.65米，T15M3"距地表较近"。就深度而言，也以T23M2较早，T22M5和T27M2次之，T15M3较晚。这与前述按出土陶器排定的年代顺序是吻合的。我们知道，以深度来判定遗迹间的早晚关系是不科学的，因此这里仅援为参考，而并不作为划分早晚的依据。

福泉山第一阶段与张陵山上层比较一致。如两地的四系罐、圆腹罐、圈足壶和大口缸等形态较为接近，均具有崧泽晚期的风格。因此，两者的时代应大体相当，可作为良渚文化第一期。

福泉山第二阶段承之良渚一期，如盆形鼎、豆和带流罐等器类均有清楚的演变关系。可作为良渚文化第二期。

福泉山第三阶段与第二阶段衔接紧密，两段的器物种类也比较丰富，鼎、豆、壶、盆、带流

[1]　南京博物院：《1982年江苏常州武进寺墩遗址的发掘》，《考古》1984年第2期。

[2]　南京博物院等：《江苏吴县澄湖古井群的发掘》，《文物参考资料·9》，文物出版社，1985年。

[3]　浙江省文物管理委员会：《吴兴钱山漾遗址第一、二次发掘报告》，《考古学报》1960年第2期。

[4]　浙江省文物考古研究所：《余杭瑶山良渚文化祭坛遗址发掘简报》，《文物》1988年第1期。

罐、圈足簋和带流杯等均有传承关系，可以作为良渚文化第三期。草鞋山M198属于此期。

福泉山第三、四阶段之间存在比较明显的缺环。我们发现，雀幕桥良渚遗存恰好可填补于这两段之间。雀幕桥M1和M2的深盘豆、贯耳壶、带流罐和带流杯，与福泉山第三阶段的同类器十分接近而又有发展，时代应略晚。而1972年发现于雀幕桥木板坑内的陶器群又略早于福泉山第四阶段。鉴于材料还较少，我们暂将雀幕桥遗存作为良渚文化第四期前段，以福泉山第四阶段为良渚文化第四期后段。如果将来发现的材料丰富了，这一期或可再划分为两期。

如是，我们把福泉山、张陵山和雀幕桥三处遗址串连起来，将整个良渚文化划分为四期五段，这一分期所包容的时间跨度，基本上包括了目前我们所认识的良渚文化的发展过程。

越城遗址中层的7座良渚文化墓葬，曾与张陵山上层一起被作为早期良渚文化的代表。现在看来其时代并不单一。M4的年代较早，似已超出了良渚文化的范畴，对此已有人指出过[1]，其余6座墓葬的年代也有早晚之别。大体说M1、M2和M7较早，这一组墓葬出土的鱼鳍形足罐形鼎、浅盘粗圈足豆、贯耳壶、卷沿圈足盆和圈足筒形杯，均与良渚一期类似，尤其是M1的圈足杯，与崧泽文化晚期的同类器十分相似。因此，这一组墓葬的时代应属良渚一期或略偏晚。M6的圈足盆已成平沿，带流罐的流口斜长，颈部明显，具有良渚二期的风格。M3已出现丁字形足近直腹鼎和斜壁矮圈足豆，带流罐的流口上翘，颈部增高，其年代已到达良渚三期。

广富林的2座良渚墓葬年代接近，宽折沿丁字形足盆形鼎的腹部略深，斜壁豆的圈足粗矮，贯耳壶的口沿明显外侈，这些均为良渚三期作风，时代也应相当。

马桥遗址良渚遗存延续的时间略长，就墓葬而言，M1、M8、M9和M10较早，其时代属良渚二期的偏早阶段。M5的时代较晚，应为良渚三期。

寺墩遗址良渚遗存的年代较长，详细分期还有待于新的资料。M3的圈足簋为平折沿，深腹，圈足较矮，贯耳壶口沿外侈，腹较浅，圈足略高，假腹豆与深盘高圈足豆共存，其时代应属良渚三期偏早阶段。

反山是近年发掘的良渚文化重要遗址，尤以出土大量玉器而引人注目。陶器有鱼鳍形足罐形鼎、釜形甗、粗圈足豆、圈足罐和大口缸等，时代属良渚二期偏早阶段。

现将良渚文化主要遗址的年代关系对照如表一：

表一 良渚文化部分遗址期别对应关系表

期别 ＼ 遗址		福泉山	张陵山	雀幕桥	越城	广富林	马桥	寺墩	反山
第一期		1段	上层		M1等				
第二期		2段			M6		M1等		M18等
第三期		3段			M3	M1、M2	M5	M3	
第四期	前段			主要遗存					
	后段	4段							

[1] 陈国庆：《良渚文化分期及相关问题》，《东南文化》1989年第6期。

三

关于良渚文化的年代，在其发现初期，曾一度将其归入到龙山文化系统，认为良渚文化是龙山文化向长江下游地区发展的结果，故又有龙山文化杭州湾区和浙江龙山文化的提法。随着发现的增多和研究的深入，良渚文化与龙山文化同时或略晚的看法，已被良渚文化的上限略早，下限与龙山文化大致相当的意见所替代。

由太湖文化区考古学文化谱系的建立，我们已确知良渚文化的相对年代要晚于崧泽文化，并直接继承崧泽文化而来。至于良渚文化的去向，还需要进一步研究确定，不过其早于马桥文化和湖熟文化是没有疑问的。

关于良渚文化的绝对年代，现有碳-14和热释光两种方法测得的数据22个。

碳-14测定的年代数据有15个。

张陵山上层木炭	3835±240
青墩树根	3455±110
钱山漾T22④层稻壳	3310±135
钱山漾乙区④层木杵	3305±135
青墩木炭	3285±125
安溪T3④层木头	2870±180
龙南F1稻谷炭	2800±165
寺墩T108炭粒	2790±230
钱山漾T16③层千篰	2760±140
钱山漾T13④层竹绳	2630±140
凤溪T6④层木头	2555±145
雀幕桥木椁板	2380±145
亭林T1②层木炭	2250±145
辉山M2木质葬具	2130±100
亭林T4M12人骨	2005±165

热释光法测定的年代数据有7个，标本分别采自马桥和亭林两遗址，其年代在公元前2600～前1970年之间。

根据上述测定的年代数据，许多人提出了自己对良渚文化绝对年代的看法，归并一下，主要有五种基本的认识。

（1）距今年代大约在5500～4000年之间，延续了1500余年的时间[1]。

（2）距今约为5350～4150年，大体经历了1000多年的发展历程[2]。

（3）在距今5260～4080年之间，前后延续了1300年左右[3]。

---

[1] 南京市博物馆：《太湖地区的原始文化》，《文物集刊·1》，文物出版社，1980年。

[2] 安志敏：《关于良渚文化的若干问题》，《考古》1988年第3期。

[3] 牟永抗：《良渚玉器上神崇拜的探索》，《庆祝苏秉琦考古五十五年论文集》，文物出版社，1989年；任式楠：《长江黄河中下游新石器文化的交流》，出处同前。《良渚文化》，《中国大百科全书·考古学》，中国大百科全书出版社，1986年。

（4）上限在距今4700年，下限不迟于3900年，大约延续了800余年[1]。

（5）早期在距今4400年左右，晚期在3995±95～3840±95年之间，前后延续500～600年[2]。

在上述诸看法中，持第（2）（3）种意见的人较多，即认为良渚文化的年代在距今5300～4000年之间。对此，我们认为还有进一步讨论的余地。

四

黄淮下游的海岱文化区和长江下游的太湖文化区，地域毗邻，又分别存在着自成体系并且十分发达的史前文化。从新石器时代早期开始，两文化区之间就保持着比较密切的关系。与良渚文化时代相近，共同因素较多的主要是大汶口文化中晚期阶段。

海岱地区史前文化序列已经明确，各考古学文化的分期也细致清楚。据近年来的研究，我们将大汶口文化中晚期遗存又细分为四期七段[3]，把龙山文化划为六期[4]。这样，从公元前3500～前2000年之间，各期前后衔接，环环相扣，基本上不存在缺环。如果将其同良渚文化比较，既可以探讨两文化之间的交流与影响，又可借以辅助确定良渚文化的年代。

大汶口文化中期可再细分为两期，中一期以大汶口墓地早期[5]、野店四期[6]和花厅一期[7]等为代表，中二期以大汶口墓地中期、西夏侯M4[8]和花厅二期等为代表。大汶口文化晚期亦分为两期，晚一期以大汶口墓地M47和M10、野店M66、西夏侯M8和花厅三期等为代表，晚二期以大汶口墓地M25、西夏侯上层墓、野店M62和M51等为代表。晚二期的直接后续为龙山文化一期。

良渚文化中的大汶口文化因素主要表现在文化遗物方面，这些遗物可分为两类。第一类为比较典型的大汶口文化遗物（图四，1～5），这一类的数量较少。例如，福泉山出土的彩陶背壶（T23M2：46），造型纹饰均与大墩子M107：1相同[9]，前者属良渚二期，后者为大汶口中一期后段。海安青墩良渚一期墓发现的厚胎高柄杯（M43：6）[10]，与大汶口中一期的同类器也完全相同。澄湖前后湾良渚四期前段的盉（J03：1）、南京北阴阳营的高颈盉[11]，分别与属于大汶口文化晚一期的花厅M5：14、野店M66：3相同。第二类为接受自大汶口文化并加以改造，从而具有一定自身特色的遗物，主要有实足鬶和袋足鬶（图四，3、6），前者见于福泉山、广富林、马桥和寺墩等遗址，属良渚二、三期，后者见于寺墩、雀幕桥、澄湖前后湾、亭林、果园村和钱山漾等遗址，主要为良渚四期。类似的实足鬶在大汶口文化中主要流行于中一期后段和中二期。1式袋足鬶则与大汶口文化

[1] 黄宣佩：《关于良渚文化若干问题的认识》，《中国考古学会第一次年会论文集》，文物出版社，1980年。

[2] 蒋赞初：《对于长江下游新石器时代文化几个问题的再认识》，《文物集刊·1》，文物出版社，1980年。

[3] 栾丰实：《大汶口文化的分期和类型》，《海岱地区考古研究》，山东大学出版社，1997年。

[4] 栾丰实：《龙山文化尹家城类型的分期及其源流》，《华夏考古》1992年第2期。

[5] 山东省文物管理处、济南市博物馆：《大汶口——新石器时代墓葬发掘报告》，文物出版社，1974年。

[6] 山东省博物馆、山东省文物考古研究所：《邹县野店》，文物出版社，1985年。

[7] 南京博物院：《1987年江苏新沂花厅遗址的发掘》，《文物》1990年第2期；栾丰实：《花厅墓地初论》，《东南文化》1992年第1期。

[8] 中国科学院考古研究所山东队：《山东曲阜西夏侯遗址第一次发掘报告》，《考古学报》1964年第2期。

[9] 南京博物院：《江苏邳县大墩子遗址第二次发掘》，《考古学集刊·1》，中国社会科学出版社，1981年。

[10] 南京博物院：《江苏海安青墩遗址》，《考古学报》1983年第2期。

[11] 南京博物院：《南京市北阴阳营第一、二次的发掘》，《考古学报》1958年1期，图版拾贰，4。

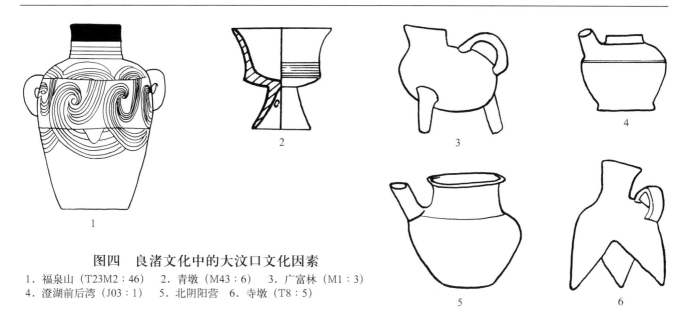

图四　良渚文化中的大汶口文化因素

1. 福泉山（T23M2：46）　2. 青墩（M43：6）　3. 广富林（M1：3）
4. 澄湖前后湾（J03：1）　5. 北阴阳营　6. 寺墩（T8：5）

的乳状袋足鬶类似，后者属大汶口晚一期。良渚文化的2式袋足鬶比较特殊，就颈部显著加长的特征，与大汶口晚二期鬶的作风相似。同时，在安徽肥西古埂遗址[1]发现同类鬶与大汶口晚二期的黑陶高柄杯共出，故可推定2式袋足鬶约当大汶口晚二期阶段，即相当于大汶口文化末期。此外，良渚文化时期开始出现的土坑竖穴墓，与一直流行地堆土掩埋死者的习俗明显不同，表明埋葬制度有了重大变化。这种挖穴埋葬死者的新做法，或许与大汶口文化有关。

大汶口文化因素在良渚文化中比较少见，所占地位并不突出。因此，对大汶口文化给予良渚文化的影响不能估计过高。由深入到良渚文化内部的大汶口文化因素可知，良渚一、二期大致与大汶口中一期相当，良渚三期与大汶口中二期同时，良渚四期前段则与大汶口晚一期是平行发展的。良渚四期后段遗存目前发现尚少，不过从前后关系和发展速度分析，可能与大汶口晚二期相当。

大汶口文化中的良渚文化因素比较浓厚，这种现象主要见于鲁南苏北和沿海一带。亦可分为两类。第一类为典型的良渚因素，易于辨别的主要为文化遗物。这一类的种类与数量均较多，除陶器之外，还有玉器和石器（图五，1～10、13）。属于大汶口中一期的有粗矮体贯耳壶，见于花厅和野店等处，形制与良渚一期的张陵山上层M5：25极为接近；长颈贯耳壶，发现于大墩子、呈子[2]等遗址，形态与良渚一期偏晚的越城M7：1、良渚二期的马桥M9：1相似；有段石锛主要见于花厅等处。属于大汶口中二期的有长颈贯耳壶，见于花厅和呈子等遗址，形态与良渚三期的同类器相同；折腹盆形鼎，鼎身与良渚三期的草鞋山M198[I]：2相同，上宽下窄并划有纹饰的瓦状足与良渚三期的广富林M1：4也完全一致，尽管良渚文化也少见这种瓦足，但其渊源则可追溯到崧泽时期；浅盘豆，主要见于花厅遗址，与良渚三期的福泉山T22M5：93类似；带流杯，发现于花厅等遗址，与良渚三期的福泉山T22M5：2相近；玉琮，仅见于花厅遗址，与寺墩M3：43、福泉山T4M6：21完全相同。此外，还发现有琮形玉管、外表饰简化神人兽面纹的玉锥形器（或称玉坠）和有段石锛等。属于大

[1]　安徽省文物考古研究所：《安徽肥西县古埂新石器时代遗址》，《考古》1985年第7期。

[2]　昌潍地区文物管理组、诸城县博物馆：《山东诸城呈子遗址发掘报告》，《考古学报》1980年第3期，图一〇，12。

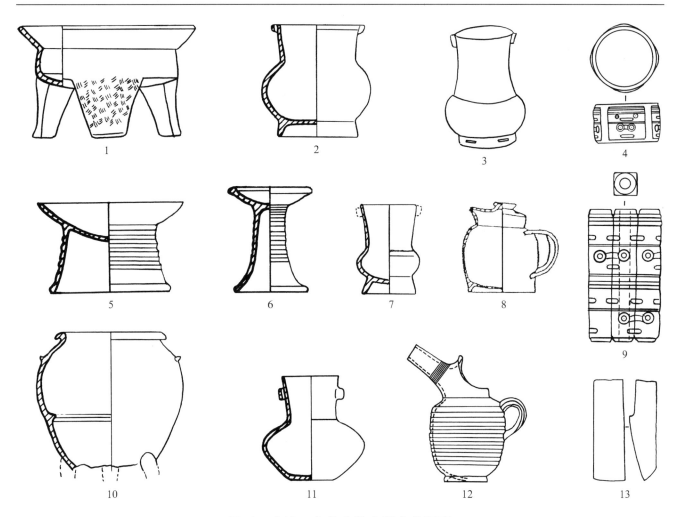

图五　大汶口文化中的良渚文化因素

1、4～9．花厅（M20：40、M18：13、M19：15、M20：35、M18：46、35、M16：5、1）　2．野店（M31：10）　3．大墩子（M302：1）　10．杨家圈（T41④：31）　11、13．大汶口（M78：6、M4：21）　12．三里河（M2110：33）

汶口文化晚期的有"鼎甗"、丁字形鼎足[1]和有段石锛等。第二类为受到良渚文化的影响，或对原器形加以改造，但仍可分辨出其来源者。此类发现的数量不多（图五，11、12），主要有长颈贯耳壶，为平底，双耳也从口沿外下移至颈中部或偏上，见于大汶口等遗址；管状流筒形单耳杯，造型与良渚文化的带流杯无异，唯流变为管状，见于胶县三里河[2]。在装饰方面，大汶口文化中也有许多良渚文化的因素。如玉器中的分节简化神人兽面纹，陶器中流行于豆柄、圈足和壶、罐等器类上的瓦棱纹、扁长方形（或扁椭圆形）镂孔以及其他器类上的点状纹、由两个三角和一个圆孔合成的组合纹饰等。

此外，在大汶口文化和良渚文化中还存在一部分双方均有一定数量的器类，主要有罐形豆、圈足罐（或壶）、四系小口罐、贯耳壶、大口圆底厚胎缸、喇叭形大口折肩尊、有肩石钺、玉锥形器、玉镯、玉璜以及其他小件玉器。这些器类，或大汶口文化发现略多，或暂多见于良渚文化，它

[1]　山东省文物考古研究所、北京大学考古实习队：《山东栖霞杨家圈遗址发掘简报》，《史前研究》1984年第3期。

[2]　中国社会科学院考古研究所：《胶县三里河》，文物出版社，1988年。

们如同两文化常见的黑皮陶一样，目前尚不宜结论为谁受谁的传播与影响。但这类遗物的存在，表明大汶口文化与良渚文化时代相近，两者之间有着十分密切的双边关系。

总之，与大汶口文化对良渚文化的影响相比，良渚文化对大汶口文化的影响要强烈得多，其施加影响的领域也不断拓宽，它包括了生产与生活两大方面。玉琮的发现，证明这种影响在精神文化领域内也占有一定位置。同时，也更加明确了良渚文化与大汶口的年代对应关系，即良渚文化一、二期与大汶口中一期大体平行，良渚文化三、四期分别与大汶口中二期和晚期相当。

大汶口文化中晚期的起止年代比较清楚，大约在公元前3500～前2600年之间，中晚期的分界约在公元前3000年，这不但有碳-14年代数据为证，而且从大汶口文化中期与中原地区仰韶文化大河村类型（或称秦王寨类型）时代相当，大汶口文化晚期与庙底沟二期文化同时也可得到佐证。因此，我们认为良渚文化的年代应为：一、二、三期约从公元前3500～前3000年，四期约从公元前3000～前2600年前后，其下限或可略晚，前后延续了近1000年的时间。

在大汶口文化与良渚文化之间，由各自存在对方的文化因素所反映的这种年代对应关系，早在十几年之前已有学者指出过[1]，可惜当时并未给良渚文化以应有的位置，而是把山东龙山文化的年代下推到与二里头文化同时，以此来适应良渚文化属于龙山时代的普遍看法。实际上，至少是我们目前所认识的良渚文化，应属早于龙山时代的仰韶时代晚期，它与大汶口文化中晚期、仰韶文化三、四期[2]是平行发展的。兹将三者之间的年代对应关系对照如表二：

表二　太湖、海岱和中原文化区部分考古学文化年代关系对应表

年代（B.C）	太湖文化区	海岱文化区	中原文化区
3500～3000	良渚一至三期	大汶口中期	仰韶三期
3000～2600	良渚四期	大汶口晚期	仰韶四期 （庙底沟二期文化）

至于龙山时代的太湖流域地区，是良渚文化的延续，抑或是一种新的考古学文化，现在还难遽定。因此，目前还无法将良渚文化与龙山文化比较。有的同志将栖霞杨家圈遗址发现的"鼎鬶"和丁字形鼎足，作为良渚文化与龙山文化之间有传播交流关系的一种证据[3]，恐怕是一种误解。因为上述良渚因素均出自大汶口文化晚期堆积之内。

我们也注意到，在钱山漾遗址T13④层内曾发现一件残陶鬶（见《考古学报》1960年2期78页图四、2），形制为粗长颈鼓腹，腹部并有泥饼装饰，为山东龙山早期特征。因为钱山漾第四层比较复杂，与陶鬶共存的器物尚不清楚，眼下还无法判断其整体面貌，或许良渚文化已延续到了这一时期（指龙山早期），但其晚于前述良渚四期似无疑问。

（原载《中原文物》1992年第3期）

[1]　南京博物院：《长江下游新石器时代文化若干问题的探析》，《文物》1978年第4期。
[2]　严文明：《略论仰韶文化的起源和发展阶段》，《仰韶文化研究》，文物出版社，1989年。
[3]　吴诗池：《试论良渚文化与山东龙山文化的关系》，《东南文化》1989年第6期。

良渚文化的分期与分区

 　　良渚文化延续和发展了长达近千年之久，要讨论其社会发展阶段，首先要解决的问题是分期和年代。对此，以往已有许多学者直接或间接提出了自己的看法和见解[1]。由于良渚文化一直缺乏具有分期意义的层位关系，所以各种划分意见之间，尤其是年代的估定上存在相当大的分歧。

 　　1990年，笔者在分析江苏新沂花厅墓地新资料的文化性质时，曾对良渚文化的分期和年代做过简要的讨论，并提出了一些新的看法[2]。当时所划分的四期五段，现在看来，五段的前后顺序仍基本成立。但是，由于当时公开发表的资料太少，尤其是缺乏第四期的资料，所以在期别的归并上不尽合理，当时文中已指出过这一点。近几年来，新的资料，尤其是晚期的资料增多，可以对以前的意见做出充实和修正。

一

 　　经过发掘的良渚文化遗址（包括墓地），已达数十处之多。在这些遗址中，就遗址延续时间的长短和公布资料的丰富程度等具有分期意义的条件而言，以上海青浦县福泉山遗址最为典型。下面拟从分析福泉山良渚文化墓葬的分期入手，进而讨论其他遗址的期别，最终对良渚文化做出综合分期，并结合已有碳-14测年数据和与其他文化的比较，大致推定其年代。

 　　1. 福泉山遗址
 　　位于青浦县东北部，为一高出地面约6米的土墩。1982～1988年，上海市博物馆先后三次发掘该遗址，揭露面积2150平方米，共发现和清理良渚文化墓葬32座[3]。这批墓葬分别发现于三层文化堆积之内，尤为重要的是发现3组叠压打破关系，即：
 　　（1）M94 ⇒ M126
 　　（2）M101 ⇒ M132 ⇒ M135 ⇒ M139 → M143

 [1] 论述良渚文化分期的论文主要有：黄宣佩：《关于良渚文化若干问题的认识》，《中国考古学会第一次年会论文集》，文物出版社，1980年；《论良渚文化的分期》，《上海博物馆集刊（第6期）》，上海古籍出版社，1992年；陈国庆：《良渚文化分期及相关问题》，《东南文化》1989年第6期；吴汝祚：《论良渚文化与大汶口、龙山文化的关系》，《东南文化》1989年第6期；孙维昌：《良渚文化陶器纹饰研究》，《上海博物馆集刊（第6期）》，上海古籍出版社，1992年；张忠培：《良渚文化的年代和其所处社会阶段》，《文物》1995年第5期；中村慎一：《中国新石器时代的玉琮》，《东京大学文学部考古学研究室研究纪要》8，1989年；渡边芳郎：《葬送仪礼と阶层性》，《日本中国考古学会会报》第4号，1994年。
 [2] 栾丰实：《良渚文化的分期与年代》，《中原文物》1992年第3期。
 [3] 上海市文物保管委员会：《上海福泉山良渚文化墓葬》，《文物》1984年第2期；《上海青浦福泉山良渚文化墓地》，《文物》1986年第10期；黄宣佩、张明华：《上海青浦福泉山遗址》，《东南文化》1987年第1期；黄宣佩：《论良渚文化的分期》，《上海博物馆集刊（第6期）》，上海古籍出版社，1992年。

（3）M144 ⎫
            ⎬ ⇒ M145 ⎧ ⇒ M149
     M146 ⎭   ⎨
                      ⎩ ⇒ M150 ⇒ M151

（ ⇒ 表示叠压，→ 表示打破）

3组层位关系中，第（1）组M94未公布资料，第（3）组已发表的资料，缺乏可以比较的同类器物，故暂搁置。下面重点分析第（2）组。

第（2）组有5座墓葬连续叠压和打破。其中，M135仅公布1件粗柄豆，与其他墓缺乏可比性。此组中最早的M143，出土的鼎为鸭嘴状凿形足，与崧泽文化晚期的类似。打破M143的M139，釜形鼎的足体侧扁，上宽下窄，足根外拐，外缘呈齿状，与崧泽文化晚期的同类鼎足相近。但其足尖部又略宽且微外卷，已显露出鱼鳍形足的韵味。该墓出土的壶形豆也明显具有崧泽文化晚期风格，而同出的器体略扁的带流阔把罐和圈足盘（或称豆），则为良渚文化早期作风。所以，如果M143也属于良渚文化的话，那么两座墓的时代应相隔不远，可作为一组看待。M132和M101的出土物各具特征，差别较大，显示两者之间有较大的年代间隔。这样，此组叠压打破关系中的五座墓葬，至少代表着良渚文化发展过程中的三个时期。从出土遗物的特征观察，M132和M139的时代较为接近。例如：两者釜形鼎的形态一脉相承，同类圈足盘之间也既有继承又有发展，两者的年代相隔不远，基本上可以衔接。而M132和M101则不然，它们之间存在着较大的缺环。

进一步扩展分析，M74、M65和M136三座墓葬，均出形态相近的"T"字形鼎足、长颈浅鼓腹的双鼻壶等，时代应大致相当。"T"字形足是由鱼鳍形足发展而来，因此，M74等较之以鱼鳍形足为主而微露"T"字形端倪的M132显然要晚。同时，从双鼻壶和三足带流阔把罐的形态看，M74等又早于M101。所以，可将M74等插入M132和M101之间，从而填补了两者之间时间上的缺环。还有两座比较重要的墓葬需要稍加讨论，即M67和M60。M67出有浅腹盆形鼎，下附类似鱼鳍形的扁方足。扁方足在良渚文化中数量不多，应是鱼鳍形足的发展形态，在大的分类上可归入鱼鳍形足之内。该鼎的腹部也较之M65的同类鼎略深，肩部则无弦纹，其时代应略早于M74等的标准"T"字形足鼎。M67、M60的带流阔把杯为大口束颈，器体粗矮，形态与M74等的细颈略长同类杯也有所区别。M60的三足带流罐器体略扁，矮颈矮足，在发展趋势上应略早于M74等颈部明显加高的同类罐。按上述分析可以认为，年代相仿的M67和M60，应略早于M74等墓葬，但又晚于M132。这里仍将其归入M74等之内，合成一大组，以后材料丰富了，可以在其中单列为一组，代表一段时间，时代介于M132和M74之间。

福泉山M40出有盆形鼎、豆、带流杯、圈足簋、罐和器盖等，还有玉钺、玉璧、玉琮和玉锥形器等。除了豆之外，与已经发表的M101的器物没有相同器类，并且两者共有的豆也非同型。不过，如果将M40与M74等相比较，则发现它们之间存在明显差别。例如，M40盆形鼎的"T"字形足，外侧面更宽；豆的圈足粗高，豆盘浅而下角圆折；带流阔把杯的杯体细长，把手上下甚宽；圈足簋的口缘外斜，器体变矮而圈足显著升高；器盖的外缘加宽，上附半环形钮；玉琮外表的"神徽"极度简化，甚至出现象征眼的圆圈和象征嘴的椭圆形突起在近乎一条直线上的现象。这些特征更不见于M132等，与M74等也差别显著，显然为晚出，从与M74等的接近程度分析，应晚于M101。

综上所述，福泉山的良渚文化墓葬，可以划分为各具特征的五组，它们分别以M139、M132、

M74、M101和M40为代表。依据该遗址提供的层位关系，以及出土遗物的类型学比较，这五组墓葬的年代是不同的。它们分别代表着福泉山良渚文化的五个时期，可称为五段。即，一段，M139等；二段，M132等；三段，M74等；四段，M101；五段，M40。

下面分析其他几处遗址。

2. 雀幕桥遗址

该遗址先后发表过三批以墓葬为主的资料。这里的良渚文化层堆积只有一层，未做更细的划分[1]。不过，据已发表的遗迹内的出土遗物，明显可以区分为3组。

第一组以M8和M5为代表，出有鱼鳍形足釜形鼎或盆形鼎、粗矮柄折盘豆、圈足盘、贯耳壶等。其中比较典型的是鱼鳍形足釜形鼎和粗矮柄圈足豆，均可与福泉山M132组的同类器物相对应，年代应基本相当。

第二组以M3、M7、M1和M4为代表。出有"T"字形足浅腹釜形鼎、圈足略为细高的折盘豆、扁鼓腹的双鼻壶、有颈带流圈足罐、圈足盘、单把圈足杯、圈足矮颈壶等。其中M3和M7的豆、M3的带流三足罐分别与福泉山M60的同类器相同。M1、M4的双鼻壶、带流圈足罐，分别与M74的同类器相似，M4的瓦足盆形鼎，鼎身也接近于M65的同类鼎。两者年代应分别大致相当。

第三组以M2和1972年发现的木板坑为代表。出有矮颈袋足鬶、细高圈足折盘豆、高颈贯耳壶、双鼻壶、圈足壶、带流阔把杯、黑陶罐等。上述器形特征多数介于福泉山M74和M40两组之间，时代约略与M101相当。

以上三组代表着雀幕桥遗址发展过程中的三个时期，可以定为雀幕桥一、二、三段。并分别与福泉山二、三、四段对应。

3. 千金角遗址

该遗址位于浙江海宁县郭店乡，共发现良渚文化墓葬10座，发掘报告将其划为两期3段[2]。第一段（原报告为二期）只有M7，出土的AⅢ式鼎与福泉山M132的同类鼎（M132：52）基本一致。原报告三期2段的M5、M2、M3、M4四座墓葬，均出土AⅥ式鼎和Ⅲ式双鼻壶，时代大体同时，可称为M5组。AⅥ式鼎为浅腹，底部变平，"T"字形鼎足的外侧横面宽度已大于纵向宽度，与福泉山M40的鼎相同。双鼻壶的腹部极浅而外鼓，圈足较高，从双鼻壶的演化趋势分析，双鼻壶至此型式已极度特化，似已走到了自身发展进程的尽头。以前在江苏武进寺墩遗址曾采集到1件，其与千金角的Ⅲ式双鼻壶十分相似，表明其演化具有共性。

需要进一步分析的是剩下的五座墓葬。M1仅有3件陶器，其中2件为Ⅳ式盘，但正文描述介绍中并无此式，据各式出土件数分析似为Ⅲ式之误。其余四座，从出土物的型式组合，明显可分为2组。M8和M9为一组，都出有AⅣ式鼎，BaⅣ式豆、BⅠ式圈足盘和Ⅱ式双鼻壶，占全部出土物的80%。

[1] 浙江省嘉兴博物、展览馆：《浙江嘉兴雀幕桥发现一批黑陶》，《考古》1974年第4期；嘉兴市文化局：《浙江嘉兴市雀幕桥遗址试掘简报》，《考古》1986年第9期；浙江省文物考古研究所：《浙江北部地区良渚文化墓葬的发掘（1978～1986）》，《浙江省文物考古研究所学刊——建所十周年纪念1980～1990》，科学出版社，1993年。

[2] 浙江省文物考古研究所：《浙江北部地区良渚文化墓葬的发掘（1978～1986）》，《浙江省文物考古研究所学刊——建所十周年纪念1980～1990》，科学出版社，1993年。

M6和M10为一组，均有Ⅲ式簋、AⅢ式圈足盆和Ⅱ式尊，占全部出土物的60%～75%。M1簋的前述分析如果正确，那么也应属此组。前一组的BⅠ式圈足盆和Ⅱ式的双鼻壶，亦见于较早的M7，AⅣ式鼎的形态和"T"字形足，分别与年代较早的AⅠ、AⅢ式鼎接近。后一组的AⅢ式圈足盆和Ⅲ式簋共见于较晚的M5等。从上述分析看，这两组墓葬出土物型式组合的不同，应属时代差别，即前一组较早，后一组较迟。于是，千金角的这批墓葬可进一步划分为4组，每组为一段。为了明确各段墓葬出土陶器型式组合的相互关系，现将其列成表一。

表一　千金角各段墓葬出土陶器型式组合关系表

分　段	墓　号	鼎	簋	圈足盆	双鼻壶	尊	备　注
一	M7	AⅢ	Ⅱ	BⅠ	Ⅱ	Ⅱ	
二	M8	AⅣ		BⅠ	Ⅱ		
	M9	AⅣ		BⅠ	Ⅱ		
三	M1		Ⅲ			Ⅱ	
	M6	Ⅳ	Ⅲ	AⅢ	Ⅱ	Ⅱ	原报告簋为Ⅳ式
	M10	?	Ⅲ	AⅢ		Ⅱ	
四	M2	Ⅵ	?	BⅡ	?		
	M3	Ⅴ	?	BⅡ	Ⅲ	Ⅲ	原报告有Ⅳ式簋
	M4	Ⅵ			Ⅲ	Ⅲ	
	M5	Ⅵ	Ⅲ	AⅢ	Ⅲ	Ⅲ	

千金角一至四段分别与福泉山二至五段相当。

（4）徐步桥遗址

该遗址位于海宁县盐官镇，西南距千金角遗址约5千米，文化面貌相同，这里共发现良渚文化墓葬15座[1]。

依前述的分析方法，在原报告的分期基础上，可以将徐步桥的15座良渚墓葬进一步划分为5段，即：

一段，M14、M15；二段，M4、M7、M13；三段，M10；四段，M1、M2、M3、M12；五段，M5，M9，M11。

兹将徐步桥15座墓葬的出土陶器型式列成表二。

徐步桥的5段大致可以与福泉山遗址的5段相对应。

为了便于比较，兹将福泉山、雀幕桥、千金角、徐步桥4处遗址的良渚文化分段对应关系列成表三。

[1]　浙江省文物考古研究所：《浙江北部地区良渚文化墓葬的发掘（1978～1986）》，《浙江省文物考古研究所学刊——建所十周年纪念1980～1990》，科学出版社，1993年。

表二　徐步桥各段墓葬出土陶器型式组合关系表

分段	墓号	鼎 A	鼎 B	豆 A	豆 B	篮	双鼻壶	圈足盆 A	圈足盆 B	圈足罐	平底罐	尊	盆	单把杯	贯耳壶	圈足盘
一	M14		B		bI						I					
	M15		II		aI bI											
二	M4	II						I	I	I				I		
	M7	I		I							I					
	M13	II							II		II					
三	M10	IV			aVI		II					II	II			
四	M1	V				III	II			I			II	IV		
	M2	V							II				II		✓	
	M3	V				II	II	III					II			
	M12	V				III	III						III	IV		
五	M5	VI				III	III						III			✓
	M9	VI			bVI								III			
	M11	VI				III	III						III		II	

表三　福泉山、雀幕桥、千金角、徐步桥遗址良渚文化各段对应关系表

分　期		福泉山	雀幕桥	千金角	徐步桥
一期	1段	一			一
	2段	二	一	一	二
二期	3段	三	二	二	三
三期	4段	四	三	三	四
四期	5段	五		四	五

第1段仍保留有明显的崧泽文化晚期因素。例如凿形足鼎、阶状柄豆、壶形豆、花瓣状圈足杯等。这些因素的存在，既显示了崧泽文化与良渚文化的传承关系，也表明了两者年代上的相近和衔

接。同时，良渚文化的一些典型器物业已出现。例如鱼鳍形足釜形鼎和盆形鼎、双鼻壶、带流单把罐、玉琮等。由于前一类因素的存在，许多人将此段称为崧泽向良渚的过渡期。而后一类因素的出现，则明确告诉我们，此段已脱离崧泽文化而进入良渚文化。

第2段的陶器群以鱼鳍形足釜形鼎和盆形鼎、厚胎圜底缸、粗圈足折盘豆、圈足盘、深腹双鼻壶、带流三足或圈足阔把罐、圈足盆等为基本成员。玉器达到高度发达阶段，以琮、璧、钺为核心的玉器种类齐全，数量众多，并呈现出向少数人集中的趋向。本段尽管仍然存在少量崧泽文化的因素或遗风，但良渚文化的风格与特征已完全确立，并很快进入高度发达时期。

从总体特征上看，第1、2段关系比较密切，如鱼鳍形足釜形鼎、粗圈足豆、厚胎圜底篮纹缸的形态很相似，双鼻壶都以粗矮体者居多，玉琮均为矮体，玉器上的"神徽"纹样多数比较复杂，等等。可将第1、2段合并为一期，是为良渚文化第一期。

第3段的陶器风格产生了较大变化。例如"T"字形鼎足取代鱼鳍形足并广为流行，还出现瓦状足，盆形鼎的数量增多；双鼻壶的腹部变浅，且主要为高体者；带流阔把杯增多；带流罐的颈部升高；豆以细高柄者为主，粗圈足者逐渐消失；陶器外表刻划装饰图案的现象发达等。玉器的变化也很明显，如作为核心图案内容的"神人兽面"以简化体为主，前一时期的复杂体已基本不见；玉琮不仅有矮体，还出现高体者；冠状玉器也主要以简化体出现，等等。本段还可以再分为以福泉山M67和M74为代表的前后两组，并且在雀幕桥遗址也可找到例证，说明此段延续时间较长，可单独划为一期，是为良渚文化第二期。

第4段黑陶的数量增多，陶器的种类和形态也有明显变化。例如，矮颈袋足鬶的出现；釜形鼎的腹部变浅，"T"字形足的外侧面加宽，横、纵比例接近；豆的柄部加高；双鼻壶的腹部变浅；贯耳壶的颈部增高；带流罐的颈部加长；阔把杯的杯体向瘦高发展，等等。澄湖前后湾的部分遗存（如J127、J163等）[1]、璜塘垮2、4号井[2]等属于本段，本段发现和公布的资料不多，但从雀幕桥M2和木板坑的出土物看，还是有一定的时间跨度，可将其定为良渚文化第三期。等将来资料丰富了，应还可以再细分。

第5段的发掘资料，虽然近年来有所增加，但仍嫌少。器物组合变动不大，但形态变化明显。例如，釜形鼎的腹部更浅，底部近平，形态接近于盆形，"T"字形足的外侧面内凹，宽度大于内伸的纵向宽度；双鼻壶的颈部和圈足加高、腹部特浅而近乎消失；带流阔把杯的杯体细长，把手上下跨度甚大；豆的盘部较浅，下角圆折，圈足相对粗高；簋的口缘外侧下斜，腹部变浅，圈足加高。需要略加讨论的是鬶。良渚文化中还有一种细长颈、分裆瘦长袋足鬶，见于钱山漾[3]、北阴阳营[4]、太岗寺[5]、亭林[6]等遗址。这一种鬶与前一期雀幕桥等遗址发现的矮颈略粗的袋足鬶显著不同。对于两者的关系，黄宣佩先生曾认为前者较早，后者较晚[7]。对此，我们有不同看法。从器物发生学上分

[1] 南京博物院等：《江苏吴县澄湖古井群的发掘》，《文物资料丛刊·9》，文物出版社，1985年。
[2] 江阴县文化馆：《江苏江阴县璜塘垮发现四口良渚文化古井》，《文物资料丛刊·5》，文物出版社，1981年。
[3] 浙江省文物管理委员会：《吴兴钱山漾遗址第一、二次发掘报告》，《考古学报》1960年第2期。
[4] 南京博物院：《北阴阳营——新石器时代及商周时期遗址发掘报告》，文物出版社，1993年。
[5] 江苏省文物工作队太岗寺工作组：《南京西善桥太岗寺遗址的发掘》，《考古》1962年第3期。
[6] 黄宣佩：《关于良渚文化若干问题的认识》，《中国考古学会第一次年会论文集》，文物出版社，1980年。
[7] 黄宣佩：《关于良渚文化若干问题的认识》，《中国考古学会第一次年会论文集》，文物出版社，1980年。

析，前者颈部奇高，已达到与全器不成比例的地步，不应是袋足鬹的初始形态。海岱地区是陶鬹的原生地和主要分布区，这里袋足鬹的演化趋势是，颈部由矮到高。像野店M51：32（《邹县野店》图四七，3）和大朱村M18：36（《莒县大朱村大汶口文化墓葬》图一六，8）那种细长颈鬹，已接近大汶口文化陶鬹的尾声，其与前述良渚文化鬹的长颈极为相似。同时，在安徽尉迟寺和薛家岗遗址，均见到该类鬹与大汶口文化晚期较晚时期遗物共存。尤其是在北阴阳营H2，该类鬹与大汶口文化晚期之末的陶鬹、大口尊同出。因此，可以间接证明，良渚文化的长颈袋足鬹应晚于与大汶口文化晚期偏早阶段时代相当的矮颈袋足鬹。基于第5段的上述变化，可将其定为良渚文化的第四期。

　　兹将良渚文化各期、段的典型器物釜形鼎、盆形鼎、豆、双鼻壶、带流罐、阔把杯、平底罐、簋、鬹等的演化整理如图（图一）。

　　按上述分期体系，可对其他经过发掘的良渚文化遗址的期别作出判断。

　　张陵山遗址的上文化层和上层墓葬属良渚文化[1]。已发表的M4、M5两墓的出土物，如鱼鳍形足鼎、矮颈深腹双鼻壶、带流矮颈平底罐，均具良渚文化早期作风。而短圆筒形玉琮，不分节，素面或雕刻有兽面纹，也是良渚早期风格，属良渚文化一期1段。但两墓已基本不见崧泽文化晚期因素，可能较之福泉山M139略晚。

　　苏州越城遗址中层发现7座墓葬，原报告均定为良渚早期[2]。现在看来其时代差别较大。M4出有崧泽文化的钵形豆，折肩折腹壶等，又不见典型良渚文化器形，其时代已超出良渚文化的范围。余下的6座墓，以M1、M5最早，I式鼎和VI式杯均与张陵山M4的同类器相似，应属良渚文化一期1段。M2、M7次之，鱼鳍形足釜形鼎、粗柄折盘豆和颈部稍高的深腹双鼻壶均具一期2段作风，时代也应大致相当。M6和M3较晚，出土的带流罐颈部明显，流口斜长或上翘；腹壁近直的盆形鼎，下附典型的"T"字形足。这些均为典型的良渚三期作风。相比较而言，M6较M3略早。

　　反山墓地[3]和瑶山祭坛[4]遗址的发现，是良渚文化考古工作的重大收获。这里出土的陶器有鱼鳍形足釜形鼎、粗圈足折盘豆、浅腹盆形甗、圈足折沿罐和厚胎篮纹缸等，时代明确，属良渚文化一期2段。

　　平邱墩遗址发现28座墓葬，是良渚文化中清理墓葬较多的遗址[5]。原报告将其划分为3期，一期出凿形足釜形鼎、近钵形豆、深腹双鼻壶等，属良渚文化一期1段。二期出鱼鳍形足釜形鼎、粗圈足折盘豆、腹略浅的双鼻壶等，时代为良渚文化一期2段。三期仅有2座墓葬，M9出腹略深的"T"字形足釜形鼎、浅腹高圈足豆、瘦体带流阔把杯和高颈贯耳壶等，应略早于出浅腹"T"字形足釜形鼎、浅鼓腹双鼻壶的M10。前者可归于良渚三期[6]，后者则属于良渚四期。

　　马桥是上海市另一处比较重要的遗址，曾做过较大面积的发掘。据发掘的层位关系，可将这里

　　[1]　南京博物院：《江苏吴县张陵山遗址发掘简报》，《文物资料丛刊·6》，文物出版社，1982年。

　　[2]　南京博物院：《江苏越城遗址的发掘》，《考古》1982年第5期。

　　[3]　浙江省文物考古研究所反山考古队：《浙江余杭反山良渚墓地发掘简报》，《文物》1988年第1期。

　　[4]　浙江省文物考古研究所：《余杭瑶山良渚文化祭坛遗址发掘简报》，《文物》1988年第1期。

　　[5]　浙江省文物考古研究所：《浙江北部地区良渚文化墓葬的发掘（1978～1986）》，《浙江省文物考古研究所学刊——建所十周年纪念1980～1990》，科学出版社，1993年。

　　[6]　上海市文物管理委员会：《上海马桥遗址第一、二次发掘》，《考古学报》1978年第1期。

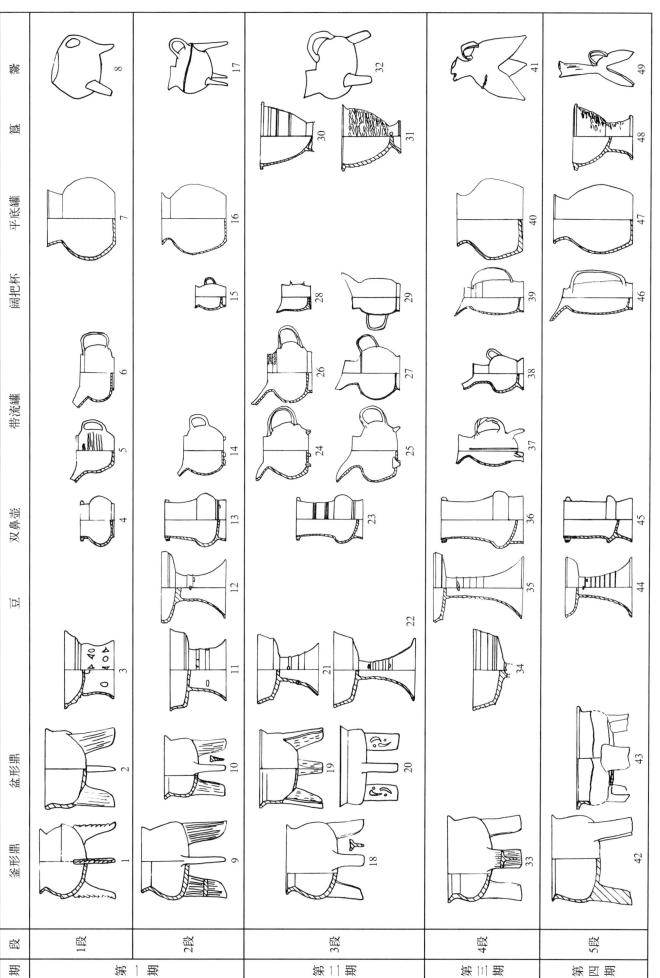

图一　良渚文化陶器分期图

1、3、6、9、12、14、20、23、25、28～30、36、37、43、44、46～48. 福泉山（M139：36、30、35、M132：46、56、50、M65：90、M136：11、M74：12、M67：44、M65：2、M67：42、M101：83、1、M40：23、16、112、27、119）　2、4、5. 张陵山（M4：26、M5：25、M4：2）　7、13、19、24、26. 越城（M5：6、M7：1、M3：3、M6：5、M3：6）　8. 邱城　10、16、35、39、40. 平邱墩（M21：2、M8：5、M9：9、5、4）　11. 反山（M18：28）　15、21、22、27、34. 雀幕桥（M5：6、M4：16、10、M2）　17. 卓林　18、42、45. 千金角（T4：8）6）31、41. 寺墩（M3：8、T8：1）　32. 广富林（M1：3）　33. 徐步桥（M12：4）　38. 澄湖　49. 卓林

的良渚文化遗存分为两组，即第⑤层和叠压于第⑤层以下的10座墓葬。第⑤层出有"T"字形鼎足、双鼻壶、扁圆腹实足鬹、椭圆形盘豆、矮粗体带流阔把杯等，属良渚文化二期。但也有鱼鳍形鼎足和深腹釜形鼎等属于良渚一期2段的遗物，表明其并不单纯。10座良渚墓葬从分布上可分为三组。M1、M2一组位于南部，M3和M8～10一组位于北部偏东，M4～7一组则位于北部偏西处。前两组均出I式双鼻壶，与越城M7的同类壶相同，而M1的粗圈足折盘豆和釜，分别与反山墓地同类器相近。故这两组墓的时代应为良渚文化一期2段，这和该遗址的层位关系也相吻合。M4～7一组仅M5出1件带流阔把杯，该杯的形制应略晚于福泉山M65的同类杯。联系到"遗址西半部各探方，除含有稀少的红烧土粒外，无遗物，"不能排除M5等有较晚的可能。

关于良渚文化的年代，学术界存在较大的分歧，多数人认为其在距今5200～4000年之间，在相当长的时间内，是与龙山文化并行发展的。对此，我们曾提出过不同看法[1]，这里再略加分析。

良渚文化各期的碳-14年代数据已有20余个。属于一期1段的有张陵山上层、吴家埠②层[2]、慈湖上层、龙南88F1[3]和青墩[4]等6个数据，树轮校正年代在公元前3835±240年和公元前3285±125年之间。一期2段是鱼鳍形足釜形鼎最流行的时期，钱山漾④层的3个数据分别为公元前3310±135、公元前3305±135和公元前2630±140年，最后一个数据显然过晚，应予以舍弃。张陵山上层的数据则嫌过早，也可搁置不用。这样，良渚文化一期的年代约在公元前3500～前3200年之间。二、三、四期的数据比较零散，多数无法和分期相对应。因此，我们采用和地域毗邻、相互联系密切、文化序列完整、分期细致、年代清楚的海岱地区比较的方法来加以确定。

和良渚文化时代相当的主要是大汶口文化中、晚期阶段。大汶口文化中期阶段可再分为两期3段，晚期阶段可分为两期4段。据对良渚文化和大汶口文化中存在的对方文化因素的分析可知，良渚文化一、二期分别与大汶口文化中一期、中二期大体相当，良渚文化三、四期则分别与大汶口文化晚一期、晚二期大致同时[5]。

大汶口文化中、晚期阶段的起止年代比较清楚，约在公元前3500～前2600年之间，中晚期的分界约在公元前3000年前后。按上述对应关系，良渚一期约在公元前3500～前3200年，这和良渚文化一期的碳-14测年数据基本吻合。良渚文化二期则在公元前3200～前3000年前后。良渚文化三、四期约在公元前3000～前2500年左右，其下限可能比大汶口文化略晚，前后延续了约1000年的时间。

二

良渚文化的分布区以太湖流域为中心。向南到达浙江的宁绍平原和钱塘江下游一带，北界则在江苏的淮河沿岸，东至上海，西线目前还不甚清楚。在这南北长达近千里的范围之内，依据自然地理、文化传统和文化面貌特征的差异，可以将其划分为以下六区。

[1]　栾丰实：《良渚文化的分期与年代》，《中原文物》1992年第3期。

[2]　浙江省文物考古研究所：《余杭吴家埠新石器时代遗址》，《浙江省文物考古研究所学刊——建所十周年纪念1980～1990》，科学出版社，1993年。

[3]　苏州博物馆等：《江苏吴江龙南新石器时代村落遗址第一、二次发掘简报》，《文物》1990年第7期。

[4]　南京博物院：《江苏海安青墩遗址》，《考古学报》1983年第2期。

[5]　栾丰实：《良渚文化的分期与年代》，《中原文物》1992年第3期。

（1）太湖以东地区

主要指太湖东侧，行政区划包括江苏省的苏州到上海市。这一区域的良渚文化遗址较多，尤以吴县、吴江一带为密集。经过发掘的遗址有苏州越城、吴县草鞋山、张陵山、澄湖前后湾、吴江梅堰、龙南、昆山绰墩、赵陵山、青浦福泉山、果园村、寺前村、西漾淀、松江广富林、上海马桥、金山亭林等。其中以赵陵山[1]、草鞋山[2]和福泉山三处遗址最为重要。这些遗址发现的规模较大、拥有大量财富和殉人的墓葬，以及用大量土堆筑起来的高台遗迹等，表明它们至少是与各自周围一定区域的其他遗址具有隶属关系的中心遗址，或可认为其已进入初期文明时代。

（2）杭嘉湖平原地区

该区北起太湖南岸，南到钱塘江下游，自古以来就是闻名遐迩的鱼米之乡。这里是良渚文化分布最密集的区域，经过发掘的遗址主要有杭州水田畈、老和山、余杭反山、瑶山、余家埠、庙前、葛家上口山、汇观山、大观山果园、海宁千金角、徐步桥、盛家埭、三官墩、达泽庙、邱家岭、荷叶地、吴兴钱山漾、邱城、德清辉山、平湖平邱墩、嘉兴雀幕桥、双桥、湖州花城等。在这众多经过发掘的遗址中，以余杭大观山果园[3]为中心，包括反山、瑶山和汇观山[4]等在内的良渚遗址群最为重要，其等级和规模，不仅良渚文化，就是在同时期的全国范围内也极为罕见。此外，在雀幕桥和海宁一带，还存在次一等级的中心遗址。

（3）太湖以北地区

指太湖北岸到长江一带，包括江苏无锡、常州等地区。这一区域遗址的数量较之前两区要少，经过发掘的也不多，主要有武进寺墩、无锡仙蠡墩、江阴黄塘埠等，其中以寺墩[5]最为重要。据近几年的调查发掘，寺墩遗址面积甚大，内有十分可观的人工堆积台地和祭坛，再加上以前曾发现随葬百多件琮、钺、璧等玉器的大墓，其作用与地位应和赵陵山、福泉山等不相上下，为一方良渚文化的政治、经济和文化中心。

（4）宁绍平原地区

位于杭州湾南侧，以宁绍平原为主，部分向南进入丘陵地区。该区是否属良渚文化分布区历来有不同看法，近年来陆续发现良渚文化遗址。经过发掘的遗址不多，主要有宁波慈湖、小东门、绍兴马鞍、象山塔山、奉化名山后等。其中在偏东南的奉化名山后[6]发现周围环绕有深沟的人工夯筑土台，说明其比较重要。同时，按常理推测，在宁绍平原的中心区域，应有重要的中心遗址存在。

（5）江淮地区

位于江苏省的中部，主要包括长江以北、淮河以南和京杭大运河以东的区域。此区范围较大，但良渚文化遗址甚少，经过发掘的只有海安青墩和阜宁陆庄。这一区域北与海岱地区相邻，来自大汶口文化的影响较之江南地区要多，但属良渚文化则无大问题。由于资料过少，该区南部的通泰平

[1] 钱锋：《赵陵山遗址发掘获重大成果》，《中国文物报》1992年8月2日。

[2] 南京博物院：《江苏吴县草鞋山遗址》，《文物资料丛刊·3》，文物出版社，1980年。

[3] 严文明：《龙山时代考古新发现的思考》，《纪念城子崖遗址发掘60周年国际学术讨论会文集》，齐鲁书社，1993年。

[4] 刘斌：《余杭汇观山良渚文化祭坛与墓地》，《中国考古学年鉴·1992》，文物出版社，1994年。

[5] 南京博物院：《江苏武进寺墩遗址的试掘》，《考古》1981年第3期；《1982年江苏常州武进寺墩遗址的发掘》，《考古》1984年第2期。

[6] 名山后遗址考古队：《奉化名山后遗址第一期发掘的主要收获》，《浙江省文物考古研究所学刊——建所十周年纪念1980～1990》，科学出版社，1993年。

原和北部的射阳河流域地区之间，是否还可以再一分为二，目前尚无法讨论。

(6) 宁镇地区

位于良渚文化中心区的西北部，主要包括从南京到镇江一带。此区前良渚文化时期是北阴阳营文化，与良渚文化的前身崧泽文化有所区别。良渚文化遗址以宁镇地区东部较多，西部则较少，并且也不典型。经过发掘的遗址主要有丹阳王家山、丹徒磨盘墩等。

以上六区之中，以分布于太湖南、东、北三侧的前三区遗址最为密集，社会经济和文化的发展水平最高，社会的分化和分层现象十分突出，是良渚文化发达的中心区。其他三区则不同，在良渚文化之前，这里多半只是与良渚文化的前身——崧泽、马家浜文化保持着密切联系的独自文化。如宁绍平原的河姆渡文化、宁镇地区的北阴阳营文化等。由于良渚文化的迅速崛起，这些地区才逐渐为良渚文化所融合，成为良渚文化的分布区之一。

如上述分区成立，那么，它们应该是良渚文化的六个地方类型。而各个类型文化面貌、特征的全面细致分析，还有待于资料进一步充实之后。

(原载《东方文明之光——良渚文化发现60周年纪念文集》，海南国际新闻出版中心，1996年)

再论良渚文化的年代

长期以来，人们都认为良渚文化（至少是其中晚期）的年代与龙山文化相当。在良渚文化发现的前20多年中，论者都是将其作为龙山文化之一部分来对待的。1959年，夏鼐先生认为其与龙山文化属于不同的考古学文化，提出了良渚文化的命名，遂得到学术界的广泛认同。但对其年代的认识并没有大的改变。这本来不成为一个问题，所以，直到20世纪80年代末和90年代初，仍有不少学者还在探讨良渚文化和龙山文化的平行文化交流及相互影响的问题[1]。

1987年花厅墓地的发掘为我们重新审视良渚文化的年代提供了一个契机。1990年，花厅墓地发掘资料发表[2]，当时我刚做完大汶口文化中晚期的系统分期研究文章，觉得有必要把花厅墓地新发表的材料补充进来。翻检资料后，在惊叹花厅墓地出土的良渚式玉器的同时，发现两者在年代的对应关系上与传统认识有很大的错位。因为花厅墓地曾被作为花厅期或花厅类型的代表，在年代上介于刘林期和大汶口期之间，属于大汶口文化中期阶段。而过去一般认为良渚文化主要是和龙山文化同时，至多延伸到大汶口文化晚期阶段，这样就和花厅墓地的资料产生了矛盾。经过一段时间的认真分析和系统比较，得出了良渚文化在年代上基本不与龙山文化共时，而是同大汶口文化中晚期大体相当的结论[3]。1991年2月，在福州全国考古工作汇报会上我曾就这一问题请教过黄宣佩先生，会后，承宋建先生厚意，专程赴上海青浦博物馆和福泉山遗址观摩良渚文化陶器和玉器。同年6月，在合肥召开的"苏鲁豫皖考古座谈会"上，我第一次公开发表了这一看法[4]。后来，张忠培先生也提出了大体相同的意见[5]，并且相信良渚文化新年代看法的人逐渐多起来[6]。

最近几年，随着良渚文化研究的深入，分期和年代自然成为首当其冲的问题。在苏沪浙一带工作的学者，多数人并不完全赞同我们的意见，纷纷亮出了自己的观点[7]。无论如何，年代是良渚文化研究中一个不可回避的问题。

[1] 例如：吴汝祚：《论良渚文化与大汶口、龙山文化的关系》，《东南文化》1989年第6期；吴诗池：《试论良渚文化与山东龙山文化的关系》，《东南文化》1989年第6期；蔡凤书：《山东龙山文化与其周围同时期诸文化的关系》，《山东龙山文化研究文集》，齐鲁书社，1992年。他们在认为良渚文化与大汶口晚期、龙山文化同时的前提下，都对良渚文化和龙山文化的关系进行了探讨。

[2] 南京博物院：《1987年江苏新沂花厅遗址的发掘》，《文物》1990年第2期；栾丰实：《花厅墓地初论》，《东南文化》1992年第1期。

[3] 栾丰实：《良渚文化的分期与年代》，《中原文物》1992年第3期。

[4] 参见《苏鲁豫皖考古座谈会纪要》，《文物研究（第七辑）》，黄山书社，1991年，第21页。

[5] 张忠培：《良渚文化的年代和其所处社会阶段》，《文物》1995年第5期。

[6] 秦岭：《良渚文化的研究现状及相关问题》，《考古学研究（四）》，科学出版社，2000年。

[7] 黄宣佩：《关于良渚文化绝对年代的探讨》，《文明的曙光——良渚文化》，浙江人民出版社，1996年；芮国耀：《良渚文化时空论》，《文明的曙光——良渚文化》，浙江人民出版社，1996年；芮国耀：《失落的文明——论良渚遗址群》，《良渚文化研究——纪念良渚文化发现60周年国际学术讨论会文集》，科学出版社，1999年；张敏等：《江苏阜宁陆庄遗址》，《东方文明之光——良渚文化发现60周年纪念文集》，海南国际新闻出版中心，1996年；宋建：《论良渚文明的兴衰过程》，《良渚文化研究——纪念良渚文化发现60周年国际学术讨论会文集》，科学出版社，1999年。

我们注意到，苏沪浙一些学者虽然不完全同意我们关于良渚文化绝对年代的看法，但内部的观点也在讨论中发生了明显的变化，双方之间开始出现共同认识。如黄宣佩先生关于良渚文化年代的认识就在逐渐变化，他经过分析比较后明确指出，"良渚的年代与大汶口文化的中晚期大体相当"，"良渚的晚期年代应早于山东龙山，过去以为良渚晚期年代与龙山早期相当的见解，应予修改"[1]。

2000年，在良渚文化中心区的上海广富林遗址，发现具有浓厚龙山文化因素的堆积叠压在良渚文化层之上的层位证据[2]，为良渚文化年代问题的研究注入了新的刺激。从而使我们当年关于良渚文化和马桥文化之间有一个较大的缺环（即缺少一个相当于龙山文化的时期）的意见，至少是得到了部分的证实。在良渚文化研究开始由基础性研究逐渐向社会发展进程研究转变的时候，尽快统一对良渚文化所处年代这样最基本问题的认识，就成为目前良渚文化研究中一个较为迫切的课题。

以下我们拟从五个方面来进一步讨论良渚文化的年代问题，并对某些不同观点进行具体分析。

一 大汶口、龙山文化的编年

海岱地区早于商代的遗存，如果不包括旧石器文化，有依次相继的五支考古学文化，即后李文化、北辛文化、大汶口文化、海岱龙山文化和岳石文化。在这一文化序列中，就年代上的连接紧密程度而言，后李文化和北辛文化之间有一定的缺环，龙山文化和岳石文化之间可能有较小的缺环（不超过100年），而北辛文化、大汶口文化、海岱龙山文化三者之间，则是环环相扣，紧密相连。以下只是简述与良渚文化关系密切的大汶口、龙山文化的分期成果和年代关系，同时对有关问题略加分析。

根据我们的研究，大汶口文化可以分为早、中、晚三个大的阶段，每一阶段又可以分为前后两期，连续排下来则成为六期，除第四期外，每期又进一步划分为前后两段，合计得到三大阶段、六期和十一段。结合碳-14测年数据，推定早期阶段的绝对年代在公元前4200～前3500年，中期阶段为公元前3500～前3000年，晚期阶段为公元前3000～前2600年[3]。

早在20世纪70年代，夏鼐先生曾根据为数不多的测年资料，将大汶口文化的起止年代推定为"至少跨着公元前4500～前2300年"[4]。因为近几年仍然有不少人还在延用夏鼐先生的这一看法，所以有必要澄清以下两个问题。

一是这一年代的上限使用的是大墩子遗址下层的一个测年数据，即ZK-0090，经达曼表校正后为公元前4494±200年。因为当时还没有确立北辛文化，所以包括大墩子下层在内的一部分北辛文化中晚期遗存都被归入到大汶口文化，作为大汶口文化早期来对待。进入20世纪80年代，随着北辛文化的确立，以王因下层和大汶口下层为代表的一类遗存就被划入了北辛文化之中，大墩子下层即属此类。所以，大家通常是以刘林墓地最早期和野店遗址最早期作为大汶口文化的开端，在北辛文化

[1] 黄宣佩：《关于良渚文化绝对年代的探讨》，《文明的曙光——良渚文化》，浙江人民出版社，1996年，第121、122页。
[2] 广富林考古队：《广富林遗存的发现与思考》，《中国文物报》2000年9月13日。
[3] 栾丰实：《大汶口文化的分期和类型》，《海岱地区考古研究》，山东大学出版社，1997年。
[4] 夏鼐：《碳-14测定年代和中国史前考古学》，《考古》1977年第4期，第225页。

和大汶口文化的分界上没有异议。于是，大墩子下层的资料代表的是北辛文化的年代，而非大汶口文化。

二是在大汶口文化的下限年代上，夏鼐先生使用了鲁家口遗址的一个碳-14测年数据，这个数据曾给大汶口文化、龙山文化的年代研究造成了很多麻烦，有必要再辨正一下。这个数据是ZK-0317，达曼表校正年代为公元前2340±145年，夏先生在引用时是作为大汶口文化来使用的，而鲁家口发掘报告公布时则明确说它属于龙山文化[1]，按考古界的规则，考古资料的引用要以正式的发掘报告为准。就这么一个小小的误用（也可能当时另有原因），也不知使多少人在认识大汶口和龙山文化的年代上出现错误，实在是一件十分遗憾的事情。当然，在20世纪70年代由于还没有确认岳石文化，人们认为龙山文化和商代在年代上可能是相连接的，再加上一些资料的年代较晚，从而造成一种错觉，认为"中原地区进入早商之后，山东龙山文化可能还延续了一段时间"[2]。

与大汶口文化相比，海岱龙山文化的编年研究更为细致，这主要与资料相对比较丰富、涉足龙山分期研究的学者较多有关。关于龙山文化分期方面的分歧不多，只是每个人划分的粗细有所不同。按我的意见，海岱龙山文化也可以做三个层次的划分，即分为早、晚两个大的阶段，每个阶段再各分为三期，形成一至六期的序列，其中除第二、六期外，余下各期又可以进一步分为前后两段，这样就建构成两大期、六小期和十段的分期体系。用这一分期体系来求证海岱地区的龙山文化遗址，基本上是适用的。结合碳-14测年数据，可以把海岱龙山文化的年代推定在公元前2600～前2000年之间，前后延续了约600年的时间[3]。

二　良渚文化的发展序列

由于良渚文化发掘的墓地较多而聚落遗址较少，长期缺乏有分期意义的层位关系，所以其分期讨论开展得较晚，大约始于20世纪80年代末期。迄今为止，关于良渚文化分期的研究仍未取得一致或被多数人所认同的意见，但各家对一些主要遗址的资料在良渚文化发展过程的位置和相互关系，则没有太大的分歧。

就主要资料的前后年代顺序而言，从早到晚大体可以排成这样一个序列：

第一组，张陵山上层、庙前第二期。

第二组，瑶山、反山墓地的主要墓葬。

第三组，草鞋山M198、福泉山M74等。

第四组，福泉山M40、寺墩M5、千金角M3等。

以上几组遗存在年代上具有前后关系是被研究良渚文化分期的各家所公认的，第二、三组之间、第三、四组之间或可再各加上一组，因为目前意见不甚统一，我们姑且就以这个大家比较认可的早晚序列作为良渚文化的基本分期来对待。有一点似乎可以明确，即第一组是良渚文化最早的，第四组是目前所知的良渚文化最晚的，大约可以成立。当然，因为良渚文化和崧泽文化的分界还没

---

[1]　中国社会科学院考古研究所山东工作队等：《潍县鲁家口新石器时代遗址》，《考古学报》1985年第3期，第348页。

[2]　安志敏：《中国的新石器时代》，《考古》1981年第3期，第256页。

[3]　栾丰实：《海岱龙山文化的分期和类型》，《海岱地区考古研究》，山东大学出版社，1997年。

有完全廓清，所以存在把第一组略向前延的可能，但也只能是微小的，而第四组向后延伸的情况也是如此。

良渚文化之后的太湖地区，过去我们曾认为有一段时间的空白，这种空白有两种可能。一是因为工作开展得不充分，还有更晚的良渚文化遗存没有被发现，或者已经发现了但没有被认出来，由于这几年学术界非常关注良渚文化和其后续文化的关系问题，所以后一种情况存在的可能性不大。二是这一时期可能没有人在此居住，这种可能也不大。因此，我们一直寄希望于新的发现，即在这一地区发现相当于龙山文化时期的遗存。上海广富林遗址的新发现就属于这一类遗存。由于广富林的新资料没有详细公布，并且发掘者认为其与江苏兴化南荡遗址的龙山文化遗存基本相同，所以接下来对南荡龙山文化遗存略作分析。

南荡遗址位于江苏兴化市戴家舍村南，1992年南京博物院对其进行了小面积发掘，发现这是一处堆积比较单纯的龙山文化遗址，面积可达10万平方米[1]。南荡遗址的龙山堆积不厚，有一层或二层。发掘者认为其延续时间不长，属于临时性遗址。但我们细审出土遗物，时代还是有一定差别。其中堆积略厚的T6、T7两个探方，其层位关系依次为：

第1层（耕土）→第2层（龙山层）→第3层（龙山层）→F1（龙山文化）。

第2层内出土侧装三角形足的深腹圜底罐形鼎、高分裆乳状袋足鬲、类子母口瓮、条形纹单耳杯等，均为龙山文化第五期的典型器物，而此层下开口的H1出土的一件近似可以复原的陶鬶，时代也与之大体相同。

第3层内出土遗物不多，也有侧装三角形足鼎，粗圈足盘、窄沿盆等。时代与第2层出土物相差不大。

叠压于第3层之下的F1，发表了2件陶器标本：一件为陶鼎，尖圆唇，平底，足根部外侧有一捺窝，素面，时代应早于侧装三角形足鼎；另一件是大平底盆，口沿显著外卷，与龙山文化第五期中常见直壁盆不同，而与第四期的大卷沿盆相似。

因此，南荡龙山文化遗存的年代略相当于海岱龙山文化第四、五期，由上一节所介绍的分期可知，它们整体上属于龙山文化晚期阶段。如果与海岱龙山文化的年代类比，南荡龙山文化遗存的年代大约在公元前2300～2000年之间。南荡遗址有3个碳-14测年数据：T9第②层木头标本的校正年代为公元前1889～前1686年（编号ZK-2696）；T6、T7第③层下开口的F1测试过两个木头标本，校正年代分别是公元前2458～前2143年和公元前1756～前1618年（编号均为ZK-2697）[2]。3个数据中有2个年代偏晚，尤其是F1的两个数据之间年代相差500余年。发掘者也认为其年代上限不超过公元前2200年，下限也不致晚于公元前2000年。这和上述分析所提出的年代范围较为接近。

广富林遗址位于上海市西南的松江区广富林村，该遗址1959年发现后曾做过小规模试掘[3]。1999年以来，上海市博物馆等单位又先后数次发掘该遗址，除了发现丰富的良渚文化遗存外，最重要的收获是第一次在太湖地区发现了相当于龙山文化时期的"广富林遗存"。这一类遗存主要分布于第

［1］　南京博物院考古研究所等：《江苏兴化戴家舍南荡遗址》，《文物》1995年第4期。

［2］　中国社会科学院考古研究所实验室：《放射性碳素测定年代报告（二一）》，《考古》1994年第7期；《放射性碳素测定年代报告（二二）》，《考古》1995年第7期。

［3］　上海市文物保管委员会：《上海市松江县广富林新石器时代遗址试探》，《考古》1962年第9期。

一发掘区,据简报介绍,其文化堆积有三层,厚度超过半米,发现各种形状的灰坑15个[1]。广富林遗址的这一重要发现,至少可以明确以下三个问题:一是这里的龙山文化遗存是单独存在的,而不是混出于良渚文化之中,其与良渚文化是性质不同的两类遗存;二是在层位关系上,广富林龙山遗存均直接叠压或者打破良渚文化的文化层,时代晚于良渚文化;三是文化内涵和面貌与兴化南荡龙山遗存相似,表明它们之间存在着某种联系。

"广富林遗存"的文化遗物具有明显的海岱龙山文化晚期特征,如H43出土的侧装三角形足鼎、矮流粗颈袋足鬶等,与龙山文化第五期的同类器基本相同,也与南荡遗址的同类遗物相似,所以其年代也应大体相当。广富林遗址测定的两个碳-14数据,校正年代分别为公元前2310年和公元前2320年,与南荡龙山遗存的年代相仿。

基于上述,我们可以认为,太湖地区在良渚文化和马桥文化之间确实存在一个时间上的间隔,而这期间,从江淮之间经宁镇地区到上海一带,至少在一定的区域内存在南荡和广富林一类龙山遗存。于是,从文化序列上看,太湖地区的新石器文化晚期至青铜时代早期,依次经历了良渚文化、广富林一类龙山遗存和马桥文化三个时期。当然,广富林一类龙山遗存发现的时日尚短,由于是一种外来文化,在分布范围和延续时间上都还不能与良渚、马桥文化相提并论,但作为一个阶段则填补了良渚文化和马桥文化之间空白。从大的时代比较,太湖地区的良渚文化、广富林龙山遗存、马桥文化与海岱地区的大汶口文化中晚期、龙山文化、岳石文化之间,在发展阶段上可以相互对应。只不过太湖地区的中间阶段的时间可能较短,而广富林一类龙山遗存和良渚文化之间在时间上还应该存在着一定的间隔。

三　典型良渚因素在大汶口文化中的时间定位

大汶口文化中存在着数量不一的良渚文化因素已经成为学术界的共识,在这个问题上似乎不存在什么歧见。但对于这些因素的性质及其在良渚文化中的时间定位还存在一些不同意见。以前我们曾不止一次地讨论过大汶口文化中的良渚文化因素[2],为了进一步明确良渚文化的年代问题,这里再次从组合关系上简要讨论具有良渚文化因素的大汶口文化遗存的时间定位。

苏北鲁南地区的大汶口文化中晚期遗址中,较为普遍地存在着良渚文化因素。当然,这些良渚文化因素在性质上有所不同,我们曾把它们区分为两类:一类是典型的良渚文化因素;另一类是经过改造和消化的因素[3]。要讨论和确定年代问题,自然是应该分析大汶口文化中典型的良渚文化因素。

以下我们挑选四个大汶口文化典型单位的材料进行分析比较。这四个单位分别来自鲁中南的野店、鲁东南的呈子和苏北的花厅遗址。

野店是一处典型的大汶口文化遗址,其延续时间基本上贯穿大汶口文化的始终[4]。这里我们着重

---

[1]　上海博物馆考古研究部:《上海松江区广富林遗址1999～2000年发掘简报》,《考古》2002年第10期。

[2]　栾丰实:《良渚文化的分期与年代》,《中原文物》1992年第3期;栾丰实:《良渚文化的分期与分区》,《东方文明之光——良渚文化发现60周年纪念文集》,海南国际新闻出版中心,1996年;栾丰实:《良渚文化的北渐》,《中原文物》1996年第3期;栾丰实:《论大汶口文化和崧泽、良渚文化的关系》,《中国考古学会第九次年会论文集》,文物出版社,1997年。

[3]　栾丰实:《良渚文化的分期与年代》,《中原文物》1992年第3期,第53页。

[4]　山东省博物馆、山东省文物考古研究所:《邹县野店》,文物出版社,1985年。

分析一下M31。M31是一座成年男女合葬墓，墓内共出土49件随葬品，其中以陶器为大宗。陶器的器形有瓢形杯、盂形鼎、实足鬶、三足盉、壶形豆、钵形豆、带喙状泥突的缸形器以及大镂孔器座等（图一）。综观该墓出土陶器组合，均为大汶口文化中期阶段前期（即大汶口文化第三期）的典型器形。同时，在该墓之中还发现4件粗矮的圈足贯耳壶，这种壶在大汶口文化中前不见来源后不见去向，是典型的良渚文化器物。贯耳壶的形制特点是，整体粗矮，圈足也较矮（图五），有良渚文化早期作风，但细审之，颈部已较高，圈足也略高，其中一件在圈足部分还出现了小镂孔和压划纹，这种形制已不是良渚文化贯耳壶的最早形态，其时间定位应在良渚早期略晚阶段，与福泉山良渚二期相当或略早。

图一　野店M31出土陶器组合

呈子是鲁东南偏北的一处大汶口文化遗址，这里的大汶口文化遗存主要有12座墓葬，其中5座为合葬墓，7座为单人墓葬[1]。这些墓葬的年代跨度不大，均属于大汶口文化中期阶段的前期，但与潍坊前埠下大汶口文化早中期之交的墓葬相比，时代又略晚一点，所以过去我们将其定在大汶口文化中期阶段前期后段（即大汶口文化第三期第6段）。呈子有2座墓葬出土典型的良渚文化的贯耳壶，即M59和M65。M65是一座双人合葬墓，随葬贯耳壶的是位置靠下的2号人骨，女性，该墓除了发现一件贯耳壶之外，还有近20件典型的大汶口文化陶器（图二）。M59为一座单人女性墓，随葬品中装饰品较多，陶器除了一件贯耳壶外，还有鼎和罐各一件。这两件贯耳壶的形态大同小异，均为高领，浅鼓腹，圈足（图五）。这两件贯耳壶的形态在良渚文化中，应略早于本文所述良渚文化第三组的同类器。

花厅墓地位于苏北地区，是所有大汶口文化遗址中包含良渚文化因素最多的一处。花厅墓地1987年发掘的26座大汶口文化墓葬，可以划分为连续的三期[2]。在整个大汶口文化的分期中，花厅早期属于第三期（中期阶段前）第六段，中期属于第四期（中期阶段后），晚期为第五期（晚期阶段前）第八段。为了便于比较，下面选择出土贯耳壶的M36和M18两座墓葬进行分析。

M36是一座男性墓，随葬品中既有大汶口文化的罐形鼎、实足鬶、大镂孔豆、瘦体矮领背壶、深腹钵形盉、深腹钵，也有良渚文化典型的贯耳壶。该墓出土一批大汶口文化的典型器物（图

[1]　昌潍地区文物管理组、诸城县博物馆：《山东诸城呈子遗址发掘报告》，《考古学报》1980年第3期。
[2]　栾丰实：《花厅墓地初论》，《东南文化》1992年第1期。

三），时代应为大汶口文化第三期偏晚或第四期（中期阶段）偏早。贯耳壶的形态特征为高领，圆鼓腹，圈足略高并外撇（图五），早于本文所述的良渚文化第三组的同类器。

　　M18是一座大墓，除了有较丰富的陶器和玉器之外，还殉有3人。墓中出土的大汶口文化陶器有

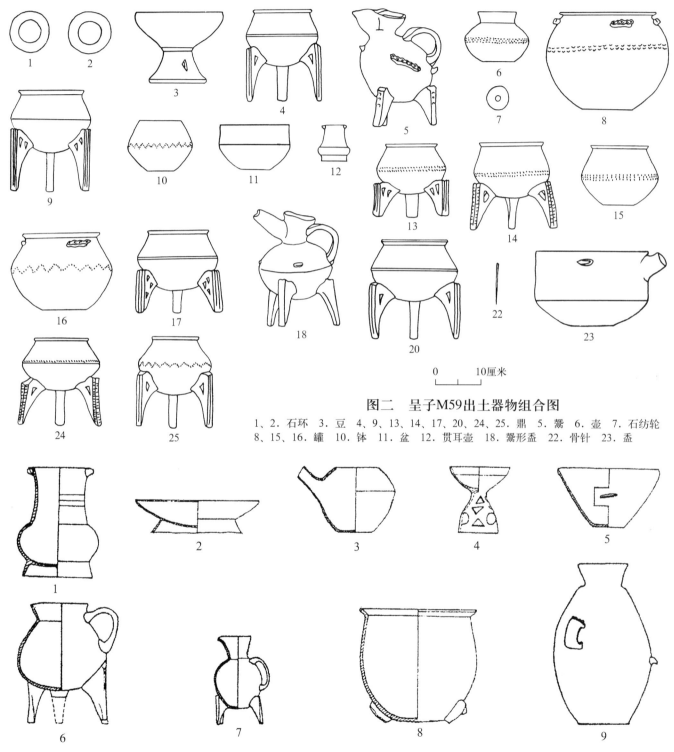

0　　　10厘米

图二　呈子M59出土器物组合图

1、2. 石环　3. 豆　4、9、13、14、17、20、24、25. 鼎　5. 鬶　6. 壶　7. 石纺轮　8、15、16. 罐　10. 钵　11. 盆　12. 贯耳壶　18. 鬶形盉　22. 骨针　23. 盉

图三　花厅M36出土陶器

1. 贯耳壶（32）　2、4. 豆（24、33）　3. 盉（18）　5. 钵（8）　6、7. 鬶（21、27）　8. 鼎（24）　9. 背壶（23）（说明：2、8原报告中均作M36：24）　（4、5为1/6，余皆1/4）

口较大的罐形鼎、罐形豆、形体较瘦的背壶、平底盆、簋、钵等。典型的良渚文化器形有贯耳壶、阔把杯等。此外，还发现较多的淮河流域中游地区同期文化的器物，如瓦足盆形鼎、圈足罐等（图四）。比较M18出土的大汶口文化器物，可将其年代定在大汶口文化第四期（中期阶段）偏晚，其相对年代晚于M36而早于M50、M5等。M18发现的贯耳壶，形制为高领，浅鼓腹，圈足较高且明显外撇，时代显然晚于以上几个单位的贯耳壶（图五），属于本文所述良渚文化第三组。此墓还出土一件阔把杯，形体较粗，有肩，矮圈足，缺乏可以直接比较的标本，结合贯耳壶的形态分析，定在本文所述的第三组也大致不差。

最后，再对花厅M60略加讨论。这是一座大墓，墓室面积仅次于M50和M20，出土陶器89件，玉器近百件，殉5人，是墓地内殉人最多的一座墓葬，其中有一对成年男女，并使用整猪和整狗。在已发表的陶器资料中，有大汶口文化的鼎、鬶、罐、大口尊、罐形豆、钵形豆、背壶、单耳钵和器盖等，也有少量良渚文化的典型器物，如竹节纹豆等。由墓内大汶口文化陶器特征可知，其时代属于

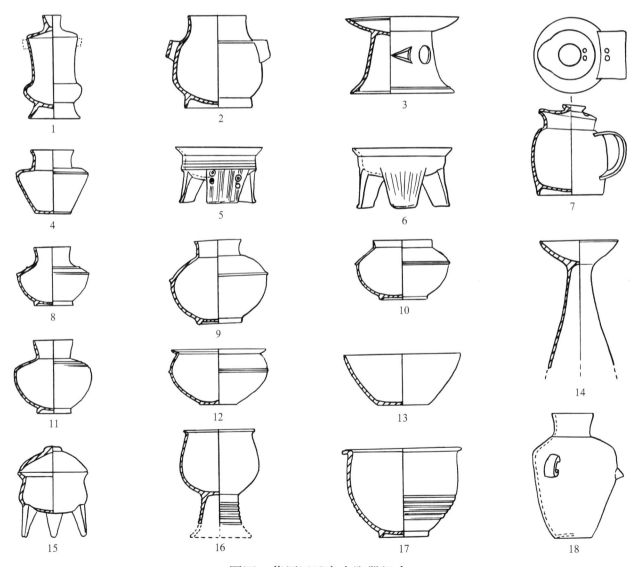

图四　花厅M18出土陶器组合

1. 贯耳壶（46）　2. 贯耳罐（38）　3、14. 豆（45、53）　4、8~11. 罐（34、40、47、48、43）　5、6、15. 鼎（41、29、39）　7. 阔把杯（35）　12. 盆（37）　13. 钵（4）　16、17. 簋（31、32）　18. 背壶（42）

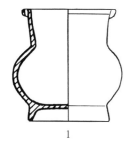 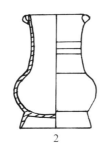 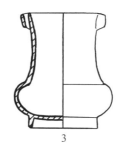 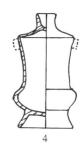

图五　大汶口文化中的良渚式贯耳壶

1. 野店（M31∶10）　2. 花厅（M36∶32）　3. 呈子（M65∶5）　4. 花厅（M18∶46）

大汶口文化第四期（中期阶段后）偏早。出土的竹节纹豆，为矮直口盘形，此类豆在良渚文化主要见于第三组，值得注意。

综合以上各个单位，在年代上可以排成前后大体连接的三组，即：

（1）野店M31。

（2）呈子M59、M65，花厅M36、M60。

（3）花厅M18。

如果我们把大汶口文化中、晚期阶段的分界定在公元前3000年前后，那么，第三组属于大汶口文化第四期偏晚，其绝对年代大约在公元前3000年。第一组的上限可以推到公元前3400年前后。以此衡量良渚文化的年代，则可以得出，本文所述良渚文化第三组的年代在公元前3000年前后，而第一、二两组，则约在公元前3500～前3100年之间，第四组的下限也不会晚于公元前2600年。如此看来，在良渚文化中，与大汶口文化晚期阶段（即公元前3000～前2600年）相当的遗存的数量明显偏少。

大汶口文化晚期阶段的遗存十分丰富，可以作为代表的如大汶口墓地晚期、野店第五期墓葬、陵阳河墓地、大朱家村墓地、尉迟寺遗址等。在这些墓地和遗址中，至今没有见到像中期阶段那样丰富的良渚文化典型器物。这或许说明良渚文化此时就已经衰落了，或者大汶口文化势力增强后阻止了良渚文化的北上，但我们在良渚文化晚于第三组的遗存中，同样没有见到典型的大汶口文化晚期阶段因素。这确实是一个令人费解的现象。

至于另一种情况即北方对南方的影响，以前我们曾指出过，与大汶口文化中存在浓厚的良渚文化因素形成鲜明对照的是，在良渚文化中发现的典型大汶口文化因素并不多，这一结论至今仍然适用。

谈到良渚文化中的大汶口文化，许多人马上就会想到上海福泉山遗址M67出土的一件彩陶背壶[1]。这件背壶的形制为小口较矮，圆肩，一侧扁平，器身绘红褐色波浪纹。吴汝祚先生最早指出这件背壶与大墩子M107出土的一件同类器，从造型到彩陶纹饰都比较相似[2]，同时，其与大汶口墓地M19等墓葬出土的彩陶背壶形制近似[3]（图六）。出土类似彩陶背壶的大汶口墓葬，时代属于大汶口文化第三期（中期阶段）第六段。福泉山发掘报告把M67排在了该墓地的最后一期，亦即目前所认识的良渚文化的最后一期，与他在大汶口文化中所处的年代相差甚远。

[1]　上海市文物管理委员会：《福泉山——新石器时代遗址发掘报告》，文物出版社，2000年。

[2]　吴汝祚：《论良渚文化与大汶口、龙山文化的关系》，《东南文化》1989年第6期。

[3]　山东省文物管理处等：《大汶口——新石器时代墓葬发掘报告》，文物出版社，1974年，图四五，3。

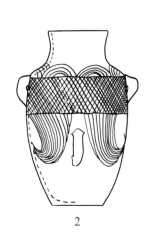

　　　　　　　1　　　　　　　　　　　　　2　　　　　　　　　　　　　3

图六　大汶口、良渚文化背壶之比较
1．福泉山（M67∶46）　2．大墩子（M107∶1）　3．大汶口（M19∶19）

　　良渚文化遗址中发现较多大汶口文化因素的例证，首推临近大汶口文化分布区的江苏阜宁陆庄遗址。陆庄遗址位于淮河故道南岸，1975年就在这里采集到典型的良渚文化玉琮等遗物[1]。而1995年南京博物院对该遗址的发掘，在这里发现了平均厚度近1.5米的良渚文化堆积层，从而可以明确无误的判定这一遗址的文化性质[2]。陆庄良渚文化遗存的年代，从总体上说属于良渚文化第三组前后时期，即早不到第二组，也晚不到第四组。同时，在陆庄遗址的良渚文化遗存中，还发现了较多的典型大汶口文化遗物与之共存，其时代大体属于大汶口文化中期阶段偏晚到晚期阶段偏早时期。这和由良渚文化遗物所确定的期别和年代基本一致[3]。

　　我们还注意到，早年在南京北阴阳营遗址曾发现过一个灰坑（II2），这是该遗址新石器时代遗存中最晚的一个单位[4]，过去有人将其归入良渚文化之中。查该坑共出土4件完整或近似完整的陶器，其中3件属于大汶口文化，分别是刻有羽冠图像的大口尊、大口篮纹盆和弧裆袋足鬶，这3件器物的时代特征较为清楚，均属于大汶口文化晚期阶段之最后一段。而另外一件鬶的形制为，捏流长颈，三个瘦长袋足，颈与袋足的交汇处有环状把手。这种鬶的流传区域较广，从长江中下游到淮河流域都有发现，况且其在良渚文化中的数量较少，现在看来似不宜把此型鬶作为良渚文化的特征性器物来对待。

四　关于自然科学方法测年数据

　　碳-14测年技术的发明，曾在史前考古学的年代研究上掀起了一场革命，它使考古学家对古代遗存年代的确定由"主观臆测和推论"前进到有科学根据的得出。随着这一技术的发展和进步，它逐

　　[1]　蒋素华：《江苏阜宁陆庄出土的良渚文化遗物》，《东方文明之光——良渚文化发现60周年纪念文集》，海南国际新闻出版中心，1996年。

　　[2]　南京博物院考古研究所等：《江苏阜宁陆庄遗址》，《东方文明之光——良渚文化发现60周年纪念文集》，海南国际新闻出版中心，1996年。

　　[3]　栾丰实：《论陆庄新石器时代遗存的文化性质和年代》，《考古》2000年第2期。

　　[4]　南京博物院：《北阴阳营——新石器时代及商周时期遗址发掘报告》，文物出版社，1993年。

渐被广泛接受，成为应用最多的晚第四纪定年方法，其在考古学研究中的重要作用，得到各国学者的高度评价，是考古界运用频率最高的断代方法。也正是依靠这一方法和类型学、地层学研究的结合，已初步建立起比较可靠而可信的中国史前文化的年代框架。但是，随着测年数据的增多以及人们对年代要求的越来越精确，碳-14测年所存在的一些问题就逐渐暴露出来，其测年结果有的时候甚至让人无所适从。

众所周知，碳-14断代法的基本原理是根据样品中的^{14}C原子衰变率来计算样品的年代，而处于与大气交换状态的各种物质的碳-14水平基本上是一致的。当各类生物一旦停止了交换，其^{14}C就会因衰变而降低，研究证明，每经过5730年（或5568年）^{14}C原子就降为原有水平的一半值。据此，测量样品现存的^{14}C放射性水平和它的原始放射性水平相比较，就可以算出生物死亡或停止交换^{14}C的年代，即样品的年龄。这里有一个假定前提，就是"处于交换状态的碳中碳-14的含量自古以来是恒定的"，后来证明这是不确实的。此外，它还存在许多可能引起误差的情况。例如：标本本身可能存在的问题，如特殊环境、人为因素等；采集、存放、运输标本可能出现的问题；实验室中可能出现的问题等。以上任一方面出现问题都会导致测年数据较大地偏离其真实年代。另外，还存在一个统计学上的标准偏差，它是说测年数据分别加、减后面的偏差年代之后得出了一个年代区间，而资料的确实年代只有68.27%的可能在这个区间之内。对以上这些问题，早有学者进行过说明[1]。所以，夏鼐先生特别强调："只有一系列的基本一致的碳-14年代才是有价值的，而一两个孤零的资料，就其本身而论，是没有多大意义的。"[2]

基于上述，我们认为对碳-14测年数据应该有一个基本的认识，即相信而不迷信。而在应用和实践中更重要的是把测年数据和考古学的年代分析结合起来，要特别注意文化间的联系和平衡。如果看一下近些年公布的测年数据，存在问题和相互矛盾的并不仅仅是一两个孤立的数据或少数数据。我们可以随手举出几例：如安徽蒙城尉迟寺大汶口文化晚期遗存，先后测定10个碳-14数据，均偏晚，其中8个偏到了公认的龙山文化和岳石文化的年代范围之内[3]；再如山东泗水尹家城岳石文化遗存，先后测定过8个碳-14数据，其中6个进入公认的龙山文化和大汶口文化晚期阶段的年代范围[4]；又如山东栖霞北城子岳石文化遗存，共测定过7个碳-14数据，其中6个偏早，完全进入龙山文化的年代范围，而同一遗址测定的3个龙山文化数据，却有2个在公认的岳石文化年代范围之内，年代前后颠倒简直匪夷所思[5]。还有一种情况，即同一个遗址的同期遗存，因测定的时间早晚不同而测年结果差别较大，如山东长岛北庄一期（属大汶口文化早期阶段）遗存，分两批测定了15个碳-14数据，不可谓不多，第一批的8个数据，年代悉数明显偏晚，均落在大汶口文化中期阶段的年代范围内，而第二批测定的7个数据，则全部比第一批早了一个时期，基本上都在学术界公认的大汶口文化早期阶段的年代范围之中，两批数据平均相差300～400年[6]。

[1] 考古所实验室：《碳-14年代的误差问题》，《考古》1974年第5期；夏鼐：《碳-14测定年代和中国史前考古学》，《考古》1977年第4期。

[2] 参见夏鼐：《碳-14测定年代和中国史前考古学》，《考古》1977年第4期，第218页。

[3] 中国社会科学院考古研究所等：《蒙城尉迟寺——皖北新石器时代聚落遗存的发掘与研究》，科学出版社，2001年，第322页，表五。

[4] 山东大学历史系考古专业教研室：《泗水尹家城》，文物出版社，1990年，附表一六。

[5] 中国社会科学院考古研究所：《中国考古学中碳十四年代数据集（1965～1991）》，文物出版社，1992年，第144～146页。

[6] 中国社会科学院考古研究所：《中国考古学中碳十四年代数据集（1965～1991）》，文物出版社，1992年，第140～142页。

以上数据存在的问题似乎既有规律又没有什么规律，也并非出自同一个实验室，如果不是已经初步建立起各考古学文化的基本年代框架，真有点让人无所适从。尤其使人不可理解的是，这种现象竟然没有自然科学测年专业的学者予以分析和讨论。

关于良渚文化的测年数据，目前已有50多个，这些数据主要是采用碳-14和热释光两种方法测定出来的，其中热释光法测定的略多。碳-14年代数据的样品主要是木炭，也有炭化稻、草木灰和人骨标本。分析这些良渚文化的测年数据，我认为存在以下几个方面的问题。

（1）碳-14测年数据数量偏少。据统计，现有良渚文化测年数据51个[1]，但其中30个是热释光数据，而就目前的认识而言，热释光测年用于时代较近的全新世准确性相对较差。使用碳-14方法测定的数据为21个，数量偏少，并且这些测定标本多半又出自文化层之中。因为同层位的遗物本来就少，并且多半没有发表，所以多数数据难以与良渚文化的分期成果进行细致的对应，从而难以作进一步的年代分析。

（2）现有数据中热释光法获得的测年数据较多，而这种方法测定的数据，从统计学的角度分析至少有两个倾向：一是多数数据的年代相对偏晚，如在目前收集的晚于距今4500年的22个数据中，其中19个是热释光数据；二是同一个遗址同一层位的陶片，测定结果相差甚大，如同为上海金山亭林遗址T4下层出土陶片测定的10个数据，最早的年代为距今5140±470年，其次为距今4800±410年，以下多集中在距今4210±500和4080±240年之间，而最晚的一例是距今3870±280年，早晚相差幅度高达1000年以上。同时，热释光法测年的误差范围也较大，加减号后面的数据一般都在300年以上，有的甚至达到了500年。我们还注意到，在其他遗址的热释光测年数据中也存在类似现象，如用红山文化陶片测定的热释光年代就比同一时期的碳-14年代平均晚500年以上[2]。在这种情况下，就不能不使我们对这些热释光测年数据的准确性和可靠性心存疑虑。

表一　良渚文化热释光测年数据一览表

编　号	出土地点及层位	材　料	测定年代（B.C）
SB25a	金山亭林T4（下）	陶片	3160±470
SB25e	金山亭林T4（下）	陶片	2820±410
SB71	青浦福泉山	陶片	2780±210
SB166	青浦福泉山T8④	陶片	2740±400
SB70	青浦福泉山	陶片	2680±470

[1]　51个数据是在宋建先生文内列表的基础上（参见宋建《论良渚文明的兴衰过程》，《良渚文化研究——纪念良渚文化发现60周年国际学术讨论会文集》，科学出版社，1999年），再增加金山亭林遗址T4下层的5个数据（参见《考古》1990年第3期，第278页，表2）、庙前第2层1个和张陵山上层1个、江苏青墩上层2个数据合计而成。黄宣佩先生认为后三个数据和福泉山的ZK-1250可能早到崧泽文化晚期。

[2]　北京大学考古系热释光测年实验室和上海博物馆考古科学与文物保护实验室分别对红山文化的陶片进行了热释光法测年，已公布的有5例，其年代在距今2978±345年～距今1949±555年（参见李延祥等：《牛河梁冶铜炉壁残片研究·表三》，《文物》1999年第12期），而同一地点的4个碳-14年代数据，高精度校正年代则在公元前3779～前3517年至公元前3360～前2920年（参见中国社会科学院考古研究所《中国考古学中碳十四年代数据集（1965～1991）》，文物出版社，1992年，第67页）。

SB167	青浦福泉山T8④	陶片	2660±430
SB102a	马桥T6⑤	陶片	2610±320
SB74a	青浦福泉山T8③	陶片	2600±430
SBMc	马桥⑤	陶鬶袋足	2570±460
SB73c	青浦福泉山T8③	陶片	2550±340
SBMb	马桥⑤	陶罐口	2530±440
SBMa	马桥⑤	陶杯把	2510±470
SB73a	青浦福泉山T8③	陶片	2510±430
SB101a	马桥T6⑤	陶片	2480±260
SB74b	青浦福泉山T8③	陶片	2400±450
SB94	金山亭林T4（下）	陶片	2370±350
SB102b	马桥T6⑤	陶片	2320±340
SB67	青浦福泉山	陶片	2320±300
SB25d	金山亭林T4（下）	陶片	2230±500
SB93	金山亭林T4（下）	陶片	2200±360
SB25c	金山亭林T4（下）	陶片	2160±320
SB73b	青浦福泉山T8③	陶片	2140±370
SB101b	马桥T6⑤	陶片	2140±280
SB25b	金山亭林T4（下）	陶片	2130±360
SBMe	马桥⑤	陶鬶	2120±390
SB95	金山亭林T4（下）	陶片	2120±370
SB68	青浦福泉山	陶片	2120±190
SB96a	金山亭林T4（下）	陶罐	2100±240
SB165	青浦福泉山T8③	陶片	1980±360
SB96b	金山亭林T4（下）	陶罐	1890±280

（3）在已有的21个碳-14数据中，年代晚于距今4500年的只有4个，并且其中一个是人骨标本（表二）。人骨标本测定的年代数据，相当一批都偏晚，如过去在山东前寨、三里河和陵阳河三个大汶口墓地测定的7个人骨标本，除了一例偏早（公元前3500年以前），其余6例校正后的年代基本

上在公元前2000年以内，明显偏晚[1]，所以学术界没有人根据这些数据来确定大汶口文化的年代。上海金山亭林M12的人骨标本（ZK-2272），测年数据高精度树轮校正后仅为公元前2131～前1689年，与上述大汶口人骨测年数据相当或略早，按照惯例应摒弃这一数据。这样，在其余20个数据中，实际上只有3例校正年代在公元前2500年以内，所占比例为15%。年代在公元前2500年之前的17个数据，就年代分布的范围而言，除去张陵山上层1个明显偏早（公元前3835±240年），余者约在公元前3450～前2550年之间[2]。这和我们对良渚文化绝对年代（公元前3500～前2500年）的估计是基本吻合的。

表二　良渚文化碳-14测年数据一览表

实验室编号	出土地点及编号	材　料	测定年代	校正年代1	校正年代2	备　注
ZK-0433	张陵山T2②	木炭	3210±230	3835±240	4037～3535	
海洋局二所	吴家埠第2层	木炭	2880±145	3460±145	3650～3300	*1
WB78-09	青墩T1⑥	树根	2875±85	3455±110	3621～3361	
ZK-1250	福泉山T3	炭化木	2780±80	3345±120	3499～3142	
ZK-0049	钱山漾乙T22④	炭化稻	2750±100	3310±135	3496～3100	
ZK-0097	钱山漾乙④	木杵	2745±90	3305±130	3375～3101	
BK89025	龙南南区F1	草木灰	2735±90	3290±130	3380～3090	*
WB78-08	青墩T2⑤H2	木炭	2730±85	3285±125	3372～3100	
BK-91010	寺前J7	竹木片	2695±70	3245±120	3250～3090	*
ZK-89026	龙南南区H22	草木灰	2645±80	3185±120	3340～3150	*
南大78	溧阳洋渚（下）	木头	2483±110	3000±145	3100～2650	*
ZK-0044	余杭安溪T3④	梯形木	2385±85	2870±180	2915～2628	
BK89024	龙南南区H1	木炭	2340±100	2815±145	2880～2620	*
ZK-2271	龙南F1	稻谷炭	2330±125	2800±165	2910～2580	
NB-0030	寺墩T108②	炭粒	2320±200	2790±230	3013～2470	
ZK-0047	钱山漾甲T16④	千篓	2295±85	2760±140	2882～2528	
ZK-0050	钱山漾乙T13④	竹绳	2190±85	2630±135	2857～2464	
ZK-0292	青浦果园T6④	木头	2130±100	2555±145	2590～2340	
ZK-0242	雀幕桥	木板	1990±95	2380±145	2463～2141	

[1]　中国社会科学院考古研究所：《中国考古学中碳十四年代数据集（1965～1991）》，文物出版社，1992年，第135～139页。

[2]　其中最早的一个出自浙江吴家埠第二期（良渚文化早期），测定年代是4830±145年，达曼表校正年代是公元前3460±145年，最晚的一个是上海果园T6第4层（期别不详），测定年代是4080±100年，达曼表校正年代为公元前2555±145年。

ZK-0254	亭林T1②	残树干	1890±95	2250±145	2294～1989	
ZK-2109	德清辉山M2	木头	1790±75	2130±100	2134～1900	
ZK-2272	亭林M12	人骨	1690±150	2005±165	2131～1689	

1　浙江省文物考古研究所：《余杭吴家埠新石器时代遗址·附记》，《浙江省文物考古研究所学刊——建所十周年纪念1980～1990》，科学出版社，1993年。

说明：测定年代的半衰期为5730±40年；校正年代1为达曼表校正值；校正年代2为高精度表校正值；均为公元前年代；备注栏中加*号者，其高精度校正年代系中国社会科学院考古研究所张雪莲女士代为计算；以上年代均为公元前年代。

五　关于几种不同意见的讨论

近年来系统论述良渚文化年代的主要有黄宣佩和宋建先生，为进一步辩明良渚文化的年代问题，这里对两位的观点提出一些分析。

如前所述，黄宣佩先生关于良渚文化的年代观近年来有了较大的转变，其基本结论可综合为二：一是良渚晚期与龙山早期不共时，良渚晚期早于山东龙山文化，良渚文化的年代与大汶口文化中晚期大体相当；二是良渚文化的绝对年代在距今5100～4200年之间[1]。

对前一个结论我是完全赞同的，或者说是我们一致的看法。后一个意见则不敢苟同，因为前后两个结论互相矛盾。大汶口文化和海岱龙山文化的年代是比较清楚的，大汶口文化早、中期之交不会晚到距今5100年，这个问题因为牵涉到崧泽文化的年代，不是几句话可以说得清楚，容另文讨论。而大汶口、龙山的分界无论如何也不会晚到距今4200年前后，本文第一部分已从正面简要论述了大汶口、龙山文化的年代，相信已经比较清楚。

那么为什么会出现这种既认为良渚文化与大汶口文化中晚期相当，又把良渚文化绝对年代的下限定在距今4200年的看法呢？我认为问题还是出在对大汶口文化年代的认识上面。主要是两条材料引起了对大汶口文化年代的误解。

一个还是山东潍县鲁家口遗址的那个资料，即ZK-0317，达曼表校正年代为公元前2340±145年。1985年发表的鲁家口发掘报告就明确指出其属于龙山文化。所以，大家早就不应该依据这一资料来讨论大汶口文化的下限年代。

二是关于花厅墓地的年代。花厅大汶口墓地的年代对确定良渚文化的年代有重要意义，因为这里有少见的两种文化遗存共处同一墓地甚至同一墓葬之中的现象。黄先生在文中说，"在新沂花厅北区大汶口文化墓地，发现大量良渚文化中、晚期的陶器和玉石器与之共存，……现知花厅遗址的年代约距今5150～4450年"[2]。这一资料出自张光直先生1977年写的一篇论文[3]，其中有几个问题应加以澄清。首先，张先生说的是花厅村期的年代，而不是花厅墓地本身的年代，这两者是不同的，张先生随后在同文中就用大汶口文化的特征来表述花厅期的新石器时代文化。其次，1993年，张光直先生在引用1987年花厅墓葬的发掘资料时，曾明确认为花厅的二十几座墓葬，时代为距今约5000

[1]　黄宣佩：《关于良渚文化绝对年代的探讨》，《文明的曙光——良渚文化》，浙江人民出版社，1996年，第122页。

[2]　黄宣佩：《关于良渚文化绝对年代的探讨》，《文明的曙光——良渚文化》，浙江人民出版社，1996年，第117、121页。

[3]　张光直：《殷商文明起源研究上的一个关键问题》，《沈刚伯先生八秩荣庆论文集》，台北联经出版事业公司，1976年。

年前[1]。实际上花厅大汶口墓葬的年代下限还要晚一些，可能延至距今4800年前后[2]。

综上，如果认为良渚文化早于龙山文化，并且与大汶口文化中晚期时代相当，那么就目前的资料而言，只能把良渚文化的年代也定在公元前3500～前2600年，下限可能略晚，但不会晚到距今4500年之内。

宋建先生是另一位详细论证良渚文化年代的学者。他分良渚文化为前后依次的六段，然后结合已有的各种测年数据，将良渚文化的绝对年代定为距今5200～4000年之间，前后经历了约1200年，每段200年左右。他不否认通过与大汶口文化的比较来确定良渚文化的年代是一条有效的途径，所以，为了证明上述年代观，他用相当大的篇幅讨论了良渚文化和大汶口文化之间的对应关系。细审之，主要是从三个方面展开的，即大口尊的流行时间、花厅墓地的年代和大汶口文化的年代[3]。关于大汶口文化的起止年代本文已在第一部分已进行了详细分析，问题已经很清楚，这里不再重复。下面就前两个方面略陈己见。

关于花厅墓地的问题，可以从以下三个方面进行分析。

首先，关于花厅墓地一部分属于大汶口文化中期，大部分属于大汶口文化晚期的看法不能成立。花厅墓地的大汶口文化墓葬可以分为三期，早中期属于大汶口文化中期，晚期为大汶口文化晚期，年代约在公元前3400～前2800年之间[4]。

其次，关于具体的墓葬与良渚文化的对应关系。花厅墓地出土良渚式陶器较多，最具有可比性的应该是贯耳壶，它不仅出土数量较多，而且也有明显的阶段性，所以本文前边按三组进行了分析比较。同时，我们注意到花厅墓地最晚一期墓葬中，来自良渚文化的典型陶器并不多，缺乏可指明时代的特征性器形，但是可以依据文化遗存变化的时间幅度进行推定。阔把杯在花厅墓地仅从M18出土一件，风格属良渚文化无疑，但具体形制与良渚文化所见并不完全相同。同时，M18还出土了典型的良渚式贯耳壶，其属于第三组已如前述。

第三，整体分析花厅墓地和良渚文化各期的对应关系，大体是这样：花厅墓地以1952、1953年发掘的部分早期墓为代表的墓葬至晚与良渚文化第一组偏晚或第二组偏早时期相当；以M36为代表的早期墓葬早于良渚文化第三组；以M18、M20等为代表的中期墓与良渚文化第三组时代相当；以M5、M50等为代表的晚期墓应早于良渚文化第四组，而与福泉山M101等为代表的遗存相当；如果再进一步对应，良渚第四组即目前所见良渚文化最晚的一期应与大汶口文化晚期阶段后期相当。以上就是大致的大汶口文化与良渚文化的按期别的年代对应关系。

关于陶大口尊（或称为大口缸、大口瓮、陶臼）。

大口尊的流行区域较广，不仅见于海岱、太湖两地区，江汉地区同期文化中也有相当数量。大口尊延续的时间较长，各个时期的形制有明显变化，我们不能把时代不同的大口尊混为一谈。大口

[1] 张光直：《商城与商王朝的起源及其早期文化》，《中国青铜时代》，生活·读书·新知三联书店，1999年，第131页。

[2] 花厅大汶口文化墓地可以划分为三期，早中期属于大汶口文化中期阶段，晚期属于大汶口文化晚期阶段偏前，按大汶口文化的绝对年代，晚期阶段前半约为距今5000年至4800年。故认为花厅墓地的下限约在距今4800年前后。

[3] 宋建：《论良渚文明的兴衰过程》，《良渚文化研究——纪念良渚文化发现60周年国际学术讨论会文集》，科学出版社，1999年。

[4] 栾丰实：《花厅墓地初论》，《东南文化》1992年第1期。1989年的发掘资料公布之后，燕生东对全部资料进行了研究，他分为四期，年代也定在公元前3400～前2800年之间。参见燕生东：《花厅墓地的分期和文化性质》，《刘敦愿先生纪念文集》，山东大学出版社，1998年。

尊是大汶口文化和崧泽、良渚文化共有的一种重要器类，是联系两区文化的一条纽带[1]。

　　大口尊在海岱、太湖两地区可谓源远流长。海岱地区源于后李文化时期的筒形圆底釜，太湖地区则始见于马家浜文化。纵观两区（大汶口文化、崧泽和良渚文化时期）大口尊的演化，大体经历了四个大的发展阶段。

　　第一阶段是大汶口早期阶段和崧泽文化时期，此期两地大口尊的数量都不是很多[2]，但形制基本一致，即整体粗矮，直口，壁亦较直，近底部收成圆底，口沿外侧均有一组由若干条弦纹组成的宽带弦纹，腹部则饰相对稀疏的篮纹。同类大口尊海岱地区见于刘林墓地、大墩子墓地、大汶口遗址的早期等（图七，1～3），太湖地区见于崧泽墓地、草鞋山第六层墓葬和张陵山下层墓葬（图八，1、2）。

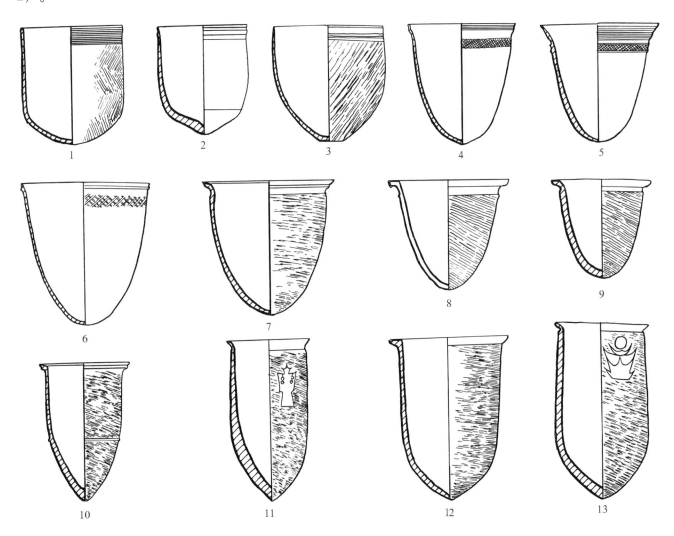

图七　大汶口文化的大口尊

1. 刘林（M192：1）　2～4. 大墩子（M186：3、M44：36、M272：3）　5. 大汶口（M13：21）　6. 野店（K1：1）　7. 建新（F20：01）　8、9. 花厅（M50：56、58）　10、11. 大朱家村（M26：3、M17：1）　12、13. 尉迟寺（F33：1、JS4：1）

　　[1]　栾丰实：《论大汶口文化和崧泽、良渚文化的关系》，《中国考古学会第九次年会论文集》，文物出版社，1997年。
　　[2]　大口尊的器形较大，除非出自墓葬和房屋之内，否则一般不易复原。如大汶口遗址早期堆积中发现同类大口尊56件，其中没有一件能够复原者。参见山东省文物考古研究所：《大汶口续集——大汶口遗址第二、三次发掘报告》，科学出版社，1997年。

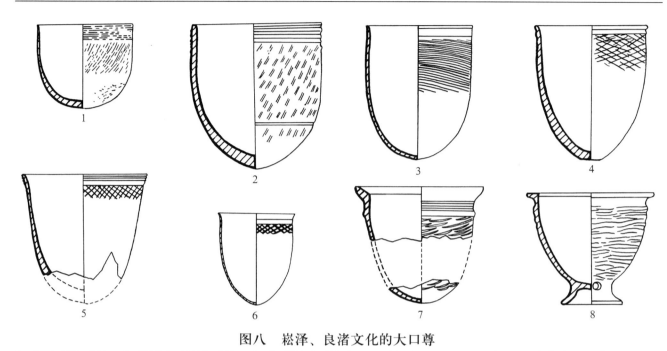

图八　崧泽、良渚文化的大口尊

1. 崧泽（T2：31）　2. 张陵山（M05：23）　3～5. 福泉山（M151：16、T3④：4、M136：16）　6. 大坟（M2：1）　7. 陆庄（T0309⑦：7）　8. 寺墩（M3：8）

　　第二阶段是良渚文化前期和大汶口文化中期阶段偏早时期。良渚文化时期的大口尊，见于多个遗址，如上海的福泉山、马桥，浙江的瑶山、反山，江苏的草鞋山等。这些遗址出土的大口尊的形制特征是：器体变高，但仍较粗胖，口沿略外侈，出唇，腹壁微向内斜收，尖圜底，口沿外侧下部的弦纹带消失，而出现较宽的压印菱形格纹样带，有的则为篮纹带（图八，3～6）。如果进一步分析，这些大口尊有一些细微变化，时代也略有差异。宋建先生认为，这些大口尊绝大多数出自他所划分的良渚文化"第一期和第二期"，"第三期前段比较少见"[1]，这里的第三期前段与本文所划分的第三组相当。如此看来，这些大口尊基本上出现在良渚文化的前半期，我们同意这一观点。

　　大汶口文化中期阶段偏早时期的大口尊，形制特征表现为：口沿略微外侈，腹壁内斜，圜底或尖圜底，口沿外侧的弦纹带简化或消失，沿下或有一周带状压印菱形纹，纹样带以下则多为素面。这种形制的大口尊见于大汶口墓地早期墓（如M13）、野店中期（属于大汶口文化中期阶段，如M35）、大墩子墓地（如M272）、花厅墓地早期（如M60）等（图七，4～6）。考察出土此类大口尊的单位，均为大汶口文化中期阶段偏前时期。这些大口尊的基本特征，一望便知与良渚文化的大口尊相似。

　　第三阶段是大汶口文化中期阶段偏晚至晚期阶段的偏早时期。此期大口尊多见于大汶口文化，良渚文化发现甚少。此期大口尊的形制特征为：出现较宽的平折沿，整体开始变瘦，腹壁向内倾斜较甚，近似于尖底。外表通体饰粗篮纹。这种形制的大口尊的较早形态见于山东枣庄建新遗址（F20），器体还较肥胖，略晚的形态则见于花厅墓地（M50），器体已明显变瘦（图七，7～9）。这一阶段的大口尊与第二阶段的大口尊具有明显的承袭关系，但变化也是明显的。良渚文化中此类

　　[1]　宋建：《论良渚文明的兴衰过程》，《良渚文化研究——纪念良渚文化发现60周年国际学术讨论会文集》，科学出版社，1999年。

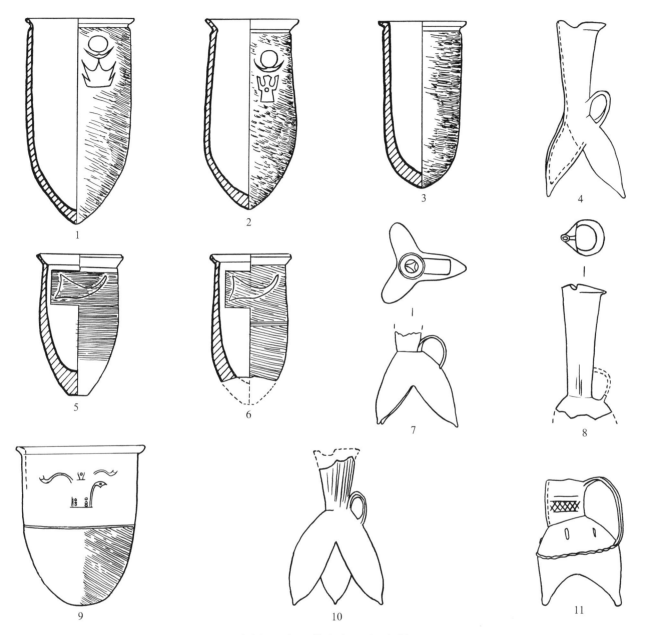

图九　大口尊与长颈捏流鬶

1~4. 尉迟寺（M96∶2、M177∶1、M168∶1、M67∶11）　　5~8. 肖家屋脊（JY7∶9、5、H434②∶33、H427∶8）　　9~11. 北阴阳营（H2∶1、2、4）

大口尊甚少，如江苏阜宁陆庄发现的一件，与大汶口文化的同类尊相近（图八，7）。考虑到陆庄的地理位置偏于北部，并且陆庄遗址中存在着浓厚的大汶口文化因素，不能排除这类大口尊来自大汶口文化的可能，但它与良渚文化偏晚时期遗存共出则是可以肯定的。或认为至此期，良渚文化前半期的大口尊已蜕变或明器化为一种圈足陶簋[1]。考察良渚文化的器物群后可知，这种簋确实是突然出现的，它的基本形制特征为：宽沿平折，有颈，器腹整体斜内收，圜底下有圈足，器表通体饰粗篮纹（图八，8）。这种形制的簋与大汶口文化晚期阶段偏早时期的大口尊确有相通之处。所以，我认

[1]　孙国平：《良渚文化陶缸观察与分析》，《纪念浙江省文物考古研究所建所二十周年论文集》，西泠印社，1999年。

为这是一种极有见地的看法。

第四阶段是大汶口文化晚期阶段偏晚时期。这一阶段大汶口文化中发现的大口尊数量较多，出土地点也遍布各地，如莒县陵阳河、大朱家村、杭头，日照尧王城，诸城前寨，胶州三里河，枣庄建新，邹县野店，安徽蒙城尉迟寺等遗址都有发现。与第三阶段相比，这一时期大口尊的形制又产生了重大变化，其基本特征是：窄沿外侈，器体瘦长，绝大多数为尖底，陶胎厚重，外表遍饰粗篮纹，所有的刻画图像文字均发现于此类大口尊上（图七，10～13）。这种类型的大口尊，至少在目前已公布的良渚文化资料中尚未发现。

作为大口尊的时代对应关系，我们可以从不同地区举出第四阶段形制的大口尊与长颈袋足鬶共时的旁证。

一是地处皖北的尉迟寺（图九，1～4），该遗址的房屋和墓葬中均出土了大量第四阶段形制的大口尊，同时，在M67中还发现一件捏流长颈袋足鬶，基本形制与良渚文化的同类鬶相同，可推知时代大体相当。尉迟寺遗址的大汶口文化遗存属于大汶口文化晚期偏晚，发掘报告认为其年代在距今4800～4600年之间，其下限已延至大汶口文化之末[1]。

二是位于长江中游地区的石家河，该遗址石家河文化早期遗存中，出土了大量与上述第四阶段形制相同的大口尊，有不少个体外表也有刻画图像。在同期遗存中，也出土了一部分捏流长颈袋足鬶[2]（图九，5～8）。

三是位于长江下游的南京北阴阳营，该遗址H2共出大汶口文化第四阶段的大口尊与捏流长颈鬶（图九，9～11），详细情况已如前述。

综上，良渚文化多数大口尊大体与大汶口文化中期阶段同时，而以寺墩M3出土的夹砂圈足簋为代表的一类器物，与第三阶段的大汶口文化大口尊有共同之处，在年代上，则处在大汶口文化中期阶段偏晚至晚期阶段偏早时期。而第四阶段的大口尊，至今尚未在良渚文化中发现。

（原载《故宫学术季刊》第20卷第4期，2003年）

[1]　中国社会科学院考古研究所：《蒙城尉迟寺——皖北新石器时代聚落遗存的发掘与研究》，科学出版社，2001年，第322页，表五。

[2]　湖北省荆州博物馆、湖北省文物考古研究所、北京大学考古学系石家河考古队：《肖家屋脊》，文物出版社，1999年。

论陆庄新石器时代遗存的文化性质和年代

陆庄隶属于江苏省阜宁县，位于淮河故道——废黄河之南约4千米处。这一带的地貌属于冲积平原，由于历史上黄河夺淮入海带来的大量泥沙，使这一地区成为黄泛区，地面以下普遍淤积有3～4米厚的黄沙层，新石器时代遗址均埋藏于其下。20世纪70年代，当地农民挖黑泥改造土壤时发现陆庄遗址。1975年，南京博物院在这里征集到一批玉、石器，因其出土有典型的良渚型玉琮，遂将陆庄定为良渚文化遗址[1]，以后，许多学者据此把陆庄一带作为良渚文化分布区的北缘。这批遗物计有玉琮、石斧、石锛、石凿、石钺、石刀、石镞、石坠、砺石和陶纺轮，还有丁字型鼎足、鬶足等陶器残片，据报道者调查，其中多数分别出自4座墓葬[2]。

为了进一步了解陆庄新石器时代遗存的文化性质、年代及其他相关问题，1995年，南京博物院等单位在多次调查的基础上，对陆庄遗址进行了考古发掘，发掘面积96平方米（以下所引用资料，如未注明，皆出自注2和注3）[3]。尽管这次发掘所揭露的面积不大，出土遗物也不十分丰富，但由于是科学发掘，所有出土遗物都有确切的层位关系。因此，使我们对陆庄遗址新石器时代遗存的讨论，得以建立在比较可靠的基础之上。

关于良渚文化的一些基本问题，如分布范围、年代和去向等，学术界向有不同看法。陆庄遗址的发掘资料，为解决这些问题提供了比较重要的线索。我们认为，陆庄新石器时代遗存的文化性质和年代，是首先要解决的两个问题。这里谈一些个人的看法，不妥之处，敬希诸位专家学者指正。

一

关于陆庄新石器文化遗存的文化性质，发掘报告的作者认为："陆庄遗址的文化遗物与良渚文化中、晚期的文化遗物完全一致"，"应与良渚文化有着密切的关系，当属良渚文化的遗物，但不应划入良渚文化区的范围。"而不把这一区域作为良渚文化分布区的理由是，"如果将陆庄遗址作为良渚文化区的北缘，那良渚文化区就不仅仅局限在环太湖地区，还应包括整个江淮东部地区。事实上，在陆庄遗址以南，有与王油坊类型龙山文化相类似的兴化南荡遗存，这样一来，亦同样会造成这一地区考古学文化在空间上的重复和交叉，同样会造成这一地区考古学研究上的混乱。"因此，提出将其"称之为陆庄文化遗存"，以示和良渚文化的区别。

[1] 南京博物院：《江苏文物考古工作三十年》，《文物考古工作三十年（1949～1979）》，文物出版社，1979年。

[2] 蒋素华：《江苏阜宁陆庄出土的良渚文化遗物》，《东方文明之光——良渚文化发现60周年纪念文集》，海南国际新闻出版中心，1996年。

[3] 南京博物院考古研究所等：《江苏阜宁陆庄遗址》，《东方文明之光——良渚文化发现60周年纪念文集》，海南国际新闻出版中心，1996年。

陆庄遗址出土的文化遗物，多数比较破碎，完整或者可以复原的器物甚少，因而，进行详细的文化因素分析有一定困难。分析已发表的资料，可以将其粗略地划分为三组。

（1）甲组

特征清楚和文化属性比较明确的，玉石器有玉琮、有段石锛、石刀等，陶器有鼎、鬶、贯耳罐、圈足器等（图一）。此组器物均与江南地区良渚文化的同类器形相同。

玉琮　1975年采集1件。器体为矮方柱体筒形，内圆外方，上部有两组弦纹带，下部有四组简化神人兽面纹（图一，15）。同型玉琮和纹样均习见于良渚文化。

有段石锛　1975年采集2件。长方形，下端略宽（图一，9）。有段石锛是良渚文化极富代表性的工具。

石刀　平面形态有近三角形和近长方形两种。前者为1975年采集，形制为直背，下端中部外凸，和两侧边形成约130°的钝角，两翼为双面刃，近背部正中处穿一圆孔（图一，5）。此类刀从整体形状看，与良渚文化的同类刀相似，且均为双面刃，用途也应当相同。

陶鼎　特征比较清楚的是鼎足。其中约占总数40%的丁字形鼎足，形制和纹饰均为典型的良渚文化风格。除丁字形鼎足之外，陆庄遗址还出土约占总数50%的侧三角形鼎足，这种鼎足为扁体，两侧多有刻划竖线（图一，6、10～14），类似的风格多见于良渚文化。但良渚文化中、晚期的鼎足

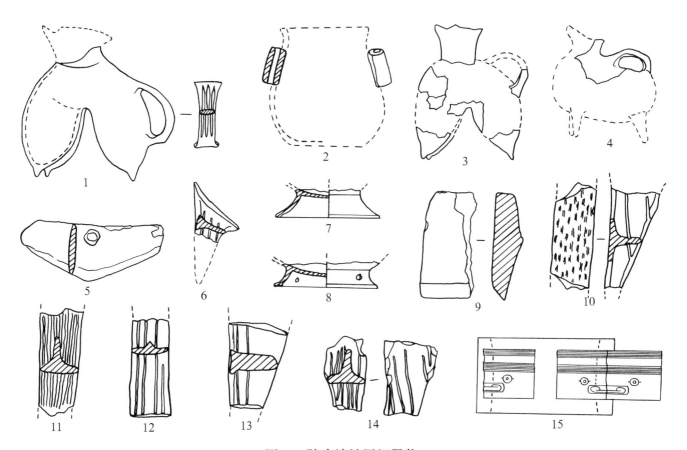

图一　陆庄遗址甲组器物

1、3、4. 陶鬶（T0609⑦：7、T0309⑦：8、T0409⑥：2）　2. 贯耳陶罐（T0508⑧：15）　5. 石刀（采集）　6、10～14. 陶鼎足（T0609：12、3. T0609⑦：11、T0309⑥：3、T0709⑧：5、T0509⑧：11）　7、8. 圈足陶器（T0309⑦：6、T0509②：7）　9. 有段石锛（采集）　15. 玉琮（采集）

中，侧三角形者并不占主流。陆庄发表的几件，多数未到足根，不知其足根部的形制是否都相同。

陶鬶 有实足和分裆乳状袋足两类（图一，1、3、4）。根据复原的形态，这两类鬶的形制均与典型良渚文化的同类器相同，而与大汶口文化的陶鬶不同。

贯耳罐 仅见一贯耳（图一，2），根据复原的形态，为典型的良渚文化器形。

圈足器 多保存圈足器的圈足，较矮，直径较大，有的有镂孔。应为矮圈足盘类器物的圈足。良渚文化多见。

此外，还有一些器类，由于均为较小的残片，不便确指。这一组器物特征明显，普遍见于太湖地区的良渚文化遗址之中，属于典型的良渚文化。

（2）乙组

主要为陶器，器形有鼎、罐、豆等（图二，1～9）。可以确指为此组的器物数量不多，其特征与海岱地区大汶口文化的同类器相同。

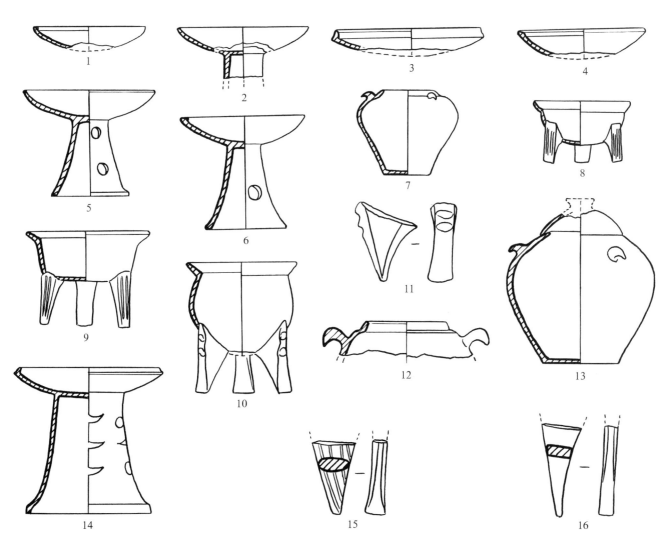

图二 陆庄遗址乙组与大汶口文化中晚期陶器之比较

1～6、14. 豆（T0509⑧：21、T0509⑥：5、T0409⑧：13、T0509⑧：17、M9：6、M64：3、M50：44） 7、12、13. 罐（M8：6、H3：6、M47：35） 8～11、15、16. 鼎（T0609⑧：22、M69：13、M8：24、T0509⑥：1、T0709⑧：7、6） （5～7、9、10为建新，13为大汶口，14为花厅，余为陆庄）

鼎　盆形，宽折沿，浅腹，圆底近平，扁凿形足，表面有多道刻划竖槽（图二，8～10）。与此类鼎相似的器形在大汶口文化中较为常见，尤其是这种表面有刻划的凿形鼎足，习见于大汶口文化晚期阶段。在陆庄遗址还有为数不多的侧三角凿形鼎足，即侧视为三角形，正面上端略窄，或有捺窝，下端略宽并较薄，呈凿形（图二，11、15、16）。此类鼎足在大汶口文化中数量甚多，不仅见于鼎，同时期的鬶也多为此种形制的足，是代表性器形。

罐　陆庄遗址出土的罐类器形数量较多，可以确指为大汶口文化的是一种敛口鼓腹罐。这种罐的形制为，矮颈微内敛，鼓腹，肩部有喙状泥钩装饰（图二，7、12、13）。为大汶口文化常见器形。

豆　陆庄遗址出土豆的残片不少，但无一复原者。一种为敛口弧腹豆盘（图二，1～4），大汶口文化中、晚期阶段数量最多；另一种为浅盘，口部略呈矮子母口状（图二，5、6、14），这种豆在鲁南苏北地区大汶口文化中亦有相当数量。

乙组因素均为苏北鲁南地区大汶口文化的典型器形，故其应属于大汶口文化。

（3）丙组

此组文化遗物数量较多。玉石器有镞形玉饰、石锛、石凿、石刀、石钺和石镞等。陶器有圆锥形鼎足、高领罐、窄沿罐、中口罐、大口盆、大口尊（缸）、圈足碗、器盖和纺轮等。这些器物或是因为过于破碎，无法确指其归属；或是因为在太湖地区和海岱地区均较常见，难于划入任何一方。从总体特征看，可能属于良渚文化者较多，而属于大汶口文化者较少，大致可以认为，此组因素中的多数可能属于甲组，或者与甲组的关系比较密切。

综上所述，陆庄遗址出土的文化遗物，以属于良渚文化的甲组居多，占主要地位。而属于大汶口文化的乙组则相对较少，居于次要地位。数量较多的丙组遗物，多数应属于甲组，一部分可能属于乙组，当然，不排除其中一部分为这一地区自身独有和极个别的可能来自其他文化，这对于确定陆庄新石器遗存的文化性质，没有大的影响，故可暂时搁置，详细情况可留待以后材料丰富了再做分析。因此，关于陆庄新石器遗存的文化性质，可以做出这样的判断：其文化要素的主体与太湖地区的良渚文化相同，故陆庄新石器遗存应属于良渚文化。而大汶口文化因素的存在，至少可以说明两个问题：一，陆庄良渚文化遗存和大汶口文化是同时并存的，在年代上都应该早于龙山文化；二，陆庄遗址的良渚文化，曾经受到来自北方大汶口文化一定程度的影响。

根据南京博物院等单位的调查，在废黄河以南射阳河流域的阜阳、宝应一带，发现多处与陆庄良渚遗存类似的遗址。由于这一地区特殊的地理环境，遗址普遍埋藏较深，若无较大规模的动土，则很难被发现。因此可以推想，这一地区良渚文化遗址的实际数量，应当多于目前的发现。由于在这一区域尚未发现良渚文化早期或者其前身文化的遗存[1]，所以我们曾经提出，这些遗址的良渚文化居民可能是从南方地区迁徙过来的，并且在江淮之间北部地区形成了一个新的良渚文化分布区[2]。江淮北部地区的良渚文化，或者属于良渚文化江淮地区类型，或者可以单独构成一个新的地方类型。这一问题，还有待于江淮之间地区良渚文化的相关发现进一步丰富之后研究确定。

越过陆庄以北的淮河故道——废黄河，则进入苏北地区。这一区域发现的同时期遗址亦有一定

[1]　在江淮南部地区的海安青墩遗址曾发现良渚文化早期和早于良渚文化（类似崧泽文化）的遗存。见南京博物院：《江苏海安青墩遗址》，《考古学报》1983年第2期。

[2]　栾丰实：《良渚文化的北渐》，《中原文物》1996年第3期。

数量，其中苏北地区中南部经过发掘的遗址，有沭阳万北[1]、新沂花厅[2]和泗洪赵庄[3]三处。

万北遗址第三期遗存的时代为大汶口文化中期阶段前段，其文化要素的主体为大汶口文化。同时，有一定数量的良渚文化因素存在，如有段石锛和圈足壶（其中一件口部略残，器形极似良渚文化的双鼻壶）等。

花厅遗址的大汶口文化遗存可以划分为三期，分别属于大汶口文化中期前段、中期后段和晚期前段。花厅遗址的三期，文化要素的主体均为大汶口文化[4]。第一期中有一定的良渚文化因素，第二、三期中的良渚文化因素激增，以致一些学者认为其是良渚文化居民遗留下来的[5]。值得注意的是，花厅第二、三期和陆庄良渚文化遗存的时代大体相当[6]。也就是说，在江淮之间北部地区形成新的良渚文化分布区之时，苏北地区的大汶口文化遗址中，也开始出现大量的良渚文化因素，这种情形大致反映了良渚文化北渐的大趋势。

关于大汶口和良渚文化的分界，我们认为就在淮河故道左近。这从两种文化遗址的分布上，可以看得比较清楚（图三）。淮河以南的遗址，良渚文化因素占据主要地位，大汶口文化因素明确存在，但所占比例较小；淮河以北的遗址，大汶口文化因素占据主要地位，良渚文化因素经历了一个由少到

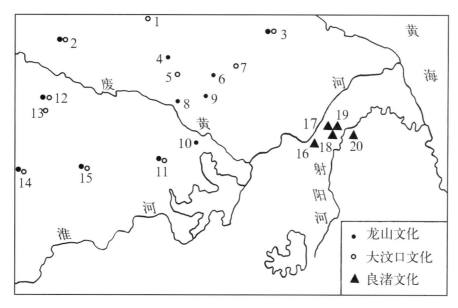

图三　大汶口文化、良渚文化遗址分布图

1．大墩子　2．高皇庙　3．二涧　4．小林顶　5．花厅　6．臧墩　7．万北　8．井儿头　9．黄营　10．宗墩　11．赵庄　12．小山口　13．古台寺　14．芦城孜　15．玉石山　16．陆庄　17．陈集I　18．陈集II　19．新沟　20．施庄　（16～20引自本文第1333页注释3的图一）

---

[1]　南京博物院：《江苏沭阳万北遗址新石器时代遗存发掘简报》，《东南文化》1992年第1期。

[2]　南京博物院新沂工作组：《新沂花厅村新石器时代遗址概况》，《文物参考资料》1956年第7期；南京博物院：《1987年江苏新沂花厅遗址的发掘》，《文物》1990年第2期；南京博物院：《1989年江苏新沂花厅遗址的发掘》，《东方文明之光——良渚文化发现60周年纪念文集》，海南国际新闻出版中心，1996年。

[3]　20世纪80年代初，南京博物院对位于洪泽湖西北的泗洪县赵庄遗址进行了发掘，这里有比较明确的大汶口文化晚期阶段遗存，由于发掘报告一直没有发表，这里不便进行分析。见纪仲庆、车广锦：《苏北淮海地区新石器文化的再认识》，《考古学文化论集（二）》，文物出版社，1989年。

[4]　栾丰实：《花厅墓地初论》，《东南文化》1992年第1期。

[5]　严文明：《碰撞与征服——花厅墓地埋葬情况的思考》，《文物天地》1990年第6期。

[6]　陆庄良渚遗存的主要部分和花厅第三期时代相当，少量遗存和花厅第二期时代相当。陆庄较早时期遗存发现较少，可能和发掘面积较小有关。

多，再到少，最后逐渐消失的过程。即相当于花厅第一期阶段较少，花厅第二、三期阶段迅速增多，以后又逐渐减少，龙山文化时期则已完全消失，其始终没有改变当地大汶口文化的文化性质。

二

将陆庄新石器遗存定性为良渚文化，是否"会造成这一地区考古学文化在空间上的重复和交叉"，从而在考古学研究上引起混乱呢？我们认为不会，因为陆庄良渚文化遗存和兴化南荡龙山文化遗存的时代不同。兴化南荡的龙山文化遗存，其时代最早到龙山文化晚期阶段，对此已无疑问。那么，需要确定的是陆庄良渚文化遗存的年代。

首先，我们来简单分析陆庄良渚文化遗存的相对年代。陆庄遗址本身没有提供直接的层位证据，但由于良渚文化和大汶口文化两种文化因素在这里共存，故可以认定它们是同时的。众所周知，大汶口文化早于海岱龙山文化已是铁定的事实。那么，由此可以间接证明陆庄良渚文化遗存也早于海岱龙山文化。

我们还注意到，在淮河以北的泗洪、泗阳、宿迁、新沂和沭阳[1]以及安徽东北部等地区，历年调查、发掘曾发现一些出有典型海岱龙山文化遗物的遗址，它们或者和大汶口文化在同一遗址重叠，或者和大汶口文化遗址交错分布（图三）。这些遗址的存在表明，苏北地区和山东、皖北、豫东地区一样，在大汶口文化之后是海岱龙山文化的分布区。而在距此不远的淮河故道南侧的陆庄良渚文化遗存中，却没有发现任何龙山文化因素。这或许可以间接说明，陆庄良渚文化遗存和龙山文化本不属于同一时代。

陆庄的良渚文化堆积，平均厚度接近1.5米左右，这样厚度的文化层，如果不是特殊原因，是不会在较短时期内形成的。陆庄遗址出土的文化遗物，也有一定的时间跨度。如出土物中既有表面较窄的丁字形鼎足和实足鬶，又有表面较宽的丁字形鼎足和分裆袋足鬶，显然前者较早，后者较晚。因此，我们认为陆庄的良渚文化遗存经过了一个相对较长的发展时期，只是由于发掘面积不大，出土物较少，目前尚难以进一步细分。

我们再来分析陆庄良渚文化遗存的绝对年代。由于陆庄遗址没有碳-14测年数据，可以采用和其他地区相比较的方法来加以确定。关于良渚文化的分期，目前还没有一个被学术界普遍接受的方案。在以往的论述中，一般按早、中、晚三期区别之，我曾将良渚文化划分为前后连续的四期五段[2]。如果按三期的划分标准，陆庄遗存属于良渚文化中期偏晚到晚期，发掘报告从出土遗物的比较中也做出了属于中晚期的判断，这无疑是正确的。如果按四期五段的划分标准，陆庄遗存则可以确定为第二、三期。如复原的椭圆形腹实足鬶，在良渚文化中见于寺墩[3]、广富林[4]、马桥[5]和亭林[6]等

　　[1] 尹焕章、赵青芳：《淮阴地区考古调查》，《考古》1963年第1期；南京博物院：《江苏邳海地区考古调查》，《考古》1964年第1期；尹焕章、张正祥：《洪泽湖周围的考古调查》，《考古》1964年第5期。

　　[2] 栾丰实：《良渚文化的分期与分区》，《东方文明之光——良渚文化发现60周年纪念文集》，海南国际新闻出版中心，1996年。

　　[3] 南京博物院：《1982年江苏常州武进寺墩遗址的发掘》，《考古》1984年第2期。

　　[4] 上海市文物保管委员会：《上海市松江县广富林新石器时代遗址试探》，《考古》1962年第9期。

　　[5] 上海市文物管理委员会：《上海马桥遗址第一、二次发掘》，《考古学报》1978年第1期。

　　[6] 黄宣佩：《论良渚文化的分期》，《上海博物馆集刊（第6期）》，上海古籍出版社，1992年。

遗址，应属于第二期第3段；而矮颈高分裆乳状袋足鬶，在良渚文化中见于寺墩[1]、雀幕桥[2]、亭林和璜塘坙[3]等遗址，时代应晚于实足鬶，属于第三期第4段。再进一步推敲，则可以发现属于第二期的遗物较少，而属于第三期的遗物较多。就目前见到的资料而言，陆庄良渚遗存尚早不到以反山[4]、瑶山[5]墓葬和福泉山M132[6]等为代表的良渚文化第一期第2段，也没有晚到良渚文化第四期之末。

目前，学术界对良渚文化绝对年代的看法分歧甚大，这主要是由于对碳-14和热释光测年数据的取舍认识不同造成的。我们认为，应在中国新石器时代诸文化的整体框架中平衡和把握良渚文化的年代，所以，曾提出良渚文化的相对年代早于龙山文化，绝对年代大约在公元前3500～前2600年之间[7]，就目前所知的良渚文化遗存而言，最晚到公元前2500年前后。张忠培先生近年也认为，良渚文化的结束年代约在距今4600年[8]。按这一良渚文化的年代观，则陆庄良渚遗存绝对年代的下限，不会晚到距今4600年。最近，黄宣佩先生也指出，"良渚的晚期年代应早于山东龙山"，并认为"过去以为良渚晚期年代与龙山早期相当的见解，应予修改"[9]。

因为陆庄良渚遗存中有一定数量的乙组大汶口文化因素，所以，我们还可以通过分析陆庄乙组因素的途径，来进一步确定其年代。

在陆庄乙组因素中，侧三角凿形鼎足主要流行于大汶口文化中、晚期阶段，晚期后段数量减少，并且上端侧面由宽变窄，开始向扁凿形足靠近，至海岱龙山文化时期则完全消失。陆庄标本T0509⑥：1鼎足（图二，11），与建新M8：24鼎之足相同[10]（图二，10），时代约在大汶口文化晚期之前段。再如标本T0609⑧：22鼎（图二，8），该型鼎足在大汶口文化中期阶段就已经出现（如西夏侯遗址[11]），晚期阶段略有增加，其与建新M69：13较为相似（图二，9）。同时，此类足不仅见于鼎，也用于鬶，到龙山文化早期则已甚为少见，并且足的正面也仅存一条较深的竖槽。

肩部附加喙状泥钩的鼓腹罐，主要见于大汶口文化晚期阶段。大汶口文化罐类器物上的喙状泥钩装饰，均为三个，并呈等距排列，只有瓶、杯、豆等器形，或为对称的两个，并且多数饰于口沿外侧。陆庄标本H3：6罐，有矮颈，喙状泥钩较长较大（图二，12），与大汶口M47：35、建新M8：6同类罐相近（图二，13、7），属大汶口文化晚期阶段偏早时期。

微敛口的弧腹浅盘豆，主要见于大汶口文化中期偏晚到晚期阶段，其变化为中期阶段的豆盘较深，晚期变浅，柄部的镂孔也趋于简化。陆庄标本T0509⑧：21、T0509⑥：5和T0509⑧：17（图二，1、2、4）豆盘，均为浅盘，与建新M64：3、M9：6（图二，6、5）浅盘豆相似，属于大汶口文化晚期阶段。矮子母口豆，亦主要见于大汶口文化中期偏晚到晚期阶段，陆庄标本T0409⑧：13豆盘，矮子母口，浅盘（图二，3），与花厅M50：44豆的盘部相同（图二，14）。

[1] 南京博物院：《江苏武进寺墩遗址的试掘》，《考古》1981年第3期。
[2] 浙江省嘉兴县博物、展览馆：《浙江嘉兴雀幕桥发现一批黑陶》，《考古》1974年第4期。
[3] 江阴县文化馆：《江苏江阴县璜塘坙发现四口良渚文化古井》，《文物资料丛刊·5》，文物出版社，1981年。
[4] 浙江省文物考古研究所反山考古队：《浙江余杭反山良渚墓地发掘简报》，《文物》1988年第1期。
[5] 浙江省文物考古研究所：《余杭瑶山良渚文化祭坛遗址发掘简报》，《文物》1988年第1期。
[6] 黄宣佩：《论良渚文化的分期》，《上海博物馆集刊（第6期）》，上海古籍出版社，1992年。
[7] 栾丰实：《良渚文化的分期与年代》，《中原文物》1992年第3期。
[8] 张忠培：《良渚文化的年代和其所处社会阶段》，《文物》1995年第5期。
[9] 黄宣佩：《关于良渚文化绝对年代的探讨》，《文明的曙光——良渚文化》，浙江人民出版社，1996年。
[10] 山东省文物考古研究所、枣庄市文化局：《枣庄建新——新石器时代遗址发掘报告》，科学出版社，1996年。
[11] 中国社会科学院考古所山东工作队：《西夏侯遗址第二次发掘报告》，《考古学报》1986年第3期，见图一二，5。

以上比较表明，陆庄乙组因素的时代，主要属于大汶口文化晚期阶段。

此外，甲组中的标本T0409⑥：1实足鬶（图四，4），与属于大汶口文化中期阶段略早的花厅M60：1实足鬶（图四，2）相比[1]，均为椭圆形腹，只是前者的腹部较扁，按大汶口文化实足鬶腹部由圆到扁圆的变化规律，陆庄的复原形态较之花厅者略晚，而与属于大汶口文化中期后段的建新M15：9扁圆腹实足鬶（图四，5）更为接近；标本T0609⑦：7（图四，3）和T0309⑦：8高分档袋足鬶，与属于大汶口文化晚期前段的花厅M50：65、大汶口M47：34[2]等高分档袋足鬶风格相同；丙组

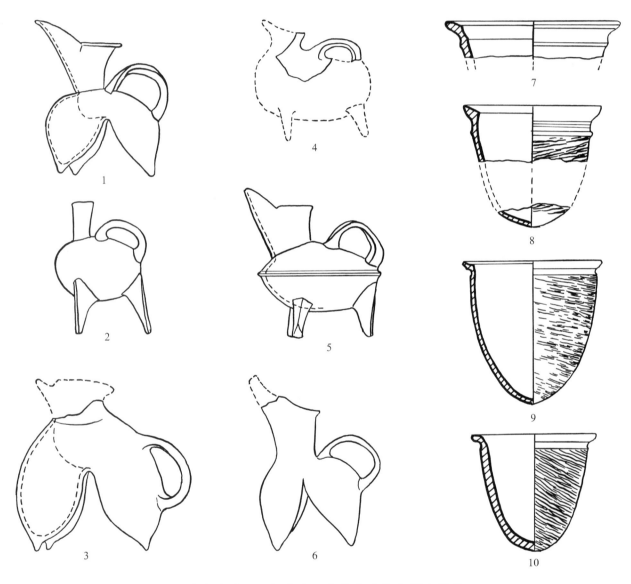

图四　陆庄遗址甲组与大汶口文化中晚期陶器之比较

1～6. 鬶（M9：7、M60：1、T0609⑦：7、T0409⑥：1、M15：9、M34：39）　7～10. 大口尊（T0409⑥：6、T0309⑦：7、F20：01、M50：58）　（1、5、9为建新，2、6、10为花厅，余为陆庄）

　　[1]　南京博物院：《1989年江苏新沂花厅遗址的发掘》，《东方文明之光——良渚文化发现60周年纪念文集》，海南国际新闻出版中心，1996年。
　　[2]　山东省文物管理处、济南市博物馆：《大汶口——新石器时代墓葬发掘报告》，文物出版社，1974年。

中的标本T0309⑦：7（图四，8）、T0409⑥：6（图四，7）大口尊（或称为缸），与属于大汶口文化晚期阶段偏早的花厅M50：58（图四，10）、建新F20：01（图四，9）等大口尊较为接近。它们的时代应大致相同。

　　大汶口文化的绝对年代较为明确，早期阶段约在距今6100～5500年之间，中期阶段约在距今5500～5000年前后，晚期阶段约在距今5000～4600年之间。大汶口文化之后的海岱龙山文化则约在距今4600～4000年之间[1]。照此推算，陆庄乙组大汶口文化因素的年代，上限在距今5000年前后，下限则在距今4600年之前。而陆庄甲组和丙组所具有的大汶口文化风格，如果进行年代定位，也基本与上述推算吻合，个别年代略早。

　　综合考虑陆庄甲、乙、丙组因素的相互年代关系，我们推定陆庄良渚文化遗存的绝对年代，上限当在距今5000年之前，下限晚不到距今4600年。

　　（原载《考古》2000年第2期）

---

[1]　栾丰实：《东夷考古》，山东大学出版社，1996年。

试论广富林文化

一 问题的提出

自1936年施昕更先生发现良渚遗存和1939年梁思永先生将良渚遗存列为龙山文化杭州湾区之后，良渚文化就被认为是与龙山文化同时期的考古学文化（至少是其后期与龙山文化同时），这一结论性意见长期被学术界所广泛接受。也正是基于这一认识，不少学者在探讨良渚文化发展去向问题时，就自然而然地与年代上紧随其后的马桥文化联系起来进行分析。众所周知，马桥文化和二里头文化、岳石文化在大的时代上是一致的，与夏商的某些时期大体相当。

与上述意见相互呼应的是，少量碳-14和热释光测年数据也在一定程度上支持了这一看法。如良渚文化最晚的测年数据可以晚到距今4000年以内，这又与龙山文化的结束年代基本一致。所以，环太湖地区在马家浜文化之后，依次为崧泽文化、良渚文化和马桥文化，进而形成一个较为完整的文化发展序列。这一认识一直持续到1990年前后。

1987和1989年，苏北的花厅墓地又经过两次较大规模的发掘，发现了一批大汶口文化中晚期的大、中型墓葬。在花厅墓地的大汶口文化遗存中，出土了数量可观的典型良渚文化因素遗物[1]。在讨论这些来自南方良渚文化因素的遗物性质和原因的同时，它们与大汶口文化"花厅期"遗存在多座墓葬中广泛共存的年代关系，与以往良渚文化与龙山文化同时的传统认识产生了巨大反差，这就为我们重新审视良渚文化的存续年代提供了一个新的契机。

在经过详细而全面的比较研究之后，我们提出了一个新的良渚文化年代观，即良渚文化的存续年代在整体上早于龙山文化，而与大汶口文化中晚期大体同时，绝对年代大约在公元前3500～前2500年之间[2]。如果按良渚文化与龙山文化不共存并且在年代上早于龙山文化的认识，以往环太湖地区新石器文化中晚期比较完整的发展序列中就出现了一个空白，即在良渚文化和马桥文化之间，大约缺少一个龙山文化所存续的阶段。对此，不少学者持不同看法，有的学者甚至认为这一观点"腰斩"了太湖流域的古文化发展序列[3]。对此，我们最初的解释是，这一时期环太湖地区不太可能没有人居住，产生这种现象的主要原因无非是：或因为工作开展得不充分而没有发现这一阶段的遗存；或已经发现了但没有被人们辨认出来。当时我们还认为后一种可能性不大，主要可能是由于工作开

[1] 南京博物院：《1987年江苏新沂花厅遗址的发掘》，《文物》1990年第2期，第1～26页；《1989年江苏新沂花厅遗址的发掘》，《东方文明之光——良渚文化发现60周年纪念文集》，海南国际新闻出版中心，1996年，第80～119页。

[2] 栾丰实：《良渚文化的分期与年代》，《中原文物》1992年第3期，第79～87页。

[3] 王明达：《良渚文化的去向——当前良渚文化研究的一点思考》，《长江下游地区文明化进程学术研讨会论文集》，上海书画出版社，2004年，第206页。

展得不充分而没有被发现[1]。现在看来我们设想的两种情况都明确存在，新发现的广富林遗存主要属于前者，而重新认识的钱山漾遗存则属于后者。

二　广富林的新发现

广富林遗址位于上海市西南的松江区广富林村。1961年，上海市文物保管委员会对该遗址做过小规模发掘，发现新石器时代晚期和东周时期遗存，其中包括2座良渚文化墓葬。在发掘简报公布的石器和陶器资料中，实际上就包括了良渚和龙山两个阶段的遗物，如当时发现的三角形穿孔石器（犁尖部分）、半月形石刀、Ⅰ式三角形扁足小口罐形鼎等，就是今天所说的典型的广富林文化的器物[2]，只是那个时候还不具备识别的基础，归入良渚文化也在情理之中。

1999年以后，上海市博物馆又多次对广富林遗址进行了大面积发掘，在良渚文化晚期堆积之上发现了一种在环太湖地区来说是全新的文化遗存[3]。经过一段时间的认识和讨论，遂被正式命名为广富林文化[4]。广富林文化的发现和确立，填补了良渚文化和马桥文化之间的缺环，对于完善环太湖地区新石器时代中晚期的发展序列具有十分重要的意义。同时，为从考古学资料所显示的文化表象到探讨其背后的人群迁徙等内在原因这两个不同层面来认识区域文化的变迁，提供了可资分析、讨论和研究的重要实例。

依2001年以来的发掘资料，广富林遗址的良渚文化堆积之上，包含了十分丰富的龙山时期遗存。按发掘者的归纳，第7～9层为较早的一个阶段，第3～6层为较晚的一个阶段。确凿的层位关系表明，这两个阶段遗存均晚于以往学术界所认识和界定的良渚文化。

随着发现的增多，关于广富林文化的文化内涵也逐渐清晰起来。

广富林文化的遗迹目前发现还不多，主要有房子、墓葬、水井、灰坑和灰沟等，广富林遗址还发现了一些用途待考的成片堆积陶片的陶片堆。

广富林文化的石器数量不多，主要器形有犁、刀、锛、凿、钺、镞等。其中石犁的器体硕大，平面呈三角形，前端和两侧有单面刃，中轴线上有一列小圆孔。石刀有长方形双孔刀和半月形有孔刀两类。石锛的个体一般较小，有长身和宽短身两种。石钺为长方形，背端有圆孔，双面弧刃。石镞的种类较为丰富，以平面呈柳叶形断面为菱形者居多，而新出现的前端为三棱形、中部为圆柱形、尾部为圆锥形的三段式石镞较为复杂而精致，成为代表性的器类之一。

陶器主要有夹砂陶和泥质陶两大类，其比例不尽一致，总体上夹砂陶较多，占六成以上，泥质陶略少，所占比例不足四成。陶器颜色较为复杂，没有一种占绝对优势的陶色。夹砂陶以灰陶、黑陶和红褐陶占据多数；泥质陶以灰陶和黑陶为主，其他颜色的数量较少；各种颜色陶器的比例在早

[1]　栾丰实：《再论良渚文化的年代》，《故宫学术季刊》第20卷第4期，2003年，第20页。

[2]　上海市文物保管委员会：《上海松江县广富林新石器时代遗址试探》，《考古》1962年第9期，第465～469页。石犁见图四，7；半月形石刀见图四，16；小口罐形鼎见图五，7。

[3]　上海博物馆考古研究部：《上海松江区广富林遗址1999～2000年发掘简报》，《考古》2002年第10期，第31～48页；上海博物馆考古研究部：《上海松江区广富林遗址2001～2005年发掘简报》，《考古》2008年第8期，第3～21页。

[4]　在2006年6月召开的松江会议上正式提出广富林文化的命名，见宋建：《环太湖地区新石器时代末期考古学研究的新进展》，《中国文物报》2006年7月21日第七版。

晚期有所变化。陶器的制作方法以轮制为主，烧成火候相对较高。器表装饰以素面为主，个别器表经过磨光处理，有纹饰者不足三分之一。纹饰以轮制过程中形成的各种弦纹较多，刻划纹、绳纹较为常见，其他还有篮纹、方格纹、附加堆纹、云雷纹、叶脉纹等。

陶器器形有鼎、鬶、盉、罐、瓮、釜、钵、盆、壶、豆、圈足盘、杯和器盖等多种类别。其中鼎的数量较多，以小口、下腹明显较宽的大鱼鳍足鼎和侧装三角形足鼎、细高颈和矮颈袋足鬶、鼓腹罐、深腹瓮、浅盘豆等较具代表性（图一）。

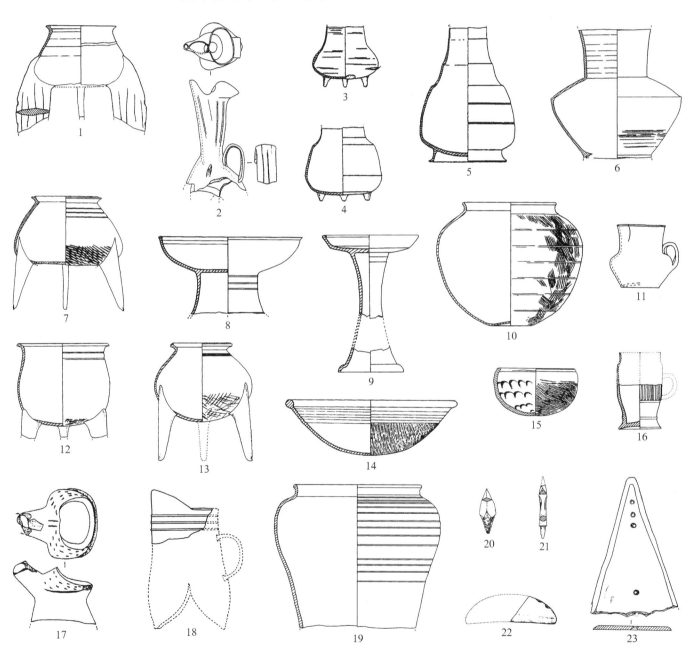

图一　广富林遗址出土遗物

1、7、12、13. 鼎（H128：3、G47：1、TD9：6、5）　2、11、18. 鬶（H128：76、TD8：1、H43：2）　3、4、5. 壶（J14：6、5、3）　6. 壶（H128：4）　8、9. 豆（IT1238③：1、H115：1）　10. 罐（TD5：2）　14、15. 钵（IT1238③：11、H193：1）　16. 杯（IT0546⑧：37）　17. 封口盉（TD9：18）　19. 瓮（TD9：13）　20、21. 石镞（H141：3、IT1338⑤：8）　22. 石刀（H53：1）　23. 石犁（G47：1）　（1、2、6、8、9、11、14～18为1/6，7、10、12、13、19为1/8，20～22为1/4，3～5比例不详。1～6为第二阶段，7～23为第三阶段）

三　钱山漾"良渚文化"遗存的再认识

在良渚文化的发现和研究史上，钱山漾遗址曾经占有十分重要的地位。该遗址位于太湖南侧的湖州，1956、1958年，浙江省文管会两次发掘该遗址，发现了比较丰富的新石器文化遗存。在2005年第三次发掘之前，学术界一直认为钱山漾为典型的良渚文化遗址。钱山漾遗址的一些重要发现，如包括水稻和甜瓜在内的各种植物种子、丝织品、木质工具、麻质千筛等，甚至对中国考古学都产生过比较大的影响[1]。还有，钱山漾是比较早就进行过碳-14测年的遗址，在所测得的4个数据中，有2个校正年代在公元前3300年左右，2个校正年代在公元前2700年前后。尤其前2个数据，人们曾长期将其作为良渚文化早期的年代来看待，进而将钱山漾遗址出土的大鱼鳍足鼎作为良渚文化早期的典型器物之一，连带着把细高颈袋足鬶也提到了较早的阶段。

在1960年发表的钱山漾遗址考古报告里，确实发现1件来自北方龙山文化的粗颈陶鬶的颈部残片，其时代约属龙山文化早期偏晚的第二期[2]。这也是当时我把良渚文化确定在公元前2500年而不是大汶口文化结束的公元前2600年的一个原因[3]。

时隔近50年之后的2005年，浙江省文物考古研究所对钱山漾遗址进行了第三次较大规模的发掘[4]。这次发掘至少有三项重大突破：一，发现并确认曾被作为良渚文化典型代表的钱山漾遗存，实际上并不是此前学术界所认识的良渚文化，而是一种晚于良渚文化的新遗存；二，这一类新的遗存可以划分为早晚两大期（图二），分别可以与上海广富林的新发现相对应；三，钱山漾遗址上层为典型的马桥文化遗存，确定了马桥文化晚于广富林和钱山漾这一类新遗存的晚期，很可能为马桥文化找到了来源（或来源之一）。当然，钱山漾遗址还有一系列其他重要的新发现，如发现的F3，占地面积达290平方米，为面阔3间、进深2～3间的一栋八室大型地面式建筑，这不仅在环太湖地区是第一次发现，即使在国内其他地区的同期新石器文化中也十分罕见。再如发现的墓葬，为规整的东西向长方形土坑竖穴墓，等等。

钱山漾遗址新发现的重要性还在于，这一遗址的早期遗存是直接叠压在生土之上的，换言之，钱山漾下层居民选择了一处从来没有人居住过的地点来创建聚落并开始进行生产生活。因为该遗址没有良渚文化堆积，所以，可以说钱山漾遗址马桥文化以下堆积中的遗迹和遗物都属于同一阶段，即不可能存在早期良渚文化遗物混入广富林文化之中的现象。这对于我们认识广富林、钱山漾一类遗存的文化内涵具有十分重要的价值。从这一意义上说，钱山漾的发现和广富林的发现同等重要。而且，他把这一类新遗存的分布由太湖东侧向南推进到了太湖以南地区。至此，我们可以明确地认为，以广富林和钱山漾为代表的相当于龙山文化时期的遗存，分布范围包括了整个环太湖地区。尽管目前发现的遗址数量还不多，但我们相信，这一类遗址的数量会随着认识水平的提高和时间的推移而不断增多。

---

[1] 浙江省文物管理委员会：《吴兴钱山漾遗址第一、二次发掘报告》，《考古学报》1960年第2期，第73～91页。

[2] 按六期划分法，即把龙山文化划分为六期，每期大约100年左右，详见栾丰实：《海岱龙山文化的分期和类型》，《海岱地区考古研究》，山东大学出版社，1997年。

[3] 栾丰实：《良渚文化的分期与年代》，《中原文物》1992年第3期，第86页。

[4] 丁品等：《湖州钱山漾遗址第三次发掘取得重要收获》，《中国文物报》2005年8月5日；丁品：《钱山漾遗址第三次发掘与"钱山漾类型文化遗存"》，《浙江省文物考古研究所学刊（第八辑）》，科学出版社，2006年，第497～505页；丁品：《浙江湖州钱山漾遗址第三次发掘带来的新思考》，《南方文物》2006年第4期，第73～76页。

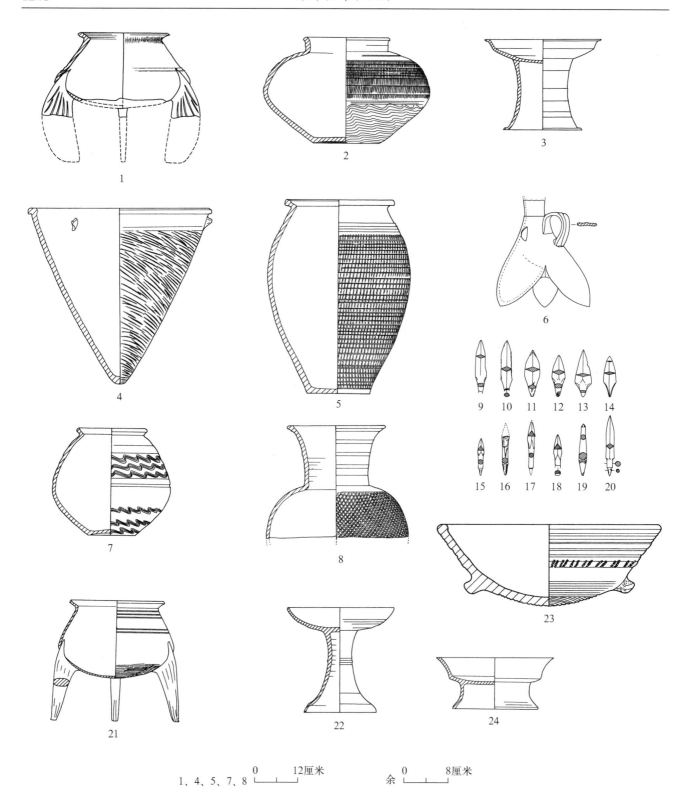

1、4、5、7、8 ├─────┤ 0 ─── 12厘米　　　　余 ├─────┤ 0 ─── 8厘米

图二　钱山漾遗址出土遗物

1. 鱼鳍形足鼎（T1101⑦A：40）　2、7. 矮领罐（T1102⑩：27、T1001⑨A：47）3. 粗圈足豆（T0901⑧：25）　4. 大口尊（T1101⑦A：14）　5. 瓮（T0901⑧：24）　6. 袋足鬶（T1001⑧：41）　8. 高领罐（T1101⑧：19）　9～20. 石镞（T0902⑩：9、T03⑨A：11、T0902⑩：10、T1001⑨A：25、T1001⑨：44、T03⑦A：5、Q2：19、T0802⑬：12、T0802⑦B：15、T0901⑦B：16、T1102⑦B：17、T1101⑨A：21）　21. A型扁侧足鼎（M1：3）　22. 细高柄豆（T1001⑤C：18）　23. 盆形釜（T0403⑥：34）　24. 圈足盘（T1001⑤C：22）　（1～20为第一阶段，21～24为第二阶段）

四　广富林文化的界定

广富林遗址1999、2000年的发现，从实证的角度使学术界认识到，环太湖地区良渚文化之后和马桥文化之间还存在着一个相当于龙山文化晚期的发展阶段。由于广富林遗存中有一些与北方龙山文化（一些学者将其直接和豫东地区的龙山文化王油坊类型挂钩）相同或相似的因素，部分学者认为广富林遗存可能是王油坊类型居民向东南迁徙的结果[1]。如果是这样，这些由北方迁徙来的居民，究竟是取代了本地原有的良渚文化，或者只是和本地的良渚原住民插花居住，这就成为一个需要解决的新问题。广富林2001年以后的工作和钱山漾遗址的重新发掘，又发现了时代早于龙山文化晚期的材料，这在一定程度上解决了上述问题。但如何从整体上界定以广富林和钱山漾为代表的遗存，是环太湖地区史前考古需要面对和解决的问题。

2001年以来的发掘成果表明，广富林遗址周代以前的遗存可以划分为三个阶段：第一阶段为良渚文化，其年代可以晚到良渚文化晚期的偏晚时期，但还不是目前所认识的最晚时期，至少已经公布的材料是这样；第二阶段遗存不甚丰富，但有明确的地层叠压和遗迹打破关系证明其晚于第一阶段，发掘者倾向于在以往公认的良渚文化之后再增加一期，或暂时将其看作是良渚文化的延续或后续[2]；第三阶段的遗存比较丰富，时代也比较明确，晚于第二段而早于马桥文化，大体与北方黄河流域的龙山文化晚期相当。

2005年发掘的钱山漾遗址也可以划分为三个阶段：第一阶段遗存比较丰富，从已出土陶器为主的遗物分析，其与广富林第二段基本一致，时代也应该相同；第二阶段虽然不如第一阶段遗存丰富，但也有相当数量，并且发现了规模宏大、结构复杂的多间房屋基址和时代明确的墓葬，从文化面貌来看，其与广富林第三段基本相同，应为同一时期的遗存；第三阶段则属于马桥文化。

整合广富林和钱山漾两个遗址的资料，可以得到这样的文化分期和文化发展序列：

良渚文化	广富林文化	马桥文化
良渚文化晚期　→	广富林第二阶段　→　广富林第三阶段 钱山漾第一阶段　→　钱山漾第二阶段	→　马桥文化

这样一来，原来认为环太湖地区由于缺少了一个相当于龙山文化的发展阶段而出现的文化断层，由于广富林第二、三阶段和钱山漾第一、二阶段遗存的发现而得到了比较圆满的解决。对这一文化分期和发展序列，学术界的认识基本一致，没有大的分歧。问题在于如何认识和确定以广富林和钱山漾为代表的早晚两个阶段文化的性质。总括起来，目前主要存在三种不同的意见。

首先发现这一类遗存的宋建先生认为，广富林第二阶段遗存可以放在原来所认识的良渚文化之

[1]　谷建祥、申宪：《王油坊类型龙山文化去向初探——江苏境内王油坊类型龙山文化遗存分析》，《南京大学历史系考古专业成立三十周年纪念文集》，天津人民出版社，2002年，第44～48页；张敏：《南荡遗存的发现及其意义》，《华夏文明的形成与发展——河南省文物考古研究所建所五十年庆祝会暨华夏文明的形成与发展学术研讨会论文集》，大象出版社，2003年，第172～182页；宋建：《王油坊类型与广富林遗存》，同前第183～190页；宋建：《从广富林遗存看环太湖地区早期文明的衰变》，《长江下游地区文明化进程学术研讨会论文集》，上海书画出版社，2004年，第214～228页。
[2]　上海博物馆考古研究部：《上海松江区广富林遗址2001～2005年发掘简报》，《考古》2008年第8期，第3～21页。

后，增加一期，作为良渚文化的第五期接续在他所划分的良渚文化第四期之后[1]。而把广富林第三阶段遗存单独命名为广富林文化。

　　张忠培先生认为，广富林和钱山漾的前后两个阶段是两类不同性质的文化遗存，并且第一阶段遗存与良渚文化也不属于同一文化。基于此，他倾向于认为第一阶段可以命名为钱山漾文化，第二阶段称为广富林文化[2]。这样一来，就把相当龙山文化这一时间尺度的环太湖地区分成了前后两支考古学文化。

　　比较广富林和钱山漾的资料之后，我个人认为，将环太湖地区以广富林和钱山漾为代表的晚于良渚文化和早于马桥文化之间的文化遗存，统一称之为广富林文化更符合实际。理由主要有三：

　　一是钱山漾第一阶段与良渚文化之间既有密切联系，但也存在着巨大的差别，良渚文化晚期的一些典型器物，如"T"字形足鼎、双鼻壶、阔把杯、细圈足直腹盘形豆等，到钱山漾第一阶段均已消失，而大鱼鳍足小口罐形鼎、弦纹罐、粗圈足豆、高领壶等成为代表性器形。就更不用说玉器、石器、聚落等方面也存在着诸多差别。它们之间的关系有些类似于大汶口文化晚期和龙山文化早期，但联系得似乎没有那么紧密。所以将其与良渚文化分开无疑是符合客观实际的。

　　二是广富林和钱山漾的两段之间，在文化内涵上存在着密切联系。把两者分成不同考古学文化的主要依据，是第二阶段遗存中突然进来大量北方龙山文化王油坊类型的因素，甚至认为就是因为王油坊类型居民的迁徙而导致环太湖地区这类遗存的出现，从而将其看作是一种移民文化。对此，我认为还有讨论的余地。首先，广富林第三阶段遗存中典型的北方龙山文化因素虽然有一定数量，如粗矮颈袋足鬶、条纹杯等，但并不占据主导地位。从整体上看，无论是陶质陶色、纹饰，还是器物群的构成种类和具体的器物形态，均与北方龙山文化存在相当大的差别。其次，北方龙山文化因素向长江下游和环太湖地区的传播和扩散，并不是在龙山文化晚期突然出现的，在这之前就经历了一个较长时间的发展。自北而南先后在许多遗址发现有龙山文化偏早阶段（早于广富林第三阶段）的文化因素。例如，安徽滁州朱勤大山遗址采集到龙山文化早期偏晚（相当于龙山第三期）的'鸟首形'鼎足和竹节状豆柄[3]；南京浦口牛头岗遗址发现数量较多的典型龙山文化早期偏晚（相当于龙山第二期）的陶鬶、圈足盘以及与钱山漾第一阶段相近的小口罐形鼎、细高颈鬶等器形[4]；南京西善桥太岗寺遗址发现有典型的龙山文化早期偏晚的陶匜、长颈壶以及与钱山漾第一阶段相近的细高颈鬶、侧扁足小口罐形鼎等[5]；南京北阴阳营H2的年代可以早到大汶口文化末期；南京点将台遗址发现的正面有3～4道竖条纹的鼎足，时代与北阴阳营H2的时代相若[6]。这样说来，在南京地区的多个遗址已经发现有典型的大汶口文化末期至龙山文化早期的文化因素，并且在许多遗址还是与钱山漾习见的小口罐形鼎、细高颈袋足鬶同出（图三）。所以，我们认为这些文化遗存进一步扩散到环太湖地区不是偶然的，应该是经历了比较长的发展时期才逐渐形成的。如在广富林遗址J14发现具有浓

　　[1]　宋建：《良渚文化衰变研究》，《浙江省文物考古研究所学刊（第八辑）》，科学出版社，2006年，第232～233页。
　　[2]　张忠培：《解惑与求真》，《南方文物》2006年第4期，第6～8页。
　　[3]　南京博物院：《江苏仪六地区湖熟文化遗址调查》，《考古》1962年第3期，第127页，图二，3、4。
　　[4]　华国荣：《南京牛头岗遗址的发掘》，《2003中国重要考古发现》，文物出版社，2004年，第44～47页。
　　[5]　江苏省文物工作队太岗寺工作组：《南京西善桥太岗寺遗址的发掘》，《考古》1962年第3期，第117～124页；图版叁、肆。太岗寺的陶鬶下部复原错误，应该为细袋足。
　　[6]　南京博物院：《江宁汤山点将台遗址》，《东南文化》1987年第3期。

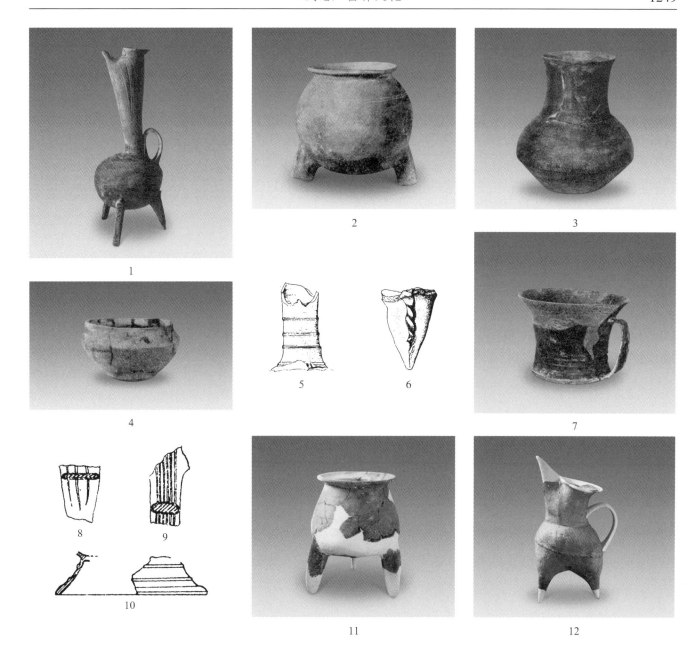

图三　南京地区具有龙山文化早期因素的陶豆

1、12. 鬶　2、11. 鼎　3. 长颈壶　4. 钵（匜）　5. 豆柄　6、8、9. 鼎足　7. 杯　10. 圈足盘（1～4、7为太岗寺，5、6为朱勤大山，8～10为点将台，11、12为牛头岗）　　（5、6为1/6，10为1/3，余者比例不明）

厚的龙山文化早期风格的黑陶三足壶、圈足壶等器形[1]，钱山漾遗址第一、二次发掘时出土的粗颈陶鬶等[2]，就属于此类。其实来自北方的龙山文化因素还继续往南传播和扩散，如在浙中偏东的仙居县下汤遗址发现的袋足陶鬶[3]，就是龙山文化早期偏晚阶段（相当于龙山第三期）的典型形态，时代明显早于广富林第三阶段遗存（图四）。

[1]　周丽娟：《广富林遗址良渚文化遗存》，《南方文物》2006年第4期，第49页。

[2]　浙江省文物管理委员会：《吴兴钱山漾遗址第一、二次发掘报告》，《考古学报》1960年第2期，第78页，图四，2。

[3]　台州地区文管会、仙居县文化局：《浙江仙居下汤遗址调查简报》，《考古》1987年第12期，第1060页，图五，9。

  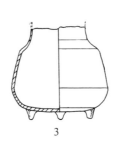 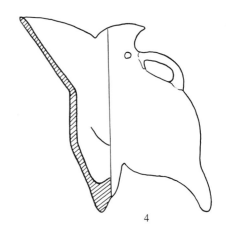

图四　环太湖及以南地区具有龙山文化早期因素的陶器

1. 鬶（钱山漾T13④）　　2、3. 壶（广富林J14：6、5）　　4. 鬶（仙居下汤采集）
（2、3为1/4，4为1/6）

　　三是两个阶段的遗存均发现不多，但又经常在同一个遗址上共存。如广富林和钱山漾均是如此。从良渚文化晚期到马桥文化之间，充其量也只是经历了五六百年的时间。并且两个阶段合起来的年代与龙山文化基本相当，这或许表明不同地区在文化的演变上有着较强的相似性和同步性。

　　基于上述，我认为应该将广富林和钱山漾为代表的早晚两个阶段遗存合并命名为广富林文化，其时代与中原龙山文化、海岱龙山文化基本同时。这样，环太湖地区新石器时代晚期及青铜时代早期文化的完整发展序列，就依次为马家浜文化、崧泽文化、良渚文化、广富林文化和马桥文化。与其他主要文化区的对应关系也比较顺畅。

　　至于许多学者很重视的远离良渚文化分布中心区的好川墓地，虽然其晚期的年代有可能已进入钱山漾第一阶段（如最后一期的M58也出土相同的细高颈袋足鬶，但未见大鱼鳍足小口罐形鼎），但我认为好川墓地整体上仍然属于良渚文化。这就有点像远离大汶口文化分布中心区的尉迟寺遗址一样，虽然个别墓葬和房址的积年可能已进入龙山文化之初，但其主体文化面貌还停留在大汶口文化末期阶段。这可能就是文化发展的不平衡性使然。从绝对年代来看，好川墓地无论如何也不会晚到报告中所说的距今3700年[1]。对此，我想应该另行予以讨论。

五　广富林文化的分期和年代

　　如上所述，广富林文化包括了广富林和钱山漾两个遗址的主要遗存，广富林第二、三阶段分别可以与钱山漾第一、二阶段相对应。具体说来，广富林第二阶段的遗存比较丰富，而钱山漾第一阶段遗存数量较多，两相结合，对于完整认识广富林文化具有重要意义。

　　就目前已发现的资料而言，广富林文化可以粗略地划分为两大期。早期阶段以钱山漾第一阶段遗存和广富林第二阶段遗存为代表，苏州龙南H1属于这一阶段。晚期阶段以广富林第三阶段和钱山漾第二阶段遗存为代表，太湖西侧的宜兴骆驼墩的同类遗存属于此期。

　　关于广富林文化的年代，我们认为其大体与黄河中下游地区的龙山文化同时，开始和结束的年代有可能略晚，但其差距均在100年的范围之内。从宏观角度看，这一年代差距甚至可以忽略不计。

---

[1]　浙江省文物考古研究所等：《好川墓地》，文物出版社，2001年，第112页。

当前各家对广富林文化年代的意见，下限可能分歧不大，结束年代约在公元前2000年或再晚一些。分歧较大的是其开始年代，由于这一问题和良渚文化的年代搅在一起，所以仍然在很大程度上受"先入为主"的认识所制约。

确定广富林文化的开始年代（即钱山漾第一阶段的开始年代），需要从良渚文化的最晚年代和广富林文化的最早年代两个方面展开分析。关于良渚文化的结束年代，实际上也可以认为是广富林文化的开始年代。随着学术界纠正了对钱山漾一类遗存文化性质和年代的不确切认识，原来一些与钱山漾第一阶段相关联的遗存，可以用来探讨广富林文化的年代上限。由于细高颈袋足鬶在广富林和钱山漾两个遗址的早期均有发现，数量不多但时代特征十分明显，并且这种造型特殊的器物分布面甚广，可以串连不同的单位甚至不同的文化，进而可以确定不同文化之间的年代对应关系。这样，或许有助于广富林文化年代上限的认识，所以下面从细高颈袋足鬶入手进行讨论。

关于太湖地区的袋足鬶，以往就发现有粗矮颈和细高颈两种基本形制。黄宣佩和任式楠两先生均持细高颈袋足鬶较早、粗矮颈袋足鬶较晚的意见[1]。对此，我们在20世纪90年代初就明确指出它们的年代关系应该是相反，即粗矮颈袋足鬶较早，细高颈袋足鬶较晚[2]。最近，宋建先生也指出，"认为细颈鬶早于雀幕桥等遗址的粗矮颈鬶，现在看来这些认识都是错误的"[3]。同时，随着资料的增多，良渚文化袋足鬶的颈部由粗矮到细高的演变也越来越清楚。其实，这一演变过程与大汶口文化晚期袋足鬶颈部的演化基本一致。

现在的问题有二：一是细高颈袋足鬶的年代可以大体定在哪个时间段；二是如何来看待细高颈袋足鬶的考古学文化归属。

先来讨论第一个问题。细高颈袋足鬶目前流行的区域十分广泛，长江中下游和淮河中游都有发现，数量也越来越多。以下选取共存关系明确的几组予以分析比较。

第1组：南京北阴阳营H2[4]。这是一个被许多人引用过的单位，在北阴阳营遗址的新石器时代遗存中，H2的年代最晚。报告公布了4件陶器，均为典型器物，其中H2：2鬶，细长分裆袋足，细高颈，环形把手紧贴在颈、足交界处，是典型的我们要讨论的细高颈袋足鬶[5]。同出的另外3件器物，均应属于北方海岱文化系统（图五）。

H2：1，缸（或称为大口尊），平折沿，粗筒形腹，圜底，口径42、高52.8厘米，颈下刻有羽冠状图像，下半部饰斜篮纹并有一周凸棱，整体形制、图像、纹饰和器物尺寸等，均与莒县陵阳河墓地晚期的刻有同类图像的M17：1大口尊基本一致[6]，属大汶口文化晚期偏晚时期。进入龙山文化之后，到目前为止还没有在海岱地区发现这一类大口尊。

H2：3，盆，大口，凸唇，折沿，腹微外弧，底部残失。同类大口盆在大汶口文化晚期中比较

[1] 黄宣佩：《关于良渚文化若干问题的认识》，《中国考古学会第一次年会论文集》，文物出版社，1980年，第127页；任式楠：《长江黄河中下游新石器文化的交流》，《庆祝苏秉琦考古五十五年论文集》，文物出版社，1989年，第78页。

[2] 栾丰实：《良渚文化的分期与年代》，《中原文物》1992年第3期，第80、84页。

[3] 宋建：《环太湖地区新石器时代末期考古学研究的新进展》，《南方文物》2006年第4期，第11页。

[4] 南京博物院：《北阴阳营——新石器时代及商周时期遗址发掘报告》，文物出版社，1993年，第87、88页。

[5] 北阴阳营H2：2细高颈袋足鬶，相比较而言，其颈部略粗，高度也稍矮，从此类型的演化来看，其年代也应该略早。

[6] 山东考古所、山东省博物馆、莒县文管所：《山东莒县陵阳河大汶口文化墓葬发掘简报》，《史前研究》1987年第3期，第81页，图版叁，4。M17：1大口尊，形制为平折沿，粗体，圜底下加一个小圈足，下部有两周凸棱，通体饰篮纹，颈下刻有羽冠图像并涂朱，口径43、高50厘米。

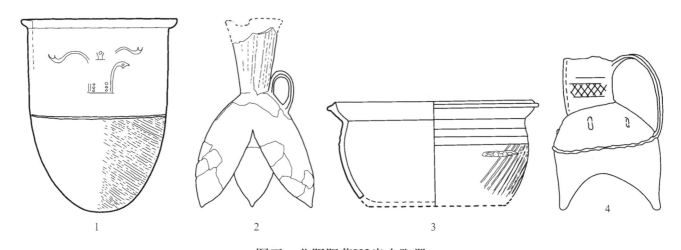

图五　北阴阳营H2出土陶器
1. 缸（H2：1）　2、4. 鬶（H2：2、4）　3. 盆（H2：3）　（1约1/8，余约1/4）

常见，如尉迟寺遗址就发现同类鼓腹盆等[1]。同时，器物外表饰斜篮纹和在腹部附一对鸡冠状耳的作风，也是大汶口文化晚期十分流行的做法，并可以延续到龙山文化早期。

　　H2：4，鬶，流部残，保存颈中部以下部分。颈略粗，有腹，分裆袋足，腹部有一周索状堆纹，一侧有宽带状大把手，大把手左侧有横置的小耳，残。如前所述，鬶是海岱系史前文化最典型的器物，大汶口文化早期阶段多为壶形三足鬶，以无流、角式把手和三锥状实足为特点；中期阶段的鬶均为实足，以侧装三角凿形足为主，有流，颈部变长并偏向一侧；晚期阶段发展出袋足鬶，袋足的变化是由分裆向弧裆发展；而龙山文化时期的陶鬶则以袋足鬶为主流，变化主要体现在颈由细长变为粗矮、袋足由弧裆向分裆发展。北阴阳这件鬶的时代，一些学者将其与三里河M214：5比较，作为同一时代的证据，而三里河M214为龙山文化早期，故北阴阳营H2的时候也相当于龙山文化早期，并将其进一步推广到良渚文化的结束年代，得出良渚文化的结束年代可能在距今4300年前后的结论[2]。许多人认为，大汶口文化末期和龙山文化初期联结得极为紧密，以致于有的学者认为两者之间不好区分。记得1982年我们在整理泗水尹家城的资料时，发掘过三里河遗址的中国社会科学院考古研究所吴汝祚先生来参观指导，并做了一次演讲，他不赞同关于大汶口文化和龙山文化区分不开的说法，他那时就认为鬶的颈部粗细是分别大汶口和龙山文化的若干指标之一。从发展的角度看，大汶口文化到龙山文化之间鬶的颈部确实是有变粗的趋向，但要将其作为绝对的指标来判定文化归属，特别是只根据一件器物来定年，恐怕还是要慎重，最好是从典型遗迹的器物群和器物组合来进行整体分析。即使是从鬶来分辨，也不能得出北阴阳营H2属于龙山文化时期的结论。下面试从鬶的颈部和腹部（有索状堆纹的最大径处）的比例[3]来比较北阴阳营的海岱式陶鬶与大汶口文化晚期和龙山文化初期陶鬶。

　　[1]　中国社会科学院考古研究所：《蒙城尉迟寺——皖北新石器时代聚落遗存的发掘与研究》，科学出版社，2001年，第271页，B型鼓腹盆，图217，8；中国社会科学院考古研究所等：《蒙城尉迟寺（第二部）》，科学出版社，2007年，第129页，B型鼓腹盆，图89，5；第217页，A型和B型鼓腹盆，图159，1、4。

　　[2]　杨晶：《关于良渚文化晚期较晚阶段的遗存》，《浙江省文物考古研究所学刊（第八辑）》，科学出版社，2006年，第72、73页。

　　[3]　为了统一标准，这里鬶的腹部选取有附加堆纹的位置测量，而颈部则选最下端和把手上端两个位置进行测量。

三里河M214：5，鬶，颈部与腹部之比分别是0.52（把手上缘）、0.56（颈根部）[1]。

大范庄墓地时代最早的墓葬是M27，其中M27：19鬶，颈部和腹部之比是0.53（两数据同）[2]。

呈子遗址龙山文化最早的M19，其中M19：7鬶，颈部和腹部之比是0.53（两数据同）[3]。

以上三例是目前所知龙山文化最早阶段的单位，鬶的颈腹之比大约在0.52～0.56之间。

北阴阳营H2：4，鬶，颈部和腹部之比是0.46（把手上缘）、0.46（颈根部）。

大汶口文化晚期的尉迟寺M317：21鬶，颈部和腹部之比是0.46（把手上缘）、0.45（颈根部）；尉迟寺T3216④：6鬶，颈部和腹部之比是0.46（把手上缘）、0.44（颈根部）[4]。

这样看，大汶口文化晚期偏晚时期陶鬶的颈腹之比约在0.5以下。北阴阳营H2：4海岱式陶鬶的数据明显在大汶口文化一侧。

此外，在陶鬶的主把手左侧或两侧附加小把手的现象，也是大汶口文化晚期比较流行的做法，例如：莒县陵阳河大汶口文化晚期的79M24：36、79M6：69[5]；莒县杭头大汶口文化晚期的M3：17[6]；滕州西公桥大汶口文化晚期H138②：53、62[7]、三里河大汶口文化晚期出土的陶鬶[8]等，都有在主把手左侧附加一个小把手的做法，而邹城野店大汶口文化晚期的M51：50则为双把手[9]（图六）。进入龙山文化之后，至今尚未在陶鬶上发现这一现象。而北阴阳营H2的大汶口式陶鬶就在主把手左侧附加一个小把手，做法与上述大汶口文化的同类陶鬶相同。

第2组：肥西古埂晚期[10]。古埂遗址晚期出土1件捏流的细高颈鬶，其颈更细，高度则明显高于目前所见同类鬶，时代应该略晚于北阴阳营H2和其他遗址的同类鬶。古埂同一层位出土的器物中，有薄胎高柄杯、侧三角凿形鼎足、正面有多道凹槽的凿形鼎足等，均为大汶口文化晚期偏晚至龙山文化初期阶段的典型器形（图七）。

第3组：蒙城尉迟寺M67。尉迟寺遗址坐落在皖北中部的北淝水流域，20年来经过了十余次发掘，揭露面积在1万平方米以上，发现了包括大汶口文化环壕、完整聚落和墓地等重要资料。M67出土了尉迟寺遗址唯一1件典型的捏流细高颈袋足鬶。M67出土了一组陶器，计有带流罐、壶、豆、鬶、觚形杯、高柄杯和碗等[11]（图八）。豆、觚形杯均为典型的大汶口文化晚期型式，粗高颈的壶，在大汶口文化晚期和龙山文化早期均有，而薄胎高柄杯则为典型的龙山文化初期的型式，若按我们

[1] 中国社会科学院考古研究所：《胶县三里河》，文物出版社，1988年，第94页。

[2] 临沂文物组：《山东临沂大范庄新石器时代墓葬的发掘》，《考古》1975年第1期，第18页。大范庄墓地发掘的26座墓葬，从总体上看均属于龙山文化，可以分为早晚两段，早段中以M27的时代最早，其出土的细长筒形圈足（其上饰满密集小圆形镂孔）高柄杯，为典型的大汶口文化晚期形态，同时，还出土了大量大汶口文化晚期的典型器物，如背壶（14件）、豆（2件）等。此外，也出现了龙山文化最早形态的高柄杯、鬶等。故可将其归入龙山文化早期之初。

[3] 昌潍地区文物管理组、诸城县博物馆：《山东诸城呈子遗址发掘报告》，《考古学报》1980年第3期，第363页。

[4] 中国社会科学院考古研究所、安徽省蒙城县文化局：《蒙城尉迟寺（第二部）》，科学出版社，2007年，第140、216页。

[5] 山东考古所、山东省博物馆、莒县文管所：《山东莒县陵阳河大汶口文化墓葬发掘简报》，《史前研究》1987年第3期，第66～68页，图版叁，3。

[6] 山东省文物考古研究所、莒县博物馆：《山东莒县杭头遗址》，《考古》1988年第12期，第1064页，图一〇，9。除了陵阳河和杭头遗址已经公布的3件之外，莒县博物馆的展览中还有1件大小两把手鬶和2件同样大小两把手鬶，均为大汶口文化晚期的白陶制品。

[7] 山东省文物考古研究所：《滕州西公桥遗址考古发掘报告》，《海岱考古（第二辑）》，科学出版社，2007年，第58、59页。

[8] 青岛市博物馆举办《青岛史话》陈列。

[9] 山东省博物馆、山东省文物考古研究所：《邹县野店》，文物出版社，1985年，第74页。

[10] 安徽省文物考古研究所：《安徽肥西古埂新石器时代遗址》，《考古》1985年第7期，第580～582页。

[11] 中国社会科学院考古研究所：《蒙城尉迟寺——皖北新石器时代聚落遗存的发掘与研究》，科学出版社，2001年，第200～203页。

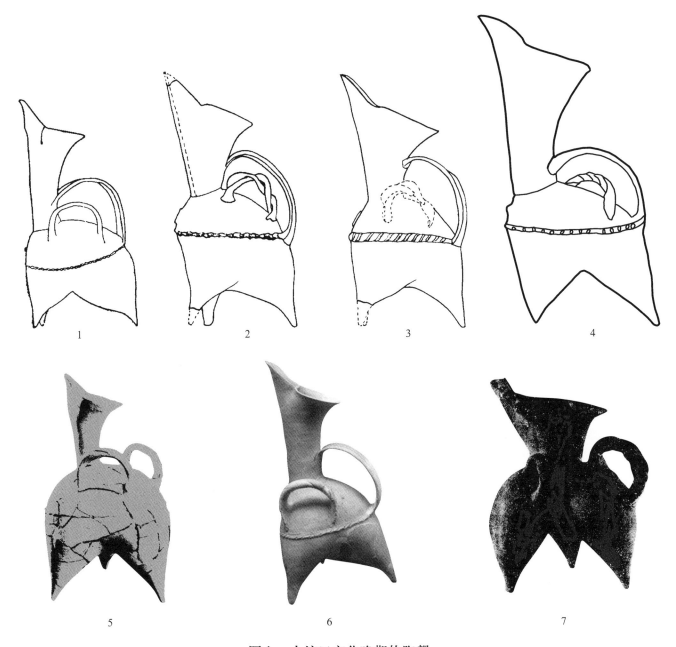

图六　大汶口文化晚期的陶鬶

1. 杭头（M3：17）　2、3. 西公桥（H138②：53、62）　4、7. 陵阳河（79M24：36、79M6：69）　5. 野店（M51：50）　6. 三里河（青岛市博物馆藏品）

把龙山文化划分为六期10段的分期方案，M67的高柄杯则属于第一期第1段。由于尉迟寺地处海岱地区的西南部，可能该区域到了龙山文化初期，主体文化面貌还属于大汶口文化，但部分龙山文化初期因素已经出现，这一状况应该是区域之间文化发展不平衡性的具体体现。

综合以上因素，我们认为北阴阳营H2仍然属于大汶口文化的范畴，其年代应该在大汶口文化晚期最后一段至龙山文化第一段之间。如果按照传统的年代认识，即大汶口文化和龙山文化的分界在距今4600年前后，那么，北阴阳营H2的绝对年代应在公元前2650～前2550年之间。如果按目前新的测年结果，龙山文化的年代整体向后移动200年左右，那么，两者的分界就推后到了距今4400年。于

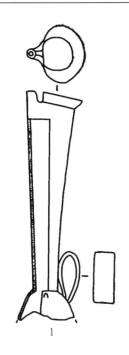

图七　肥西古埂遗址出土陶器

1．陶鬶（T4②：3）　2．IV式陶鼎足（T2②：13）　3．II式陶鼎足（T3②：2）
4．陶高柄杯（T3②：10）

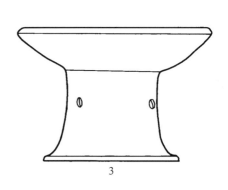
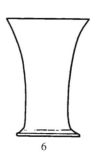

图八　尉迟寺M67主要器物组合

1．尊（M67：2）　2．鬶（M67：11）　3．豆（M67：13）　4．豆（M67：7）　5．高柄杯（M67：8）　6．觚形杯（M67：14）

是，北阴阳营H2的年代则需要下调200年，即在公元前2450～前2350年之间。

明确了细高颈袋足鬶的时代，广富林文化的开始年代就有了一个可以比较的标准。环太湖地区发现细高颈袋足鬶的遗址不少。广富林第二阶段的H128是比较早的一个单位，他打破良渚文化晚期的M30，出土遗物中有大鱼鳍足小口罐形鼎和细高颈袋足鬶。故其时代应与北阴阳营H2相去不远。钱山漾下层也出土大鱼鳍足小口罐形鼎和细高颈袋足鬶，其年代上限也应该接近北阴阳营H2。这样，依据细高颈袋足鬶与其他典型遗物的共存关系、与大汶口文化、龙山文化的年代比较和目前的测年结果，我们认为广富林文化的年代上限大体可以确定在公元前2600～前2500年之间，大体上与黄河流域龙山文化开始的年代相同。广富林文化的绝对年代则约在公元前2600/2500～前2000/1900年前后。如果未来几年新的测年结果能够较大幅度地改变目前所公认的新石器时代年代体系，即把目前新石器时代晚期和青铜时代早期的年代后延200年左右，那么，或许这一年代可以整体向后调整200年左右，约在公元前2400/2300～前1800/1700年前后。但并不影响黄河流域和长江流域新石器时代各考古学文化在年代上的对应关系，也不影响良渚文化在整体上早于龙山文化的认识。

至于广富林文化早、晚两个阶段的分界，从各自的文化内涵再结合广富林、南荡等遗址广富林文化晚期的测年数据，目前大体可以确定在公元前2300～前2200年之间。

六　广富林文化的来源与去向分析

客观地说，现在广富林文化的资料还不多，广富林和钱山漾发掘资料的完整公布恐怕还需要相当的时日。所以，现在讨论广富林文化的来源和去向问题的时机并不成熟。但从现有资料出发，提出一些倾向性看法，将有助于今后对这一问题的思考和研究。

1. 关于来源问题

广富林新遗存确认之初，部分学者认为这一类遗存直接来自豫东地区的龙山文化王油坊类型。对此，我认为，在淮河下游的苏北、皖北东部地区龙山文化文化面貌基本清楚之前，两者之间尚难以做直接的比较。

从宏观上看，海岱地区和太湖地区两大文化区新石器时代的文化交流，总的趋向和态势可以划分为三个大的阶段：

第一阶段，马家浜文化和北辛文化时期，南北互有影响，如南方圜底釜和鼎的出现，可能是受到北方的影响，而苏北地区腰檐器物的产生，可能与来自南方的影响有关。

第二阶段，崧泽文化、良渚文化和大汶口文化时期，南方对北方的影响力度明显加大，在苏北鲁南地区的大汶口文化遗址中，普遍出现来自南方的文化因素，如大汶口文化早期阶段的新沂小徐庄遗址和邳州刘林遗址、大汶口文化中期偏早的沭阳万北遗址，均有较多来自南方的文化因素。至良渚文化早期，海岱地区同期文化中来自南方良渚文化的文化因素达到了一个高峰：淮河南岸以阜宁陆庄为代表的遗存中，良渚文化因素已经占据主导地位；而淮河以北以花厅墓地为代表大汶口文化中期和晚期前段遗存中，良渚文化因素也大量存在，占有十分重要的地位；而鲁南地区同期遗存中，良渚文化的影响也可以说是随处可见。所以，可以认为崧泽文化到良渚文化时期，是南方文大举向北传播、扩散和影响的阶段。

第三阶段，良渚文化之后到马桥文化时期，随着良渚文化的衰落和消失，大汶口文化末期、海岱龙山文化和岳石文化对长江下游及环太湖地区的文化影响明显加大和上升。龙山文化晚期和岳石文化时期，江淮之间已经成为海岱系文化的分布区；长江下游的宁镇地区，出现较多具有浓厚的龙山文化和岳石文化的文化因素，像本文前面所提到的一些遗址，从龙山文化早期开始就出现较多来自北方的文化因素，这种现象一直持续到岳石文化时期，如镇江马迹山、江宁点将台、浦口牛头岗等遗址中的典型岳石文化因素就是例证；而更南的环太湖地区，如上海广富林、马桥和浙江钱山漾等遗址，不间断地出现龙山文化早期、晚期和岳石文化的文化因素，但数量相对较少，文化内涵也逐渐发生变化。

综上，我们大体勾勒出了中国东部沿海地区南北文化发展和交流的趋势，真可谓各领风骚千余年。从宏观上审视，问题可能就比较清楚，也比较容易判断和理解。就像当年崧泽文化、良渚文化北上并没有改变海岱地区大汶口文化的文化性质一样，龙山文化的南下也并未同化环太湖地区，而是作为催化剂，使当地的良渚文化过渡到了广富林文化，钱山漾第一阶段就是新的文化阶段的开始。

从现有资料看，广富林文化早期与良渚文化晚期存在着密切的文化传承关系。如广富林文化最具特征的大鱼鳍足鼎，这种造型奇特的大鱼鳍足是新出现的，但腹下部明显外鼓的鼎身，则可以在良渚文化晚期中找到原型。细高颈袋足鬶的演变则更为清楚，将来在良渚文化的分布区，是会找到像好川墓地那种由粗矮颈袋足鬶向细高颈袋足鬶演化的中间环节的。豆和圈足盘在广富林文化中数量明显减少是个事实，但相互之间也存在一定的演化关系。石器方面也有传承关系，如广富林文化的石犁、石镰、有段石锛、柳叶（断面为菱形）形石镞等，均应来自良渚文化的同类器。

总之，我们认为广富林文化的主体因素是在当地良渚文化晚期的基础上发展起来的，同时，也接受了包括北方龙山文化早中期在内的一些外来文化因素。

2. 关于发展去向问题

广富林文化的发展去向，是研究环太湖地区新石器文化与早期青铜文化衔接时要考虑的问题。如果从区域文化发展的角度分析，探讨广富林文化的去向与研究马桥文化的来源是一个问题的两个方面，尽管目前材料还不甚丰富，但也有迹象可寻。过去关于马桥文化的来源，主要有两种基本观点，一是良渚文化发展为马桥文化，二是马桥文化是从外地迁徙（主要是从南部）而来的。现在因为在良渚文化和马桥文化之间插入了一个广富林文化，从而使前一种观点变得不再成立。

那么马桥文化与广富林文化之间是一种什么关系呢？

首先，由钱山漾遗址的层位关系可知，马桥文化晚于广富林文化晚期，这样广富林文化与马桥文化之间在年代上已经基本没有缺环，它们在年代上可以说是前后衔接的。同时，从空间分布上看，虽然我们现在还不知道广富林文化是否能够分布到钱塘江流域，但至少在环太湖地区它们是共同存在的。

其次，从文化内涵上看，广富林文化晚期确实有一些与马桥文化相似的因素。如马桥的三角形有孔石犁、长方形和半月形有孔石刀、一头尖的条形石镰等，均与广富林文化的同类器十分相似。

陶器方面，如马桥文化数量最多的下腹较宽的鼎，除了鼎足的变化较大，由广富林文化晚期的侧扁形变为圆锥形外，鼎身部分与广富林文化一脉相承。其他如凹底的罐、封口盉、浅盘高圈足豆等，均可以在马桥文化中找到后继者。

　　和广富林文化一样，马桥文化也较多地接受了来自外地的文化因素，其中就包括北方的岳石文化，表明它们在自身的发展过程中，一直与北方保持着某种文化上的联系。

　　（原载《徐苹芳先生纪念文集》，上海古籍出版社，2012年）

关于江淮东部地区的新石器文化

江苏中部地区的考古工作开展较早，20世纪50年代以来，在中国新石器考古研究中曾产生过较大影响。七八十年代，由于太湖流域和山东苏北地区新的考古发现迅速增多，而江淮地区考古工作的进展相对缓慢，缺乏系统的发掘资料，使学术界对这一地区新石器文化的认识产生了相当大的分歧。进入九十年代，南京博物院等单位有计划有目的地在这一地区开展考古调查，并在此基础上选择数处典型遗址进行发掘，取得了引人注目的成果。这次，江苏省文化厅、南京博物院和高邮市政府为来自全国各地的代表提供了一个观摩、学习的机会，我从内心感到由衷的高兴。两天来，在会议组委会的安排下，我们参观了南京博物院和高邮的文物标本，并对龙虬庄等遗址进行了实地考察，自己对江淮东部地区的新石器文化有了初步认识。下面谈两点看法。

一

江淮地区系指长江和淮河之间的广大区域，其东界为大海，地跨江苏和安徽两省，在江苏省的范围内，一般称之为江淮东部地区。最近几年，由于高邮龙虬庄和周邶墩、兴化南荡、阜宁陆庄等遗址的系统发掘，尤其是对龙虬庄遗址的大面积揭露，再参照以往发掘的海安青墩遗址的资料，可以大致勾勒出江淮东部地区古代文化的发展序列。其自早至晚依次是：

龙虬庄第一期 → 龙虬庄第二期 → 龙虬庄第三期 → 陆庄新石器遗存 → 南荡和周邶墩龙山遗存 → 周邶墩岳石遗存。

上述序列的排定，在这一地区的一些遗址中存在部分层位关系，如龙虬庄、周邶墩。此外，我们还可以通过和年代序列清楚的海岱、太湖两大文化区系的比较来确定其相对年代关系。

和太湖区相比，陆庄遗存基本上具备良渚文化中晚期的文化特征，龙虬庄第三期（包括青墩上层）则和良渚文化早期接近，至少也可以说其中有许多良渚文化因素，如龙虬庄的带流带把平底罐，青墩的粗矮体贯耳壶等。龙虬庄第二期（包括青墩中下层）则可以和崧泽文化类比。从而表明它们的时代应大致相当。再往前推，龙虬庄第一期的时代更早一些，大体和马家浜文化晚期相若。

和海岱区相比，周邶墩岳石遗存和南荡、周邶墩龙山遗存与海岱地区的岳石文化、龙山文化基本是一致的，因而时代也不会有大的差别。陆庄遗存中存在一部分大汶口文化晚期阶段的文化因素，如袋足鬶、凿形足鼎等，而龙虬庄第三期（包括青墩上层）则可以和大汶口文化中期阶段进行比较。龙虬庄第二期（包括青墩中下层）和大汶口文化早期阶段，双方互有对方的文化因素。再往前推，龙虬庄第一期则大致和北辛文化晚期阶段相当。

有了上述与南、北两个毗邻地区考古学文化的年代对应关系，各期别的绝对年代也就能够大体确定，即龙虬庄第一期约在距今6300年前后；龙虬庄第二期约在距今5500年之前；龙虬庄第三期约在距今5000年之前；陆庄新石器时代遗存约在距今4600年之前；南荡和周邶墩龙山遗存约在距今4300～4000年前后；周邶墩岳石文化遗存约在距今3700年前后。这样，我们就可以进而对江淮东部地区古代文化的文化性质作出分析和判断。

二

下面着重谈一下江淮东部地区古代遗存的文化性质归属问题。为了便于讨论，这里先从简单的谈起，即从最晚阶段开始。

在前面排定的序列中，最晚的是周邶墩遗址的岳石文化遗存。我们在库房里看到的出土遗物，尽管数量不是很多，但是非常典型，属岳石文化无疑。因此，可以肯定这类遗存的主体是岳石文化，而不是在另外的文化中偶尔出现的岳石文化因素。众所周知，岳石文化主要分布于以泰沂山地为中心的海岱地区，以往在安徽和江苏的淮河以北地区也都发现过岳石文化遗址，其中江苏沭阳万北遗址的发掘，还发现了比较单纯的岳石文化遗存。在长江以南地区的一些同时期遗存中，则发现有多少不一的岳石文化因素，如镇江马迹山遗址，曾出土过成组的典型岳石文化遗物。由此看来，地处江淮之间的高邮一带，应属于岳石文化的分布区。

岳石文化之前的龙山文化遗存，在江淮东部地区的兴化南荡、周邶墩等遗址有所发现，张敏先生将其定为王油坊类型龙山文化，认为是这一类型的居民辗转南下遗留下来的。初步观察周邶墩遗址出土的龙山陶器，时代特征比较明确，基本上不出龙山文化中晚期的范围，毋庸置疑，其属于海岱龙山文化。并且，此类遗址在这一地区不是孤立的和个别的，因此，这里也应是海岱龙山文化的分布区。前后联系起来看，江淮东部地区成为海岱文化区的一个组成部分，大约始于龙山文化时期。江淮东部地区的龙山文化来自海岱地区似无问题，而具体的位置，由于与此区毗邻的苏北、皖北东部地区有关龙山文化的田野考古工作开展得甚少，难以作近距离的比较，故目前还不能准确地指出其来源地区。至于是在什么动力驱使下造成海岱龙山文化的部分居民南迁，更是有待探讨的课题。

龙山文化之前的相当于大汶口文化晚期阶段时期，这一地区主要分布着陆庄一类新石器遗存。陆庄遗存的主体文化因素是良渚文化，其时代说得具体一点属于良渚文化晚期阶段，对此似乎没有什么异议。基于此，我个人坚持认为这一时期江淮东部地区已为良渚文化所占据，从而属于太湖文化区的一个组成部分。同时，陆庄一类遗存中还有一部分大汶口文化晚期阶段的文化因素，虽然其在整体文化内涵中不占主导地位，但是它的存在是不容置疑的。它明确无误地告诉我们，陆庄一类新石器遗存的时代应与大汶口文化晚期阶段相当。因此，我认为陆庄一类新石器遗存的年代不可能晚到距今4200～4000年前后，因为这一时期淮河以北地区的大汶口文化早已转变为龙山文化，并且经历了数百年的发展，不会再有大汶口文化时期的东西传播到江淮之间的良渚文化中来。

早于陆庄一类新石器遗存的是龙虬庄第三期和青墩上层，这类遗存目前只见于江淮地区的南半部。其中确实有一些良渚文化的因素，如前所述的贯耳壶、带流罐等，由于这一时期遗存发现的数量较少，目前尚难作详细的定量分析。不过，我个人倒是倾向于其属于良渚文化，至少也是受到良渚文化的强烈影响。

　　龙虬庄第一、二两期3段之间，既有内在联系又有发展变化，可以将其作为一个连续发展的整体来看待。这一时期，北边是海岱文化区的北辛、大汶口文化，南边是太湖文化区的马家浜、崧泽文化，西南方还有一支北阴阳营文化。龙虬庄第一、二期遗存和北辛、大汶口文化之间的共同因素较少，两者显然不属于同一文化。和南边的两系文化则有着较为密切的联系，所以过去有人曾把海安青墩早期遗存直接归入崧泽文化，现在看来，来自宁镇地区的文化因素似乎更多一些。分析龙虬庄的发掘资料，它们之间的差别是主要的，共同因素不占主导地位。因此，江淮之间可以作为一个独立的小文化区。黄河、长江中下游地区的新石器文化，大的区系格局已经明确，即可以划分为中原、海岱、江汉和太湖四个大的文化区。这些大区既不是从来就有的，也不是一成不变的，而它们相互之间的地理分布，从理论上讲应该允许存在独立的小文化区（尤其是在偏早时期），就像大国之间可以有小国一样，江淮地区的偏早时期大概就属于这种情况。因此，以龙虬庄第一、二期为代表的一类遗存，既有一套区别于其他文化的文化特质，又有一定的分布区域，不妨可以将其作为一个新的类型或文化提出来，可以称之为"龙虬类型"或"龙虬文化"。

　　综上所述，江淮东部地区古代文化的文化序列已经基本清楚，各个时期的文化性质也比较明确，就目前已有的发现而言，大约经历了三个大的发展阶段。

　　第一阶段，即目前所知最早的龙虬庄第一、二期时期，这一地区大约是一个以自身文化因素为主的独立文化区，或名之为"龙虬类型"或"龙虬文化"。其绝对年代在距今5500年之前。

　　第二阶段，即龙虬庄第三期和陆庄一类遗存时期，这一地区为良渚文化所占据，成为太湖文化区的一部分。绝对年代在距今5500～4600之间。

　　第三阶段，即龙山文化和夏代时期，这一地区已为海岱龙山文化和岳石文化所占领，属于海岱文化区。其绝对年代在距今4300～3500年前后。

　　当然，上述各个时期还不完全衔接，有的相互之间还存在一定的间隔，形成这种现象的原因，既有工作开展得不充分的问题，也有环境变迁的因素。

　　（原载《东南文化》1999年第3期）

关于苏鲁豫皖考古的几个问题

这次到安徽来，看到许多遗址调查、发掘的实物资料，尤其是会议安排的三天皖北地区野外考察，使自己学到不少新的知识，感到收获很大。

按我的理解，苏鲁豫皖地区主要包括江苏省的淮北地区、山东省的泰沂山系以南地区、河南省的东部（包括商丘，以及周口和开封各一部分）和安徽省的淮北地区。从古代文化的文化面貌、特征以及小自然地理环境方面考虑，又可再细分为四区，即鲁东南区、鲁中南区、鲁西南豫东皖西北区（以下简称鲁豫皖区）和苏北区。下面着重谈谈我对后两区几个问题的看法。因为有些想法过去就有，也有一些是这次看了材料之后的认识，可能很不成熟。

一 关于鲁豫皖区古文化的序列与年代

这一地区新石器时代较早时期的遗址，经过发掘的主要有蚌埠双墩、濉溪石山子和鹿邑武庄三处，双墩遗址的材料比较丰富，其自身特色十分明显，年代也有一定跨度。石山子的材料较少，与双墩有一定联系。武庄未见到实物，主要看了河南所带来的部分单位的材料。就主体部分而言，双墩遗址较早，石山子似略晚，或与双墩遗址偏晚时期相当。武庄可分为若干期，其早期应与双墩略有交错。

年代在武庄之后和龙山之前的遗址，均可归到大汶口文化之内。主要有亳县富庄、肖县花甲寺、蒙城尉迟寺、鹿邑栾台等。从器物形态学方面分析，富庄下层墓葬较早，其他三处遗址则要晚一些。

龙山文化时期的遗址较多，发表的材料也比较丰富，富庄上层、尉迟寺上层和芦城孜是安徽境内比较重要的几处，一般被称为王油坊类型（或称造律台类型、青堌堆类型）。

这一区域龙山文化之后是岳石文化，架子上摆了31处遗址的调查标本，据我看有5处遗址存在岳石文化遗物，即花甲寺、永固、灰角寺、芮集堌堆和台子山。豫东和鲁西南发现的岳石文化遗址更多，经过发掘的有鹿邑栾台、夏邑清凉山、杞县鹿台岗和菏泽安邱堌堆。

岳石文化之后是二里冈期商文化，然后是殷墟期商文化。

鲁豫皖区自新石器时代较早时期至商代的序列大致如上所述。对于其绝对年代，我们可以采取横向比较的方法加以推定，即与年代序列清楚的鲁中南区比较。

鲁中南区考古工作开展较多，分期与年代学研究比较细致。其文化序列依次为北辛文化（年代约在距今7300～6300年，分三期）、大汶口文化（年代约在距今6300～4600年，分十一段、六期和三个发展阶段）、龙山文化（年代约在距今4600～4000年，分九段、六期和两个发展阶段）、岳石文化（年代约在距今4000~3500年，分三期）和商代文化。以此为标尺来分析鲁豫皖区新石器时代遗存，可得出以下结果。

双墩遗址大致与北辛文化中晚期相当，年代约在距今7000~6300年。武庄与北辛文化晚期和大汶口文化一、二、三期接近，年代约在距今6500~5300年。富庄下层墓葬约当大汶口文化四期，年代为距今5300~5000年。尉迟寺、花甲寺、栾台为大汶口文化五、六期（主要属六期），年代约在距今5000~4600年。王油坊约当龙山文化四、五、六期，栾台二期文化早段部分遗存的年代还早一些，年代约在距今4400~4000年。

二　关于鲁豫皖区古文化的文化性质

黄河、长江两河流域的新石器时代，主要存在着四个大的区系，亦可称为四大文化区，即以黄河中游为主的中原文化区、黄淮下游的海岱文化区、长江中游的江汉文化区和长江下游的太湖文化区。这四个大区系形成于裴李岗时代，成熟于仰韶时代，龙山时代和夏代是其繁荣发达时期，自商代开始逐渐走向统一，而统一的完全形成要到秦汉时期。

鲁豫皖区在上述格局中，处在东西交界地带，西南和东南又与长江流域的两大文化区相距不远。这种地理位置的特点，反映在考古学文化的文化面貌上，则呈现比较复杂的状态。对这一地区考古学文化的文化性质，历来存在着不同的看法。

我认为，鲁豫皖区在大的区系上属于海岱文化区系统。具体分析起来，各个时期又有所区别。

双墩到武庄时期，虽然文化内涵中包含有一些其他文化的成份，但主体因素是以自身特征为主。这一阶段可看作是与北辛文化、大汶口文化并列的考古学文化时期。

富庄下层到栾台一期阶段，大汶口文化涌入并占领鲁豫皖区，在主体文化内涵上取代了当地的土著文化。同时，还存在一些不同于鲁中南和其他小区的文化因素。例如，红褐陶的比例较高，折腹鼎、细长颈袋足鬶、圈足罐的存在，以及拔除下侧门齿的习俗等。基于此，可作为大汶口文化的一个地方类型。

王油坊类型的文化性质异议最多。多数人认为应归属中原文化系统，或者单独成为一区。我认为，王油坊类型主要是继承了当地的大汶口文化并加以发展形成的，最终过渡为岳石文化。尽管在其发展过程中受到来自中原地区的影响，而且这种影响一度有增大的趋势，但就文化要素的主体而言，文化性质并没有发生质的变化，仍可以归属到海岱龙山文化。

岳石文化时期的鲁豫皖区，在文化面貌上有一定自身特色，如绳纹鬲、箍状堆纹瓮的存在，或是受到西部的影响，或是继承王油坊类型而来，但其主要方面与鲁中南乃至胶东半岛都是一致的，而与二里头文化迥异。岳石文化的影响，向南越过淮河，部分地区甚至渡过长江，向西则到达豫西一带。

到了商代，鲁豫皖区虽然有许多与中原地区不尽相同之处，但其性质已属商文化系统，或许商文化就是从这一地区产生出来的。

由上述鲁豫皖区古代文化性质的变迁，我们可以看到一条中国古代文化从分散到统一的变化运动轨迹，这一运动过程又是分阶段实现的。

　　总之，海岱文化区发端于北辛文化时期，最初限于泰沂山西侧，其范围随着时间的推移而逐渐扩大。到大汶口文化中晚期，势力迅速膨胀，扩展方向以向西和向东北为主，至晚到大汶口文化五、六期，分布范围已达到豫东的杞县、太康和淮阳一线，并一直维持到岳石文化时期，而没有发生大的进退。

<h2 style="text-align:center">三　关于苏北区的两个问题</h2>

　　苏北区的新石器时代文化，在大的区系上属于海岱文化区，但从早到晚不断受到来自南方的强烈影响，这或许是对此区考古学文化认识上意见分歧的原因之一。我这里主要谈两点看法。

　　第一，1987年以来，南京博物院连续发掘新沂花厅遗址，发现一批大汶口文化墓葬。这批墓葬以其具有浓厚的良渚文化因素而格外引人注目。通过分析这批墓葬，我觉得有两个问题需要引起重视，一是正当大汶口文化四、五、六期大汶口人向西挺进的时候，其东部却受到来自南方的强烈影响，这意味着什么？二是良渚文化的年代比目前估计的要早。如果把良渚文化划分为五期，其第三期与大汶口文化四期（中期阶段偏晚）相当，第四、五期则大致与大汶口文化五、六期同时。这样对应起来，目前所发现的良渚文化大体与大汶口文化中、晚期阶段相当，最迟也只能到龙山较早时期。如是良渚文化与马桥文化之间应有文化的缺环，这种现象与北方的辽西地区十分相似。以往大家都认为良渚文化的上限较早，下限与龙山文化同时。现在看来，这一问题需要重新考虑。在海岱地区，从泰沂山两侧一直到胶东半岛，大汶口文化遗存中都发现有良渚文化的因素，而龙山文化中则全然不见，或是一个佐证。

　　第二，20世纪80年代南京博物院在沭阳万北遗址发现了一批商代墓葬。据发掘者介绍，这批墓葬可分为两类：一类随葬绳纹陶器，器形与商文化有别；一类随葬素面褐陶器或半月形石刀。后一类墓葬的陶器特征与岳石文化十分近似（如陶鬲等），半月形双孔石刀也是岳石文化最典型的生产工具。因此，这一类以出素面红褐陶为主的墓葬在时代上应略早于出绳纹陶器的墓葬，并且是探索岳石文化在东部沿海地区去向的重要线索。

　　（原载《文物研究（第七辑）》，黄山书社，1991年）

论大汶口文化和崧泽、良渚文化的关系

在上古时代，黄淮下游的海岱地区和长江下游的太湖地区之间，一直存在着密切的关系，对此，许多学者进行过有益的探讨[1]。在此基础之上，进一步考察它们之间的异同，分析讨论双方的相互作用和影响，对于正确理解古史传说，深入研究中国文明起源等问题，将有所裨益。大汶口文化时期，是海岱文化区加快发展并走向辉煌的重要时期，而崧泽、良渚文化时期，则是太湖文化区迅速崛起并达到鼎盛的历史阶段。对这一时期两者之间的关系做一系统考察，给予合乎实际的评价，是把握两文化区相互作用和影响的关键。

一

大汶口文化主要分布于山东全省、苏皖北部和豫东地区，其南界约在淮河沿岸。根据大汶口文化发展变化的阶段性，我们将其划分为早、中、晚三个发展阶段，每一阶段又可以细分为两期若干段[2]。早期阶段的年代约在距今6100～5500年之间，典型遗存有江苏邳县刘林[3]和大墩子早期墓葬[4]、山东邹县野店第一至第三期墓葬[5]、兖州王因遗址[6]、泰安大汶口遗址[7]等。中期阶段的年代约在距今5500～5000年前后，典型遗存有大墩子晚期墓葬、新沂花厅墓地大部分墓葬[8]、大汶口墓地早中期[9]、曲阜西夏侯下层部分墓葬[10]、野店第四期墓葬和滕县岗上部分墓葬[11]。晚期阶段的年代约在

[1] 这方面的论著主要有：南京博物院：《长江下游新石器时代文化若干问题的探析》，《文物》1978年第4期；严文明：《论青莲岗文化和大汶口文化的关系》，《文物集刊·1》，文物出版社，1980年；伍人：《山东地区史前文化发展序列及相关问题》，《文物》1982年第10期；吴汝祚：《论良渚文化与大汶口、龙山文化的关系》，《东南文化》1989年第6期；任式楠：《长江黄河中下游新石器文化的交流》，《庆祝苏秉琦考古五十五年论文集》，文物出版社，1989年；杜金鹏：《关于大汶口文化与良渚文化的几个问题》，《考古》1992年第10期。

[2] 栾丰实：《大汶口文化的分期和类型》，《海岱地区考古研究》，山东大学出版社，1997年。

[3] 江苏文物工作队：《江苏邳县刘林新石器时代遗址第一次发掘》，《考古学报》1962年第1期；南京博物院：《江苏邳县刘林新石器时代遗址第二次发掘》，《考古学报》1965年第2期。

[4] 南京博物院：《江苏邳县四户镇大墩子遗址探掘报告》，《考古学报》1964年第2期；《江苏邳县大墩子遗址第二次发掘》，《考古学集刊·1》，中国社会科学出版社，1981年。

[5] 山东省博物馆、山东省文物考古研究所：《邹县野店》，文物出版社，1985年。

[6] 中国社会科学院考古研究所山东队等：《山东兖州王因新石器时代遗址发掘简报》，《考古》1979年第1期。

[7] 山东省博物馆：《谈谈大汶口文化》，《文物》1978年第4期。

[8] 南京博物院新沂工作组：《新沂花厅村新石器时代遗址概况》，《文物参考资料》1956年第7期；《江苏新沂花厅遗址一九八七年发掘纪要》，《东南文化》1988年第2期；《1987年江苏新沂花厅遗址的发掘》，《文物》1990年第2期；李民昌等：《新沂县花厅村新石器时代遗址》，《中国考古学年鉴·1990》，文物出版社，1991年。

[9] 山东省文物管理处、济南市博物馆：《大汶口——新石器时代墓葬发掘报告》，文物出版社，1974年。

[10] 中国科学院考古研究所山东队：《山东曲阜西夏侯遗址第一次发掘报告》，《考古学报》1964年第2期；《西夏侯遗址第二次发掘报告》，《考古学报》1986年第3期。

[11] 山东省博物馆：《山东滕县岗上村新石器时代墓葬试掘报告》，《考古》1963年第7期。

距今5000～4600年之间，典型遗存有大汶口墓地晚期、野店第五期墓葬、西夏侯大部分墓葬和莒县陵阳河墓地[1]等。大汶口文化三个阶段合计延续了一千五六百年的时间。

　　太湖文化区以太湖周围为中心，分布区域包括长江下游和钱塘江流域。这一区系考古学文化发展的主线是马家浜文化、崧泽文化和良渚文化。东南隅的宁绍平原和西北部的宁镇地区，广义上也可以包括在这一大区之内，只是文化面貌与马家浜、崧泽、良渚文化有一定差异，因而被许多研究者分别列为不同的考古学文化。崧泽、良渚文化主要分布于以太湖为中心的苏、沪、浙地区，向北越过长江到达江淮地区。1993年春以来，南京博物院在江淮地区的调查和试掘，再次证实其分布已抵淮河南岸一线[2]，从而与大汶口文化直接相邻。崧泽文化可以划分为三期[3]，年代约在距今6000～5500年之间，典型遗存有上海青浦崧泽中层墓葬[4]、江苏吴县草鞋山中层[5]和张陵山下层[6]、常州圩墩上层[7]、武进潘家塘[8]等。良渚文化可以暂分为四期[9]，年代约在距今5500～4500年前后，典型遗存有吴县草鞋山上层和张陵山上层、苏州越城[10]、武进寺墩[11]、海安青墩[12]、上海马桥[13]、青浦福泉山[14]、余杭反山[15]和瑶山[16]等。两者合计延续了大约一千五百年的时间。

　　上述分期与年代体系的确立，为我们梳理大汶口文化与崧泽、良渚文化的关系，提供了基本的条件。

二

　　大汶口文化与崧泽、良渚文化之间存在许多共同点，但差异也十分明显。以下我们比较两者的异同。两者的相同之处主要表现在以下几个方面。

1. 均以鼎为主要炊器，属于鼎文化系统

这与其他文化区同时期诸文化，如仰韶文化第二、三、四期[17]和大溪、屈家岭文化明显不同。

[1]　山东考古所、山东省博物馆、莒县文管所：《山东莒县陵阳河大汶口文化墓葬发掘简报》，《史前研究》1987年第3期。

[2]　张敏等：《高邮龙虬庄遗址发掘获重大成果》，《中国文物报》1993年9月5日第1版。

[3]　黄宣佩、张明华：《关于崧泽墓地文化的几点认识》，《文物集刊·1》，文物出版社，1980年；黄宣佩：《略论崧泽文化的分期》，《中国考古学会第三次年会论文集》，文物出版社，1984年。

[4]　上海市文物保管委员会：《崧泽——新石器时代遗址发掘报告》，文物出版社，1987年。

[5]　南京博物院：《江苏吴县草鞋山遗址》，《文物资料丛刊·3》，文物出版社，1980年。

[6]　南京博物院：《江苏吴县张陵山遗址发掘简报》，《文物资料丛刊·6》，文物出版社，1982年。

[7]　常州市博物馆：《江苏常州圩墩新石器时代遗址的调查和试掘》，《考古》1974年第2期；吴苏：《圩墩新石器时代遗址发掘简报》，《考古》1978年第4期；常州市博物馆：《常州圩墩新石器时代遗址第三次发掘简报》，《史前研究》1984年第2期。

[8]　武进县文化馆等：《江苏武进潘家塘新石器时代遗址调查与试掘》，《考古》1979年第5期。

[9]　栾丰实：《良渚文化的分期与年代》，《中原文物》1992年第3期。

[10]　南京博物院：《江苏越城遗址的发掘》，《考古》1982年第5期。

[11]　南京博物院：《江苏武进寺墩遗址的试掘》，《考古》1981年第3期；《1982年江苏常州武进寺墩遗址的发掘》，《考古》1984年第2期；陈丽华：《江苏武进寺墩遗址的新石器时代遗物》，《文物》1984年第2期。

[12]　南京博物院：《江苏海安青墩遗址》，《考古学报》1983年第2期。

[13]　上海市文物保管委员会：《上海马桥遗址第一、二次发掘》，《考古学报》1978年第1期。

[14]　上海市文物保管委员会：《上海福泉山良渚文化墓葬》，《文物》1984年第2期；《上海青浦福泉山良渚文化墓地》，《文物》1986年第10期。

[15]　浙江省文物考古研究所反山考古队：《浙江余杭反山良渚墓地发掘简报》，《文物》1988年第1期。

[16]　浙江省文物考古研究所：《余杭瑶山良渚文化祭坛遗址发掘简报》，《文物》1988年第1期。

[17]　严文明：《略论仰韶文化的起源和发展阶段》，《仰韶文化研究》，文物出版社，1989年。

2. 墓葬随葬品的基本组合均为鼎、豆、罐、壶和杯

3. 两者有一些相同或相近的重要器形，例如：

（1）大口尊

或称大口缸。形态特征为大口，直壁或微斜，圜底，多为夹砂红陶，陶胎奇厚，腹部多饰篮纹。大口尊在两地的演化趋势完全相同。早期形体粗矮，始见于崧泽文化和大汶口文化早期，其渊源可以追溯到各自的先驱文化之中（图一）。南方的崧泽、草鞋山、张陵山和北方的刘林、大墩子等遗址均有发现，其中张陵山一座墓葬（M005）之中，竟出土五件完整器。晚期口沿外侈，或为

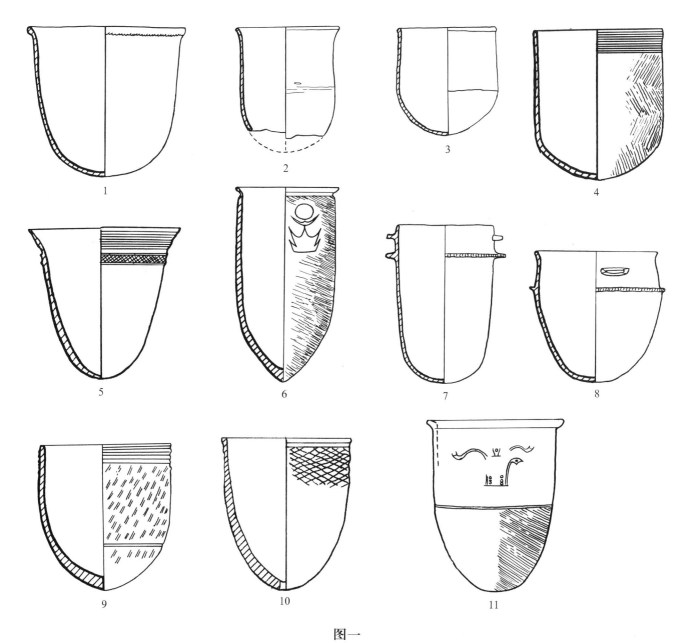

图一

1. 后李文化（西河H5：5）　2、3. 北辛文化（北辛H19：46、M702：1）　4～6. 大汶口文化（刘林M192：1、大墩子M272：3、大朱村：01）　7、8. 马家浜文化（草鞋山、圩墩）　9. 崧泽文化（张陵山）　10、11. 良渚文化（福泉山T3M2：4、北阴阳营H2：1）

平折沿，形体渐趋瘦高，尖圜底或小平底。良渚文化见于福泉山、反山、瑶山和南京北阴阳营[1]等遗址，在反山和瑶山墓葬中，这种大口尊被列为随葬陶器的基本组合成员之一。大汶口文化中、晚期阶段，这种大口尊的数量增多，花厅、大墩子、野店、大汶口、陵阳河、杭头[2]、大朱村[3]、前寨[4]、景芝镇[5]、三里河[6]和安徽蒙城尉迟寺[7]等遗址均有发现。大汶口文化发现的数十件图像文字，均刻于这种大口尊的外表。有的学者认为，这种奇特的陶尊，均出自随葬品丰富的大型或较大型墓葬之中，并且多不与一般生活器皿为伍，当与死者生前的社会地位和祭祀活动有关[8]。无独有偶，在南京北阴阳营遗址良渚文化灰坑（H2）内出土的一件陶尊外表，刻有与陵阳河基本相同的图像文字[9]。另外，崧泽、良渚文化的陶尊亦主要发现于较富裕的大墓之中。因此，这种在两地出土但形态相同，演化趋势又一致，均不见于一般的小墓和贫墓，并且有在相同的部位刻写相同的图像文字的现象，不能不使我们认为，它们背后隐含着深刻的内在联系。

　　（2）石（玉）钺

　　基本形态为，平面呈扁薄梯形，正锋，近背部穿孔。此类器形在以往的报告中多被称为铲或斧，很不确切，对此，曾有人做过专门研究[10]。就其用途而言，具有砍伐功能的钺，经历了工具、武器和礼器三个阶段，当然，这三个阶段是相互交错的。大汶口、崧泽、良渚文化均发现较多的石（玉）钺，而在同时期的其他文化中则比较少见。大汶口文化石钺出现于早期阶段，在王因、野店、刘林、大墩子等遗址均有发现，其中还出土过少量玉钺。据统计，刘林第二次发掘的145座、大墩子第二次发掘的159座和野店第一至第三期的42座墓葬中，分别有14、18和6座墓葬随葬石（玉）钺，平均约占11.0%。崧泽文化中也发现有较多的石钺，崧泽中层的100座墓葬，7座随葬石钺，草鞋山第六、七层共95座墓葬，有13座墓出土石钺，两者合计平均约占10.3%。由此可见，大汶口文化早期和崧泽文化的石钺拥有量是不相上下的。到良渚文化时期，石钺不仅制作精良，数量也急剧增多，并出现为数不少的玉钺。苏州越城的9座良渚文化墓葬中，有4座随葬石钺；瑶山11座墓葬，其中6座墓出土石钺10件和玉钺6件；反山11座墓葬中有9座墓随葬54件石钺，其中M24一墓就多达24件。大汶口文化中、晚期阶段，石钺数量也较早期显著增多。据大墩子、大汶口、野店、陵阳河、大朱村和三里河等遗址统计的466座墓葬，其中有101座随葬石钺，约占总数的21.7%。其中相当一批小孩墓不用石钺，否则所占比例还要高一些。随葬玉钺比较少，是其与良渚文化的区别。至于钺的产生，太湖文化区出现于马家浜文化晚期，崧泽遗址下文化层出土1件，草鞋山第八层106座墓葬中仅发现1件。两遗址相应层位的碳−14年代分别为距今5985±140年和距今6010±140年。海岱文化区石钺始见于大汶口文化早期阶段，年代亦在距今6000年前后。因此，石钺在两地的产生大体同步，

　　[1]　南京博物院：《南京市北阴阳营第一、二次的发掘》，《考古学报》1958年第1期；南京博物院：《北阴阳营——新石器时代及商周时期遗址发掘报告》，文物出版社，1993年。

　　[2]　山东省文物考古研究所等：《山东莒县杭头遗址》，《考古》1988年第12期。

　　[3]　山东省文物考古研究所等：《莒县大朱家村大汶口文化墓葬》，《考古学报》1991年第2期。

　　[4]　诸城县文化馆：《山东诸城县前寨遗址调查》，《文物》1974年第1期。

　　[5]　王思礼：《山东安邱景芝镇新石器时代墓葬发掘》，《考古学报》1959年第4期。

　　[6]　中国社会科学院考古研究所：《胶县三里河》，文物出版社，1988年。

　　[7]　中国社会科学院考古研究所安徽工作队：《安徽蒙城尉迟寺遗址发掘简报》，《考古》1994年第1期。

　　[8]　邵望平：《远古文明的火花——陶尊上的文字》，《文物》1978年第9期。

　　[9]　南京博物院：《长江下游新石器时代文化若干问题的探析》，《文物》1978年第4期，图六，11。

　　[10]　傅宪国：《试论中国新石器时代的石钺》，《考古》1985年第9期。

并随着其用途的转变，数量迅速增多，制作也日益精良。这种由工具、武器，进而到代表权杖的礼器——石钺和玉钺，在南北两地经历了相同的进程，恐怕不会是偶然的巧合。

（3）骨牙雕筒和玉琮

它们分别是大汶口文化和良渚文化带有神秘色彩的宗教法器。骨牙雕筒多为圆筒形或近似圆筒形，器表由剔地突起的弦带纹（早期为刻划的凹弦纹）将雕筒分为若干节，有的还在器身雕刻花纹和钻孔镶嵌绿松石。这种骨牙雕筒始见于大汶口文化早期阶段偏晚时期，盛行于中、晚期阶段，龙山文化中至今尚未见到。现已在刘林、大墩子等八个遗址共发现四十九件，玉琮是良渚文化最具有代表性的器类，有圆筒形和外方内圆的方柱形两类。器表均饰有成组的简化神人兽面纹，由纹饰组别的多寡，玉琮又有单节、双节和多节之分。不同器件的高低相差十分悬殊。玉琮始见于良渚文化早期，较大汶口文化的骨牙雕筒出现略晚，中、晚期得到充分发展。据不完全统计，在十余处遗址中共发现一百余件，武进寺墩一座墓葬（M3）出土玉琮竟多达三十三件。玉琮的研究者甚多，其用途或认为是"用作神祇或祖先的象征"[1]，或认为是巫师"贯通天地的一项手段或法器"[2]，或者合二为一，认为"琮是巫师们用以通神的工具，施刻于琮上的徽像，应该是巫师们要沟通的神或要在作法中表现的神的形象"[3]。骨牙雕筒和玉琮有许多共同之处，如器体均为圆筒形（方柱形玉琮是晚出形态），大小相若；器身为单节或多节；器身饰以成对的圆目或雕有成对的圆孔；均采用剔地雕刻的技法；出土时多置于死者腰际，少数放在肩、头之上；多出自较大、较富的墓葬之中，等等。因此，我们确信大汶口文化的骨牙雕筒和良渚文化的玉琮之间存有内在联系，其意义和用途是相同的，均为用于宗教活动的法器。如是，在苏北地区的大汶口文化遗址中，发现与良渚文化完全相同的玉琮也就不足为奇了。

（4）锛形器

锛形器为大汶口文化和良渚文化共有器类，其基本形制为尖头，尾部有榫状短铤，器身断面以圆形和方形最多，也有三角形、长方形、菱形、椭圆形和多边形等。质料则以玉、石为主，也有骨、角、牙质者。此类器物在考古报告中名称甚杂，有锥、笄、矛、锛形器、坠等多种称谓。就其形态而言，与锛完全相同，或许就是由锛转化而来的一种饰物。因此，在不知道其本名的情况下，我们赞成将其暂称为锛形器。锛形器在大汶口文化中出现于中期阶段，延续到晚期阶段，至龙山文化时期已基本绝迹。锛形器的出土地点遍及大汶口文化的分布区，如花厅（28件）、野店（32件）、大汶口（30件）、陵阳河（22件）、三里河（20件）、尚庄（2件）、西夏侯（6件）、呈子（2件）[4]等遗址均有发现。质料以石、玉为主，尾部多不穿孔。良渚文化早期开始出现锛形器，中、晚期甚为流行，见于张陵山（3件）、越城（1件）、马桥（4件）、福泉山（35件）、反山（73件）、瑶山（58件）等遗址，质料均为玉，尾部穿孔者居多。基于以上情况，我们认为，除了花厅遗址少数几件器身刻有分节简化"神徽"者当来自南方的良渚文化之外，余者并不是由于南方传播之产物。锛形器的用途比较复杂，据其形态和出土时的位置（两地均有集束放置和单枚散放两

[1] 邓淑苹：《新石器时代的玉琮》，《故宫文物月刊》34，1986年。
[2] 张光直：《谈"琮"及其在中国古史上的意义》，《文物与考古论集》，文物出版社，1986年。
[3] 刘斌：《良渚文化玉琮初探》，《文物》1990年第2期。
[4] 昌潍地区文物管理组、诸城县博物馆：《山东诸城呈子遗址发掘报告》，《考古学报》1980年第3期。

种情况），我们认为主要有三种用途：一是细长圆体者为笄，出土时许多位于头部周围可以为证，此外，大汶口、良渚文化不见骨笄，龙山文化时期则无镞形器而多见骨笄，可以援为旁证；二是短体粗身者为玲，三里河和呈子的部分大汶口文化墓葬发现死者口中含有此物，花厅M20：16、寺墩M3：51亦是粗短体，且为单枚置于口部附近，亦可能是含于口中的；三是装饰。至于那些刻有分节简化"神徽"图案的镞形器，似非一般装饰品，应是礼仪和宗教活动的配套器物之一。

以上四类器物是大汶口文化和崧泽、良渚文化居民基本信仰与习俗的产物，两者之间表现得如此相似，其真谛恐怕不是用一般的文化交流、传播和影响的解释所能揭示的。

4. 两地都发现有中国目前最早的文字

大汶口文化晚期阶段，在陵阳河、大朱村、杭头、前寨、大汶口和尉迟寺等遗址，先后发现十种二十余个个体的图像标本，其中除了大汶口遗址的一件绘于背壶上之外，余者均刻于大口尊的外表。绝大多数学者认为这些图像是文字[1]。良渚文化的文字资料主要有：何天行在《杭县良渚镇之石器与黑陶》（1937年）中公布的黑陶豆盘口沿上的8个文字；马桥一陶器底部残片上刻写的2个文字；澄湖前后湾一贯耳罐腹部刻有3个文字[2]（或说有4个[3]）；最多的是1986～1987年在余杭县余杭镇南湖的砂层底部，挖出一批黑陶器，其中五件有刻符，并在一件黑陶罐的肩至上腹部刻有8个图画文字[4]。此外，据说在美国福格美术馆收藏有一件良渚文化贯耳壶，其圈足上刻有文字。上述两地发现的文字，年代均在距今5000～4600年之间。我们还注意到，南京北阴阳营H2出土的一件大口陶尊，刻有与陵阳河M17陶尊相近似的图像文字。陵阳河M19和大朱村M26等陶尊上的文字，在崧泽遗址的觚形杯（M97：5）底部和吴江龙南纺轮（87F2：3）上[5]皆有发现，有意义的是，崧泽遗址刻有符号的觚形杯属于大汶口文化典型器物（图二）。

5. 两地都有拔牙和头骨人工变形等习俗

在大汶口文化的居民中，拔牙习俗十分流行，其出现时间，现知最早为北辛文化时期，即距今6500年前后。太湖地区因为气候和土质的关系，人骨绝大多数保存甚差，这为我们进行细致观察、分析和统计带来了无法克服的困难。据报道，只是在崧泽和圩墩两个地点发现有拔牙现象。崧泽遗址明确拔牙的有两座墓葬，分属第二、三期[6]。圩墩第三次发掘时发现的32具人骨，凡是保存较好者，多数拔除上颌骨的左或右中、侧两颗门齿，拔牙之风也极为盛行[7]。圩墩这批墓葬属于马家浜、崧泽文化，时代在距今6000年前后。因此，太湖文化区居民的拔牙习俗也出现较早，与海岱地区是否存在传播关系，目前还不好下结论，其来源很可能要到各自更早阶段的文化中去寻找。此外，大汶口文化与马家浜、崧泽文化均存在头骨人工变形的现象。在葬俗中，两者均有用狗、猪下颌骨和獐牙随葬的习俗。

[1] 王树明：《谈陵阳河与大朱村出土的陶尊"文字"》，《山东史前文化论文集》，齐鲁书社，1986年。

[2] 南京博物院等：《江苏吴县澄湖古井群的发掘》，《文物资料丛刊·9》，文物出版社，1985年。

[3] 张明华、王惠菊：《太湖地区新石器时代的陶文》，《考古》1990年第10期。

[4] 余杭县文管会：《余杭县出土的良渚文化和马桥文化的陶器刻划符号》，《东南文化》1991年第5期。

[5] 苏州博物馆等：《江苏吴江龙南新石器时代村落遗址第一、二次发掘简报》，《文物》1990年第7期。

[6] 黄象洪、曹克清：《崧泽遗址中的人类和动物遗骸》，上海市文物保管委员会：《崧泽——新石器时代遗址发掘报告》，文物出版社，1987年，附录一。

[7] 常州市博物馆：《常州圩墩新石器时代遗址第三次发掘简报》，《史前研究》1984年第2期。

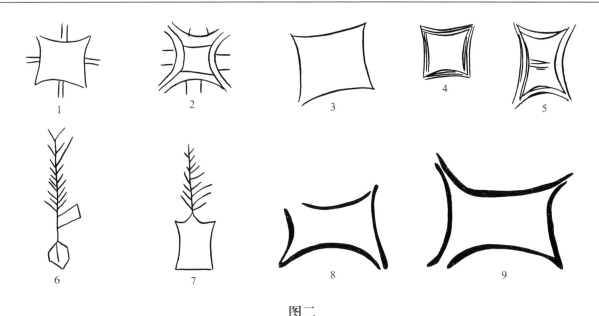

图二

1～3、7～9. 大汶口文化（大墩子M33：1，M288：7，野店M35：1，陵阳河M19，大朱村M26：3，陵阳河M25）　4、6. 良渚文化（龙南87F2：3，余杭南湖）　5. 崧泽文化（崧泽M97：5）

大汶口文化与崧泽、良渚文化之间的差异也是显而易见的。其主要表现在以下几个方面。

1. 主要农作物不同

崧泽、良渚文化所在的太湖地区，是以水稻为主要作物的稻作农业区，而大汶口文化分布的海岱地区，则是以粟等为主要作物的旱作农业区。这种差异是由于地理位置和自然环境的不同而造成的。海岱地区存在的少量稻作农业，应该是从南方传播过来的。

2. 葬俗有别

崧泽、良渚文化流行平地掩埋的葬俗，大汶口文化则普遍实行挖墓穴葬人。良渚文化时期开始出现的浅穴墓，可以看作是受到大汶口文化影响的结果。

3. 主要炊器鼎的渊源关系

尽管两者均以鼎为主要炊器，但从渊源上看，似为一源。太湖文化区在马家浜文化时期，鼎的数量很少，出现较迟，到崧泽、良渚文化时期才显著增多。海岱文化区在北辛文化早期就已经出现鼎，并且数量甚多，种类也比较复杂，这种现象一直保持到青铜时代初期。因此，不少学者认为海岱地区是鼎的发源地。

4. 陶器基本组合不同

两者的陶器组合有一个趋近的过程。崧泽文化第一期，陶器组合以豆、壶为主，第二期以鼎、豆、壶为主，第三期以鼎、豆、罐、壶、杯为主。大汶口文化早期阶段，第一期以鼎、杯为主，第二期以鼎、杯、罐、豆为主。兹将大汶口文化与崧泽、良渚文化墓葬中主要陶器所占比例列如表一。

表一　大汶口文化与崧泽、良渚文化主要随葬陶器统计表

文化 ＼ 数量与百分比 ＼ 器类	鼎		豆		罐		壶		杯		备注
大汶口早期	323	49.4	21	3.2	46	7.0	1		169	25.8	刘林等214座墓
崧泽文化	89	19.4	108	23.6	114	24.9	66	14.4	15	3.3	崧泽100座墓葬
大汶口中晚期	171	16.8	122	12.0	142	14.0	223	22.0	175	17.2	大汶口133座墓
良渚文化	5	15.6	6	18.9	3	9.4	4	12.5	4	12.5	越城9座墓葬

由表中显示的统计数据可知，崧泽文化豆与壶的比例较高，而鼎和杯所占的比例远远低于大汶口文化早期[1]。大汶口文化早期则以鼎和杯最多，壶的数量甚少，豆也不多[2]。到大汶口文化中、晚期和良渚文化时期，五种主要器类的比例才渐趋一致。

5. 特征性器类不同

两者各有一组造型独特且数量较多的特征性器类。如大汶口文化的鬶、觚形杯、高柄杯和背壶等；崧泽、良渚文化的豆、折肩壶、贯耳壶、宽把杯、有段石锛、耘田器和玉璜、玉琮、玉璧等。

6. 玉器的差异

崧泽、良渚文化中的玉器出现早，数量多，器类复杂，制作精致，其渊源可以追溯到马家浜文化时期；相比较而言，大汶口文化的玉器不仅数量较少，器类也简单。

三

大汶口文化中存在着许多崧泽、良渚文化因素，以下我们分大汶口文化早期和中晚期两个阶段予以考察分析。

早期阶段存在一定数量的崧泽文化因素。主要表现在大汶口文化中出土有一部分崧泽文化或具有崧泽文化风格的遗物，种类有花边宽扁鼎足、折肩折腹壶、四系罐、圈足罐（壶）、豆和玉璜等。

刘林发现的一种整体宽扁、两侧缘外卷并刻压成花边状的鼎足，足根部饰捺窝，此类足在刘林遗址出土的数千件鼎足中所占比例极低，且未见于其他大汶口文化遗址。宽扁足是崧泽文化的鼎足的主流，花边状鼎足在海安青墩等遗址发现的数量较多（图三，1）。

折肩折腹壶是崧泽文化指征性器类，数量甚多。大汶口文化仅在大墩子遗址见到一件，器表画彩（图三，2）。

---

[1]　崧泽遗址中层介绍的陶器中，包括一部分出自地层之内者，本文所用的统计数字未予以剔除。

[2]　大汶口文化早期有一定数量的泥质陶钵形鼎，器身形制为钵形，与同时期的豆盘相同，其用途也应相同。

图三

1. 鼎（刘林T411：4） 2. 壶（大墩子M190：5） 3. 杯（王因M236） 4. 玉璜（大墩子） 5. 四系罐（大墩子M44：2） 6、7. 豆（大墩子M26：1、M7：2）

四系罐是崧泽到良渚早期的常见器形，平底或加矮圈足。大墩子等遗址有少量发现（图三，5）。

在罐或壶的底部加矮圈足（有的只是一泥圈），是淮河中游地区盛行的作风，这种圈足罐（壶）在崧泽文化中数量较多，苏北鲁南地区的大汶口文化遗址中也偶有发现。

豆是崧泽文化最具有代表性的器类之一，数量多，型式复杂，其源出于崧泽文化的前身马家浜文化。大汶口文化早期豆的数量甚少，如刘林遗址第二次发掘的145座墓葬，共出土各类陶器522件，其中只有8件豆，所占比例不足2%。而同时期的崧泽墓地，100座墓葬共出土陶器457件，其中豆多达108件，几乎占1/4（图三，6、7）。

玉璜是崧泽文化最流行的装饰，大墩子等大汶口文化遗址中也有零星发现（图三，4）。

此外，王因、大墩子等遗址还发现少量筒形圈足杯。杯口内收或外侈，杯体细高，壁或外鼓，矮圈足（图三，3）。这种杯在海岱地区前不见来源，后无去向，数量也甚少，但在大汶口文化早期偏早阶段就有发现。相反，此类杯在崧泽文化中数量甚多，有的圈足还割成花瓣状，但多见于崧泽文化第三期。

到大汶口文化中、晚期阶段，海岱地区良渚文化因素急剧增多，典型的或具有良渚风格的文化遗物，遍及大汶口文化的分布区域。陶器有瓦足鼎、"T"字形足鼎、鼎甗、四系罐、贯耳壶、浅盘豆、宽把杯和圈足杯等；石器主要有锛；玉器有琮、璧、佩、琮形管、玦和刻有"神徽"图案的镞形器等。

在花厅、岗上和枣庄沙沟[1]等遗址中，发现一种大口宽折沿折腹盆形鼎，瓦足或宽扁足，这种鼎在大汶口文化鼎的家族中数量少且找不到来源和去向，分布也仅限于泗河沿岸少数几个遗址，显非大汶口文化的自身因素。此类鼎的器身与良渚文化的盆形鼎相同，与其完全相同的鼎在松江广富林M1曾发现过[2]。良渚文化流行鱼鳍形和"T"字形鼎足，瓦足数量不多，倒是安徽江淮之间的薛家岗

[1] 枣庄市文物管理站：《枣庄市南部地区考古调查纪要》，《考古》1984年第4期。

[2] 上海市文物保管委员会：《上海市松江广富林新石器时代遗址试探》，《考古》1962年第9期。

第三期文化中有较多类似的鼎足，但薛家岗多为罐形或釜形鼎，与大汶口、良渚文化的大口盆形鼎有所不同[1]。此外，在花厅、赵庄[2]和胶东半岛的栖霞杨家圈[3]、莱阳于家店[4]等遗址的大汶口文化遗存中，还发现良渚文化典型器物"T"字形鼎足和鼎甗（图四，7、13；图五，5）。

四系罐仅见于大墩子等个别遗址，数量甚少，时代为大汶口文化中期偏早阶段（图四，10）。

圈足罐（壶）主要见于花厅遗址，其他遗址少见。这类罐（壶）与大汶口文化的区别，主要在

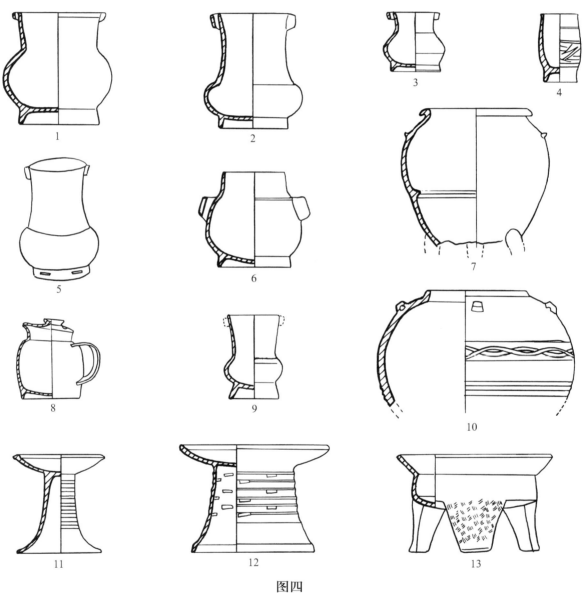

图四

1~3、5、9. 贯耳壶（野店M31：10、呈子M65：9、花厅M19：12、大墩子M302：1、花厅M18：46）　4、8. 杯（大墩子M60：5、花厅M18：35）　6. 圈足罐（花厅M18：38）　7. 鼎甗（杨家圈T41④：33）　10. 四系罐（大墩子M10：8）　11、12. 豆（花厅M20：38、M4：33）　13. 鼎（花厅M20：40）

---

[1]　安徽省文物工作队：《潜山薛家岗新石器时代遗址》，《考古学报》1982年第3期。

[2]　车广锦：《苏鲁豫皖考古座谈会纪要》，《文物研究（第七辑）》，黄山书社，1991年，第14页。

[3]　山东省文物考古研究所、北京大学考古实习队：《山东栖霞杨家圈遗址发掘简报》，《史前研究》1984年第3期。

[4]　严文明：《夏代的东方》，《夏史论丛》，齐鲁书社，1985年。

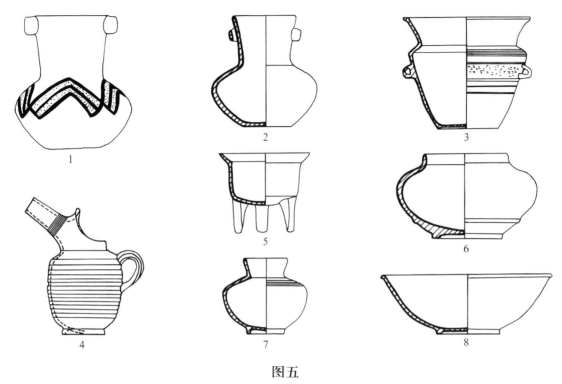

图五

1、2. 贯耳壶（大汶口M55：1、M78：6）　3. 尊（花厅M20：01）　4. 杯（三里河M2110：33）　5. 鼎（岗上M1：8）　6. 圈足罐（大墩子M39：4）　7. 圈足壶（花厅M18：43）　8. 圈足盆（花厅M20：53）

于底部有无矮圈足。圈足罐（壶）良渚文化习见，薛家岗第三期文化数量尤多（图四，6；图五，6、7）。

贯耳壶是良渚文化指征性器类，大汶口文化见于花厅、大墩子、野店、大汶口和呈子等遗址。大汶口文化中的贯耳壶明显可以分为两类：一类是贯耳在器缘顶端，圈足，与良渚文化的贯耳壶完全相同；另一类是器物的基本形态相同，但双耳移至颈的中、上部，平底，此类不见于良渚文化，大汶口文化也很少见，当是对前一类加以改造的产物（图四，1～3、5、9；图五，1、2）。

高颈有肩深腹尊在大汶口文化中、晚期比较多见，腹部饰带状弦纹或篮纹。花厅M20：01尊，器体矮粗，腹部的带状弦纹之间饰以短条纹和点纹，有一对竖耳，矮圈足，与丹阳王家山遗址的[1]同类器风格相近（图五，3）。

花厅遗址出土陶豆较多，其中一类斜壁浅盘豆，圈足有粗、细两种，柄部饰瓦棱状弦纹，有的还镂刻扁长方形孔。此类豆在崧泽文化晚期即已出现，良渚文化时期仍较流行（图四，11、12）。

筒形圈足杯在大汶口文化中仅见于中期偏早阶段，数量甚少（图四，4）。

宽把带流杯是良渚文化最具有代表性的器类之一。其不但见于苏北的花厅遗址，甚至在泰、沂山脉北侧的胶县三里河和章丘市境内也偶有发现（图四，8；图五，4）。

圈足盆和圈足碗是江淮地区薛家岗第三期文化的典型器物，良渚文化中有一定数量，大汶口文化只见于花厅等少数遗址（图五，8）。

有段石锛是东南沿海地区的典型生产工具，良渚文化不仅出现时间早，数量也多。大汶口文化

---

[1]　镇江博物馆：《江苏丹阳王家山遗址发掘简报》，《考古》1985年第5期。

中有所发现，见于花厅、大墩子、大汶口、沙沟和苍山小郭村[1]等遗址（图六，8～12）。

　　中国各主要新石器文化区系中，以太湖文化区的玉器最为发达，其产生时间之早，出土数量之多，品种类型之全，制作工艺之精，皆使其他区系新石器文化难望其项背。良渚文化时期，玉器的种类、数量和制作工艺均达到巅峰状态。大汶口文化的玉器出现于早期阶段，但数量一直不多，并且以镞形器、管、坠、环等小件玉器为主，也有一部分钺。花厅遗址出土的一些玉器，如刻有简化"神徽"的短筒形玉琮、饰简化"神徽"的琮形管和镞形器，以及大眼兽面纹冠状饰等，均为典型的良渚文化玉器，其显然来自南方。其他如玉（石）璧、佩、玦和冠状饰等，除花厅遗址之外，还见于陵阳河、大墩子和尚庄[2]等遗址，它们即使不是直接来自南方，也必然和良渚文化有着千丝万缕的关系（图六，1～7）。

　　此外，大汶口文化中还有一定数量的镯、环、管和梯形坠饰等器物，质料除了玉之外，还有石、骨、牙、陶等。尤其是三里河遗址发现的玉"璇玑"（或称为牙璧），尚未见于良渚文化，说明大汶口文化的玉器并非都是来自南方，其自身也存在一定规模和水平的制玉业。

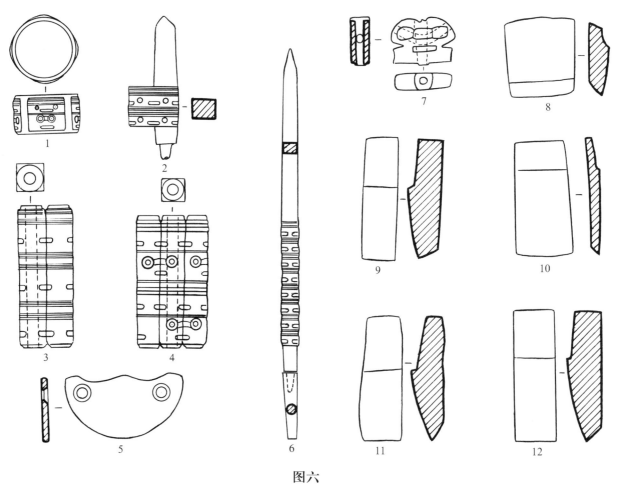

图六

1. 玉琮（花厅M18：13）　2、6. 镞形饰（花厅M5：8、M18：1）　3、4. 琮形管（花厅M18：20、M16：5-1）　5. 玉佩（花厅M4：17）　7. 冠状饰（花厅M16：5-2）　8～12. 有段石锛（花厅南T6：1、沙沟、花厅M16：34、大汶口M1：5、M4：21）

---

　　[1]　林茂法：《山东苍山县发现的石器》，《考古》1989年第12期。
　　[2]　山东省文物考古研究所：《荏平尚庄新石器时代遗址》，《考古学报》1985年第4期。

四

崧泽、良渚文化之中，也有许多大汶口文化因素。我们亦分崧泽、良渚文化两个阶段进行考察和分析。

在崧泽文化时期，许多遗址中都存在程度不一的大汶口文化因素。表现在文化遗物上，主要有凿形鼎足、钵形鼎、鬶、觚形杯和高柄杯等。

崧泽文化自身主要有釜形鼎和盆形鼎，鼎足绝大多数为宽扁铲形。青墩发现的钵形鼎，与大汶口文化的同类鼎完全相同，同类器还见于草鞋山遗址[1]（图七，6）。在一些崧泽文化遗址中，还出土有少量足根窄厚并外拐，下端稍宽较扁的凿形鼎足，为典型的大汶口文化风格。

鬶是大汶口文化的指征性器类，早期形态为壶形，多无流，实足，角状把手逐渐向半环形把手

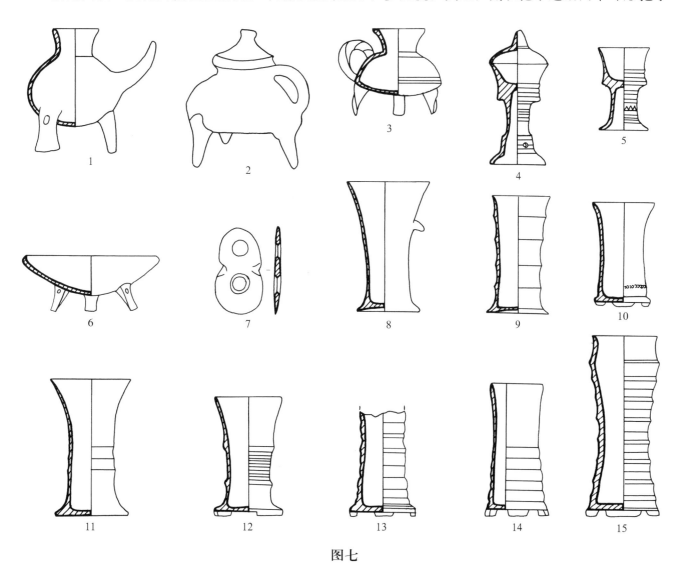

图七

1～3. 鬶（青墩M82：1、邱城、潘家塘）　4、5. 高柄杯（青墩M43：21、19）　6. 钵形鼎（青墩M70：2）　7. 双连玉环（青墩T10：20）　8～15. 觚形杯（青墩M71：1、M38：1、崧泽M98：3、M74：1、青墩M46：3、崧泽M37：5、青墩M41：4、崧泽M70：8）

[1]　南京博物院：《长江下游新石器时代文化若干问题的探析》，《文物》1978年第4期，图四，1。

演变。在崧泽文化中，较早形态见于青墩，较晚形态则出自吴兴邱城[1]，引人注目的是武进潘家塘的一件红陶鬶，器身类似崧泽文化的折肩折腹壶，有绞丝状环形把手（图七，1~3）。

觚形杯在大汶口文化中出现早，数量多，演变关系十分清楚。早期多为束腰形，平底，或有三个片状矮足。相同或相近的器形在青墩、崧泽等遗址有少量发现（图七，8~15）。此外，崧泽文化晚期出现一种矮圈足筒形杯，有的将圈足刻成三片或多片，呈所谓"花瓣状"，或与觚形杯底部演变成三足有联系，崧泽M15：1杯，可以认为是两者的结合[2]。

高柄杯是大汶口文化的典型器类，产生于早期，连绵不断一直延续到龙山文化晚期。大汶口文化早期的高柄杯杯体粗浅，喇叭状高足，厚胎。同类杯在青墩、邱城和崧泽等遗址有所发现，以青墩遗址出土最多，其中M43共随葬6件陶器，就有5件是高柄杯（图七，4、5）。

崧泽文化陶器的器表装饰，主要有刻划纹和少量彩陶。崧泽、草鞋山和青墩等遗址出土的一种彩陶片，在白地上用黑褐彩绘出花瓣纹和弧线三角纹等图案，与大汶口文化的同类纹样相同（图八，1~3）。大汶口文化彩陶的数量尽管不是很多，但远远超过了崧泽文化，在整个分布区域内都有发现，纹样种类多，也具有一定的自身特色，并且渡海远播到辽东半岛及其沿海岛屿[3]。大汶口文化的彩陶中，有一种别具特色的八角星纹，在大墩子、野店、大汶口和远居茫茫渤海之中的长岛县大黑山岛北庄[4]等遗址均有发现。构图类似的刻划八角星纹，在青墩的纺轮、潘家塘的纺轮、崧泽的豆柄和壶底之上也有发现（图八，4~7）。

良渚文化时期，仍然存在来自大汶口文化的因素。主要有鬶、背壶、盉和双连玉环等。

良渚文化陶鬶的数量较多，分布面也较广，在形态特征上表现出与大汶口文化既有联系又有区别，而无一件与大汶口文化完全相同者。良渚文化的陶鬶可以分为两型。

A型　实足鬶。矮颈偏前，椭圆形腹，实足，颈后侧有半环形把手。似由邱城遗址崧泽文化晚期

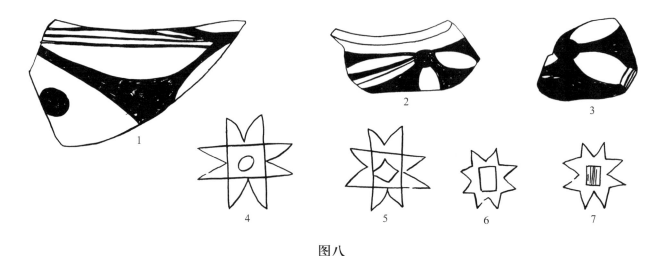

图八

1~3. 彩陶片（草鞋山、青墩）　4~7. 八角星图案（青墩M17：3、崧泽M33：4、野店M35：2、大墩子M44：4）

[1]　梅福根：《江苏吴兴邱城遗址发掘简介》，《考古》1959年第9期。
[2]　上海市文物保管委员会：《崧泽——新石器时代遗址发掘报告》，文物出版社，1987年，图四五，5。
[3]　辽宁省博物馆等：《长海县广鹿岛大长山岛贝丘遗址》，《考古学报》1981年第1期。
[4]　北京大学考古实习队等：《山东长岛北庄遗址发掘简报》，《考古》1987年第5期。

那种鬶直接发展而来，见于福泉山、马桥、广富林、金山亭林[1]和寺墩等遗址（图九，4、5、9）。

　　B型　袋足鬶。又分为2式。

　　Ⅰ式　颈部较矮，把手位于颈之后侧，整体略显矮肥。发现于寺墩、澄湖前后湾、嘉兴雀幕桥[2]、亭林、果园村[3]和王家山等遗址（图九，6~8）。

　　Ⅱ式　细长颈，把手位于颈腹之交，整体瘦高。见于北阴阳营、太岗寺[4]、钱山漾[5]、亭林等遗址（图九，10）。

　　比较之后可知，良渚文化的陶鬶基本上是循着大汶口文化鬶的演化路线前进的，即由实足鬶到袋足鬶。对良渚文化B型Ⅰ式、Ⅱ式鬶的演变，黄宣佩先生曾认为："早期常见长颈带把、高裆、瘦袋足，晚期成为矮颈带把、高裆、肥袋足。"[6]任式楠先生在《长江黄河中下游新石器文化的交流》一文中，再次肯定了这一结论，认为前述Ⅱ式长颈鬶较早，Ⅰ式矮颈鬶较迟。我个人认为应该相反，Ⅰ式较早，Ⅱ式较迟。理由有三：第一，从器物发生学的角度分析，B型Ⅱ式鬶颈部奇高，已达到与全器不成比例的地步，这种形态又不是从外地直接引进或借鉴，不应该是袋足鬶的初始形态。第二，海岱地区是陶鬶的原生地和主要分布区，此已为学术界所公认，高广仁、邵望平先生曾

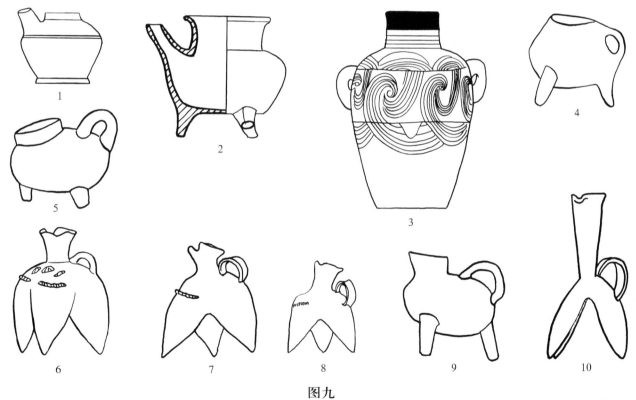

图九

1、2. 盉（澄湖J03：1、北阴阳营M124：8）　3. 背壶（福泉山T23M2：46）　4、5、9. 实足鬶（邱城、福泉山T4M6：32、广富林M1：3）　6~8、10. 袋足鬶（雀幕桥、寺墩T8：1、5、亭林）

[1]　王正书：《金山亭林良渚文化墓地》，《中国考古学年鉴·1989》，文物出版社，1990年。

[2]　浙江省嘉兴县博物展览馆：《浙江嘉兴雀幕桥发现一批黑陶》，《考古》1974年第4期。

[3]　黄宣佩：《关于良渚文化若干问题的认识》，《中国考古学会第一次年会论文集》，文物出版社，1980年。

[4]　江苏省文物工作队太岗寺工作组：《南京西善桥太岗寺遗址的发掘》，《考古》1963年第3期。

[5]　浙江省文物管理委员会：《吴兴钱山漾遗址第一、二次发掘报告》，《考古学报》1960年第2期。

[6]　黄宣佩：《关于良渚文化若干问题的认识》，《中国考古学会第一次年会论文集》，文物出版社，1980年。

对其进行过精辟而详尽的研究[1]，这里袋足鬹的演化趋势是，颈部由矮到高，像野店M51：32[2]和大朱村M18：56[3]那种细长颈鬹，已走到了大汶口文化陶鬹的尽头，其与良渚文化B型Ⅱ式鬹惊人地相似。第三，B型Ⅱ式鬹在薛家岗第四期、尉迟寺、北阴阳营等遗址中，均与大汶口文化晚期偏晚时期的遗物，或具有这一时期风格的遗物（如北阴阳营H2的刻字大口尊）共存，从而知其与大汶口文化的长颈鬹时间接近。因此，B型Ⅰ式矮颈鬹理应早于B型Ⅱ式长颈鬹。

背壶是大汶口文化所独有的器物，域外极少发现。福泉山T23M2曾出土一件完整器，为泥质红陶并施红色陶衣，器表主体部分饰红彩涡状纹（图九，3）。不少学者指出，这件背壶无论器形还是纹饰构图，都与大墩子M107：1背壶十分相似。大墩子M107还出有实足鬹（原报告附表为Ⅰ式鬹）、豆等时代特征明显的器形，其年代属于大汶口文化中期阶段前期后段。福泉山T23M2则属于良渚文化第二期偏晚阶段[4]，结合良渚文化第三期的典型器物与大汶口文化中期阶段后期器物在花厅遗址同墓共存，前述两者的年代不会相去很远。

盉是大汶口文化的常见器形，中期阶段多无颈或只有矮颈，晚期渐成粗高颈、长流。太湖文化区很早就有盉出现，但数量甚少，也不成系列。澄湖前后湾J03：1盉，下附矮圈足（图九，1），与花厅遗址出土者相近。北阴阳营遗址也发现多件盉，有平底和三足两种：平底盉的颈部较矮，整体略扁，除了一侧有把手之外，其他方面与花厅、野店、大汶口等遗址大汶口文化中期阶段的同类器特征一致；三足盉形制不一，其中M124：8，与大汶口文化晚期阶段的同类器相同，年代当与北阴阳营H2相去不远（图九，2）。

此外，青墩遗址还出土一件玉质双连环（图七，7）。这类连环器大汶口文化发现较多，野店有四连环和双连环，孔的排列方式、加工方法与青墩出土者无异。大汶口遗址也发现有大理石质的四连环和双连环。

五

由以上的分析比较，我们可以得出以下几点认识。

1. 关于年代对应关系

大汶口文化与崧泽、良渚文化中，均不同程度地存在着对方的文化因素。根据这些异地文化因素和当地文化的共存关系，我们可以判定，崧泽文化与大汶口文化早期阶段（亦即部分学者所谓的"刘林文化"[5]）大致相当，或前者稍有后错。良渚文化则与大汶口文化中、晚期阶段相若。就目前已经公布的资料而言，良渚文化最晚期遗存至多到龙山时代之初，绝对年代在距今4500年前后。对此，我们曾多次予以阐述[6]。

[1] 高广仁、邵望平：《史前陶鬹初论》，《考古学报》1981年第4期。

[2] 山东省博物馆、山东省文物考古研究所：《邹县野店》，文物出版社，1985年，第74页，图四七，3。

[3] 山东省文物考古研究所、莒县博物馆：《莒县大朱家村大汶口文化墓葬》，《考古学报》1991年第2期，第180页，图一六，8。

[4] 栾丰实：《良渚文化的分期与年代》，《中原文物》1992年第3期。

[5] 纪仲庆、车广锦：《苏北淮海地区新石器时代诸文化的再认识》，《考古学文化论集（二）》，文物出版社，1989年。

[6] 《苏鲁豫皖考古座谈会纪要》，《文物研究（第七辑）》，黄山书社，1991年，第21页；栾丰实：《花厅墓地初论》，《东南文化》1992年第1期；栾丰实：《良渚文化的分期与年代》，《中原文物》1992年第3期。

2. 关于两地文化内在联系的原因

在前述第二部分中，我们对海岱、太湖两大文化区大汶口文化时期的主要共同因素进行了梳理。它们的相同之处显然不是一些细枝末节，除了器物种类与基本组合之外，更重要的是表现在以宗教信仰为主的精神文化方面，以及易于遗传的基本习俗方面的一致性。如果将其与另外的文化区比较一下，这一点就会显得更为突出。如何解释这一现象呢？我们认为，海岱、太湖两大文化区之间，较之其他文化区，有着深层次上的内在联系。

《尚书·禹贡》是中国目前保存最早的地理著作，千百年来研究者不计其数。我们赞成邵望平先生关于"九州是公元前二千年前后黄河、长江流域实际存在的、源远流长、自然形成的人文地理区系"之说[1]。九州中的青州和徐州，恰与海岱文化区吻合，扬州则与太湖文化区相一致。关于两个地区的居民，《尚书·禹贡》记载："海、岱惟青州。嵎夷既略……莱夷作牧。""海、岱及淮惟徐州……淮夷蠙珠暨鱼"。"淮、海惟扬州。彭蠡既猪，阳鸟攸居……岛夷卉服"。上述引文说两大文化区有四种夷人，即"嵎夷"、"莱夷"、"淮夷"和"岛夷"。这里最重要的一点是，两地的居民均被称为"夷"，"夷"是大前提，"嵎"、"莱"、"淮"、"岛"只是具体地望的不同。最近，杜金鹏先生对大汶口文化的陶尊文字和良渚文化的冠状玉饰、"神徽"及"阳鸟山图"的关系，进行了深入的探讨，认为两文化的居民"都是太阳与鸟的崇拜者"[2]，其说甚是。海岱文化区和太湖文化区之间，地域相连，相互关系极为密切，两地居民有着基本一致的宗教信仰和相同的风俗习惯，在相当长的时期内均被称为"夷"人，又同是早期文字的创造者和使用者。基于此，我们认为，海岱文化区和太湖文化区的居民是具有亲缘关系的两大集团，即两地居民的祖先，在更早的时期，曾是同一群人，或具有亲缘关系。后来随着自身的发展和某种外来因素的干扰，最终一分为二，各自创造了一方文化。但两者之间一直保持着某种联系，并在不同的地区继承和发展了固有的文化传统。最近几年，海岱地区发现了一种早于北辛文化的全新文化——后李文化[3]，与太湖地区最早期遗存一样，均以大口圜底釜为主要器具，说明两地的文化联系源远流长。同时，我们也为大汶口、崧泽、良渚文化共有的祭祀重器——大口尊，找到了渊源。这一时期的居民以大口尊为重器，犹如商周时期的贵族以鼎为重器一样，两者在来源、作用和地位方面有诸多相似之处。

3. 两地文化交流的趋向

由前述第三、四两部分的比较可以看出，崧泽文化时期，来自北方的影响较大，在地域上则呈现出由北向南递减的态势。即江淮之间的大汶口文化因素比较浓厚，如海安青墩M43随葬一组特征明显的大汶口文化陶器，这座多人二次合葬墓之主人，或许就是来自北方的大汶口文化居民。而太湖北、东两侧一带的大汶口文化因素明显减少。相比之下，大汶口文化早期阶段来自南方的文化因素要少得多，影响所达到的范围也仅局限于苏北，鲁南地区甚为少见。

到大汶口文化中期阶段，形势发生逆转，大汶口文化中的良渚文化因素急剧增多。从分布区域上看，不仅遍及苏北，进居鲁南，而且影响到泰、沂山脉北侧和胶东半岛地区，据各地良渚文化

[1] 邵望平：《〈禹贡〉九州的考古学研究》，《九州学刊》第2卷第1期，1987年。
[2] 杜金鹏：《关于大汶口文化与良渚文化的几个问题》，《考古》1992年第10期。
[3] 济青公路文物考古队：《山东临淄后李遗址第一、二次发掘简报》，《考古》1992年第11期。

因素的多少可以清楚地区分为上述三个层次。其中花厅遗址的良渚文化因素之多之全，简直令人瞠目，以致有的学者认为，花厅北区墓葬是良渚文化"异乡战死的英雄"的墓地[1]。我们注意到，距今五千年前后时良渚文化达到全盛时期，在全国各大区系的新石器文化中处于领先地位，反山、瑶山、福泉山、寺墩等地的祭坛、坟山和殉人大墓，就是这一光辉时期留下的记录。良渚文化的大举北上，则从另一个侧面反映了这一天下大势。同一时期，良渚文化中的大汶口文化因素则要少得多，并且多受到不同程度的改造。福泉山T23M2出土的完整彩陶背壶，或许就是一件战利品。

大汶口文化晚期阶段，来自南方的良渚文化因素显著减少，渐次失去了昔日的光彩。到晚期后段，地处鲁南的野店、西夏侯、陵阳河、大朱村等大汶口文化遗址中，良渚文化因素基本绝迹。相反，从北阴阳营遗址发现典型的大汶口文化晚期的陶鬶与盉，以及袋足鬶在良渚文化中普遍出现等方面看，这一时期大汶口文化对南方的影响有所回升。这一势头一直持续到龙山、岳石文化时期，我们从长江两岸连续发现王油坊类型龙山文化遗存[2]和岳石文化因素[3]中可以得到证明。同时，大汶口文化向豫东、豫中地区的大举挺进，表明大汶口文化已经取代了先前良渚文化在全国各区系中的领先地位。

在探讨大汶口文化与崧泽、良渚文化的关系时，我们注意到，那些来自对方文化的文化因素，明显可以区分为两类。第一类为引进因素，即直接来自异地的文化因素，如崧泽文化中的钵形鼎、高柄杯和部分觚形杯，良渚文化中的背壶；大汶口文化中的四系罐、瓦足鼎、贯耳壶、浅盘豆、宽把杯、有段石锛、玉琮、玉璧、玉璜等。第二类是经过消化改造的因素，即注入了本地特色的外来因素。如崧泽文化中的鬶、部分觚形杯，良渚文化中的鬶、盉；大汶口文化中的宽扁足罐形鼎、平底贯耳壶、管状流宽把杯等。此外，还有一类两者均有，其中太湖地区较多、海岱地区较少的器类，如圈足罐（壶）、圈足盆和圈足碗等。这类器形以江淮中游地区的薛家岗第二、三期文化最为发达，前述两者有可能均受到这一地区的影响。

4. 关于南北地区的交通路线问题

大汶口文化与崧泽、良渚文化之间接触频繁，交往密切，交通路线问题是一个应该引起重视的研究课题。但限于资料，目前这个问题还难于深入探究。据现有迹象分析，南北两地主要有两条通道。一条是陆地通道。淮河以南应在今之大运河以东，淮河以北则有东西两路。东线沿沂、沭河谷，西线在泗河东侧。南方地区的主要障碍是长江天堑。按有关学者的意见，长江最初是由芜湖东入太湖，然后入海[4]。《水经注》中亦有此说。如是，在崧泽、良渚文化时期，现今长江下游地段即使有河道存在，也不会构成大的交通阻隔。另一条是水路，又可以分为两条支线。一条如《尚书·禹贡》所言："沿于江海，达于淮泗。"孔传曰："顺流而下曰沿。沿江入海，自海入淮，自淮入泗。"从太湖一带北上苏北鲁南地区的水路交通线自当如是。花厅、刘林、大墩子、沙沟、野店

[1] 严文明：《碰撞与征服——花厅墓地埋葬情况的思考》，《文物天地》1990年第6期。

[2] 张敏：《苏鲁豫皖考古座谈会纪要》，《文物研究（第七辑）》，黄山书社，1991年，第16页；张敏等：《高邮龙虬庄遗址发掘获重大成果》，《中国文物报》1993年9月5日第1版。

[3] 栾丰实：《从镇江马迹山遗存看前期湖熟文化的年代》，《史前研究》（辑刊），1990-1991年。

[4] 邹厚本、谷建祥：《青莲岗文化再研究》，《东南文化》1992年第1期。

等具有南方文化因素的遗址，均距离沂河和泗河较近。另一条水上通道是沿海边直接北上，在日照和胶东半岛一带沿海登陆。《左传·哀公十年》记载："徐承帅舟师，将自海入齐，齐人败之，吴师乃还。"记载的是春秋时期吴国利用这条近海航线运舟师攻齐之事。由于近年来在胶东半岛屡见良渚文化遗物，尤其是在长岛大竹山岛附近海域，打捞出一件来自南方的圜底釜[1]。因此，这条海上交通航线极有可能在良渚文化时期就已经出现。其实，我们不应对新石器时代居民的制海能力估计过低，胶东、辽东两个半岛之间的海上交通在更早的大汶口文化早期阶段就已经开始了。否则，我们就无法解释辽东半岛南部的大陆和岛屿上发现的大汶口文化早期阶段典型遗物。

（原载《中国考古学会第九次年会论文集》，文物出版社，1997年；后收入《海岱地区考古研究》，山东大学出版社，1997年）

---

[1] 严文明：《夏代的东方》，《夏史论丛》，齐鲁书社，1985年。

凌家滩与大汶口

位于安徽江淮之间东南部的凌家滩，以高度发达的玉器文化而闻名于世。细究凌家滩的发掘资料可知，其文化面貌比较复杂，除了自身的文化因素之外，兼有西南部薛家岗文化、东部北阴阳营文化、龙虬庄文化和崧泽文化、东北部大汶口文化等文化的因素，甚至有人认为其与更为遥远的北方红山文化之间也存在着联系。所以，在凌家滩文化的文化性质认定上，就出现了不同意见和看法。以下着重分析凌家滩与大汶口文化之间的共同文化因素，进而探讨出现这些共同文化因素的原因和性质。

凌家滩与大汶口文化之间相同或相近的文化因素，主要表现在三个方面，即普通的实物遗存、特殊的实物遗存和图案类遗存。

一　普通的实物遗存

凌家滩出土的普通遗物中，在器物形态上与大汶口文化的同类器相近并有文化联系的主要有玉器和陶器两大类。从总体上看，这些遗物在凌家滩的器物群中不占据优势。

1. 玉器

凌家滩出土的玉石钺数量较多，基本形制有短宽大孔和窄长小孔两类。前一类是凌家滩遗址玉石钺的主要形制，后一类的数量少一些，如凌家滩87M11：6、98M28：7等[1]（图一，1、2）。窄长体小孔钺在大汶口文化中也有一些发现，如大墩子M60：1玉钺[2]、王因M263：3石钺[3]等（图一，3、4）。

凌家滩出土的1件双连璧（87M15：107-2），白色透闪石玉，上下双圆形，通长6.7厘米（图一，5、6）。新石器时代的连璧分布面较广，在中国东北至长江下游以北地区均有发现[4]。若干个大汶口文化遗址也发现过同类器形，如泰安大汶口、平阴周河、邳州小徐庄和邹城野店等。野店大汶口文化中期偏早阶段的1件连璧（M22：8）[5]，不仅形制与凌家滩所出基本一致，并且玉器的颜色和大小（通长7厘米）也十分相似（图一，7、8）。

[1]　安徽省文物考古研究所：《凌家滩——田野考古发掘报告之一》，文物出版社，2006年，以下未注明出处的凌家滩资料皆出自本书。

[2]　南京博物院：《江苏邳县大墩子遗址第二次发掘》，《考古学集刊·1》，中国社会科学出版社，1981年。

[3]　中国社会科学院考古研究所：《山东王因——新石器时代遗址发掘报告》，科学出版社，2000年。

[4]　栾丰实：《连璧试析》，《中国玉文化玉学论丛（四编上）》，紫禁城出版社，2007年。

[5]　山东省博物馆、山东省文物考古研究所：《邹县野店》，文物出版社，1985年，第94～95页。

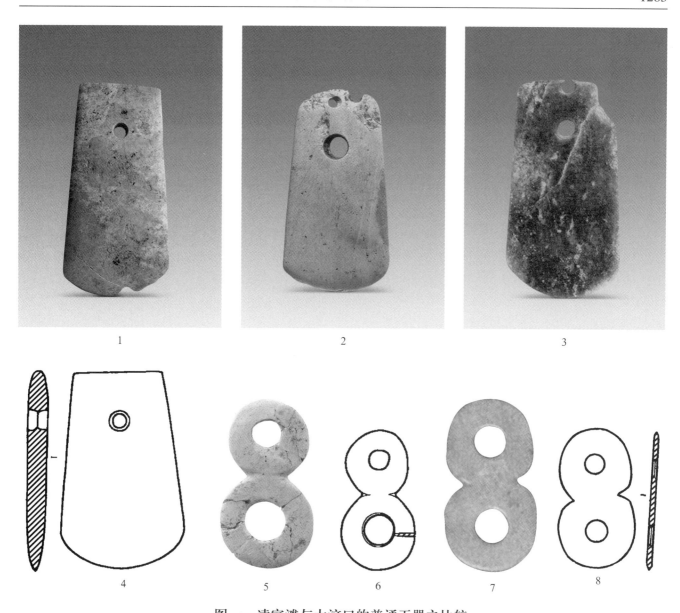

图一　凌家滩与大汶口的普通玉器之比较

1、2、5、6.凌家滩（87M11：6、98M28：7、87M15：107-2）　3.大墩子（M60：1）　4.王因（M263：3）　7、8.野店（M22：8）

　　凌家滩发现的璜类器形甚多，从器体的宽窄区分主要有三种基本形制，即细窄体、略宽体和宽体。凌家滩墓地发现的玉璜以前两类最多，而第三类较少，但在大汶口文化南部分布区的个别遗址存在与凌家滩后一类璜相似的器形。

　　凌家滩玉器中，在个别器物的边缘上做出向外突出的齿牙。如87M10：8，小于半环形璜，在长边中部的外侧突出一组四个齿牙。再如87T0810②：3，宽体半璧形璜，弧边正中外侧有一组两个齿牙[1]。这种成组齿牙外凸的设计方式在海岱地区大汶口文化晚期和龙山文化时期的玉器中逐渐兴起，并为后来夏商周三代玉器所继承，其源当在凌家滩。

---

[1]　安徽省文物考古研究所：《凌家滩——田野考古发掘报告之一》，文物出版社，2006年，第110页，图七一，2，彩版八一，3、4；彩版四，6、7。

2. 陶器

凌家滩与大汶口文化陶器中的相同或相似因素较多，从具体的器形上看主要有鬶、鼎、豆、大口尊、背壶、高足杯和圈足杯等。

（1）鬶

凌家滩的陶鬶主要有两类。

第一类是细长喇叭形口的深腹实足鬶，肩腹部折痕明显，一侧有角状把手，如87M11：9和98M25：18等。这一类鬶在薛家岗文化中似乎更多，崧泽文化也有，相互之间当有联系。

第二类为圆形腹或椭圆形腹，实足，如87M13：6，矮口，近圆形腹，侧三角形实足，一侧有角状把手（图二，1、2），同类器形在大汶口（M1018：33）、大墩子（M338：8）等遗址多有发现[1]（图二，4、5）。再如87M9：51，扁圆腹，长颈略偏向一侧（图二，3），基本一样的形制在苏北地区的花厅墓地[2]（M60：1、56）和大墩子墓地（M214：2）都有发现（图二，7、6）。

（2）鼎

与大汶口文化有联系的是以下三类。

第一类是小口罐形鼎，如凌家滩87M12：36，小口残，溜肩，圆腹，圜底，侧装三角形足（图三，5）。形制相似的鼎在大汶口文化中有一定数量，如刘林M151：5等（图三，6）。

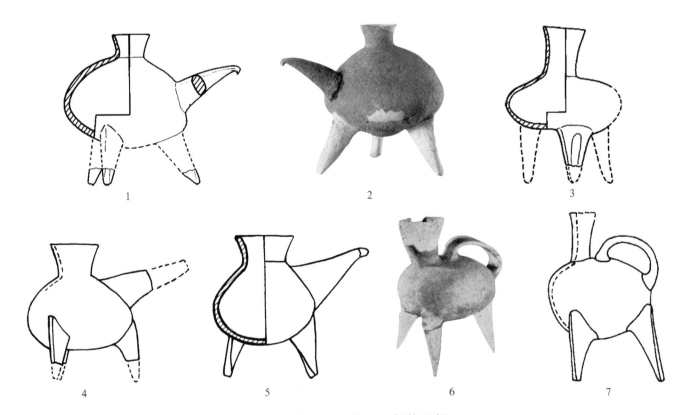

图二　凌家滩与大汶口陶鬶的比较

1～3. 凌家滩（87M13：6、87M13：6、87M9：51）　4. 大汶口（M1018：33）　5、6. 大墩子（M338：8、M214：2）　7. 花厅（M60：1）

[1] 山东省文物考古研究所：《大汶口续集——大汶口遗址第二、三次发掘报告》，科学出版社，1997年。

[2] 南京博物院：《花厅——新石器时代墓地发掘报告》，文物出版社，2003年。

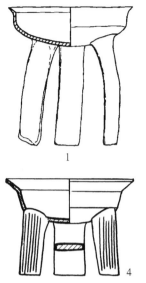
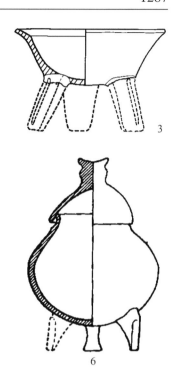

图三 凌家滩与大汶口鼎的比较

1、3、5. 凌家滩（98M29：56、87M14：39、87M12：36） 2. 野店（M15：13） 4. 花厅（M34：18） 6. 刘林（M151：5）

第二类是高足盘形鼎。如凌家滩98M29：54、56，侈口，浅腹，下部圆折，三扁足甚高（图三，1）。同类器形见于大汶口文化中期前段，如野店M15：13，整体形态相似，特别是高高的三足，甚为一致（图三，2）。

第三类是大口盆形鼎，如凌家滩87M14：39，折沿，深腹，斜壁平底，三宽扁足（图三，3）。相同形制的鼎在花厅（M34：18和M27：7）、建新（H63：2）[1]等遗址也有发现（图三，4）。

（3）豆

种类略多，敛口钵形豆在大汶口文化和长江下游地区各考古学文化中均有发现，这类豆似以崧泽文化为多，出现也早。凌家滩出土的另一种大敞口折腹豆，时代略晚，如87M14：38（图四，3），此类豆在大汶口文化中期数量略多，如大汶口M101：1（图四，10）、花厅M12：7等，均与之十分相似。

（4）大口尊

凌家滩仅复原一例（87M14：34）。直口，近直壁，尖圆底，厚胎，口径28、高34、厚2厘米（图四，1）。同类器形在大墩子（M186：3，口径约32、高约37厘米）、大汶口（M59：15，口径34.5、高36.5厘米）[2]等遗址有发现（图四，8），并且两者大小相近、器表处理方式也基本一致。大口尊在大汶口文化中有着清楚的发展序列和演变轨迹，并且影响到周边的众多文化[3]，其渊源可以追溯到当地时代更早的后李文化和北辛文化。大汶口文化时期的大口尊多有纹饰，而凌家滩出土者为素面，上举大汶口之例仅在腰部有一周凸带纹，大墩子之例则在口沿下有数周弦纹，其他部位亦为素面。

[1] 山东省文物考古研究所、枣庄市文化局：《枣庄建新——新石器时代遗址发掘报告》，科学出版社，1996年。

[2] 山东省文物管理处、济南市博物馆：《大汶口——新石器时代墓葬发掘报告》，文物出版社，1974年。

[3] 栾丰实：《再论良渚文化的年代》，《故宫学术季刊》第20卷第4期，2003年，第34～36、41～43页。

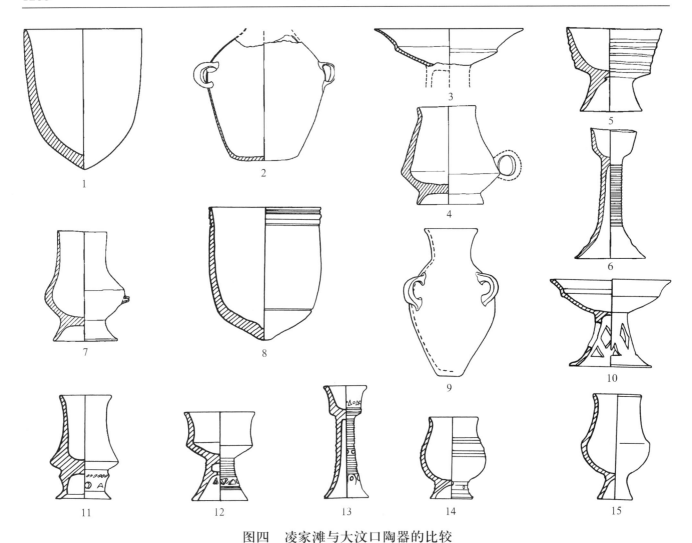

图四　凌家滩与大汶口陶器的比较

1～7. 凌家滩（87M14：34、87M9：45、87M14：38、87M12：29、98M12：3、87M9：42、98M32：3）　8、9、12、15. 大墩子
（M186：3、M9：11、M87：9、M37：1）　10、13. 大汶口（M101：1、M1014：6）　11、14. 刘林（M67：12、11）

　　（5）背壶

　　凌家滩只发现1件（87M9：45），肩以上残失，腹部一侧略凹，双耳，平底（图四，2）。背壶为大汶口文化中晚期阶段指征类器形，不仅数量多，并且有着完整、清楚的发展演变谱系。与凌家滩背壶较为相似者，如大墩子M9：11（图四，9）。

　　（6）圈足杯

　　有两类。

　　第一类为高圈足，或称为高足杯。如凌家滩87M9：42，杯体矮小，圈足甚高，圈足上有细密的凹弦纹（图四，6）。同类器形在许多大汶口文化遗址中均有发现，主要出自大汶口文化早期偏后阶段，如大汶口（M1014：6、M2019：79）、大墩子（M315：3）等遗址（图四，13）。也有圈足略矮一些的，如98M12：3，杯体较大，圈足相对较矮（图四，5）。相似的器形见于刘林（M182：16）、大汶口（M2020：27）、大墩子（M87：9）等遗址（图四，12）。

　　第二类为矮圈足壶形杯。如凌家滩87M12：29、98M32：3，杯体有折腹壶形和圆腹壶形两种，口部外侈，矮圈足，或有单耳（图四，4、7）。同类器形见于刘林（M67：11、12）、大墩子（M37：1）等遗址（图四，11、14、15）。并且，这种器形在海岱地区一直延续到大汶口文化晚期和龙山文化时期，如野店M55：14等，则是此类杯的发展形态。

凌家滩墓地出土的陶器中，还有一些与大汶口文化相近或相似器形，如矮圈足或高圈足的罐、肩腹部有折棱的壶、钵形高柄豆、筒形矮圈足杯和锥形纽器盖等。也有一些共同流行的器物局部风格，如宽扁鼎足、侧装三角形鼎足，后者与器身的接合处往往还向外拐出一个肩部。

上述情况的存在，证明凌家滩墓地的时代主要与大汶口文化中期前段相当，部分墓葬可以早到大汶口文化早期偏晚。如果把相互之间的年代关系推广到长江下游地区，凌家滩的一些墓葬应该与良渚文化较早阶段共存过一段时间。同时，也表明凌家滩与大汶口文化之间存在着密切的文化联系。

二　特殊的实物遗存

所谓特殊的实物遗存，是指非日常生活实用之遗物。双方可以比较的主要是1件玉龟。1987年，凌家滩遗址M4出土了一件由背甲和腹甲扣合组成的玉龟（图五），两片龟甲之间还夹着一块近方形的长方形玉版，玉版上刻着内容丰富的图案（图八，1）。此件玉器一经公布，立即引起了学术界的极大关注。

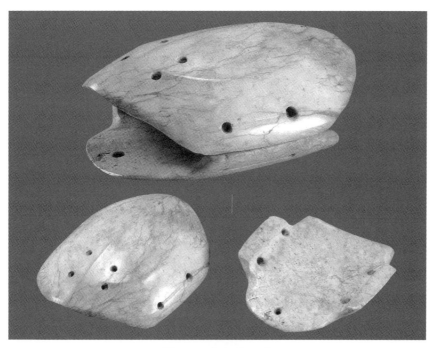

图五　凌家滩玉龟
（87M4：29、35）

在凌家滩的玉龟发现之前，多处新石器时代遗址出土过与凌家滩玉龟相同的龟甲实物，较为集中的发现主要分布在两个地区：一个是黄淮下游的海岱地区，另一个是河南的南部地区。其他如长江流域个别遗址也有少量发现。综观各地新石器文化发现的龟甲实物，从加工和使用的角度看，多数具有两个突出的特点：一是对龟甲进行过修整（截磨等）和钻孔等加工处理；二是出土时背甲和腹甲之间放置有遗物。基于此，我们把这一类实物龟甲称之为龟甲器[1]。具有上述两个特点的龟甲器，目前只见于海岱地区和河南南部两个区域，其他地区的零星发现多是普通的龟壳。

海岱地区的龟甲器最早发现于1959年发掘的山东泰安大汶口墓地。该墓地的133座大汶口文化中晚期墓葬中，有11座出土了龟甲器，每座墓葬1～3副不等。稍后，在时代更早的江苏邳州刘林墓地发现了大汶口文化早期的龟甲器，形制与大汶口墓地的发现基本一致[2]。大体同时，在距离刘林不远的大墩子墓地也发现有与刘林、大汶口墓地时代相当的龟甲器[3]。此后，在野店、王因、尚庄等大汶口文化遗址陆续发现同类龟甲器。这些龟甲器的时代，历经大汶口文化早、中、晚期三个阶段（图六，1～3）。

大汶口文化的龟甲器，多数在背甲的一端钻4个小孔，4个小孔的连线略呈方形。而龟甲器内盛放的遗物，或为骨针，或为骨锥，或为小石子（小者如豆，大者如樱桃），其中以盛放小石子者居多。每个龟甲器内遗物的数量多少不一，少者4枚，多者可达数十枚。

进入龙山文化时期，截至目前仅在兖州西吴寺遗址的水井中（J4002）发现1件实物龟甲器[4]（图六，4），而在另外的一些遗址，如山东省的日照东海峪、胶南西寺、章丘城子崖、邹平丁公和安徽省的固镇垓下等，则发现了大汶口文化末期和龙山文化时期的陶龟[5]（图七）。陶龟的形制并不是实物龟的仿制，如无头、无尾、无足，而与大汶口文化的龟甲器基本一致，只是制作时就将"背甲"和"腹甲"粘合在了一起，腹腔中空。这些陶龟完全具备上述大汶口文化龟甲器的两项基本特征，即背甲一端穿4个小孔，4个小孔的连线略呈方形，中空的腹腔内装有小石子或陶弹丸若干，因为是制作时置入其中，所以烧成后已取不出来。如此说来，可以认为大汶口文化末期和龙山文化的陶龟与大汶口文化的龟甲器之间，具有一脉相承的继承关系，两者的功能和用途也应该是相同的。

河南南部的龟甲器主要发现于舞阳贾湖遗址。在发掘报告公布的349座裴李岗文化墓葬中，有23座出土龟甲器，其中15座为背甲和腹甲均有的龟甲器，少则1副，多者可达8副[6]。这些龟甲器在出土时，多数保持着背甲和腹甲两个部分，并且具备前述的两个主要特点，即经过修整和钻孔（在背甲一端穿4个呈方形排列小孔的做法尚未出现），多数背甲和腹甲之间装有未经加工的小石子，龟甲内石子数量差别较大，少的只有3枚，多的可达30枚。此外，在淅川下王岗遗址相当于仰韶时代早期的墓葬中，有6座墓葬共随葬了9件实物龟甲[7]。由于发掘报告未予以具体介绍，所以我们不清楚下王岗出土的龟甲是否经过加工修整，以及内部是否放置有遗物等[8]。

综上所述，大汶口文化早、中、晚期的龟甲器和龙山文化的陶龟自成一系，其来源当在以贾湖为代表的裴李岗文化之中，这也是我们认为海岱地区新石器文化与以贾湖为代表的裴李岗文化具有

[1] 栾丰实：《龟甲器——大汶口文化的特殊器物之二》，《故宫文物月刊》143，1994年，第122～129页。

[2] 南京博物院：《江苏邳县刘林新石器时代遗址第二次发掘》，《考古学报》1965年第2期。

[3] 南京博物院：《江苏邳县四户镇大墩子遗址探掘报告》，《考古学报》1964年第2期，第29、30页。

[4] 国家文物局考古领队培训班：《兖州西吴寺》，文物出版社，1990年，图版八〇。

[5] 西寺遗址采集的1件，直径9厘米，上大下小，背之一端有4个成方形排列的小孔，腹腔内有3个小泥丸。详见《中国文物精华（1992）》，文物出版社，1992年，图版12。

[6] 河南省文物考古研究所：《舞阳贾湖》，科学出版社，1999年，第455～461页。

[7] 河南省文物考古研究所、长江流域规划办公室考古队河南分队：《淅川下王岗》，文物出版社，1989年，第342～348页附表二。

[8] 专门咨询过下王岗遗址当年的发掘者和报告编写者曹桂岑先生，他回忆这些龟甲没有经过人为加工，其内也没有其他遗物。

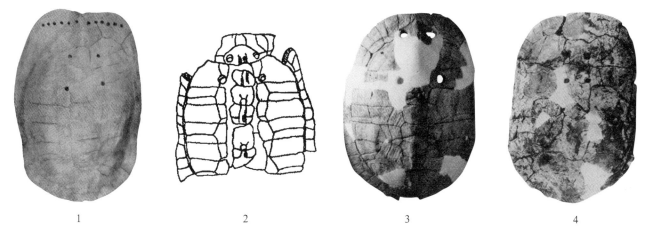

图六　大汶口文化早、中、晚期和龙山文化的钻孔龟背甲
1. 刘林（M7）　2. 大汶口（M110∶13）　3. 野店（M88∶1）　4. 西吴寺（J4002）

图七　大汶口文化末期至龙山文化时期的陶龟
1. 垓下　2. 西寺　3、4. 东海峪

渊源关系的依据之一[1]。与贾湖的龟甲器相比，大汶口文化时期的龟甲器又有了新的发展变化，如背甲一端钻出呈方形排列的4个小孔，随后成为一种固定的模式，这种模式在海岱地区维持了长达近二千年之久的时间，应该具有某种固定的核心涵义；龟甲器内的盛放物除了石子之外，又有骨针、骨锥和陶丸等。

凌家滩出土的玉龟，在主要方面均与大汶口文化的龟甲器相同，如：

均为背甲和腹甲两个部分扣合而成；

背甲前端钻4个小孔，4个小孔的连线略呈方形；

将腹甲的尾端截平，并在前端正中穿一小孔，有较为清楚照片的野店遗址M88∶1[2]和西吴寺J4002出土者，其腹甲与凌家滩玉龟腹甲的处理方式完全相同，西吴寺出土者腹甲两侧突出的部分也钻有2个小孔。

从整体形状看，凌家滩的玉龟较之大汶口文化的实物龟甲器要短宽一些，而高度大体相同。如玉龟的背甲长9.4、宽7.5、高4.6厘米，长宽之比为1.25；腹甲长7.9、宽7.6厘米，长宽之比为1.04。大汶口墓地的1件实物龟甲器，背甲长约11、高度约4.5厘米，尾端未截的腹甲全长11、宽6.5厘米，长宽之比约为1.69[3]。野店遗址M81∶1，背甲的长宽之比约为1.43，腹甲长宽之比约为1.4。西吴寺遗

[1]　栾丰实：《北辛文化研究》，《海岱地区考古研究》，山东大学出版社，1997年，第47、48页。

[2]　山东省博物馆、山东省文物考古研究所：《邹县野店》，文物出版社，1985年，第97页，图版七六，1、2。

[3]　叶祥奎：《我国首次发现的地平龟甲壳》，《大汶口——新石器时代墓葬发掘报告》，文物出版社，1974年，第159～164页附录二。

址出土的龙山文化龟甲器，背甲的长宽之比约为1.49，腹甲的长宽之比约为1.40。

　　总之，凌家滩的玉龟与大汶口文化的龟甲器，功能和用途相同，精神层面的涵义是相通的。所以它们之间在意识形态上应该具有深刻的内在联系，这种联系在精神文化方面具有重要意义。

三　图案类遗存

　　凌家滩与大汶口文化之间有一定关系的图案大体有三类：即八角星图案、树木图案和缠绕图案。

1. 八角星图案

八角星图案在凌家滩墓地先后出土过3件，均为刻制而成。

　　第1件为玉版（87M4：30），平面略呈长方形，正面外弧，背面内凹，长11、宽8.2、厚0.2～0.4厘米。外弧的一面刻有复杂图案，整个图案由内外两重圆圈将其分为三部分：内圈之内的中心部位是一个标准的八角星；内外圈之间分为以斜线界隔的八等份，当中各有一个方向朝外的箭头；外圈之外刻有四个箭头，分别指向玉版的四角（图八，1）。最引人注目的是这件玉版出土时夹在玉龟的背甲和腹甲之间，从而多了一层神秘色彩。玉版的两端和一个长边的单面有窄条状下凹，下凹的部位较为均匀的分布着若干个小孔。由此看来，或许其最初是镶嵌在一个更大的物件之上，起着画龙点睛的作用。

　　第2件为玉鹰（98M29：6），整体造型十分别致。上端为鹰首，两侧的羽翼则分别雕成夸张的兽（猪？）首状，腹背两面正中均刻有两重圆圈，内圈外侧刻有八角星（图八，3）。

　　第3件为纺轮（98M19：16），红褐色，断面略呈梯形，较小一面上刻有一组八角星图案。由于

图八　凌家滩出土的八角星图案
1. 87M4：30　2. 98M19：16　3. 98M29：6

图案是纺轮未干透时所刻，可观察到其刻划的程序：先刻划出一个井字，然后在四周填加短斜线形成8个角（图八，2）。整体来看，图案刻划的比较潦草，不但角的大小和长短不一，深浅和宽窄也相差较大。

凌家滩发现的3件八角星图案，2件在玉器之上，并且均位于各自所在器物的中心突出位置。所以，这应该是一种在当时文化环境中受到重视和尊崇的特殊图案。

八角星图案在中国一些新石器文化中有一定数量的发现，分布区域遍及黄河流域、淮河流域、长江流域和北方地区，其中以洞庭湖地区出现最早，而黄河、淮河和长江下游地区发现的数量最多[1]。从区域考古学文化角度看，以大汶口文化早中期和崧泽文化发现的八角星图案最多。大汶口文化见于大汶口、王因、野店、大墩子、西夏侯等遗址，载体有盆、豆和纺轮，形式有彩陶绘画和刻划两类（图九）。作为纹样的主体的彩陶八角星图案，或位于大口盆的上腹部，或位于豆的盘部外表，均绘画在器物最为显眼的位置，体量也比较大。崧泽文化见于崧泽、绰墩、潘家塘、马桥、澄湖前后湾等遗址，载体有壶、豆和纺轮，形式均为刻划。八角星图案或位于壶的底部，或位于豆的底座外表，相对而言是在器物不太显眼的位置，个体也相对较小。如崧泽T2∶7豆，在靠近圈足底边的位置刻有一周约8个八角星图案，装饰性意味较为浓厚[2]。

综上所述，从图案的形制和在本体文化中受重视的程度看，凌家滩的八角星图案应该与大汶口文化的关系更为密切。如果再考虑到凌家滩刻有八角星图案的玉版，放置在与大汶口文化造型完全相同的龟甲器之中，说它们是共同信仰的产物大概不会有什么问题。

2. 树木图案

凌家滩墓地出土了1件等腰三角形玉片（87M4∶96），高10.2、底边长6.1、厚0.3厘米[3]。玉片的一面刻有规整的树木图案（原报告称为叶脉纹）。底边边缘处对钻有一排4个圆孔，如报告所言，其有可能是固定在其他器物上的组件。

相近的图案在大汶口文化陶器上也有发现。如莒县陵阳河大汶口文化晚期墓地发现的1件刻画图像，就是立在一个高台之上的树木[4]。从时代来看，陵阳河的发现要晚于凌家滩，但从内涵和表达的意义层面考虑，两者之间应该有一定联系。

3. 缠绕图案

凌家滩发现的缠绕图案有2件，均刻在纺轮之上。

1件是98M19，即刻有八角星图案纺轮的背面，与八角星图案刻划得较为潦草不同，缠绕图案整体显得十分流畅和规矩。主体图案像一个缠绕的中国结，四个角部各伸出一片叶状物。另1件

---

[1] 栾丰实：《中国史前文化中的八角星图案初探》，《南艺学报》创刊号，2010年12月，第89～117页。

[2] 上海市文物保管委员会：《崧泽——新石器时代遗址发掘报告》，文物出版社，1987年。

[3] 安徽省文物考古研究所：《凌家滩——田野考古发掘报告之一》，文物出版社，2006年，第58页，图三四，1。正文第56页的描述中，把该三角形玉片的厚度描述为3厘米，似为0.3厘米之误。

[4] 山东考古所、山东省博物馆、莒县文管所：《山东莒县陵阳河大汶口文化墓葬发掘简报》，《史前研究》1987年第3期，第75页，图十，1。

图九　大汶口文化的八角星图案

1、2、4. 大墩子（M44：1、M44：1、T3：1）　3. 野店（M35：2）　5、6. 大汶口（M1013：1）

（87M13：4）在纺轮的正背两面，因为刻划得较为潦草，图案漫漶不清[1]。

相类似的图案在野店遗址大汶口文化墓葬出土的彩陶钵（M49：05）上亦有发现，在钵的外表和内里各有3个等距分布的缠绕编织图案[2]。

四　凌家滩与大汶口文化共同文化因素的分析

由以上讨论可以确认，凌家滩墓地与大汶口文化包含着一定数量的共同文化因素，表明它们之间具有某种程度的文化联系。

在以陶器为代表的普通实物遗存中，凌家滩与大汶口文化之间存在着较多相同或相似的文化因素。这一类因素大体又可以分为三类：

1. 大汶口文化的文化因素影响或扩散到凌家滩墓地之中

背壶是这一类因素的典型代表。其他一些较为典型的大汶口文化因素，如圆腹或椭圆腹鬶、盘形鼎、盆形鼎、大口尊、折腹豆、圈足杯等，不仅凌家滩有，江淮之间和长江下游地区各文化都不同程度地存在。所以，我们不能准确判定凌家滩中的这一类因素是否直接来自大汶口文化，但它们的本源在大汶口文化之中应该是没有问题的。

---

[1]　安徽省文物考古研究所：《凌家滩——田野考古发掘报告之一》，文物出版社，2006年，第209页，图一六二，1；第130页，图八九，1。

[2]　山东省博物馆、山东省文物考古研究所：《邹县野店》，文物出版社，1985年，第91页，图六一，1、3。

2. 凌家滩的文化因素影响或扩散到大汶口文化之中

圈足罐（或壶）类器形，以前在分析花厅墓地的文化因素和性质时，我曾指出过这一类遗存应该来自江淮中游地区[1]。由于凌家滩墓地发现的陶器较少，完整和复原的不多，我们目前还无法看到凌家滩日常生活中的完整陶器组合。今后随着工作的深入开展，凌家滩陶器群逐渐丰富起来之后，相信这一类因素会随之增多。

从总体上看，凌家滩墓地来自大汶口文化的因素多一些，而相反的情况则明显较少。

3. 凌家滩和大汶口文化均来自第三区域文化的文化因素

钵形豆、直筒形圈足杯、折肩折腹的鬶和壶等，从东部的崧泽文化、龙虬庄文化、北阴阳营文化到西部的薛家岗文化都有较多发现。

特殊实物遗存虽然只有玉龟一种，但其中蕴涵着意识形态层面的内容。首先，凌家滩的玉龟和大汶口文化的实物龟甲器是相同理念和行为的产物，其主要的功能和用途应该是一样的。再前进一步，凌家滩的玉龟应该直接导源于大汶口文化的实物龟甲器。至于这种玉龟和龟甲器的具体功能和用途，目前有多种不同看法，暂时恐怕难以取得一致意见。不过，这并不影响凌家滩和大汶口文化之间，在某些精神文化层面具有共同的信仰和思想意识的判断。

图案类遗存的种类和数量不多，较为重要的是八角星图案。八角星图案的意蕴较深，学界有各种不同解释。在具体内涵上，可能解释为方位概论，进而概括为天圆地方的中国传统思想观念较为恰当。这种思想应该是在更大范围内长期发展过程中逐渐提炼出来的，而凌家滩和大汶口文化已经发展到较为成熟的阶段。在凌家滩87M4中，玉龟和有八角星图案的玉版共存同出，而这种现象在大汶口文化中也有表现，如属于大汶口文化早期阶段偏晚的大墩子M44，出土了两副龟甲器，也有1件绘有八角星图案的彩陶盆。

由此看来，凌家滩与大汶口文化之间，不仅在普通的日常生活方面有着较为密切的交往，即使在不太好捕捉的思想、意识和信仰层面，也具有深刻的内在联系。两种情况相加，给我们提出了新的研究视角和新的问题，需要今后进一步开展讨论和研究。

（原载《玉魂国魄——中国古代玉器与传统文化学术讨论会文集（五）》，浙江古籍出版社，2012年）

---

[1] 栾丰实：《花厅墓地初论》，《东南文化》1992年第1期，第71~78页。

崧泽文化向北方地区的扩散

一

作为环太湖地区新石器文化一个重要发展阶段的崧泽文化，与中原地区仰韶文化中期（庙底沟期）、海岱地区大汶口文化早期的时代大体相当，绝对年代约在距今6000～5400年前后。崧泽文化直接继承马家浜文化而来，又发展过渡为良渚文化，三者是同一族群在长期发展过程中遗留下来的不同阶段的文化遗存，属于同一文化谱系。

从学界提出崧泽文化的命名以来，30多年的考古发现和研究表明，崧泽文化的分布和影响区域可以分为三个层次，即核心分布区、外围分布区和周边影响区。

核心分布区主要为环太湖周边地区，南起杭州湾，北抵长江沿线，东至大海，西到太湖以西。这一区域为典型的崧泽文化分布区，有完整的文化发展和演变过程，可以清晰地分辨出其由马家浜文化而来又发展为良渚文化的详细演进过程。对崧泽文化基本文化内涵和整体特征的把握、发展阶段的划分和绝对年代的确定、文化来源和去向的探讨等，都是在这一地区考古资料的基础上建立起来的。

外围分布区是随着崧泽文化的发展和对外扩散，在核心区之外的一些区域，如南部的宁绍地区和新安江流域，北部的宁镇地区、江淮之间的苏中地区，西北部的皖江两岸地区等。在当地的文化中出现了浓厚的崧泽文化因素，并呈现出与崧泽文化同步发展的趋势。所以，这些地区在广义上可以归入崧泽文化圈之内，但又各有自己的特点。

对外影响和文化因素辐射到的区域则更为广阔，如赣江流域甚至更西地区，淮河中上游地区，以黄淮下游为主的海岱地区等，都强烈感受到来自崧泽文化的文化影响和传播。虽然崧泽文化因素的到来并未改变这些区域的文化性质，但不可否认，这些外来因素在不同程度上丰富了各地区的文化内涵，促进了当地文化的发展。

海岱地区已经建立起比较完整的新石器文化发展序列，自早至晚依次为扁扁洞一类遗址、后李文化、北辛文化、大汶口文化和龙山文化。在南北两个文化区的年代对应关系上，海岱地区的北辛文化、大汶口文化早期和中晚期分别与环太湖地区的马家浜文化、崧泽文化和良渚文化相当。本文讨论的崧泽文化则与海岱地区大汶口文化早期属同一阶段的遗存。

时代略早的北辛文化—马家浜文化时期，海岱地区的南部就已经开始出现一些与长江下游地区相同或相似的文化因素。如东部沿海连云港一带的二涧村[1]、大村[2]和灌云大伊

---

[1] 南京博物院：《江苏新海连市锦屏山地区考古调查和试掘简报》，《考古》1960年第3期；江苏省文物工作队：《江苏连云港市二涧村遗址第二次发掘》，《考古》1962年第3期。

[2] 江苏省文物工作队：《江苏新海连市大村新石器时代遗址勘察记》，《考古》1961年第6期。

山[1]、沭阳万北[2]等遗址的墓葬中，发现一种用陶钵覆盖头骨的现象，这种特殊的习俗在长江下游地区也有发现[3]。此外，上述遗址中还发现环、珠、坠类小件玉器以及腹部向外伸出一周较宽飞檐的陶器等，显然与南方马家浜文化的向北传播和影响有关。从而表明这一阶段两个地区之间已经存在着某种程度的文化联系[4]。

距今6000年以降，随着崧泽文化在环太湖及周边地区的强势崛起，其向北方扩散和影响的力度不断增强，范围也有所扩大。这一状况表现在考古遗存中，就是在大汶口文化的器物群中出现了一定数量来自南方崧泽文化的典型器类。如玉器中的璜、玦等，陶器中的壶、豆、圈足杯、大口尊（缸）、有系罐等[5]。下面以其中的两种重要器类——陶豆和陶大口尊为例进行分析和讨论。

二

圈足类陶器最早产生于长江中下游地区，如长江中游地区的城背溪文化和皂市下层文化，都发现了距今七千年以前的圈足盘一类陶器。而分布于环太湖地区以南浦阳江流域的跨湖桥文化，也发现了数量可观的圈足类陶器，测定年代达到了距今8000年前后。此后这两个地区圈足类陶器不断发展，形成了陶豆这一在中国早期历史上富有影响的器类。

马家浜文化时期，陶豆不仅形制已经成熟，几乎所有遗址都有发现，并且出土数量也不断增多。如在常州新岗遗址，发现的16座马家浜文化墓葬中，有9座出土陶豆，而全部26件随葬陶器中，陶豆多达14件，出土频率和占随葬陶器的比例均超过了50%[6]。距新岗不远的江阴祁头山遗址，在132座马家浜文化墓葬中，有26座随葬陶豆，约占总数的20%；在出土的172件随葬陶器中，陶豆为27件，数量仅次于釜，约占全部随葬陶器的15.7%[7]。这些情况表明，陶豆在马家浜文化特别是其晚期，已经成为陶器组合的主要成员之一，占有十分重要的地位。

马家浜文化的圈足陶器，依柄部的差别可以区分为粗细两大类别。细柄的一般称为豆，粗柄者或称为豆，或称为圈足盘。一般而言，细柄的多数较高，粗柄的略矮。这两种形制的陶豆在马家浜文化时期均已出现，并为后来的崧泽文化所继承。以下从两个方面来分析崧泽文化陶豆向北方地区的扩散。

（一）陶豆的出土频率[8]和数量

崧泽文化时期，虽然陶器的种类增多，总量增加，但陶豆的出土频率持续提高，数量也远远超

[1] 连云港市博物馆：《江苏灌云大伊山新石器时代遗址第一次发掘报告》，《东南文化》1988年第2期；南京博物院等：《江苏灌云大伊山遗址1986年的发掘》，《文物》1991年第7期。

[2] 南京博物院：《江苏沭阳万北遗址新石器时代遗存发掘简报》，《东南文化》1992年第1期。

[3] 高江涛：《长江下游及相邻地区史前红陶钵覆面葬初探》，《考古》2014年第5期。

[4] 卢建英：《试析北辛文化与马家浜文化的关系》，《东南文化》2009年第6期。

[5] 栾丰实：《论大汶口文化和崧泽、良渚文化的关系》，《中国考古学会第九次年会论文集》，文物出版社，1997年。

[6] 常州博物馆：《常州新岗——新石器时代文化遗址发掘报告》，文物出版社，2012年。

[7] 南京博物院、无锡市博物馆、江阴博物馆：《祁头山》，文物出版社，2007年。

[8] 所谓出土频率，是指出土陶豆的墓葬在全部墓葬中的比例。

过了马家浜文化时期，在各种陶器器类中处于前列。以下选择发掘的墓葬数量较多、分别位于崧泽文化核心分布区北部、中部和南部的常州新岗、青浦崧泽[1]和嘉兴南河浜[2]等3处墓地为例，将随葬陶豆及相关资料列为表一。

表一　新岗、崧泽和南河浜崧泽文化墓地随葬陶豆情况统计表

遗　址	墓葬总数（座）	有陶豆墓葬（座）	百分比%	陶器总数（件）	陶豆数量（件）	百分比%
崧　泽	100	78	78	450	105	23.3
新　岗	99	74	74.75	493	95	19.27
南河浜	96	57	59.4	551	94	17.1
合　计	295	209	70.85	1494	294	19.68

分析表一的数据可以看出，环太湖地区崧泽文化的陶豆在墓葬中的平均出土频率高达70%，使用数量在所有陶器中最多，超过了鼎、罐和壶等常见器形。所以，陶豆是崧泽文化陶器组合中最重要的成员，而且形态特征明显，属典型的指征性器物。

如果从动态变化的角度看，崧泽文化不同时期使用陶豆的数量也呈现出一个不断增多的趋势，并且可以与之前的马家浜文化大体衔接。如在崧泽遗址：早期共有8座墓葬，其中有4座墓葬随葬陶豆，占比为50%；中期共有35座墓葬，随葬陶豆者26座，占比为74%；晚期共有墓葬57座，有陶豆者48座，占比为84%。同样的情况也存在于南河浜遗址：早期共7座墓葬，有陶豆者2座，占比为28.6%；晚期一段共有22座墓葬，有陶豆者10座，占比为45.5%；晚期二段共有墓葬67座，有陶豆者45座，占比为67.2%。

位于崧泽文化外围区的江淮东部，地处海岱、环太湖两个地区之间，此区以高邮龙虬庄遗址的发掘资料较为丰富[3]。该遗址先后发掘了402座同一时期的墓葬，其中有144座墓葬使用陶豆，占比为35.8%，明显低于崧泽文化核心区的同时期墓葬。但墓葬中随葬陶豆的数量达到202件，占全部陶器（1002件）的20.1%，与核心区的比例基本一致。如果按时间来看，龙虬庄遗址早期共有32座墓葬，有陶豆者为5座，占比为15.6%；中期共有96座墓葬，有陶豆者34座，占比为35.4%；晚期共有274座墓葬，有陶豆者105座，占比为38.3%。也呈现出一个逐渐增多的发展过程。

向北越过淮河故道就是大汶口文化的分布区。如前所述，在大汶口文化之前的北辛文化时期，除了东南沿海的连云港地区个别遗址出有少量陶豆，其他遗址全然不见。到大汶口文化早期，海岱地区开始出现陶豆，除了个别遗址，多数数量较少。现将发掘墓葬数量较多、地处苏北和鲁南地区

[1]　上海市文物保管委员会：《崧泽——新石器时代遗址发掘报告》，文物出版社，1987年。

[2]　浙江省文物考古研究所：《南河浜——崧泽文化遗址发掘报告》，文物出版社，2005年。

[3]　龙虬庄遗址考古队：《龙虬庄——江淮东部新石器时代遗址发掘报告》，科学出版社，1999年。

的邳州刘林[1]、大墩子[2]、兖州王因[3]、邹城野店[4]和泰安大汶口[5]等5处遗址墓葬中的陶豆使用情况列为表二。

表二　刘林等五处遗址大汶口文化早期墓葬随葬陶豆情况统计表

地区	遗址	墓葬总数（座）	有陶豆墓葬（座）	百分比%	陶器总数（件）	陶豆数量（件）	百分比%
苏北	刘林	197	10	5.1	648	11	1.7
	大墩子	186	28	15.05	462	35	7.58
鲁南	野店	42	5	11.9	152	7	4.61
	王因	899	31	3.45	1348	34	2.52
	大汶口	46	28	60.87	476	98	20.59

分析苏北鲁南地区大汶口文化早期阶段墓葬使用陶豆的情况，有几个明显的特点：

一是陶豆的出土频率存在着明显的区域差异，位置偏南的苏北地区略高，偏北的鲁南地区略低。如刘林和王因、大墩子和野店。这种情况应该是反映了陶豆由南向北传播和扩散的实际状况。

二是等级高的遗址使用陶豆较多，等级低的遗址则较少。同在苏北的大墩子和刘林，前者等级较高，后者等级较低。鲁南的野店和王因也是这种情况。而等级最高的大汶口遗址，虽然位置更靠北，但无论是陶豆的出土频率还是绝对数量，均达到了相当高的比例。如大汶口遗址的46座大汶口文化早期阶段墓葬，使用4件以上陶豆的墓葬就有9座，总数多达65件，占全部98件陶豆的2/3，其中最大的M2005，出土陶豆达19件之多。此外，在鲁南地区的大汶口、野店、王因等遗址，除了与崧泽文化相同的钵形陶豆之外，还有一种折腹盆形陶豆，应是借鉴了来自崧泽文化的钵形陶豆基础上进行的一种创新。南河浜遗址发现一些个体较小的所谓"盅"形豆（图一，3），其中一部分豆盘为大口折腹的盆形，形制与大汶口的同类豆有些类似，考虑到南河浜的位置偏南（太湖以北以东没有发现），而且此类豆的个体均较小，两者之间似乎关系不大。

三是陶豆的出土频率和使用数量，表现为随着时间的推移而由少到多，并且和遗址的等级、区域位置交织在一起。如等级最低的王因遗址，早中段墓葬多达497座，其中没有1座墓葬使用陶豆；等级较高的野店遗址，早段没有发现陶豆，中段开始出现，17座墓葬中有2座使用陶豆，占比为11.8%，晚段增多，21座墓葬中有5座使用陶豆，占比为23.8%。等级最高的大汶口遗址，早段墓葬就发现陶豆，并且占比达到50%，中晚段不仅数量大增，占比也提高到75%左右。

[1] 江苏省文物工作队：《江苏邳县刘林新石器时代遗址第一次发掘》，《考古学报》1962年第1期；南京博物院：《江苏邳县刘林新石器时代遗址第二次发掘》，《考古学报》1965年第2期。
[2] 南京博物院：《江苏邳县四户镇大墩子遗址探掘报告》，《考古学报》1964年第2期；南京博物院：《江苏邳县大墩子遗址第二次发掘》，《考古学集刊·1》，文物出版社，1981年。
[3] 中国社会科学院考古研究所：《山东王因——新石器时代遗址发掘报告》，科学出版社，2000年。
[4] 山东省博物馆、山东省文物考古研究所：《邹县野店》，文物出版社，1985年。
[5] 山东省文物考古研究所：《大汶口续集——大汶口遗址第二、三次发掘报告》，科学出版社，1997年。

（二）陶豆的形制和纹饰

崧泽文化和大汶口文化早期阶段陶豆的出土频率和整体数量以及在分布区域上由南向北逐次递减的状态，大体上反映了两支文化之间可能存在着一种由南向北的扩散和传播趋势。其具体情况是否如此，还要看扩散和传播的内容，即陶豆的具体形制和其他特征是否存在密切关联。

首先是两者陶豆的形制特征。从总体上讲，崧泽文化的陶豆不仅数量多，形制也多样化，表现在各种形制的豆盘、粗细高矮差别较大且富于变化的豆柄、豆座等方面。崧泽文化数量最多的是钵形豆。这种豆的基本形制为，豆盘呈钵形，多数口部内敛，少数略直，豆柄较细，大喇叭形底座，近底部内折（图一）。

大汶口文化早期陶豆的数量和种类均相对较少，形制也比较简单，细部特征不复杂。豆盘以敛口钵形为主，绝大多数为细柄喇叭形座（图二）。这种风格的陶豆为崧泽文化所常见，两者的形制基本一致。

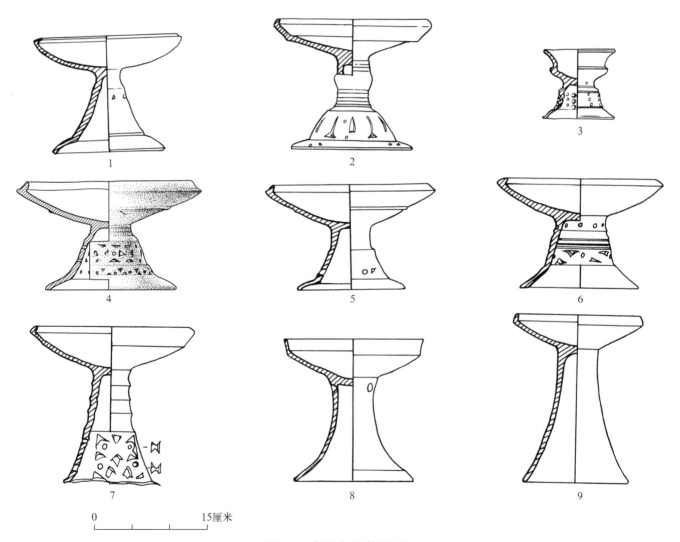

0　　　　　　　15厘米

图一　崧泽文化的陶豆

1～3. 南河浜（M16：21、M68：1、M59：23）　4. 东山村（M91：4）　5、8、9. 新岗（M23：14、M119：2、M69：2）　6、7. 崧泽（M92：1、M49：3）

　　崧泽文化陶豆的装饰相对较为复杂，并且主要运用在豆柄和底座上。装饰手法以镂刻为主，最为常见的构图母题为三角和圆孔，两者往往配合使用，形成两个三角和一个圆孔的组合，这种典型装饰方法甚至一直延续到此后的良渚文化和大汶口文化中晚期阶段。此外，在豆柄上也习见旋转状纹样，如竹节纹、凹凸弦纹等。此类装饰纹样均见于大汶口文化的同类陶豆之上，并且三角和圆孔组合的纹样也被运用于其他类别的器物。

　　大汶口文化早期陶豆豆盘下部，往往有一周细突棱装饰，这种现象也见于崧泽文化的陶豆。

0 ———————— 15厘米

图二　大汶口文化早期的陶豆

1. 大墩子（M22：9）　2、3、6～8. 大汶口（M1012：5、M1016：9、M1018：36、M2019：99、M2019：100）　4、9. 王因（M287：1、M2222：5）　5. 野店（M20：2）

基于上述，由于陶豆基本不见于大汶口文化之前的北辛文化，可知其原产地不在海岱地区。随着海岱地区与南方地区之间文化交流的开展，由马家浜文化特别是崧泽文化向北方地区的扩散而传播过来。经过大汶口文化早期阶段的吸收、消化和改造，之后遂成为自身文化因素的重要组成部分。到大汶口文化中晚期阶段，陶豆不仅成为海岱地区陶器组合中数量较多、种类丰富的重要成员，甚至还进一步向外传播到中原和东北等地区。

三

陶大口尊或称为陶缸，整体形制为筒形、圜底。虽然大口尊的造型并不复杂，但以其硕大的形体和奇厚的陶胎，在众多陶器中给人以鹤立鸡群之感。大口尊的数量不多，但流行区域甚广，至少包括了黄河中下游和长江中下游的四大区系。随着社会的发展和分化，大约从崧泽文化时期开始，人们逐渐赋予了大口尊礼器的功能和内涵。所以，这是一种受到研究者广泛重视的特殊器类[1]。

过去笔者曾经认为，海岱地区和环太湖地区的大口尊出现时间较早，数量相对较多，属于一种双方共有的文化因素，根据当时的资料还不好判定其在不同区域和文化中的流动情况[2]。近年来，随着一些新的考古资料面世，特别是崧泽文化中出土大口尊的遗址和墓地显著增多，使我们有条件来进一步探讨其归属和在不同区域之间的扩散。

崧泽文化大口尊的基本形制为，直口，筒形，多为圜底，部分为尖底，厚胎。器表装饰分为两节，口沿之下有一组凹凸弦纹带，弦纹带之下则拍印粗细不一的斜篮纹[3]。就目前资料而言，这一类大口尊见于青浦崧泽、张家港东山村[4]、苏州澄湖[5]、吴县草鞋山[6]和张陵山、昆山绰墩和少卿山、常州新岗、嘉兴南河浜和大坟、海宁小兜里[7]和皇坟头[8]、余杭官井头[9]、湖州昆山[10]等多处崧泽文化遗址，其分布范围较广，大体上涵盖了整个崧泽文化的核心分布区（表三）。

崧泽文化的大口尊，依据底部差别可以分为两大类：A类为圜底，见于崧泽、草鞋山、张陵

[1]　涉及大口尊的论文较多，如方向明：《史前东方大口尊初论》，《东南文化》1998年第4期。

[2]　栾丰实：《论大汶口文化和崧泽、良渚文化的关系》，《中国考古学会第九次年会论文集》，文物出版社，1997年。

[3]　个别崧泽文化遗址发表的大口尊没有绘出和记述器表下部的篮纹装饰，而有器物照片可查的，弦纹带以下均饰有篮纹，如昆山绰墩F2：1和张家港东山村M93：16。参见苏州博物馆、昆山市文物管理所：《江苏昆山绰墩遗址第二次发掘报告》，《东南文化》2000年第11期，图十九，9；图版二，6；南京博物院、张家港市文物管理委员会、张家港博物馆：《张家港东山村新石器时代遗址发掘报告》，《考古学报》2015年第1期，图三九，5；图版拾肆，3。

[4]　南京博物院、张家港市文广局、张家港博物馆：《江苏张家港市东山村新石器时代遗址》，《考古》2010年第8期。

[5]　丁金龙：《苏州澄湖遗址发掘报告》，《苏州文物考古新发现——苏州考古发掘报告专辑（2001～2006）》，古吴轩出版社，2007年。

[6]　南京博物院：《江苏吴县草鞋山遗址》，《文物资料丛刊·3》，文物出版社，1980年。

[7]　浙江省文物考古研究所、海宁博物馆：《海宁小兜里遗址第一～三期发掘的崧泽文化遗存》，《浙北崧泽文化考古发掘报告集（1996～2014）》，文物出版社，2014年。

[8]　浙江省文物考古研究所：《海宁皇坟头遗址的崧泽文化墓葬》，《浙北崧泽文化考古报告集（1996～2014）》，文物出版社，2014年。

[9]　浙江省文物考古研究所：《良渚官井头遗址崧泽文化遗存》，《浙北崧泽文化考古报告集（1996～2014）》，文物出版社，2014年。

[10]　浙江省文物考古研究所、湖州市博物馆：《昆山》，文物出版社，2006年。

山[1]、澄湖、少卿山[2]、绰墩[3]、新岗、大坟[4]、双桥[5]、昆山、小兜里、皇坟头和龙虬庄等遗址；B类为尖底，见于新岗、南河浜、昆山、小兜里等遗址（表三、图三）。从共出两类大口尊的遗址看，圆底的时代略早，尖底略晚，两者之间应该存在着演变关系[6]。崧泽文化中还有一种大沿外伸明显、器体细长的尖底尊，外表为素面，如东山村M90：18、新岗M118：6等。这一类尊与本文所论述的大口尊差别明显，两者不属于同一类器形。

虽然部分遗址的文化堆积中也有大口尊残片出土（如常州新岗和湖州塔地遗址[7]等），但主要见于墓葬之中。从公布资料的一些墓葬看，大口尊的埋藏位置多在墓葬的一角，或在墓内紧靠墓壁，或在墓室之外，但应与墓葬为一体。具体位置以墓葬东南角数量最多，也有在西南角的情况。偏南部的海宁地区，大口尊在墓葬外的安置较为规律，即挖一个略大于器物的圆坑，将大口尊竖立其中，在墓内者也采用同样的处理方式，十分显眼。嘉兴和湖州及其以北地区，大口尊安放的不甚规矩，位置也不如南部地区固定。总体来看，大口尊应该是一类比较特殊的器物。

分析出土大口尊的墓葬在其所处墓地中的地位，也是判断大口尊是否具有礼器性质的一条途径。

截至目前，等级最高的崧泽文化遗址当属张家港东山村，这里发现的崧泽文化9座大墓和27座小型墓葬。其中大墓均使用大口尊，置于墓内东南角，而小型墓葬则不使用大口尊。由此可知，大口尊这类器物是与规模较大、等级较高的墓葬联系在一起的。

与东山村相似的情况也见于张陵山遗址，发现的6座崧泽文化墓葬中有2座使用了大口尊，其中出土包括玉器在内的30多件随葬品的M05，竟使用了5件大口尊，全部摆放在墓内人体脚以下位置。M05胸中部以上被后期破坏，从残存人骨的长度推测，这是一座未成年的儿童墓，由此可知该墓主生前拥有非同一般的社会地位，而且这种地位不可能是依靠自己的奋斗获取的。所以，仅就此墓的情况可以推定，张陵山应该是一处不比东山村等级低的崧泽文化遗址。

出土大口尊较多的海宁小兜里遗址有三处崧泽文化墓群。其中土台Ⅰ和其他区域两处出土了大口尊。土台Ⅰ上的墓葬分为两个阶段。第一阶段有7座崧泽文化墓葬，其中2座最大墓葬各出1件大口尊，分别是M33和M35，墓葬长度在2.75～3.2米之间，随葬品以陶器为主，也有少量小件装饰玉器。第二阶段有4座崧泽文化墓葬，2座较大，其中1座（M20）使用1件大口尊。土台Ⅰ上3座出土大口尊的崧泽文化墓葬，发掘报告认为他们是当地的"显贵墓葬"。其他区域在不大的范围内发现了8座崧泽文化墓葬，其中1座（M17）使用1件大口尊。这座墓葬的规模和随葬品数量、质量与其他墓葬差别不大。从整体上看，小兜里遗址崧泽文化墓群和墓群、墓葬和墓葬之间均已出现了分化，但程度不深，"显贵墓葬"的等级也不高，应属于分化的初期阶段。

[1]　南京博物院：《江苏吴县张陵山遗址发掘简报》，《文物资料丛刊·6》，文物出版社，1982年。

[2]　苏州博物馆、昆山县文管会：《江苏省昆山县少卿山遗址》，《文物》1988年第1期。

[3]　绰墩遗址发现的1件为A类，发掘报告归属于良渚文化，不确。苏州市考古研究所：《昆山绰墩遗址》，文物出版社，2011年。

[4]　陆耀华：《浙江嘉兴大坟遗址的清理》，《文物》1991年第7期。

[5]　浙江省文物考古研究所：《嘉兴双桥遗址发掘简报》，《浙江省文物考古研究所学刊——建所十周年（1980～1990）》，科学出版社，1993年。

[6]　从具有演变关系的角度讲，A类大口尊可以称为Ⅰ式，B类可以称为Ⅱ式。其实，在崧泽文化大口尊从圆底到尖底之间还存在着一种过渡形态（图三第二排），将A、B两类紧密地连接起来。因为本文不拟对大口尊做细致的分期研究，故这里仅粗略地划分为两类。

[7]　浙江省文物考古研究所：《湖州塔地遗址的崧泽文化遗存》，《浙北崧泽文化考古报告集（1996～2014）》，文物出版社，2014年。

表三 崧泽文化出土大口尊统计表（单位：件）

遗址	墓葬		遗址		出土位置	
	A类	B类	A类	B类	方位	内外
崧泽			1		出自地层	
东山村	多件				东南角	均墓内
张陵山	6				北端人骨脚以下	墓内
草鞋山	1				不详	不详
澄湖			1		出自地层	
少卿山	1				下肢左侧	墓内
绰墩			房址内1			
新岗	3		2（残片）		西南2，东南1	3件均在墓内
南河浜		2	A类1件，残片多件		北部	墓内
双桥			残件1		出自地层	
大坟			2		出自地层	
昆山*	2	3			北4，东南1	外2，内3
塔地			4（残片）		出自地层	
小兜里	3	1	7（残片）		东南3，西南1	外3，内1
皇坟头	1				东南角	墓内
官井头	2				M62：18在墓内南部；M77：13不详	
龙虬庄			1		出自第5层	
青墩			2		出自地层	

＊ 昆山M56出土大口尊残片1块，形制不明；另有2件分别出自M37和M58，沿下有菱形刻纹，时代已经进入良渚文化，故未计入。

同属海宁的皇坟头遗址发现7座崧泽文化墓葬，也分布在人工修筑的土台之上。其中规模最大的M161使用1件大口尊。该墓长2.92、宽1.4米，随葬了包括玉珠在内的7件随葬品，与小兜里土台Ⅰ上的几座使用大口尊的墓葬相仿。

位置略北的嘉兴南河浜遗址，在96座崧泽文化墓葬中，只有M25和M54各用1件大口尊。2座墓葬的长度均为2.2、宽度在0.8～1米之间，随葬品分别为16件和9件，以陶器为主，也有少量玉坠饰，M54还出土1件石钺。M25和M54分别为A区南北两个墓区中规模较大、随葬品较多的墓葬。整体情形与小兜里、皇坟头相近。发掘报告认为大口尊应该是一种重要的祭器。

位于太湖南侧的湖州昆山遗址，发现的50座崧泽文化墓葬分属东西两区，各有3座墓葬使用了大

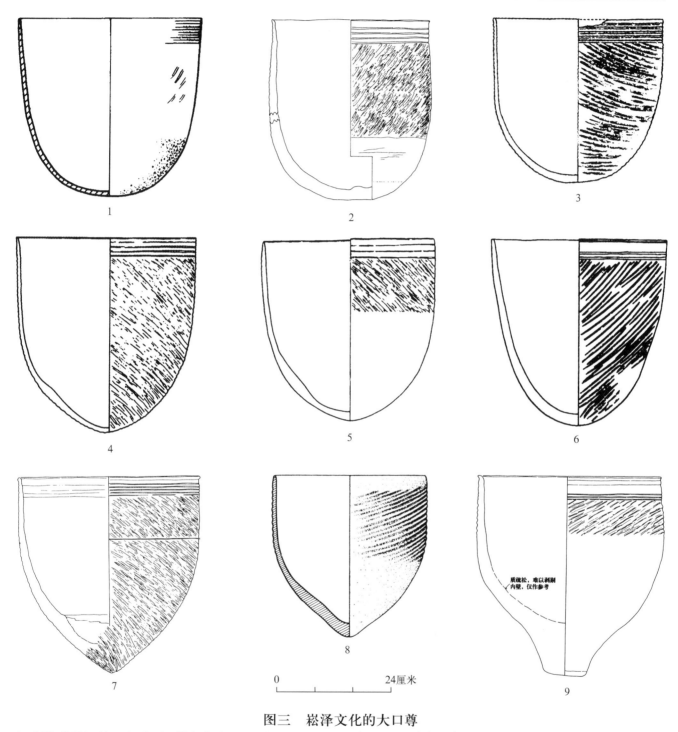

图三 崧泽文化的大口尊

1. 新岗（M20：9） 2、7、9. 昆山（M8：13、M47：11、M49：12） 3～5. 小兜里（M17：7、M33：1、M35：5） 6. 皇坟头（M161：7） 8. 南河浜（M54：1）

口尊。这些出土大口尊的墓葬规模均为中等偏上，墓室长在2.1～2.85、宽在0.75～1米之间。随葬品的数量为12～15件，均有1～3件玉饰，有的还有石钺。远高于两个墓区全部墓葬的平均数。

北距长江不远的常州新岗遗址，除了文化层中出有部分大口尊残片之外，在101座崧泽文化墓葬中有3座各出1件大口尊。M20和M39位于发掘区的中部墓组，M23在其东南10余米外的另一墓组。这

3座墓葬的规模在墓地中为中等偏上，长宽分别在1.9～2.3、0.7～1米之间。随葬品也偏多，M20为12件，其中有1件精致的玉钺；M23为18件，其中有1件玉璜和8件觚形杯；规模最小的M39，使用了7件陶器，其中有1件造型生动形象并刻有精细花纹的陶猪。

综上，大口尊的分布遍及崧泽文化的核心区，居住遗址和墓葬中均有发现，但数量不多，主要见于崧泽文化中晚期。在崧泽文化墓地里，大口尊多见于规模较大、等级较高的墓葬之中，多数陈放在固定的位置。所以，在崧泽文化中晚期阶段，似已赋予了大口尊礼器的性质。

大汶口文化早期阶段的大口尊，在分布区域上主要见于苏北地区，目前已公开发表的资料，仅见于刘林和大墩子两处大汶口文化早期遗址。在发现的全部8件大口尊中，也有圜底和尖底两类（图四），与崧泽文化的大口尊大体一致。

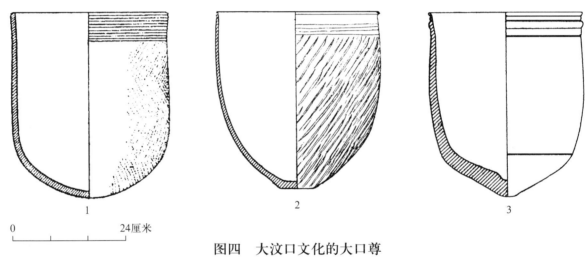

0　　　　　　　　　24厘米

图四　大汶口文化的大口尊
1. 刘林（M192：1）　2、3. 大墩子（M44：36、M186：3）

刘林遗址的197座大汶口文化早期墓葬，有5座墓葬使用了5件大口尊。发表了墓葬平面图的M182和M185，大口尊均陈放于墓内南部正中，即位于人骨脚部以下位置[1]。大墩子遗址在186座大汶口文化早期墓葬中，有3座墓葬使用了3件大口尊，发表了平面图的M44，大口尊位于墓内东南部，叠压在墓主左侧腓骨之上。由此可知，苏北地区大汶口文化早期墓葬中大口尊的陈放位置与崧泽文化基本相同。

再往北的鲁南汶泗流域和沂沭流域，目前在大汶口文化早期阶段遗址中尚未发现大口尊一类器物。如发掘面积较大的王因、野店和大汶口遗址，发现了近千座大汶口文化早期阶段墓葬，但没有发现同类大口尊[2]。而更北的泰沂山以北的鲁北和胶东半岛地区，经过发掘的大汶口文化早期阶段遗址也没有发现大口尊一类器物。

---

[1]　由于早年刘林和大墩子遗址发掘的墓葬，绝大多数没有清理出墓坑，所以无法计算墓葬的规模，只能大体判断大口尊在墓室内的位置。从几座公布有平面图的墓例来看，均在墓主小腿骨或以下位置。所以，可以认为陈放于墓内南部或南端。

[2]　野店M8，按原报告分期属于大汶口文化早期晚段，该墓只随葬1件大口尊，报告划归Ⅰ式，查Ⅰ式标本K1：1，形制为大口、斜壁、尖圜底，沿下有一组菱形纹，而同式的M35：30，明确属大汶口文化中期，此式大口尊与良渚文化早期的同类器相同，其时代已经进入大汶口文化中期阶段。

　　由此看来，大口尊在大汶口文化早期阶段的分布，只限于海岱地区的南部边缘一带。

　　刘林和大墩子遗址使用大口尊的墓葬多数等级较高，或者较为富有，或者从事特殊职业，墓主绝大多数为男性。如刘林出土大口尊的5座墓葬，随葬品分别为32、28、25、11和8件。而刘林遗址197座大汶口文化早期墓葬使用的随葬品，墓均仅有5件，上述5座墓葬均高于此数。特别是M182的32件随葬品中，有龟甲器2副和獐牙勾形器1副。

　　大墩子遗址186座大汶口文化早期墓葬，墓均随葬品6.2件。而使用大口尊的3座墓葬，分别是35、9、8件，均超过了墓地的平均数。其中最富有的M44，随葬品多达35件，其中有龟甲器2副，獐牙勾形器1副，殉狗1只。所以可以说，在刘林和大墩子遗址，使用了大口尊的墓葬，其墓主无疑属于当时社会的上层人物，具有比较高的社会地位，有的可能担负着某些特殊的社会职责，如祭司、巫、医等，有的可能就是社会首领。这种状况与上述崧泽文化中大口尊的地位和功能十分相像。

　　从基本形态和特征、出土背景、功能、拥有者的特殊身份和地位等方面看，环太湖和海岱两个地区的大口尊极其相似。如果是这样，则很难设想它们是从地理位置邻近但文化内涵和特征完全不同的两个文化区系中各自独立产生又同步发展起来的。换言之，我们认为两个地区的大口尊极有可能是先从一个区域产生，随着文化交流的发展，又扩散到了另外一个区域。

　　上述资料的梳理和分析表明，大口尊在崧泽文化中数量较多，不仅见于墓葬，也出自居址，其分布遍及崧泽文化的核心区；而在大汶口文化早期，大口尊的数量甚少，目前只见于墓葬，这为数不多的发现均分布在与崧泽文化邻近的南部地区（图五）。两个区域的大口尊均有A、B两种基本形态，并且都是A类较早，B类出现较晚。大口尊在墓葬中的位置也大体一致，1座墓葬一般只用1件。在社会分化初现的崧泽文化时期，大口尊的拥有者均为所在墓地的社会上层，有的墓主还同时拥有其他珍贵物品，如玉器、玉石钺、龟甲器等。据此，我认为大汶口文化早期出现的少量大口尊，是和陶豆等一起，从崧泽文化的核心区经江淮之间的过渡，传播和扩散到海岱地区南部。随着时间的推移，到大汶口文化中晚期，陶豆和大口尊在

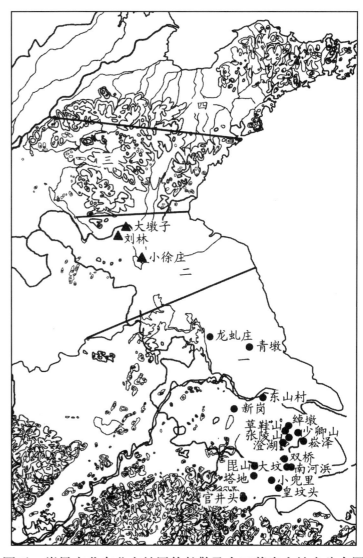

图五　崧泽文化向北方地区的扩散及大口尊出土地点分布图

海岱地区迅速增多，甚至超过了环太湖地区，进而成为大汶口文化的基本构成因素之一。从中，清晰地显现出一个对外来文化因素从引进、吸收、消化到变成自身文化因素的完整过程。

关于大口尊的来源，过去我曾经做过粗略地分析，认为它应该源于后李文化时期十分流行的筒形圜底釜，经北辛文化和马家浜文化的过渡，演变为崧泽文化和大汶口文化早期的大口尊。目前看来，由马家浜文化晚期的粗矮体釜演变为崧泽文化的A型大口尊的可能性更大一些。

至于大口尊的发展去向则十分清楚，环太湖地区为良渚文化所继承，其礼器性质和归社会上层所有的属性得到进一步加强。在海岱地区，则被大汶口文化中期的居民继续使用，数量明显增多，流行区域迅速扩大，形制上循着与南方同样的路线发展变化，直到大汶口文化晚期成为图像文字的载体，铸就了其历史的辉煌。

四

位于中国东部沿海的环太湖和海岱两个地区，至少在马家浜文化时期就产生了文化上的联系，甚至有观点认为以圜底釜为主要特征的马家浜文化可能来自于北方[1]。到崧泽文化时期，随着两个区域之间文化上的联系不断加强，慢慢呈现出你中有我、我中有你的文化交织样态。崧泽文化之后，两地关系的上述大势在稳固的基础上持续发展，从而为中国古代文化由多元走向一统做出了自己的贡献。

关于大汶口文化早期与崧泽文化之间的关系，本质上是一种互动的格局。本文着重讨论了南方的崧泽文化向北方地区的扩散和渗透，并且通过两种重要的具体器物——陶豆和大口尊作为例证，梳理和分析了由南向北文化扩散的具体状态。

概括起来，崧泽文化向北方黄淮下游地区的扩散，可以分为四个层级或四个区域（图五）。

第一是长江以北的江淮之间地区，可称为苏中地区。这一区域南部的海安青墩和高邮龙虬庄遗址，在以陶器为主的文化面貌上表现出与江南崧泽文化较大的相似性。尽管对两者是否同属于崧泽文化还有不同意见，但这一区域同期文化受到崧泽文化的强烈影响则是毋庸置疑的。就目前资料而言，其分布主要集中在江淮南部地区。

第二是淮河故道以北至苏鲁交界一带，可称为苏北地区。这一区域有三处典型的大汶口文化早期阶段遗址，即马陵山南部的新沂小徐庄、邳州北部的刘林和大墩子。这三处遗址都展现出浓厚的来自南方崧泽文化的文化因素。以上所举陶豆和大口尊，前者以这一区域较多，后者则仅见于苏北一带。所以，地处大汶口文化分布南缘的苏北地区，也明显地受到了来自南方崧泽文化的文化传播和影响。后来良渚文化的大规模北上，是在崧泽文化先人探明路径的基础上实现的。

第三是泰沂山脉以南的鲁南地区。这一区域与苏北地区在地理位置上紧密相联，西部同为泗河流域，东部则为沂沭河流域。由于位置更北，距离崧泽文化核心区较远，在这一区域经过较大面积发掘的王因、野店和大汶口等大汶口文化早期遗址中，来自南方崧泽文化的文化因素明显少于苏北

[1]　栾丰实：《试论后李文化》，《海岱地区考古研究》，山东大学出版社，1997年；张学海：《后李类型与马家浜文化之联系初探》，《中国文物报》1998年1月7日第3版。

地区。如陶豆在一般遗址较少，而且到目前为止，还没有在这一地区发现大口尊一类器物[1]。

第四是泰沂山脉以北的鲁北及胶东半岛地区。这一地区是大汶口文化的北半部分布区，由于与鲁南之间绵亘着东西走向的泰沂山脉，对文化的传播形成一道天然屏障，再加上距离更为遥远，所以在鲁北和胶东半岛地区，极少发现来自南方地区崧泽文化的文化因素。即使到时代较晚且更为强大的良渚文化时期，这种情况虽然有所改变，但也远远不及同时期良渚文化对泰沂山以南地区影响那么明显。

（原载《东南文化》2015年第1期；又载《崧泽文化学术研讨会论文集（2014）》，文物出版社，2016年）

---

[1]　附记：鲁南地区大汶口遗址最近新发现了2件同类大口尊。2012～2013年，配合大汶口考古遗址公园建设，山东省文物考古研究所对大汶口遗址进行了新的一轮发掘，揭露出7座排列规整的大汶口文化早期阶段偏晚时期的房址，其中F7和F3各出土1件A型和B型大口尊。参见山东省文物考古研究所：《山东泰安市大汶口遗址2012～2013年发掘简报》，《考古》2015年第10期。另外，早年在遗址地层内也发现过一件大口尊的上半部。

良渚文化的北渐

在上古时代，从黄河下游经淮河下游、长江下游到钱塘江下游的中国东部沿海地区，存在着两个自成体系的大文化区。一个是北方的海岱文化区，分布于以泰沂山为中心的黄淮下游地区，其文化序列自早至晚依次为后李文化、北辛文化、大汶口文化、海岱龙山文化和岳石文化。另一个是南方的太湖文化区，分布于以太湖流域为中心的长江和钱塘江下游地区。此区的主文化序列是马家浜文化、崧泽文化、良渚文化和马桥文化。宁绍平原及其周近的河姆渡文化和宁镇地区的北阴阳营文化、湖熟文化，广义上也可以归入太湖文化区。

海岱、太湖两大文化区之间，自其早期阶段就存在着密切的文化交流与联系，主要表现在马家浜文化和北辛文化阶段，以及后来的崧泽文化和大汶口文化早期阶段，各自文化中存在着若干对方的文化因素。距今5500年前后，海岱、太湖两文化区分别进入大汶口文化中期和良渚文化阶段，双方之间关系的格局产生了很大变化。即大汶口文化中的良渚文化因素显著增多，相反良渚文化中的大汶口文化因素却较少，并且多为经过改造消化后的第二类因素。这表明两者间文化交流的趋向和方式产生了重大变化。

一

中、晚期阶段大汶口文化的分布范围，包括了山东全省、苏皖淮河以北和豫东的广大区域。目前确知，江苏省经过发掘的最南端大汶口文化遗址，是位于洪泽湖西北侧的泗洪县赵庄[1]。至于江苏省的江淮之间，南北有所不同。南部的通泰平原，由海安青墩遗址[2]的资料可知，在前良渚文化时期，尽管有着较浓厚的大汶口文化因素，甚至存在个别的大汶口人墓葬（如M43），但基本文化面貌仍属于广义的崧泽文化。其后分布有良渚文化初期遗存。江淮北部地区则不同，在崧泽文化和良渚文化初期，这里还不属于太湖文化区的组成部分。

通观良渚文化向北方地区的文化传播和影响，自南而北可以区分为四个区域，即江淮北部、苏北、鲁南和鲁北地区（图一）。下面依次缕析之。

1. 江淮北部地区

主要包括淮河（即今之废黄河）以南的射阳河流域等。经调查，在此区内的阜宁、宝应一带，

[1] 纪仲庆、车广锦：《苏北淮海地区新石器时代诸文化的再认识》，《考古学文化论集（二）》，文物出版社，1989年；《苏鲁豫皖考古座谈会纪要》，《文物研究（第七辑）》，黄山书社，1991年。

[2] 南京博物院：《江苏海安青墩遗址》，《考古学报》1983年第2期。

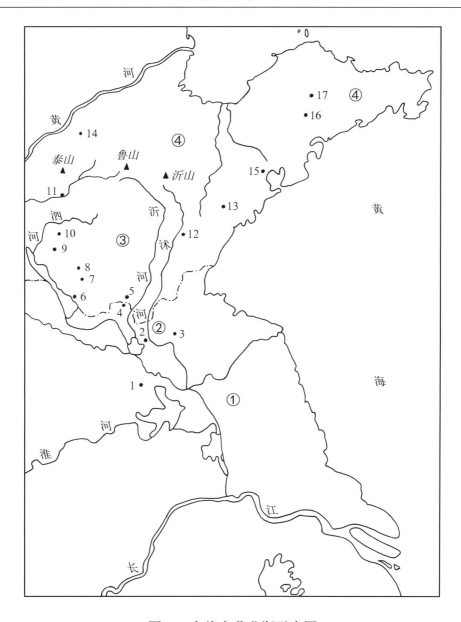

图一　良渚文化北渐示意图

1. 赵庄　2. 花厅　3. 万北　4. 大墩子　5. 小郭村　6. 沙沟　7. 建新　8. 岗上　9. 野店　10. 西夏侯　11. 大汶口　12. 陵阳河　13. 呈子　14. 西河　15. 三里河　16. 于家店　17. 杨家圈

发现多处良渚文化遗址。据南京博物院对北距废黄河约4千米的阜宁陆庄遗址的发掘，在水相和陆相交替堆积层之上，发现确凿的良渚文化的文化层和遗迹[1]。20世纪70年代初，曾在陆庄征集到一批典型的良渚文化玉琮、玉锥形器、玉饰、石钺等玉石器。1995年的发掘，出土有"T"字形足鼎、矮颈捏流袋足鬶、高柄豆、贯耳罐、实足盉、圈足盘、厚胎篮纹缸等。据发掘者分析，其与草鞋山②层、广富林墓葬、寺墩上文化层等良渚遗存基本一致。陆庄遗址在射阳河流域地区有一定代表性。因此，可以认为，江淮地区北部新出现的良渚文化遗存，是良渚人较大规模的由南方向北方迁徙所遗留下来的，从而扩展了良渚文化的分布区域。

---

[1]　韩明芳、俞洪顺、张敏：《阜宁陆庄遗址发现晚期良渚文化遗存的意义》，《中国文物报》1995年7月9日第3版。

2. 苏北地区

包括江苏省的淮河北岸至苏鲁交界一带，地处泗、沂、沭诸河之下游。此区为大汶口文化的南部分布区，中期阶段属于花厅类型，晚期阶段则为赵庄类型。经过发掘的大汶口文化中、晚期遗址不多，主要有新沂花厅[1]、邳县大墩子[2]、沭阳万北[3]和泗洪赵庄等。大墩子上层墓葬和万北第三期文化属大汶口文化中期前段，出土遗物中有较多的良渚文化因素，如大墩子遗址的四系罐、双鼻壶、筒形圈足杯、玉璜和有段石锛（图二、三）等。万北三期仅见1座大汶口文化墓葬（M17），共出11件陶器，在已发表的9件中，有瓦棱纹圈足壶、似双鼻壶（颈中部以上残）和折盘豆等3件具有良渚早期风格。4件石器中有1件为良渚型有段石锛，其良渚文化因素之浓厚可见一斑。花厅墓地可划分为早中晚三期，分属大汶口文化中期前、后段和晚期前段[4]。早期墓葬中的良渚因素与大墩子、万北类似，主要有双鼻壶、有段石锛等。中期墓葬的良渚因素最多，陶器中既有典型的良渚型盆形

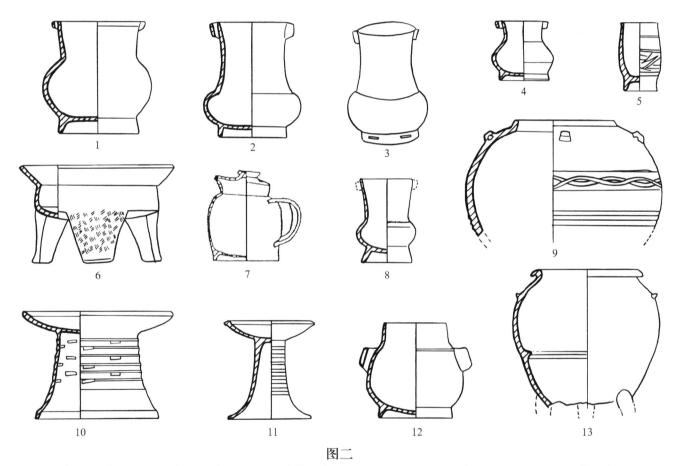

图二

1. 野店（M31：10）　2. 呈子（M65：9）　3、5、9. 大墩子（M302：1、M60：5、M10：8）　4、6~8、10~12. 花厅（M19：12、M20：40、M18：35、46、M4：33、M20：38、M18：38）　13. 杨家圈（T41④：31）

[1]　南京博物院新沂工作组：《新沂花厅村新石器时代遗址概况》，《文物参考资料》1956年第7期；南京博物院：《1987年江苏新沂花厅遗址的发掘》，《文物》1990年第2期；南京博物院花厅工作队：《江苏新沂花厅遗址1989年发掘纪要》，《东南文化》1990年第1、2期合刊。

[2]　南京博物院：《江苏邳县四户镇大墩子遗址探掘报告》，《考古学报》1964年第2期；南京博物院：《江苏邳县大墩子遗址第二次发掘》，《考古学集刊·1》，中国社会科学出版社，1981年。

[3]　南京博物院：《江苏沭阳万北遗址新石器时代遗存发掘简报》，《东南文化》1992年第1期。

[4]　栾丰实：《花厅墓地初论》，《东南文化》1992年第1期。

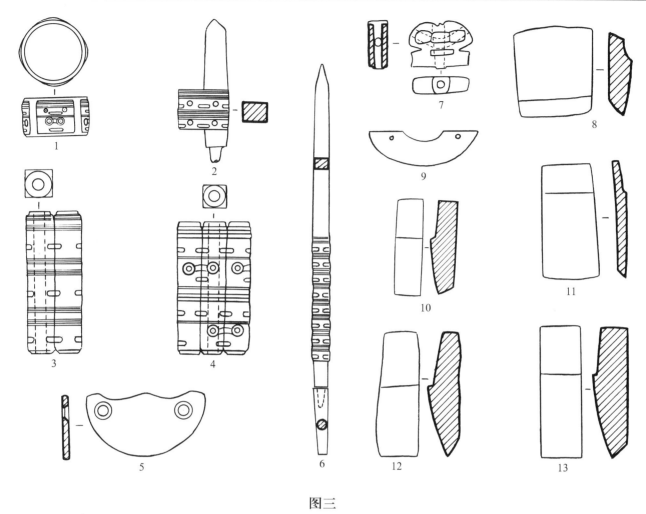

图三

1～8、11. 花厅（M18：13、M5：8、M18：20、M16：5-1、M4：17、M18：1、M16：5-2、T6：1、M16：34） 9. 大墩子 10. 万北（M17：14） 12、13. 大汶口（M1：5、M4：21）

鼎、双鼻壶、贯耳壶、瓦棱纹或密集弦纹高柄豆、带流圈足阔把杯等，也有具有良渚风格的圈足壶、高领双耳矮圈足尊、圈足盆等。玉器有琮、璧、佩、冠状饰、饰简化"神徽"的镞形器和琮形管等。石器则主要是有段石锛。晚期墓葬不多，其良渚文化因素也相对较少。关于花厅墓地中晚期墓葬（北区墓葬）的文化性质，学术界存在两种不同的看法。一种观点认为是大汶口人受到了来自良渚文化的强烈影响，花厅作为一个中心遗址，接受发达的良渚文化因素较之一般聚落遗址要多。另一种观点认为，这是来自南方的良渚人墓葬，墓主是征战途中"异乡战死的英雄"[1]。花厅墓地十分浓厚的良渚文化因素是两种观点的基础。按前一种看法，良渚文化对大汶口文化的文化传播和影响，不仅表现在生产和生活领域，玉琮、玉璧等宗教礼器的出现说明其影响也渗透到包括精神文化在内的所有方面。按后一种观点，则是良渚人占领江淮地区北部之后的继续北进。上述诸遗址的发现表明，苏北地区的大汶口文化，受到了来自良渚文化广泛而深刻的影响，其中部分地点可能伴随着人口迁徙的现象存在。但是与江淮北部地区不同，这一地区的大汶口文化属性并未改变。

---

[1] 严文明：《碰撞与征服——花厅墓地埋葬情况的思考》，《文物天地》1990年第6期。

3. 鲁南地区

包括泰、沂山以南的鲁中南和鲁东南地区，地处汶河流域和泗、沂、沭诸河的中上游。此区是大汶口文化分布区的腹心地带，遗址分布密集，经过发掘的也很多。大汶口[1]、西夏侯[2]、野店[3]、岗上[4]、建新[5]、沙沟[6]等遗址，都存在一些良渚文化或类似良渚文化的因素。这些良渚文化因素有两个显著特点。一是在时间上主要集中于大汶口文化中期阶段，进入晚期就很少，这种情形和苏北地区是一致的。二是此区的良渚文化因素明显有两类。第一类为比较典型的良渚文化因素，即和良渚文化自身的同类遗物基本一致，属舶来品或在当地生产的仿制品（图二、三）。如野店和岗上遗址的双鼻壶，大汶口、沙沟、小郭村等地的有段石锛等。也有玉琮发现。笔者曾见到济南市张志鹏先生收藏的一件，据说是泰安郊区农村的亲戚所赠，估计其出土地点就在泰安一带。该玉琮呈墨绿色，为外方内圆形，边长3.5、高3.3、孔径2厘米。琮身分上、下两节，每节上端各有3周凹弦纹，四角各有一组简化"神徽"图案，除了一对表示眼睛的重圈和一条表示嘴的短长条之外，比较特殊的是，在每一重圈的外上侧，各有一个类似耳朵的椭圆形圈与其相连。这种现象在良渚文化中似未见到。第二类是源自良渚文化，但又经过改造消化的因素（图四）。如岗上、建新等遗址的宽折沿宽扁足盆形鼎，大汶口、野店等遗址的双鼻壶，双鼻的位置由良渚型的在口缘外侧顶端下移至颈部，底部也由圈足变为平底；大汶口和在磁窑一带采集的贯耳壶，西夏侯遗址的圈足盘和陵阳河遗址的石璧等。需要说明的一点是，与鲁南地区西部的汶、泗流域相比，鲁南地区东部的沂、沭河流域的良渚文化因素很少，究其原因，应主要和该地区已发掘的大汶口文化遗址均为晚期，而没有中期阶段的遗址有关。总之，鲁南地区各遗址两类良渚文化因素的存在，昭示着良渚文化的影响已经全面渗透到大汶口文化分布区的中心地带。

4. 鲁北地区

主要包括泰、沂山北侧和胶东半岛两大部分。这一带为大汶口文化的北部分布区，地理位置上与良渚文化分布区相距较为遥远。但在此区的部分大汶口文化遗址中，仍然存在少量的良渚文化因素。如诸城呈子M59、M65出土的双鼻壶[7]，与良渚文化的同类壶完全相同。而栖霞杨家圈[8]和莱阳于家店[9]的"T"字形鼎足与鼎鬶、章丘西河的带流圈足单耳杯[10]、胶州三里河的管状流圈足单耳杯和圈足簋[11]、茌平尚庄的外方内圆型素面玉琮[12]等，均具有良渚文化的风格与作风。鲁北地区大汶口文化中的良渚因素，尽管较之鲁南苏北两地区要少得多，但其在这一地区存在的本身就表明，来自

[1] 山东省文物管理处、济南市博物馆：《大汶口——新石器时代墓葬发掘报告》，文物出版社，1974年。
[2] 中国科学院考古研究所山东队：《山东曲阜西夏侯遗址第一次发掘报告》，《考古学报》1964年第2期。
[3] 山东省博物馆、山东省文物考古研究所：《邹县野店》，文物出版社，1985年。
[4] 山东省博物馆：《山东滕县岗上村新石器时代墓葬试掘报告》，《考古》1963年第7期。
[5] 山东省文物考古研究所：《山东枣庄市建新遗址第一、二次发掘简报》，《考古》1995年第1期。
[6] 枣庄市文物管理站：《枣庄市南部地区考古调查纪要》，《考古》1984年第4期。
[7] 昌潍地区文物管理组、诸城县博物馆：《山东诸城呈子遗址发掘报告》，《考古学报》1980年第3期。
[8] 山东省文物考古研究所、北京大学考古实习队：《山东栖霞杨家圈遗址发掘简报》，《史前研究》1984年第3期。
[9] 严文明：《夏代的东方》，《夏史论丛》，齐鲁书社，1985年。
[10] 山东省文物考古研究所发掘资料。
[11] 中国社会科学院考古研究所：《胶县三里河》，文物出版社，1988年。
[12] 山东省文物考古研究所：《茌平尚庄新石器时代遗址》，《考古学报》1985年第4期。

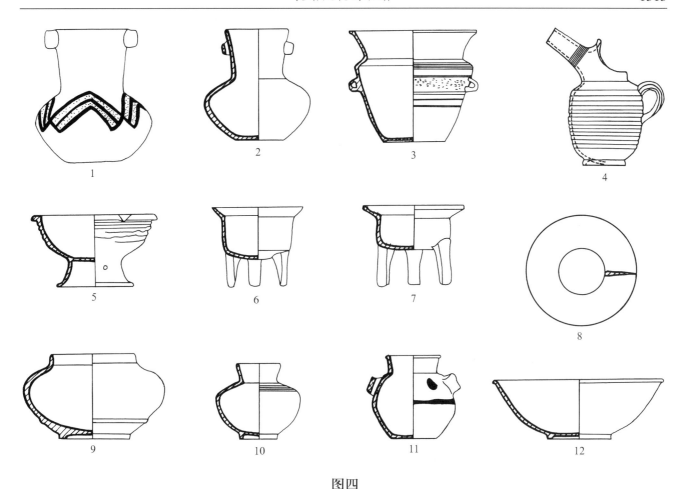

图四

1、2、11. 大汶口（M55：1、M78：6、M9：38）　　3、10、12. 花厅（M20：1、M18：43、M20：53）　　4、5. 三里河（M2110：33、M229：4）　　6. 岗上（M1：8）　　7. 建新（M8：20）　　8. 陵阳河（M6：141）　　9. 大墩子（M39：4）

良渚文化的文化传播和影响，基本上覆盖了大汶口文化的全部分布区。

目前，学术界一般将大汶口文化划分为早、中、晚期三个发展阶段。中期阶段又可细分为三段，晚期阶段可再分为四段[1]。良渚文化因素主要见于中期2、3段和晚期1、2段。从传播和影响的趋势上看，中期2段中的良渚因素已经较多，地域上也到达鲁南地区北部，个别地点已越过南北分水岭。中期3段时期，大汶口文化中的良渚因素达到顶峰，其不仅在空间上扩及到泰、沂山北侧和胶东半岛地区，而且还出现像花厅那样良渚文化因素极其浓厚的遗址。到大汶口文化晚期1、2段，尽管来自良渚文化的影响依然存在，但较之前一阶段已明显减少。晚期3、4段时期，除了苏北地区南部仍有直接来自良渚文化的微弱影响之外，其他大部分地区已找不到直接影响的证据。而鲁南地区个别遗址的少量具有良渚文化风格的因素，应是此前阶段当地良渚文化因素的遗留和自然延伸。如枣庄建新遗址M37的盆形鼎等即属此类。相反，在南京北阴阳营H2中，出有典型的这一时期大汶口文化陶鬶，以及刻有和陵阳河陶文类似的文字的陶尊，表明南北双方文化传播和影响的趋向已经发生逆转。至龙山文化时期，海岱文化区已完全不见良渚文化因素。

[1]　栾丰实：《大汶口文化的分期和类型》，《海岱地区考古研究》，山东大学出版社，1997年。

良渚文化可以划分为四期五段[1]。一期分前、后两段，前段以张陵山上层为代表，后段以余杭反山和瑶山主要墓葬为代表。二期以青浦福泉山M74、M65、吴县草鞋山M198和武进寺墩M3等为代表。三期以嘉兴雀幕桥木板坑和寺墩上文化层部分遗存为代表。四期以福泉山M40和平湖平邱墩晚期墓葬为代表。据现有资料分析，崧泽文化晚期过渡为良渚文化后，社会经济和文化获得迅速发展。至良渚一期后段和良渚二期，即已达到全面繁荣的极盛时期。大观山果园、反山、瑶山、汇观山、福泉山、草鞋山、赵陵山和寺墩遗址的一系列良渚文化重要遗迹，如夯土台、大型建筑、祭坛、坟山、殉人墓，以及象征着身份、地位和权力的大量精美玉礼器的出土，则是良渚文化这一辉煌时期的折射。到良渚三期，似乎已开始走下坡路。四期则进一步衰落，遗址的数量减少，规模也都不大。良渚文化自身发展过程展现的上升、鼎盛、然后转向衰落的运动变化轨迹，与其北渐和对大汶口文化的文化传播、影响的脉络是吻合的。

从上述分析中可以看到，不同时期大汶口文化遗存中的良渚文化因素，其数量的多少和空间分布的远近是有很大区别的。这种区别恰好和良渚文化不同时期的发展水平是一致的。由此，就引出一个对良渚文化所处年代的重新认识问题。关于良渚文化的年代，最初认为其与龙山文化同时，故有龙山文化杭州湾区之称谓。后来，随着发现的增多，尤其碳-14测年方法的应用，逐渐将其上限前提，认为良渚早期早于龙山文化，与大汶口文化中期后段和晚期并行，晚期则与龙山文化平行发展。大汶口文化各期遗存中的良渚文化因素，为我们重新认识良渚文化的年代提供了强有力的证据。按大汶口文化中期2段内主要见良渚一期因素，中期3段中主要出良渚二期遗物，类似大汶口文化晚期1、2段的因素（如矮颈分裆袋足鬶）出现于良渚三期之中，大汶口文化晚期3、4段的遗物则见于良渚四期。故可以认为，良渚文化基本上是与大汶口文化中晚期阶段平行发展的，其发达鼎盛期，约略在大汶口文化中期2、3段和晚期前半，绝对年代约在距今5300～4800年之间。良渚文化的年代则约在距今5500～4500年之间，其下限可能进入龙山文化初期的积年之内。

至此，良渚文化的北徙、文化传播、交流与影响的时空范畴和脉络已基本廓清。良渚文化一期，即大汶口文化中期1、2段时期，良渚文化对北方大汶口文化的文化传播与影响，势头强劲，影响的广度到达泰、沂山南侧一线，东部的部分地区已逾越沂山余脉。良渚文化二期，即大汶口文化中期3段时期，良渚文化的北渐达到高潮，已不限于文化传播与影响，而且伴随着一定规模的人口迁徙。在空间上也由南向北分为四个地带。第一地带为江淮地区北部，将其拓展为新的良渚文化分布区。第二地带为苏北地区，对之施以较为广泛的文化传播与影响，很可能还伴随着小规模的人口迁徙。第三地带是鲁南地区，直接来自南方的良渚文化因素和经过消化改造的类似良渚文化因素并存，显然是以文化传播和影响为主。第四地带为鲁北和胶东半岛地区，只是在部分遗址发现少量良渚文化因素，除东部沿海之外，均属于间接受影响的区域。良渚文化三期，即大汶口文化晚期1、2段之际，随着良渚文化势力的回落和大汶口文化的崛起，良渚文化对北方的文化传播与影响后退至鲁南地区，并且影响的力度也较之前段明显减弱。良渚文化四期，即约为大汶口文化晚期3、4段，由于良渚文化的衰落，或者是大汶口文化势力的膨胀，大汶口文化分布区内很少再有直接来自良渚文化的影响。

---

[1] 栾丰实：《良渚文化的分期与分区》，《东方文明之光——良渚文化发现60周年纪念文集》，海南国际新闻出版中心，1996年。

二

良渚文化时期，南北两大文化区之间既然存在如此非同寻常的密切交往与接触，其往来于南北之间的交通路线和方式是应该探讨的问题之一。据江淮以北地区良渚文化遗存分布的特点，并结合有关文献记载分析，太湖流域地区北达海岱地区，主要有两条通道。

1. 陆路通道

由南方北上，从今之大运河以东穿过江淮之间地区，北渡淮河之后，则分为东、西两条支线。西线主要沿泗河之东侧，过苏北则进入鲁中南地区的汶、泗流域，绕泰山西侧可通达鲁西北的古济水流域地区；东线当在沂、沭河谷之间，穿过鲁东南的沂、沭冲积平原，可抵达沂山之阳。今天看来，由南向北的主要交通障碍是天堑长江。按有关学者的意见，长江最初是从芜湖东去入太湖，然后注入大海[1]。《水经注》中亦有此说。如上述说法成立，在良渚时期，现今长江下游地段即使有河道存在，也不会构成大的交通阻隔，况且良渚人已具备航海和渡水的能力。

2. 水路通道

由水路自太湖流域地区北上，应先顺江入海，再沿海滨北行，至淮河入海口处（即今之废黄河口），又分成两条支线。一条溯淮河而上，一直向西可达皖北和豫东地区。北折入泗、沂、沭诸河，西可进入鲁中南一带，东可抵达沂、沭河中上游的鲁东南地区。《尚书·禹贡》在谈到扬州和北方的交通时说："沿于江海，达于淮泗"。孔传曰："顺流而下曰沿。沿江入海，自海入淮，自淮入泗。"文献所载十分清楚，其渊源至少可以追溯到良渚文化时期，甚至更早。具有良渚文化因素的遗址，多位于淮、泗、沂、沭诸河及其支流附近，可以作为这条水上交通路线存在的证明。如陆庄北距淮河4千米，万北东距沭河2千米，花厅西距春秋时期的泗河约30千米，大墩子东距沂河约15千米，沙沟西距古泗河约20千米，建新西距泗河支流薛河约3千米，岗上位于泗河支流漷河之南侧，野店西距泗河约15千米。从太湖地区和长江下游北上苏北鲁南，由于江淮中部地区多为低湿地带和湖沼，陆上交通十分不便。所以，良渚人利用水路通道北上苏北鲁南的可能性更大一些。另一条是经淮河入海口处继续北上，行至日照、胶南和胶东半岛一带沿海登陆。《左传·哀公十年》"徐承帅舟师，将自海入齐，齐人败之，吴师乃还。"记载的是春秋时期吴国利用这条航线运舟师攻齐之事。而越国从遥远的南方攻占地处胶南沿海的琅琊，利用的也是这条水路通道。出有良渚文化或具有良渚文化风格遗物的诸城呈子东南距黄海30余千米，而胶州三里河距胶州湾仅有10千米。尤其是胶东半岛地区，也屡见良渚文化遗物，在长岛大竹山岛附近海域，还打捞出一件来自南方的圜底陶釜[2]。因此，这条南北海上航线，在距今5000余年的良渚文化时期应已出现。此时，沿海地区的居民已经具有相当水平的制海能力。胶东、辽东两个半岛之间的海上交通，至迟出现于距今6000年前后的大汶口文化早期阶段。而同为东亚的朝鲜半岛和日本九州之间的跨海联系，是在绳文时代前期阶段，距今也在6000年之前。那么，认为时代更晚的良渚时期的居民已经具有航海能力，应该不成问题。

---

[1] 邹厚本、谷建祥：《青莲岗文化再研究》，《东南文化》1992年第1期。
[2] 严文明：《夏代的东方》，《夏史论丛》，齐鲁书社，1985年。

三

良渚文化繁荣发达之后，曾对周围地区进行过一定规模的扩张和施加了较大影响，有的邻近地区甚至被其基本同化和融合。如宁绍平原和宁镇地区（后者至少是其东部地区）。但其远途迁徙和传播的主要方向，是地处北方的海岱地区。那么，究竟是什么原因促使良渚人不避风浪和跋涉湖沼向北方发展呢？这的确是一个诱人之谜。

有人认为是环境的原因[1]。在良渚文化末期，一次由南向北的大海侵使良渚文化突然中断，因而造成良渚人的北迁。实际上良渚人的北渐并非在良渚末期，而从良渚早期就已开始，并且很快达到高潮。到良渚末期，已基本不见北徙的迹象。因此，我们认为另有原因。

良渚文化和大汶口文化之间，除了传播与交流的因素之外，确实还存在一些共同的文化要素。举其要者，如：良渚文化以玉琮为宗教礼器，大汶口文化则有形状相似、功能相同的骨牙雕筒[2]。良渚文化以大口厚胎篮纹缸为重器，反山贵族墓中每墓内置一件是其证。大汶口文化亦有相同的器类，并且截至目前所见的图像文字均刻于该类器物之上，其重要性不言而喻[3]。这种大口缸（或称大口尊）还共存于两者的前身文化之中，并可一直追溯到各自的初始阶段文化。

钺的数量多是两者的共同特征，不同的是良渚文化多为玉钺，而大汶口文化则以石钺为主。钺的出现亦在各自的前身文化之中。

良渚文化和大汶口文化，或两者的前身，均存在拔牙、头骨人工变形的特殊习俗，还有用猪下颌骨、狗和獐牙随葬的葬俗。

良渚文化和大汶口文化在精神文化以及遗传性较强的基本习俗方面的一致性，暗示着两者在文化渊源上有深层的内在联系。《尚书·禹贡》是中国最早的地理著作，我们赞成邵望平先生关于"九州是公元前二千年前后黄河、长江流域实际存在的、源远流长、自然形成的人文地理区系"之说[4]。九州中的青、徐二州，恰与海岱文化区吻合，扬州则与太湖文化区一致。关于两个地区的居民，《尚书·禹贡》则云："海、岱惟青州。隅夷既略……莱夷作牧"。"海、岱及淮惟徐州……淮夷蠙珠暨鱼"、"淮、海惟扬州，彭蠡既潴，阳鸟攸居……岛夷卉服"。说两大文化区有四种夷人，即"隅夷"、"莱夷"、"淮夷"和"岛夷"。"夷"是大前提，"隅"、"莱"、"淮"、"岛"只是标识各自定居的具体地望不同。

太湖文化区和海岱文化区之间，地域相连，相互关系极其密切，两地居民有着基本一致的宗教信仰和相同的习俗，在相当长的时期内均被称为"夷"人。因此，我们认为，太湖文化区和海岱文化区是具有亲缘关系的两大集团。

海岱地区最近几年发现的后李文化，陶器中三分之二以上为釜。釜的基本形态为大口、圜底，器体有大、小之分，器腹有深、浅之别。无独有偶，马家浜文化中也有大量的陶釜，并且也有深腹、浅腹之区分。简单比较可知，两者之釜有惊人的相似之处，如基本形态有深筒形、浅筒形、近

---

[1] 叶文宪：《良渚文化去向蠡测》，余杭县政协文史资料委员会编：《良渚文化（余杭文史资料第三辑）》，1987年。

[2] 栾丰实：《骨、牙雕筒——大汶口文化特殊器形之一》，《故宫文物月刊》142，1995年。

[3] 邵望平：《远古文明的火花——陶尊上的文字》，《文物》1978年第9期。

[4] 邵望平：《〈禹贡〉九州的考古学研究》，《九州学刊》二卷一期，1987年。

盆形等，有的釜之上部有对称的錾。但也有区别，如马家浜文化的釜多有一周腰檐，后李文化则没有，而后李文化釜的口沿外侧为制作时翻转而成的叠唇，马家浜文化则不见这种现象。从总体上看，两者之间应有传承关系。

基于上述，我们不妨做出如下推测。后李文化后期，由于受到来自豫中地区裴李岗文化向东迁徙的压力，一部分与其融合为新的北辛文化。一部分南迁至长江下游和太湖一带，与当地原有文化融合成新的马家浜文化。这一文化上的渊源关系在当地世代传颂，一直留在人们的记忆之中。当良渚文化发达起来之后，其向北方的发展，应是一种返回祖先故土的寻根现象。

（原载《中原文物》1996年第3期）

从镇江马迹山遗存看前期湖熟文化的年代

在长江下游的宁镇地区，分布着许多突出于地面之上的土墩，它们的形状多为圆形或椭圆形，一般高出地面6～7米，面积多在6000～7000平方米之间。在这些土墩的上部，往往有古代人们居住时留下的文化遗存，习惯上称之为"台形遗址"。这一类遗址，见于报道的已有200余处，位于镇江市东南郊区的马迹山遗址就是其中之一。

马迹山遗址为一南北长约110、东西宽约60米，高出地面约7米的椭圆形土墩，顶面较平坦。1957年，南京博物院在宁镇地区进行古遗址调查时发现该遗址[1]。1980年，镇江市博物馆在这里进行了小规模发掘，获得一批比较丰富的文化遗物[2]。

马迹山遗址的文化层堆积不厚，一般在0.9～1.5米之间，文化内涵比较单纯，文化面貌与南京北阴阳营、锁金村、太岗寺、安怀村、江门点将台、丹徒葛村以及句容白蟒台、城头山等遗址的相应遗存较为一致[3]，属于宁镇地区青铜时代的湖熟文化。按照传统看法，湖熟文化至少可以划分为前、后两个大的时期，马迹山遗存属于湖熟文化前期。

关于马迹山湖熟文化遗存的年代，原简报认为，"晚于北阴阳营（指该遗址第三层——引者注），而明显早于土墩墓，大体相当于商代晚期至周初"[4]。对此，我们认为还有必要加以讨论。关于湖熟文化前期遗存，早在20世纪60年代就有人指出，北阴阳营三层和锁金村下层是有区别的，这种区别主要是时代的差异，即认为北阴阳营三层时代较早，而锁金村下层等年代稍迟[5]。这种看法已被多数人所接受。不过，锁金村下层堆积厚达21米，文化内涵并不单纯，下层堆积本身在时代上是有早晚区别的。因此，现在看来笼统地说锁金村下层晚于北阴阳营三层是值得慎重考虑的。目前，认为与北阴阳营三层时代相当的遗存还有句容白蟒台下层、城头山2A层和江门点将台中层等三处。马迹山与上述四处遗址在文化面貌上有较大的一致性。现将马迹山和北阴阳营三层等五处遗址的各类陶质陶色所占比例情况列表如下（表一）。湖熟文化延续时间较长，陶质陶色递变的线索比较清楚，大致情况是夹砂红褐陶随着时间的推移而呈上升趋势，而泥质黑皮陶则相反。早期数量较多，晚期较少，呈递减趋势。几何印纹硬陶和原始瓷属于新的文化因素，由少到多，增长速度较快，到

[1] 尹焕章、张正祥：《宁镇山脉及秦淮河地区新石器时代遗址普查报告》，《考古学报》1959年第1期。

[2] 镇江博物馆：《镇江市马迹山遗址的发掘》，《文物》1983年第11期。

[3] 南京博物院：《南京市北阴阳营第一、二次的发掘》，《考古学报》1958年第1期；南京博物院：《南京锁金村遗址第一、二次发掘报告》，《考古学报》1957年第3期；江苏省文物工作队太岗寺工作组：《南京西善桥太岗寺遗址的发掘》，《考古》1962年第3期；南京博物院：《南京安怀村古遗址发掘简报》，《考古通讯》1957年第5期；南京博物院：《江宁汤山点将台遗址》，《东南文化》1987年第3期；南京博物院：《江苏丹徒葛村新石器时代遗址探掘记》，《考古通讯》1957年第5期；镇江市博物馆：《江苏句容城头山遗址试掘简报》，《考古》1985年第4期；刘建国、刘兴：《江苏句容白蟒台遗址试掘》，《考古与文物》1985年第3期。

[4] 镇江博物馆：《镇江市马迹山遗址的发掘》，《文物》1983年第11期。

[5] 张永年：《关于"湖熟文化"的若干问题》，《考古》1962年第1期。

土墩墓时期，其所占比例已高达20%～30%。除去统计上的差异（如北阴阳营遗址，泥质红陶较多，而缺少泥质黑皮陶这一大类，可能是因为这一部分陶片多为黑皮红胎而将其归到泥质红陶类中去了），从表一中可以看出，这五处遗址的各类陶质陶色所占比例是基本相同的。既然后四处遗存被认为属于比较典型的前期湖熟文化较早阶段，那么，马迹山遗存的年代应与它们大致相当。

表一 马迹山等五处遗址陶质陶色统计表

比例% 陶质陶色 遗址	夹砂红陶	夹砂灰陶	泥质红陶	泥质灰陶	泥质黑皮陶	几何印纹硬陶	原始瓷	备 注
马迹山	67%		13%	8%	9%	2%	0.30%	《文物》1983.11
北阴阳营（三层）	61%	3%	26%	6%		2%		《考古学报》1958.1
白蟒台（下层）	65%		9.80%	11.50%	10.10%	3.60%		《考古与文物》1985.3
城头山（2A层）	60%		18%	8%	9%	少量	少量	《考古》1986.8
点将台（中层）	50%	14%	14%	14%	6%	1%	少量	《东南文化》1987.3

注：马迹山遗址未区别夹砂红陶与夹砂灰陶，仅注明有少数夹砂灰陶。

从湖熟文化部分典型器物的演化关系上，也可以看出马迹山遗存所处的年代位置。例如，湖熟文化常见的器物——陶鬲，演变线索是由瘦高体到宽扁体，领沿从较宽逐渐到较窄。马迹山遗址复原的三件鬲（《简报》图二、四），均为斜宽沿，瘦高体，具有明显的早期特征。再如数量较多的豆类器物，湖熟文化偏早阶段高圈足与矮圈足共存。到偏晚阶段，高圈足者明显减少，粗矮圈足豆增多。马迹山遗址则高矮两种共存，高圈足豆占有相当比例。其他如侈沿罐、敛口钵、盘形钮器盖等，均具有早期特征。因此，我们认为，马迹山湖熟文化遗存与以南京北阴阳营三层为代表的湖熟文化前期偏早阶段遗存，文化性质比较一致，时代基本相当，至少不会有较大的时代差别。

这样，我们讨论马迹山遗存的年代，实际上直接涉及了前期湖熟文化的年代问题。换言之，通过对马迹山遗存年代的讨论，进而可以确定前期湖熟文化的年代。

湖熟文化的发现迄今已近四十年了，经过发掘的遗址也不下十数处之多，调查的遗址就更多了。但是，因为多数遗址的资料发表的极不完整，至今尚难以对其进行全面细致的分期研究。这种情况大大阻碍了湖熟文化的研究进程。关于前期湖熟文化的年代，将前此的认识归纳起来，主要有以下几种看法：

（1）认为"湖熟文化的年代，上限可至殷商末期甚至更早些，其前期发达年代当西周初叶"[1]。

（2）认为前期湖熟文化"实际上包含了北阴阳营和锁金村两种不同类型的文化遗存，前者属于商殷时期，后者属于西周时期"[2]。

---

[1] 曾昭燏、尹焕章：《试论湖熟文化》，《考古学报》1959年第4期。
[2] 张永年：《关于"湖熟文化"的若干问题》，《考古》1962年第1期。

（3）认为以句容城头山2B层为代表的遗存，在时代上早于北阴阳营三层，"大致与中原早商时期相当（指二里头文化晚期——引者注）"[1]。

三十多年来，随着湖熟文化考古工作的开展和研究的深入，对其起始年代的认识有逐渐前移的趋势，但就目前认识来看，仍然与实际情况有一定差距。这里，我们准备采用与地域毗连、考古学文化发展序列明确、年代清楚、关系密切的山东苏北地区相比较的方法，来探讨马迹山遗存以及前期湖熟文化的年代关系。

山东苏北地区与长江下游地区之间，由于地域相连，自新石器时代以来，相互交往关系甚为密切。新中国成立之后，尤其是20世纪70年代以来，山东苏北地区的考古发掘与研究工作进展较快。现已究明，这一地区从新石器时代的北辛文化、大汶口文化和龙山文化，一直到青铜时代的岳石文化、二里冈期商文化、殷墟期晚商文化和两周时期的齐鲁文化，发展序列完整明确。年代关系清楚确凿，其中与湖熟文化在文化面貌上有较多相似因素的是岳石文化。

虽然岳石文化的发现可以追溯到20世纪二三十年代，但对这一文化的认识与研究则是到了70年代后期才开始的。由于近年来许多该类文化遗址的发现、发掘以及资料整理与研究，使我们对岳石文化的文化面貌和年代关系等问题有了比较全面的认识。马迹山湖熟文化遗存与岳石文化有着若干相同或相似的因素，主要表现在以下几个方面：

1. 两者在用火烧烤房屋的居住面和墙壁方面，有着相同的做法

马迹山遗迹的地层堆积内，比较重要的遗迹现象是红烧土块堆积和红烧土硬面。这里发现的红烧土块堆积范围1米左右，厚0.45米。烧土面残存面积约2×2平方米，表面平整光滑，有烟熏痕迹，非常坚硬。在其他湖熟文化遗址中，红烧土块堆积也甚为常见，有的还有一定范围，如南京北阴阳营遗址，发现厚约0.3米，面积约7.6平方米的杂乱烧土块堆积。在一些烧土块上，一面抹平，另一面留有植物根茎的痕迹。岳石文化的地层内也普遍发现有红烧土块堆积的现象，例如，江苏赣榆下庙墩遗址岳石文化层内，多"掺杂着均匀的红烧土块，大片烧土更是屡见不鲜"[2]，还发现表面平整，厚约0.15米的烧土面。山东泗水尹家城遗址的岳石文化堆积中，红烧土块往往成片水平分布，多数比较集中，有一定分布范围，厚度一般在0.1米左右，有的还发现有柱洞。这些大量出现的红烧土堆积，多与房屋建筑有关，这从两地发现的平整坚硬的烧土面和烧土块往往一面抹平，另一面留有粗细不一的植物秸茎痕迹可以得到说明。

2. 椭圆形和锅底状灰坑的数量较多

马迹山遗址共发现3个灰坑，其中2个为椭圆形，1个为锅底状。发掘面积较大的南京北阴阳营遗址，这里共发现18个灰坑，其中16个为上口比下口大的椭圆形或圆形。在岳石文化的遗迹中，椭圆形灰坑的数量显著增多是一明显特征。例如，山东牟平照格庄遗址发现的43个灰坑中，"绝大多数口部呈椭圆形。"[3]尹家城遗址岳石文化遗存中，椭圆形和圆形锅底状灰坑的数量也占据多数。

---

[1]　刘建国：《浅论宁镇地区古代文化的几个问题》，《考古》1986年第8期。

[2]　南京博物院：《江苏赣榆新石器时代至汉代遗址和墓葬》，《考古》1962年第3期。

[3]　中国社会科学院考古所山东队、烟台市文物管理委员会：《山东牟平照格庄遗址》，《考古学报》1986年第4期。

3. 两者在生产工具方面也有许多相近的因素

例如，生产工具中石器数量较多，马迹山遗址在90平方米的范围之内，发现各种石器140余件，而尹家城遗址岳石文化堆积内出土石器多达600余件，远远超过前此的龙山文化时期。在石器加工方法上也较接近，尤其是穿孔技术，均多采用对面琢打穿透的方法，而少见新石器时代规整的管钻或铤钻的穿孔方法。因发现数量多和造型独特而被视为岳石文化标准器之一的半月形双孔石刀（也有极少数为单孔或三孔），在同时期的其他文化中极为罕见，但在湖熟文化中习见。如马迹山遗址就出土17件之多，约占石器总数的（不包括砺石）六分之一。除了弧刃直背半月形石刀为湖熟文化的独自风格之外，两者的直刃弧背半月形石刀完全相同（图一，7、14）。此外，算盘珠状和方边两面起台面的纺轮，两种文化中都比较常见。

4. 两者都发现小型青铜器

马迹山遗址出土青铜器共有3件，为三棱锥、铜器残块和铜炼渣。在其他湖熟文化遗址中，还发现镞、小刀、鱼钩和铜条等器形。岳石文化发现的青铜小件，主要有镞、各种小刀、锥、环和铜片等器形。青铜器的出现，表明湖熟文化和岳石文化都已步入青铜时代，但出土青铜器数量都不多，并限于小型铜器，说明两者的社会生产力发展水平是比较接近的。

5. 最能反映两者密切的交流与传播关系的是日用生活器皿——陶器

马迹山出土的陶片以夹砂陶最多，约占67%，其中绝大多数为红褐色，均为手制。泥质陶中以磨光黑皮陶较具特色，并占有相当比重。岳石文化也是以存在大量的夹砂褐陶而显著区别于其他文化的。如资料发表较全面牟平照格庄遗址，夹砂陶约占陶片总数的70%，颜色以褐色为主，绝大多数为手制。这里的"泥质黑陶绝大多数是黑皮灰胎或褐胎，器壁内外往往呈现两种颜色，里外透黑的陶器极为少见"[1]。两者在均以夹砂褐色陶为主、制作方法以手制为主和黑皮陶占有相当比例并趋于减少等方面的相似性是显而易见的。

在器表处理上，两者都以素面为主，泥质陶经磨光处理的较多。岳石文化常见的纹饰，如附加堆纹、绳纹、刻划纹、戳印圆圈纹、指甲纹和压印小方格纹等，在马迹山遗址和其他湖熟文化遗址中都可以见到。尤其是在甗的腰部施加附加堆纹和泥质陶上压印小方格纹，两者极为相似。

在器形上，有两种情况。一种是在湖熟文化遗存中往往发现岳石文化的遗物，这些明确属于岳石文化的器物，在湖熟文化中只占很小比例。另一种是两文化中均有风格与作风相似的器物。前者属于文化传播的产物，而后者产生的原因则比较复杂。

马迹山遗址中就出土了一组与湖熟文化遗物共存，并且具有岳石文化特征的器物。计有罐、折腹盆、盒、圈足尊和蘑菇纽器盖等五类六种。

大罐　马迹山H2：23（以下简称马），原简报定为Ⅲ式盆，侈口较大，斜宽沿微卷折，鼓腹，最大径偏上，底部残（图一，1、8）。

小罐　马T2②：47，粗砂陶，侈口，微折沿，圆腹，小平底，素面（图一，2、9）。

---

[1]　中国社会科学院考古所山东队、烟台市文物管理委员会：《山东牟平照格庄遗址》，《考古学报》1986年第4期。

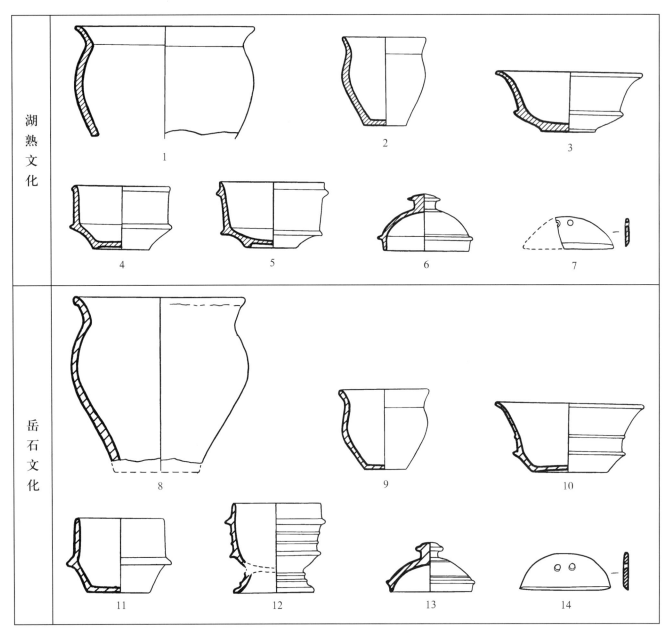

图一　湖熟文化与岳石文化器物对比

1、8.大罐（马迹山H2：23、照格庄H9：7）　2、9.小罐（马迹山T2②：47、照格庄H23：40）　3、10.折腹盆（马迹山H2：25、尹家城H604：8）　4、11.平底盒（马迹山H1：13、尹家城H137：12）　5、12.圈足尊（马迹山H1：10、东岳石T2②：19）　6、13.蘑菇纽器盖（马迹山T1②：19、尹家城T162⑦：13）　7、14.双孔石刀（马迹山T1③：8、尹家城H437：17）　（1为1/10，余为1/6）

　　折腹盆　复原两件，马H2：25、T1②：10。泥质黑皮陶或灰陶，圆唇，卷沿，敞口，上腹斜直，下腹呈凸棱状折腹，平底，底部周缘或微外凸，素面磨光（图一，3、10）。

　　平底盒　复原两件，马H1：13、T2②：32，原简报定为Ⅱ式折腹盆。泥质灰陶，直口，唇沿起凸棱，子母口，斜腹内弧，平底微内凹。子母口盒从山东龙山文化中期开始出现，一直延续到岳石文化时期（图一，4、11）。

　　圈足尊　马H1：10，原简报定为Ⅲ式折腹盆。泥质红陶，尖唇，矮子母口，上腹呈筒状，下腹急收并内弧，上、下腹之交呈凸棱状折腹，矮圈足（图一，5、12）。

　　蘑菇纽器盖　马T1②：19，蘑菇状纽，盖面圆隆外弧，盖面周缘外凸，子母口，盖面上、下缘有刻划弦纹数周。与马迹山遗址这类器盖完全相同的器形在岳石文化各遗址中出土甚多，因此，被称为岳石文化的标准器之一（图一，6、13）。

　　上述五类器形的风格与形态与岳石文化同类无异，这在其他湖熟文化遗址中也偶有发现，但数量不多，而在岳石文化遗址中则是常见的典型器物。因此，如果说这些湖熟文化少见而岳石文化多见的器类，是在文化交流过程中从岳石文化传播过来的，大概不会有什么问题。

　　马迹山遗址还发现一些与岳石文化作风相似、形态相近的器类，计有敛口罐、豆、器盖和陶饼等。

　　敛口罐　马T3③：9，敛口，斜肩，鼓腹，底部残，口沿外侧和肩部饰弦纹（图二，1、6）。

　　矮圈足豆　马迹山遗址出土数量稍多，其中Ⅱ式矮圈足豆（马H3：16），近直口，口沿内弧，折肩，圈足粗矮（图二，2、7）。

　　器盖　与岳石文化同类器接近的有两类。一类是覆碗式器盖，夹砂陶，平底斜壁，有的顶面内凹，如马H1：23，原简报定为Ⅰ式碗。岳石文化此类器盖数量较多，多为夹砂褐陶，当直接承之山东龙山文化的同类器形（图二，4、5、9、10）。另一类为宽边盘形纽器盖，泥质陶，平沿，捉手中空略呈盘形，盖面外弧。岳石文化的同类器盖均下接子母口，上半部形态则与前者极相似（图二，3、8）。

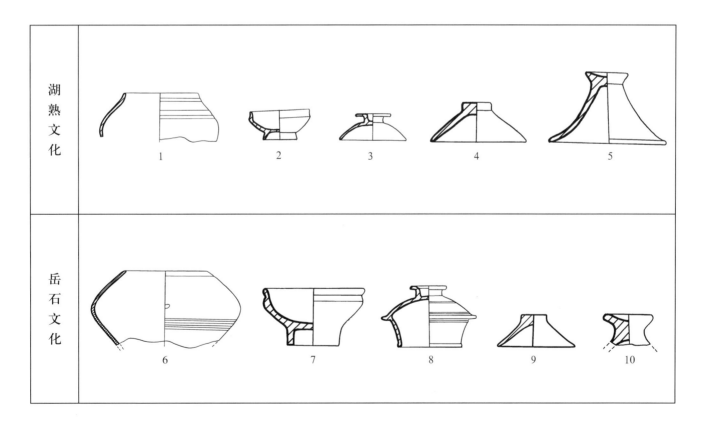

图二　湖熟文化与岳石文化器物对比

1、6．敛口罐（马迹山T3②：9、尹家城H8：15）　2、7．矮圈足豆（马迹山H3：16、尹家城T224⑦：13）　3、8．宽边盘形纽器盖（马迹山T2②：46、尹家城H19：4）　4、5、9、10．覆碗式器盖（马迹山H2：40、马迹山H1：23、尹家城T227⑦：36、尹家城T222⑦：51）　（1、6为1/10，余为1/6）

陶饼　马迹山遗址发现3件，圆饼形，中间略厚。这种圆饼在岳石文化遗址中发现甚多，绝大多数为夹砂红褐陶。

上述四类器物，或在全器的整体作风，或在主要部分的形态上，与岳石文化同类器有较明显的相似性，这种现象应是时代比较接近的两种文化之间互相借鉴的结果。当然，也不排除部分器类（如覆碗式器盖和陶圆饼等）在各个文化中独立产生的可能。

此外，在其他湖熟文化遗址中，也发现一些具有岳石文化因素的器形，如腰部施附加堆纹、近似锥状袋足的夹砂褐陶鬲和夹砂褐陶圆饼形穿孔算子等。

在湖熟文化和岳石文化之中，都发现有用于占卜的卜骨和卜甲，采用的方法相同，均为有钻有灼。

需要指出的是，在岳石文化遗存中，也发现有湖熟文化的因素，如几何印纹硬陶和原始瓷片等，这在说明两者的文化交流和年代关系上也有一定的参考作用。

综上所述，马迹山湖熟文化遗存与岳石文化之间，在遗迹和遗物两大方面，有着诸多相同或相似的因素，两者关系极为密切。尤其是在马迹山遗址中，发现岳石文化的典型器物与湖熟文化遗物共存同出，从而表明两者不但在生产力水平和社会性质上处于相同的发展阶段，而且在年代上也是大致同时的。换言之，之所以产生上述现象，除了时代风格和地理环境的因素之外，恐怕主要原因是同时代不同文化之间交流、传播影响的结果。因此，我们只要判明其中一文化的年代，从而也就可以知道另一文化的年代了[1]。

那么，我们先来分析一下岳石文化的年代。关于岳石文化的相对年代，由泗水尹家城和菏泽安邱堌堆等遗址的层位关系，可以确知岳石文化晚于山东龙山文化晚期，而早于二里冈期商文化[2]。关于岳石文化的绝对年代，现已发表的碳-14年代数据有11个（表二）。

上述11个数据，除了郝家庄遗址同一灰坑两件标本的年代略迟之外[3]，其余数据均在公元前1890～前1670年之间，这符合目前我们所认识的岳石文化的实际。同时，由黄河中下游地区初期青铜文化的比较研究可知，岳石文化的时代大致与中原地区的二里头文化相当[4]，而二里头文化所处的年代大约在公元前1900～前1600年之间。至于岳石文化与商文化的年代关系，邹衡先生认为："安邱堌堆岳石文化第三组的年代大体相当于漳河型先商文化晚期，或属偏晚阶段，即相当于'先商期第一段第Ⅱ组'"[5]。我们原则上同意这种看法，即岳石文化（就现有材料而言）在年代上要早于二里冈下层时期。总之，岳石文化的年代晚于龙山文化而早于二里冈期商文化，大约在公元前1900～前1600年之间，与中原地区的二里头文化时代相当。

湖熟文化经过测年的标本较少，而南京北阴阳营湖熟文化早期的木炭标本（2K-28）经测定为公元前1540±90年，树轮校正值为公元前1820±135年，这与岳石文化的系列数据是吻合的。因此，可以确定，马迹山湖熟文化遗存，进而包括以南京北阴阳营三层为代表的前期湖熟文化偏早阶段，

[1]　文化传播与影响需要一定的时间，对于考古学文化的年代，尤其是毗连地区这种时间差不会太大，可以忽略。

[2]　山东大学历史系考古专业、济宁地区文物科、泗水县文物馆：《泗水尹家城遗址第二、三次发掘简报》，《考古》1985年第7期；北京大学考古系商周组、山东省菏泽地区文展馆、山东省菏泽市文化馆：《菏泽安邱堌堆遗址发掘简报》，《文物》1987年第11期。

[3]　未发表的数据尚有1985年尹家城遗址出土的4件标本，其中3件偏早，应有误，另1件接近现已公布的数据。

[4]　严文明：《夏代的东方》，《夏史论丛》，齐鲁书社，1985年。

[5]　邹衡：《论菏泽（曹州）地区的岳石文化》，《文物与考古论集》，文物出版社，1987年。

绝对年代应在公元前1900~前1600年之间，大致相当于中原地区的二里头文化时期，而绝不会晚到商代晚期甚至西周早期。

表二 岳石文化碳-14测年数据一览表

实验室编号	标本号	测定年代		校正年代	
		距今年数 (B.P.)	历年 (B.C)	距今年数 (B.P.)	历年 (B.C)
ZK-868	照格庄T12H6	3550±90	1600±90	3840±135	1890±135
ZK-869	照格庄T11H7	3520±80	1570±80	3805±130	1855±130
ZK-870	照格庄T16H42	3430±80	1480±80	3695±130	1745±130
ZK-871	照格庄T5④	3530±80	1580±80	3815±130	1865±130
ZK-872	照格庄T5H41	3435±80	1485±80	3700±130	1750±130
ZK-1017	尹家城T226⑧等	3445±85	1495±85	3715±135	1765±135
BK-80035	前寨T9②B	3400±80	1450±80	3655±130	1705±130
BK-80036	东岳石火灶	3370±70	1420±70	3620±125	1670±125
BK-82027	北庄T7②	3370±100	1420±100	3620±145	1670±145
BK-84022	郝家庄T9H14④	3230±100	1280±100	3440±160	1490±160
BK-84023	郝家庄T9H14④	3280±100	1330±100	3505±145	1555±145

说明：半衰期按5730年计算，距今年代从1950年起算，树轮校正年代按达曼表推算。

通过对马迹山湖熟文化遗存年代的分析，我们认为，以北阴阳营三层为代表的前期湖熟文化，与黄河流域的二里头文化、岳石文化一样，同属于中国早期青铜文化。探索中国文明起源的问题，长江下游到杭州湾一带，是一个不容忽视的重要区域。

（原载《史前研究》（辑刊），1990—1991年）

试论裴李岗文化与周边地区同时期文化的关系及其发展去向

裴李岗文化的发现是中国20世纪新石器时代考古的重要收获之一。裴李岗文化的确立，将中原地区古代文化的历史由原来所知的仰韶文化提前了一千余年，填补了旧石器时代晚期与仰韶文化之间的一部分时间缺环，从而推进了在中原地区探索和寻找新石器文化起源的研究[1]。

随着裴李岗文化的考古发现日益丰富，人们逐渐对其文化面貌有了比较全面的了解和认识。同时，周边地区特别是东方地区相关的考古发现也越来越多。这样，对于东西方文化之间的交流、影响和传播以及裴李岗文化的发展去向等问题，就有了进行比较分析的基础。

一　中原地区及相关地区的考古学文化发展序列

以黄河中游地区为主的中原地区，新石器文化的发展谱系比较清楚。目前除了没有发现新石器时代初期的遗存之外，大约从距今八九千年以来，文化发展序列前后相接，基本没有缺环。这一地区的考古学文化序列，从早到晚依次为裴李岗文化（并行的还有磁山文化和老官台文化）、仰韶文化早、中、晚期、庙底沟二期文化和中原龙山文化。此后，进入青铜时代的二里头文化、二里冈文化、商晚期和西周时期。就新石器文化的总体发展而论，中原地区目前所知的新石器遗存大体经历了三个大的阶段，即距今9000／8500～7000年前后的裴李岗时代、距今7000～5000年之间的仰韶时代和距今5000～4000年之间的龙山时代。

中原地区的周边，包括的范围十分广阔。因为本文主旨在于讨论裴李岗文化时期的相关问题，所以，这里只是简括裴李岗时代与中原地区关系密切的东方和长江中游两个地区的文化发展序列及其对应关系。

东方地区的新石器文化可以分为南北两个部分。北部是以山东为主的海岱地区，目前虽然发现了新石器时代早期遗存的线索，如地处沂蒙山区腹地的沂源县扁扁洞遗址等，但整体文化面貌尚不清楚。此后，依次有后李文化、北辛文化、大汶口文化和海岱龙山文化，进入青铜时代之后，则为岳石文化和商周时期的遗存。这一地区是古代东方的主体，在黄河和淮河下游地区的新石器文化中始终占据着主导地位。南部主要指淮河流域中下游地区，这一地区新石器文化的面貌比较复杂，过去曾长期被笼统称为青莲岗文化，后来随着考古发现的增多，划分出多支考古学文化，如淮河下游地区的龙虬庄文化，安徽境内的小山口和古台寺遗存、双墩文化（或称为侯家寨文化）等。到新石器时代晚期，随着大汶口文化和龙山文化的南下和西进，这一地区相继与海岱地区融为一体。

[1]　参见赵子剑主编：《裴李岗》，香港国际出版社，2007年。

与中原地区一样，以海岱地区为主的东方地区，新石器文化遗存也经历了三个大的发展阶段，即后李文化、北辛文化和大汶口文化早中期、大汶口文化晚期和海岱龙山文化。这三个阶段与中原地区的三个时期基本上是平行发展的。

长江中游地区的新石器文化发展序列和文化谱系也比较清楚。就目前的资料而言，除了新石器时代早期有线索但尚未形成完整的系统外，新石器时代早期偏晚及其以后阶段，考古学文化基本上是连续发展的，依次为彭头山文化、皂市下层文化（或城背溪文化）、汤家岗文化、大溪文化、屈家岭文化和石家河文化。这一文化序列也可以合并为三个大的阶段，即彭头山和皂市下层、汤家岗经大溪至屈家岭早期、屈家岭晚期和石家河及其以后时期。可以分别与中原地区、东方海岱地区的三个时期相对应。

明确了中原地区与其以东、以南地区的文化对应关系，以及裴李岗文化在周边地区同时期文化中的坐标，我们就可以进一步探讨裴李岗文化与周边地区的文化联系。

二　裴李岗文化与周边同期文化的关系

与裴李岗文化地域邻近、时代基本相当的考古学文化，东北有磁山文化，西为老官台文化，东有后李文化，南为彭头山文化。客观地说，处于中心位置的裴李岗文化与上述文化都存在着或多或少的文化联系，由于各种不同的原因，这些文化之间联系的程度有深有浅，体现在考古遗存的文化因素上，则有一定程度的差别。

与裴李岗文化共同因素最多的当属磁山文化。磁山文化主要分布于河北省的中南部地区[1]，其与裴李岗文化大体同时发现。粗略比较后就可以发现，裴李岗文化和磁山文化之间存在着一定数量的相同或相近因素，例如：均有带足的石磨盘，存在大型弧刃石铲；陶器中共有双耳壶、深腹罐、圜底钵和三足钵等器物；陶器上都有少量特殊的压印"之"字形篦点纹等。因此，在相当长一段时间内，一些学者坚持认为裴李岗和磁山这两类遗存属于同一支考古学文化。但如果进一步分析，则可以发现，这两类遗存之间的差别十分明显，甚至可以说是巨大的，例如：裴李岗的大量齿刃石镰不见于磁山，两者陶器的基本组合不同，裴李岗以小口双耳罐（或壶）、钵和三足钵、深腹罐为基本组合，而磁山则是平底盂和支脚的数量最多，深腹罐多有绳纹。同时，两者的共有因素也存在数量多少不一和流行时间有早有晚的差别。如裴李岗文化中数量甚多的三足钵和小口双耳壶（罐），在磁山文化中数量很少，而有足石磨盘在磁山文化中出现的时间较晚。另外，两类遗存各有自己独立的分布区域。所以，将以裴李岗和磁山为代表的两类遗存区分为两支不同的考古学文化已经成为学术界的共识。从整体上看，在两者的文化交流中，磁山文化具有较多的裴李岗文化的文化因素。所以，可以认为磁山文化更多地是受到了来自裴李岗文化的影响。

同属黄河中游地区时代偏早的三支新石器文化之一的老官台文化，主要分布于渭河流域和秦岭之南的汉水上游地区，或称为大地湾文化、李家村文化等。裴李岗文化与老官台文化的关系要疏远许多。裴李岗文化中的典型石器，如齿刃石镰、带足的石磨盘等，均不见于老官台文化。陶器的组

---

[1]　河北省文物管理处等：《河北武安磁山遗址》，《考古学报》1981年第3期。

合和特征也相去较远，如老官台文化存在一定数量的彩陶和大量交错拍印细绳纹，不见或少见于裴李岗文化，老官台文化的陶器组合以拍印交错绳纹的钵、三足钵、圈足碗和三足罐为主，虽然有些器物造型（如钵和三足钵）与裴李岗文化相似，但风格和装饰不同。所以，裴李岗和老官台两类遗存无疑分属于两支性质不同的考古学文化。但它们之间也存在一些相同或相近的因素。例如：两者的钵和三足钵形态接近，裴李岗文化中有少量近似于老官台文化的三足罐和圈足碗等，而老官台文化也发现有个别类似于裴李岗文化的小口罐等。由此看来，裴李岗文化与老官台文化的联系，远不如和磁山文化那么密切。

后李文化主要分布于海岱地区的泰沂山系北侧地区，近年来在泰沂山之南陆续发现同类文化的线索。此外，在安徽省东北端的宿州小山口和古台寺遗址，发现了距今8000年前后的遗存，文化因素与后李文化颇有相似之处。从总体上看，裴李岗文化和后李文化为性质迥异的两支考古学文化，它们在聚落形态、埋葬习俗、生产工具的种类和形态、陶器组合及主要器物形态等方面，表现出完全不同的内涵和特点。但细察之，两者之间也有一些相近的因素，例如：后李文化的个别遗址发现少量稻作遗存，或许与裴李岗文化有关；后李文化偏西南区域的月庄遗址的生产工具中发现少量有足石磨盘，这在数量众多的后李文化平底石磨盘中显得十分异类，当来自中原地区；后李文化和裴李岗文化中共见多个乳状小足的陶器，数量均不多。这些现象或许表明两个文化之间存在着一定的联系，从为数不多的资料分析，后李文化受裴李岗文化的影响更多一些。

长江中游地区与裴李岗文化时代相当的遗存，目前所知主要是位于洞庭湖西北部的彭头山文化。彭头山文化和裴李岗文化存在一些相近的文化因素，如都存在稻作农业，采集和渔猎经济比较发达，墓葬都有一次葬和二次葬之分，石器中存在相当数量的打制石器，陶器制作技术比较原始，等等。这些类似的因素可以看作是时代相近和文化发展阶段相同而产生出来的共性文化因素。另一方面，从彭头山文化中也可以隐隐约约地看到裴李岗文化的影子和因素。如彭头山文化陶器中的高领或矮领双耳罐，与裴李岗文化中数量更多、种类十分复杂的双耳壶或罐类器物造型神似，这种现象当不是一般意义上的巧合，特别是这种器形也出现在墓葬的随葬品中的时候，可以认为它们之间具有内在的渊源关系。如果将来在两者中间地带的湖北地区也发现同类遗存，它们相互之间的关系就会看得更加清楚。

以上我们简要比较和讨论了裴李岗文化和周边地区同期文化之间，已经存在或可能存在着某种程度的文化联系和互动因素。不可否认，这些联系或者可以称为文化交流的内容，和后来更晚时期的同类文化联系、传播和影响因素相比，尚显得十分单薄。但这些互动因素的出现，至少说明了这样一个事实，即从新石器时代偏早时期开始，不同区域的人们之间，已经不是处在相互封闭、与外界隔绝和完全独立的发展阶段。这些联系和交往，对于后来各区域文化的加速发展，应该具有积极意义。

三　裴李岗文化的地位和作用

从文化联系和互动关系中，我们发现，裴李岗文化在当时黄河和长江流域若干个相对独立的文化区域中，文化发展水平处在一个相对进步和社会发展阶段前行的位置。这从以下几个方面可以得到证明。

首先，裴李岗文化的遗址数量和分布密度都超过了同时期的其他文化。众所周知，同一时期遗址数量的多寡和一个社会的人口数量直接有关，而人口数量是衡量古代社会发展状况最重要的指标之一。目前已经发现的裴李岗文化遗址约为150处，这和东方的后李文化（10余处）、东北的磁山文化（不足10处）、南方的彭头山文化（10余处）等相比，差别达到了十倍以上，而且也多于老官台文化和兴隆洼文化的百余处。当然，由于保存环境的差别、发现时间长短、工作力度不一等方面的原因，其他一些文化目前发现的遗址数量未必就是该文化的全部，但还是能够说明和反映一些实际情况的。

其次，在裴李岗文化的社会组织中，已经出现了最低一级的个体家庭，而个体家庭的出现，是社会生产力水平的提高和社会经济发展的结果，它标志着社会发展到了一个新的阶段。从聚落内部的房屋布局、房址面积大小和房屋结构等方面，可以找到一些社会结构和组织形态的证据。裴李岗文化绝大多数房屋的面积在10平方米以下，这是一种具有独立生活空间的小房子。这种规模的房屋，大约只适合于居住3～5人，而这样人口规模的社会单位，相对应的只能是最小的社会组织——个体家庭。而同时期的后李文化[1]、兴隆洼文化[2]，单体房屋面积一般在30～50平方米，后李文化的房屋之内还流行由二或三组单灶组成的组合灶，这种状况说明在一个屋檐下共同生活的人数可能比较多。按房屋面积的大小计算，我们推测在这种大房子里一起生活的人口规模当在8～10人甚至更多，这样的人口规模显然要大于个体家庭，只能与大家庭或者家族相对应。如果以上分析的结论可取，那么，我们是否可以认为，裴李岗文化在社会组织结构方面较之其他地区一些同期文化要先行一步，处在一个领先发展的阶段。

第三，聚落之间和聚落内部的分化已经开始产生，尽管这种分化还不是十分明显，并且分化的性质和后来出现社会分层时期的社会分化也不尽相同，但毕竟拉开了社会分化的序幕。裴李岗文化这种原初性的社会分化主要表现在两个层面：一是聚落和聚落之间，从调查资料看，开始出现大小聚落的差别。如新郑唐户遗址的面积超过了20万平方米[3]，并且很可能在聚落的周围有环壕，而多数小型遗址的面积只有数千至一二万平方米。这种情况或许昭示着裴李岗文化已经形成了内部有差别的聚落群，而这种聚落群的结构可能由大小两个层次的聚落组成；二是聚落内部社会成员之间的分化已经开始产生，这种现象在墓葬资料中表现得比较明显。如贾湖遗址的墓葬，随葬品在3件以下的约占70%，而5件及其以上者则接近30%，其中超过10件的墓葬占8.5%，最多的2座墓葬（M282、M277）竟达到了60、66件。不仅是随葬品，墓室面积的大小差别也比较明显[4]。类似的情况在新郑裴李岗[5]、沙窝李[6]等遗址也有发现。裴李岗遗址前后共发掘114座裴李岗文化墓葬，多数墓葬的随葬品数量在5件以下，一些墓室面积较大的墓葬，随葬品的数量则超过10件，如M15，长2.5～2.6、

[1] 栾丰实：《后李文化的社会组织及其相关问题》，《庆祝张忠培先生七十岁论文集》，科学出版社，2004年；山东省文物考古研究所：《山东章丘市西河新石器时代遗址1997年的发掘》，《考古》2000年第10期。

[2] 任式楠：《兴隆洼文化的发现及其意义——兼与华北同时期的考古学文化相比较》，《考古》1994年第8期；中国社会科学院考古研究所内蒙古工作队：《内蒙古敖汉旗兴隆洼聚落遗址1992年发掘简报》，《考古》1997年第1期。

[3] 张松林等：《新郑唐户遗址发现裴李岗文化大面积居址》，《中国文物报》2007年7月13日。唐户遗址裴李岗文化遗存分布的面积较大，据最新工作可能更大，但整个裴李岗文化遗存分布范围是否属于共存的同一时期，还需进一步的工作加以证明。

[4] 河南省文物考古研究所：《舞阳贾湖》，科学出版社，1999年，第145、146页。

[5] 开封地区文管会、新郑县文管会：《河南新郑裴李岗新石器时代遗址》，《考古》1978年第2期；开封地区文物管理委员会等：《裴李岗遗址一九七八年发掘简报》，《考古》1979年第3期；中国社会科学院考古研究所河南一队：《1979年裴李岗遗址发掘报告》，《考古学报》1984年第1期。

[6] 中国社会科学院考古研究所河南一队：《河南新郑沙窝李新石器时代遗址》，《考古》1983年第12期。

宽1.9米，随葬石器和陶器20件。由此看来，裴李岗文化墓葬之间的分化程度不仅远远超过了同时代的其他文化，甚至超过了时代更晚的一些文化。如海岱地区与裴李岗文化同时的后李文化，目前发现的墓葬，绝大多数没有随葬品，有者也只是一二件，墓室大小也基本一致。而时代晚一个阶段的北辛文化，就目前的发现而言，墓葬之间的差别也远远没有裴李岗文化这样大。

第四，裴李岗文化的生产工具比较进步，工具种类和组合较为齐全。石器中以大型弧刃石铲、齿刃石镰、石斧、石锛和大型石磨盘为主要器形的石器组合，制作精致，通体磨制或基本磨制者占有相当高的比例，这与其他同期文化以打制石器为主、磨制石器较少的情况相比，显示了其进步性。同时，裴李岗文化骨角器的制作水平也达到了相当高的水准，其不仅存在铲、凿、镰、锥等生产工具，还有许多日用生活器具甚至精神文化载体的器物。

第五，裴李岗文化的陶器制作技术较为进步。陶器生产的进步性主要表现在：已经掌握了淘洗陶土的技术，出现夹砂陶和泥质陶的区分，这种现象既是制陶工艺和技术进步的体现，也表明当时社会生活的发展和逐渐复杂化；陶器烧制的火候相对较高，质地较为坚硬，颜色相对较为纯净；陶器种类较多，有罐、壶、钵、釜、鼎、盘、盆、碗等多种；陶器的造型渐趋复杂，出现了相当数量的三足器、圈足器和带耳带把的器物等。正是因为这些因素的存在，有的学者曾产生过裴李岗文化的陶器制作较之其他同期文化明显要进步，故其年代可能较晚的看法。

第六，裴李岗文化精神文化领域成果显著。贾湖遗址相当数量骨笛的发现，不仅仅是为音乐史研究增添了新资料，更重要的是为我们了解裴李岗人丰富的精神文化生活提供了实物证据。龟甲的使用和殉狗的习俗等，表明裴李岗文化时期已经有了较为系统的宗教信仰和祭祀活动。另外一些不为我们所认识的特殊器形，如造型奇特的权形骨器等，其中一定蕴涵着丰富而又具体的文化内涵。而刻在龟甲上的文字或者符号，更让我们不可低估裴李岗人的精神文化水准。这些，在周边其他地区的同时期文化中，或没有发现，或发现较少。这种状况的存在，也许是不同地区之间的文化表现形式和精神文化载体方面有差异，但从总体上说，裴李岗文化的物质文化和精神文化发展水平，在当时中国主要的新石器文化区系中处于领先地位则应无疑问。

四　裴李岗文化的发展去向

发展去向是裴李岗文化研究的一个重要问题，不少学者认为裴李岗文化直接发展为本地的仰韶文化[1]。对此，一直有不同的认识和看法存在。在裴李岗文化发现之初，许顺湛就曾指出，裴李岗文化和时代较晚时期诸文化的关系中，以大汶口文化最为密切，仰韶文化后冈类型次之，而半坡和庙底沟仰韶文化虽有关系但并不十分密切[2]。这一认识在贾湖遗址发掘之后得到了进一步的加强和具体化。张居中在贾湖遗址发掘报告中明确提出，裴李岗文化（张文称贾湖文化，下同）和中原地区同一分布区内时代紧随其后的大河村文化之间，既有共同因素，也存在着较大差别。他认为，共同因素大多为共同的地理环境所决定的，而差异除了技术上有时代进步的因素之外，主要是由于不同的

[1] 持这种观点的学者较多，例如，安志敏：《裴李岗、磁山和仰韶——试论中原新石器文化的渊源及发展》，《考古》1979年第4期；严文明：《略论仰韶文化的起源和发展阶段》，《仰韶文化研究》，文物出版社，1989年。

[2] 许顺湛：《论裴李岗文化》，《河南文博通讯》1980年第1期。

文化传统、宗教意识、审美观念和生活习惯造成的。换言之，裴李岗文化和大河村文化之间不具有内在的传承关系。在此基础上，他认为裴李岗文化的主要后继者是淮河下游地区的大汶口文化大墩子类型和龙虬庄文化。同时，也涉及了裴李岗文化西传在南阳盆地形成下王岗一期文化的问题[1]。

十年前我曾提出，裴李岗文化晚期的发展重点转向了东方和南方，主体因素为东方的北辛文化和南阳盆地的下王岗一期文化所继承，或者说，北辛文化和下王岗一期文化的主要来源应该是中原地区的裴李岗文化[2]。后来，高广仁和邵望平先生也持有大体相似的看法[3]。下面就这一问题进行探讨。

（一）裴李岗文化与东方诸文化

如前所述，裴李岗文化时期，中原与东方地区之间已经有了文化上的联系和接触，但这种接触并不频繁。所以，表现在文化面貌上的共同因素也不甚突出。裴李岗文化之后，东方地区的考古遗存迅速丰富起来，而不少文化中的裴李岗文化因素也迅速多起来。

东方地区晚于裴李岗文化，并且在年代上大体可以衔接的，主要有淮河中部南北两侧地区的双墩文化、江淮东部的龙虬庄文化和海岱地区的北辛文化。

1. 双墩文化

安徽省的淮河中游地区与裴李岗文化时代相当的是小山口和古台寺早期。而年代略晚一点的遗存则有石山子、侯家寨、双墩等。所以，后来就有了石山子文化[4]、侯家寨文化[5]和双墩文化[6]的不同名称。其实从总体上看，这些不同名称的考古遗存分布的区域不大，文化面貌大同小异，可以发现比较丰富并进行过数次发掘的双墩遗址进行命名，称为双墩文化。需要说明的是，双墩文化不包括小山口和古台寺等更早阶段的遗存。

双墩文化的年代大体上属于仰韶时代早期，绝对年代大约在距今7000～6000年之间，与北辛文化约略相当。比较双墩文化与裴李岗文化的文化内涵，除了一些不好确认是否属于文化传播和扩散的因素，如稻作的出现、渔猎经济的成分较多等，从生产工具、陶器及其他文化现象看，可以说是异多同少。

首先，双墩文化的陶器以夹砂陶（包括夹蚌末、云母等）为主，多数没有泥质陶，特别是在其早中期。这与裴李岗文化存在相当数量质地较好的泥质陶明显不同，表明制陶技术和工艺方面存在较大差别。

[1]　河南省文物考古研究所：《舞阳贾湖》，科学出版社，1999年，第538～544页。

[2]　栾丰实：《试论后李文化》第22、23页，《北辛文化研究》第47、48页，均载《海岱地区考古研究》，山东大学出版社，1997年。

[3]　高广仁、邵望平：《海岱区早期农业文化的发现和研究》，《史前研究——西安半坡博物馆成立四十周年纪念文集：1958～1998》，三秦出版社，1998年，第90页；高广仁：《海岱区先秦考古概论》，《海岱区先秦考古论集》，科学出版社，2000年，第46页。

[4]　吴加安、梁中合、王吉怀：《皖北地区新石器文化遗存及其性质》，《文物研究（第八辑）》，黄山书社，1993年。张敬国：《近年来安徽淮北地区新石器时代考古的主要收获》，《文物研究（第九辑）》，黄山书社，1993年。安徽省文物考古研究所：《安徽濉溪石山子新石器时代遗址》，《考古》1992年第3期。

[5]　阚绪杭：《定远县侯家寨新石器时代遗址发掘简报》，《文物研究（第五辑）》，黄山书社，1989年。

[6]　阚绪杭：《试析淮河中游地区的双墩遗址与双墩文化》，《文物研究（第十四辑）》，黄山书社，2005年。

其次，陶器的基本组合相差较大，特别是主要器形不同。如双墩文化的各种釜和支脚，就不见于裴李岗文化。而裴李岗文化中的三足钵、深腹罐等，不见或少见于双墩文化。

第三，双墩文化陶器上十分流行的刻划符号也不见于裴李岗文化。

第四，两者的生产工具差别较大，如裴李岗文化最为流行的磨盘、磨棒、大型石铲和石镰等，均不见于双墩文化。

双墩文化中也存在一些与裴李岗文化相似的因素。如陶器中的小口双耳罐（或壶），就与裴李岗文化的同类器相近。双墩文化中也有少量鼎等器形。

从地域上说，双墩文化较之北辛文化等与裴李岗文化距离更近。但从上述分析比较看，似乎双墩文化直接来之裴李岗文化的因素并不太多。当然，这与双墩文化目前发掘资料总量偏少，特别是缺乏聚落和墓葬资料或许有一定关系。

2. 龙虬庄文化

龙虬庄文化是最近几年新命名的考古学文化，主要分布于江淮东部地区，即大运河以东的长江和淮河故道之间。从龙虬庄遗址的发掘、重新审视和研究江淮东部地区的新石器文化和龙虬庄文化的提出，从微观上廓清了江淮东部地区新石器文化的发展序列和谱系关系，而宏观上则摆正了该地区新石器文化本来的历史位置。进而使长期困扰我们认识的青莲岗文化被最终放弃，还历史以本来面目[1]。

分析龙虬庄文化与裴李岗文化的关系，可以从以下几个方面展开。

首先，是关于龙虬庄文化的年代。从龙虬庄和青墩等遗址的发掘资料看，龙虬庄文化的下限早于良渚文化。由于当地没有发现更早阶段的遗存，所以，龙虬庄文化的上限年代可以通过与周边地区的同期文化比较后获得。关于绝对年代，龙虬庄遗址有6个碳-14测年数据，经树轮校正，最早的一个数据为公元前3701～前3383年，最晚则为公元前2919～前2619年，总体上比文化内涵分析的结果偏晚。所以，发掘报告没有采用龙虬庄遗址的测年数据，而是依据与邻近地区的同时期文化的比较，将龙虬庄文化的绝对年代推定在距今7000～5000年前后[2]。龙虬庄文化划分为三期，第二期的年代上限主要依据大汶口文化早期阶段的年代推定，而大汶口文化早期阶段一般认为开始于距今6100年前后，而大体同时的崧泽文化，起始年代约在距今6000年，将两者综合起来，龙虬庄文化第一、二期的衔接年代应该在距今6100～6000年之间，似早不到报告中所说的距今6300年。以此上推，目前发现的龙虬庄文化第一期的上限，大约不会早于距今6400～6500年。这与目前学术界认为龙虬庄一期遗存与北辛文化晚期、马家浜文化晚期时代相当的认识基本吻合。

其次是关于裴李岗文化的年代。龙虬庄发掘报告认为贾湖遗址裴李岗文化遗存的年代在距今8000～7000年之间（贾湖发掘报告确定的年代为距今9000～7800年），这里使用的是没有经过校正的测年数据。而经横向比较后确定的龙虬庄文化的年代，均为经过校正之后的数据。因为测年数据使用上的不一致（校正年代和未校正年代有比较大的差距），无疑会较大地缩短两个文化之间

[1] 龙虬庄遗址考古队：《龙虬庄——江淮东部新石器时代遗址发掘报告》，科学出版社，1999年，第493～512、517～519页。
[2] 龙虬庄遗址考古队：《龙虬庄——江淮东部新石器时代遗址发掘报告》，科学出版社，1999年，第189～204页。

的年代差距。不过，如果把裴李岗文化作为一个整体来看待，其年代仍然可以认为在距今9000／8500～7000年前后。即使如此，龙虬庄文化和裴李岗文化之间仍然有较大的年代间隔。

第三，龙虬庄文化与裴李岗文化的文化内涵和基本特征，在宏观上有相似和相近之处。如分布的纬度相近，资源和环境相似，均有稻作农业，采集渔猎经济比较发达，骨器制作水平较高，等等。这些相近或相似的特征，多数为环境相近而产生的，似难以作为两个文化之间具有传承关系的证据。从微观上看，两者在特殊葬俗、生产工具的类别和形态、陶器的装饰和组合等方面，均看不到明确的共同因素。如贾湖遗址墓葬中存在的用狗和兽牙随葬、使用内含小石子的龟甲等，在与龙虬庄文化邻近并且时代相当的大汶口文化中有相当发现，而完全不见于龙虬庄文化。

基于上述，目前已有资料似乎无法证明江淮东部地区的龙虬庄文化直接来源于以贾湖为代表的裴李岗文化。

3. 北辛文化

北辛文化分布于海岱地区，存续年代在距今7000～6100年之间（其上限或认为可以早到距今7300年），与大汶口文化为同一族系所创造的前后阶段的文化。

北辛文化在许多方面具有与裴李岗文化相同或相似的因素。

两者的房屋结构、形状、门道和大小相近。如均以椭圆形和圆形半地穴式建筑为主，有台阶式或斜坡状门道，房屋面积多在10平方米以下。而海岱地区早于北辛文化的后李文化，房屋以方形和长方形为主，单间面积多在20平方米以上。

两者的埋葬习俗十分接近。如均有一次葬、二次葬、合葬和迁出墓四大类。以贾湖和东贾柏遗址为例：两墓地均以单人一次葬为主，单人葬的葬式多数为仰身直肢，其他类别较少；多人合葬、二次葬、迁出墓的数量较少，所占比例较低[1]。

两者共有一些特殊的埋葬习俗。如使用獐牙和其他兽牙，特别是一些墓葬发现一种经过特殊处理的龟甲器。北辛文化由于发现的墓葬不多，目前尚未发现随葬龟甲器的现象，但遗址内有龟甲存在则是确定的，如东贾柏遗址就发现在灰坑内放置多枚完整龟甲的现象。而到北辛文化之后的大汶口文化时期，一些墓葬中发现与贾湖完全相同的龟甲器，如均将首尾两端修治磨平和钻孔，龟甲内放置数量不一的自然小石子。这种现象少见于其他地区和其他文化。另外，大汶口文化墓葬内用整狗殉葬的习俗，当与贾湖遗址在墓地中或墓地附近挖坑掩埋整狗的做法具有承袭关系。

两者的石质工具组合和器形基本相同。如均有相当数量的石磨盘和石磨棒，只是北辛文化的石磨盘更加简化和实用，其实裴李岗文化中也有相当数量没有足的石磨盘。工具组合均为斧、锛、凿、铲、镰、刀。

北辛文化的骨器也十分精致，种类和器形除了没有发现裴李岗文化的骨笛和权形骨器外，其他如镞、镖、矛、锥、针、笄和各种装饰，均有发现。

两者在日用陶器上具有更多的共同因素。如北辛文化时期淘洗陶土的技术，在陶土中加入云

[1]　河南省文物考古研究所：《舞阳贾湖》，科学出版社，1999年，第151～199页；中国社会科学院考古研究所山东工作队：《山东汶上县东贾柏村新石器时代遗址发掘简报》，《考古》1993年第6期。

母、滑石、蚌末等掺和料，陶器外表施陶衣等，均与裴李岗文化相同。而使用慢轮来修整陶器，则可以看作是北辛文化的发明。北辛文化陶器基本组合由四类器形构成，即鼎、钵、小口双耳罐（或壶）和釜，前三种应该与裴李岗文化有密切关系，后者则接受自后李文化。需要进一步说明的是，北辛文化的陶器组合，以前三种数量最多，除了钵在许多文化中均较常见外，鼎在裴李岗时代，只有裴李岗文化数量略多，而其他如后李文化、磁山文化、兴隆洼文化等均基本不见，小口双耳罐在北辛文化中数量较多，形制也与裴李岗文化的同类器相近。过去一些学者把北辛文化看作是与裴李岗文化同时代的遗存，除了海岱地区当时没有发现与裴李岗文化时代相当的遗存这一因素之外，而北辛文化确实有许多与裴李岗文化相同或相似的文化因素，也是重要原因。可惜当时没有从文化的传承和渊源关系来分析和探讨。

此外，体质人类学的研究成果表明，贾湖遗址的墓葬人骨资料，在由13项测量项目做出的聚类图中，与大汶口文化的大汶口组、野店组最为接近。表明他们之间存在着比较近的亲缘关系[1]。

综上所述，许多学者认为裴李岗文化与大汶口文化之间有内在联系，而这两支文化之间相隔一千年的时间，它们之间不可能有直接的联系。而作为大汶口文化直接来源的北辛文化，年代与裴李岗文化前后衔接，文化内涵和特征存在许多相同或相近的因素。所以，认为裴李岗文化是北辛文化的主要来源或者主要来源之一是可以成立的。

（二）裴李岗文化与南阳盆地的早期文化

南阳盆地位于河南省的西南部，这一地区的新石器文化发展序列，可以淅川下王岗遗址的新石器遗存为代表，自早至晚依次为仰韶文化一期（仰韶文化早期）、仰韶文化二期（仰韶文化中期）、仰韶文化三期（仰韶文化晚期）、屈家岭文化、石家河文化和龙山文化[2]。最早一期的下王岗仰韶文化一期遗存，年代与中原地区的半坡类型时代相当，是与裴李岗文化时代前后相接并且关系最为密切的一个阶段，以下称为下王岗一期文化。

下王岗一期文化的年代晚于裴李岗文化，但中间的缺环不大。两者在文化内涵上存在着许多相同和相似的因素。

下王岗一期文化发现的房屋基址有圆形半地穴式和地面式两种。前者面积较小，均在10平方米之内，浅穴周边有一圈柱洞，一侧有斜坡状门道。这种形制与裴李岗文化的同类建筑基本相同。

下王岗一期文化的墓葬以单人仰身直肢葬为主，也有双手或单手交叠于腹部之上的现象，方向多为偏西北。这些特点与贾湖遗址裴李岗文化墓葬相同或相似。

墓葬中有一些其他文化少见的特殊习俗，而与东方地区大汶口文化相同。如有个别墓葬使用獐牙，存在用整狗殉葬和使用龟甲的习俗。下王岗一期文化发现6座墓葬使用龟甲，在全部124座墓葬中约占4.8%[3]，而贾湖遗址349座墓葬中，有23座使用龟甲，所占比例为6.6%。下王岗一期文化有4

---

[1]　河南省文物考古研究所：《舞阳贾湖》，科学出版社，1999年，第876~882页，并参见图三五〇。

[2]　河南省文物研究所、长江流域规划办公室考古队河南分队：《淅川下王岗》，文物出版社，1989年。

[3]　下王岗一期文化使用龟甲的墓葬数量，发掘报告中有不同说法，或说5座（报告第23页，如果是5座则占4%），或说是6座（报告第339页）。

座墓葬殉整狗。这些共同习俗，显然拉近了其与距离不远的贾湖遗址裴李岗文化的距离，或者可以说它们之间存在着直接的传承关系。

下王岗一期文化的石器数量不多，并且年代有早有晚。但从中仍然可以看到一些与裴李岗文化相近的因素。如下王岗的弧刃石铲和石耜，与裴李岗文化的同类石铲相近，而齿刃镰的齿刃与裴李岗文化的齿刃镰，至少在技术上是存在联系的。

下王岗一期文化陶器与裴李岗文化也存在相似的因素。如深腹罐、钵等，均能在裴李岗文化中找到相似的器形。特别要提出来的是，下王岗一期文化中有相当数量的陶鼎，应该是对裴李岗文化鼎的继承和发展。

贾湖遗址出土人骨的体质人类学研究表明，其与下王岗组之间的关系十分密切[1]。同时，下王岗组人骨的研究结果，在不同地区组群的关系上，显示了其与海岱地区大汶口文化居民最为接近的特征[2]。这一研究成果间接表明，以贾湖遗址为代表的裴李岗文化和海岱地区北辛、大汶口文化以及南阳盆地的下王岗一期文化之间，在居民体质上也存在着十分密切的亲缘关系。这种联系或者可以解释为什么相距遥远的北辛、大汶口文化和下王岗一期文化之间，存在着诸多相同和相近的文化因素。

总之，以上分析比较或可说明，以贾湖遗址为代表的裴李岗文化，在其晚期阶段，一部分人向西南方向发展，形成了南阳地区目前所知较早阶段的下王岗一期文化。当然，下王岗一期文化在自身的发展过程中，也接受了许多来自中原地区仰韶文化早期阶段的文化因素。

（原载《论裴李岗文化——纪念裴李岗文化发现30周年暨学术研讨会》，科学出版社，2010年）

---

[1] 下王岗组包括了仰韶文化不同阶段的人骨资料，分析报告没有将其进一步细分。所以，其结果不能进行细致的对应分析，只可作为参考。

[2] 张振标、陈德珍：《下王岗新石器时代居民的种族类型》，《淅川下王岗》，文物出版社，1989年，第408～419页。

海岱系文化在华夏文明形成过程中的作用

——从海岱、中原两大文化区系的相互关系谈起

一 关于华夏文明

华夏一词的使用频率近年来呈上升趋势，其内涵应首先予以明确。华夏主要是用来表示古代的部族，是族名，有时也用来表示华夏族所居住的区域。华夏是一个历史概念，本身有一个发展变化的过程，所以，在不同时期其内涵也有所差别。最初的华夏产生于中原地区，所以华夏是该地区古代部族的称谓。《辞海》"华夏"条说："古代汉族的自称，亦作'诸夏'"。为了明确华夏的含义，我们先来看看早期文献中是怎么记载的。

先秦文献中关于华夏的记载主要见于《左传》等典籍，多单称为华、诸华或夏、诸夏。

单称华者如：

《左传》襄公四年："诸华必叛。戎，禽兽也。获戎失华，无乃不可乎？"

《左传》襄公十一年："子教寡人和诸戎狄以正诸华。"

《左传》襄公十四年："我诸戎饮食衣服不与华同，赞币不通，言语不达，何恶之能为？"

《左传》昭公三十年："吴，周之胄裔也，而弃在海滨，不与姬通，今而始大，比于诸华。"

单称夏者如：

《尚书·舜典》"蛮夷猾夏，寇贼奸宄。"

《左传》闵公元年："戎狄豺狼，不可厌也；诸夏亲昵，不可弃也。"

《左传》僖公十五年："春，楚人伐徐，徐即诸夏故也。"

《左传》僖公二十一年："任、宿、须句、颛臾，风姓也，实司大皞与有济之祀，以服事诸夏。邾人灭须句。须句子来奔，因成风也。成风为之言于公曰：'崇明祀，保小寡，周礼也；蛮夷猾夏，周祸也。'"

《左传》襄公十三年："赫赫楚国，而君临之，抚有蛮夷，奄征南海，以属诸夏，而知其过，可不谓共乎？"

《左传》昭公十九年："晋之伯也，迩于诸夏。"

《左传》哀公二十年："吴犯间上国多矣，闻君亲讨焉，诸夏之人莫不欣喜。"

也有华、夏对举者：

如《左传》定公十年："裔不谋夏，夷不乱华。"

文献中关于华夏连称者不多，或认为出现较晚。较早者如《尚书·武成》"华夏蛮貊，罔不率俾，恭天成命。"

从以上所引文献分析，华和夏最初是有区别的。文献中的华多与戎相对，而戎一般认为是西方部族的通称，或称西戎。因此，华族的活动区域可能在与西戎相连的中原地区西部，即今之渭河流域[1]。夏与夏王朝、夏族有关，其起源当推向更早时期，而夏族的活动区域主要在以洛阳为中心的中原地区东部。所以，如果把两者上溯到仰韶文化时期，那么它们正好可以和仰韶文化核心区的东西两区相对应。至迟到东周时期，华和夏、诸华和诸夏的内涵已基本相同，都是指中原地区的诸族或诸国，在地域上与周代传世文献和出土青铜器铭文中所说的中国相同。

因此，华夏这个概念最初是指以黄河中游地区为主的中原地区的部族。作为中华古代文化的核心部分，在发展中不断与周边地区融合，最终形成统一的中华民族。

基于上述，我们在考古学上所说的华夏文明，主要是指以中原地区为主的夏商周三代及其以前的古代文明。如果考虑到中国是一个多民族统一国家，似以中华古代文明或中国古代文明的提法较为妥当。

二　海岱、中原两大文化区系相互关系的变迁

海岱地区和中原地区分属于以黄河流域为主的华北中、东部，地域相连，至少从两大文化区系开始形成时起，相互之间就开始了文化上的联系和接触。为了理清两地关系变迁的脉络和发展趋向，以下分阶段予以概略分析和归纳。

（一）后李文化和裴李岗文化时期

距今8500～7000年前后的时期，我们可以称之为裴李岗时代。这一时期的海岱地区和中原地区分别为后李文化和裴李岗文化，两者的年代大体相当。文化因素分析表明，双方除了各自具有一些新石器时代普遍存在的文化因素，如陶器和磨制石器的使用，半地穴式房屋的流行和墓葬的建造，农业经济和渔猎采集经济的并存，等等，我们没有发现双方之间有直接的人员往来和文化联系方面的证据。所以，可以认为此期的中原、海岱两大地区的新石器文化基本上是各自独立发展的。

这一时期又是中国新石器时代快速发展的一个启动阶段。以裴李岗文化为例，相当于裴李岗文化早期的贾湖一期时，遗址的数量甚少，其反映的史实则是人口稀少。到裴李岗文化中晚期，遗址的数量明显增多，迄今已发现的就有120余处[2]，实际数量可能更多，其中绝大多数集中分布在豫中地区，表明随着经济的发展，人口显著增殖。而在东方海岱地区，这一时期的遗址数量较少，已发现者总计不足20处，除了后李文化发现时日尚短，工作开展得还不充分之外，当时实际人口数量较少恐怕是主要原因。在这种情况下，双方之间缺乏联系也是自然而然的事情。

---

[1]　苏秉琦先生早在30多年以前就曾指出，"庙底沟类型遗存的分布中心是在华山附近。这正和传说华族发生及其最初形成阶段的活动和分布情形相像。所以，仰韶文化的庙底沟类型可能就是形成华族核心的人们的遗存；庙底沟类型的主要特征之一的花卉图案彩陶可能就是华族得名的由来，华山则是可能由于华族最初所居之地而得名。"见苏秉琦：《关于仰韶文化的若干问题》，《考古学报》1965年第1期，第81页。

[2]　孙新民：《河南省文物考古研究所建所五十周年回眸》，《华夏考古》2002年第2期，第84页。

早于裴李岗时代的新石器时代早期，中原和海岱两大地区目前尚为空白。再往前推，则是旧石器时代末期或中石器时代。我们发现，以安阳小南海洞穴堆积为代表的遗存，在诸多方面与鲁中南汶、泗流域地区近年来发现的小石器、细石器遗存相同或相似，因此，不排除两者之间曾存在着某种程度的联系[1]。

（二）北辛文化和大汶口文化早期阶段

与前一时期相比，距今7000～6100年前后的北辛文化时期情况产生了一些变化。

首先，鲁南苏北地区的北辛文化在文化内涵上，与裴李岗文化有诸多相同和相似之处。过去，通常是以两者年代相当、相互之间存在文化交流和影响来加以解释。经过比较分析，我们发现北辛文化在年代上应晚于裴李岗文化，而大体与仰韶文化半坡类型、石固第五期遗存的时代相当。同时，还注意到以石固第五期和大河村早期为代表的仰韶文化遗存，在文化面貌上与裴李岗文化有相当大的差别。其中一些重要的文化因素（如彩陶的大量流行、陶棺葬的盛行等）在裴李岗文化中找不到来源，而在其西邻关中地区的老官台文化（或称为大地湾文化）中则出现较早。同时，分布于河南南部的下王岗一期文化中，存在着浓厚的与裴李岗文化相似的文化因素。基于此，我曾认为，苏北鲁南地区的北辛文化和河南南部的下王岗一期文化，很有可能是由裴李岗文化发展而来，至少裴李岗文化是它们的来源之一[2]。而导致裴李岗文化的一部分向东向南迁徙的原因，有可能是迫于来自西方的压力[3]。

其次，在平行关系上，北辛文化和中原地区的同期仰韶文化之间互见对方的文化因素。例如：豫中地区早期仰韶文化遗存中，有少量来自北辛文化的文化因素，像石固第五期中的釜形鼎，就是北辛文化中的常见器形；而北辛文化中则存在着明显的来自中原地区的影响，如北辛遗址的儿童陶棺葬[4]，许多北辛文化遗址中发现的细颈瓶、瓶形口束颈圜底罐等器物，甚至北辛文化中的彩陶也有可能是受到中原地区仰韶文化的影响而出现的。

距今6100～5500年前后，海岱地区属于大汶口文化，其与仰韶文化庙底沟类型或称为仰韶中期大体属于同一时代。

这一时期，庙底沟类型在中原地区史前文化发展历史上达到了一个前所未有的高峰，文化传播和影响的触角伸向了四面八方。东方海岱地区大汶口文化的发展也渐入佳境，两个地区文化上的联系呈不断加强的趋势，但从两地区关系的基本格局上看，仍以中原地区对海岱地区的文化输出和影响占居上风。

在中原地区同期仰韶文化遗存中，如长葛石固、郑州大河村、甚至豫西的陕县庙底沟等遗址，

---

[1] 安志敏：《河南安阳小南海旧石器时代洞穴堆积的试掘》，《考古学报》1965年第1期；中国社会科学院考古研究所山东队：《山东汶、泗流域发现的一批细石器》，《考古》1993年第8期；栾丰实：《东夷考古》，山东大学出版社，1996年，第42页。

[2] 栾丰实：《北辛文化研究》，《考古学报》1998年第3期，第283、284页。

[3] 栾丰实：《试论后李文化》，《海岱地区考古研究》，山东大学出版社，1997年，第21～23页。

[4] 儿童陶棺葬最初产生于中原地区西部的关中地区，后来成为整个中原地区的文化要素之一，其使用范围以儿童为主，也曾扩及到成年人。东方地区一直缺乏这种埋葬习俗，目前只在北辛遗址中发现两例。参见中国社会科学院考古研究所山东队：《山东滕县北辛遗址发掘报告》，《考古学报》1984年第2期。

都存在着一定数量来自东方大汶口文化的文化因素，如小口釜形鼎、钵形豆和圆底筒形釜等大汶口文化风格的器形在这些遗址的仰韶文化遗存中都有发现。

另一方面，在大汶口文化中发现了相当数量的来自中原地区仰韶文化的文化因素。在这些因素中，最为突出的表现是在彩陶装饰方面。在许多大汶口文化早期阶段的遗址中，如江苏邳州刘林、大墩子、山东兖州王因、邹城野店、泰安大汶口等，都发现有一定数量的彩陶。在这些彩陶的构成因素中，明显受到中原地区仰韶文化影响的有：饰彩器形如曲腹钵和鼓腹盆；彩陶的颜色有黑、白、红、褐、黄五种；施彩方法中以白衣地最为流行，复彩较多；施彩部位除了以器腹中部以上为基本施彩区之外，尚有一定数量在器物口沿的沿面施彩；纹样母题中的圆点、弧线三角、勾叶、月牙、豆荚、对弧、背对三角以及由其中部分纹样组合成的各种图案，如花瓣图案、回旋勾连图案等。其中一些典型的纹样图案，还通过大汶口文化的中继而传播到了更为遥远的长江下游地区和辽东半岛地区等。

（三）大汶口文化中晚期阶段

大汶口文化中晚期阶段是大汶口文化在全国各大区系中迅速走向前列的时期。大约在早期阶段的后期，大汶口文化就开始酝酿着新的变革，最直观的表现就是大汶口遗址M2005等大型墓葬的出现。至大汶口文化中期阶段，这一变化扩及到大部分地区。这一时期，在中原地区和海岱地区文化联系的格局上，发生了一个重大变化，即由以往中原地区对东方的影响为主转向了相反的方向。关于中原地区仰韶文化晚期和庙底沟二期文化中存在着明显的来自东方的大汶口文化因素，除了一些发掘报告和简报给予明确的具体报道之外，不少学者陆续撰文予以分析，并提出了许多新颖的见解[1]。

（1）大汶口文化中期阶段的年代约为距今5500～5000年前后。与其相对应，在中原地区属于仰韶文化晚期，即许多学者所说的秦王寨类型或大河村类型时期。

中原地区的仰韶文化晚期遗址中，开始出现相当数量的来自东方大汶口文化的文化因素。这些文化因素按性质可以划分为两大类；第一类是与人员迁徙有关的考古遗存的发现；第二类是属于一般意义上的文化传播和文化影响范畴的内容。出现大汶口文化因素的区域则以豫东、豫中和豫东南一带为主。

属于第一类因素的遗存是由于较为明确的大汶口文化墓葬的发现而得到确认。已见诸报道的资料主要有两处。一是周口市烟草公司仓库发现的四座墓葬，除了随葬有部分典型的大汶口文化器物之外，还确认M4的墓主生前曾存在拔牙习俗，发掘者定其为大汶口人的墓葬当无疑问[2]。从报告公布的背壶等器形看，其时代属于大汶口文化中期偏晚时期。二是郑州大河村遗址第四期发现的M9，

[1]　研究中原地区大汶口文化的文章已有数篇，如：武津彦：《略论河南境内发现的大汶口文化》，《考古》1981年第3期；杨育彬：《河南考古·大汶口文化》，中州古籍出版社，1985年；韩维龙、秦永军：《周口地区的裴李岗、仰韶和大汶口文化》，《论仰韶文化》，《中原文物》（特刊），1986年；杜金鹏：《试论大汶口文化颍水类型》，《考古》1992年第2期；栾丰实：《试论仰韶时代东方与中原的关系》，《考古》1996年第4期；杨育彬：《试论河南境内大汶口文化与屈家岭文化——纪念苏秉琦师诞辰九十周年》，《苏秉琦与当代中国考古学》，科学出版社，2001年。
[2]　周口地区文化局文物科：《周口市大汶口文化墓葬清理简报》，《中原文物》1986年第1期。

此墓随葬有两件大汶口文化的背壶，一件为矮领，宽肩，肩部饰直线纹、叶状纹和网格纹红彩，另一件为溜肩，肩部也饰相同的网格纹和平行斜线红彩，原报告就定为"大汶口文化墓葬"[1]。其时代与周口发现的墓葬大体相当，也属于大汶口文化中期后段。此外，在豫中地区一些仰韶文化晚期遗址中，还发现一部分典型的大汶口文化遗物，如郑州大河村和禹县谷水河遗址发现的平底或圈足尊，从陶质到器形均与大汶口文化的同类器相同。像这种一般性器物在远离本土文化的区域出现，当是伴随着人口迁徙才会发生的现象。

第二类因素的内容较为宽泛，在分析时我们这样考虑，它们源自大汶口文化，但又部分地注入了本地文化的内容。具体表现为受到大汶口文化的影响而产生的一些器类，如壶、尊形瓿、盉、壶形鼎、圈足杯等。这些器物从来源上讲有两种情况：一是直接受到大汶口文化的影响而产生的；二是继承之当地先行文化，而更早的源头则为大汶口文化。

（2）大汶口文化晚期阶段的年代约在距今5000～4600年。在中原地区，这一阶段则主要为庙底沟二期文化，两者年代可以大体对应。

这一时期大汶口文化对中原地区的文化侵入和影响表现得更加突出，与前期相比，主要有以下三个显著特点。

一是人口迁徙的规模逐步加大并形成一个高潮，将中原地区东部相当大的一片变为大汶口文化的分布区。从皖北西部到豫东的商丘地区、开封地区东部和周口地区东部，许多遗址不仅发现了成片的大汶口文化墓地，还有明确的大汶口文化的文化层堆积。如淮阳平粮台[2]、鹿邑栾台[3]、郸城段寨[4]和商水章华台[5]等遗址，都提供了这一方面的证据。

二是在豫中、豫西和豫东南地区普遍发现大汶口文化的文化因素，并且这种文化因素中包括了人口迁徙的成分。作为人口迁徙的证据，是在一些遗址发现了被认为是大汶口人的墓葬，如偃师滑城M1[6]、平顶山寺岗的墓葬[7]等，都出土了一组完整的典型大汶口文化随葬陶器，故发现伊始，其性质就被发掘者确定为大汶口文化墓葬。至于典型的大汶口文化器物，发现的地点更多，例如：

偃师二里头遗址，除了有丰富的二里头文化遗存外，还发现过几个庙底沟二期文化时期的灰坑，其中发现一定数量的大汶口文化遗物，具体器形有泥质灰陶平底尊、圈足尊，夹砂粗灰陶篮纹大口尊等。另外发现的罐形鼎，形制为大口，腹较浅，腹饰篮纹，下部有一周堆纹，与大汶口文化的同类器也完全相同[8]。

偃师滑城遗址，该遗址只做过调查，局部进行了简单清理，除了M1出土一组大汶口文化随葬陶器之外，在清理的几个灰坑及采集品中，也发现了典型的大汶口文化器物，如H1的大口尊，形制为筒形，尖圆底，外表饰粗篮纹；H2的细泥灰陶平底尊（原报告称为大口圆腹罐）；采集的器沿外侧

[1] 郑州市博物馆：《郑州大河村遗址发掘报告》，《考古学报》1979年第3期，第341、342页。
[2] 河南省文物研究所、周口地区文化局文物科：《河南淮阳平粮台龙山文化城址试掘简报》，《文物》1983年第3期。
[3] 河南省文物研究所：《河南鹿邑栾台遗址发掘简报》，《华夏考古》1989年第1期。
[4] 郸城县文化馆：《河南郸城段砦出土大汶口文化遗物》，《考古》1981年第2期；曹桂岑：《郸城段寨遗址试掘》，《中原文物》1981年第3期。
[5] 商水县文化馆：《河南商水发现一处大汶口文化墓地》，《考古》1981年第1期。
[6] 中国科学院考古研究所洛阳发掘队：《河南偃师"滑城"考古调查简报》，《考古》1964年第1期。
[7] 张脱：《河南平顶山市发现一座大汶口类型墓葬》，《考古》1977年第5期。
[8] 中国社会科学院考古研究所二里头工作队：《河南偃师二里头遗址发现龙山文化早期遗存》，《考古》1982年第5期。

饰有喙状泥突的敛口罐,等等[1]。

禹县谷水河遗址,位于颍河流域,只做过调查和小面积试掘。谷水河新石器时代遗存分为三期,第一、二期为仰韶文化晚期,第三期为庙底沟二期文化时期。其实在第一、二期中就发现有大汶口文化的因素,如类似于大河村那种溜肩背壶等。第三期中大汶口文化因素更多,出土的典型大汶口文化遗物就有分档袋足鬶、圈足尊、圆形镂孔高足杯、菱形镂孔高足杯等。此外,谷水河遗址第三期陶器中黑陶的数量相当多,也是一个显著特色[2]。

三是在上述区域的外围,即晋南、陕东和豫西南、鄂北地区也存在着大汶口文化的影响,范围大大超过了前一个时期。当然,这一地区的大汶口文化因素,无论是内容还是数量均无法和上述几个区域相比,应属于一般意义上的文化交流,并且很有可能是经过河南地区的中继再向外扩散的。

(四)龙山文化时期

距今4600年前后,中原地区和海岱地区都进入了龙山文化时期。这一时期,两个地区的关系可以分为前后两段。

龙山文化时期前段,可能是受资料的局限,我们在这一时期豫中、豫西地区的龙山文化遗存中没有发现像大汶口文化晚期那种大量并且明确的来自东方的文化侵入现象,而是进入了一个相对平稳的发展时期。此期中原地区直接来自东方的文化因素,以豫北和冀南地区较为多见,如汤阴白营[3]、安阳后冈[4]、大寒[5]、八里庄[6]、永年台口[7]、磁县下潘汪[8]等遗址中,都发现了数量可观的来自东方海岱龙山文化的文化因素。而豫中和豫西地区的情况则有所不同,多数为先行文化中来自东方的文化因素的延伸和发展。如源自东方的陶鬶,已经融入了中原龙山文化之中并成为其自身因素之一,如果比较此时中原和东方的陶鬶,两者明显不同,它们是同一类器物,也可能有着相同的功能,但却各循着自己的方向发展。再如觚形杯、高柄杯等,都是如此[9]。

东方海岱龙山文化的早期遗存中,也绝少见到来自中原地区的文化因素。

龙山文化时期后段,情况有了一定变化。除了豫北、冀南地区仍然发现相当数量的东方海岱龙山文化的文化因素之外,豫中和豫西地区,能够确定为直接来自东方的文化因素不多,如新密市新砦遗址龙山文化晚期的瓦足盆等[10]。此外,还有一些双方共同存在的相同或相似器形,目前尚不能确指其来源,如高分档袋足甗、大平底盆、圈足盘、浅盘豆、罐形单耳杯、筒形条纹单耳杯、浅盘镂

[1] 中国科学院考古研究所洛阳发掘队:《河南偃师"滑城"考古调查简报》,《考古》1964年第1期。

[2] 河南省博物馆:《河南禹县谷水河遗址发掘简报》,《考古》1979年第4期。

[3] 河南省安阳地区文物管理委员会:《河南汤阴白营龙山文化遗址》,《考古》1980年第3期;《汤阴白营河南龙山文化村落遗址发掘报告》,《考古学集刊·3》,中国社会科学出版社,1983年。

[4] 中国社会科学院考古研究所安阳工作队:《1979年安阳后冈遗址发掘报告》,《考古学报》1985年第1期。

[5] 中国社会科学院考古研究所安阳工作队:《安阳大寒村南岗遗址》,《考古学报》1990年第1期。

[6] 安阳地区文管会:《安阳八里庄龙山遗址发掘简报》,《河南文博通讯》1980年第2期。

[7] 河北省文化局文物工作队:《河北永年县台口村遗址发掘简报》,《考古》1962年第12期。

[8] 河北省文物管理处:《磁县下潘汪遗址发掘报告》,《考古学报》1975年第1期。

[9] 现在中原龙山文化的分期研究还不够细密,在庙底沟二期文化与龙山文化的衔接上也存在问题。所以还存在另外一种可能,即相当于海岱龙山文化早期阶段的遗存发现较少,或还没有被清楚地分离出来。

[10] 北京大学考古文博院、郑州市文物考古研究所:《河南新密市新砦遗址1999年试掘简报》,《华夏考古》2000年第4期。

孔算子等[1]。

这一时期在东方海岱龙山文化中，特别是其西部地区，发现了一定数量的具有中原龙山文化风格的因素。如类似瓮棺葬（以大陶片覆盖尸体）的儿童墓的发现，拍印纹（主要是篮纹、方格纹和绳纹）的出现和增多，等等。需要指出的是，豫东、皖北和鲁西南地区的龙山文化，其文化性质一直存在着争议，我曾从文化要素的主体、来源、发展去向等几个方面分析其文化性质属于海岱龙山文化[2]。在这一地区，龙山文化前后段时期东西方文化因素的数量有明显差别。如鹿邑栾台遗址，龙山文化前段，"在文化内涵上有很大成份与东部龙山文化较接近"。龙山文化后段，"除直接承袭了早段遗存的文化因素外，来自后冈二期文化、王湾三期文化的因素明显增大"[3]。

按古史传说，夏初曾发生了"后羿、寒浞代夏"的重大历史事件。后羿、寒浞均为东夷之人，他们取代夏王执掌夏政的史实，理应在考古学上有所反映和体现。从年代学上分析，夏初不出龙山文化晚期，准确地说应当与其中某段相当。但从以上的简略分析中可知，龙山文化晚期的中原地区，来自东方的文化因素反而较少，这又不能不说是一个令人费解的问题。当然，也有另外一种可能，即后羿代夏的时代可能更晚，相当于前些年赵芝荃先生提出来的介于龙山文化晚期和二里头文化之间的"新砦期"遗存[4]。

（五）岳石文化和二里头文化时期

距今4000年前后，中原地区和海岱地区分别进入了二里头文化和岳石文化时期，两地在文化上仍然保持着频繁的接触和密切的交往，这在考古学上有明确的反映。

关于"新砦期"遗存。这是20世纪80年代初由于新密市新砦遗址的发掘[5]而开始提出并认识的一类遗存，经1999和2000年的发掘再次确认[6]。实际上，它是一种介于龙山文化（王湾三期文化）和二里头文化之间的一种过渡性遗存。关于这一类遗存文化性质的归属，目前学术界有三种不同的意见：一是将其归入龙山文化，作为龙山文化的最末一期；二是将其单立出来，称新砦文化；三是认同赵芝荃先生早年的意见，把它作为二里头文化的一个早期阶段，即在原来的二里头文化一期之前再加一期，或可直接称之为二里头文化新砦期。在历史上的夏朝与现在发现的考古学文化之间的对应关系尚未最终确定之前，我认为暂时将其单独称为新砦期亦未尝不可，待以后资料丰富了，可以在夏朝与已有考古学文化的关系问题上给出一个明确而被广泛接受的意见时，再来确定其归属也不迟。

较之龙山文化晚期，新砦期遗存中确实有较多来自东方的文化因素。如瓦足盆、侧三角形足的罐形鼎、矮子母口近直腹假圈足缸、近子母口双耳圈足壶、覆盆形器盖等。这些因素的存在，或许可以与"后羿代夏"的史实相联系。

以二里头遗存为代表的二里头文化中，存在着相当数量的来自东方的文化因素。从总体上说，

[1] 出土这些器物的遗址较多，如禹县瓦店、登封王城岗、临汝煤山、新密古城寨、郾城郝家台等都有发现。
[2] 栾丰实：《龙山文化王油坊类型初论》，《考古》1992年第10期。
[3] 河南省文物研究所：《河南鹿邑栾台遗址发掘简报》，《华夏考古》1989年第1期，第13页。
[4] 赵芝荃：《略论新砦期二里头文化》，《中国考古学会第四次年会论文集》，文物出版社，1985年。
[5] 中国社会科学院考古研究所河南二队：《河南密县新砦遗址的试掘》，《考古》1981年第5期。
[6] 北京大学考古文博院、郑州市文物考古研究所：《河南新密市新砦遗址1999年试掘简报》，《华夏考古》2000年第4期。

二里头一期中的东方文化因素，多数与海岱龙山文化晚期有关，如鬶、大平底盆、瓦足盆、双耳圈足壶、长颈壶、圈足盘、盆形豆、觚和覆盘形器盖等[1]。当然，也有可能它们是继承新砦期和当地龙山文化发展而来。同时，也确实在二里头一期中出现了岳石文化的因素，如一种长颈小尊，器形和风格均与岳石文化相同，再如发现的陶爵，红褐陶，器表有刮抹痕迹，也具有岳石文化的风格[2]。

二里头遗址二、三期中的东方因素，主要来自岳石文化，除了陶器之外，还出现岳石文化典型的半月形石刀。二里头四期中的岳石文化因素数量最多，器形种类也有所增加，还出现了与岳石文化完全相同的半月形双孔石刀。并且，有些铜器的风格也与岳石文化相似[3]。

反观东方的岳石文化，除了西部地区（主要指鲁西和豫东地区）有少量二里头文化因素出现之外，其他地区基本上不见来自中原地区的二里头文化的因素。

（六）商代时期

距今3600年前后中原地区进入了历史上第二个王朝——商代。有商一代，中原地区一直和东方保持着性质不同的密切接触和联系。

据文献记载，商人和夏人非为一族，夏居中原，而商族起源于东方，随着自身势力的发展和夏王朝的衰落渐次西进，最终灭掉夏朝建立起强大的商王朝。

不少学者认为，商族大本营所在的东方就在今之豫东的商丘、鲁西南的菏泽和皖西北一带。而此地考古学文化的发展序列基本清楚，即：

小山口一类遗存→石山子一类遗存→虞城马庄早期遗存→亳州傅庄下层遗存→尉迟寺类型→王油坊类型→鹿台岗-安邱堌堆类型岳石文化→栾台二里冈下层商文化→安邱堌堆二里冈上层文化→晚商文化。

在上列的一长串年代依次的考古学文化遗存中，与商朝起始关系最为密切的当属岳石文化。同时，与岳石文化偏晚时期相当的郑州南关外下层遗存中，发现了占据优势的岳石文化或具有岳石文化风格的遗存[4]。基于此，我曾提出豫东鲁西南地区的岳石文化可能就是商文化的主要来源的观点[5]。随后，张光直、张长寿先生也表示过类似的看法[6]。

在中原地区二里头文化四期和二里冈下层文化中，仍然存在着浓厚的岳石文化因素。

二里冈上层文化中，岳石文化的因素明显减少，但仍然发现一些典型的岳石文化因素，如在二里冈遗址上层[7]、小双桥遗址[8]等发现的岳石文化的陶甗、罐、长方形孔石镢等，后者或认为与"仲

---

[1] 中国社会科学院考古研究所：《偃师二里头——1959年～1978年考古发掘报告》，中国大百科全书出版社，1999年。本节以下所引，皆出自本书。

[2] 中国社会科学院考古研究所：《偃师二里头——1959年～1978年考古发掘报告》，中国大百科全书出版社，1999年，图29，10；图38。

[3] 栾丰实：《二里头遗址中的东方文化因素》，《华夏考古》2006年第3期。

[4] 河南省博物馆：《郑州南关外商代遗址的发掘》，《考古学报》1973年第1期。

[5] 栾丰实：《试论岳石文化与郑州地区早期商文化的关系——兼论商族起源问题》，《华夏考古》1994年第4期。

[6] 张光直、张长寿：《河南商丘地区殷商文明调查发掘初步报告》，《考古》1997年第4期。

[7] 河南省文化局工作队：《郑州二里冈》，科学出版社，1959年。

[8] 河南省文物考古研究所等：《1995年郑州小双桥遗址的发掘》，《华夏考古》1996年第3期。

丁征蓝夷"的记载有关。

殷墟期商文化中，除了还存在个别半月形双孔石刀等，岳石文化的因素已经消失。

三　结论

以上我们按不同的阶段分析了中原、海岱两大区系的文化联系。纵观新石器时代以来的历史，没有哪个地区比海岱地区与中原地区之间的联系更为广泛和密切，这似乎也为"夷夏东西说"提供了最好的注解。从文化联系的趋势上看，两个地区大约经历了四个阶段。

第一阶段，距今7000年以前的裴李岗时代，两个地区之间基本上看不出有明显的文化联系。像定居聚落的出现、旱作农业的发明、家畜饲养业的产生、制陶技术和制作各种质料的工具的磨制技术的运用，等等，都可以看作是社会发展的同步性所形成的现象。相比较而言，裴李岗文化的发展水平要高于同期的后李文化，在社会内部的组织和结构上似乎后李文化也晚了一步。

第二阶段，距今7000前开始，保持到距今5300年左右。裴李岗文化的末期，他的一支可能沿着淮河流域向东迁徙，辗转来到苏北、鲁南地区，与当地文化融合，形成了一支新的考古学文化，即北辛文化。中原地区与东方之间的联系通道也由此打开。所以，在仰韶时代早期，即相当于半坡类型时期，中原地区与东方之间的文化联系持续不断地开展起来。在将近两千年的发展时间内，在文化联系的趋势上，基本上是以中原地区对东方的文化传播和影响为主。仔细考察这一过程可以发现，在庙底沟类型偏晚至稍后时期，即距今5800～5300年前后，中原地区对东方的文化传播达到了高峰。这种现象后来再也没有出现过。

第三阶段，距今5300～3500年前后，相当于大汶口文化中期阶段偏晚至岳石文化早中期，中原地区则是仰韶文化晚期到二里冈下层文化时期。两地文化联系的趋向发生了逆转，基本上是以东方对中原地区的文化输出为主，而相反的影响则要小得多。细察之，这近两千年的过程中又有三个高潮。

一是大汶口文化晚期阶段。此期东方海岱地区对中原地区的文化输出可以说是全方位的，其主要特征是伴随着较大规模的人口迁徙，形成了一个东方文化侵入的浪潮。这个浪潮完成之后，造成了这样的格局：豫东兰考－杞县－周口一线以东地区，基本上变成了新的大汶口文化分布区；京广铁路沿线乃至洛阳一带，也有大汶口人的行踪，他们带来了东方文化，并逐渐与当地人融合到了一起，一定程度上改变了此后的中原文化，或许这就是由仰韶文化转变为庙底沟二期文化的原因之一[1]。大汶口文化这次长达数百年的西进运动，可以说对中原系文化的发展产生了深远的影响。所以，从某种意义上可以说，最终形成的华夏文明中具有相当比例的东方文化基因。后来夏代时期作为礼制的标志的礼器基本组合，都是从这一时期传播来的东方文化因素中繁衍发展出来的。

二是夏代初期，在考古学文化上相当于龙山文化末期至二里头文化初期。这次东方文化对中原地区的影响主要是"后羿代夏"的具体体现。就考古发现而言，这次影响的力度虽然远远无法和前

---

[1]　距今5000年前后，只有中原地区由仰韶文化发展为庙底沟二期文化（或称为早期龙山文化），而其他几个主要地区，都还保持着原有的文化，如海岱地区的大汶口文化、太湖地区的良渚文化、江汉地区的屈家岭文化、甘青地区的马家窑文化等，莫不如此。

一个时期相比，但影响是确确实实存在的。

　　三是夏末商初。来自东方的岳石文化因素大量进入中原地区。无论是按照商文化起源于东方岳石文化的说法，还是商夷联军共同灭夏的观点，东方文化无疑又一次大举进入中原地区，极大地丰富了中原地区原有文化，在碰撞和征服中加快了中原地区华夏文明的成长壮大，为晚商时期光辉灿烂的青铜文明奠定了基础。

　　第四阶段，商周时期。东方其他海岱系文化逐渐融入到中原文化之中，成为了中原华夏文化的一个重要组成部分。这一过程持续到东周才基本完成。东周以后，黄淮下游地区逐渐与中原地区在政治、经济、文化上融为一体，诚如《汉书·东夷传》所言："秦并六国，其淮、泗夷皆散为民户"，代表着东方文化的夷或东夷随即在这一地区消失了。

　　（原载《华夏文明的形成与发展——河南省文物考古研究所建所五十周年庆祝会暨华夏文明的形成与发展学术研讨会论文集》，大象出版社，2003年）

试论仰韶时代东方与中原的关系

　　七十多年以来，经过考古学界几代人的不懈追求和努力，中华大地各主要区系新石器文化的时空框架得已基本确立。这些不同谱系的新石器文化之间，既存在着本质区别，又具有千丝万缕的联系。因而，在它们各自的社会发展进程中，表现出极其相似的阶段性。据此，在反复比较、分析的基础之上，综合一部分学者的意见，可以将中国目前已发现的主要新石器文化，划分为三个大的时代，为了研究上的方便，分别称之为裴李岗时代、仰韶时代和龙山时代[1]。

　　裴李岗时代距今年代约在8500～7000年之间，相当于新石器时代中期。仰韶时代距今年代约在7000～5000年之间，相当于新石器时代晚期。龙山时代距今年代约在5000～4000年之间，因为这一时期铜器已经开始出现，一部分学者将其作为中国的铜石并用时代，在一些主要区系，龙山时代已进入中国古代文明的初期阶段。

　　在仰韶时代，以泰山为中心的海岱地区和以嵩山为中心的中原地区东部，地域毗邻，两区域之间没有高山大川的阻隔，并不像有人所认为的那样，"由于地理隔绝，在公元前三千年代之前，黄河中下游共存的两大文化几乎没有多少联系"[2]，而是自始至终存在着文化上的往来与交流。对此，尽管有不少学者在一些论著中涉及，但是尚缺乏系统地分析和讨论。下面，我们着重探讨这一问题。

一

　　以嵩山为中心的郑州、洛阳、许昌一带（以下简称为豫中地区），地处中原地区东部，形势居天下之中，新石器文化十分发达。这一区域仰韶文化分期体系的确定和文化内涵、特征的认识，主要建立在洛阳王湾[3]、郑州大河村[4]和长葛石固[5]等遗址的发掘、研究基础之上。据现有资料和研究成果，这一地区的仰韶文化可以划分为早、中、晚三个大的阶段。早期阶段，以石固第五期和王湾第一期第1段[6]为代表，大河村第一期中少量早期遗存可以归入此期。中期阶段，以大河村第一、二期，王湾第一期第2段和石固第六期为代表，郑州后庄王遗址下、中层主要遗存属于此期[7]。晚期阶

　　[1]　龙山时代系严文明先生首先提出，见《龙山文化和龙山时代》，《文物》1981年第6期。仰韶时代在一些人的论述中已有提及，如《略论仰韶文化的起源和发展阶段》（《仰韶文化研究》，文物出版社，1989年）、《仰韶时代文化刍议》（《论仰韶文化》，《中原文物》1986年（特刊））等。在本文的划分中，把庙底沟二期文化及其同时期诸文化一并归入龙山时代。

　　[2]　何宏波：《上古洪水传说与中原地区龙山时代城堡》，《郑州大学学报》1994年第1期。

　　[3]　北京大学考古实习队：《洛阳王湾遗址发掘简报》，《考古》1961年第4期。

　　[4]　郑州市博物馆：《郑州大河村遗址发掘报告》，《考古学报》1979年第3期。

　　[5]　河南省文物研究所：《长葛石固遗址发掘报告》，《华夏考古》1987年第1期。

　　[6]　严文明：《从王湾看仰韶村》，《仰韶文化研究》，文物出版社，1989年。

　　[7]　河南省文物研究所：《郑州后庄王遗址的发掘》，《华夏考古》1988年第1期。

段，以王湾第二期第1至3段，大河村第三、四期和石固第七、八期为代表，后庄王上层、禹县谷水河部分遗存[1]属于此期。上述三大期，分别和传统上认为的仰韶文化半坡类型、庙底沟类型和西王村类型（或称为秦王寨类型）大体同时。其绝对年代分别约在距今7000～6000年、6000～5500年、5500～5000年之间。

地处东方的海岱地区，新石器文化的发展谱系最为清楚。在仰韶时代期间，亦可以划分为三个阶段，这就是北辛文化、大汶口文化早期阶段和中期阶段。北辛文化时期，海岱文化区已经基本形成，其年代约在距今7000～6100年之间，与豫中地区仰韶文化早期约略相当。大汶口文化早期阶段，约在距今6100～5500年之间，与豫中地区仰韶文化中期大体同时。大汶口文化中期阶段，约在距今5500～5000年之间，与豫中地区仰韶文化晚期时间一致。

中原地区和海岱地区仰韶时代文化分期的建立和相互之间年代、期别对应关系的确定，为我们分析和讨论两个地区之间的文化交流提供了基本前提。

二

在仰韶时代早期阶段，海岱地区和中原地区之间的文化联系，表现在物质文化遗存上，可以区分为两类文化因素。

1. 两个地区共有的文化因素

主要有红顶钵、大口斜腹盆、小口双耳罐和缸形器等。红顶钵分布范围较广，北辛文化和豫中地区仰韶文化均有发现，尤以北辛文化为多。所谓红顶钵，主要是指在钵的口沿外侧上部有一周砖红色宽带，颜色不甚一致，或红，或黄，或褐，习惯上称之为"红顶钵"。这一现象的形成，主要是由于烧制技术方面的原因所致，即采用多个陶钵叠摞入窑烧制方法的结果。这种叠摞烧制陶器的技术产生较早，在裴李岗文化中就已经运用。对北辛文化红顶钵的成因，郑笑梅先生较早作出了正确解释[2]。大口斜腹平底盆两地区互见，口沿外侧多有一周窄凹槽，这种盆北辛文化数量稍多，并且始见于时代更早的后李文化，豫中及其以西地区数量较少，可能与来自东方的影响有关。小口双耳罐是两地区共有器形，但北辛文化甚多，豫中地区较少，并且形制也有差别。小口双耳罐是裴李岗文化的主要器类，数量甚多，如相比较，其与北辛文化的同类器更接近，而与该地区仰韶文化早期同类器相差较远。所谓缸形器，是一种大口深腹器物，形体较大，直口或微内敛，颈部或微束，其突出特征是在口沿之下附加一周密集的泥突，泥突呈尖部朝下方弯曲的长喙形。这种器物一直延续到较晚时期，最近几年，有的学者指出其为陶鼓[3]。北辛文化见于邹平苑城遗址[4]，豫中地区仰韶文

[1] 中国社会科学院考古研究所洛阳工作队：《1975年豫西考古调查》，《考古》1978年第1期；河南省博物馆：《河南禹县谷水河遗址发掘简报》，《考古》1979年第4期。

[2] 郑笑梅：《试谈北辛文化及其与大汶口文化的关系》，《山东史前文化论文集》，齐鲁书社，1986年。

[3] 高天麟：《黄河流域新石器文化的陶鼓辨析》，《考古学报》，1991年第2期；陈国庆：《鼍鼓源流考》，《中原文物》1991年第2期；赵世纲：《仰韶文化陶鼓辨析》，《华夏考古》1993年第1期。

[4] 山东大学历史系考古专业：《山东邹平县苑城早期新石器文化遗址调查》，《考古》1989年第6期；山东省文物考古研究所：《山东邹平苑城西南庄遗址勘探、试掘简报》，《考古与文物》1992年第2期。

化早期则见于长葛石固，均为残片，但属于同一类器物则明确无误（图一）。

关于第一类文化因素产生的原因，不外有三种可能：一是由于时代接近而各自形成的相似特征；二是文化传播和影响的结果，因为两地区这一时期的工作开展得均不充分，故暂时还难以明确指出其来源；三是可能共同继承自裴李岗文化。从地域方面的因素分析，豫中地区的早期仰韶文化，最有可能是由裴李岗文化发展而来的，不少学者为寻找两者之间的联系，已经做出了许多努力，但这一问题仍未解决。实际上，裴李岗文化与北辛文化的文化内涵、特征更为接近，两者之间有着密切的内在联系[1]。根据目前的考古发现，我们可以做进一步的推测，分布于豫中地区的裴李岗文化，在其晚期向外域迁徙：一支向西南方向移动，进入汉水流域北部，创造了下王岗"仰韶"一期文化[2]；另一支向东方迁徙，越过豫东平原，来到山东苏北一带，与后李文化融合成一支新的文化——北辛文化[3]。继续留在当地的裴李岗人，则被来自西方的文化所淹没，只是在某些方面还保留着固有的传统。而裴李岗人向域外迁徙的原因，或许就是由于受到了来自西方（关中地区）的强大压力才不得已而为之。这种被迫离开自己历代繁衍生息的中原地区的痛苦经历，代代相传，一直留在东迁人们的记忆之中。至于后来大汶口文化太昊族的大举西迁，只是一种为了实现其返回故土的夙愿而已。

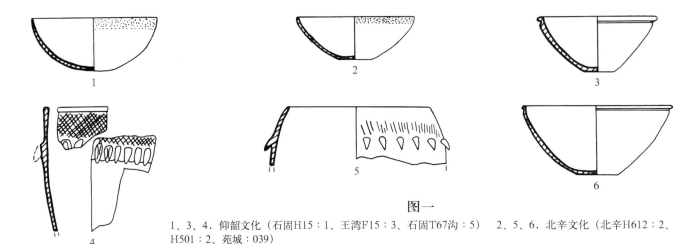

图一

1、3、4. 仰韶文化（石固H15：1、王湾F15：3、石固T67沟：5）　2、5、6. 北辛文化（北辛H612：2、H501：2、苑城：039）

2. 相互传播和影响的文化因素，即两个地区各自的文化中，存在着一定数量来自对方的文化因素

在多处北辛文化遗址中，发现有来自豫中地区仰韶文化的文化因素。如果细分，这些外来文化因素还可以分为两小类。一类是与其母体文化完全相同或基本相同的因素，可简称为二甲类因素；另一类是进行了改造但还保持着母体文化的风格，或者是把某些对方风格部分地移植到自身文化上

[1] 张忠培、乔梁：《后冈一期文化研究》，《考古学报》1992年第3期；栾丰实：《北辛文化研究》，《海岱地区考古研究》，山东大学出版社，1997年。

[2] 河南省文物研究所等：《淅川下王岗》，文物出版社，1989年。下王岗"仰韶"一期与仰韶文化有较大差异，两者的来源不完全相同。

[3] 后李文化主要分布于鲁北地区，鲁中南、苏北一带目前尚未发现。不过，皖北宿县小山口、古台寺的早期遗存，与后李文化十分相似，很可能为同一类遗存，见《安徽宿县小山口和古台寺遗址试掘简报》，《考古》1993年第12期。

的因素，可简称为二乙类因素。

二甲类因素主要有儿童瓮棺葬和陶器中的细颈瓶。所谓瓮棺葬，是古代人们以瓮、罐、钵等陶器为葬具来安置死者的一种葬俗。就现有资料而言，这一类特殊葬俗最早出现于裴李岗时代的关中地区。至仰韶文化早期，以关中地区的半坡类型最为流行，已成为其文化内涵的重要内容之一。同时，随着这一类型的对外扩张，瓮棺葬的葬俗也向周围地区传播开来。地处东方的海岱地区，在新石器时代瓮棺葬极为罕见，其不是本地固有习俗可以定论。北辛遗址发现的2座婴儿瓮棺葬[1]，显然是在中原地区仰韶文化影响之下产生的。细颈瓶亦为半坡类型的典型器物，在北辛文化的一些遗址中，如北辛、大墩子[2]、大伊山[3]等遗址均见到完整的同类瓶或残片，其厚唇、细颈和折腹的作风，与石固、下王岗等遗址出土的同类瓶十分相似（图二）。瓮棺葬习俗和细颈瓶的原产地应在关中地区，它们在千里之外的东方地区出现，应是从豫中地区直接传播而来的。

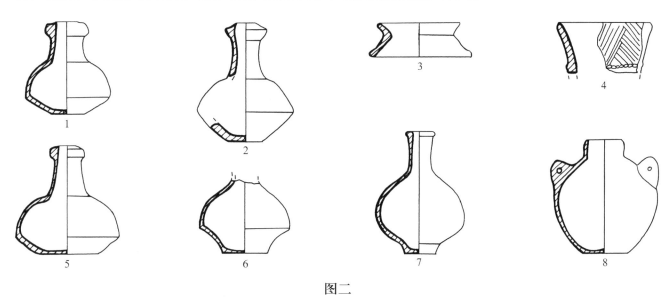

图二

1～3．仰韶文化（石固采：20、下王岗M698：1、石固T68②：2）　4～8．北辛文化（苑城：089、北辛H506：1、大伊山M15：5、2、东贾柏H13：32）

二乙类因素主要有近似杯形口的双耳罐、圆腹小平底瓶和器座等。杯形口风格是半坡类型的典型特征之一，豫中地区也甚为常见，主要见于尖底瓶、葫芦形瓶等器形，也见于部分罐类。汶上东贾柏遗址北辛文化中的一件双耳罐，其双耳及罐身为典型的北辛文化特征，口部近似杯形，显然是两种风格的结合[4]。灌云大伊山墓地除了发现典型的细颈折腹瓶外，还出土了一件管状细长颈、圆肩圆腹、假圈足状小平底瓶，未见于其他的北辛文化遗址。器座为中原地区仰韶文化早期阶段常见器形，形态为束腰或折腰，多上、下对称。北辛文化多支脚而少器座，即使是在其后续文化中器座也甚为少见。因此，北辛文化发现的少量折腰形器座，可能是在中原地区的影响之下产生的（图二，3、4、6～8）。

[1] 中国社会科学院考古研究所山东队等：《山东滕县北辛遗址发掘报告》，《考古学报》1984年第2期。

[2] 南京博物院：《江苏邳县四户镇大墩子遗址探掘报告》，《考古学报》1964年第2期。

[3] 连云港市博物馆：《江苏灌云大伊山新石器时代遗址第一次发掘报告》，《东南文化》1988年第2期。

[4] 中国社会科学院考古研究所山东工作队：《山东汶上县东贾柏村新石器时代遗址发掘简报》，《考古》1993年第6期。

此外，在北辛文化中还有极少量简单的彩陶装饰，以及在部分器物肩部施加密集弦纹的作法，也应该是中原地区仰韶文化影响下的产物。

在豫中地区早期仰韶文化之中，也明显存在来自北辛文化的文化因素。由于目前这一区域的仰韶文化早期遗存发现较少，暂时还难以做小类的划分。

豫中地区来自北辛文化的因素，在陶器上主要有鼎和颈部内凹的折腹盆。鼎是中国新石器文化最重要的器类之一，其在中国古代历史中的地位，显然要高于鬲等其他器类。在裴李岗时代诸文化中，以分布于豫中地区的裴李岗文化三足器最为发达。这里不仅有大量的三足钵，并出现了名副其实的鼎，种类也不止一种，至少有盆形、罐形、釜形之分，但数量不多，说明他还不是主要器类。到仰韶时代早期阶段，有两个地区鼎的数量较多。一个是东方的北辛文化，另一个是丹江流域的下王岗"仰韶"一期文化。其中以前者最为发达，鼎在北辛文化中得到了充分发展。如前所述，这两个区域的仰韶时代早期文化均与裴李岗文化有一定的渊源关系，它们二者之间的亲缘关系，由陶鼎的存在上可见一斑。因此，鼎的产生应始于豫中地区的裴李岗文化。后来，随着裴李岗人的迁徙，才在海岱地区的北辛文化中得到发扬光大。豫中地区早期仰韶文化中鼎的数量不多，主要有釜形鼎和罐形鼎两类，均与北辛文化关系密切。釜形鼎见于石固五期，形制为高领，圆腹，圜底，锥状足外撇。与北辛遗址北辛文化早期的三足釜基本一致，唯前者三足高大且位置外移，时代应略晚一些，两者当有渊源关系。罐形鼎见于王湾第一期第1段，形制为窄折沿，圆腹，圜底，锥状足。形制相同的鼎见于北辛文化中、晚期，唯北辛文化的鼎腹多饰堆纹或刻划纹。北辛文化中、晚期还常见一种折腹盆，侈口，颈部微内曲，圜底，底部或附三个矮足[1]。此类盆也偶见于豫中地区早期仰韶文化，如石固五期Ⅱ式盆（H225∶15）即属于此类（图三）。

综上所述，在仰韶时代早期阶段，海岱地区的北辛文化和中原地区的早期仰韶文化之间，已经明确存在着文化上的往来和交流。就现有资料而言，双方之间的交流方式是以文化影响为主，其相互关系的趋向，似以中原地区对东方的影响稍占上风。

仰韶时代早期阶段的豫北冀南地区，分布着以后冈下层为代表的一类遗存，其文化面貌具有相对的独立性。对其文化性质，学术界存在着两种截然不同的意见。传统的看法认为其属于中原文化系统，是仰韶文化的一部分，可称之为后冈类型[2]；近年来有的学者对上述看法提出了异议，认为应将其划归东方系统，可称之为后冈一期文化，时间坐标在北辛文化与大汶口文化之间[3]。对此，本文不拟进行讨论，这里只想说明两点：一是后冈下层一类遗存与北辛文化的关系，较之豫中地区早期仰韶文化更为密切；二是后冈下层一类遗存的年代上限，至少可以早到北辛文化中期。东贾柏H13是北辛文化中期的典型单位，该灰坑出土一件瓶形口束颈圜底罐，为目前北辛文化所仅见，显然是一种外来因素。与其完全相同的器形，在河南省的濮阳西水坡遗址[4]和河北省的武安赵窑遗址[5]均有发

[1] 济青公路文物工作队：《山东临淄后李遗址第三、四次发掘简报》，《考古》1994年第2期。

[2] 中国社会科学院考古研究所：《新中国的考古发现和研究》，文物出版社，1984年；严文明：《仰韶文化研究》，文物出版社，1989年。持此种见解的论著甚多，兹不一一列举。

[3] 张忠培、乔梁：《后岗一期文化研究》，《考古学报》1992年第3期。

[4] 濮阳市文物管理委员会等：《河南濮阳西水坡遗址发掘简报》，《文物》1988年第3期。

[5] 唐云明：《试谈豫北、冀南仰韶文化的类型与分期》，《考古》1977年第4期。

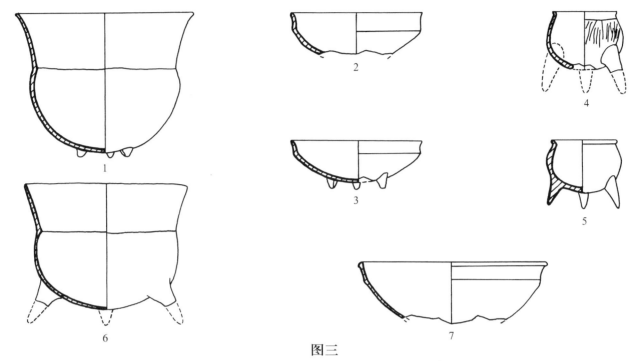

图三

1～4. 北辛文化（北辛H601：20、后李H2452：12、3、北辛H18：41）　　5～7. 仰韶文化（王湾F15：2、石固B H11：1、H225：15）

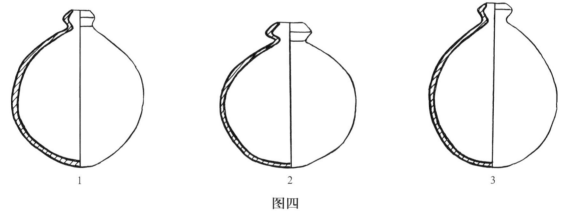

图四

1. 北辛文化（东贾柏H13：39）　　2、3. 后冈一期文化（西水坡T235：7、赵窑H21：7）

现。这种文化上的交流，清楚地表明两者所处的年代大致相当（图四）。此外，在聊城地区的一些北辛文化遗址中，如阳谷阿城、红埝堆等，采集到与仰韶文化早期阶段相似的瓶口[1]，同类器形在豫北冀南地区也多有发现，北辛文化中来自豫北冀南的文化因素十分明显。

三

仰韶时代中期阶段，海岱地区由北辛文化发展为大汶口文化早期，中原地区则进入以庙底沟类型为代表的仰韶文化中期。这一时期双方之间的文化交流和影响，呈现出逐渐加强的趋势。

[1] 赵乃光、郭争明：《山东聊城地区新石器时代遗址调查》，《考古学集刊·7》，科学出版社，1991年。

　　大汶口文化早期阶段，可以再细分为前、后两期。前期，大汶口文化中的仰韶文化因素甚少。在汶、泗流域一些重要遗址（如野店、王因、刘林、大汶口等）的器物群中，基本上不见豫中地区仰韶文化的因素。到后期，大汶口文化中的仰韶文化因素突然增多，这主要表现在陶器的器类和彩陶装饰两个方面。

1. 陶器器形

　　明确来自仰韶文化的器形主要有钵、碗、盆和器座等。钵是海岱地区新石器文化常见器形，其在属于裴李岗时代的后李文化中即已出现，北辛文化时期十分流行，是数量最多的器类之一。至北辛文化晚期，敛口深腹钵成为主要形态，并出现矮三足钵。大汶口文化早期阶段，三足钵渐次流行（习惯上称为钵形鼎），并且还有一定数量的角状把手钵，平底钵较少。在一些遗址发现的彩陶钵，口部内敛极甚，或有微微凸起的榫状颈，肩部则显著外鼓，下腹内收甚急，小平底，整个器形异常特化，与大汶口文化自身所有的前述几种钵判然有别。查同类钵，以大河村第二期一类仰韶文化遗存中最为流行，其无疑是由豫中地区传播而来的。大汶口文化的陶盆中，有一种形制为卷沿或斜折沿，圆鼓腹，下腹急收成小平底，其中不少画彩。此类盆以豫西地区仰韶文化最常见，豫中地区亦有相当数量，大汶口文化中的这一类盆当直接来自后者，或受其影响而产生。大汶口文化碗的数量不多，其中一种下腹显著内收的平底碗，具有典型的中原仰韶文化特征，应与其影响有关。器座是豫中地区仰韶文化常见器形，其产生较早，数量也多，大汶口文化中发现的少量器座，形态与其相似（图五）。

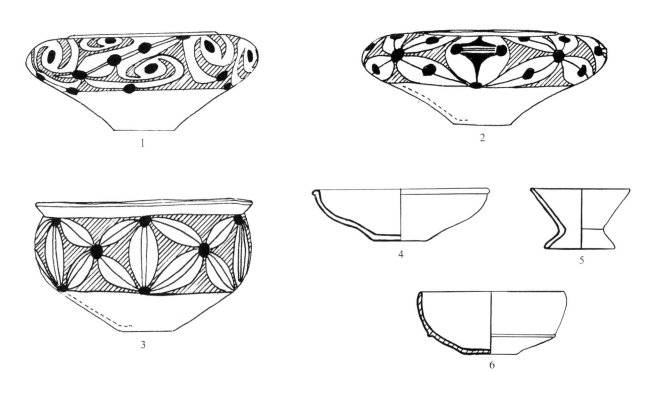

图五

1、4. 刘林（M72：1、M86：1）　2、3、6. 大墩子（M33：8、M30：8、M4：11）　5. 王因（M214：1）

2. 彩陶装饰

中国新石器时代的彩陶产生于裴李岗时代。在裴李岗时代诸文化之中，分布于关中、陇东和汉水上游地区的大地湾文化（或称老官台文化）彩陶出现最早，数量也多。自大地湾文化早期，直至仰韶文化晚期，彩陶艺术在这里代代相因，长盛不衰，延续时间长达三千多年之久。环顾周围地区其他新石器文化的彩陶，或数量较少，或出现时间较晚，多数二者兼而有之。因此，在不排除个别地区也曾独立发明彩陶的前提之下，可以确认，中国彩陶的主源就在渭河流域一带。地处东方的海岱地区，彩陶作为一种装饰艺术一直不甚发达。直到北辛文化晚期和大汶口文化早期阶段前期，才在中原地区的影响之下，出现少量纹样简单的彩陶。至大汶口文化早期阶段后期，海岱地区的彩陶，无论是数量还是纹样的种类，与以前相比，均显著增多，彩陶的绘画技法也有了巨大的进步。究其原因，除了自身传统的发展之外，主要是由于受到了外力的推动，即来自豫中地区仰韶文化的直接传播和强烈影响，从而部分地改变了海岱地区人们的风尚和审美观念。这种传播和影响，可以从三个方面予以分析。

首先，两地区的彩陶数量，在各自文化中所占的比例相差甚大。豫中地区在仰韶时代早期，彩陶所占比例就较高，到仰韶时代中期，这一比例又有提高。如大河村第一、二期，彩陶所占比例分别为33.6%和36.3%。而海岱地区北辛文化时期，仅有零星彩陶发现，数量极少。到大汶口文化早期阶段，彩陶数量开始增多，但在全部陶器（片）中的比例仍然很低。如刘林遗址，第二次发掘所获陶片21876片，其中仅有38片彩陶，所占比例不足0.2%[1]。即使是彩陶比例较高的野店遗址ⅡT445第五层（属大汶口文化早期阶段后期），也不过为5.4%[2]。

其次，是彩陶颜色的种类和画彩的方法。大汶口文化早期阶段彩陶的颜色，有黑、白、红、褐、黄五种，豫中地区仰韶文化则为黑、白、红、棕、黄五种。前者的褐色和后者的棕色应是一大类，只是叫法不同。因此，两地区彩陶颜色的种类是相同的，只是在数量上前者少而后者多。在用彩的方法上，对地色的处理方面，两地区均有原地、白衣地、红衣地和褐（或棕）衣地等四种情况，其中均以白衣地数量较多。此外，在豫中地区还发现有施黄衣地色的现象，说明这里的地色种类更为多样化。在色调的运用和搭配方面，单彩绘画者两地均以黑彩为主，复彩则都以白地绘黑、红二彩数量最多。

第三，彩陶的纹样母题，如圆点、弧线三角、勾叶、月牙、豆荚、背对三角、对弧、圆圈、短线等，以及由其中几种纹样组合成的花瓣纹图案和回旋勾连图案（图五），无不与豫中地区仰韶文化相同，而它们在豫中地区仰韶文化中数量更多、更为流行。因此，我认为大汶口文化早期阶段的彩陶装饰，主要是在豫中地区仰韶文化的传播和影响之下发展起来的。至于辽东半岛南部的小珠山中层文化[3]和长江下游地区的崧泽文化[4]中的少量彩陶装饰，如勾连纹、花瓣纹等，则应是从大汶口文化间接引入的。在这里，大汶口文化起到了"二传手"的作用。

应该指出，大汶口文化在接受中原地区彩陶艺术传播和影响的同时，也从消化改造和创新两

[1] 南京博物院：《江苏邳县刘林新石器时代遗址第二次发掘》，《考古学报》1965年第2期。
[2] 山东省博物馆、山东省文物考古研究所：《邹县野店》，文物出版社，1985年。
[3] 辽宁省博物馆等：《长海县广鹿岛大长山岛贝丘遗址》，《考古学报》1981年第1期。
[4] 崧泽文化中的弧边三角、圆点、花瓣纹等彩陶纹样，见于崧泽、草鞋山和青墩等遗址。

个方面做出了自己的积极努力，从而逐渐向具有自身特色的彩陶艺术风格过渡。例如，在彩陶图案的色调搭配上：或者以红色、褐色为地，再用白色画出图案，并用黑色勾边；或者用深褐色画出图案，再用白色勾边。这些手法主要施于具有本地特征的图案之上，应为自身风格。此外，用黄彩绘画主体图案，并用红、褐彩搭配的现象[1]，似也未见于中原地区仰韶文化。在主体纹样母题中，连续"几"字纹、草叶纹、四边形纹（或套饰毛边）、括号纹、云雷纹、齿状纹、"角状"正反勾连或接连纹[2]、八角星纹等，则不见或少见于中原地区仰韶文化。关于大汶口文化的八角星纹，或认为与大河村类型的六角星纹有联系[3]。对此，有必要略加分析。大汶口文化的八角星纹，见于汶、泗流域的大墩子[4]、野店[5]、西夏侯[6]、大汶口[7]和远居茫茫渤海之中的大黑山岛北庄[8]等遗址，分布范围相当广泛。其流行时间为大汶口文化早期阶段偏晚和中期阶段偏早。八角星纹的绘画方法是，在红色的地子上，用白彩画出八角星，星之内中留出方形或长方形红地为心，方心的边框和八角星的外轮廓则用黑彩或近似深褐色彩勾线，鲜艳的色调对比使图案显得格外醒目。此外，刻划而成的相同纹样亦见于同时期的纺轮之上（图六，1、2），并播及江淮之间的青墩[9]和江南地区的崧泽[10]、潘家塘[11]等遗址。豫中地区仰韶文化常见一种六角星彩陶纹样，时代为仰韶文化晚期偏早时期，即大河村第三期。这种六角星纹的绘图方法，采用了当地的传统技法，即在白色地子上画黑、红两色彩或

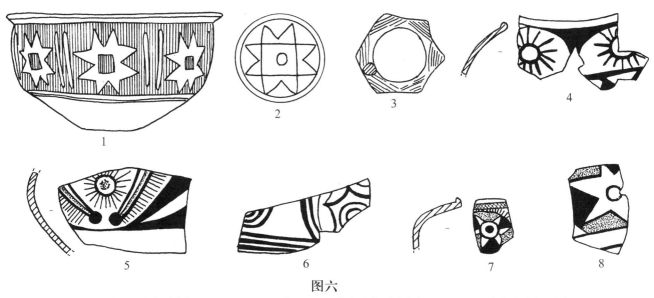

图六

1、2. 大汶口文化（大墩子M44：4、T3：11）　　3～8. 仰韶文化（庙底沟T122A：53、余者皆为大河村）

[1]　济南市文化局文物处等：《山东章丘县西部原始文化遗址调查》，《海岱考古（第一辑）》，山东大学出版社，1989年。

[2]　发现于刘林、野店等遗址，见《考古学报》1965年2期，第36页，图二五，9；《邹县野店》图三九，4；彩版二，2、3。

[3]　张忠培：《大汶口文化刘林期遗存试析》，《吉林大学学报（社会科学版）》1979年第1期。

[4]　南京博物院：《江苏邳县四户镇大墩子遗址探掘报告》，《考古学报》1964年第2期。

[5]　山东省博物馆、山东省文物考古研究所：《邹县野店》，文物出版社，1985年。

[6]　中国社会科学院考古研究所山东工作队：《西夏侯遗址第二次发掘报告》，《考古学报》1986年第3期。

[7]　山东省文物管理处、济南市博物馆：《大汶口——新石器时代墓葬发掘报告》，文物出版社，1974年。

[8]　北京大学考古实习队等：《山东长岛北庄遗址发掘简报》，《考古》1987年第5期。

[9]　南京博物院：《江苏海安青墩遗址》，《考古学报》1983年第2期。

[10]　上海市文物保管委员会：《崧泽——新石器时代遗址发掘报告》，文物出版社，1987年。

[11]　武进县文化馆等：《江苏武进潘家塘新石器时代遗址调查与试掘》，《考古》1979年第5期。

黑色单彩，六角星的纹样则由留出的白色地子予以显示。由于六角星之正中均加绘一个黑色的圆圈或圆点，从而与当地同一时期习见的太阳纹有相似之处，其或者就是太阳纹的发展或变体（图六，4～8）。我们还发现，在豫中及其以西地区仰韶时代中期，如陕县庙底沟遗址[1]，还流行一种外缘呈五角形、六角形、七角形和齿轮形，内缘为圆形的陶环，其中以六角形者较多，他与稍后阶段流行的六角星彩陶纹样之间，似也不无联系（图六，3）。总之，大汶口文化的八角星纹和豫中地区仰韶文化的六角星纹彩陶纹饰，纹样图案不同，绘画方法有别，并且两地区也不互见。如果说两地区之间有联系的话，倒有可能是时代稍晚的大河村类型，通过借鉴大汶口文化的八角星纹，而创造出具有自身特色的六角星纹。

豫中地区仰韶文化中期遗存中，也存在一些来自东方大汶口文化的因素。表现在陶器上，主要有小口釜形鼎和大口盆形鼎两类，均与大汶口文化有密切联系。釜形鼎的形制为小口，矮颈，锐折腹，圜底，下附三个扁足或瓦状足。这一类鼎的分布，以郑州及其以南地区较多，越往西去，数量越少。地处豫西的庙底沟遗址仅采集到一件，再往西、北地区，则只见到类似的釜。就现有资料而言，小口釜形鼎在当地找不到直接来源。在时代更早的贾湖裴李岗文化遗址中，曾发现一件类似的鼎，口部已残[2]。它与仰韶文化中期的年代差距在千年以上，目前两者还无法直接类比。与其相似的小口釜形鼎，在东方大汶口文化早期阶段就十分流行，其渊源可以追溯到北辛文化。因此，我们原则上同意这样的看法：小口釜形鼎在中原地区的出现，与来自东方的传播和影响有关[3]。但又注入了一些本地的因素，如肩部多饰弦纹，足多为瓦状或中脊下凹的扁体形。在更远的西部地区，甚至还创造出与其器身配套使用的灶，从而成为一种消化外来因素的范例。位置偏西南的淅川下王岗遗址，在"仰韶"第二期中发现的小口釜形鼎（《淅川下王岗》图一六三，7），形态更接近大汶口文化的同类器，两者之间当另有联系途径。豫中地区仰韶文化中期还有一定数量的盆形鼎，形制为大口，折沿，折腹，圜底，宽扁足或侧三角凿形足。这一类鼎主要分布于郑州及其以南地区，向西少见。与其相似的鼎只见于大汶口文化早期阶段后期。反观大河村第二期和后庄王中层出土的该类鼎，已附有成熟形侧三角凿形足，时代显然要晚于前述小口釜形鼎，应为该期偏晚，甚至有可能晚到大河村第三期之初。大河村第二期出土的钵形豆，形制近直口，斜腹，中部偏下有凸棱一周，与大墩子等遗址的同类豆基本相同。此外，在豫西的庙底沟遗址还出土了一件筒形圜底釜，形制与大汶口文化的直壁圜底釜甚为接近（图七），如果两者有联系的话，也应该是通过豫中地区的中介来实现的。

要之，在仰韶时代中期阶段，中原地区和东方海岱地区之间文化交流的趋向，可以划分为两个阶段。前期，两地区之间的交流不多，从小口釜形鼎的扩散来看，似乎东方对中原的影响稍占上风。到后期，中原地区对东方的传播和影响急剧扩大，并很快达到其高峰，明显占据优势，这一阶段的绝对年代约在距今5800～5500年之间。这一时期，恰恰是以庙底沟类型为代表的仰韶文化最为发达、辐射力最为强劲的辉煌时期。这就是上述文化交流趋向发生巨大变化的社会历史背景。相反，大汶口文化对中原地区仰韶文化的影响比较微弱，在双方文化交流的趋向上，显然居于从属地位。

---

[1] 中国科学院考古研究所：《庙底沟与三里桥》，科学出版社，1959年。

[2] 河南省文物研究所：《河南舞阳贾湖新石器时代遗址第二至六次发掘简报》，《文物》1989年第1期。

[3] 吴汝祚：《北辛文化的几个问题》，《庆祝苏秉琦考古五十五年论文集》，文物出版社，1989年。

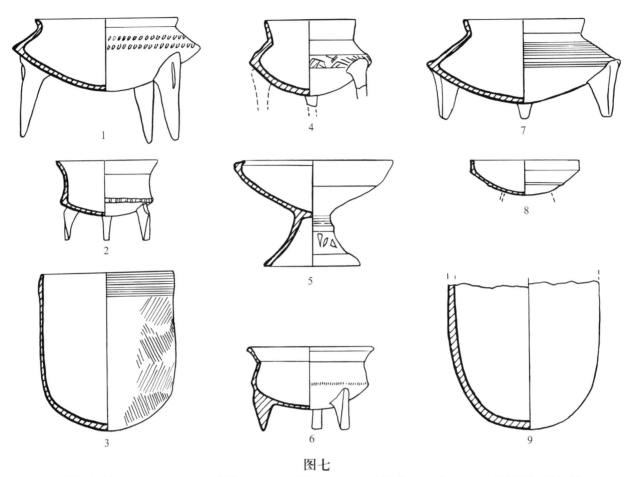

图七

1~5. 大汶口文化（王因H28：6、M2301：1、刘林M192：1、王因M2149：1、大墩子M26：1）　　6~9. 仰韶文化（大河村T21⑤：18、石固H55：2、大河村M61：2、庙底沟H60：08）

四

　　距今5500年左右，进入仰韶时代晚期阶段。这一时期，中原和东方之间文化交流和影响的形势，又发生了较大变化。

　　随着大汶口文化的崛起，海岱地区此期来自仰韶文化的影响，从前一时期的高峰状态迅速滑落。以致在这一时期的资料中，明确的仰韶文化因素数量甚少。在陶器的器形上，只有极个别器类具有中原地区仰韶文化的特征。如大墩子遗址发现一件大口、深腹、平底较大的罐，腹部画彩[1]，与大河村的同类器相似。在彩陶方面，大汶口文化中期阶段彩陶的数量仍然不多，与早期不同的是，已形成自己的风格和特征。绘画手法以在原地和红衣地上画彩为主，以白衣为地的现象已经消失，颜色多为黑色，也有红、白、黄、褐等诸色，均承之早期。彩陶图案的纹样母题，以由折线带分界的上、下错对三角网纹最为常见，还有带状网纹、波浪纹、斜栅纹、折线纹、连贝纹、圆圈纹、涡纹、垂弧纹、八角星纹等。早期流行的花瓣纹仍然有少量残留。就整体特征而言，大汶口文化中期阶段的彩陶数量和种类均较少，与大河村类型差别甚大。后者流行的太阳纹、六角星纹、梳形纹、

---

[1]　南京博物院：《江苏邳县四户镇大墩子遗址探掘报告》，《考古学报》1964年第2期，图三七，4。

锯齿纹、"X·S"纹等,均不见于大汶口文化。两者共有的各种网状纹,大汶口文化中数量更多,也更为流行,似乎也未受到大河村类型的直接传播和影响。

与上述情况相反,分布于豫中地区仰韶文化大河村类型中,来自东方的大汶口文化因素逐渐增多。大河村类型可以划分为早、晚两期,早期以大河村第三期为代表,晚期以大河村第四期和后庄王上层部分遗存为代表,如果细究,晚期还可以再进一步划分。

大河村类型早期遗存中的大汶口文化因素,已有一定数量,但少见与原产地完全相同的现象,多数经过了一定程度的改造,但仍然保留着原有风格。反映在陶器上,主要有鼎、壶、豆和杯等器类。鼎有小口壶形和深腹盆形两类,分别见于大河村和石固等遗址。这两类鼎在中原地区仰韶文化中数量很少,而大汶口文化中数量稍多,且来源清楚,其接受自东方无疑,但又注入了本地因素,如在器身上部或颈部加饰密集的弦纹。壶亦有两种。一种是长颈圆鼓腹壶,为大汶口文化的常见器形,形态也基本相同,如大河村F1:30彩陶壶[1],与野店M22:31壶十分接近,而底部加矮圈足者,则又是融汇了其他文化的特点。另一种是双耳壶,大河村曾发现一件造型标致的双连壶(F1:29),形制为斜高颈,溜肩,平底,壶身连通,腹有粗双耳。察其形态,与大汶口文化的早期背壶形似。豆也有两种。一种是敞口,折腹,浅盘,高圈足,与大汶口文化中期前段流行的同类豆相比,豆盘部分完全相同,唯圈足有别。另一种是敛口,折腹,豆盘较深,矮圈足,与大汶口文化的同类豆基本一致。豆在大河村类型中数量甚少,而大汶口文化中期甚多,前者引自后者十分明确。大河村等遗址发现的少量折腹矮圈足杯,其基本形制与大墩子、刘林等遗址的同类器有相似之处,两者之间亦应有联系(图八)。

此外,在大河村遗址发掘报告中曾指出:"Ⅲ式罐与大汶口Ⅶ式宽肩壶相似。"[2]不少学者赞同这一看法,其实不然,像大河村这种大口圈足罐,根本不见于大汶口文化。况且,报告所类比的大汶口遗址Ⅶ式宽肩壶,不仅器形与大河村Ⅲ式罐相差甚远,而且出土该类壶的M60,属大汶口文化晚期阶段偏晚时期,两者的年代至少相距七百年左右。实际上,大河村类型这种为数不多的大口罐,来源就在当地。其上部特征,如大口,中高颈,折腹处有宽凹弦纹等,均与同时期的大口折腹鼎相同,而该类鼎在当地数量颇多,其为借鉴后创造出来的新器形一目了然(图九,5、6)。大河村报告还指出:"Ⅰ式鼎与江苏邳县刘林Ⅲ式鼎基本相同。"[3]大河村第三期Ⅰ式鼎为高折领,斜圆肩,折肩处有凸棱或凹槽,侧三角凿形足,该类鼎的数量较多,在当地的来源去向均比较清楚。刘林遗址的Ⅲ式鼎,属于大汶口文化早期阶段前期,年代与大河村类型相距较远,形态也有差别。与大河村Ⅰ式鼎外形最相似的刘林M213:4一类鼎,在大汶口文化中数量甚少,两者之间似无直接联系。

大河村类型早期遗存中的大汶口文化因素,除了一部分属于大汶口文化中期阶段较早时期之外,还有一些具有大汶口文化早期阶段后期之末的特征,表明其时代上距早期不远。如果将大汶口文化中期再细分为前、中、后三段,以大河村第三期为代表的大河村类型早期,应与大汶口文化中期前段的时代相当。

---

[1] 郑州市博物馆:《郑州大河村仰韶文化的房基遗址》,《考古》1973年第6期,图版叁,1。
[2] 郑州市博物馆:《郑州大河村遗址发掘报告》,《考古学报》1979年第3期。
[3] 郑州市博物馆:《郑州大河村遗址发掘报告》,《考古学报》1979年第3期。

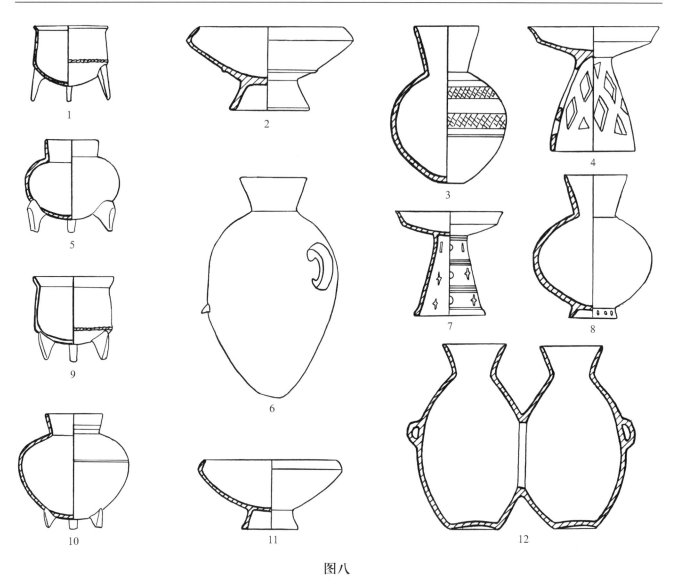

图八

1～6. 大汶口文化（王因M2301、刘林M156：2、野店M22：31、大汶口M73：3、M54：38、野店M35：3）　7～12. 仰韶文化（大河村F20：5、21、F19：2、F20：12、后庄王：327、大河村F1：29）

到大河村类型晚期，来自大汶口文化的文化因素，不仅数量逐渐增多，在地域分布上也有向西拓展的趋向。与早期不同的是，这一时期的东方文化因素，可以明确地分为两小类。

第一小类是典型的大汶口文化因素，主要有背壶、宽肩壶、平底尊、圈足尊、豆和杯等。背壶是大汶口文化特有的器类，犹如仰韶文化之尖底瓶，背壶始见于大汶口文化中期前段，消失于晚期之末，变化脉络十分清晰。大河村类型中的背壶主要有两类，别为两型。A型为溜肩背壶，见于大河村和谷水河[1]等遗址。早年在郑州林山寨发现的一件背壶[2]，形态为矮颈，弧形溜肩，深腹，平底较大，一侧扁平，属于此类，时代约在中期后段，或将其定为晚期，似不妥。B型为宽肩背壶，见于大河村。这两类背壶分别与大汶口文化的同类背壶相同或相似，属于背壶的较早时期形态。宽

[1]　中国社会科学院考古研究所洛阳工作队：《1975年豫西考古调查》，《考古》1978年第1期。
[2]　郑州市文化局文物工作一队：《郑州西郊仰韶文化遗址发掘简报》，《考古通讯》1958年第2期。

肩壶为大汶口文化特征性器类，大河村、谷水河等遗址发现的此类壶，形制为高颈略粗，宽肩，肩部或有附加堆纹，与大汶口文化同时期的宽肩壶基本一致。尊类器物亦为大汶口文化中、晚期典型器类，通常为细泥青灰陶，有平底和圈足之别。平底尊见于大河村，器体较矮肥，属较早形态；圈足尊则有高、矮两体，分别见于大河村和谷水河，时代较前述平底尊略晚，约当大汶口文化中期后段。这些尊类器物从陶质到器形，均与大汶口文化同类器相同或相近。大汶口文化中期陶豆十分发达，种类、数量均较多，是主要器类之一。大河村类型晚期的陶豆，较之早期略有增多，分布面也比较广，依豆盘的形态，可以分为两类，别为两型。A 型豆盘为近直口，见于谷水河、王湾等遗址，甚至在晋西南的仰韶文化晚期遗址中也可以见到[1]。B 型豆盘为敛口，见于大河村等遗址。相同形态的豆均见于大汶口文化。来自大汶口文化的陶杯亦可分为两型。A 型，篦形圈足杯。B 型，大口筒形杯，器表或绘带状彩。均见于谷水河遗址。这两类杯均与大汶口文化的同类杯相同（图一〇、一一）。

　　第二小类为源于大汶口文化，但又部分地注入了本地内容的因素，主要有壶形鼎、盉、壶、圈足杯、尊形甗等。这一类因素或是接受了大汶口文化的影响，如盉、壶、尊形甗等；或是承之当地早期文化，而其源头在大汶口文化，如壶形鼎、圈足折腹杯等（图九，1～4）。

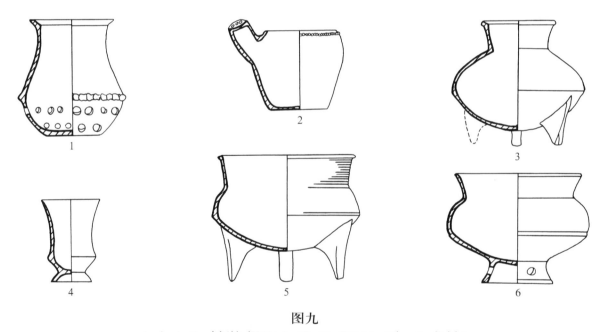

图九
1、2、4～6. 大河村（H66：8、17、10、F20：2、25）　3. 谷水河

　　综上所述，在仰韶时代晚期阶段，随着仰韶文化的衰落和大汶口文化的崛起，中原和海岱地区之间文化交流的趋向，发生了根本性的逆转。中原仰韶文化对东方的影响迅速回落并趋于消失，而东方对中原地区的文化传播和影响渐居主导地位，并呈现出方兴未艾之势。如果再进一步分析，则可以发现，这一时期前段，大河村类型中的大汶口文化因素，基本上还是属于文化传播和影响的范畴。到后一阶段，则拉开了大汶口人大举向西迁徙的序幕，像大河村M9和周口地区烟草公司仓库的

[1]　中国社会科学院考古研究所山西工作队：《山西芮城东庄村和西王村遗址的发掘》，《考古学报》1973年第1期。

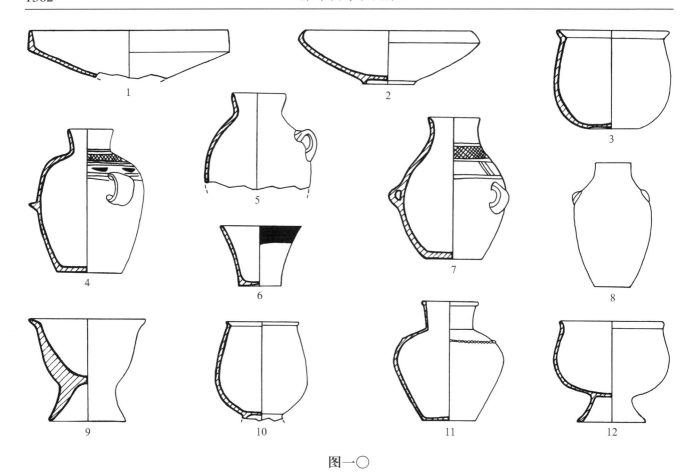

图一○

1、5、6、9、12. 谷水河　2~4、7、10、11. 大河村 (T3④：27、H66：2、M91：1、2、T6和T7南扩④：26、T1④：5)　8. 林山寨

墓葬[1]等，就是西迁的大汶口人先驱们的遗存。

　　至龙山时代早期，即距今5000~4600年前后，大汶口人的西迁达到高潮，而文化影响的辐射面则指向更远的区域。对此，已有学者进行过详尽的研究[2]，此不赘述。这里只做一概括性说明。关于大汶口人向中原地区的迁徙、文化传播和影响，在空间分布上可以划分为三个地带。

　　第一地带，为东部地区，主要包括安徽省的淮北西部、山东省的西南部和河南省的杞县到周口一线以东地区。这一区域由于大汶口人的大量涌入，驱除和同化了当地的土著文化，从而形成了与山东、苏北地区同时期文化面貌基本一致，但又有所区别的一支大汶口文化。可以作为大汶口文化一个新的地方类型，如果以典型遗址命名的话，可以将其称为"尉迟寺类型"[3]。这一类型的形成，大大地拓展了海岱文化区的范围。而有关"太昊"传说在这一区域的流传，应该与大汶口人的到来有着密切联系。

　　第二地带，位居第一地带之西，主要包括河南省中部和东南部一带，呈弧形分布，向西可达

　　[1]　周口地区文化局文物科：《周口市大汶口文化墓葬清理简报》，《中原文物》1986年第1期。

　　[2]　武津彦：《略论河南境内发现的大汶口文化》，《考古》1981年第3期；杜金鹏：《试论大汶口文化颍水类型》，《考古》1992年第2期。

　　[3]　此前，已有人提出将豫东地区的大汶口文化命名为"段寨类型"，段寨遗址仅做过试掘，对其文化性质的认识也不一致。今以最近几年经过连续大面积发掘、文化内涵十分丰富的安徽蒙城尉迟寺遗址命名之。

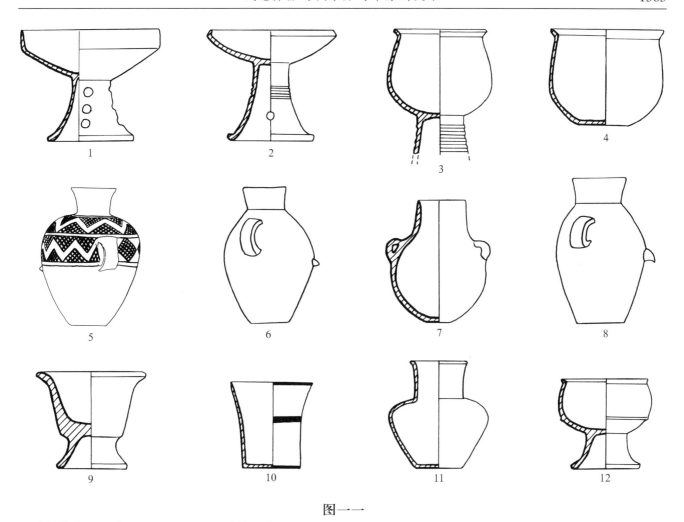

图一一

1. 大墩子（M12：4）　2、4～7、9、10. 大汶口（M118：8、M63：1、M19：19、M81：8、M43：2、M9：42、M35：9）　3、8、11、12. 花厅（M18：31、M19：11、M16：38、32）

洛阳盆地。这一区域的庙底沟二期文化一类遗存中，不仅包含着大量的大汶口文化因素，而且还在若干处地点发现过大汶口人的墓葬，如平顶山寺岗[1]和偃师滑城[2]等。这些自东方迁徙而来的大汶口人，对当地社会经济和文化的发展，做出了卓越的贡献，他们将自身的传统文化逐渐与当地文化融为一体，极大地丰富了中原地区龙山时代早期文化的内涵。其中许多文化成分，又被当地先后继起的以王湾三期为代表的龙山文化和二里头文化所继承，成为夏文化的渊源之一。但是，在这一地区，东来的大汶口人并未能改变当地原有文化的文化性质。因此，这一地带与第二地带，在文化性质上有着质的差别，不应将其视为大汶口文化的地方类型。

第三地带，位于第二地带之外侧，主要包括晋南、陕东、豫西南和鄂北地区。这一区域的同时期诸文化遗存中，或多或少均发现有大汶口文化的因素。但是，无论是文化内容还是存在的数量，均无法与第二地带相比，应属于一般意义上的文化交流和影响。

[1]　张脱：《河南平顶山市发现一座大汶口文化类型墓葬》，《考古》1977年第5期。
[2]　中国科学院考古研究所洛阳发掘队：《河南偃师"滑城"考古调查简报》，《考古》1964年第1期。

五

海岱地区和中原地区，是目前我国新石器文化谱系研究得最为清楚的两个地区，也是保存传说时期古代文献最丰富的地区。新石器时代以来，这两个地区之间一直保持着文化上的往来和交流，其中既有单纯的文化传播和影响，也有人员的往来和人口的迁徙。对于两地区之间文化往来和影响的趋向，可简要归纳如下。

在裴李岗时代，两地区之间已经存在联系。此期之末，中原地区由于受到来自西方（主要是关中地区）的强大压力，裴李岗文化的一支东迁至海岱地区，与一部分后李文化会合后，形成一支新的文化——北辛文化。

仰韶时代早期阶段，两地区互有往来，在文化交流的趋向上，似以中原地区仰韶文化对东方地区北辛文化的影响稍占上风。

仰韶时代中期阶段，东方大汶口文化对中原地区的影响略有上升，但维持时间不长，就被以庙底沟期为代表的发达的仰韶文化的对外扩张大潮所取代，这种现象到本期后段达到高峰。与此同时，我们在北抵长城内外、南达长江两岸、西到青海东部的广大区域之内，都发现有庙底沟期仰韶文化的踪迹。这一为时不算甚长的时期，是仰韶文化两千年发展史上最为辉煌的阶段。

仰韶时代晚期阶段，中原地区仰韶文化的势力衰退，而东方大汶口文化迅速崛起。这种力量对比上的消长，在文化传播、影响的进退上得到了反映和证明。大汶口文化对中原地区由文化传播和影响，进而发展到人口迁徙的移民，逐渐形成一股潮流。这种趋势到龙山时代早期后段，即距今4800~4600年前后达到高潮。这一西进大潮，不仅大大地拓展了海岱文化区的范围，而且对中原地区龙山时代文化的发展和夏王朝的形成，都有不容忽视的作用和贡献。

此后，一直到二里冈下层商文化之初，中间除了龙山时代末期一段时间，中原地区对东方的影响稍占优势之外，海岱地区对中原地区的文化影响始终占据主导地位。

（原载《考古》1996年第4期；后收入《海岱地区考古研究》，山东大学出版社，1997年）

论城子崖类型与后冈类型的关系

海岱地区龙山文化城子崖类型与中原地区龙山文化后冈二期类型（以下简称为后冈类型），均主要分布于黄河下游的冲积平原上。两类型地域毗邻，时代相当，相互之间的文化交流、传播和影响较为频繁。因此，双方在各自的文化内涵中包含有若干来自对方的文化因素。对这些外来文化因素在主体文化中的地位和作用的认识，影响着我们对两类型文化性质的判定。那么，梳理和分析这些深入到对方文化中的文化因素，对于正确把握两类型的文化性质、文化的内涵和外延，进而探讨海岱地区的夷人文化和中原地区的华夏文化之间的关系，无疑是会有所裨益的。

一

城子崖类型[1]，系指泰山以北、淄河以西的鲁西北地区的龙山文化，分布区域包括山东省的聊城、德州、惠民三地区和济南、淄博两市。对于这一区域以城子崖下层遗存为代表的龙山文化，与其东、其西地区同时期文化遗存的关系，早在半个多世纪以前就曾引起学术界的注意。梁思永先生认为，"地理上处在山东沿海区与豫北区之间的城子崖，有着一批似乎是接壤地区所生产的陶器"[2]，与其以东、以西地区的区别主要是地域差异。尹达先生则将龙山文化划分为三大期，城子崖下层遗存为其中之一期，即龙山期，并认为在时间上晚于东部沿海的两城期，而早于豫北地区的辛村期[3]。这些论述，成为后来黄河下游地区龙山文化研究的基础，对学术界有着深远的影响。

20世纪70年代以来，随着鲁西北地区龙山文化田野考古工作的开展，资料迅速增多，尤其是茌平尚庄和邹平丁公两遗址较大面积的发掘[4]，发现大批城子崖类型的遗迹和遗物，具备了比较深入地研究这一地区龙山文化的面貌、特征、分期和年代等问题的条件，从而使此前的许多模糊认识得以澄清。

依据尚庄和丁公两遗址的发掘资料，我们将城子崖类型划分为六期。

第一期 以丁公第一次发掘的第13层和H107、H1075等为代表。主要陶器器形有宽折沿瘦长腹

[1] 在一些研究者的论述中，城子崖类型包括泰山南北和苏北一带的广大区域，有人甚至将鲁东南的沂、沭河流域也归入其中。如吴汝祚、杜在忠：《两城类型分期问题初探》，《考古学报》1984年第1期；韩榕：《试论城子崖类型》，《考古学报》1989年第2期。笔者认为，泰山以南的汶、泗流域和泰山以北的小清河、徒骇河流域，文化面貌有一定差异，应划分为两个类型，即尹家城类型和城子崖类型。至于鲁东南地区的沂、沭河流域，则是另外一个类型。

[2] 梁思永：《龙山文化——中国文明的史前期之一》，《梁思永考古论文集》，科学出版社，1959年。

[3] 尹达：《中国新石器时代》，生活·读书·新知三联书店，1955年。

[4] 山东省文物考古研究所：《茌平尚庄新石器时代遗址》，《考古学报》1985年第4期；山东大学历史系考古专业、邹平县文化局：《山东邹平丁公遗址试掘简报》，《考古》1989年第5期；山东大学历史系考古专业：《山东邹平丁公遗址第二、三次发掘简报》，《考古》1992年第6期；山东大学历史系考古专业：《山东邹平丁公遗址第四、五次发掘简报》，《考古》1993年第4期。

扁凿形足鼎、深腹篮纹罐、平折沿浅腹大平底盆、侈口折腹觯形壶和单耳杯等。

第二期　以丁公第11、12层和H42、M29等为代表。主要陶器器形有铲形足罐形鼎、鸟首形足盆形鼎、深腹罐、敞口平底盆、折腹环足盘、单耳杯和薄胎镂孔高柄杯等。

第三期　以丁公第10层和H1081等为代表。主要陶器器形有鸟首形足盆形或罐形鼎、实足或款足鬶、罐形匜、瓦足盆、圈足盘、子母口盒和覆盆形双耳器盖等。大辛庄H1属于此期[1]。

第四期　以尚庄第二期的主要遗存为代表。主要陶器器形有鸟首形足盆形鼎、侧装三角形扁足罐形鼎、粗短颈袋足鬶、弧裆甗、平底盆、子母口盆、圈足盘和单耳杯等。

第五期　以尚庄第三期主要遗存和丁公第7、8、9层及H1142等为代表[2]。主要陶器器形有侧装三角形扁足罐形鼎、矮流袋足鬶、分裆袋足甗、素面鬲、子母口瓮、子母口盒、筒形单耳杯和子母口器盖等。茌平南陈庄和禹城邢寨汪的龙山遗存属于此期[3]。

第六期　以丁公第二次发掘的第6A层和M6等为代表。主要陶器器形有素面鬲、分裆袋足甗、子母口三足盒、平底盒、盆形豆、宽带形单耳杯和盘口杯等。

上述六期之间，既紧密相连又各自具有一定的独立性，从中我们可以看到城子崖类型产生、发展、衰落以至最后向岳石文化过渡的轨迹。依文化面貌和社会性质变化的阶段性，又可以将其归并为早、晚两大阶段，即前三期为早期阶段，后三期为晚期阶段。据已测定的龙山文化碳-14数据，城子崖类型的绝对年代约在公元前2600～前2000年之间，前后延续了大约600年的时间，其早、晚阶段的分界在公元前2300年前后。

城子崖类型早期阶段的房基以半地穴式建筑为主，平面形状以方形和长方形者居多，未见白灰面建筑；晚期阶段多为地面式建筑，仍以方形和长方形者为主，圆形者极少，用白灰涂抹地面和墙壁的现象比较常见。灰坑中圆形和椭圆形者占绝大多数，长方形坑极为罕见。墓葬均为长方形土坑竖穴墓，以单人仰身直肢葬为主，墓主人有手握獐牙的习俗，未见瓮棺葬。

城子崖类型早期阶段的陶器以黑陶和灰陶为主，有一定数量的褐陶。器表装饰以素面最多，纹饰以篮纹、弦纹和附加堆纹最为常见，盛行耳、鼻、泥饼等附加装饰。陶器风格比较清瘦精巧，大型器物较少，子母口作风开始出现，但数量和器形均较少。晚期阶段陶器以灰陶为主，黑陶所占比例明显下降，并且多为黑皮灰胎（或褐胎），陶胎一般较厚。器表装饰仍以素面为主，纹饰主要有弦纹、凸棱、篮纹、方格纹、绳纹和附加堆纹。陶器风格趋向于浑厚粗犷，大型器物如瓮、缸、大盆等的数量显著增多，子母口作风甚为流行。

城子崖类型在自身的发展过程中，显然不是与外界隔绝的，在相互交流和影响之下，吸收和消化了许多其他文化类型，特别是后冈类型的一些文化因素，丰富和发展了自身的文化内涵。

城子崖类型中来自后冈类型的因素，比较明确的主要有以下两个方面。

（1）**陶器的器表装饰**

城子崖类型晚期阶段，陶器表面的拍印纹装饰显著增多，主要有篮纹、方格纹和绳纹。依茌平

---

[1]　任相宏：《济南大辛庄龙山、商代遗址调查》，《考古》1985年第8期。

[2]　尚庄第三期文化遗存中，有一部分单位的年代较早，如H167，可以早到第四期。

[3]　山东大学历史系考古专业、聊城地区文化局、茌平县图书馆：《山东省茌平县南陈庄遗址发掘简报》，《考古》1985年第4期；德州地区文物工作队：《山东禹城县邢寨汪遗址的调查与试掘》，《考古》1983年第11期。

南陈庄遗址龙山晚期的统计，篮纹占15.3%，方格纹占10%，绳纹占4.3%。丁公遗址则要低得多。后冈类型的拍印纹装饰一直十分发达，其中以绳纹为主，篮纹次之，方格纹较少。如汤阴白营遗址，早期绳纹占27.2%，篮纹占21.2%，方格纹占3.6%；晚期绳纹稍有下降，方格纹则增多[1]。城子崖类型的绳纹装饰主要接受自后冈类型应无问题，其他两类则需要略加分析。篮纹曾一度盛行于大汶口文化晚期和龙山文化早期阶段，不同的是，这一时期的篮纹多为横行或斜行，纹道的印痕较浅，龙山晚期阶段均为竖篮纹，有的间或加有条形横道，印痕一般较深。因此，城子崖类型晚期的篮纹当承之其早期，其渊源则可以追溯到大汶口文化。至于方格纹，以王湾类型最为流行，王油坊类型也比较常见，城子崖类型和后冈类型的方格纹装饰，均应来自王湾类型和王油坊类型。

（2）陶器的器形

城子崖类型的陶器中，明确来自后冈类型的器形为数甚少，目前可以肯定的，只有斝、罐和双腹盆三种。

斝　仅在尚庄遗址见到一例（尚庄H88∶1）。夹砂灰陶。上身呈罐形，下接三个近似锥形的袋足，器表饰方格纹（图一，3）。

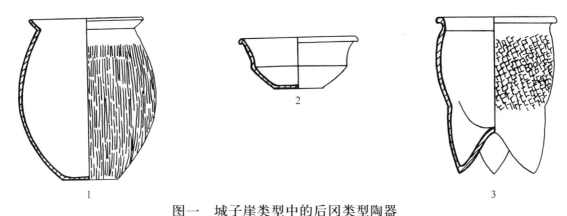

图一　城子崖类型中的后冈类型陶器
1. 罐（荏平南陈庄F3∶1）　2. 双腹盆（荏平尚庄H116∶1）　3. 斝（荏平尚庄H88∶1）

罐　夹砂灰陶。侈口，圆腹，平底略大，最大腹径居中，通体饰绳纹。标本南陈庄F3∶1（图一，1）。与城子崖类型那种最大腹径偏上，下腹急收成小平底的同类罐明显不同。

双腹盆　泥质灰陶。器体较矮，腹中部外折明显。标本尚庄H116∶1（图一，2）。此类盆城子崖类型中极为少见。

由此可见，在城子崖类型的发展过程中，确实受到了来自后冈类型的影响，具体表现为上述后冈类型文化因素在城子崖类型中的存在。但是应当指出，这种影响是比较微弱的，远未达到改变城子崖类型文化性质和扭转其发展方向的程度。

二

后冈类型，主要分布于以河南省安阳和河北省邯郸两地市为中心的豫北冀南地区。经过发掘

[1]　河南省安阳地区文物管理委员会：《汤阴白营河南龙山文化村落遗址发掘报告》，《考古学集刊·3》，中国社会科学出版社，1983年。

的遗址主要有河南省的安阳后冈和大寒南岗[1]、汤阴白营[2]、河北省的磁县下潘汪[3]、邯郸涧沟和龟台[4]、永年台口[5]等。后冈类型一类遗存，由于具有鲜明的自身特色，早在20世纪30年代就已经被认识，梁思永先生和尹达先生分别将其称之龙山文化"豫北区"和龙山文化"辛村期"。到20世纪50年代后半期，随着黄河中下游地区龙山时代诸文化类型的识别和区分，又曾被称为"后冈第二期文化"[6]。

后冈类型的房屋以地面式建筑为主，平面形态多为圆形，其显著特色是普遍使用白灰涂抹地面，即所谓"白灰面"房屋建筑。灰坑除了圆形和椭圆形者之外，还有一定数量的长方形坑。墓葬中流行小儿陶棺葬。

后冈类型的陶器以灰陶为主，黑陶较少。器表装饰比较丰富，纹饰以绳纹最多，篮纹和方格纹次之。典型器形有带把或不带把的鬲、分裆袋足甗、束腰盆形斝和深腹罐形斝、罐形鼎、大口鼓腹罐、直口鼓腹双竖耳罐、双腹盆、浅腹盆形甑以及平流鬶等。此外，在后冈类型的生产工具中有一定数量的细石器。从总体文化面貌和基本特征来分析，后冈类型和海岱地区龙山文化的区别较大，而与王湾三期文化比较接近。因此，我们赞同把后冈类型归入中原龙山文化系统的观点。

关于后冈类型的分期，目前尚缺乏系统的研究。依据后冈和白营遗址的分期成果，可以粗略地把后冈类型划分为三期。早期以后冈早期和白营早期为代表[7]，中期以后冈中期、白营中期和大寒第4层、H20等为代表，晚期以后冈晚期、白营晚期和大寒第3层为代表。在中期遗存中，发现有城子崖类型第四期的鬶、子母口盆等，而城子崖类型第五期的典型器形，如矮流鬶、盆形鼎、子母口瓮、子母口罐、子母口盆和子母口盒等，则出自后冈类型晚期遗存之中。据此，可以初步判定，后冈类型早、中、晚三期分别与城子崖类型的第三、四、五期大体同时。

后冈类型中，存在着比较浓厚的城子崖类型的文化因素，亦主要表现在陶器方面。

（1）黑陶是海岱龙山文化最具有特色的陶系，繁盛之时，在整个陶器群中的比例超过半数，白陶虽然数量不多，但也比较常见。后冈类型在灰陶占绝对优势的同时，也存在一定数量的黑陶。例如后冈遗址，黑陶所占比例可达20%，并有少量薄胎黑陶（即所谓"蛋壳陶"）和白陶。下述分析将表明，凡是来自城子崖类型的陶器，多数是黑陶和白陶。

后冈类型素面泥质陶的器表不少经过磨光处理，其比例虽然远不如城子崖类型高，但也比较常见。弦纹、盲鼻、泥饼、泥条和圆形镂孔装饰及部分器物上的宽横耳等城子崖类型的典型作风，在后冈类型中也屡有发现。

[1] 中国社会科学院考古研究所安阳工作队：《1979年安阳后冈遗址发掘报告》，《考古学报》1985年第1期；中国社会科学院考古研究所安阳工作队：《安阳大寒村南岗遗址》，《考古学报》1990年第1期。

[2] 河南省安阳地区文物管理委员会：《汤阴白营河南龙山文化村落遗址发掘报告》，《考古学集刊·3》，中国社会科学出版社，1983年；安阳地区文物管理委员会：《河南汤阴白营龙山文化遗址》，《考古》1980年第3期。

[3] 河北省文物管理处：《磁县下潘汪遗址发掘报告》，《考古学报》1975年第1期。

[4] 北京大学、河北省文化局邯郸考古发掘队：《1957年邯郸发掘简报》，《考古》1959年第10期；河北省文化局文物工作队：《河北邯郸涧沟村古遗址发掘简报》，《考古》1961年第4期。

[5] 河北省文化局文物工作队：《河北永年县台口村遗址发掘简报》，《考古》1962年第12期。

[6] 中国科学院考古研究所：《新中国的考古收获》，文物出版社，1961年。

[7] H45是后冈早期的典型单位，从该灰坑出土的浅盘圈足盘、筒形陶盉、算子以及中口罐的特征看，应属中期。

（2）后冈类型的陶器群中，有较多城子崖类型的典型陶器。它们在后冈类型的陶器群中虽然不占据主导地位，但其在说明两者之间关系方面的作用，则是十分重要的。比较明确的有以下几类。

鼎 白营遗址发现一件。夹砂灰陶。形制为斜领内折，鼓腹，下接鸟首形足，颈外附有提手一对（图二，1）。

此外，在后冈类型各遗址中，还常见各种典型的城子崖类型的鼎足。例如，外表附加有齿状堆纹的铲形足和鸟首形足等（图二，17、20、21）。其数量比较可观，如仅白营遗址晚期，就发现鸟首形鼎足10件。

鬶 发表线图者在安阳八里庄[1]、大寒南岗和汤阴白营各见一件。八里庄的鬶，流部残失，夹砂棕陶，筒颈略长，近似锥状袋足，宽带状把手，其上有两道竖棱（图二，12）。此式鬶在城子崖类型中属第三期之末或第四期之初。大寒南岗的鬶为夹细砂灰陶，粗短颈，乳状分裆袋足，颈部饰五周凸弦纹和一对小耳鼻，把手上端两侧各有一泥饼装饰（图二，14）。其时代略晚于八里庄出土的陶鬶。白营遗址的鬶系夹细砂黄白陶，矮流，颈较粗短，肥硕乳状袋足，桥形把手，颈部饰凸弦纹三周和小耳鼻一对（图二，13）。此式鬶在城子崖类型中属于第五期之初。

直口瓮 泥质黑陶。直口较小，广肩圆折，肩腹之交有对称的宽横耳一对（图二，3）。

子母口瓮 泥质黑陶。矮子母口微内倾，短颈，宽圆肩（图二，2）。此类瓮在王油坊类型中也比较常见。

大口缸 泥质黑陶。子母口微内敛，腹壁较直，底残，应为假圈足状平底（图二，9）。

子母口罐 泥质黑陶。矮子母口微内敛，短颈，窄溜肩，近直腹，底部残（图二，10）。

有领罐 泥质黑陶。直口微侈，广肩，鼓腹，小平底。肩下附对称的宽横耳一对，耳以下饰篮纹。完整者见于永年台口遗址（图二，5）。

子母口盆 泥质黑陶。子母口内敛，腹部微内束，深腹，平底。腹部或设置一对宽横耳（图二，4、8）。此类子母口盆城子崖类型晚期常见，较早者一般为瘦高体，渐次向粗矮体发展变化。

圈足盆 泥质黑陶。口微敞，近直壁，底内凹，粗圈足略高，腹下有对称的小横耳一对，圈足饰弦纹（图二，7）。圈足盆在城子崖类型晚期中习见，偏早阶段多为敞口，圈足较矮，偏晚阶段圈足增高。

豆 泥质黑陶。侈口，折腹，豆盘较浅，见于后冈等遗址（图二，19）。

盒 泥质黑陶。子母口内敛，浅斜腹较短，大平底（图二，15）。见于白营遗址，原报告将其定为器盖，似不妥。此式盒在城子崖类型中主要见于第五期。

杯 泥质黑陶。筒形，单耳，或上半微外鼓，下部微内束。见于白营、大寒南岗等遗址（图二，11）。

算子 平面呈圆形，周壁较矮，底部周缘或向外突出，突出部分或切割成齿状，内中底部有条

---

[1] 安阳地区文管会：《安阳八里庄龙山遗址发掘简报》，《河南文博通讯》1980年第2期。

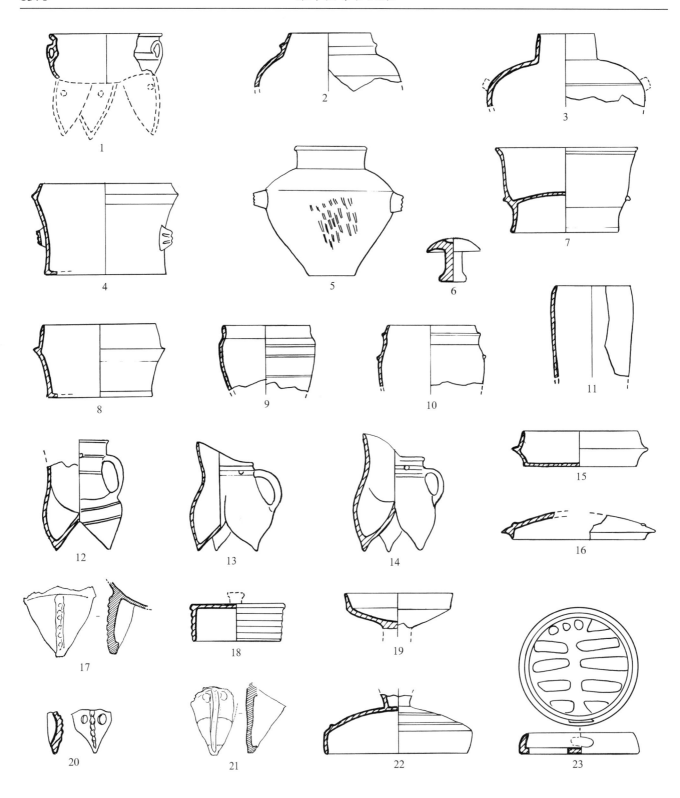

图二　后冈类型中的城子崖类型陶器

1. 鼎（H56：10）　2、3. 瓮（T201：13、J1：4）　4、8. 子母口盆（H20：11、T5：23）　5. 有领罐（T13：3）　6、16、18、22. 器盖（F55：19、T201：1、J1：40）　7. 圈足盆（H16：6）　9. 大口缸（T5：18）　10. 子母口罐（T201：1）　11. 杯（T32：3）　12～14. 鬶（T2F3：1、T10：5、H20：6）　15. 盒（T41：24）　17、20、21. 鼎足（H4：8、T19：48、J1④：7）　19. 豆（T18：23）　23. 箅子（F1：80）　（1、6、11、13、15为汤阴白营，2、3、4、7、8、10、14、16、22为安阳大寒南冈，5为永年台口，9、17、18、19、21为安阳后冈，12为安阳八里庄，20、23为磁县下潘汪）

形或圆形孔，壁上有对称的缺口或圆形孔一对。见于下潘汪、后冈等遗址（图二，23）。

器盖　多为泥质灰、黑陶。主要有四类。筒形器盖，平顶，中部有纽，直壁，见于八里庄、后冈等遗址（图二，18）。喇叭形纽器盖，细喇叭状纽，弧顶，直口微内敛，盖面饰弦纹四周和泥饼一对（图二，22）。子母口器盖，蘑菇状纽残失，斜弧顶，宽沿，矮子母口，盖面饰对称的泥饼一对（图二，16）。此类器盖城子崖类型晚期甚多，并为后来的岳石文化所继承。鬶盖，夹砂白陶，纽部为蘑菇形，见于白营等遗址（图二，6）。

除此之外，后冈类型还有部分器类亦可能来自城子崖类型。例如，后冈遗址的Ⅰ式盆，大口，短颈，鼓腹，小平底[1]。此类盆城子崖类型发现较多，而后冈类型数量较少。

上述分析比较表明，后冈类型中存在着较多的城子崖类型的文化因素。虽然这些因素的存在尚未能改变后冈类型的文化性质，但其种类和数量之多、分布范围之广、所占比例之高，足以表明来自其东邻城子崖类型的强烈影响，其重要性是不容忽视的。

三

城子崖类型和后冈类型之中，除了各自存在一些属于对方文化因素的成分之外，还有一部分双方共同持有的文化遗存。这一类共同因素，有的可能是双方生产力水平接近、社会发展阶段相当而各自产生的，如城子崖类型和后冈类型均流行地面式房屋建筑，都有非正常埋葬的人骨的现象等；有的则与地理环境和当时的自然生态现象有关，如两个文化类型的生产工具中，骨、角、蚌器所占比例较高，淡水蚌壳发现较多等。此外，还有一些文化因素，目前尚难以明确断定其最初之产地，兹列于次并加以分析。

（1）"白灰面"房屋

以白灰涂抹居室的地面和墙壁的做法，后冈类型习见。据统计，后冈遗址1979年发现的39座房址中，有31座为"白灰面"建筑。白营遗址早中期房址17座，其中有4座为"白灰面"建筑，晚期房址46座，"白灰面"房址有29座。"白灰面"建筑在后冈类型中所占比例高达50%～80%。城子崖类型房址发现较少，尚庄和南陈庄遗址发现的4座房址，均为"白灰面"建筑。丁公遗址龙山早期多为半地穴式建筑，未见"白灰面"，晚期则有所发现，但数量不多。考虑到整个海岱龙山文化"白灰面"房址不多，城子崖类型很有可能是受到后冈类型的影响之后，才开始建造和使用"白灰面"房屋的。

（2）陶器

城子崖类型和后冈类型的陶器群中，还存在着一批造型相同，并且各自均有一定数量的器类，主要有平底盆、瓦足盆、圈足盘、覆盆形器盖、覆碗形器盖和陶环等。

平底盆　城子崖类型和后冈类型都比较常见。共同特征为敞口，大平底。两类型平底盆的演化规律也相同，早期多为浅腹，斜壁，晚期腹变深，腹壁经内曲向直壁方向发展（图三，4、6、9、11）。

[1]　中国社会科学院考古研究所安阳工作队：《1979年安阳后冈遗址发掘报告》，图二七，14、20，见《考古学报》，1985年第1期，第62页。

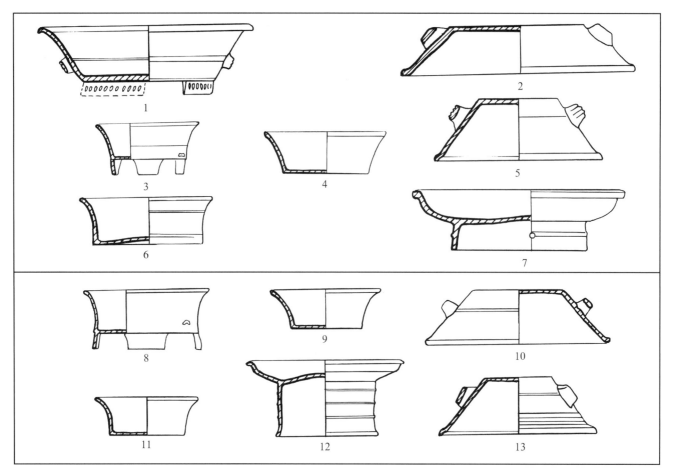

图三　城子崖类型（上）和后冈类型（下）共有陶器

1、3、8. 瓦足盆（T1B：1、H17：2、H45：8）　2、5、10、13. 覆盆形器盖（H226：22、H167：20、F1：61、T1：22）　4、6、9、11. 平底盆（H169：8、H131：6、T5：24、H49：2）　7、12. 圈足盘（H108：49、T20：8）　（1为邹平丁公，2为兖州西吴寺，3～7为茌平尚庄，8、9、11～13为安阳后冈，10为磁县下潘汪）

瓦足盆　城子崖类型数量较多，后冈类型相对较少。形制为敞口，圆唇卷沿，瓦状足。后冈类型的盆腹较深，腹壁或内曲，多为四足，瓦足较高。城子崖类型多为三足，早期为大敞口，浅腹，瓦足较矮，瓦足外侧面有纵向压划条纹，晚期之初盆腹变深，腹壁或内曲，与后冈类型同类盆相同，并始见四足。瓦足盆的演化趋势为，盆部与平底盆相同，腹由浅到深，壁由斜到内曲，再向直壁发展，瓦足从矮到高，四足应是一种晚出现象。准此，后冈类型的瓦足盆极有可能也是从城子崖类型传播过去的（图三，1、3、8）。

圈足盘　城子崖类型和后冈类型均比较常见。形制为敞口，宽沿，曲腹，粗圈足，圈足部分饰凸棱或镂孔。城子崖类型晚期的圈足盘多为浅盘，直口或敛口，圈足近底部显著外凸，后冈类型少见（图三，7、12）。

覆盆形器盖　城子崖类型和后冈类型均有一定数量。形制为大敞口，斜壁，平顶较大，腹壁近顶部有对称的宽横耳一对。此类盆形器盖在城子崖类型中主要流行于第三期，第四期偏早段也有少量发现，其演化趋势是整体由矮到高。后冈类型发现的此类器盖器体均较高，似为晚出形态。联系到此类器盖在海岱龙山文化各类型中均有发现，并且盖壁上的宽横耳作风也源出于城子崖类型，而后冈类型罕见。所以，这类极富特征且流行时间不长的器盖，同瓦足盆一样，很可能也是产生于城子崖类型，并传播到了后冈类型的分布区域之内（图三，2、5、10、13）。

覆碗形器盖　城子崖类型和后冈类型均数量甚多。形制为敞口，斜壁，平顶较小，有的还在盖面之上附加各种捉手。此类器盖在海岱地区大汶口文化中即已习见，到龙山文化时期广为流行，如泗水尹家城遗址发现的一千余件龙山陶器中，这类器盖多达二百余件，几乎占四分之一[1]。后冈类型这类器盖多数被归到了碗类器物之中。

陶环　城子崖类型和后冈类型均较常见，断面呈扁圆形者居多。

此外，城子崖类型和后冈类型还共见鬲、甗、中口罐、瓮等器类，但相互之间的形制差异较大，应各有来源。

综上所述，在两文化类型共同持有的文化因素中，城子崖类型的"白灰面"建筑方法（或者说烧制和使用石灰的方法），似来自后冈类型；后冈类型中具有一定数量的瓦足盆和覆盆形双耳大器盖，则极有可能来自城子崖类型。其他如大平底盆、圈足盘、覆碗形小器盖和陶环等，我们尚不能明确指出其来源，暂可看作是由于时代相同而各自产生的器类。

四

长期以来，学术界多数人一直认为，山东西部地区以城子崖遗址下层为代表的龙山文化遗存，受到来自中原地区广泛而深刻的影响，文化面貌复杂并呈现混合状态。更有甚者，认为中原龙山文化分布的东界已经到达泰山一线，从而将整个泰山以西的鲁西地区划入中原龙山文化系统[2]。上述结论最主要的根据是，在这一区域的龙山文化遗存中，灰陶和灰黑陶的数量最多，而传统认识中龙山文化那种"黑、光、亮"的陶器较少，陶器的器表装饰虽然仍以素面占绝大多数，但篮纹、方格纹和绳纹所占的比例较高，等等。近些年来随着鲁西地区龙山文化发掘工作的增多和研究的深入，证实了这样一种看法，以青堌堆和尚庄两遗址为代表的一类龙山文化遗存，在年代上要晚于以姚官庄、呈子等遗址为代表的一类龙山文化遗存。前者是对当地相当于姚官庄、呈子一类遗存的继承和发展，它们之间的差异和区别，主要是由于时代有早有晚所造成的。我们相信，随着田野工作的开展，与青堌堆、尚庄大同小异的一类龙山文化遗存，是会在鲁东地区被发现的。

至于分布于鲁西南、豫东和皖西北地区的龙山文化王油坊类型，我们认为，它仍然属于海岱龙山文化的范畴，也就是说属于东方的夷人文化系统。对此，已有专文予以讨论[3]，此不赘述。

总之，分布于鲁西北地区的海岱龙山文化城子崖类型，非但不是中原龙山文化后冈类型的一部分，而且在两文化类型的交往关系中，城子崖类型曾给予后冈类型以强烈的影响，这从后冈类型各遗址中存在着大量的城子崖类型典型陶器方面可以得到证明。与此相反，后冈类型的固有文化因素在城子崖类型中发现较少，尤其是后冈类型的典型陶器，更是少见。这固然与工作开展得不多有一定关系，但就已有资料而言，龙山时代海岱地区与中原地区的文化交流，主要趋向是从东向西，即

[1] 山东大学历史系考古专业教研室：《泗水尹家城》，文物出版社，1990年。
[2] 杨锡璋：《黄河中游的龙山文化》，《新中国的考古发现和研究》，文物出版社，1984年。
[3] 栾丰实：《龙山文化王油坊类型初论》，《考古》1992年第10期。

海岱地区对中原地区的文化传播是主要的，占据主导地位。而中原地区对海岱地区的文化影响是次要的，处于从属的位置。更进一步讲，这种文化传播上的主流与非主流关系的格局，至少可以上溯到大汶口文化中、晚期阶段，并且一直保持到岳石文化时期。

（原载《考古》1994年第5期；后收入《海岱地区考古研究》，山东大学出版社，1997年）

二里头遗址中的东方文化因素

　　二里头遗址自1959年发现以来的四十多年中，进行了数十次勘探和发掘工作，取得了一系列举世公认的成果。以该遗址的收获为代表所命名的二里头文化，是中原地区考古学文化发展谱系中非常重要的一环。尽管目前还没有发现二里头文化就是夏朝遗存的文字方面的证据，但由二里头遗址的发掘成果可知，它已具备了都城的规模和国家的基本内涵。同时，二里头文化的分布区域和所处年代与文献记载的夏朝在时空关系上基本吻合，因此，国内绝大多数学者认为二里头文化就是夏朝的文化遗存。

　　近年来，学术界关于中国古代文明起源的讨论如火如荼，尽管在许多方面还有不同的观点和意见，但在中国三代国家产生的基本模式方面则逐渐达成共识，即多元一体的模式（或称多元一统）。当然，在由多元走向一统的途径和具体方式上还存在分歧。

　　二里头遗址是二里头文化中最重要的遗址，如果说二里头文化就是夏文化的遗存，那么二里头遗址就是其国都所在。因此，从文化因素的来源分析二里头遗址的文化构成，对于理解中国国家形成的多元一体模式当有积极意义。

　　中原地区地处黄河中游，很早以来就与黄、淮河下游的海岱地区有着密切的文化联系和交往，互相给予了对方不同程度的影响，甚至有改变文化发展进程的现象。到二里头文化时期，来自东方的影响依然较为明显，这些东来的文化因素，在一定程度上丰富了二里头文化的内涵。最早提出二里头文化中存在东方文化因素的是邹衡先生，他认为：夏文化中最主要的礼器——觚、爵、鸡彝、瓦足皿，"大都来自东方，或者同东方有着密切的关系"[1]。此后，不少学者在自己的论述中认为二里头文化中有来自东方的因素[2]。当然，也有学者认为二里头遗址中的岳石文化因素是本地文化中固有的[3]。

　　二里头作为都城级遗址，在吸收东方文化因素方面，表现得相当宽容。同时，随着二里头遗址发掘资料的逐渐公布，特别是新近出版的1959～1978年发掘报告[4]，为进行较为系统的分析提供了条件。二里头遗址中的东方文化因素，我认为主要有两种情况：一是垂直接受的文化因素；二是平行接受的文化因素。下面分而论之。

---

[1]　邹衡：《试论夏文化》，《夏商周考古学论文集》，文物出版社，1980年，第165页。

[2]　方辉：《二里头文化与岳石文化》，《中原文物》1987年第1期；方辉：《岳石文化的分期与年代》，《考古》1998年第4期；杜金鹏：《试论大汶口文化颍水类型》，《考古》1992年第2期；邵望平：《海岱系古玉略说》，《中国考古学论丛——中国社会科学院考古研究所建所40年纪念》，科学出版社，1993年。

[3]　郑光：《二里头陶器文化论略》，《二里头陶器集粹》，中国社会科学出版社，1995年。

[4]　中国社会科学院考古研究所：《偃师二里头——1959～1978考古发掘报告》，中国大百科全书出版社，1999年。

一　垂直接受的文化因素

所谓垂直接受的文化因素，是指二里头文化从早于自身的考古学文化中所继承或接受的因素，这种文化因素的来源既可以是其本身的先行文化，也可以是不同谱系的文化。由此观之，二里头遗址中的此种东方因素，从来源论之，有直接东方因素和间接东方因素之分。

直接的东方文化因素在二里头遗址中不多，除了玉器之外，反映在陶器方面有以下几类：

（1）贯耳壶

发掘报告称之为短颈壶，见于一至三期，一期的基本特征是深鼓腹，圈足，其上镂圆形孔，肩部有对称的双贯耳，器身饰成组的弦纹（图一，7）。类似的贯耳壶见于海岱龙山文化晚期，尹家城[1]、青堌堆[2]和王油坊[3]遗址均有发现。略有不同的是在口部，龙山文化的壶为直口或微内收，而二里头遗址出土者则为侈口，有的壶身饰有绳纹，在二里头遗址属二里冈文化上层的灰坑中发现的1件贯耳壶（图一，6），在形制上与龙山文化晚期的似更为接近。

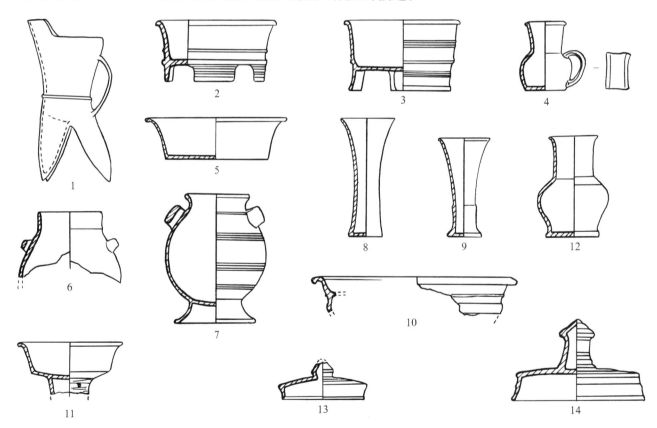

图一　二里头一期中的东方因素

1. 鬶（87M49：2）　2、3. 瓦足盘（ⅣM26：4、Ⅱ·ⅤH130：12）　4、12. 壶（Ⅱ·ⅤM57：12、11）　5. 大平底盆（Ⅱ·ⅤM57：4）　6、7. 贯耳壶（Ⅱ·ⅤH137：25、ⅣM26：3）　8、9. 觚（ⅣM26：5、Ⅱ·ⅤM54：4）　10. 圈足盘（Ⅱ·ⅤT110⑤B：12）　11. 盆形豆（Ⅱ·ⅤH148：11）　13、14. 折壁盆形器盖（新砦HA：1、Ⅱ·ⅤH130：11）

[1]　山东大学历史系考古专业教研室：《泗水尹家城》，文物出版社，1990年。

[2]　吴秉楠、高平：《对姚官庄与青堌堆两类遗存的分析》，《考古》1978年第6期。

[3]　中国社会科学院考古研究所河南二队等：《河南永城王油坊遗址发掘报告》，《考古学集刊·5》，中国社会科学出版社，1987年。

（2）长颈壶

主要见于一期，基本特征是长颈，鼓腹，平底较大，或有宽扁单把手，把手上端有双泥饼（图一，4，12）。同类壶见于王油坊等遗址，并且，宽扁把手和双泥饼装饰也是海岱龙山文化晚期的典型风格。

（3）圈足盘

见于一至三期，数量不多，形制为翻卷沿，浅盘较直，粗圈足（图一，10）。相近器形见于海岱龙山文化晚期（尹家城）。圈足盘在中原龙山文化中也有发现，但多无卷沿，有者周壁内斜较甚，如临汝煤山一、二期所见[1]。

（4）盆形豆

主要见于一期，豆盘为大平底盆形，口外敞，壁斜直，壁底之交有折角（图一，11）。相同的器形见于海岱龙山文化晚期（尹家城），而在中原地区似未发现。

（5）大平底盆

一至四期均有，早期较多，形制为敞口，斜壁或近直壁，大平底（图一，5）。此种形制的大平底盆在海岱龙山文化中极为流行，是盆的主要款式。并且，此类盆在中原龙山文化中较少，从新砦期开始大量出现，这种现象应与东方的文化传播有关。

（6）瓦足盆

报告称为三足盘，一至四期均有，一二期较多。上部形制与大平底盆基本相同，下有三个（个别为四个）瓦片状足，有的足两侧内卷，足上多饰凹凸弦纹（图一，2，3）。瓦足盆出现于海岱龙山文化中期阶段，形制与二里头遗址所见基本相同，据观察，其圈足的制作方法是，先整体做一圈足接在盆下，再用工具将多余的部分割去，成三足或四足。这种制作方法一直延续到岳石文化时期。二里头发掘报告没有描述瓦足盆的具体制作方法，推测也应是如此。中原龙山文化中瓦足盆甚少，在豫东的淮阳平粮台遗址第五期[2]和新砦遗址龙山晚期[3]各见1件，应与东方的同类器有内在联系。考虑到新砦龙山文化遗存的年代已与二里头文化紧密相接，有可能此类器物是在龙山文化晚期已传播到中原地区，并为二里头文化所继承。诚如是，则这类器物就属于间接的东方因素。

此外，二里头遗址中还存在一定数量的矮领瓮，其形制为矮领，折肩，腹壁斜直，下腹折收，近假圈足状平底，腹部有成组的弦纹，这种器物似与海岱龙山文化晚期的同类瓮有渊源关系。

所谓间接来自东方的文化因素，是指在二里头文化的前身——中原龙山文化或者更早时期所吸收的东方文化因素，经过消化后成为自身文化的构成部分，随着时间的推移又延续到了二里头文化之中。这部分因素反映在陶器方面主要有以下几类：

（1）鼎

二里头遗址的主要炊器之一，形制以罐形鼎为主。二里头遗址出土的鼎基本上都是侧装三角形高足。中原龙山文化时期已有一定数量的陶鼎，鼎足基本上有五类，即乳头状、柱状、凿状、楔

[1] 中国社会科学院考古研究所河南二队：《河南临汝煤山遗址发掘报告》，《考古学报》1982年第4期。

[2] 河南省文物研究所、周口地区文化局文物科：《河南淮阳平粮台龙山文化城址试掘简报》，《文物》1983年第3期。

[3] 北京大学考古文博院、郑州市文物考古研究所：《河南新密市新砦遗址1999年试掘简报》，《华夏考古》2000年第4期。

状和侧装三角形。后一类与二里头相同，两者当有传承关系。侧装三角形足鼎出现于大汶口文化阶段，龙山文化时期以鲁西、豫东一带最为流行，中原地区此类鼎足的产生与东方有关。

（2）鬶

二里头遗址早期有少量的陶鬶[1]，形制为高流，粗长颈，近锥形瘦袋足（图一，1）。这种鬶在总体形状上与海岱龙山文化晚期的陶鬶（如尹家城H472出土的几件）十分接近。但考虑到中原地区在仰韶文化晚期就开始出现大汶口文化式陶鬶，并且为后来的中原龙山文化所继承。所以，二里头遗址的陶鬶很有可能是由当地的龙山文化直接传递下来的，但当地龙山文化的陶鬶均为平流，而二里头遗址的陶鬶为高流，又与海岱龙山文化的陶鬶相同。

（3）封口盉和爵

封口盉见于二里头遗址二期及其以后，其下部形态及把手与陶鬶完全相同，口部基本封闭，前端有一较短的管状流，后部留一口。应由龙山文化时期的鬶演化而来。爵的形制变化略大，主要表现在足由空足变为实足，把手移至与流成90°角的一侧，应是同类鬶的一种变体。

（4）觚

主要见于墓葬之中，是二里头文化的重要礼器之一。形制为喇叭状口，束腰，平底（图一，8，9）。类似的觚在中原龙山文化中就有发现，两者之间存在传承关系当无疑问。如果再进一步探源，则可追溯到时代更早的大汶口文化。在海岱地区，从大汶口文化早期开始就出现觚类器物，并一直延续到大汶口文化晚期，这期间，随着大汶口居民的西迁，筒形平底觚也来到了中原地区，并最终成为当地器物组合中的一员。

（5）折壁盆形器盖

这种器盖从二里头一期就有，并不间断地延续到了商代，但形制有所变化。就形制而言，一期的更像是覆盆，大者口径超过30厘米，小者也有10余厘米（图一，14）。这种器盖应是中原龙山文化晚期的同类器盖经由新砦期（图一，13）的同类器发展而来[2]。这种器盖在中原龙山文化中只见于晚期，并且数量不多。类似的器盖在海岱龙山文化中出现略早，数量也多，它本来是与子母口类器形配套使用的。中原龙山文化中基本没有子母口类器形，它的引入可能是用于矮直口罐、瓮一类器物之上。

二　平行接受的文化因素

海岱地区与二里头文化大体同时的是岳石文化，两者在相互交往中，一些岳石文化因素出现在二里头文化之中。由于这种原因在二里头遗址中出现的岳石文化因素，我们称之为平行接受的文化因素。因为二里头文化和岳石文化的文化面貌、特征差别极为明显，所以大部分具有典型特征的器形易于辨认。这一类因素主要表现在石器和陶器方面。下面我们按期别来予以分析说明。

---

[1]　郑光：《二里头陶器文化论略》，《二里头陶器集粹》，中国社会科学出版社，1995年；中国社会科学院考古研究所河南二队：《1987年偃师二里头遗址墓葬发掘简报》，《考古》1992年第4期。

[2]　中国社会科学院考古研究所河南二队：《河南密县新砦遗址的试掘》，《考古》1981年第5期。

二里头一期主要有陶器。因为二里头遗址一期遗存相对不如后几期丰富，而且岳石文化早期遗存发现得也不多，故在二里头遗址一期中的岳石文化因素数量不多。

（1）大口有领罐

原报告称为小尊，编号为Ⅱ·VT113⑤：11，大口，长颈，窄肩，平底，素面（图二，1）。与属于岳石文化早期的尹家城H209：2小罐相似[1]。

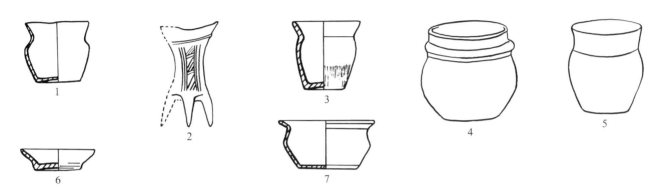

图二　二里头一、二期中的东方因素

1. 大口有领罐（Ⅱ·VT113⑤：11）　2. 爵（Ⅱ·VM54：7）　3、5. 有领小罐（VM202填土：01、84YLIVM72：13）　4. 子母口罐（84YLIVM93：1）　6. 碟（IVT19⑤：63）　7. 盂（Ⅱ·VH162：11）

（2）爵

Ⅱ·VM54：7，红褐陶，腹部有刮抹痕迹（图二，2），陶质和装饰风格均与岳石文化相同。

二里头二期主要有陶器，本期二里头遗址的岳石文化因素增多，其中一些是十分典型的岳石文化陶器。

（1）有领小罐

2件。VM202填土：01，大口，近直腹，平底，腹下半部有篦状刮抹痕迹（图二，3）。84YLIVM72：13，领较高，腹略鼓，平底，器表有篦状刮抹痕迹（图二，5）[2]。此类小罐从形制、陶质陶色到器表装饰，均为典型的岳石文化风格。特别是其出自墓葬之中，对判断墓主的族属有重要意义。

（2）子母口罐

84YLIVM93：1（《集粹》图五〇），子口略高，短颈，鼓腹，平底（图二，4）。此类子母口罐具有典型的岳石文化特征，在二里头遗址中发现较少，应是直接来自东方。因为亦出自墓葬之中，具有与上述小罐同样的意义。

（3）小盂

Ⅱ·VH162：11，折沿较宽，腹微鼓，平底较大（图二，7）。相似的器形在岳石文化中较多，只是岳石文化小盂的底较小。

（4）碟

IVT19⑤：63，敞口，底边外凸（图二，6）。岳石文化中有较多的同类碟形器[3]。

---

[1] 山东大学历史系考古专业教研室：《泗水尹家城》，文物出版社，1990年，图一四四，11。

[2] 中国社会科学院考古研究所：《二里头陶器集粹》，中国社会科学出版社，1995年，图三二。以下文内简称《集粹》。

[3] 参见山东大学历史系考古专业教研室：《泗水尹家城》，文物出版社，1990年，图一五一。

二里头三期除了陶器之外，还新出现了工具类的石器。

石器主要是石刀，形制为半月形，有孔（图三，8），1979年以前共发现4件。半月形石刀分布的范围较广，大约从东北经黄淮下游到东南沿海都有发现，大别之有两大类：一类是刀刃位于弦上，称为直刃；一类是刀刃磨在弧边上，称为弧刃。一般说来，东北和南方比较流行后一类，而海岱地区则基本上是前一类。海岱地区的半月形石刀出现于龙山文化中晚期，不过数量甚少，到岳石文化时期数量大增，成为最主要的收获工具。岳石文化的半月形石刀多为双孔，也有单孔和三孔者。由此看来，二里头遗址半月形石刀的出现当与岳石文化的同类器有关。

陶器的数量不多，主要有鼎、甗、斝、罐和器盖等。

（1）鼎

ⅣM7：3，夹砂褐陶，锥形足，有单耳，素面（图三，4）。此鼎风格与岳石文化的鼎相同。

（2）甗

未见完整器，甑部、甗腰和足均有发现。Ⅱ·VT117④：11，甗的甑部，斜宽沿，细砂红褐陶，内外壁均有篦状刮抹痕迹（图三，1）。Ⅱ·VT117④：14，甗腰，红褐陶，腰部有一周附加堆纹，其上刻有规律的短斜条，内外壁均有篦状刮抹痕迹（图三，2）。ⅣT117②：31，甗足，红褐陶，外表有篦状刮抹痕迹。甗是岳石文化的主要炊器，特色极为鲜明，二里头遗址上述甗的特征，与岳石文化完全符合。

（3）斝

复原1件（ⅣH13：11），夹砂红褐陶，粗长颈，尖鼓腹，细锥状袋足，口上有矮柱，器表有篦状刮抹痕迹（图三，5）。相似的器形和装饰风格在尹家城、城子崖[1]岳石文化遗存中有发现。

（4）罐

ⅣT1⑤：11，夹砂红褐陶，卷沿，圆腹，器壁内外均有篦状刮抹痕迹（图三，3）。此类风格在岳石文化中习见。

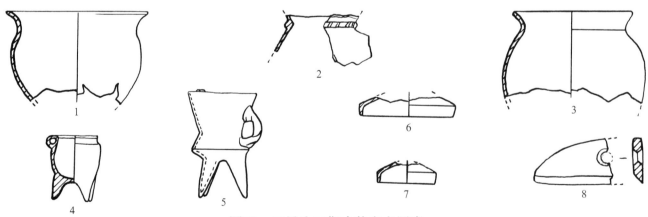

图三　二里头三期中的东方因素

1、2. 甗（Ⅱ·VT117④：11、14）　3. 罐（ⅣT1⑤：11）　4. 鼎（ⅣM7：3）　5. 斝（ⅣH13：11）　6、7. 器盖（Ⅱ·VT116④：15、ⅣT17①：12）　8. 石刀（ⅧT16③：4）

[1]　傅斯年、李济、董作宾、梁思永等：《城子崖——山东历城县龙山镇之黑陶文化遗址》，中央研究院历史语言研究所，1934年，图版拾玖，8。

（5）器盖

残器2件。Ⅱ·VT116④：15和ⅣVT17①：12，纽残，折壁，黄灰色或褐灰色（图三，6，7）。此类器盖二里头文化中少见，而岳石文化最为流行，是其指征性器物。

二里头四期中的岳石文化因素仍然以石器和陶器两个类别为主，同时，还有一部分铜器在风格上与岳石文化有联系。

石器仍然以半月形或近似半月形石刀的特征最为明显，其他如扁平长方形石铲、单孔石钺和各种石镰等，虽然形制也与岳石文化基本相同，但考虑到同样形制的器物流行区域广泛，可能是因为功能相同而形成的。半月形或近似半月形石刀在本期共发现7件（图四，15~18），占全部石刀的十分之一强。Ⅱ·VT113灰沟：6、Ⅱ·VT112③：3和VT34④B：3，形制与岳石文化的石刀完全相同，并且其中两件具有背面内凹这种只有岳石文化才有的典型特征，其来自岳石文化无疑。

陶器中有鼎、爵、罐、盆、碟和器盖等。

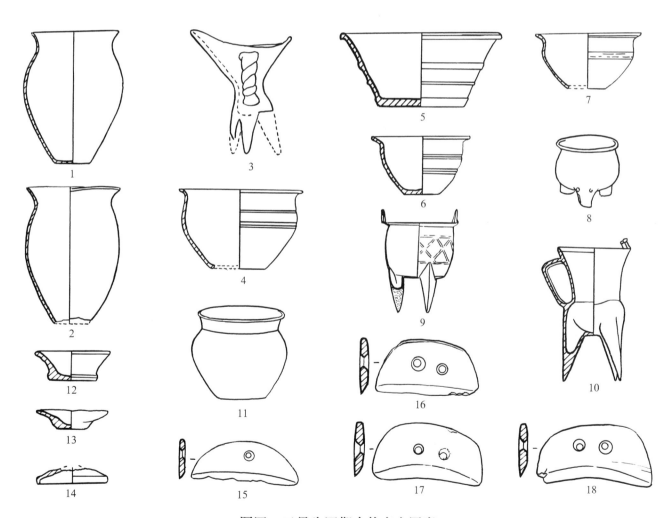

图四　二里头四期中的东方因素

1、2、11. 罐（ⅤH83：26、ⅤH53：12、85YLⅣH15：1）　3. 爵（ⅥKM6上：3）　4~7. 盆（ⅤH87：11、20、92YLⅣH10：2、ⅢH235：1）　8. 鼎（86YLⅣH5：12）　9. 铜罍（87YLⅤM1：1）　10. 铜斝（87YLⅤM1：2）　12、13. 碟（ⅤH107：11、ⅧT13④：10）　14. 器盖（ⅤH12：11）　15~18. 石刀（ⅣVT24④A：19、VT34D④B：3、Ⅱ·VT112③：3、Ⅱ·VT113灰沟：6）

（1）鼎

1件（《集粹》图三六九），即86YLⅣH5：12，夹砂灰陶，罐形小鼎，足正面有两个泥饼和刻纹（图四，8）。

（2）爵

ⅥKM6上：3，夹砂褐陶，绞丝状把手与三期的斝相同，器口尾端有两个小泥饼，器表有较浅的篦状刮抹痕迹（图四，3）。

（3）深腹罐

残片较多，复原3件。VH83：26，夹砂褐陶，卷沿，深腹，小平底，器表有细密的篦状刮抹痕迹。VH53：12，形制与H83：26基本相同，器壁内外均有细密的篦状刮抹痕迹（图四，1、2）。同类形制的罐在岳石文化中均属于较晚时期。

（4）小罐

1件（《集粹》图三五一），即85YLⅣH15：1，夹砂褐陶，有领，鼓腹，平底，器表有篦状刮抹痕迹（图四，11）。

（5）盆

盆的数量略多，已公布资料的有3件，即VH87：11、ⅢH235：1和92YLⅣH10：2（《集粹》图二九七），后者为泥质灰陶，前2件为泥质褐陶。形制为卷沿，腹微鼓，平底，素面，腹有一组或二组弦纹（图四，4、7、6）。此类盆在海岱龙山文化中就比较流行，岳石文化中亦有。此外，类似的盆在河北南部地区的下七垣文化中也有发现，应与海岱龙山文化的同类器有关。

需要指出的是，在二里头遗址中还有一类盆，即报告所分的侈口盆[1]，具有二元特征，如饰绳纹和底部内凹应是二里头文化的特点，而口部外卷和腹部微鼓则与岳石文化的特征相似，应是二者结合的产物。

（1）敞口盆

二里头遗址四期还发现1件敞口平底盆（VH87：20），腹中部有一周凸棱，底部周边外凸（图四，5）。同类盆见于尹家城等遗址的岳石文化遗存中，并且，泥质陶器的底边外凸也是岳石文化的典型风格之一。

（2）碟

2件。VH107：11，敞口，平底，底边外凸（图四，12）。岳石文化常有此类器物发现。ⅧT13④：10，大敞口，斜腹内表中部有凸棱（图四，13），与岳石文化浅盘豆的豆盘相似。

（3）器盖

VH12：11，折沿，壁较矮，可能与三期的同类器盖有渊源关系（图四，14）。

二里头遗址四期还发现铜鼎和铜斝各1件（图四，9、10）[2]，其中铜鼎腹部有一周带状网格纹，与岳石文化陶斝上的同类纹饰相同。铜斝的形状与三期的陶斝相似，而与二里头遗址以往发现的两件铜斝不同。

[1] 中国社会科学院考古研究所：《偃师二里头——1959～1978年考古发掘报告》，中国大百科全书出版社，1999年，图208，8～10。

[2] 中国社会科学院考古研究所二里头工作队：《河南偃师二里头遗址发现新的铜器》，《考古》1991年第12期。

晚于二里头四期的二里冈文化时期，仍发现少量具有岳石文化因素的器物，类别与前几期相同，有石器和陶器两类。

石器以石刀为主，近似半月形，单孔，共有3件（图五，3），占全部石刀数量的一半。

陶器种类较少，只有甗、罐等。

（1）甗

均残。VD2北③：1，夹砂褐陶，形制为斜宽沿，瘦腹内收，器表有较细的篦状刮抹痕迹（图五，2）。

（2）罐

VD2H8：7，夹砂褐陶，宽卷沿，圆鼓腹，器表饰细密的篦状刮抹痕迹（图五，1）。

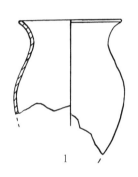
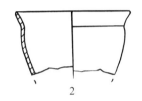
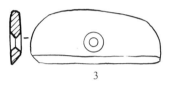

图五　二里冈文化时期的东方因素
1. 罐（VD2H8：7）　2. 甗（VD2北③：1）　3. 石刀（ⅤH205：15）

以上我们从以陶器为主的文化遗物方面探讨了二里头遗址各个时期存在的来自东方海岱地区的文化因素。我们注意到，二里头一期中的东方因素以来自龙山文化的为主，只有极少量因素为由岳石文化传播过来。而且，在年代略早于二里头一期的新砦期之中，存在着数量更多的海岱龙山文化的成分和因素。两者综合，表明新砦期和二里头一期与海岱龙山文化晚期偏后阶段在年代上可能有一定重合，物质文化上反映的这种情况或与后羿代夏的史实相关。二里头二期及以后，岳石文化的因素明显增多（但在二里头遗址中所占比例则极少），这种现象说明夏与东夷之间自始至终都存在着密切的关系，并且可以和文献记载相印证。

在为数不多的反映夏代史实的文献中，有关夷夏关系的记述占有重要位置。《竹书纪年》中有较多关于夏与东夷交往的记载[1]，例如：

后相即位，二年，征黄夷（《太平御览》卷八二引《竹书纪年》为："后相二年，征风夷及黄夷。"）。七年，于夷来宾。

少康即位，方夷来宾。

后芬即位，三年，九夷来御，曰畎夷、于夷、方夷、黄夷、白夷、赤夷、玄夷、风夷、阳夷。（《太平御览》卷七八〇引）

后荒即位，元年，以玄珪宾于河，命九（夷）东狩于海，获大鸟。（《北堂书钞》卷八九引）

后泄二十一年，命畎夷、白夷、赤夷、玄夷、风夷、阳夷。

后发即位，元年，诸夷宾于王门，诸夷入舞。

---

[1] 以下未加注明者，皆引自《后汉书·东夷传》之注。

　　由以上文献记载可知，夏夷关系的格局在大部分时期是处于和平友好的局面，也有短暂的战争交恶的阶段。而物质遗存反映的情况是，夏文化中的礼器多数是直接或间接来自东方海岱地区，当然，这种渊源关系有着深厚而长远的历史背景。同时，在二里头遗址中存在着一定数量的岳石文化因素，这些因素与二里头文化固有因素迥然不同。其中有些可能是直接来自东方，如二期中的小罐和四期中的半月形双孔石刀等；而多数则应是在当地制作的，只是还保持着岳石文化的基本风格和特征，如各种薄胎褐陶罐、褐陶的斝和爵、盆、半月形单孔石刀等。从以上特征，特别是那些出土典型的岳石文化器物的墓葬的存在，说明在二里头遗址中应居住着一定数量来自东方海岱地区的夷人，他们在文化上保持着自身传统，可能有一定的相对独立性。这样解释，才好理解二里头遗址中的岳石文化因素或具有浓厚岳石文化风格的因素，并且也可以与文献记载的史实相吻合。

　　（原载《华夏考古》2006年第3期）

试论岳石文化与郑州地区早期商文化的关系
——兼论商族起源问题

　　岳石文化的识别与确立，是最近十余年来山东地区考古研究工作的重要成果。而岳石文化的发现，则可以追溯到20世纪30年代之初。1930年发掘的章丘城子崖遗址（原隶属于历城县）和1933年在辽东半岛双砣子遗址清理的积石墓中，都包含有岳石文化的遗物[1]。20世纪50年代末，在江苏北部的赣榆下庙墩遗址和山东平度东岳石遗址，再次发现比较单纯的岳石文化遗存[2]。虽然当时已经注意到这批遗存的独特风格，但由于可资比较的资料的双重性，两处遗址的发掘简报均将其归入龙山文化之中。20世纪70年代末，随着海岱地区北辛、大汶口、龙山文化序列的建立，在探讨这一地区龙山文化的去向问题时，有人注意到以平度东岳石为代表的这一批与龙山文化风格迥异的文化遗存，认为它有可能是晚于龙山文化的另一类型[3]。不久，有人提议将这一类遗存称之为"岳石文化"[4]。至此，认为在山东地区，龙山文化的下限延续到早商早期的观点已成为历史。

　　岳石文化的分布范围，主要包括山东全省、苏皖两省的淮河以北和豫东地区，而具有岳石文化因素的范围，则到达了江南、中原、辽西、辽东乃至更为遥远的地区。

　　岳石文化以其风格独特的器物群，尤其是含有大量的夹砂褐陶而显著区别于以灰、黑陶为主的龙山文化。以至到目前，我们虽然找到了两者之间具有传承关系的若干证据，但仍未达到密切衔接的程度。同时，岳石文化与同时期分布于中原地区的二里头文化之间，也少有共同之处。在二里头文化中，我们只发现少量具有岳石文化特征的遗物，比较明确的，如卷沿深腹夹砂褐陶中口罐、斜颈近筒形褐陶大口罐、腰部饰附加堆纹的甗以及半月形双孔石刀等。而在岳石文化之中，还很少发现明显具有二里头文化特征的遗物，即使在邻近二里头文化分布区的鲁西南地区也是如此。

　　与上述情况形成鲜明对照的是，岳石文化与郑州地区的早期商文化之间有着极为密切的关系。

　　郑州地区的商代文化遗存十分丰富，现已发表材料的商代早期遗址（不包括属于二里头文化的洛达庙和上街等遗址），主要有郑州南关外、二里冈和商城等数处[5]。这些遗址的商代文化遗存，归纳起来，可以划分为依次的三大期，即南关外期（以郑州南关外下层为代表）、二里冈前期（以二里冈下层为代表）和二里冈后期（以二里冈上层为代表）。中原地区，尤其是郑州、洛阳一带，考

　　[1]　傅斯年、李济、董作宾、梁思永等：《城子崖——山东历城县龙山镇之黑陶文化遗址》，中央研究院历史语言研究所，1934年；江上波夫等：《旅顺双台子山新石器时代遗址》，《人类学杂志》第49卷第1期，1934年。

　　[2]　南京博物院：《江苏赣榆新石器时代至汉代遗址和墓葬》，《考古》1962年第3期；中国科学院考古研究所山东队：《山东梁山青堌堆发掘简报》，《考古》1962年第1期。

　　[3]　黎家芳、高广仁：《典型龙山文化的来源、发展及社会性质初探》，《文物》1979年第11期。

　　[4]　严文明：《龙山文化和龙山时代》，《文物》1981年第6期。

　　[5]　河南省博物馆：《郑州南关外商代遗址的发掘》，《考古学报》1973年第1期；河南省文化局工作队：《郑州二里冈》，科学出版社，1959年；河南省博物馆等：《郑州商代城遗址发掘报告》，《文物资料丛刊·1》，文物出版社，1977年。

古学文化的序列比较完整，年代关系也比较清楚。尽管在二里头文化与二里冈文化的期别对应关系上尚有不同意见，但对于南关外期和二里冈前、后期均属于商文化系统这一点，学术界的认识是一致的。

这里，有必要先澄清南关外中、下层与二里冈下层的关系问题。除原报告明确地将其分为两期，即把南关外下层称为南关外期和将南关外中层划归二里冈下层之外[1]，还有以下两种意见：

一种意见是抽出二里冈遗址下层中偏早的部分单位，如C1H9、C1H4等，与南关外中、下层合并，称之为先商文化南关外型[2]，或将南关外下层归为二里头文化第四期[3]。

另一种意见认为，南关外中、下层"属于二里冈期下层文化"，"二里头四期与二里冈下层及南关外下层（包括南关外中、下层在内——引者注）是同时的商文化"[4]。

我认为，尽管南关外中层由于"直接叠压在商代文化的下层之上，发掘时为了防止下层遗物混入，所以清理得就较深些，因而中层可能混入了一部分下层的遗物"，但与下层相比，差别仍然是非常明显的。这主要表现在：

（1）陶质陶色有别

下层中夹砂褐陶和泥质褐陶"数量最多，约占80％以上"，而中层是以"泥质灰陶最多，砂质褐陶次之"，其差异十分明显。

（2）两者主要陶器器类在形制上有显著差别

如下层出土的腰部施附加堆纹、炮弹形袋足直接着地（没有实足尖）的鬲和大口深腹罐不见于中层；下层的小口鼓腹罐、敞口平底盆和中层的同类器差别较大；应属于下层的斝和鬲[5]，分别与中层偏早的同类器[6]有一定演变关系。因此，原报告把层位上早于二里冈下层，并具有显著的自身特征，而又与二里冈下层有一定渊源关系的南关外下层遗存，单独定为"南关外期"。这一结论是符合考古发现的实际的，因而也是适当的。

下面，首先分析岳石文化与南关外期商文化的关系。

岳石文化的农业生产工具有两类七种，即扁薄单面刃石铲、长方形孔多刃石镢、半月形有孔（多为双孔，也有极个别为单孔和三孔者）石刀、窄身石镰、蚌铲、蚌镰和蚌刀[7]。南关外下层出土的农业生产工具很少，主要有石铲、石镰和蚌镰三种。石铲为扁平长方形，背部有窄肩，岳石文化也发现过同类有肩石铲。石镰和蚌镰比较接近于岳石文化的同类器。此外，南关外中层还发现一件类似于岳石文化的半月形单孔石刀，孔系对面琢透，这种穿孔方法也与岳石文化完全相同。蚌刀系以蚌壳较厚的边缘部分为背部，而于中部较薄的部位磨出刀刃，这种制作蚌刀的取材方法与岳石文化是一致的。

岳石文化的陶器，以各种颜色不纯正的褐色陶为主，约占总数的60％以上，尤其是夹砂陶，绝

[1]　河南省博物馆：《郑州南关外商代遗址的发掘》，《考古学报》1973年第1期。

[2]　邹衡：《试论夏文化》，《夏商周考古学论文集》，文物出版社，1980年。

[3]　罗彬柯：《小议郑州南关外期商文化——兼评"南关外型"先商文化说》，《中原文物》1982年第2期。

[4]　仇祯：《关于郑州商代南关外期及其他》，《考古》1984年第2期。

[5]　河南省博物馆：《郑州南关外商代遗址的发掘》，图一一，12、9，见《考古学报》1973年第1期，原发掘简报就将其定为下层，见《郑州南关外商代遗址发掘简报》，《考古通讯》1958年第2期。

[6]　河南省博物馆：《郑州南关外商代遗址的发掘》，图一一，10、3，见《考古学报》1973年第1期。

[7]　山东大学历史系考古专业教研室：《泗水尹家城》，文物出版社，1990年。

大多数为各种褐陶，其中有相当多数为质地较疏松的粗砂褐陶。南关外下层的陶器，"以砂质褐陶和泥质褐陶数量最多，约占80%以上"。两者陶色十分相似。

在器表装饰方面，绳纹、弦纹、划纹、泥饼、附加堆纹和夔龙纹等是两者共有的纹样。南关外下层的绳纹纹道较细，印痕清晰，所占比例较高。岳石文化的绳纹数量较少，主要有三种：一种是整齐的竖行细绳纹；一种是排列较乱、印痕较深的细麻绳状横行绳纹；还有一种是成列的颗粒状绳纹，细看每个颗粒都有毛刺，这种绳纹在龙山文化晚期已经习见。两者比较接近的是第一种。此外，在附加堆纹之上再饰捺窝纹的做法，两者也是一致的。

岳石文化陶器的器类较多，约有二十余种。其中最常见的是罐、甗、鼎、盆、豆、尊、盒和器盖等，也有少量的鬲和斝。南关外下层由于发掘面积的关系，出土遗物较少，陶器种类不多，计有鬲、甗、罐、盆、斝、爵和算子等七类（原报告陶器小目上有瓮，描述部分则无）。其中与岳石文化比较接近的有五类六种，下面分别予以说明。

甗　岳石文化的甗均为夹砂褐陶。形制为侈口，斜沿，细腰，肥硕的炮弹形袋足直接着地，无实足尖。腰及裆部多有附加堆纹，堆纹之上往往再饰捺窝、指甲、楔形刺点和"×"形刻划纹等，有的器身留有细密的篦状刮抹痕迹。南关外下层出土的陶甗，陶质和形态与岳石文化完全相同，只是器表加饰细绳纹，三足外撇稍甚（图一，1、9）。同类甗在辽东半岛的高丽寨下层亦有发现，日本学者小林行雄曾指出过其与南关外下层陶甗之间的密切关系（图二，1）[1]。

大口深腹罐　岳石文化的典型器物之一。多为大口，斜领，颈稍内收，上腹微鼓，深腹，小平底，均为夹砂褐陶。南关外下层发现一件，原报告将其定为甗之上部，不确。其陶质、形态均与岳石文化极为相似（图一，6、13）。

小口鼓腹罐　岳石文化常见器类。多为小口外侈，卷领，广斜肩，鼓腹，平底或内凹。器表为素面或饰竖行细绳纹。均为泥质陶，陶色有灰黑和褐色两种。同类器形南关外下层出土两件，形制与岳石文化极为相似（图一，4、12）。

平底盆　岳石文化常见器类。形制为大敞口，圆唇，斜壁，浅腹，平底，器表为素面或磨光，泥质灰陶或褐陶。南关外下层亦发现同类盆，只是盆腹更浅。平底盆是一种延续时间较长、分布范围较广的器物，其中心是在大汶口——岳石文化的分布区之内（图一，3、11）。

斝　岳石文化的陶斝为敞口，束颈较长，腹部微鼓，下接三个锥状袋足，一侧有把手，沿面设置一对平顶矮柱，两柱之间有小平流，器身饰刻划纹，有的保留细密的篦状刮抹痕迹，夹细砂褐陶。南关外下层的同类斝，陶质陶色相同，形制相似，器身亦饰刻划纹，沿面之上设矮柱，只是袋足较浅，无流（图一，7、14）。

算子　岳石文化发现甚多。平面为圆形，均为夹砂褐陶。有两种形制：一种是周沿上卷呈浅盘状；另一种是圆饼形。其上穿有数量不等的细孔，少则几个，多则十几个，算眼纤细且极不规则，往往一面凸起，有许多甚至未穿透或穿透后又被迷住者。同类器形南关外下层出土一件，圆饼形，中部穿四个细孔，夹砂褐陶。从照片观察，与岳石文化的第二种算子完全相同。

南关外下层还发现一定数量的鬲。如果把这些鬲和中层出土的同类型鬲联系起来分析，我们发现，这些鬲的特色十分明显，均为厚胎砂质褐陶，弧形裆。与那种分裆的薄胎灰陶鬲明显不同。据

---

[1]　水野清一、小林行雄：《考古学辞典》，东京，创元社刊，第308页。

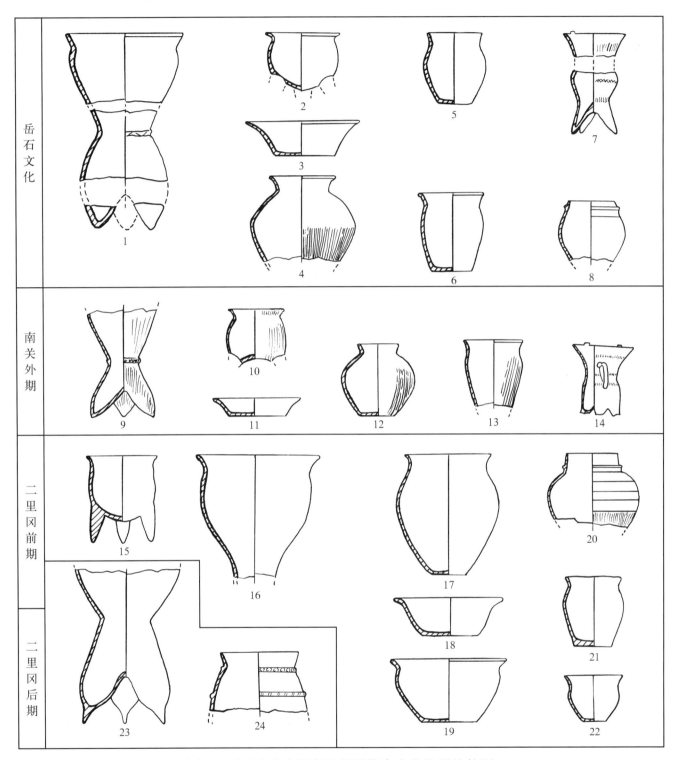

图一　岳石文化和郑州地区早期商文化陶器比较图

1、9、16、23. 甗（H11：2、T95：108、T18：237、H28：10）　　2、15. 鼎（采：022、H17：39）　　3、11、18、19、22. 盆（H407：12、T95：155、T18：151、H62：15）　　4、12. 小口罐（T196：16、T95：116）　　5、6、13、17、21、24. 罐（H23：1、H71：5、T87：148、T19：7、H12：32、H11：53）　　7、14. 斝（H437：35、T86：52）　　8、20. 直口罐（G1：29、T2：7）　　10. 鬲（T87：132）　　（1、8为安邱堌堆，2～5、7为尹家城，9～14、22为南关外，15～21、23、24为二里冈）

已复原的两件标本观察，这种鬲的较早形态是侈口，卷领，腹微鼓，微弧裆，近似款足，逐渐过渡到二里冈下层那种折颈近似分裆鬲。其演化规律是，口沿由卷沿到折沿，袋足从浅向深变化，裆部由微弧裆、弧裆再到微分裆，整体则从矮到高，其递变的轨迹比较清楚。这类陶质陶色和形态均较独特的陶鬲，显然不是当地的传统，也断非来自豫北冀南地区。

考察袋足器的产生和发展过程可知，袋足器的形成主要有两条途径：一条是鬶式途径，即在鼎等实足器的启发之下，将预先做好的三个空足接成一器，形成较深的分裆；另一条是渐变的途径，即由实足（鼎式）、款足（鬲式）到深袋足（鬶式），表现在裆部就是由平裆（或外凸）到弧裆，进而分裆。对陶鬲的演变，苏秉琦先生曾作过精辟而详尽的研究[1]。纵观大汶口－龙山文化时期的鬶、甗、鬲等袋足器的产生和发展，实际上就是在不断地重复上述两个过程。南关外下层这种微弧裆的陶鬲，按发展规律推测应源于某种鼎类器。我们注意到，岳石文化除了发现少量的夹砂褐陶弧裆鬲之外（图二，2）[2]，还存在大量的（主要是其西部分布区）厚胎夹砂褐陶鼎，鼎身上半部的形制与南关外下层的早期鬲极为相似，两者之间应有一定的渊源关系（图二，3～6）。在二里冈遗址下层，也确实见到了这种稍加改造的陶鼎（详后）。

南关外下层的陶器中有一部分爵，并存在较多的绳纹装饰。这些应与来自二里头文化的影响有关。

上述分析表明，南关外期商文化的主要文化内涵，系来自东方的岳石文化，而不是其他地区。同时，也较多地吸收了二里头文化的因素，这也可能是有人将其归为二里头文化第四期的一个原因。

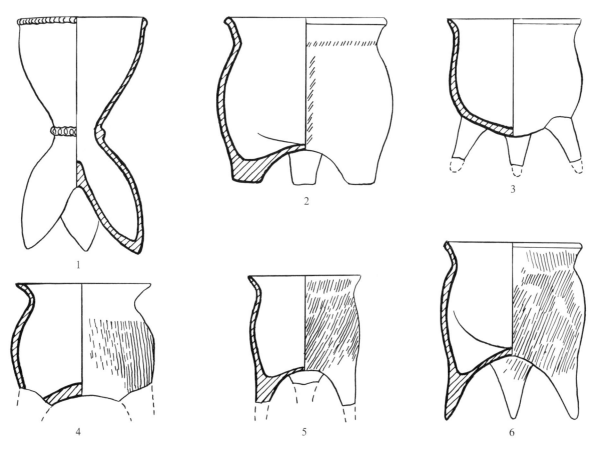

图二　岳石文化和南关外下、中层陶器

1. 甗（高丽寨下层）　2. 鬲（西吴寺H102：1）　3. 尹家城（T229⑦：5）　4～6. 鬲（南关外T87：132、T86：53、H62：19）

[1] 苏秉琦：《瓦鬲的研究》，《苏秉琦考古学论述选集》，文物出版社，1984年。
[2] 国家文物局考古领队培训班：《兖州西吴寺》，文物出版社，1990年。

接下来，我们比较一下岳石文化和二里冈文化前期之间的关系。

岳石文化和二里冈文化前期在生产工具方面，仍然存在着若干共性。例如，两者都有窄身宽尾小石镰，石器的穿孔方法均为对面琢打穿透，都发现较多的蚌器，其中蚌刀的取材和磨刃方法也相同，等等。但是，两者之间的差别是极为明显的。例如，岳石文化用于收获的农具主要是石刀和蚌刀，镰很少，而二里冈文化前期的收获工具主要为石镰。

属于二里冈文化前期的南关外中层，陶器"质地可分为砂质褐陶、砂质灰陶和泥质灰陶、白陶、釉陶和原始瓷器等六种。其中以泥质灰陶数量最多，砂质褐陶次之"[1]。二里冈遗址的陶器未做分层统计，除了个别单位（如出夹砂粗红陶特别多的T9、T12、H9和H10等）之外，从总体上看（包括二里冈上层在内），绝大多数为灰陶，也有一小部分风格特殊的夹砂褐陶，发掘报告中曾指出其"好像另是一系统"[2]。曾参加过二里冈遗址的发掘资料整理工作的邹衡先生，也认为这一作风迥异的陶系"确属另一陶系。三十多年来，我们一直未找到其归宿。今天才明白，这就是山东省岳石文化中最主要的陶系之一"[3]。

在陶器的器表装饰上，二里冈文化前期仍有许多与岳石文化相同或相似的特征。例如，大型器物外壁多附加若干周泥条，泥条之上往往刻压成索状或加饰"×"、短直条和圆窝等纹饰，一些器物外表饰有压印小方格纹、云雷纹、刻划折线纹和网状纹等。尤其是在弦纹中间加饰双泥饼（见《郑州二里冈》图叁拾：21）和遗留在夹砂褐陶表面的细密的箅状刮抹痕迹，与岳石文化完全一致。

二里冈文化前期的陶器种类较多，其中与岳石文化作风相似、形态接近的器形，有鼎、甗、罐和盆四类中的部分器形。

鼎　二里冈文化前期陶器中鼎的数量不多，特征明显的是Ⅰ式鼎，形制为侈口，直颈微束，深腹，圆底，下接三个扁圆锥状足，外表饰竖绳纹，厚胎，夹砂褐陶。此类鼎在其他文化中少见，当直接来源于岳石文化的同类鼎（图一，2、15）。

甗　是二里冈下层的主要炊器之一。与岳石文化作风相同的是Ⅱ式甗，仅残存甗腰以上部分。形制为大口，斜领，上腹微鼓，下腹急收成细腰，素面，夹砂红褐陶，质地较疏松。此类甗当承之岳石文化的同类器（图一，1、16）。

罐类是二里冈遗址出土数量最多的器类，其中具有岳石文化风格的有深腹罐、小罐和直口罐三小类。

深腹罐　形制为圆唇，侈口，沿外卷，深腹，小平底，最大腹径居上，素面，或外表有细密的箅状刮抹痕迹，夹砂灰陶或夹砂褐陶。这种罐在二里头文化中亦有少量发现，其来源是岳石文化（图一，5、17）。

小罐　形制为侈口，颈略束，腹较深，平底较大。素面，泥质或夹砂灰陶。与岳石文化和南关外下层同类罐有渊源关系（图一，6、13、21）。

直口罐　或可称为子母口罐。形制为直口，口下部起棱，呈子母口状，圆鼓腹，泥质灰黑陶。

[1]　河南省博物馆：《郑州南关外商代遗址的发掘》，《考古学报》1973年第1期。
[2]　河南省文化局工作队：《郑州二里冈》，科学出版社，1959年。
[3]　邹衡：《论菏泽（曹州）地区的岳石文化》，《文物与考古论集》，文物出版社，1987年。

此种罐在二里冈下层中比较少见，其他文化则更少见，应与岳石文化中数量较多的子母口罐有渊源关系（图一，8、20）。

与岳石文化风格接近的盆主要有卷沿鼓腹盆和敞口盆两种。

卷沿鼓腹盆　形制为侈口，颈部卷折，鼓腹，多平底，多为素面，泥质灰黑陶。南关外Ⅰ式盆（H62∶15），卷沿，深腹，底残。《郑州二里冈》Ⅴ式盆，近似折沿，腹稍浅，平底。前者更具有岳石文化作风，可能时代略早。这一类作风的盆在岳石文化中较为常见，如果再进一步追溯其渊源，当为龙山文化中晚期习见的鼓腹双横耳小平底盆（图一，19、22）。

敞口盆　形制为大敞口，宽沿微卷，斜腹近底部微曲，浅腹，大平底。此种盆具有岳石文化作风，当直接渊于南关外下层的浅腹大平底盆（图一，18）。

此外，二里冈遗址下层出土的Ⅰ式器盖和体较厚且侧边外鼓明显的纺轮等，均与岳石文化的同类器比较接近。

上述比较表明，二里冈文化前期遗存中所包含的岳石文化因素，较之南关外下层时期显著减少，并且风格和作风近似者多，形态完全相同者少，这应与时间的早晚和文化内涵的发展、变迁有关。

最后，讨论一下岳石文化与二里冈文化后期之间的联系。

到二里冈上层时期，具有岳石文化作风的遗物，在郑州地区已经十分罕见。从地域上讲，二里冈文化后期之时，商文化的分布范围已扩及到山东中部地区，即蒙山、鲁山一线，即使在这一区域，具有岳石文化因素的遗物，在整体文化中已退居到极为次要的位置，充其量只是遗风而已。郑州地区在二里冈文化后期所见到的具有岳石文化风格的器物，主要有甗和中口罐两种。

甗　甗的腹部以上残缺。形制为粗腰，近似筒形袋足，着地一端有高实足尖。器表有篦状刮抹痕迹，薄胎，夹砂褐陶。形制相似的甗在济南大辛庄商代早期遗存中亦有发现。这种甗从风格上看，确实有一定的岳石文化遗风，但器物形态与岳石文化的陶甗已判然有别（图一，23）。

中口罐　二里冈遗址仅发现一件（H11∶53）。形制为侈口，颈圆折，深腹，底部残，颈下与腹部有二周附加堆纹，其上划有"×"形纹饰，夹砂褐陶，胎较厚。这件陶罐从形制和纹饰上看，均接近于岳石文化的同类器形，其时代应早于二里冈文化后期（图一，24）。

综上所述，我们看到这样一种现象，就是在郑州地区的早期商文化遗址中，在时代最早的南关外下层时期，岳石文化或具有岳石文化因素的成分占据主导地位，东方文化气息特别浓厚。二里冈文化前期，二里头文化因素激增，而具有岳石文化特征的遗存仍然存在，但面貌已有所变化，比重大大下降，已经退居次要位置。到二里冈文化后期，带有岳石文化遗风的遗物虽然也偶有所见，但实属凤毛麟角。要之，郑州地区早商遗址中，时代越早，岳石文化的成分越多，东方文化色彩越浓厚。随着时间的推移，典型岳石文化的因素越来越少，并不断发生变化，以至到晚商时期全部消失。

需要加以说明的是，郑州地区商文化的较早时期（即南关外期），在年代上要略晚于大家目前所认识的岳石文化。其理由如下：

（1）从某些器类的演化趋势看，南关外期较晚。例如，岳石文化的陶甗，三袋足外撇有逐渐加大的趋势，而南关外期的甗，外撇明显，远较岳石文化为甚。如前分析，南关外期的侈口微弧裆陶鬲，与岳石文化形制相近的鼎之间有一定的承继关系，而在岳石文化较晚阶段，也确实发现过个别的弧裆绳纹鬲和素面鬲。斝在岳石文化中出现较晚，并且袋足为深空足，几乎没有实足尖，仍有早期斝的作风，而南关外期的斝类器形，袋足内空较浅，实足尖较高，正处在袋足向实足发展过渡的中间环节上。

（2）早年在辽东半岛的高丽寨下层，曾发现一件与南关外期极为相似的陶甗，两者时代应相去不远。从出土遗物分析，高丽寨下层的时代大致与双砣子遗址第三期同时，而晚于出土有大批典型岳石文化遗物的双砣子第二期[1]。这也间接说明，南关外期应略晚于目前所认识的岳石文化。

（3）已测定的岳石文化碳-14数据共有17个，除去部分明显偏早或略嫌偏晚的之外，多数落在公元前1890～前1670年之间（均按树轮校正值计算）[2]。南关外期的年代，可根据二里冈下层来比定。被二里冈下层所叠压的郑州商城城墙夯土内出土的木炭标本，经测定为公元前1620±140年（树轮校正值）[3]。由此可知，二里冈下层的上限，不会超过公元前1600年，而时代早于二里冈下层的南关外期，年代在这之前，但估计不会超过公元前1700年。因此，南关外期的年代应略晚于目前所认识的岳石文化，或与岳石文化晚期稍有重叠。这与邹衡先生的分析是基本一致的[4]。至于在山东地区介于现在所认识的岳石文化与二里冈文化后期之间的缺环，还有待于今后的考古发现和进一步研究认识。

对岳石文化与郑州地区早期商文化之间的这种关系应作何解释呢？我认为，应当将这一问题置于商族起源的大格局中加以考察分析。

关于商族起源问题，长期以来，众说纷纭，是中国上古史中悬而未决的重大课题之一，一直为历史学家和考古学家所关注。近年来，注重考古发现并加以论证的，归纳起来，主要有以下几种观点：

（1）夏商同族说

持这一种观点的学者认为，夏和商是同一文化的前后两个阶段，只有政权的更迭，没有文化的更迭。因此，没有必要在二里头文化内去硬找"突变"[5]。

（2）太行山东麓起源说

认为商族起源的中心地区，在冀南漳河和滹沱河之间的太行山东麓一线。随着其势力的增长，辗转南下征战，最后灭夏。其文化代表是先商文化漳河型和辉卫型[6]。

（3）东方起源说

认为商族起源于东方，即豫东和鲁西南地区。其代表性文化是分布于上述地区的龙山文化青堌堆类型（或称为王油坊类型）[7]。

[1] 小川静夫：《极东先史土器の一考察》，《东京大学文学部考古学研究室研究纪要》第1号，1982年。

[2] 全部数据见《山东龙山文化研究文集》，齐鲁书社，1992年，附录一。

[3] 河南省博物馆等：《郑州商代城遗址发掘报告》，《文物资料丛刊·1》，文物出版社，1977年。

[4] 邹衡：《论菏泽（曹州）地区的岳石文化》，《文物与考古论集》，文物出版社，1987年。

[5] 郑光：《二里头遗址的性质与年代》，《考古与文物》1988年第1期；赵芝荃：《试论二里头文化的渊流》，《考古学报》1986年第1期。

[6] 邹衡：《试论夏文化》，《夏商周考古学论文集》，文物出版社，1980年。

[7] 吴秉楠、高平：《对姚官庄与青堌堆两类遗存的分析》，《考古》1978年第6期；孙飞：《论南亳与西亳》，《文物》1980年第8期。

此外，还有晋南起源说、东北起源说等。至于从文献上考证商族起源的说法就更多了，除了没有涉及南方地区之外，其他地区均有论及。详尽地论证商族起源诸说，非本文之主旨。下面主要讨论一下东方起源说。

商族起源于东方，文献资料比较确凿，与考古实际比较符合。因此，传统的商族起源于豫东鲁西一带的说法是可信的。

由于经济和政治等方面的原因，商人"不常厥邑"，经常迁徙。据史书记载，成汤以前的先商时期共有八迁[1]。对于这八次迁徙的具体地望，近代学者王国维曾作过详尽的考证[2]。依其所说，汤以前八迁的地望除了"砥石"不详之外，余者均在今之豫东、鲁西和豫北这一范围之内，尤其是集中于豫东和鲁西南一带。因此，上述范围最有可能是商族早期的活动区域。

《书·商书序》云："汤始居亳，从先王居。"先秦文献中提到汤都亳（或薄）者，不下十余种之多。"亳"的地望之确定，对于研究早商及先商文化至关重要的意义，是不言而喻的。因此，众多的研究夏商史学和考古学的学者，都或多或少对"亳"地进行过考证，不少人提出了自己的看法。多数人认为，"亳"地不是固定于一个地点的，而是随着都城的迁移而移动，就像后来的"京"一样，定都西方的叫"西京"，定都东方的叫"东京"，"南京"、"北京"亦属此理。我们赞成以灭夏为界，将"亳"的地望分别加以考察的观点。灭夏之前，"汤从先王居"之"亳"在东方。灭夏之后，为了加强对中原地区的控制，迁"亳"于西方。关于东方之"亳"，现有南亳和北亳两说，我们更倾向于北亳说[3]。除了文献证据比较充分之外，众所周知，宋为商人后裔，宋都在商丘而置宋庙于北亳（两地直线距离约40千米），当非出自无故。不过，无论是北亳或者是南亳，有一点是共同的，即都在传说中商族早期活动区域的中心地带。

因之，从文献记载方面说，商人先祖发祥地在东方，即鲁豫皖交界地区的说法较之其他诸说更为可信。

从考古发现的实际情况看，商族起源于东方的轮廓也逐渐地清晰起来。

关于郑州南关外下层文化，原报告作者曾这样指出："这层出土的陶器，如厚胎敛口鬲、敞口细腰胖袋足鬲、敞口细腰弧裆鬶、有流无尾圜底或平底爵、敛口短颈鼓腰瓮和圆饼形器盖等，形制是比较特殊。同时，陶器又以棕褐色的较多。这些特征，与郑州商代遗址二里冈期和洛达庙期的同类器，都有着显著的不同。"[4]据此将其定为早于二里冈期下层的"南关外期"，无疑是正确的。也正因为如此，才有人指出："对于郑州来说，南关外期是一种外来的文化类型"[5]，是"从中途插进来的"[6]，是一种"从外地迁到郑州南关外一带居住的人们遗留下来的文化遗存"[7]。以南关外下层为代表的早期商文化的直接来源，既不是龙山文化青堌堆类型，也不是所谓先商文化"漳河型"和"辉卫型"，而应是岳石文化中的一支，即分布于鲁豫皖交界一带的岳石文化。关于这一地区龙山

[1]　《书·商书序》："自契至于成汤八迁。"
[2]　王国维：《说自契至于成汤八迁》，《观堂集林》卷十二，中华书局，1959年。
[3]　参见杜金鹏：《先商济亳考略》，《殷都学刊》1988年第3期。
[4]　河南省博物馆：《郑州南关外商代遗址的发掘》，《考古学报》1973年第1期。
[5]　孙飞：《论南亳与西亳》，《文物》1980年第8期。
[6]　邹衡：《论汤都郑亳及其前后的迁徙》，《夏商周考古学论文集》，文物出版社，1980年。
[7]　安金槐：《对于郑州南关外期遗存的再认识》，《华夏考古》1989年第1期。

文化之后和商文化之前的文化面貌，过去一直是不清楚的。最近几年，首先是菏泽安邱堌堆遗址的发掘[1]，证明了岳石文化在这一地区北部的存在，接着是鹿邑栾台遗址的发掘，表明南部地区仍然是岳石文化的分布区，并且首次在这一区域发现二里冈下层文化遗存[2]，证实了岳石文化的年代（至少是在其西部分布区）是与二里头文化大致平行的。

鲁豫皖一带岳石文化（或可称为安邱堌堆类型）的创造者，就是先商时期的居民，到夏朝末期，他们在成汤的率领下，北征西伐，来到郑州，留下了"南关外期"遗存，最后"奉桀众以克有夏"（《墨子·非攻篇》），救夏民于水火。同时，在文化内涵上大量摄取和吸收了发达的夏文化的"营养"，逐渐融合形成了独具特色的二里冈期商文化，这也是二里冈文化中岳石文化因素渐次减少的主要原因。

应该承认，由于鲁豫皖地区岳石文化的材料发现较少，引用的资料多出自偏东方的遗址，并且南关外期遗存发现的也不多，因此，上述论证还是初步的。不过，两者之间存在着深刻的内在联系则是不容置疑的。我们相信，随着今后这一区域考古工作的广泛开展，商族起源问题的真相是会大白于天下的。

（原载《华夏考古》1994年第4期；后收入《海岱地区考古研究》，山东大学出版社，1997年）

[1]　北京大学考古系商周组、山东省菏泽地区文展馆、山东省菏泽市文化馆：《菏泽安邱堌堆遗址发掘简报》，《文物》1987年第11期。

[2]　河南省文物研究所：《河南鹿邑栾台遗址发掘简报》，《华夏考古》1989年第1期。

牛河梁红山文化积石冢的分期和年代

从1981年调查发现牛河梁遗址以来，辽宁省文物考古研究所对牛河梁及其周围地区多处地点进行了考古发掘，其中以喀左东山嘴祭祀遗存、牛河梁第一地点的女神庙和其他多处地点的积石冢最为引人注目，被简称为红山文化的"坛、庙、冢"。这批珍贵资料对于引导人们深入探讨中华文明起源等重大课题，起到了重要的促进作用。

近来，随着牛河梁地区1983～2003年考古发掘资料的全面公布[1]，从而为学术界深入探讨红山文化的社会组织和社会结构提供了一批完整资料。而作为研究红山文化社会和所有其他问题的基础，是对这批材料的准确年代关系有一个基本的认识。以下将依据报告提供的层位关系和在报告分期的基础上，探讨牛河梁地区各积石冢的分期和年代。

一 牛河梁地区各积石冢的概况

截止第三次全国文物普查工作结束，在大凌河上游的辽宁省建平县和凌源市交界处的牛河梁一带，共发现了43处红山文化遗址，其中积石冢为27处，每处为一个地点。这样，牛河梁地区积石冢的数量远远超过了此前发现的16处。27处积石冢呈东北－西南方向分布于大凌河西支河谷的两侧，总长度超过15千米，分布区的面积约100多平方千米。

1979年以来，牛河梁遗址的发掘工作持续进行了20余年，除了第一地点的"女神庙"及其他建筑之外，重点发掘了第二、三、五、十六等4处积石冢。

（1）第二地点

位于牛河梁南段的鞍脊部，北距"女神庙"约1千米。积石冢东西长130.5、南北宽45米，面积约5850平方米，是全部27处积石冢中面积最大的一处。发掘工作从1983年持续到1998年，揭露面积超过5000平方米。发现6座积石冢，合计发掘红山文化墓葬46座，牛河梁地区的绝大多数玉器和陶器出自该地点。其中一号冢和四号冢的墓葬存在着较为复杂的叠压和打破关系。发掘报告将第二地点划分为下层积石冢和上层积石冢两个时期。

（2）第三地点

位于牛河梁南侧一东西走向的山梁上，隔沟与第二地点相望，两者相距仅200米左右。遗址面积不大，南北长约29、东西宽约26米，占地面积约为750平方米。1986年和1995年先后进行过两次发掘，揭露面积868平方米。积石冢内不分层，共发现10座红山文化墓葬。

[1] 辽宁省文物考古研究所：《牛河梁——红山文化遗址发掘报告（1983～2003年度）》，文物出版社，2012年。

（3）第五地点

位于第二地点西南，与第三地点在同一条山梁上，地势略低。1986～1999年，先后四次发掘第五地点，揭露面积2000多平方米。这里的堆积分为下、中、上三大层。下层以灰坑为主，出土了大量石器等遗物；中层为下层积石冢阶段，主要发现了一号和二号2座积石冢，分别位于遗址的东北和西南两端，两者相距30余米。此外，在2座积石冢的南侧还有一些祭祀坑等。上层积石冢为最晚时期，叠压在下层2座积石冢之上的2座积石冢和位于中间部位的长方形积石冢，分别编为一号、二号、三号积石冢。据以上层位关系，发掘报告将第五地点划分为早晚两期，早期为下层积石冢，晚期为上层积石冢。

（4）第十六地点

位于牛河梁地区的西部，坐落在城子山的山梁之上。该地点是牛河梁地区最早发现的一处积石冢，1979年发掘的3座墓葬，是较早发现的出土红山文化玉器的单位。后来把牛河梁地区发现的积石冢统一编号，称为第十六地点。2002、2003年，辽宁省文物考古研究所两次发掘该地点，发掘面积1700多平方米。遗址的堆积分为四个时期。最下层为居住遗存，发现灰坑和土坑墓等；第二时期为下层积石冢；第三时期为上层积石冢；第四时期为夏家店下层文化遗存。

综合以上各地点的层位关系，发掘报告将牛河梁地区的积石冢统一划分为下层和上层两个时期，即牛河梁地区红山文化总排的第二期和第三期。

二　陶筒形器的分类和演变

牛河梁地区积石冢内墓葬出土的随葬品数量不多，并且以玉器为主，可以用作分期研究的陶器数量极少。但在各个冢群内都发现了一定数量完整或残破的陶筒形器，许多在外表还画有各种彩纹。分析这些陶筒形器的形态和彩陶纹样的变化及其与各积石冢群墓葬的关系，可知其具有比较明确的分期意义。所以，在各积石冢发掘所提供的层位关系基础上，分析这批陶筒形器的形态变化，有助于建立牛河梁地区积石冢的整体分期，结合碳-14测年以及与其他考古学文化的比较，可以进一步推定积石冢所处时期的绝对年代。

比较牛河梁积石冢出土的陶筒形器，可以区分为五种基本形态，别为五型。

A型　高筒型。口径小于底径。平沿或微斜折沿，腹部微外隆，底部外伸呈折沿状。多为素面，少数有彩。此型多数较高，也有少数个体较矮。主要出土于第二地点四号冢下层的圆形积石冢（图一，1、2）。

B型　矮筒形。口径和底径约略相等。窄沿，近直腹，或略微外鼓，底部向内侧转折处切直。沿下饰彩带，具体做法是：绘三周带状黑彩，彩带之间画相同方向的粗体斜线（形状近似菱形），两者结合构成完整的彩带。此型多数相对较高，也有少量较矮近似扁体者。主要出自第二地点四号冢上层的下部积石冢（图一，3、4）。

C型　粗高筒形。口径略小于底径。圆方唇，卷沿，近直腹，或略微外鼓，底部内侧切直。口沿下外表有宽凹弦纹带，带宽约占整体的五分之一。腹部画各种黑色彩纹，纹样有重叠垂弧纹（垂鳞纹）、直角三角形纹带、弧边三角勾连纹等。凹弦纹带与彩纹之间有一周粗凸棱相界隔。主要见于第二地点四号冢上层上部积石冢和其他各地点的上层积石冢（图一，5）。

D型 瘦筒形。口径略大于底径或相等。圆唇侈口，大斜领，领外表为疏密不一的凹弦纹带，折颈处有一周粗凸棱。腹部近直或微外隆，底部内侧切直。多无彩。这一类筒形器的基本形制一致，多数较瘦较高，也有一些较矮者，并且两者的高矮差别甚大，有的差别超过一倍。目前仅见于牛河梁第1地点J3号建筑遗迹内，J4房内堆积中发现有残片，其他地点尚未发现（图一，6、7）。

E型 敛口钵形，扁体。可分为2式。

1式 敛口较甚，大约占口部一半，器体矮而略外鼓，底部内侧切直。素面或绘呈带状分布的近菱形黑彩（图一，8）。

2式 敛口略短，约占口部的三分之一，矮壁中部内折，底部内伸明显。素面或绘近菱形黑彩（图一，9）。

B型陶筒形器的口沿接近于A型，底部的变化比较明显，应该是由A型陶筒形器发展而来。

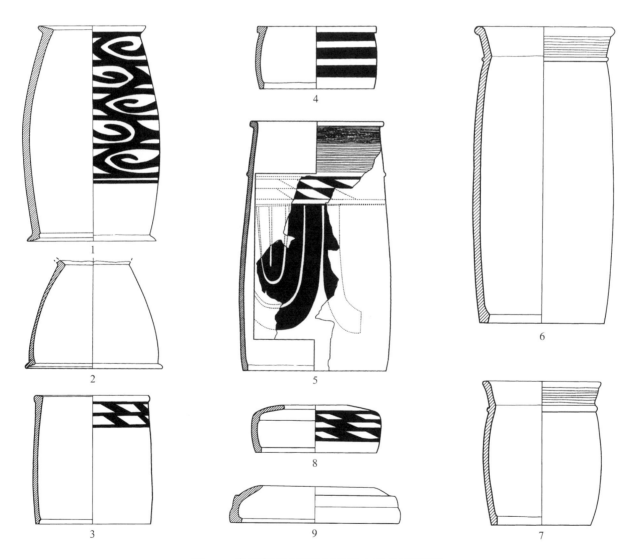

图一 牛河梁地区积石冢出土的陶筒形器

1、2. A型（N2Z4M4：W2、W5） 3、4. B型（N2Z4B：4、L1） 5. C型（N2Z4A：20） 6、7. D型（N1J3：20、16） 8、9. E型1、2式（Z2Z4B：L4、N16M10②：6）

　　D型陶筒形器从整体形制上更接近C型，例如：器体均较高，整体分为上下两部分，中间以一周粗凸棱为界；沿下外表有较宽的凹弦纹带；底部内侧切直等。与C型相比，D型的变化主要表现在：唇部变窄；凸棱以上部分明显外侈，形成大斜沿或斜领；凹弦纹带变窄，凹弦纹排列的多较为疏朗；整体看器体更加瘦长；彩纹基本消失，发现的一例为黑彩，在竖线宽带内绘直角三角纹，构图和技法与C型陶筒形器的同类纹样相同。从这两类陶筒形器的形态特征分析，我们认为D型应该是C型的发展形态，而不太可能像发掘报告所认为的那样——D型早于C型[1]。从已经发掘过的4处积石冢中，均发现有C型陶筒形器，并且都属于晚期，其之前则依次是B型和A型陶筒形器。到目前为止尚未见到D型陶筒形器。由此看来，C、D两型陶筒形器同时并存的可能性不大。对此，或可用积石冢建造和使用时期，D型陶筒形器尚未产生来解释这种现象。

　　E型陶筒形器数量不多，E型1式与B型共存，两者的彩纹也完全相同，故其时代应该相当。E型2式与C型共出，其形制较之B型1式有明显变化，所以1式和2式当有一定的时间差。至于第十六地点上层积石冢和其他个别积石冢内，既有较多的2式陶筒形器，也有一些1式陶筒形器。这种现象的产生，或者是1式延用的时间较长，或者是由下层扰乱上来所致（均发现于墓葬填土或其他堆积之中）。

　　综上所述，我们认为陶筒形器的时代特征十分明显。A型最早，B型次之，C型较晚，D型的时代应该最晚，目前尚未发现其使用于积石冢之内。E型1式和2式则分别与B型、C型时代相当。

三　牛河梁地区各积石冢的分期

1. 第二地点

　　第二地点共有6座积石冢群。工作开展得比较多、层位关系比较明确的是四号和一号积石冢。

（1）四号积石冢

　　就单个积石冢而言，第二地点四号冢是牛河梁地区乃至整个红山文化积石冢群中结构最为复杂的一座积石冢。从整体结构和层位关系上看，四号积石冢有一个较长的使用过程，大体可以划分为三个阶段：

　　下层积石冢为第1段，主要分布在中部以南，分四排，每排2～3座墓葬，保存较好的可以看出为圆形积石冢。每座积石冢的周围埋放一圈陶筒形器，中部有一座墓葬。下层积石冢各墓发现的陶筒形器均为A型，在细节上略有变化。

　　第2段为北部上层东西并列的两座较大的圆形积石冢。东侧积石冢的北侧界墙内和西南侧相同位置发现了数十件陶筒形器，除了1件为E型1式之外，余者形制均为B型。

　　第3段为叠压在圆形积石冢之上的方形（或长方形）积石冢。北界墙内发现了部分陶筒形器，形制绝大多数为C型，冢体内发现过个别E型陶筒形器。

　　从四号冢的整体情况看，第1段的位置偏下部，保存相对好一些，第2段情况一般，第3段位于最上层，破坏十分严重，故保存情况较差。

---

[1]　辽宁省文物考古研究所：《牛河梁——红山文化遗址发掘报告（1983～2003年度）》，文物出版社，2012年，第468、470页。

（2）一号积石冢

发现的墓葬数量较多，按层位关系分为上下两层，即挖于地表以下直至基岩的墓葬和地表以上用石板砌筑并垫土、封土的墓葬。据此，可以将一号冢的墓葬划分为前后两段。

第1段与长方形冢台同时并存，大体有M21～M27等7座墓葬。冢台北部外围较大范围和南部局部还保存着一些原地埋放的陶筒形器，能够确定形制的绝大多数为C型，另外有少量E型。

第2段墓葬均位于冢台东南侧，有M1～M11、M13～M17、M19、M20等18座墓葬。"这批墓葬大部分是后续的，它们占用了这座冢的南墙位置，且部分墓葬借用了冢台的南壁，有的还拆用了该冢原已筑好的南冢台和冢界的砌石，作为墓室的石材使用，然后又将南冢界墙的局部加以修补或对冢界再做象征性的摆放。"[1]这些墓葬排列比较凌乱，规模较小，竟然拆用先人冢台和界墙的砌石来修筑自己的坟墓。所以，这一批墓葬的墓主们与第1段墓葬之间的关系，以及他们在当时社会中的地位等，颇多需要思考之处。

比较一号与四号积石冢，可以发现：一号冢属于第1段的内界墙内出土的彩陶筒形器，与四号冢第3段的方形冢体内发现的彩陶筒形器，绝大多数为C型，基本形制一致。如均为较高体，沿下有高10～15厘米的密集凹弦纹带，中下部有黑色彩带，弦纹带和彩带之间以一周粗凸棱相界隔。这一类彩陶筒形器，不仅与四号冢第1段的陶筒形器完全不同，与四号冢第2段没有凹弦纹带的矮小彩陶筒形器也相去甚远。同时，两者均发现有个别E型陶筒形器。所以，一号冢的第1段与四号冢的第3段，时代应该大体相当，属同一时期。这样，就可以把牛河梁第二地点的积石冢从整体上划分为4个阶段：

第1段以四号冢的第1段为代表。

第2段以四号冢的第2段为代表。

第3段以一号冢的第1段和四号冢的第3段为代表。

第4段以一号冢的第2段为代表。

综合考虑四个阶段之间的变化，第1、2段均流行圆形积石冢，墓葬出土玉器的数量不多，第3、4段开始流行方形积石冢，墓葬的规模和随葬玉器的数量均出现较大分化。有鉴于此，可以进一步把第1、2段合并为早期，第3、4段合并为晚期。

以上述分期来检查第二地点的其他各冢，可以说均在上述时间段之内。

二号冢的冢体封土内出土有第1、2段常见的A、B型陶筒形器，表明这里或附近有同时期遗存，发掘报告已指出这一点。积石冢上部堆积中则发现有第3段的C型陶筒形器。由此看来，二号冢的建造和使用期应属于晚期，大体与一号冢的第1段和四号冢的第3段时代相若。

三号冢分为坛下垫土堆积和坛体堆积两大部分。坛下垫土堆积中发现的陶筒形器，以第1、2段常见的A、B型陶筒形器为主。坛体堆积中则主要发现第3段流行的C型陶筒形器。准此，三号冢的建筑年代有可能早到第2段，即四号冢上层下部时期，并一直延用到晚期。

五号冢为一长方形积石冢，冢内发现的陶筒形器均为第3段流行C型，故该冢亦属于晚期。

六号冢的形状发掘者推测为方形或长方形，发现的少量陶筒形器，多为第3段所流行的C型，也

[1]　辽宁省文物考古研究所：《牛河梁——红山文化遗址发掘报告（1983～2003年度）》，文物出版社，2012年，第15页。

有个别第1、2段的流行A、B型。整体看应属于晚期。

综上所述，牛河梁第二地点的积石冢群可以划分为早晚两期四段，除了四号冢的下层和上层的两个圆形积石冢为早期，其他目前揭露出来的积石冢和墓葬均应属于晚期。据此我们认为：牛河梁第二地点积石冢群始建于四号冢，平面布局为多个圆形冢并列，冢的面积较小，结构也比较原始，石墙和石台等尚未出现，其显著特点是冢的周边埋设一周陶筒形器。在第1段积石冢的基础上，第2段出现形制规则、结构严整的圆形积石冢，冢体面积扩大，多周石墙和陶筒形器将积石冢围成一个封闭的空间。这一阶段三号冢可能也被兴建起来，但这些大型圆形积石冢都没有埋葬多少墓葬，特别是没有发现中心大墓。第3段进入牛河梁地区红山文化的鼎盛时期，积石冢由圆形发展为方形或长方形，冢体更大，层次更为清楚，在外围适当的位置保持一周陶筒形器的传统做法未变，只是筒形器的形制发生了较大变化。这一时期，二号、一号、五号、六号冢相继建成使用，其中二号冢的中心大墓和一号冢的M25、M26等，其身份应该是牛河梁地区红山社会最高一级和次高级的统治者，以下依次排列。第4段时期，整个第二地点开始衰落，中心或转移到第十六地点。而这一阶段，积石冢的周围好像不再使用陶筒形器，散见于堆积或封土内的陶筒形器的残片，或是第3段的遗留。

2. 第十六地点

发掘报告将第十六地点的红山文化遗存分为三个大的阶段，与积石冢相关的是下层积石冢和上层积石冢，以及叠压在上层积石冢之下的两组遗存，即M9、H98、H99和M1、M10、M11。

下层积石冢未见明确的墓葬，就这一层及同时期遗迹出土的遗物来看，包括了一定数量的A型陶筒形器，而未见其他时代晚一些的陶筒形器。所以，其时代大约与第二地点第1段的时代相当。

层位上叠压在上层积石冢之下的M9、M10等两组遗存，均出土一定数量的C型和E型陶筒形器残片，故其时代不早于第二地点的第3段，应与之相当。

上层积石冢是第十六号地点最为兴旺发达的时期，从层位关系上看，至少可以分为M4和79M2为代表的两组。如果把上述M9和M10两组遗存合并进来计算，那么上层积石冢从时间顺序上可以分为三个小的时间段，即M9和M10组，M4组，79M2组。

M4的墓圹填土和墓上封石内，均发现一定数量的C、E型陶筒形器残片，时代不早于第二地点的第3段。

墓外封土叠压M4封土的79M2，墓上封石内也发现少量C、E型陶筒形器的残片。

这样看来，第十六地点上层积石冢的使用经历了一段时间，尽管目前我们还难以准确判定其与第二地点的细致年代对应关系。但从上述分析可知，M4和79M2的年代可能略晚，推测可能与第二地点第4段相当。这样，或许我们可以解释牛河梁第二地点在第4段时期衰落之后，第十六地点取代第二地点，成为牛河梁地区积石冢的翘楚，延续了一段时间的辉煌。

3. 第五号地点

第五号地点的堆积分为下、中、上三层。下层为居住遗存，也是牛河梁地区目前发现的最早时期的红山文化遗存。中、上两层分别是下层积石冢和上层积石冢。

下层积石冢由2座积石冢、若干个祭祀坑和灰坑组成。各种遗迹和文化层中均发现一定数量的A

型陶筒形器的残片，不见其他类型的陶筒形器。同一层位的祭祀坑出土的勾连纹彩陶罐，与第二地点四号冢下层墓葬发现的彩陶罐，无论是彩陶纹样图案还是构图母题完全相同。故下层积石冢的时代当与第二地点的第1段相当。

上层共有3座积石冢，报告称为二冢一坛，因为中部的"坛"呈长方形，面积不大，其上也有墓葬，与第二地点的五号冢有相似之处。所以，称为积石冢亦未不可。上层积石冢的地层和墓葬填土内，均发现一定数量的C型陶筒形器残片，也有个别A型陶筒形器残片，而未发现E型陶筒形器的踪迹。同时，二号冢发现的一件彩陶罐（M2：4），饰三周连续的简化勾连纹，一些陶筒形器的腹部也饰有此类纹样。同样的纹饰也见于第二地点各冢的第3段和第十六号地点的上层积石冢，器形既有陶筒形器，也有塔形器和器盖。由此可证，第五地点上层积石冢的时代大体与第二地点的第3段时代相当。

综上，第五地点的积石冢，下层与第二地点的第1段一致，上层则与第3段时代相当，目前尚未发现或辨识出与第二地点第2、4段时代相当的遗存。

4. 第三号地点

与第二地点隔沟相望的第三地点，堆积比较简单，除了在表土中发现少量战国时期遗物之外，红山文化的堆积只有一层。第三地点为单座积石冢，如果外围的圆形沟不能确定为红山文化时期所形成，那么第三地点也应该是一座近似方形的积石冢。

第三地点积石冢堆积之内，发现数量较多的C型陶筒形器，近口沿的上部为凹弦纹带，下部饰黑色彩纹。也有少量A型和E型2式陶筒形器。因为出土时均不是原位，所以我们无法在第三地点从层位上分清它们的早晚。与层位关系清楚的第二地点比较后可知，第三地点目前发现的墓葬，应该与第二地点第3段时代相当，在此之前，应该存在第1段时期的遗存，只是已经被完全破坏掉。所以，第三地点至少也有两个阶段的遗存。

5. 其他地点

除了以上4处地点，历年还在第一、十、十三、十四地点做过局部的发掘工作。其中第十地点采集到1件从墓葬出土的带盖彩陶罐，形制和彩陶图案与第五地点上层二号积石冢M2：4完全相同。所以，第十地点应该存在第3段时期的遗存。

第一地点是积石冢外最重要的遗迹，以各类建筑遗存为主，编为四座，分称为J1～J4：J1为女神庙址；J2为呈品字形分布的山台；J3为一长方形坑，坑上部散落大量陶筒形器；J4为一长方形半地穴式建筑，穴内发现较多柱洞。

在上述4个地点的遗迹中，J3发现大量D型陶筒形器。如前所述，我们认为这一类陶筒形器的时代晚于C型，应该到了牛河梁地区最晚一个阶段。J4的室内堆积中也出土了D型陶筒形器残片，推定两者的年代大体一致或J4略早一些（J4的D型陶筒形器出于室内地面以上的堆积之中，当属废弃堆积）。此外，在J1南侧采集到2件D型陶筒形器的口沿，在J2的北侧采集到1件近似A型陶筒形器的口沿。因为后者为孤例，目前尚难以论定。从目前资料看，第一地点的年代较难确定。就J3和J4而言，其时代不早于积石冢的第3段，而大体与第4段相当甚至更晚一些。由此看来，发掘报告关于"女神庙应是在下层积石冢形成时或形成后始建，上层积石冢形成之前完成"的推测，还有进一步探讨的余地。

归纳以上意见，我们认为，牛河梁地区的红山文化积石冢群，整体上可以划分为早晚两期，每期可再细分为两段。各积石冢之间的年代对应关系列如表一。

表一　牛河梁地区积石冢群的分期表

分　　期		第一地点	第二地点	第三地点	第五地点	第十地点	第十六地点
早期	1段		✓	✓	✓		✓
	2段		✓				
晚期	3段		✓	✓	✓	✓	✓
	4段	J3	✓				✓

四　牛河梁积石冢年代的推定

关于牛河梁地区红山文化积石冢的具体年代，可以从两个方面展开讨论。

首先是各地点的测年数据。牛河梁地区积石冢有4个碳-14测年数据和10个热释光测年数据。

10个热释光测年数据中有5件为红山文化陶片，1件为第一号地点J1出土的红烧土块，6件标本的测定年代在距今4928±345年至3899±555年之间。从整体来看，这些年代均偏晚，并且误差率较高[1]。

4个碳-14测年数据分别是：

第二地点一号冢封土，测定年代（半衰期5730年）4995±110年，高精度表校正值为B.C3779～3517年。

第二地点一号冢M8，测定年代（半衰期5730年）4605±125年，高精度表校正值为B.C3360～2920年。

第一地点J1，测定年代（半衰期5730年）4975±85年，高精度表校正值为B.C3771～3519年。

第一地点J1，测定年代（半衰期5730年）4970±80年，高精度表校正值为B.C3700～3521年。

第1个数据属晚期前段，第2个数据为晚期后段，前后相差600年，似过大。后两个数据出自"女神庙"遗址。"女神庙"内没有发现陶器，故无法与其他地点进行比较。综合考虑测年数据，牛河梁地区红山文化积石冢早期和晚期的分界，约在公元前3400～前3500年之间。

其次是关于牛河梁遗存与其他区域考古学文化共有文化因素的比较和分析。牛河梁地区积石冢出土的陶器中，有一定数量的彩陶装饰，其中与其他地区联系密切和年代关系比较清楚的是勾连纹彩陶纹样。

牛河梁地区积石冢发现的勾连纹彩陶纹样的共性特征为：黑彩，整体呈带状分布，由弧边三角

---

[1]　李延祥、韩汝玢、宝文博、陈铁梅：《牛河梁冶铜炉壁残片研究》，《文物》1999年第12期，第46页，表三。

的顶端向一侧伸长外旋，上下对应勾连。牛河梁地区积石冢中发现的勾连纹彩陶纹样可以区分为两种基本型式。

1式　纹带较宽，弧边三角较大，线条较粗，上下对称勾连。如第二地点四号冢下层M5：1罐，第五地点JK1：1罐等（图二，1、2）。

2式　纹带变窄，弧边三角变小，由顶端向一侧伸出的线条变细，并且呈上下相叠形状，不再勾连。如第五地点二号冢M2：4罐、第二地点二号冢上部堆积的Z2：49塔形陶器、第十地点残墓N10：1罐等（图二，3～5）。

以带状分布的上下勾连彩陶纹样，以往发现于海岱地区大汶口文化[1]、辽东半岛小珠山中层文化[2]、仰韶文化中期和内蒙古中南部的海生不浪文化等（图三）。如果这些彩陶勾连纹样之间存在联系，那么可以认为，红山文化的对域外文化的吸纳或文化的对外扩散已经到达了相当广阔的区域。单纯从年代比对的角度考虑，大汶口文化中的彩陶勾连纹样与牛河梁的1式勾连纹较为接近，并且在大汶口文化中属于早期后段，小珠山中层发现此类纹样的年代与其大体相当，或认为辽东半岛出现的这一类纹样，是大汶口文化跨海向北扩散和影响的结果。海生不浪遗址发现的彩陶勾连纹样则与

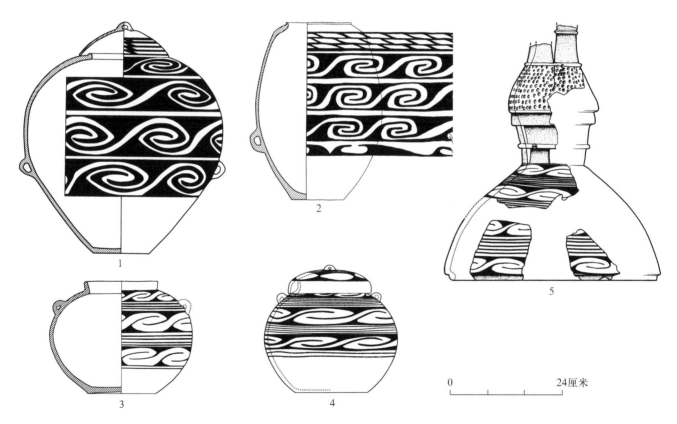

0 ————————— 24厘米

图二　牛河梁积石冢出土的勾连纹彩陶
1、2. 1式（N2Z4M5：1、N5JK1：1）　3～5. 2式（N5Z2M2：4、N10：1、N2Z2：49）

[1]　南京博物院：《江苏邳县四户镇大墩子遗址探掘报告》，《考古学报》1964年第2期；南京博物院：《江苏邳县大墩子遗址第二次发掘》，《考古学集刊·1》，中国社会科学出版社，1981年；北京大学考古实习队：《山东长岛北庄遗址发掘简报》，《考古》1987年第5期。
[2]　辽宁省博物馆、旅顺博物馆、长海县文化馆：《长海县广鹿岛大长山岛贝丘遗址》，《考古学报》1981年第1期。

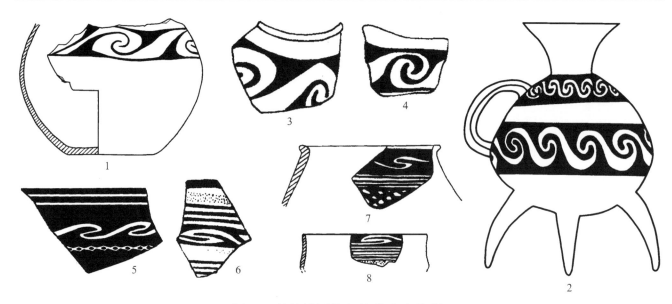

图三　其他地区的勾连纹彩陶纹样

1、2. 大汶口文化（北庄F15：7、大墩子M518）　　3、4. 小珠山遗址（T4④：61、T4④：60）　　5. 庙底沟遗址（T326）　　6～8. 海生不浪遗址（采集、H34：12）

牛河梁的2式基本一致[1]，时代较晚一些，已经进入仰韶时代晚期。庙底沟遗址发现的1件同类纹样则介于1式和2式之间[2]。

此外，牛河梁早期陶筒形罐上还多见一种三角一端伸出较长的单勾旋纹，呈带状布局（图一，1），这种彩陶纹样母题也见于仰韶时代中期。牛河梁第2段的陶筒形器上，除了最多的似菱形纹图案之外，还有一定数量的带状纹黑彩（图一，4）[3]，相同的彩陶纹样也见于郑州大河村遗址第三期等。

从不同文化共有因素角度分析，牛河梁地区积石冢早期的年代大约与仰韶文化中期后段、大汶口文化早期偏晚相当，在中国新石器时代年代框架中属于仰韶时代中期后段。

牛河梁地区积石冢晚期则进入仰韶时代晚期。海生不浪发现的同类纹样出自第二期。如果考虑到和小河沿文化的关系等因素，可以认为，牛河梁地区积石冢的晚期，大体相当于仰韶时代晚期前段。这样，按目前学术界对中国新石器文化的年代认识，可以把牛河梁积石冢的绝对年代推定在大约距今5700～5100年之间，前后延续的时间有数百年之久。

（原载《中原文物》2016年第4期，与王芬合作撰写）

---

[1]　吉发习：《内蒙古托克托县新石器时代遗址调查》，《考古》1978年第6期；北京大学考古系、内蒙古文物考古研究所、呼和浩特市文物管理办公室：《内蒙古托克托县海生不浪遗址发掘报告》，《考古学研究（三）》，科学出版社，1997年。

[2]　中国科学院考古研究所：《庙底沟与三里桥》，科学出版社，1959年。

[3]　相同的陶彩纹样也见于东山嘴、胡头沟积石冢的彩陶筒形器。

辽东半岛南部地区的原始文化

环黄海北部的胶东半岛、辽东半岛和朝鲜半岛之间，自古以来就存在着一条水陆交通线。山东地区的居民，正是通过这条交通线，源源不断地由内地渡海向东北地区迁徙，而相互之间的文化传播和交流，更是异常活跃。据目前所掌握的资料，这种现象至少可以追溯到距今5500年以前的大汶口文化早期阶段，到稍后的龙山文化和岳石文化时期，人口的迁徙、文化的传播和交流出现一个高潮。与胶东半岛隔海相望的辽东半岛南部地区，是山东地区古代居民向东北亚寻求发展的一个重要滩头堡，这里很早就开始发现典型的大汶口、龙山、岳石文化或具有大汶口、龙山、岳石文化风格的遗存。

鉴于辽东半岛南部地区在东北亚的重要地位，学术界一直对其倍加关注。这样一个小小的弹丸之地，考古工作开展之早和发掘的遗址数量之多，在全国也为数甚少。最近十几年来，研究这一地区考古学文化的论著层出不穷，其中不乏真知灼见。本文拟在以往诸家研究的基础上，简要回顾辽东半岛南部地区岳石时期之前的考古发现和研究进程，着重分析讨论其分期、年代和文化性质等问题。

一　发现和研究进程

辽东半岛南部地区（主要指瓦房店市以南并包括长山列岛在内的大连地区，以下简称辽南地区）的考古工作，始于1895年，日本学者鸟居龙藏在这一地区的地面调查中，采集到部分古代文化遗物，迄今已有100年的历史。综观100年来辽东考古的历史，前50年主要是由日本学者主持的，后50年则以中国学者为主，部分日本和朝鲜学者也参与了研究。

1909年，鸟居龙藏对老铁山积石墓进行了为期二十余天的调查和发掘[1]，在这里，首次发现后来被命名为龙山文化的遗物。翌年10月，滨田耕作等再次发掘老铁山积石墓。1929年，滨田耕作公布了其发掘的老铁山积石墓的陶器，认为四片用高岭土烧制的白色陶片，其中三片为鬲形陶器的器体和足部，一片可能为圆筒形容器，推定属于周代并是由中国内地输入的。对一片制作较精的薄胎黑陶片，亦推定其约为周代，认为可能是从附近的山东、河北一带输入的[2]。

1927年，以东京大学、京都大学部分学者为主组成的东亚考古学会（成立于1922年），约请北京大学考古学会的马衡等，在东京联合组成"东方考古学协会"。当年，发掘了单砣子和高丽寨遗址，北京大学的马衡、陈垣等参加了这一发掘[3]。时隔半个多世纪以后，有学者从公布的资料中发现

---

[1]　鸟居龙藏：《南满洲调查报告》，1910年，又收入《鸟居龙藏全集》一〇，1976年。
[2]　浜田耕作：《旅顺石冢发见土器的种类に就いて》，《人类学杂志》第44卷第6号，1929年。
[3]　浜田耕作：《貔子窝》，东方考古学丛刊，第一册，1929年。

岳石文化的遗物[1]。

1933年，江上波夫等发掘的旅顺双台子山（即双砣子）积石墓，出土了一批典型而单纯的岳石文化遗物[2]。

1941年，在三宅俊成20世纪30年代初期调查[3]的基础上，梅原末治、八幡一郎、澄田正一等，对大长山岛上马石遗址进行了发掘，在D区上层之下，发现以压印纹筒形罐为主的早期文化层[4]。这是我们今天称之为"小珠山第一期文化"文化层的最早发现。翌年，又发掘了位于辽东半岛渤海一侧的营城子文家屯遗址，在A地点发现"小珠山第二期文化"的遗存[5]。

20世纪30年代，随着城子崖遗址龙山文化遗存的发掘和《城子崖》考古报告的发表，老铁山积石墓出土的三片白色陶片，被复原为一件与龙山文化相似的陶鬶[6]。为了探明山东地区龙山文化对辽东半岛的影响，1941年，日本学术振兴会又组织了老铁山和四平山积石墓的发掘[7]。

截止到1945年，辽南地区的考古调查、发掘工作从零开始，取得了一定成绩。但由于时代的局限，发掘方法的科学性较差，也缺乏可资比较的资料，因而一些基本问题，如文化期的划分、年代的确定等，仍不甚清楚。关于辽南地区的"新石器文化"，金关丈夫等认为可以分为"盛期"和"末期"两个阶段，他们是在中原彩陶文化和山东黑陶文化等的影响之下发展起来的，所以其年代晚于山东和中原的新石器文化，时代约当商周，并形成了具有自身特色的"辽东文化圈"[8]；尹达则认为他们属于山东地区龙山文化系统[9]。直至目前关于这一问题的研究，在基本观点上都可以说是上述两种看法的延伸和发展。

20世纪50～60年代初，辽南地区的田野考古工作只进行了少量调查[10]。这期间，部分学者还对这一地区的新石器文化的文化性质、分期和年代等问题，进行了一些新的探讨[11]。

1964年，中朝联合考古队发掘了双砣子遗址，依层位关系将其划分为三个时期，分别称为双砣子第一、二、三期文化，时代分属龙山文化晚期、夏代和商代时期，从此揭开了辽南地区考古研究的新篇章[12]。

20世纪70年代以来，辽宁省博物馆和旅顺博物馆等单位，在辽南地区发掘了一系列史前和青铜

[1] 陈光：《羊头洼类型研究》，《考古学文化论集（二）》，文物出版社，1989年；蔡凤书：《关于貔子窝的陶器》，《辽海文物学刊》1993年第2期。

[2] 江上波夫、驹井和爱、水野清一：《旅顺双台子山新石器时代遗迹》，《人类学杂志》第49卷第1号，1934年。

[3] 三宅俊成：《长山列岛先史时代の小调查》，《满洲学报》第四册，1936年，又收入《东北アジア考古学の研究》，1975年。

[4] 澄田正一：《辽东半岛の先史遗迹（调查抄报）——大长山岛上马石贝冢（一）、（二）、（三）》，分别见于《人间文化爱知学院大学人间文化研究所纪要》第2号（1986年）、第3号（1988年）、第4号（1989年）。

[5] 澄田正一：《辽东半岛の先史遗迹（调查抄报）——文家屯遗迹（1）》，《爱知学院大学文学部纪要》第16号，1987年。

[6] 梅原末治：《三たび白色土器に就いて》，1940年发表，收入《东亚考古学论考》1944年。转引自澄田正一。

[7] 澄田正一：《辽东半岛の先史遗迹——老铁山と四平山》，《橿原考古学研究所论集》，第四，1979年；《辽东半岛の积石冢——老铁山と四平山》，《爱知学院大学文学部纪要》第20号，1990年。

[8] 金关丈夫、三宅宗悦、水野清一：《羊头洼》，东亚考古学会编东方考古学丛刊乙种第3册，1942年。

[9] 尹达：《中国新石器时代》，生活·读书·新知三联书店，1955年。

[10] 旅顺博物馆：《旅大市长海县新石器时代贝丘遗址调查》，《考古》1961年第12期、1962年第7期；安志敏：《记旅大市的两处贝丘遗址》，《考古》1962年第2期。

[11] 裴文中：《中国黑陶文化概说》，《中国史前时期之研究》，1948年；佟柱臣：《东北原始文化的分布与分期》，《考古》1961年第10期。

[12] 朝·中合同考古学发掘队著、东北アジア考古学研究会译：《岗上·楼上（1963～1965中国东北地方遗迹发掘报告）》，六兴出版社，1986年。

时期的遗址，比较重要的有旅顺老铁山[1]、郭家村[2]和于家村[3]，长海县小珠山、吴家村、上马石[4]和高丽城山，甘井子区大嘴子[5]，瓦房店市三堂村[6]等。尤其是由于小珠山遗址的发掘而确立的小珠山第一、二、三期文化（或称为下、中、上层文化），以确凿的层位关系，建立起了辽南地区史前文化的基本发展序列，从而使辽南地区史前考古研究步入了一个崭新的阶段。上述一系列遗址的科学发掘，为建立辽南地区古代文化的完整序列，全面而正确地认识这一地区各时期文化的内涵、特征及其与南北地区的文化联系，进而确定其文化性质，奠定了坚实的基础。同时，中外学者就上述问题展开了深入而系统的研究，取得了一系列成果。

二　分期和年代

辽南地区岳石时期及其以前的遗存，一般被划分为小珠山第一期文化、小珠山第二期文化、小珠山第三期文化、于家村下层文化和双砣子第二期文化等五个类型。下面以小珠山第二、三期为界，分两部分加以分析讨论。

（一）关于小珠山第一、二期文化

依据碳-14测年数据和与其他地区同期文化年代的比较，小珠山第一、二期文化所经历的年代在千年以上。在发掘报告划分的两大期基础上，一些学者对其分期进行了一些探讨[7]。对此，我认为还有进一步研究的空间，以下拟从数量最多的筒形罐的类型学分析入手，试对小珠山第一、二期文化作进一步划分。

据后洼、小珠山、郭家村和吴家村遗址的层位关系，可以把小珠山第一、二期文化的筒形罐分为二型若干式。

A型　直口或微敛口。又分为9式：

Ⅰ式　粗筒形，多通体饰压印之字纹、席纹、网纹、横线纹等。小珠山T3⑤：23（图一，1）。相同的式样也见于1941年发掘的上马石D区下层。

Ⅱ式　直口，下腹微收，底变小，器表饰压印纹，施纹面积较Ⅰ式减少。小珠山T1⑤：20（图一，2）。

[1]　旅大市文物管理组：《旅顺老铁山积石墓》，《考古》1978年第2期。

[2]　辽宁省博物馆等：《大连市郭家村新石器时代遗址》，《考古学报》1984年第3期。

[3]　旅顺博物馆等：《旅顺于家村遗址发掘简报》，《考古学集刊·1》，中国社会科学出版社，1981年。

[4]　辽宁省博物馆等：《长海县广鹿岛大长山岛贝丘遗址》，《考古学报》1981年第1期。

[5]　许明刚、刘俊勇：《大嘴子青铜时代遗址发掘纪略》，《辽海文物学刊》1991年第1期。

[6]　辽宁省文物考古研究所等：《辽宁省瓦房店市长兴岛三堂村新石器时代遗址》，《考古》1992年第2期。

[7]　小川静夫：《极东先史土器の一考察——辽东半岛を中心として》，《东京大学文学部考古学研究室研究纪要》，第1号，1982年；许永杰：《东北境内新石器时代筒形罐的谱系研究》，《北方文物》1989年第2期；孙祖初：《论小珠山中层文化的分期及与各地比较》，《辽海文物学刊》1991年第1期；冯恩学：《东北平底筒形罐区系研究》，《北方文物》1991年第4期；赵辉：《辽东地区小珠山下、中层文化的再检讨》，《考古与文物》1995年第5期；宫本一夫：《中国东北地方における先史土器の编年と地域性》，《史林》第68卷2号，1985年；《海峡を挟む二つ地域——山东半岛と辽东半岛、朝鲜半岛と西北九州、その地域性と传播问题》，《考古学研究》第37卷第2号，1990年9月；《辽东新石器时代土器编年の再检讨》，《东北アジアの考古学研究》，1995年2月。

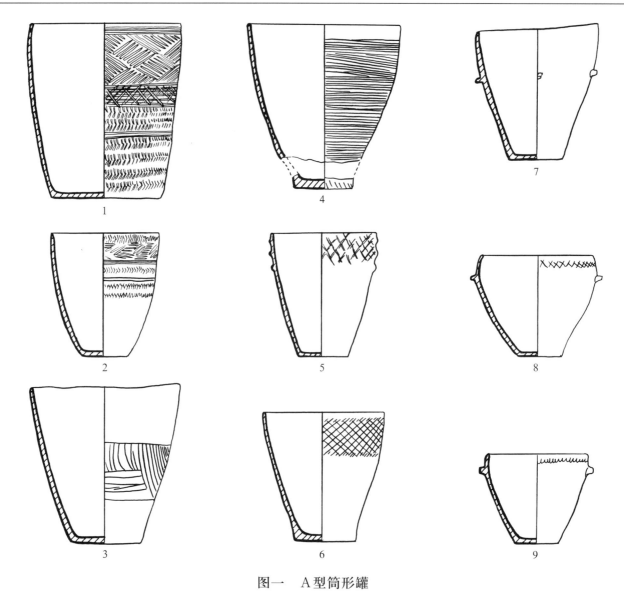

图一 A型筒形罐

1～3. 小珠山（T3⑤：23、T1⑤：20、T4⑤：54） 4. 后洼（ⅠT8②：88） 5、7～9. 郭家村（ⅡT2⑤：16、ⅡT5③：24、73T1③：240、73T1F1：212） 6. 吴家村（ⅡF1：45）

Ⅲ式 斜直口，斜壁，底略小，腹饰刻划纹者较多，饰压印纹者较少。小珠山T4⑤：54（图一，3）。

以上3式均出自小珠山遗址第5层，将其划分为3个式，主要依据形态和纹饰两个方面的变化。

Ⅳ式 近直口，斜腹微弧，平底较小，器表饰刻划横线纹。后洼ⅠT8②：88（图一，4）。

Ⅴ式 直口，斜腹微弧，平底较小，口沿以下饰带状刻划纹，间以乳丁纹。郭家村ⅡT2⑤：16（图一，5）。

Ⅵ式 直口较大，斜腹微弧，平底较小，口沿以下饰带状刻划纹。吴家村ⅡF1：45（图一，6）。

Ⅶ式 直口微敛，上腹微鼓，素面或饰窄带状刻划纹，上腹部有对称的近柱形耳。郭家村ⅡT5③：24，腹有四耳（图一，7）。

Ⅷ式 敛口，器体较矮，鼓腹略甚，素面或饰窄带状刻划纹，上腹部有对称的近柱形耳。郭家村73T1③：240，腹有双耳（图一，8）。

IX式　敛口，器体较矮，口沿外侧饰叠唇状堆纹。郭家村73T1F1：212，口沿下有一对近柱形耳（图一，9）。

A型筒形罐的演化可以概括为：整体由上下相若的筒形到上大下小的漏斗形，口径与底径的比值呈加大趋势；口沿从近直口向敛口发展；器身由较粗矮到细高，再向矮胖变化；器表流行纹饰从压印纹到刻划纹，施纹面积趋于减少，即自通体到半身，再向宽带、窄带以至素面演变。

B型　侈口，沿外卷。可分为8式：

I式　口沿较窄，腹壁较直，饰较粗且规整的纵横刻划纹。小珠山T1⑤：28（图二，1）。

II式　口沿略宽，腹壁斜直，饰较细的刻划纹。上马石ⅢT1④：11（图二，2）。

III式　口沿较宽，斜腹微弧，器体较瘦长，饰较细的不规整刻划纹。小珠山T1⑤：27（图二，3）。

以上3式，均发现于小珠山第5层（或相当于这一层），将其区分为不同的式，参考了后洼遗址的层位关系，即II、III式见于后洼上层，与I式类似的形制则见于后洼下层。II、III式的划分，则

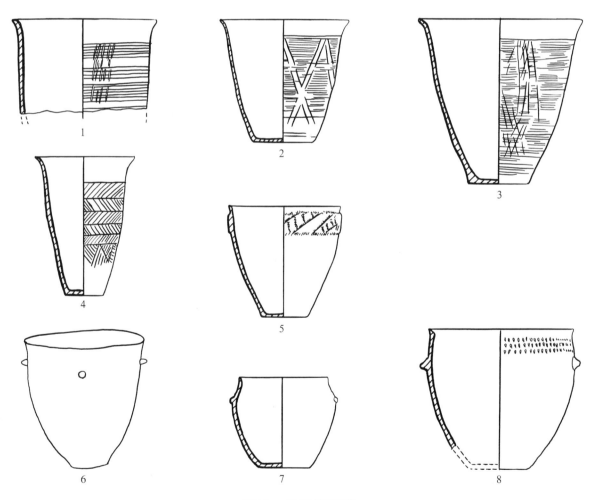

图二　B型筒形罐

1、3、4. 小珠山（T1⑤：28、27、T4③：59）　2. 上马石（ⅢT1④：11）　5～8. 郭家村（ⅠT3④：21、Ⅱ9③：17、ⅠT9②：21、Ⅱ2③：17）

主要是从其形态变化方面考虑的。

Ⅳ式　口沿较宽，器体瘦长，饰刻划纹。小珠山T4③：59，腹饰叶脉形和三角斜线划纹（图二，4）。同类纹饰见于郭家村第5层[1]。

Ⅴ式　窄沿，微弧腹，口沿以下饰带状刻划纹。郭家村ⅠT3④：21，沿下两侧附有长泥条形竖鼻（图二，5）。

Ⅵ式　窄沿，腹微鼓。郭家村ⅡT9③：17，素面，上腹有两对近柱状耳（图二，6）。

Ⅶ式　窄沿，鼓腹，器体较胖。郭家村ⅡT2③：17，上腹有一对瘤状耳（图二，8）。

Ⅷ式　窄沿，素面。郭家村ⅠT9②：21，沿下有一对瘤状耳（图二，7）。

B型筒形罐的变化，除了口沿从宽到窄之外，形制和纹饰基本上与A型筒形罐的变化同步。

A、B两型各式筒形罐的变化，显示了其发展进程的阶段性。

A型Ⅰ、Ⅱ式筒形罐的口径与底径相差不大，整体形态比较接近，器表均饰压印纹，并且施纹的面积较大，纹饰的层次、排列也较为规整。B型Ⅰ式虽然饰刻划纹，但腹壁较直，形态与A型Ⅱ式接近，刻划纹的纹道较粗，且数量很少，可视为新出现的式样。因此，可以将它们作为一组，是为第一组。

A型Ⅲ、Ⅳ式筒形罐的口大底小，腹壁斜直，形制相近，并且器表以刻划纹为主，压印纹显著减少，纹饰比较潦草，排列也不甚规整。B型Ⅱ、Ⅲ式筒形罐的总体形态与A型Ⅲ、Ⅳ式基本一致。此四式筒形罐与第一组差别较大，可以单列为一组，是为第二组。第一、二组筒形罐在小珠山遗址均出自第5层，查小珠山的地层堆积，第5层最厚处超过80厘米，并且分为5A、5B两小层，表明其延续时间可能较长。而在东沟后洼遗址，第一组只见于下层，第二组则出自上层[2]。因此，为两者分属前后不同时期提供了明确的层位依据。于是，小珠山第一期文化可以进一步划分为两期，第一组为第一期，第二组为第二期。

A型Ⅴ式筒形罐的形态继续向大口小底方向变化，纹饰中叶脉纹和乳丁纹的出现是其特色，同时，仍然存在线条较粗的刻划网纹和三角斜线纹。B型Ⅳ式筒形罐在造型上变得更加瘦长。此式筒形罐主要见于小珠山第4层和郭家村第5层，其形制与前述第二组有所不同，纹饰变化尤为明显。如第二组主要为刻划横线纹，此式则多见刻划叶脉纹（或称为人字纹）。同时，在相同的层位中出现了一些大汶口文化的因素，例如，双勾涡纹和错对三角加平行斜线纹彩陶、盆形鼎、觚形杯、角状把手等。这些新的文化因素的加入，使得其文化面貌产生了重要变化。因此，可以把这两式筒形罐列为一组，即第三组。此组中的大汶口文化因素，普遍见于胶东半岛及其沿海岛屿的北庄第一期阶段（亦即紫荆山下层时期）。

A型Ⅵ式筒形罐口部加大，底则相对更小，纹饰成带状分布，并且只限于口沿以下部分，纹样多为平行斜线纹、人字纹、乳丁纹等。B型Ⅴ式筒形罐的基本形制与A型Ⅵ式相同，唯有窄沿微外侈。此式筒形罐出自郭家村第4层和吴家村，伴出器形还有鬶、短流盉、敛口钵、双鼻壶、尊、杯

[1]　辽宁省博物馆等：《大连市郭家村新石器时代遗址》，《考古学报》1984年第3期，图一一，9、15。

[2]　许玉林、傅仁义、王传普：《辽宁东沟县后洼遗址发掘概要》，《文物》1989年第12期。后洼上层遗存并不单纯，延续时间可能较长。如其中既出土与小珠山下层相同的刻划横线纹筒形罐（即本文B型Ⅲ式），也发现与吴家村（相当于小珠山中层）形制接近的筒形罐、壶等。

等，彩陶纹样多为三角纹和斜线纹等。故可把此两式筒形罐列为第四组。综观此组中的大汶口文化因素，多属中期阶段，从吴家村遗址提供的层位关系看，此组延续了较长时间，将来材料丰富了，可作进一步的划分。

A型Ⅶ、Ⅷ式筒形罐的共同特点是，口内敛，上腹微鼓，纹饰减少，上腹多有对称的近柱形耳，显然是受胶东地区土著文化的影响所致。B型Ⅵ、Ⅶ式筒形罐则表现为微鼓腹，最大腹径下移。以上式样主要见于郭家村第3层。同出器形中有来自大汶口文化的扁凿足鼎、长流盉、壶、尊、钵、碗、豆、杯等，彩陶纹样以网纹较为常见，还发现周边有三个齿牙的牙璧。此两式筒形罐可列为第五组。此组中的大汶口文化因素，多为中晚期之际至晚期阶段。

A型Ⅸ式筒形罐出自郭家村第2层，形制上与Ⅷ式一脉相承。郭家村第2层的出土物比较复杂，内出大量典型的龙山期遗物，但也有少量属于大汶口文化者，如镂三角形孔的豆等。其究竟是少量早期遗物被扰乱到晚期地层之内，拟或是该层还可以进一步划分，目前已有的资料不足以解决这一问题，只能留待以后的田野工作。

依以上分析，第三、四、五组分别代表着小珠山第二期文化的三个发展阶段，是为三期，总排为第三、四、五期，为了方便，我们可以称之为小珠山第二期文化早、中、晚期。那么，小珠山第一、二期文化可以综合划分为连续的五期。

（二）关于龙山、岳石文化时期的遗存

辽南地区目前发现的龙山、岳石文化时期的遗存，可以分为以下三组，即：

第一组　包括郭家村上层、小珠山上层、上马石中层、三堂村第二期，老铁山、四平山和将军山的积石墓等，或称为小珠山第三期文化。

第二组　以于家村下层和双砣子第一期为代表，或称为双砣子第一期文化。

第三组　以双砣子第二期和单砣子、高丽寨下层的部分遗存为代表，或称为双砣子第二期文化。

根据双砣子遗址的明确层位关系，第二组遗存早于第三组遗存。问题是前两组遗存的相对年代，由于没有发现两者之间的直接层位关系，目前学术界看法不一，归纳起来，主要有三种意见。

（1）认为第一组早于第二组，后者可能已进入青铜时代[1]。

（2）认为两者的时代相当，是"两种面貌及来源不同的文化"[2]，"当属于并存的不同文化谱系"[3]。

（3）将第一组分割成时代不同的三个类型，依次为小珠山上层、老铁山和上马石中层三个类型，认为第二组（于家村下层类型）在时间上晚于小珠山上层而早于老铁山、上马石中层[4]。

在上马石遗址的发掘中，曾发现一批打破属于第一组的地层（即上马石中层）的瓮棺墓[5]，其出

　[1]　许玉林、许明刚、高美璇：《旅大地区新石器时代文化和青铜时代文化概述》，《东北考古与历史》第1辑，1982年；王青：《试论山东龙山文化郭家村类型》，《考古》1995年第1期。

　[2]　陈光：《羊头洼类型研究》，《考古学文化论集（二）》，文物出版社，1989年，第149页。

　[3]　安志敏：《辽东史前遗存的文化谱系》，《纪念城子崖遗址发掘60周年国际学术讨论会文集》，齐鲁书社，1993年，第114页。

　[4]　孙祖初：《论小珠山中层文化的分期及与各地比较》，《辽海文物学刊》1991年第1期。

　[5]　旅顺博物馆等：《辽宁长海县上马石青铜时代墓葬》，《考古》1982年第6期。

土陶器与第三组的双砣子第二期有一定共性，如罐的颈饰附加堆纹和刻划窄带状网纹、存在少量子母口器物等。有的学者将其归入双砣子第二期文化[1]，或认为其与双砣子第二期文化时代相同，文化性质有别[2]。这样，第一、二组遗存在层位上都早于第三组。从出土器物的种类和形态看，第一、二组之间既有差别又有联系，我认为它们之间的差别是时代的差别，而联系则属于同一文化谱系内的继承和发展。不管持何种观点的人，都认为第一、二组遗存与山东地区的同时期遗存有着密切的关系。而山东地区龙山文化的分期已达到相当精细的程度，因此，可以通过与山东地区同时期文化的比较来确定两者的相对年代。

山东地区的龙山文化，我们将其划分为六期，又以第三、四期为界，归并为早晚两大阶段[3]。按这一分期体系，胶东半岛及其邻近地区的砣矶岛大口[4]、蓬莱紫荆山[5]、栖霞杨家圈[6]、潍坊姚官庄[7]、鲁家口[8]、诸城呈子[9]等遗址的龙山文化遗存，基本上都属于早期阶段。晚期阶段的龙山遗存，在泰山南北两侧地区发现较多，山东东部地区发现很少，如三里河最晚期也只到龙山第四期[10]，在杨家圈曾采集到一组陶器，时代属龙山第六期，但只有5件[11]。

辽南地区第一组的出土物，无论是出自遗址还是积石墓，凡是与山东地区龙山文化有关系的，尤其是鬹、罐、豆、圈足盘、环足盘、各种杯、器盖等典型器形，基本上不出上述分期的早期阶段范围，其年代可以确定。当然，这些遗址的龙山时期遗存本身的时代也有早晚之分，如四平山积石墓的出土陶器多属于龙山第二期，有的则可以晚到第三期，而将军山积石墓的出土陶器多数晚一些，为龙山第三期。那种认为将军山、四平山等积石墓属于第三组（即双砣子第二期）时期的意见[12]，是无论如何也不能成立的。郭家村上层遗存也有早晚之分，除了前述少量可能早到大汶口时期的器物之外，一些单位的时代较早，如ⅡT5F1，出土的宽平折沿深腹平底盆和尖圆唇折沿中口罐，为典型的龙山文化之初时期特征。但也有个别器形略晚，如郭家村上层出土的大平底盆（ⅠT2②：31，见图八，7），腹壁微斜，有一对瘤耳（应是横耳的退化形态），此种形制在山东地区龙山文化中属于第四期。因为材料都不甚丰富，缺乏具有层位关系并且出土遗物丰富的遗迹单位，故目前还难于作进一步的划分。

第二组遗存以双砣子和于家村两处遗址最为丰富。如果单从出土遗物的形制特征看，于家村下层相对较为单纯，双砣子第一期延续的时间则要长一些，应该能够分期，下面略作分析。

[1] 许明刚：《试论大连地区新石器和青铜文化》，《中国考古学会第六次年会论文集》，文物出版社，1990年；许玉林：《辽宁商周时期的青铜文化》，《考古学文化论集（三）》，文物出版社，1993年。

[2] 陈光：《羊头洼类型研究》，《考古学文化论集（二）》，文物出版社，1989年。

[3] 栾丰实：《海岱龙山文化的分期和类型》，《海岱地区考古研究》，山东大学出版社，1997年。

[4] 中国社会科学院考古研究所山东队：《山东省长岛县砣矶岛大口遗址》，《考古》1985年第12期。

[5] 山东省博物馆：《山东蓬莱紫荆山遗址试掘简报》，《考古》1973年第1期。

[6] 山东省文物考古研究所、北京大学考古实习队：《山东栖霞杨家圈遗址发掘简报》，《史前研究》1984年第3期。

[7] 山东省文物考古研究所等：《山东姚官庄遗址发掘报告》，《文物资料丛刊·5》，文物出版社，1981年。

[8] 中国社会科学院考古研究所山东队等：《潍县鲁家口新石器时代遗址》，《考古学报》1985年第3期。

[9] 昌潍地区文物管理组、诸城县博物馆：《山东诸城呈子遗址发掘报告》，《考古学报》1980年第3期。

[10] 中国社会科学院考古研究所：《胶县三里河》，文物出版社，1988年。

[11] 赵辉：《龙山文化的分期和地方类型》，图一一，《考古学文化论集（三）》，文物出版社，1993年。

[12] 朝鲜民主主义人民共和国社会科学院考古研究所编：《朝鲜考古学概要》，1977年（中译本，1983年）。该文把旅大市南山、将军山和四平山的积石墓，均作为双砣子第二期类型居民的墓葬；王巍：《夏商周时期辽东半岛和朝鲜西北部的考古学文化序列及其相互关系》，《中国考古学论丛——中国社会科学院考古研究所建所40年纪念》，科学出版社，1993年。该文把将军山积石墓作为双砣子第二期类型的墓葬。

双砣子第一期即该遗址的第4层，堆积厚达2.5～3.5米，根据土色的差别又细分为三小层，如果没有特殊情况，这种堆积不应该是短时间形成的。发掘报告编写者认为各层出土物相同，故没有分别叙述，并且，发表的器物也没有标注层位号[1]。因此，在发掘报告提供的资料范围之内，无法再进一步划分。双砣子第一期发表的陶器，多数与山东地区龙山文化有密切联系，我们可从另一条途径，即在山东地区龙山文化分期的基础上，对两者陶器的形制变化进行类型学分析比较。依据山东地区龙山文化陶器的演变趋势，双砣子第一期的陶器可以划分为三小组。第一小组的器形有罐、豆、碗、杯和器盖等；第二小组的器形有罐、豆、杯和器盖等；第三小组的器形有罐、豆和器盖等（图三）。

第一小组器物的形制特征，与山东长岛县砣矶岛大口第一期晚段[2]、郭家村上层、将军山积石墓的部分出土物十分接近。如数量较多的溜肩鼓腹罐，演变关系十分清楚，加上前承后继可分为4式：

Ⅰ式 平折沿，短直颈，颈肩饰密集的细弦纹，颈肩之交有一周附加堆纹。大口M21：6（图三，1），属龙山文化第三期。完全相同的器形也见于郭家村上层[3]。

Ⅱ式 斜折沿，斜颈。双砣子标本（图三，8）。

Ⅲ式 窄卷沿，斜颈与溜肩融为一体，弦纹略疏。双砣子标本（图三，9）。

Ⅳ式 窄卷沿，溜肩加长，弦纹稀疏或消失。双砣子标本（图三，16、17）。

这种罐的演化为：口沿由平折沿、斜折沿再到窄卷沿，颈部渐窄，溜肩加长，纹饰趋于简化，传承关系一目了然。

第二小组器形不多，Ⅳ式溜肩鼓罐显然是由郭家村上层→第一小组同类罐演变而来的。单耳杯发现较多，式样一致，形制为杯底外凸，杯身内束，把手扁宽且下端与杯底平齐，把手上端对面有盲鼻，杯身下部饰弦纹，这些均为典型的山东地区龙山文化第六期的风格和作风。据此，第二小组的年代可以比定，即在龙山文化末期前后。以郭家村上层为代表的第一组，年代下限为龙山文化第三、四期之际，双砣子第一期第一小组的器物形制特征介于两者之间，其时代可定在龙山文化第四、五期。这样，小珠山第三期和双砣子第一期就比较自然地衔接起来，两者之间已不存在大的缺环。

第三小组的罐为叠唇，豆柄上下有较宽的泥箍等，这些特征均为岳石文化的风格，故其应属于岳石文化时期，时代较之第二小组为晚。从文化性质上归类，第三小组已属于双砣子第二期文化的范畴。

于家村下层又划分为两小层，两层的出土陶器特征基本一致，形制变化比较小，可作为一个时期对待。和双砣子第一期相比，于家村下层遗存与其第二小组特征相同，两者应属同一时期。

分别以郭家村上层和双砣子第一期为代表的辽南地区第一、二组遗存，年代一早一晚，两者之间可以前后衔接，基本没有缺环。因此，关于两者分属于同时并存的不同文化谱系的观点，显然不能成立。这样，辽南地区龙山、岳石文化时期的三组遗存，前述第一组（剔除少量大汶口时期遗物）为第一期，第二组的第一、二小组为第二期，两者均属于龙山时代，前者为龙山早期阶段，后

---

[1] 朝·中合同考古学发掘队著、东北アジア考古学研究会译：《岗上·楼上（1963～1965中国东北地方遗迹发掘报告）》，六兴出版社，1986年。

[2] 中国社会科学院考古研究所山东队：《山东省长岛县砣矶岛大口遗址》，《考古》1985年第12期。

[3] 辽宁省博物馆等：《大连市郭家村新石器时代遗址》，《考古学报》1984年第3期，图版陆，1。

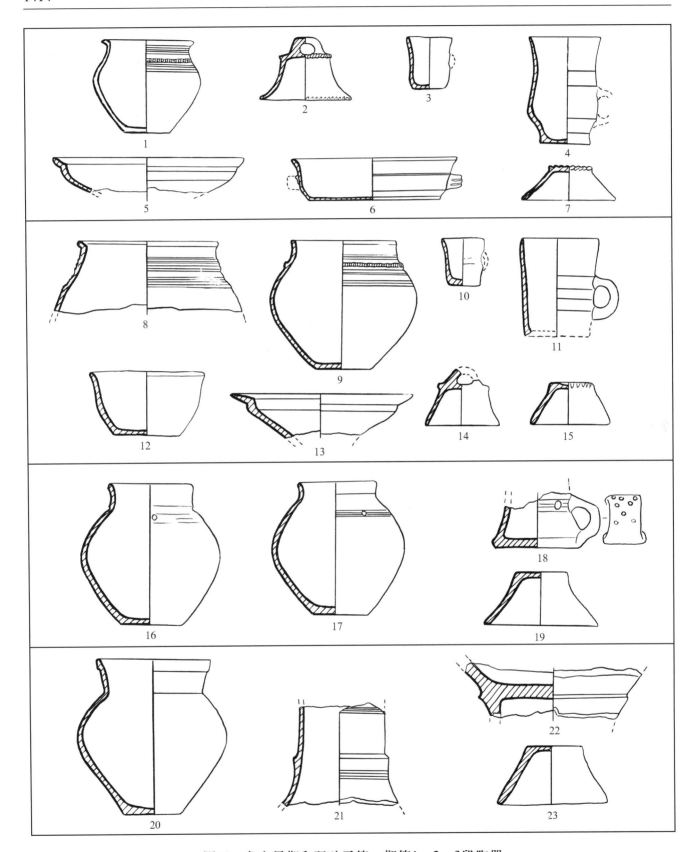

图三　龙山早期和双砣子第一期第1、2、3段陶器

1~7. 龙山早期：(1、5、6. 大口 (M21：6、T1④：1、M21：5)　2. 南窑 (F1：9)　3、4. 将军山积石墓 (M1B：1、M1D：2)　7. 郭家村 (采：6))　8~15. 第1段 (T2：75、T4：44、T5：36、T4：48、T5：27、T3：4、T4：36、F19：1)　16~19. 第2段 (F16：2、F14：9、T1：4、F14：8)　20~23. 第3段 (T1：10、T6：65、T6：66、T4：23)

者为龙山晚期阶段。

第三组遗存以双砣子遗址最为丰富，在距双砣子不远的小黑石砣子遗址也发现典型的此组遗存。各遗址出土的此组遗物，与胶东半岛地区的岳石文化甚为一致，两者时代大体相当，都晚于当地的龙山文化晚期。因此，可将其定为第三期，属于岳石时期。

（三）年代

关于辽南地区岳石文化时期以前遗存的绝对年代，现有碳-14测年数据30个，兹列于表一。

表一　辽南地区原始文化碳-14测年数据一览表

实验室编号	标本号	材　料	测定年代	校正年代
BK84001	后洼ⅡT17④下	木炭	5410±150	4331~3828
BK84002	后洼ⅡT9④下	木炭	5600±110	4370~4159
BK84003	后洼ⅡT18④下	木炭	5525±120	4350~4040
BK84004	后洼ⅣT1④下	木炭	5560±180	4457~4003
BK84094	后洼ⅢT4④下	木炭	5515±90	4341~4042
BK84095	后洼ⅢT9②	木炭	4465±90	3091~2897
BK78062	小珠山T4④F内	木炭	5270±100	4034~3788
BK78063	小珠山T2④	木炭	5810±100	4665~4360
ZK-0725	小珠山T1西南F内	木炭	5410±300	4452~3710
ZK-0726	小珠山T2④	木炭	5620±110	4454~4167
ZK-0728	小珠山T4④房址下	贝壳	5890±150	4780~4370
BK78064	吴家村ⅡG1F1	木炭	4830±100	3627~3350
ZK-0288	郭家村T1下F2	木炭	4230±100	2883~2502
ZK-0414	郭家村ⅡT6⑥底F2	木炭	5015±100	3780~3530
BK78032	郭家村ⅡT9②	木炭	4080±70	2577~2404
ZK-0287	郭家村T1②	木炭	4020±90	2564~2288
ZK-0413	郭家村ⅡT5上F1	木炭	4180±90	2867~2481
ZK-0415	郭家村T9②	碳化谷	4110±90	2851~2457
BK78069	上马石ⅠT5④	贝壳	4400±110	3032~2703
ZK-0719	上马石ⅠT5④	贝壳	4045±100	2577~2300
BK78061	王屯南窑F内②	木炭	4220±300	3030~2209

BK78033	于家村T3F3	木炭	3630±85	2015～1748
ZK-0566	于家村T3F3居住面	木炭	3655±80	2028～1771
ZK-0567	于家村T3F3地面下	木炭	4085±100	2600～2355
ZK-0731	于家村T3F3内	木檩	4225±150	2900～2470
ZK-0078	双砣子F16房柱	木炭	4010±95	2561～2280
BK78065	高丽城山T3F1	木炭	3710±100	2135～1829
BK78068	高丽城山T3③	贝壳	3860±100	2330～2030
ZK-0732	高丽城山T1F1	木炭	3120±100	1420～1130
ZK-0734	高丽城山T3F1	木炭	3345±100	1670～1430

说明：表中数据测定年代按半衰期5730年，为距今年代；校正值系高精度校正年代，为公元前年代。

　　辽南地区没有小珠山第一期的碳-14数据，表一中的前6个数据采自与小珠山第一期文化性质相同的后洼遗址。除上层1个数据明显偏晚之外，余者若以校正值的平均数计算，则落在公元前4300～前4100年之间，这些数据都属于第一期。如果考虑到这些数据并不是小珠山第一期文化第一期的最早年代，再加上第二期的历年，可以把小珠山第一期文化的年代大致推定在公元前4500～前4000年前后。

　　表一第7～14等8个数据均为小珠山第二期文化，数据的年代相差较大。小珠山遗址的3个标本，BK78063和ZK-0726均为T2第4层，ZK-0728为第4层房基下的贝壳标本，年代均在公元前4300年之前，参照北侧的后洼遗址下层和大海南侧的大汶口文化的碳-14数据，明显偏早。以往多依据这几个数据，进一步向前推定小珠山第一期文化的年代，现在看来是有些偏早。如果以小珠山第二期文化中发现的大汶口文化遗物为基准，将以上划分的三个期别和大汶口文化相比较，两者的对应关系是：早期出有三矮足粗体觚形杯，时代为大汶口文化早期第2段，三角双勾涡纹在大汶口文化中主要见于早期第3段，浅腹盆形鼎则略晚一些，因此，第三期约略与大汶口文化早期阶段的第2、3、4段相当；中期出有大汶口文化中期阶段的有流圆腹鬶、短流盉等，其时代与大汶口文化中期阶段相若；晚期中发现的扁凿形足鼎、长流盉、圈足盘（豆）等，则属于大汶口文化中晚期之交至晚期阶段[1]，但据目前的发现还无法进一步细分。我们注意到，这里缺乏相当于大汶口文化晚期阶段偏晚时期的器形。不过，从筒形罐的演化看，晚期和龙山第一期之间基本衔接，没有大的缺环。因此，以上划分的小珠山第二期文化的三期，绝对年代不出公元前4000～前2600年的范围。

　　接下来的7个数据属于龙山、岳石文化阶段的第一期，BK78069和ZK-0719两个标本出自同一个探方的同一层位，但年代相差400余年，前者明显偏早。其他6个数据，基本上都在山东地区龙山文化早期阶段的积年范围（约公元前2600～前2300年）之内。1976年发掘的郭家村ⅡT5F1，属龙山文化最早期，同一房址测定的碳-14数据，平均值为公元前2674年。因此，可将第一期的年代定在公元前2600～前2300年前后。此外，日本学者澄田正一20世纪40年代在文家屯遗址未经扰乱的文化层中

　　[1]　栾丰实：《大汶口文化的分期和类型》，《海岱地区考古研究》，山东大学出版社，1997年。

采集的贝壳和兽骨，20世纪70年代经日本学习院大学和京都产业大学测定了3个碳–14数据，年代分别是距今4180±90年、4550±100年和4180±50年[1]。其中除了第2个数据偏早之外，其余2个数据的校正年代基本上落在龙山文化早期的积年范围之内。

最后9个数据按层位关系属于龙山、岳石文化阶段第二期，从总体上讲要晚于第一期，但相互之间的差别太大。于家村的4个数据均采自T3F3，其校正年代的平均值早晚相差800余年，未免过长，后2个数据嫌早。高丽城山的后2个数据则嫌偏晚，这里包含有晚于第二期的遗存。剔除这些因素，再参照山东地区龙山文化晚期阶段的年代，可以把第二期定在公元前2300～前1900年前后，其下限比山东地区龙山文化的末期要略晚。第三期没有碳–14测年数据，参照岳石文化的年代，其下限应在公元前1500年前后。

综上所述，可将辽南地区原始文化的分期、年代及其与山东地区同时期古代文化的对应关系列如表二。

表二　辽南地区原始文化分期表

年代 (B.C)	辽南地区		山东地区	
	文 化	期 别	文 化	期 别
1550	岳石时期	第三期	岳石文化	晚期 中期 早期
2000	龙山时期	第二期后 第二期前 第一期	龙山文化	晚期 早期
2600	小珠山二期文化	晚期 中期 早期	大汶口文化	晚期 中期 早期
3000				
4000	小珠山一期文化	第二期 第一期	北辛文化	晚期 中期 早期
4500				
5000				

---

[1] 澄田正一：《辽东半岛の先史遗迹——老铁山と四平山一》，《橿原考古学研究所论集》第四，1979年。

三　文化因素分析

关于辽南地区原始文化的文化性质，可以分为小珠山第一期文化、小珠山第二期文化、龙山岳石时期等三个阶段加以考察。

（一）小珠山第一期文化

从宏观的角度考虑，中国长江、黄河流域和北方地区的新石器文化，可以划分为五个大的文化区，即黄河中游地区的中原文化区、黄淮下游地区的海岱文化区、长江中游地区的江汉文化区、长江下游和钱塘江流域的太湖文化区、北方地区的燕辽文化区。所谓文化区，是考古学研究中高于考古学文化的一个层次，一般是指有比较稳定的分布区、在空间上表现为文化面貌较为接近的一支或几支考古学文化的组合，或称为考古学文化群体。

燕辽文化区以辽河为中心，分布范围西起内蒙古东南部，南达京津唐、辽南地区，东至朝鲜半岛西北部的清川江流域，北抵松花江上游。在这一广阔的区域之内，考古遗存的文化面貌在以下几个方面具有较大的共性：

（1）近圆角方形的半地穴式住居。

（2）生产工具（或武器）中普遍存在平底和凹底石、骨、牙镞。

（3）陶器的器形以筒形平底罐占绝对优势。

（4）陶器纹饰偏早时期以压印（或刻划）之字纹、席纹为主，偏晚时期以刻划纹为主。

在上述大前提较为一致的情况下，各地区又存在着相当大的区别。因此，这一文化区又可以划分为几个小一些的区域，如滦河流域、西拉木伦河和老哈河流域、下辽河流域、鸭绿江流域、松花江上游的吉长地区等。

如果从燕辽文化区内的区域划分上来看辽南地区，我认为小珠山第一期文化和鸭绿江流域最为接近。以小珠山下层和后洼遗址为例，两者之间较之其他区域，具有更多的共同点。例如：工具中存在滑石质的沟磨石；陶器中多数掺滑石末；陶器纹饰一致，第一期主要流行压印之字纹和席纹，第二期主要是刻划纹，尤其是较细的通体横线纹甚为一致；筒形罐的形制演变相同，均由粗矮到瘦高，从筒形向漏斗形发展，存在双竖耳筒形罐等。基于此，辽南地区和鸭绿江下游地区的同期遗存，应属于同一考古学文化，相比较而言，小珠山下层遗存更为单纯，发现也较早，可以目前大家所熟悉的“小珠山第一期文化”称之。同时，由于多方面的原因，小珠山下层和后洼之间也存在一定的差别，这种差别可以地方类型来加以区别。至于鸭绿江左右地区是属于一个还是两个类型，容另文探讨。

小珠山第一期文化的年代与北辛文化中期后段至晚期约略相当，具体地说，与胶东半岛地区的白石村类型大体同时。综合比较小珠山第一期文化和白石村类型，两者的文化面貌和特征迥然不同，对此，学术界已形成共识。但进一步分析，两者也不是一点联系没有。如小珠山第一期文化和白石村类型的工具中都有一种带沟槽的沟磨石[1]，这种沟磨石，在地处鲁中南的北辛遗址[2]和苏北的

[1]　烟台市文物管理委员会：《山东烟台白石村新石器时代遗址发掘简报》，《考古》1992年第7期。

[2]　中国社会科学院考古研究所山东队等：《山东滕县北辛遗址发掘报告》，《考古学报》1984年第2期。

大伊山遗址[1]都有发现，表明其在海岱地区分布得较为普遍。再如白石村类型的陶器中，也有一定数量的掺滑石末者，但远不及小珠山第一期文化多。从以上两点看，辽东半岛的小珠山第一期文化和胶东半岛的白石村类型，尽管在性质上分属两支完全不同的考古学文化，但两者之间似乎已经有了文化上的接触。如果将来在辽南大陆和山东庙岛群岛上发现这一时期的遗存，或许会有更为清晰的线索。

（二）小珠山第二期文化

小珠山第二期文化的年代约与大汶口文化相当，如果与胶东半岛地区相比较，则与北庄第一期（亦即紫荆山下层）、第二期、杨家圈第一期基本同时。小珠山第二期文化最突出的特征是，在当地原有文化之中融入了一定数量的大汶口文化因素。下面我们按小珠山第二期文化早、中、晚三期的顺序来逐一分析。

1. 早期

在上一部分的分期中，我们把小珠山第4层和郭家村第5层作为此期的代表。这一期在基本文化因素的构成上，可以区分为甲乙两组。

甲组，工具（武器）中的平底和凹底镞，陶器中的筒形罐和装饰中的各种刻划纹饰（纹样主要有三角斜线、叶脉纹、网纹等），它们与此前的小珠山第一期文化一脉相承，无疑是辽南地区的本地因素。这一时期新出现了一种中间宽两侧窄的无孔或有孔石刀，打制或磨制，其他地区尚未见到，可视为新产生的本地因素。

乙组，工具（武器）中的有铤镞，陶器中的盆形鼎、瓠形杯和角状把手器物，陶器装饰中的附加堆纹和彩陶，彩陶多数为红地黑彩，个别为白地红彩，纹样主要有弧线三角双勾涡纹、三角加平行斜线纹（图四，1～9）。制陶技术中出现的附件特殊安装方法，如在鼎足、把手的接合部位先做榫头，然后采用插入法安装。这些因素均非本地所固有，而具有大汶口文化的典型特征，属于来自山东地区的大汶口文化因素。

甲组因素尽管种类不是很多，但在数量上占有绝对优势。如小珠山中层，出土可辨认器形的陶片（包括个别可复原的器物）194件，其中筒形罐187件，约占93%。相反，乙组因素种类稍多，但数量较少。因此，在小珠山第二期文化的早期，虽然明显地感觉到了来自大汶口文化的影响，但大汶口文化因素在小珠山第二期文化中所占的比例很低，居于比较次要的位置。

我们注意到，小珠山第二期文化中大汶口文化因素的数量，在半岛大陆南端和位置偏北的长山列岛有所不同。以旅顺郭家村和广鹿岛小珠山两遗址为例，郭家村第5层发现的镞，除了以平底和凹底者为主之外，还出现大汶口文化式样的有铤镞，而在小珠山中层则未见有铤镞。小珠山中层的陶器中，筒形罐占绝对优势，而郭家村第5层出土的陶器，据发掘报告发表的统计数字，筒形罐不到7件，相反，大汶口文化的盆形鼎就发现2件，还出有钵、角状把手等。由此可见，半岛大陆南端的大汶口文化因素，要比长山列岛浓厚得多。

---

[1]　南京博物院等：《江苏灌云大伊山遗址1986年的发掘》，《文物》1991年第7期。

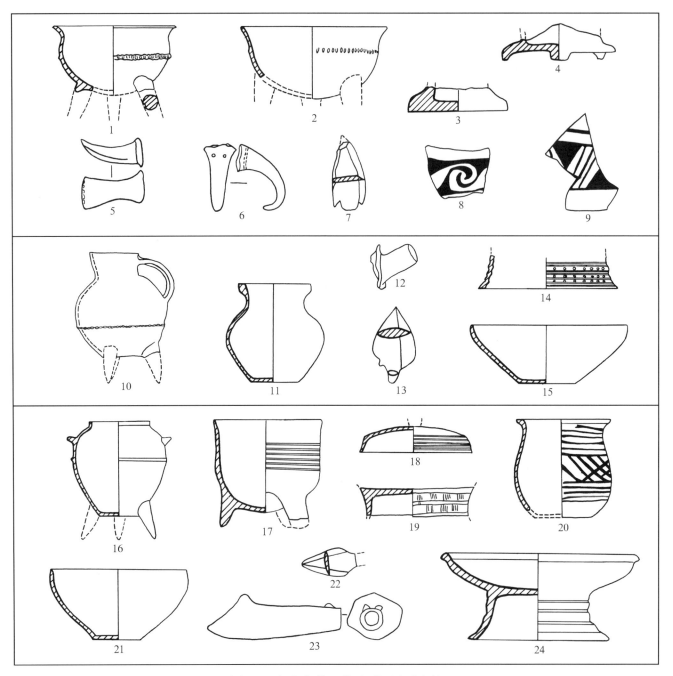

图四　小珠山第二期文化乙组因素

1、11. 吴家村（采1、ⅡF1∶7）　2、3、5～7、10、12～24. 郭家村（73T1⑤∶201、ⅠT9③∶22、ⅡT8⑤∶10、ⅡT3⑤∶20、ⅡT8
⑤∶14、ⅡT1H8∶19、73T2④∶150、73T1④∶10、ⅠT2④∶26、ⅡT7④∶23、ⅡT8④∶31、ⅡT6③∶27、73T2③∶39、ⅠT7③∶
19、ⅠT6④∶10、ⅠT9③∶18、ⅠT2③∶9、ⅡT8③∶35、ⅠT6③∶11）　4、8、9. 小珠山（T2④∶22、T4④∶60、68）

2. 中期

属于此期的遗存，主要有广鹿岛小珠山第3层之一部分、吴家村第2层及其以下开口的F1、郭家村第4层和文家屯A地点等。

这一期的基本文化内涵，仍然是早期甲、乙两组文化因素的延续和发展，即以甲组为代表的本地因素和以乙组为代表的大汶口文化因素。在文化因素构成的基本格局上，仍以本地文化因素为主体，外来的大汶口文化因素居于次要地位，这与早期相比没有本质区别。但是，在两种基本因素所占的比例上则有所变化。就是说，甲组因素所占的比例有所下降，乙组因素所占的比例明显上升。

甲组因素仍以平底和凹底镞、筒形罐和刻划纹饰为代表，不过，陶器装饰中的刻划纹有较明显的变化，纹带变窄，纹样以短斜线为主。与早期相同，长山列岛上的遗址本地文化因素比半岛大陆南部要浓厚。如广鹿岛吴家村ⅡF1，出土的8件石镞皆为平底镞，10件陶器中的8件为筒形罐。

乙组因素的构成上，与早期有所不同。如盆形鼎、角状把手器物以及早期存在的三角双勾涡纹、三角加平行斜线纹彩陶纹样，逐渐消失。新出现鬶、盉、豆、钵、壶等器形，尤其是钵，发现的数量甚多，彩陶多为红地红彩，流行直、斜、弧线三角纹（图四，10～15）。这些变化，均与胶东半岛地区大汶口文化的发展同步。在半岛大陆南端，大汶口文化因素显然要比长山列岛浓厚得多，但由于资料的关系，目前我们还无法对其进行定量分析。从郭家村发掘报告公布的资料看，这一时期大汶口文化因素已占有相当比例。值得注意的是，在吴家村ⅡF内出土了一件双鼻壶（此类壶或称为贯耳壶），类似于鼻的双小横耳位于口沿顶端，束颈。这种形制、风格的壶，原产地在南方的太湖流域地区。由于受良渚文化的文化传播和影响，从大汶口文化中期阶段开始，海岱地区出现一定数量的良渚文化或具有良渚文化风格的因素。与吴家村ⅡF1：7基本相同的双鼻壶，在地处山东北部的寿光后胡营大汶口文化墓葬中就有发现[1]。因此，辽南地区出土的这类器物，应直接来自山东地区大汶口文化。

3. 晚期

经过发掘的遗存主要见于郭家村遗址第3层。此期的基本文化内涵，仍然由源自本地传统的甲组因素和来自山东地区大汶口文化的乙组因素构成。

甲组因素中的平底和凹底镞，在镞类工具、武器中仍占据绝对多数。筒形罐数量减少，形态有所变化，并且融入了一部分来自胶东地区的因素，作为辽南地区土著文化最典型的代表，已经开始不那么"纯洁"。由于筒形罐减少，再加上部分筒形罐变为素面，刻划纹的数量锐减，并且多只是表现为口沿下的一条窄带。

乙组因素主要有有铤镞、鼎、盉、尊、豆等（图四，16～24）。有铤镞的数量与此前相比有所增加，如郭家村下层公布了4件（共发现5件）有铤镞，其中2件出自此期。晚期出土陶器有两个明显变化：一是具有大汶口文化特征的陶器数量增多，就已公布的资料而言，已和甲组陶器相当，甚至有可能已超过甲组；二是在甲组的典型陶器筒形罐上，开始出现近似柱状的耳，且均两两成对设置，这种近似柱状的耳，始见于胶东半岛的白石村类型，一直延续到很晚，被视为典型的胶东特征，在辽南地区本地典型器物上出现这种部件，昭示了两种文化的融合。彩陶仍然是乙组因素的内容之一，但数量减少，纹样只有直线纹和重叠三角纹等。郭家村第4层出土的陶尊从形制到彩陶纹样（上下为成组的平行线，中间插以斜线），均为大汶口文化晚期特征，其原因待考。

从郭家村第3层反映的情况看，小珠山第二期文化晚期阶段，代表本地文化传统的甲组因素和来自大汶口文化的乙组因素，在所占有的比例上似乎已不相上下，并且已向融合的方向发展。但仅就目前资料，我们还不能得出外来的大汶口文化已经占据主导地位的结论。

[1]　寿光县博物馆：《寿光县古遗址调查报告》，《海岱考古（第一辑）》，山东大学出版社，1989年。

　　以上分析表明，辽南地区小珠山第二期文化的基本文化内涵，可以分解为两组，一组是代表本地土著文化的甲组因素，另一组是代表外来的大汶口文化的乙组因素。在小珠山第二期文化三个期别的发展过程中，甲组因素的比重由占据绝对优势逐渐下降，而乙组因素则不断增多，最终趋于势均力敌，并且出现在典型土著文化器物上融进乙组因素的现象。同时，在半岛大陆南端和地理位置偏北的长山列岛，两种文化因素所占有的比例自始至终有一定的差别。

　　此外，还有几个问题需要进行简单的讨论和说明。

1. 关于粗体筒形杯

　　这种器形在辽南地区只见于郭家村遗址，原报告分别称为盂和碗。其形制为粗筒形或近似粗筒形，底部微呈假圈足状，腹部多有一周附加堆纹或凸弦纹。按形制变化可分为4式，Ⅰ式出自第5层（图五，1），Ⅳ式出自第3层（图五，4），据早晚的形态，Ⅱ、Ⅲ式可插入其中（图五，2、3），第2层出土的大口矮体碗（图五，5），应是由这种杯发展而来的。此类杯的变化为，器体由高渐矮，口部趋大。但Ⅱ、Ⅲ式的层位颠倒，可能Ⅱ式的层位有误，可暂存疑。山东长岛北庄二期（属于大汶口文化中期阶段）中也发现此类杯[1]，形制接近Ⅱ式。查其他地区的大汶口文化遗址，未见这种形制的杯。因此，这种在辽南地区演化关系比较清楚的陶杯，可能是在当地小珠山第二期文化时期产生的一种新器形，并曾影响到庙岛群岛一带。

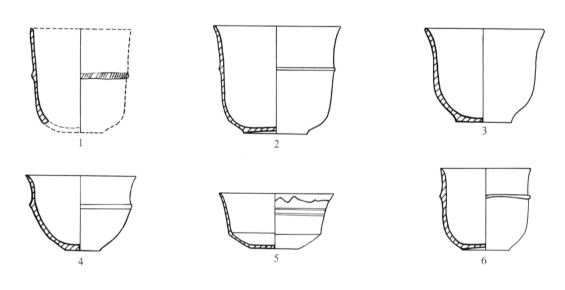

图五　粗体筒形杯（碗）

1～5. 郭家村（ⅠT3⑤：22、ⅠT9③：18、ⅠT3④：17、ⅠT8③：19、ⅠT1②：28）　6. 北庄（M21：2）

2. 关于牙璧

　　所谓牙璧，是指一种在圆形璧（极个别为方形璧）的基础上，向外伸出三个齿牙的璧，过去有

[1]　北京大学考古实习队等：《山东长岛北庄遗址发掘简报》，《考古》1987年第5期。

人称之为"璇玑"，夏鼐先生正其名为"牙璧"[1]。牙璧多为玉质，也有其他质料（如陶、蚌）者。在中国东方地区，目前牙璧只见于辽南地区和山东省的东半部。这种造型奇特的牙璧，为探讨辽南和山东地区之间的联系，增添了一份新的材料。

辽南地区发现牙璧的遗址有吴家村、三堂村、郭家村、四平山、文家屯、东大山[2]等6处（图六，1～4）。吴家村发现的1件玉质牙璧系采集品，两个齿牙外伸较长，另外一牙的前半部无尖，夏鼐称其为"猪头形饰"，任式楠则定其为"蛙形佩饰"，并认为"把它当作牙璧似不确"[3]。吴家村遗址的时代比较明确，第2层及其以下的房址为小珠山第二期文化中期，第3层应更早一些，由遗址上采集的饰附加堆纹盆形鼎的形制可知，这里存在早期遗存。如果该遗址没有更晚的遗存，采集的牙璧有可能早到大汶口文化中期阶段，当然，这只是提供了一条线索，还不能作为立论的根据。郭家村第3层出土2件陶质牙璧，时代属于小珠山第二期文化晚期，相当于大汶口文化晚期阶段。长兴岛三堂村出土的1件玉质残牙璧，属于第一期文化[4]，如果细分，则属于第一期的晚段[5]，时代与郭家村的陶牙璧相当或略晚。余下的三处遗址和墓地，均为龙山、岳石时期的第一期，属于龙山文化早期阶段。由此看来，辽南地区发现的牙璧，时代不出大汶口文化晚期阶段至龙山文化早期阶段的范围。牙璧的形制，大致有三类：第一类齿牙较大较长，其中又有尖头和平圆头两种；第二类齿牙短小，如郭家村ⅡT8③：17陶牙璧；第三类是在圆形璧的周边向内割出三个小缺口，如四平山积石墓出土者。

山东地区发现牙璧的大汶口、龙山文化遗址有三里河[6]、司马台[7]、丹土[8]、西朱封[9]、呈子[10]、两城镇等（图六，6～11）。三里河遗址共发现5件玉质牙璧，均出自墓葬，其中4件属于大汶口文化晚期阶段，1件为龙山文化早期阶段偏晚时期。其余几处遗址的牙璧的时代均属于龙山文化早期阶段，其中除了呈子的1件为蚌质，余者均为玉质。简单一比较就可以看出，大汶口文化的牙璧齿牙短小，龙山文化牙璧的齿牙较长。时代定为三里河大汶口文化第一期的M126，出土牙璧的齿牙微微外伸，尚不十分明显。定为大汶口文化第二期的其余3件，齿牙虽小，但已极为明显，而龙山文化时期的牙璧，齿牙一般较宽或较长，这或许反映了牙璧的演化进程。有的学者把泗水尹家城遗址出土的1件鸟形石佩作为牙璧碎片[11]，与其形状基本相同的鸟形玉佩也见于三里河遗址。此外，在属于大汶口文化中期阶段的野店遗址墓葬中，曾发现一件周边有三个凸起的"似花状"玉环[12]，有的学者认为它是原始形态的牙璧[13]。

[1] 夏鼐：《所谓玉璇玑不会是天文仪器》，《考古学报》1984年第4期。

[2] 澄田正一：《辽东半岛的先史遗迹——老铁山与四平山》，《橿原考古学研究所论集》第四，1979年；冈村秀典：《中国先史时代玉器の生产と流通－前三千纪の辽东半岛を中心に－》，《东アジアにおける生产と流通の历史社会学の研究》，中国书店，1993年。

[3] 任式楠：《中国史前玉器类型初析》，《中国考古学论丛——中国社会科学院考古研究所建所40年纪念》，科学出版社，1993年。

[4] 辽宁省文物考古研究所等：《辽宁省瓦房店市长兴岛三堂村新石器时代遗址》，《考古》1992年第2期。

[5] 陈全家、陈国庆：《三堂新石器时代遗址分期及相关问题》，《考古》1992年第3期。

[6] 中国社会科学院考古研究所：《胶县三里河》，文物出版社，1988年。

[7] 山东省文物事业管理局等：《山东文物精萃》，山东省美术出版社，1996年。

[8] 杨波：《五莲丹土遗址出土玉器》，《故宫文物月刊》158，1996年。

[9] 山东省文物考古研究所等：《山东临朐县史前遗址普查简报》，《海岱考古（第一辑）》，山东大学出版社，1989年。

[10] 昌潍地区文物管理组、诸城县博物馆：《山东诸城呈子遗址发掘报告》，《考古学报》1980年第3期。

[11] 冈村秀典：《中国先史时代玉器の生产と流通》，《生产と流通の历史社会学の研究》，1994年。

[12] 山东省博物馆、山东省文物考古研究所：《邹县野店》，文物出版社，1985年。

[13] 邵望平：《海岱系古玉略说》，《中国考古学论丛——中国社会科学院考古研究所建所40年纪念》，科学出版社，1993年。

图六　辽南地区和山东地区的牙璧

1. 吴家村（采：12）　2. 郭家村（ⅠT9③：15）　3. 三堂村（ⅡT203⑤：10）　4. 高丽城（M48：399）　5. 野店（M31：4）　6、
7、10、11. 三里河（M126：7、M113：1、M203：9、M273：1）　8. 西朱封采　9. 丹土采

　　如果将辽南和山东两地区的牙璧形制进行比较，则可以发现，辽南地区的牙璧多与山东地区龙山文化的牙璧接近。这种现象或许说明山东地区牙璧出现较早，随着人口的迁徙和文化的传播，这种习尚也传到了辽南地区。由于辽南地区是岫岩玉的故乡，玉材资源丰富，包括牙璧在内的一些玉器，很可能是在这里制作好了再返运回山东地区的。至于其是采用交换和贸易的方式，还是作为贡品，拟或是战争掠夺性质，则需要进一步探讨。

3.　关于其他的外来因素

　　在小珠山第二期文化时期，流入辽南地区的外地文化因素，除了大汶口文化之外，还有少量来自其他地区的文化因素。从辽南地区所处的地理位置看，主要来自下辽河流域和鸭绿江下游两个方向。

　　瓦房店市长兴岛三堂村第一期遗存的发现，表明小珠山第二期文化分布的北界没有到达瓦房店一带。分布区之内的一些遗址，如文家屯、石灰窑村、大潘家村等，都发现三堂村第一期文化典型的窄条状堆纹罐[1]。三堂村第一期一类遗存，主要分布于下辽河流域，多称为偏堡类型，其时代与小

---

[1]　刘俊勇等：《辽宁大连市郊区考古调查简报》，《考古》1994年第4期。

珠山第二期文化的晚期阶段相当。1942年秋发掘的文家屯遗址，既发现小珠山第二期文化中期阶段的遗存（A地点），也有三堂第一期的遗物（C地点）[1]，两者的时空关系还需要通过新的工作加以确定。1992年春发掘的旅顺大潘家遗址[2]，耕土之下只有一层新石器文化堆积，层位比较简单，但出土遗物却比较复杂。堆积中既有小珠山第二期文化遗物，也有属于龙山文化早期（即郭家村上层）的遗物，如果文化层没有受到扰乱的话，应该是可以进一步划分的，不应将其笼统地定在"介于郭家村遗址下层和上层之间"。遗址内发现的一部分彩陶，颜色和纹样均与郭家村下层较晚时期的彩陶相同，同时，也发现少量腹饰窄条状竖堆纹的罐，具有明显的三堂村第一期文化风格。从后者的数量看，在大潘家遗址中显然不占主要地位，因此，可视为来自三堂村第一期文化的影响。

鸭绿江下游地区，由于后洼上层和北沟一类遗存之间的环节不甚明确，给我们分析小珠山第二期文化中的东北方向因素带来困难。但仍可以看到一些线索，如吴家村遗址第2层发现的高领壶，就和后洼上层偏晚的同类壶相同。小珠山第二期文化中的叶脉状刻划纹，是朝鲜半岛西部和西北部地区出现时间早、延续时间长和数量多的一种陶器纹饰，前者当是受到后者的影响。

（三）龙山、岳石文化时期

关于辽南地区龙山、岳石时期遗存的文化性质，历来就有不同看法。最近十几年来，尽管相关的发掘资料增加了许多，但对其文化性质的归属，仍然存在着两种截然不同的观点。一种观点认为，第一、二期属于山东龙山文化[3]，第三期则属于岳石文化[4]；另一种观点认为，第一至第三期都属于当地的土著文化，只不过在其发展过程中，不同程度地受到了来自山东地区的文化传播和影响[5]。

以下按第二部分划分的三个期别，分别对其文化因素进行分析。

1. 第一期
除了居住址之外，还发现相当数量的墓地，由于两者出土物有一定差别，故分别予以分析。
（1）居址
这一时期的居住遗址发现较多，其中以郭家村和小珠山最具有代表性。综观这两处遗址的资

[1]　澄田正一：《辽东半岛の先史遗迹（调查抄报）——文家屯遗迹（1）》，《爱知学院大学文学部纪要》第16号，1987年。

[2]　大连市文物考古研究所：《辽宁大连大潘家村新石器时代遗址》，《考古》1994年第10期。

[3]　郭大顺、马沙：《以辽河流域为中心的新石器文化》，《考古学报》1985年第4期；孙祖初：《论小珠山中层文化的分期及与各地比较》，《辽海文物学刊》1991年第1期；李权生：《山东龙山文化の编年と类型——土器を中心として》，《史林》七十五卷六号，1992年11月；王青：《试论山东龙山文化郭家村类型》，《考古》1995年第1期。

[4]　陈光：《羊头洼类型研究》，《考古学文化论集（二）》，文物出版社，1989年；吴玉喜：《岳石文化地方类型初探——从郝家庄岳石遗存的发现谈起》，《考古学文化论集（三）》，文物出版社，1993年；王巍：《夏商周时期辽东半岛和朝鲜西北部的考古学文化序列及其相互关系》，《中国考古学论丛——中国社会科学院考古研究所建所40年纪念》，科学出版社，1993年。

[5]　许玉林、许明刚、高美璇：《旅大地区新石器时代文化和青铜时代文化概述》，《东北考古与历史》第一辑，文物出版社，1982年；佟伟华：《胶东半岛与辽东半岛原始文化的交流》，《考古学文化论集（二）》，文物出版社，1989年；许玉林：《辽东半岛新石器时代文化初探》，《考古学文化论集（二）》，文物出版社，1989年；许明刚：《试论大连地区新石器和青铜文化》，《中国考古学会第六次年会论文集》，文物出版社，1990年；安志敏：《辽东史前遗存的文化谱系》，《纪念城子崖遗址发掘60周年国际学术讨论会文集》，齐鲁书社，1993年；贺伟：《关于辽东半岛早期墓葬的探索》，《纪念城子崖遗址发掘60周年国际学术讨论会文集》，齐鲁书社，1993年；苏小幸、王嗣洲：《辽东半岛新石器时代晚期文化的再认识》，《考古》1994年第6期。

料，按其文化因素的来源划分，主要有五组。

甲组　保持或基本保持本地土著传统的因素。主要有平底或凹底镞、双孔石刀、筒形罐和舟形器等（图七，1～12）。平底、凹底镞基本保持着小珠山第二期文化时期的形制，在石镞中仍然占据优势。弧背弧刃的梭形和直背弧刃的半月形双孔石刀数量最多，这种石刀的基本形制应承之小珠山第二期文化，但管钻或铤钻双孔的技术很可能是来自山东大汶口、龙山文化，因此，将其看作是两种文化因素的结合亦未尝不可。筒形罐的数量已经很少，并且形制也发生了较大变化，器身变矮，除了口沿外侧的叠唇状堆纹，基本上是素面。刻划纹饰仍然存在，但数量已大大减少。舟形器为一种长圆形器物，形制类似舟，数量较少。

乙组　来自山东地区龙山文化和继承之当地大汶口文化的因素。主要有石钺、有铤镞、鼎、鬶、盆、罐、豆、环足盘、圈足盘、钵、碗、器盖等（图八）。石钺在海岱地区出现较早，并且数

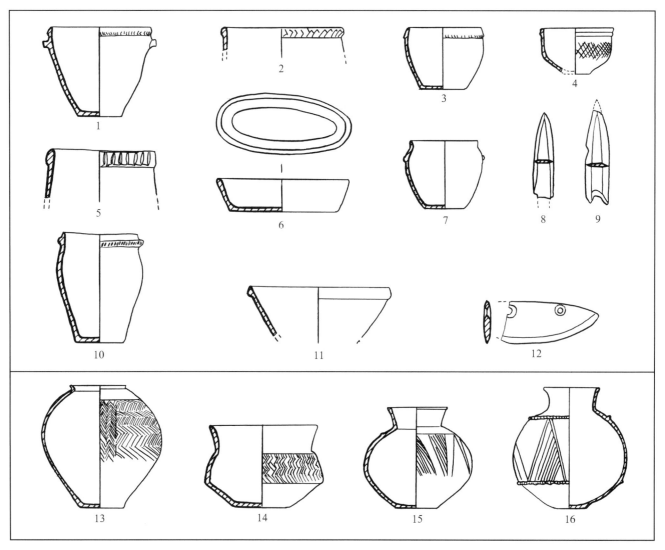

图七　龙山、岳石第一期甲、丁、戊组因素

1～9、11、12、14、15. 郭家村（73T1F1：212、ⅠT6②：14、ⅡT5F1：5、13、ⅡT1②：26、ⅡT9②：23、ⅠT9②：21、ⅠT8②：2、ⅡT4①：34、ⅡT3②：27、ⅠT5①：1、ⅡT3②：31、ⅡT5F1：14）　10. 小珠山（T4②：90）　13. 蛎碴岗（T5③：54）　16. 朝鲜半岛南京

量较多，与斧的区别是器体较薄，穿孔；与铲的区别是双面刃（正锋），穿孔，以往多将三者混淆。郭家村上层发现5件，分别归入斧和铲类之中[1]。有铤镞的数量较之小珠山第二期文化时期显著增多。如郭家村上层出土的172件石镞中，有13件为有铤镞，8件骨镞中有6件为有铤镞；上马石中层出土的14件石镞中，有5件为有铤镞，5件骨镞中有4件为有铤镞[2]。陶器中有纹饰者所占的比例下降，轮制所占比例上升。如郭家村上层，素面已占陶片总数的70%，轮制陶器约占30%。器形中的鼎、鬶、豆、平底盆、环足盘等，显然属于龙山文化系统。需要略加说明的是罐。罐在这一时期仍是数量最多的器类，但形制差别较大，主要有四类。为了便于区别，以四型别之。

A型　即原报告的Ⅲ式罐。叠唇或在口沿下加一周堆纹，直口微敛（图七，1～3、5、10、11）。

B型　即原报告的ⅠE和Ⅴ式罐。窄沿微卷，鼓腹或微鼓（图七，7）。

以上两型分别与小珠山第二期文化时期的A、B型筒形罐有传承关系。因此，它们应属于甲组文化因素的重要组成部分。

C型　即原报告的Ⅳ式罐。折沿，鼓腹，小平底，胎相对较薄，多素面（图八，22）。在广鹿岛和大长山岛一些遗址的此型罐上，还饰属于甲组或戊组因素的各种刻划纹，这是其他组因素在乙组器物上出现的例子。

D型　即原报告的Ⅵ式罐，Ⅰ式瓮残片也应该属于此类。宽沿平折，溜肩，颈肩饰弦纹（图八，3、6）。

以上两型是典型的山东地区龙山文化时期罐的式样，属于乙组因素。这两型罐在全部罐中的比例，已接近半数。如郭家村上层共发现37件罐，其中A、B两型为21件，C、D两型为16件。因此，抛开别的器形不计，仅就罐而言，属于本地土著文化因素的筒形罐或其变体罐，在数量上已经没有什么较大优势可言。

丙组　与良渚文化相同的因素。这类因素较少，只有有段石锛一类，见于郭家村上层。有段石锛是东南沿海地区的特产，尤以良渚文化为多。在山东地区，良渚文化因素主要见于大汶口文化中晚期阶段，龙山文化中一般是没有的，但良渚文化的下限，可以延伸到龙山文化初期。因此，在龙山文化初期遗存中出现良渚文化遗物，也在情理之中。郭家村上层出土8件有段石锛，约占石锛总数的1/4，数量可观。此组因素最大的可能是直接由山东地区传播过来的，所以，可将其与乙组因素同等看待。

丁组　来自下辽河流域方向的因素。属于甲组因素的A型筒形罐，口沿外为叠唇或附加一周堆纹，其上多再饰有各种刻划纹（图七）。这种作风以三堂村第一期和稍晚的沈阳肇工街第一期[3]最为流行，辽南地区出现的这类因素，当是在北方的文化传播和影响下产生的。由于三堂村第一期遗存的分布至少已经抵达金县以北地区，并且金县以南地区也明显受到其影响，如在辽东半岛南端的大潘家村和石灰窑村遗址，都采集到这一类型的典型陶片[4]，故此组因素极有可能是直接从当地较早时

[1]　辽宁省博物馆等：《大连市郭家村新石器时代遗址》，《考古学报》1984年第3期。
[2]　辽宁省博物馆等：《长海县广鹿岛大长山岛贝丘遗址》，《考古学报》1981年第1期。
[3]　中国社会科学院考古研究所东北工作队：《沈阳肇工街和郑家洼子遗址的发掘》，《考古》1989年第10期。
[4]　刘俊勇等：《辽宁大连市郊区考古调查简报》，《考古》1994年第4期。

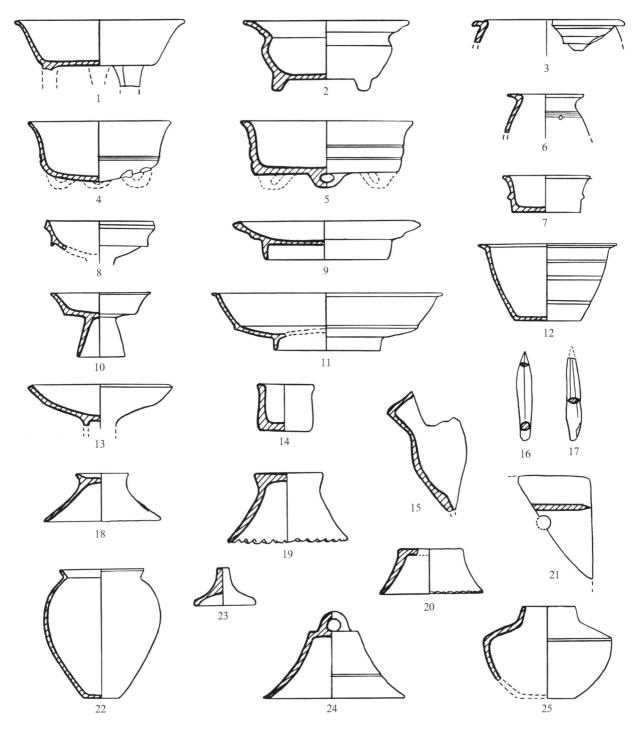

图八　龙山、岳石第一期乙组因素

1～3、6～23、25. 郭家村（ⅡT4②：38、ⅡT2②：23、ⅠT1H4：27、ⅡT2H4：26、ⅠT1②：31、ⅡT6②：35、ⅠT3②：26、Ⅱ
T5F1：10、ⅡT6②：39、ⅡT5F1：11、ⅠT8②：22、采：63、ⅡT5②：28、ⅠT3①：5、ⅠT4②：2、73T1F1：12、ⅠT3②：23、25、
ⅠT8①：1、ⅡT5F1：4、ⅡT6②：37、ⅡT9②：25）　4、5. 上马石（ⅠT6④：49、ⅠT5④：41）　24. 蛎碴岗（T2②：15）

期继承下来的。

　　戊组　来自鸭绿江流域方向的因素。主要有郭家村、小珠山等遗址发现的纵横叶脉状刻划纹和
大口溜肩壶等（图七，13、14）。与之完全相同的叶脉状刻划纹，在鸭绿江下游及其东南的西朝鲜

一带都有发现。壶是东北地区青铜时代最为常见的陶器器形，小珠山上层时期并不多见，而大致同时，位于辽南和鸭绿江下游之间的岫岩北沟西山遗址，就发现种类较多的壶[1]。所以，这里暂把壶这类器形，看作是在东北地区产生并发展起来的。我们还注意到，与郭家村形制、纹饰非常相似的壶，在位于朝鲜半岛西部大同江流域的南京遗址也有发现[2]（图七，15、16），两者的关系还需要进一步研究确定。

综上所述，丙、丁、戊三组因素在此期中所占的比例甚低，它们的存在，只能表明各地区之间具有文化上的联系，而对于文化性质的归属，不是很重要的因素。甲、乙两组才是构成第一期遗存的基本文化因素。通过以上分析，我们可以得出这样的结论：在所占有的综合份额上，乙组因素已经超过甲组因素，成为辽南地区占据主导地位的文化因素，而甲组因素则下降到次要和从属的位置。因此，仅就居住遗址的情况而言，这一时期辽南地区固有的土著文化的文化性质已经改变，被来自山东地区的龙山文化和由当地大汶口文化因素演变出来的新文化内涵所替代。这种情况和小珠山第二期文化中两种文化因素此消彼长的发展变化趋势也是吻合的，并不使人感到意外和突然。

（2）墓葬

这一时期的墓葬已发现者均为积石墓，因而极富特色，基本特征为：墓葬位于遗址附近的山嵴上，建于略加修整之地表。墓葬结构比较复杂，主要有三种形式，一种是一座墓葬内只有一个墓室；第二种是一座墓葬由多个墓室组成，墓葬内的墓室多成排分布，少者一排，多者数排；第三种是一座墓葬内还可以分成若干区，每区又由多个墓室组成。墓室平面基本为长方形，周壁用石块错缝垒砌，墓底铺以石块，其上以较大之扁平石板覆盖。墓葬四周外侧保存较好者，有用石块垒成的较为整齐之垣状石壁，墓室之间填以石块，外观为一个整体，即所谓"积石墓"。这类墓葬在辽南地区发现较多，其中老铁山、将军山一带发现四十余座，四平山发现二十余座。这两处地点的积石墓经过详细调查和局部发掘，时代明确，分布和结构也比较清楚。

墓葬多数受到盗扰破坏，出土遗物以陶器为主，也有玉器、石器等。陶器多为非实用的明器，陶色以褐陶为主，黑陶所占比例约为30%，弦纹是最主要的纹饰，器形有鬶、罐、壶、豆、杯、器盖等（图九）。陶器的种类和型式，绝大多数与山东地区龙山文化早期阶段的同类器相同，与附近的郭家村上层乙组因素属于同一性质。特别引人注意的是，在已发掘的积石墓中，未见属于辽南地区土著文化的甲组因素典型器形——筒形罐。

积石墓这种特殊的埋葬习俗，与山东地区龙山文化不同。尽管山东地区从北辛文化时期就已开始在东部沿海地区出现石棺墓，并一直延续到周代，但数量很少，与这一地区普遍流行的土坑竖穴墓相比，不占重要地位。辽西大凌河流域红山文化晚期发现过一些积石墓，如建平、凌源交界处的牛河梁[3]和阜新胡头沟[4]遗址。与辽南地区的积石墓相比，两者有相似之处，但差别也是极为明显的，有的学者推测两者有渊源关系[5]。这一问题的解决，还需要新的材料，特别是过渡时期和过渡区域

[1] 许玉林、杨永芳：《辽宁岫岩北沟西山遗址发掘简报》，《考古》1992年第5期。

[2] 金用、石光：《南京遗迹关研究》，1984年。转引自宫本一夫：《朝鲜有文土器の编年と地域性》，《朝鲜学报》第百二十一辑，1986年。

[3] 辽宁省文物考古研究所：《辽宁牛河梁红山文化"女神庙"与积石冢群发掘简报》，《文物》1986年第8期。

[4] 方殿春、刘葆华：《辽宁阜新县胡头沟红山文化玉器墓的发现》，《文物》1984年第6期。

[5] 贺伟：《关于辽东半岛早期墓葬的探索》，《纪念城子崖遗址发掘60周年国际学术讨论会文集》，齐鲁书社，1993年。

图九　积石墓出土陶器
9～11、14、15、19～21. 四平山　余者均为将军山

　　的材料，如辽南地区小珠山第二期文化时期的墓葬形制、下辽河流域同一时期的墓葬形制等。由于辽南地区积石墓随葬品的属性，使我们很自然地联想到豫东、豫中地区的大汶口文化墓葬，尤其是豫中地区，在仰韶文化和庙底沟二期文化的分布区域中，出现少量基本随葬大汶口文化器物的墓葬，此类墓葬的主人，大家毫不怀疑其为从东方迁徙而来的大汶口人。辽南地区的积石墓与其应属同一性质。

　　综合居住址和墓葬两方面的材料，我认为至迟在龙山文化早期，辽南地区的文化性质已经改变，应属于海岱龙山文化的组成部分。这一时期，龙山文化的分布和影响已大大超过小珠山第二期文化时期。如在北侧的长兴岛一带，龙山文化已经取代三堂村第一期文化，表明这一时期龙山文化的分布区向北有所扩展。再如东北方向方面，龙山文化的影响已越过岫岩，到达鸭绿江下游地区，岫岩北沟西山遗址[1]浓厚的龙山文化因素和东沟石佛山[2]、西泉眼遗址[3]一定的龙山文化因素的存在，则清楚地勾勒出文化传播和影响的趋向。

2. 第二期

这一时期的发现主要来自居住址，最具代表性的是双砣子第一期和于家村下层。第二部分中已经指出，双砣子第一期延续时间较长，可分为三段，于家村下层延续时间相对较短。

生产工具和武器与第一期相比变化不大。镞仍以平底和凹底为主，有铤镞占有相当比例，石钺仍然存在。新出现一种中间穿孔的环状或近似环状的石器，或认为其为棍棒头，数量不多，当是来自北方的文化因素。

陶器的基本特征是：多数掺有细砂，陶色以黑褐色占绝大多数，表面多呈黑灰色，内胎一般为灰褐色；器表以素面最多，据双砣子第一期两个探方的统计，素面占全部陶片的86.62%，纹饰以弦纹最多，泥饼次之，其他纹饰的数量甚少，所占比例都不超过1%；制法以手制加轮修者最多，小型器物则用手直接捏塑而成；器形以罐、杯、器盖最多，还有壶、豆、碗等，从器物形制的演变看，基本上是继承自第一期的乙组因素。同时，在第一期陶器中还占有一定比例的甲组因素，到第二期已基本不见，如装饰中的各种刻划纹，合计所占比例不足1%，作为本地土著文化特色的筒形罐，至此已销声匿迹。

需要略加分析的是，在这一时期的陶器装饰中出现的彩绘陶。彩绘颜色有红、白、黄三种，纹样母题以直线、斜线、折线、三角形、四边形等几何图形为主。彩绘陶的数量以双砣子第一期发现最多，所占比例超过10%。由于双砣子第一期延续的时间较长，从笼统的数据中我们无法断定其所在的具体期别。相当于双砣子第一期第2段（即第二小组）的于家村下层中，仅发现2片彩绘陶片，据此是否可以作出这样的判断：彩绘陶产生于双砣子第一期第2段，亦即于家村下层时期，双砣子第二期时得到较大发展。彩绘陶在山东地区龙山文化中已有发现，如鲁北地区的丁公遗址第四次发掘时，曾在龙山文化地层中，发现一件涂满朱红色彩绘的陶纺轮，但龙山文化的这种发现甚少，很难说与辽南地区的彩绘陶有什么直接联系。

总之，第二期的辽南地区，文化面貌进一步变化。这种变化的结果是，当地土著文化因素基本消失，来自山东地区龙山文化的文化因素，在这里得到了充分的繁衍和发展，成为辽南地区文化要素的主体。

3. 第三期

此期遗存尽管在辽南地区的许多遗址都有发现，但层位关系明确、资料发表详细的首推双砣子遗址，经过调查和发掘的旅顺小黑石砣子遗址，出土遗物也比较丰富[4]。

---

[1] 许玉林、杨永芳：《辽宁岫岩北沟西山遗址发掘简报》，《考古》1992年第5期。

[2] 许玉林：《辽宁东沟县石佛山新石器时代晚期遗址发掘简报》，《考古》1990年第8期。

[3] 许玉林：《东沟县西泉眼新石器时代遗址调查》，《辽海文物学刊》1988年第1期。

[4] 刘俊勇等：《辽宁大连市郊区考古调查简报》，《考古》1994年第4期。

这一时期的石器中，仍有少量三角形平底石镞，它应是对第二期同类器形的继承，这也是我们在此期文化内涵中看到的唯一与较早时期本地土著文化有联系的内容。其他如石钺、石刀等，无不与山东地区岳石文化有密切联系，尤其是石刀，双砣子第二期共发现18件，除个别为近似长方形双孔者外，基本上都是弧背直刃的半月形双孔石刀（图一〇，18、19），与岳石文化石刀的形制完全相同。

陶器以泥质磨光黑陶和灰黑陶为主，多为轮制，夹砂陶则多为手制。器表装饰以素面占绝对优势，纹饰主要有弦纹、泥饼等。据双砣子遗址两个单位的统计：黑色及灰黑色的陶器占87%，黑褐色陶器占13%；器表装饰中素面占90.9%，弦纹占7.9%。从陶器的概貌看，比山东地区的岳石文化更接近于龙山文化。主要陶器器形有以下几类（图一〇）。

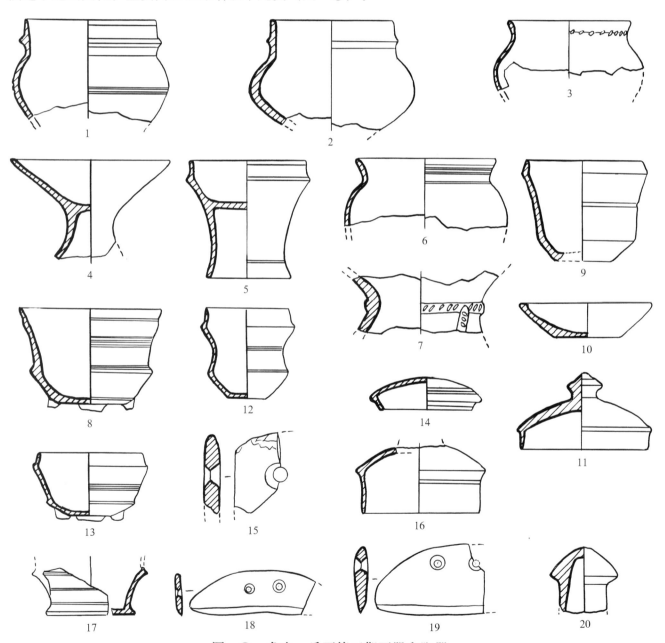

图一〇 龙山、岳石第三期石器和陶器

1～4、7、9～11、14～20. 双砣子（H6：6、H5：3、H10：6、T8：19、T7：43、H10：5、T1：32、T11：43、H6：8、T2：30、T4：51、无号、T4：15、T2：69、T8：10） 5、6、8、12、13. 小黑石砣子

（1）甗

腰及裆部多饰附加堆纹，堆纹之上往往刻划、戳刺各种纹样，袋足粗长，缺乏实足尖。

（2）三足罐

数量较多，多为子母口，足的型式多样，舌形、长方形、扁方形均有，足的正面往往刻、戳有各种纹饰。

（3）子母口罐

数量和种类较多，子母口有大有小，小平底。

（4）有领罐

斜领或卷领，鼓腹，平底。

（5）豆

有深盘、浅盘和子母口盘等多种。

（6）子母口器盖

有蘑菇纽矮子母口、无纽矮子母口、盘形纽高子母口等几种。

此外，还有尊形器、子母口瓮等，这些器形均为岳石文化的典型器物。因此，将辽南地区第三期遗存的文化性质定为岳石文化，是没有什么疑问的。岳石文化在辽南地区的具体分布范围，目前还不十分清楚。单砣子和高丽寨遗址早年出土的陶器中，确有一些典型的岳石文化风格的器形，如甗、子母口瓮等，但与双砣子、小黑石砣子等遗址相比，则有相当差别，两者究竟是时代有早有晚，抑或是不属于同一文化，目前还难下结论。不过，岳石文化分布的东北界，大概不会离这一带太远。大长山岛上马石瓮棺墓的出土遗物，尽管有较浓厚的岳石文化风格，但与岳石文化有相当差别，不宜将其归入岳石文化。如果像一些学者认为的那样，上马石瓮棺墓的时代与岳石文化大体同时，则表明岳石文化很可能没有分布到大长山岛一带。诚如是，则单砣子一带就是岳石文化分布的东北边缘。这一问题的最后解决，还有待于鸭绿江下游地区夏商时期考古学文化的文化面貌被充分认识。

此外，有的学者把辽南地区的岳石文化，分为双砣子第二期和双砣子积石墓前后两个阶段，胶东半岛的照格庄类型与双砣子积石墓的时代相当，又均早于泰山以南的尹家城类型。并认为，岳石文化的基本文化要素产生于双砣子第一期文化之中，双砣子第二期文化时期得以确立，随后自东而西扩展到山东地区[1]。对这种意见，我们不敢苟同，由于与本文主旨无关，容另文讨论。

四　结语

辽南地区夏代及其以前的原始文化，可以区分为时代依次相继的四支考古学文化，即小珠山第一期文化、小珠山第二期文化、海岱龙山文化和岳石文化。

辽南地区东临黄海，西濒渤海，地处天涯海角一隅，两侧沿海分别有与下辽河流域和鸭绿江下游地区联系的通道。南侧隔渤海海峡与胶东半岛相望，最窄处的直线距离仅100千米，散布于两个半

---

[1]　李权生：《中国の岳石文化の起源について》，《古代文化》1992年第6期。

岛之间的庙岛群岛诸岛屿，像陆桥一样将两者紧密地联系在一起。处在这样一种特殊地理位置的辽南地区，从理论上讲很难形成一支独立的考古学文化，在正常情况之下，理应与其北方的两个大流域（或其中之一）保持共同的文化面貌。后来，由于大海南侧先进文化的大量流入，才逐渐地改变了辽南地区的文化性质，形成一个在整个中国早期文化中颇为特殊的小区域。通过本文第二、三两个部分的分析，我们可以比较清楚地勾画出辽东半岛南部大连地区原始文化的文化性质递变的三个阶段。

（1）小珠山第一期文化时期

辽南地区和鸭绿江下游地区以后洼遗址为代表的一类遗存，在文化面貌上有着较大的一致性，两者应属于同一支考古学文化，即小珠山第一期文化，它们之间的差别，可用同一文化内的地方类型来区别之。我们可以大体勾勒出小珠山第一期文化的分布范围，即主要分布于以鸭绿江下游为中心的环黄海北端地区，其分布的东南界，约在朝鲜半岛西北部的清川江流域。在更高一级的层次上，小珠山第一期文化又是以辽河流域为中心的燕辽文化区的一个组成部分，位置居于该文化区的东部。

（2）小珠山第二期文化时期

由于大海南侧山东地区大汶口文化的流入，使辽南地区的原始文化面貌发生了很大变化。在小珠山第二期文化早、中、晚三期的发展过程中，来自大汶口文化的文化因素，所占比例呈现逐渐加大的趋向，发展变化的轨迹十分清楚。正因为如此，这一时期的辽南地区和鸭绿江下游地区，文化内涵上的差异明显拉大。为了正确地反映这一实际情况，我们认为可以将小珠山第二期文化独立出来，既不归属于鸭绿江下游地区，也不依附于山东地区，而将其作为一支特殊的考古学文化来对待。

（3）龙山文化早期（即小珠山第三期文化）

当地大汶口文化因素的繁衍和源源不断地来自山东地区的龙山文化因素，汇合成一股洪流，终于淹没了当地的土著文化，使辽南地区成为海岱龙山文化一个新的分布区。我们相信，辽南地区在小珠山第二期文化早期出现的较为典型的大汶口文化因素，就不仅仅是文化的传播和影响，而应该伴随着人口的迁徙。到龙山文化时期，人口迁徙的规模可能进一步扩大，老铁山、将军山和四平山积石墓的墓主，应是来自山东地区的移民或其后裔。龙山文化晚期（即双砣子第一期文化）的辽南地区，本地土著文化的文化因素已经基本消失，龙山早期已经占据主导地位的乙组因素继续发展，形成了一个具有当地特色的龙山文化小区。

（4）岳石文化时期（即双砣子第二期文化）

辽南地区和隔海相望的胶东半岛同步发展，文化面貌极为一致，两个地区的物质文化达到高度统一。此后，由于山东地区被在中原地区新崛起的商王朝所征服，岳石文化逐渐退出了历史舞台。尽管其在胶东半岛一带还苟延残喘了一段时间，但因为已经失去了稳固的腹地，对辽南地区的影响进入了低潮。这大概就是我们在辽南地区相当于商代时期的遗存中，很少能看到来自胶东半岛的文化因素的原因。

（原载《海岱地区考古研究》，山东大学出版社，1997年）

论辽西和辽东南部史前时期的积石冢

众所周知，积石墓是东北亚地区新石器时代以来极具特色的一种埋葬方式。这种以石质棺椁葬具和积石为特点的埋葬习俗，主要分布于东北南部、朝鲜半岛和西日本地区，时代则从新石器时代中晚期一直延续到青铜时代甚至更晚，是东北亚地区古代文化要素的重要组成部分。

辽西地区的新石器至青铜时代早期的文化序列基本清楚，依次为兴隆洼－查海文化、赵宝沟文化、红山文化、小河沿文化和夏家店下层文化，时代大约从距今8000年前到距今3000年前，积石冢主要存在于红山文化晚期阶段。

辽东半岛南部地区的同期文化序列可大体归纳为：小珠山一期文化、小珠山二期文化、小珠山三期文化和双砣子一期文化、双砣子二期文化、双砣子三期文化。这一发展序列的开始时间略迟，大约在距今7000年，下限当在商末周初，辽东半岛地区的积石冢主要发现于相当龙山时代的小珠山三期文化及其以后时期。

以下将从辽西和辽东南部地区积石冢的分析入手，进而探讨两个地区之间的文化联系。

一

红山文化的积石冢主要发现于大凌河上游地区，其中以凌源市的牛河梁一带最为集中。据调查，在牛河梁地区的16个编号地点中，有13个地点存在积石冢。其中第二[1]、三[2]、五[3]和十六号[4]地点经过发掘。此外，在同属大凌河流域的阜新县胡头沟[5]、赤峰敖汉旗四家子镇草帽山[6]以及西拉木伦河流域的内蒙古林西县白音长汗[7]、南台子[8]和巴林右旗洪格力图[9]等遗址也发现过少量积石冢（图一）。

[1] 辽宁省文物考古研究所：《辽宁牛河梁红山文化"女神庙"与积石冢群发掘简报》，《文物》1986年第8期，第1～17页；《辽宁牛河梁第二地点四号冢筒形器墓的发掘》，《文物》1997年第8期，第15～19页；《辽宁牛河梁第二地点一号冢21号墓发掘简报》，《文物》1997年第8期，9～14页。

[2] 魏凡：《牛河梁红山文化第三地点积石冢石棺墓》，《辽海文物学刊》1994年第1期，第9～13页。

[3] 辽宁省文物考古研究所：《辽宁牛河梁第五地点一号冢中心大墓（M1）发掘简报》，《文物》1997年第8期，第4～8页；《辽宁凌源市牛河梁遗址第五地点1998～1999年度的发掘》，《考古》2001年第8期，第15～30页。

[4] 李恭笃：《辽宁凌源县三官甸子城子山遗址试掘简报》，《考古》1986年第6期，第497～510页；朱达、王来柱：《牛河梁遗址第十六地点发掘获重大成果》，《中国文物报》2003年9月5日第1版。

[5] 方殿春、刘保华：《辽宁阜新县胡头沟红山文化玉器墓的发现》，《文物》1984年第6期，第1～5页。

[6] 草帽山位于内蒙古敖汉旗四家子镇驻地之东，在三个地点发现有积石冢，其中第二地点进行过发掘，清理石板墓7座。参见邵国田：《草帽山祭祀遗址群》，《敖汉文物精华》，内蒙古文化出版社，2004年，第27～29页。

[7] 内蒙古自治区文物考古研究所：《内蒙古林西县白音长汗新石器时代遗址发掘简报》，《考古》1993年第7期，第577～586页。

[8] 内蒙古文物考古研究所：《克什克腾旗南台子遗址发掘简报》，《内蒙古文物考古文集》，大百科全书出版社，1994年，第87～95页。

[9] 苏布德：《洪格力图红山文化墓葬》，《内蒙古文物考古》2000年第2期，第17～20页。

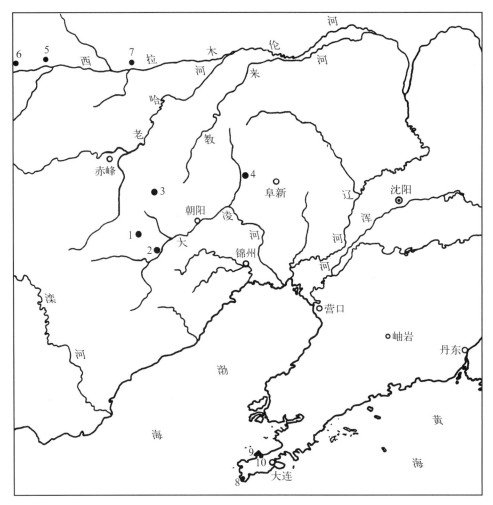

图一　辽西和辽东地区积石冢分布图

1. 牛河梁　2. 东山嘴　3. 草帽山　4. 胡头沟　5. 白音长汗　6. 南台子　7. 洪格力图　8. 老铁山和将军山　9. 四平山　10. 文家屯

归纳红山文化已经发现的积石冢，具有以下特点。

（1）积石冢绝大多数分布于山梁或土丘的脊部（或顶部）。如牛河梁遗址群经过发掘的4个地点，三号、十三号和十六号地点的积石冢均位于山岗的脊部，二号地点的6座积石冢则排列在牛河梁主梁南部较低部位的脊部（图二）。胡头沟的积石冢位于临河漫圆形土丘之上。白音长汗的积石冢坐落在山坡的顶部，并沿山脊错列排开，而洪格力图则分布于山顶及其向南延伸的山脊。

（2）积石冢的基本形制有圆形和方形（或长方形）两类：多数采用单一的圆形冢或方形冢的形式；有的则为整体呈方形，内部又有若干个圆形和方形小冢，此类冢的情况比较复杂，如牛河梁二号地点的四号冢，呈现圆形冢和方形冢交错现象，相互之间当有时代差别。从总体上讲，圆形积石冢的数量居多，方形冢较少。

（3）积石冢均有比较明确的界域，其边界通常砌成比较规整的石墙，这种石墙有一重或数重之分。在石墙的内侧（如牛河梁第二地点一号冢）或外侧（如胡头沟积石冢）则有竖立埋置一圈彩陶筒形器的现象，应该是一种从早期继承下来的特殊的界隔积石冢的方式，并应该有特殊的意义。在一个地点之内，积石冢的数量不一，少者一座，多者可达五六座。

北

五号冢
(Z5)

四号冢
(Z4)

三号冢
(Z3)

六号冢
(Z6)

二号冢
(Z2)

一号冢
(Z1)

0   5米

图二　牛河梁第二地点积石冢平面图

（郭大顺先生提供）

　　积石冢内部的情况也比较复杂，存在着连续修建和使用的现象。如最为复杂的牛河梁第二地点四号冢，至少可以分三个时期若干个积石冢：位于南半部下层的若干个圆形积石冢，东西成行，排列得比较规律，每个冢的外围均环绕埋置彩陶筒形器，内外均铺一层碎石，相互之间相交或相切，表明它们也有时间上的先后；四号冢中北部两个较大的有石砌边界的圆形积石冢，明确地叠压在这批圆形积石冢之上，并且它们之间也是一种相交的关系；而叠压在圆形大积石冢之上的是两个（或者更多）较大的方形（或长方形）积石冢，时代最晚。由此看来，牛河梁第二地点四号冢，实际上是由三个时期若干个积石冢构成的复合体。

　　（4）一座积石冢内一般有多座墓葬，数量不一。墓葬的排列主次分明，中心或中轴线部位往往安置较大型墓葬，小墓则分布在边缘或地势较低的位置。一座积石冢内一般有一座大型墓葬，位于中心部位，较大墓葬则排列在靠近中轴线的位置。小型墓葬的数量较多，如牛河梁二号地点的一号积石冢，仅在中轴以南部位就发现了四排20余座小型墓葬。

　　积石冢内的墓葬之间存在的叠压和打破关系表明，积石冢的使用有一定的时间跨度，即墓葬的修建时间有先有后，并可能是按照某种次序下葬。

　　（5）冢内的墓葬均为石棺墓，就石棺四壁的构筑方法而言，有石板立置、石板或石块平铺垒砌两种。具体又衍生出四种类型的石棺：

　　A类　部分壁用石板立置，而另外的壁则为土圹，如牛河梁第五地点一号冢M6，只有一侧用石板立置，而其他三面壁均为土圹，而一号冢M5则三面壁立置石板，一端壁为土圹（图三）。

　　B类　四壁均用立置的石板砌成，石板紧贴土壁和内外侧用小石板、石块倚撑，如牛河梁第二地点一号冢之M4和M14（图四、图五）。

　　C类　一端或二端短壁用石板立置（一层或两层石板），而两侧的长壁则用石板和石块平铺垒砌。如牛河梁第二地点一号冢的M11和第五地点二号冢M2，均为一端立置石板，其余三壁用石板和石块垒砌；牛河梁第五地点一号冢M7和中心大墓M1，则为两端立置石板，两侧长壁用长条石板平铺

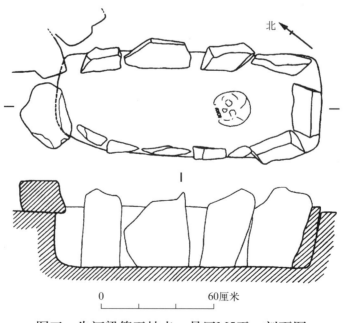

北

0　　　　　　60厘米

图三　牛河梁第五地点一号冢M5平、剖面图

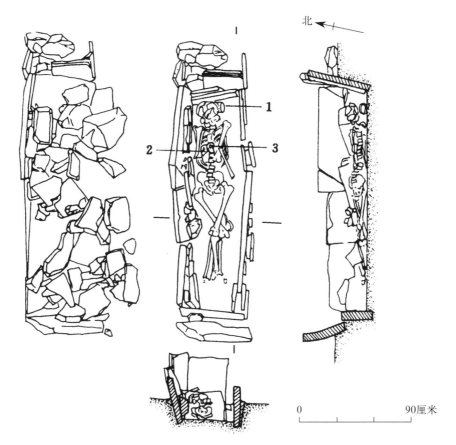

图四　牛河梁第二地点一号冢M4平、剖面图

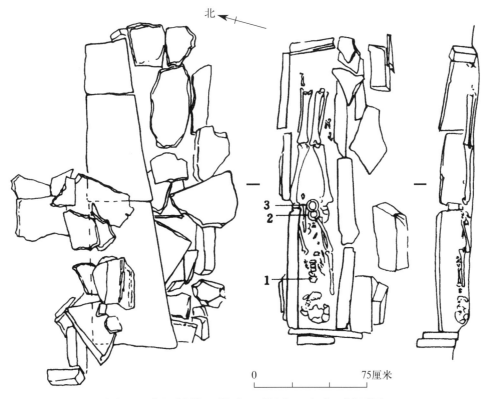

图五　牛河梁第二地点一号冢M14平、剖面图

垒砌（图六）。

D类　四壁皆用石块或石板平铺垒砌，如牛河梁第二地点一号冢M7、M15、M21、第五号地点二号冢M3、第十六地点M4等（图七、图八）。

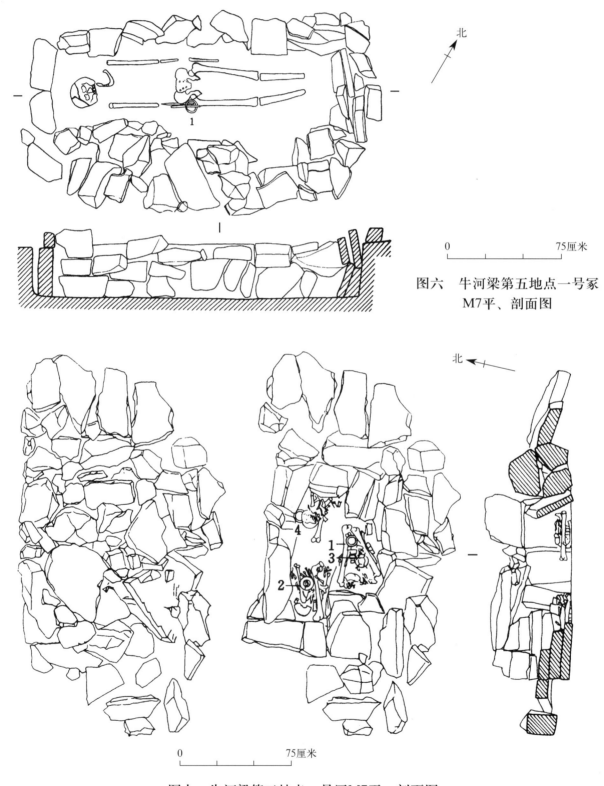

图六　牛河梁第五地点一号冢
M7平、剖面图

图七　牛河梁第二地点一号冢M7平、剖面图

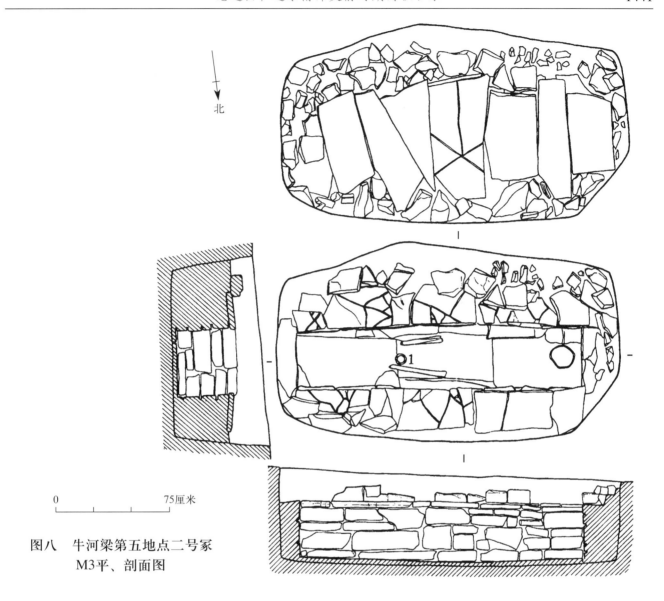

图八　牛河梁第五地点二号冢
　　　M3平、剖面图

红山文化积石冢内的多数石棺墓使用石板或石块盖顶，墓底的处理则有铺石板和自然底（土底或基岩底）两种情况。

（6）积石冢的上部经特意处理，一般是先封土，再积石，石块的数量较多，故称之为积石冢。

就牛河梁遗址而言，积石冢内部存在着明显的时代差别。由牛河梁第二地点、第五地点和第十六地点提供的地层关系，表明部分积石冢内部至少可以分为三个时期。早期积石冢以牛河梁第五地点中层、第二地点四号冢下层为代表，中期以牛河梁第二地点三号冢、四号冢中层、胡头沟等为代表，晚期以牛河梁第二地点一号冢、二号冢、四号冢上层方形冢为代表。晚期积石冢内部也存在着早晚差别，如牛河梁第二地点一号冢南部发掘的26座墓葬，分为地上表层墓和地下深层墓两类，前者叠压后者的层位关系表明，晚期积石冢内部的墓葬还可以进一步划分为前后两段。

分析积石冢的出土遗物，早期积石冢出土的彩陶纹样中，习见呈条带状分布的上下对勾的勾连纹，同类纹样也见于仰韶文化、大汶口文化[1]以及辽东半岛南部的小珠山二期文化（图九），时代相

[1]　北京大学考古实习队：《山东长岛北庄遗址发掘简报》，《考古》1987年第5期；张朋川：《中国彩陶图谱》，文物出版社，1990年，第1885件。

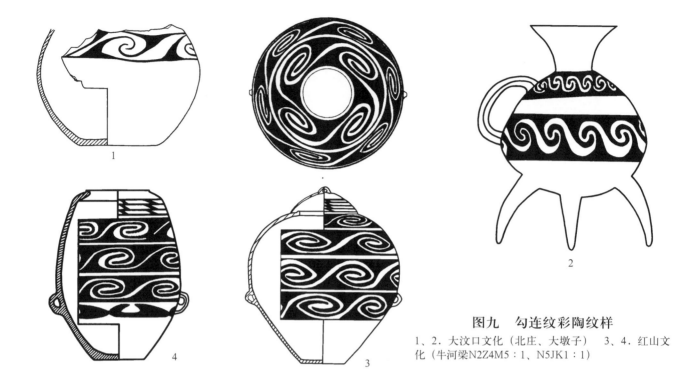

图九　勾连纹彩陶纹样

1、2. 大汶口文化（北庄、大墩子）　3、4. 红山文化（牛河梁N2Z4M5：1、N5JK1：1）

当于仰韶文化庙底沟类型晚期和大汶口文化早期阶段偏晚时期，年代估计在距今5500年前后。而积石冢的下限年代估计在距今5000年前后，前后延续了大约五六百年的时间。

由上述分析可知，红山文化的积石冢本身也经历了一个具有相当时间跨度的发展过程，随着资料的增多，其变化脉络也逐渐地清晰起来。例如：

早期积石冢的形制均为圆形，面积也小一些，构筑方法比较简单，牛河梁遗址的此类积石冢，如第二地点四号冢下层，周围多以埋置的彩陶筒形器进行界隔，中期在保留以彩陶筒形器环绕的基础上，又发展出由一重或多重石墙封闭的圆形积石冢和积石冢群。到晚期，较大的方形积石冢成为最为流行的形式。由此可见，积石冢大体经历了一个由小到大、由圆到方的发展过程。

早期积石冢的石棺结构简单，构筑方法也比较原始，多采用不完整的立置石板构成石棺，石板铺底的现象较少，而中晚期的石棺结构日趋复杂，构筑方法以用石板或石块铺砌为主，用石板铺底的现象较多。

早期积石冢以小型墓为主，多数没有随葬品或者随葬品的数量较少，特别是随葬玉器的情况很少，而中晚期积石冢中出现中心大墓等多重层级的墓葬，墓葬规模和随葬品等方面均表现出严重的分化，大、中型墓葬均以玉器作为主要随葬品随葬。

从宏观上看，积石冢的分布以大凌河上游地区最为集中，其他地区数量较少。从而使我们有理由推测，积石冢并不是红山文化时期居民的主要埋葬方式，应该是在特定情况下出现的一种特殊埋葬习俗。

二

辽东半岛南部是积石冢分布的密集地区之一，自1909年日本学者鸟居龙藏第一次发掘老铁山积石冢以来，陆续在辽东半岛南部地区调查发现了大量的积石冢，分布广泛，时代也从新石器时代晚期延续到青铜时代。其中年代较早并且经过发掘的有老铁山[1]、将军山[2]、刁家村北山、四平山[3]和文家屯的东大山[4]等多处（图一）。

　　辽东半岛南部地区的积石冢数量多，延续的时间较长，其变化的阶段性也比较明显。上述几处积石冢，均分布于辽东半岛南部的尖端或偏向渤海一侧的沿海地区，相互之间具有较强的一致性。分析这一批积石冢，可以总结出以下特点。

　　（1）积石冢均位于当地较高的山顶和山脊上，其分布依山脊的走向而定，方向不固定。如将军山的积石冢沿西北－东南方向排列，老铁山积石冢的主要部分为南北走向，文家屯东大山和东胡庐山的积石冢为东西方向排列，而文家屯张墓后山的积石冢则依山势蜿蜒分布（图一○）。

　　（2）积石冢的形状以长方形和方形者居多，也有圆形和椭圆形者。修筑过程则有一次或多次之分，如老铁山1号积石冢为一次筑成，而4号积石冢则明显分为南、北两个部分，中部的石墙原为北部积石冢的南墙，后来随着积石冢的南扩，石墙被包在了中间部位。所以，北部的积石冢较早，南部增补的部分较晚（图一一）。

　　（3）积石冢均有明确的界域，保存较好者一般在周围用石块垒砌石墙为界。积石冢的大小不

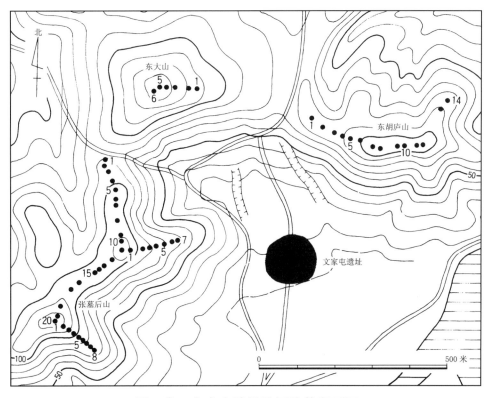

图一○　文家屯遗址及周边的积石冢

　　[1]　澄田正一：《辽东半岛の积石冢——老铁山と四平山》，《爱知学院大学文学部纪要》二十，1990年，第41～51页；旅大市文物管理组：《旅顺老铁山积石冢》，《考古》1978年第2期，第80～85页。

　　[2]　中国社会科学院考古研究所：《双砣子与岗上》，科学出版社，1996年。

　　[3]　澄田正一：《辽东半岛の积石冢——老铁山と四平山》，《爱知学院大学文学部纪要》二十，1990年，第41～51页。

　　[4]　澄田正一等：《文家屯——1942年辽东先史遗迹发掘调查报告书》，2002年。

一，由于山脊地形的限制，积石冢的宽度一般不超过10米，长度则相差悬殊，小者只有数米，大者可超过百米（如四平山36号，长度达120米）。较大的积石冢有一个形成过程，以四平山35号积石冢为例，它由A、B、C、D四区构成，首先构筑的是以墓葬为中心的方形台状石丘，为了填补石丘之间的空白，又构筑长方形石丘和墓葬，最终在山脊上形成长达18.3米的35号积石冢[1]。相邻积石冢之间的间距也不一致，近者只有数米，远者可达数十米。

（4）积石冢绝大多数为一冢多墓（图一二），墓葬数量不一，也有极少数一冢一墓的现象。冢内墓葬多成排分布，墓葬形状以长方形为主，石室的结构较为简单，保存较好者，均为采用石块垒砌四壁，墓底或铺石块，墓口之上用盖石覆盖（图一三）。

北 ←—

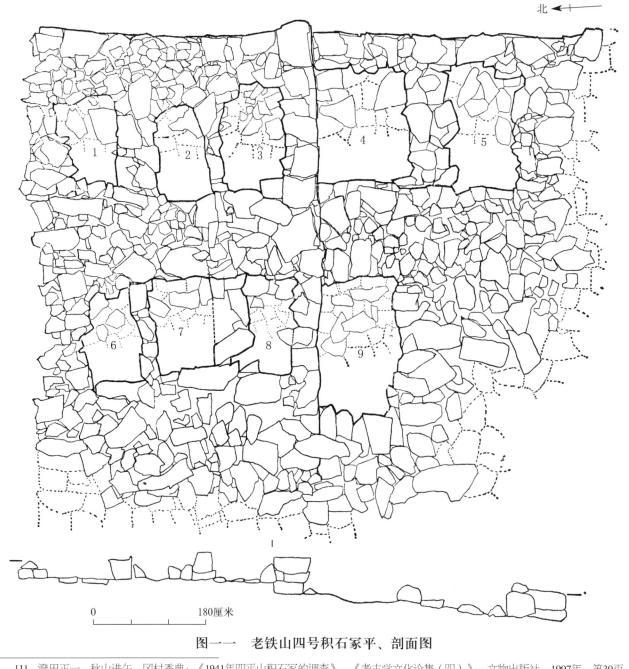

0　　　　　180厘米

图一一　老铁山四号积石冢平、剖面图

[1] 澄田正一、秋山进午、冈村秀典：《1941年四平山积石冢的调查》，《考古学文化论集（四）》，文物出版社，1997年，第39页。

（5）积石冢上部有封土和积石，只是由于位于山岭的脊部，长期的自然流失和人为破坏，多数积石冢已非原貌。

辽东半岛南地区积石冢的年代断定主要依据墓内出土的随葬品。经过发掘的老铁山、将军山、四平山和文家屯东大山等积石冢内，都发现有一定数量的陶器，并且可以在以郭家村上层为代表的小珠山三期文化中找到相同或相近的器形。同时，也存在许多与渤海对面胶东半岛地区龙山文化早期相同或相似的因素。据此，一般认为这批积石冢的时代约当龙山文化时期。

老铁山等地的积石冢数量众多，已公布的资料就多达120余座，其中多数已遭受破坏和盗扰，随葬品不存，因而难以准确地断定其年代。所以，我们可以把积石冢和与其相对应的遗址进行比较分析。

老铁山、将军山和刁家村北山的积石冢，呈弧形环绕在海拔较低的郭家村遗址西北至东南的山岭上，两者之间的直线距离约在1～2千米之间，可以相互对应。郭家村遗址经过正式发掘，其文化内涵与小珠山中层和上层相同，时代相当于大汶口文化和龙山文化前期。

文家屯周围的积石冢，分布规律与郭家村周围的积石冢十分相似。东胡庐山、东大山、张墓后山上的积石冢，亦呈弧形环绕在海拔较低的文家屯遗址西南至东北的山岭上，而积石冢至文家屯遗址的距离较之郭家村一组更近，均在500米之内（图一〇）。文家屯遗址分为A、B、C三区，A区与郭家村第3～5层相当，B、C两区则与郭家村上层时代一致。所以，文家屯遗址的时代与郭家村遗址

图一二 将军山一号积石冢平、剖面图

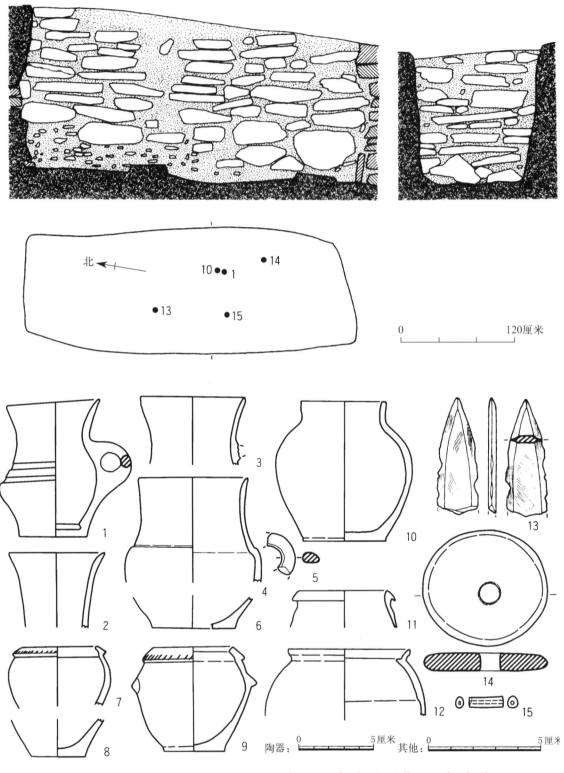

图一三　文家屯东大山五号冢M1平、剖面图（上）和随葬品组合（下）

所延续的时间大体相当。

　　基于上述，我们认为老铁山等积石冢的时代可以大体定在郭家村上层时期，即相当于龙山文化前期，似不会再晚。由于目前没有发现与小珠山二期文化同时的墓葬，所以其上限则有更早一些的可能，即进入郭家村下层偏晚时期，时代相当于大汶口文化中晚期阶段。

老铁山等积石冢内的墓葬，人骨普遍保存不好，相当数量的积石冢内没有发现人骨，所以，有学者认为这是当地居民实行"海葬的一种纪念性墓地"[1]。其实，辽东半岛的积石冢并非完全没有发现人骨。如1942年秋发掘的文家屯东大山5号积石冢，在全部3座墓葬中均发现有人骨遗存：M1南部残存牙齿，中部有腐朽的长骨；M2则发现人的头骨片、牙齿和尺骨、胫骨等肢骨；M3除了发现人的牙齿外，还有人的长骨。再如，四平山35号积石冢内的墓葬，发现有人的头骨、足骨残片等；36号积石冢内的多数墓葬，也发现人的头骨、牙齿和不同部位的长骨残片。

从老铁山和将军山已公布的资料看，积石冢内部的墓葬之间差别较小，主次分化不甚明显。而四平山和文家屯东大山积石冢的情况则有所不同。四平山位于黄龙尾屯之南，积石冢则主要分布于南北两峰之间的山脊及西延支脉的山脊上，南峰有积石冢12座，北峰有积石冢10座。位于北部主峰的36号积石冢，全长约120米，内部可分为24个区，位于中央最高处的P区和规模高大的E区，各有1座较大的石室墓，前者长3.3、宽1.1、深1.5米，后者长3.7、宽1.9、深1.3米。随葬品的数量较多，前者还出土斧、璧、笄等玉器[2]。文家屯东大山的5号积石冢，位于山巅的位置，东西长25.7、南北宽约13米，残存的3座石室墓，墓室长度均在2.5米以上，其中M3墓室长4.5～4.6、宽1.2～1.6、存高1.2米，墓内随葬品多达40余件，除了陶器、石骨器和兽骨、贝壳之外，还发现有玉锛、玉牙璧和玉环等玉器。显示了较高的规格。

小珠山三期文化之后，积石冢的埋葬方式仍然在延续，积石冢的基本形制也没有大的变化，但是墓葬的选址位置则由海拔较高的山脊下移至海边较矮的山丘，而葬俗方面也产生了一些变化，如多人二次合葬、火葬的出现等。

三

由上述分析可知，辽西地区红山文化和辽东半岛南部地区的积石冢之间，存在着极为明显的相同和相似之处，对此，已有不少学者简略地指出过它们之间可能存在着渊源关系[3]。

辽西和辽东两地的积石冢之间具有多方面的共性。如从宏观上分析，两地积石冢在坐落位置、形状与排列方式、积石冢的内外结构等方面，存在着诸多相同或相似之处。

从发展的角度考察，两地的积石冢之间存在着明显的传承关系。红山文化积石冢内石棺墓的构筑方法具有明显的阶段性特点，这些特点可以与辽东南部地区的积石冢相衔接，例如：红山文化早中期积石冢内的墓葬均为先挖土圹，然后构筑石棺，到晚期后段，发展出一种在地表或略加修整后的地面上直接垒砌石棺的做法（如牛河梁第二地点一号冢M4）。而辽东地区的积石冢则比较普遍地采用了这种在地上构筑石室墓葬的方法。红山文化石棺的构筑方法，早期多为在四壁（或部分壁）

[1] 贺伟：《关于辽东半岛早期墓葬的探索》，《纪念城子崖遗址发掘60周年国际学术讨论会文集》，齐鲁书社，1993年，第296页。

[2] 澄田正一：《辽东半岛の积石冢——老铁山と四平山》，《爱知学院大学文学部纪要》二十，1990年，第41～51页。

[3] 多数人只是简单地指出两地积石冢存在渊源关系，如：贺伟：《关于辽东半岛早期墓葬的探索》，《纪念城子崖遗址发掘60周年国际学术讨论会文集》，齐鲁书社，1993年，第300页；澄田正一、冈村秀典等：《文家屯——1942年辽东先史遗迹发掘调查报告书》，2002年，第117页；中国社会科学院考古研究所：《双砣子与岗上》，科学出版社，1996年，第66页。

立置石板，并开始出现用石块和石板平铺垒砌四壁的现象，到中晚期，以石块石板垒砌石棺的方法占据主导地位。而辽东南部地区的积石冢，绝大多数是用石块石板垒砌石棺。红山文化早期积石冢的石棺内部多不铺底，中晚期积石冢用石板铺底的现象较为多见，而辽东地区积石冢内的墓葬，用石块铺底的现象较多。

红山文化积石冢内的墓葬，早期有一部分随葬陶器的现象，而中晚期墓葬内基本不见陶器，有随葬品者则以玉器为主。这种随葬玉器的现象在辽东地区的积石冢中也屡有发现。但就已有资料而言，辽东地区积石冢的墓葬随葬品以陶器为主，从这些陶器多为来自渤海对面龙山文化的典型器形来看，当是受到海岱地区史前文化的影响所致。

红山文化晚期在辽西地区一度甚为流行的积石冢，在距今5000年前后达到极为繁荣的高峰之后，迅速衰落和消失，就目前所知并未在当地的其他文化中延续下来。如年代较红山文化为晚的小河沿文化中，虽然也在一些遗址中发现了相当规模的墓地（如大南沟），但尚未发现积石冢这类埋葬方式。

辽西地区的石板墓产生较早，属于兴隆洼文化早期的白音长汗一期就有发现[1]。而积石冢群则主要流行于红山文化晚期，前后持续时间并不很长，绝对年代大约距今5500～5000年，相当于中原地区的仰韶时代晚期。辽东地区积石冢的年代上限，比较明确的是龙山文化前期，即距今4600年前后，而与积石冢具有对应关系的遗址，如郭家村和文家屯，年代下限为龙山文化前期，上限都可以早到小珠山二期文化偏早阶段（相当于大汶口文化早期阶段），并且一直连续发展到相当于龙山文化前期的小珠山三期文化时期。而在遗址内和附近都没有发现同时期的墓葬。所以，辽东地区积石冢的始建年代有进一步提前的可能。

就目前的发现而言，红山文化积石冢的分布范围比较狭窄，以大凌河上游一带最为集中，地理位置偏居于燕辽地区的东南部。这一地区与辽东地区的距离相对较近。所以，从时间和空间两个方面分析，存在着红山文化积石冢传播到辽东地区可能性。

综上所述，辽东地区的大量积石冢埋葬方式是突然出现的，在当地没有孕育和产生的过程。所以，这种特殊的埋葬习俗应该是来自外地。环顾与辽东半岛邻近的地区，除了辽西之外的其他地区（包括与辽东半岛有密切文化联系的山东半岛地区）均不见这种置于山巅的积石冢埋葬方式。那么，把这个外地确定为辽西红山文化应该是可以成立的。

四

辽西和辽东地区古代文化的联系可以说是源远流长。目前所知的辽东半岛地区最早的新石器文化，是分布半岛南端的小珠山一期文化和鸭绿江下游地区的后洼文化[2]。它们与燕辽地区年代相近的赵宝沟文化、红山文化早期、富河文化、新乐下层文化，同属于压印之字纹、席纹平底筒形罐文化

---

[1]　白音长汗遗址兴隆洼文化早期就发现3座石板墓（参见索秀芬、郭治中：《白音长汗遗址兴隆洼文化一期遗存及相关问题》，《边疆考古研究（第2辑）》，科学出版社，2004年，第88～100页），结构与红山文化积石冢中的石板墓基本相同。而且，白音长汗的石板墓也位于山坡顶上的圆形石头圈之内，与后来红山文化的圆形积石冢当有渊源关系。

[2]　辽东半岛南部的以小珠山下层为代表的遗存和辽东半岛东部的以后洼遗址为代表的遗存，文化内涵方面的共性大于个性，所以，我曾提出两者属于同一支考古学文化，至于其内部的差异，可以采用划分为不同的地方类型的方法加以区别。参见栾丰实：《辽东半岛南部地区的原始文化》，《海岱地区考古研究》，山东大学出版社，1997年，第387页。

系统。在其他方面也存在着千丝万缕的联系，如房址内有方形石灶的现象等。

众所周知，辽西地区从兴隆洼文化时期就开始制作和使用玉器，到红山文化晚期，玉器制作技术达到了一个相当高的水平，而玉器的使用逐渐成为一种制度，它一方面是用于重大的社会活动如祭祀、礼仪等的礼器，同时也是表示身份、地位的尊贵和等级的标志物。在红山文化中心分布区牛河梁地区各地点的大型积石冢中，墓葬的等级直接和出土玉器的数量、类别联系在一起[1]。并且，玉器一般不和陶器、石器在同一墓葬内共出，红山文化这种"唯玉为葬"的现象被郭大顺先生列为辽河文明的一个基本特征[2]。玉器之所以在红山文化中受到如此的重视并被发扬光大，我们推测主要有两个原因：一是玉器本身的因素，即玉料质地的光洁圆润，给人以美感和神秘感；二是玉料的蕴藏量少而产地也集中，属于较难获得的贵重物品。具有这两个因素的玉器比较符合用来作为人们身份、地位、等级标志物的价值标准。

发现玉器数量较多的燕辽地区，地质条件不适于生成玉矿，被称为无玉区。那么这里出土的大量玉器来自何处呢？地理上距离辽西最近的著名的岫岩玉产地——辽东半岛，自然成为研究者考虑的首选。近年来，经对红山文化系列玉器的矿物学检测，发现其多数为透闪石软玉，也有一定数量的蛇纹石。而岫岩细玉沟的老岫玉，就属于透闪石玉[3]。所以，一般认为辽西和辽东地区的古代玉器，原料均应为出自辽东半岛的岫岩玉。

岫岩玉的主产地距离辽东半岛南部地区很近。据目前资料分析，在红山文化之前辽西地区的人们就可能知道了岫岩玉的产地。到红山文化时期，辽西地区的玉器数量成倍增长，并逐渐成为上层社会追逐和控制的重要资源，其中必有从辽西到辽东获取和输送玉器的通道，或可称为玉器之路。而红山文化的社会上层为了获取甚至控制辽东地区的玉料资源，两地之间的联系自然会较以前时期更为密切。

辽东半岛南部地区在小珠山三期文化时期，制作和使用玉器的现象明显增多，甚至发展出具有自身特色的玉器种类，如牙璧等，成为一种重要的文化现象，这不能说和来自红山文化的影响甚至移民没有关系。

综上，辽东半岛南部地区的积石冢，应该是辽西地区红山文化晚期积石冢向东南传播、发展的结果，两者之间应存在着密切的传承关系。至于是什么原因导致这种极为特殊的埋葬方式东传，可能与红山文化的衰落有关，其具体原因，还需要今后进一步的思考和研究。

（《红山文化研究——2004年红山文化国际学术研讨会论文集》，文物出版社，2006年）

[1] 刘国祥：《牛河梁玉器初步研究》，《文物》2000年第6期，第74～85页。

[2] 郭大顺：《红山文化的"唯玉为葬"与辽河文明起源特征再认识》，《文物》1997年第8期，第20～26页；郭大顺：《中华五千年文明的象征——牛河梁红山文化坛庙冢》，《牛河梁红山文化遗址与玉器精粹》，文物出版社，1997年，第25～28页。

[3] 杨伯达：《珣玗琪考》，《北方文物》2002年第2期，第1～5页。

试论山东半岛和朝鲜半岛中南部新石器及早期青铜时代文化的关系

一 前言

地处东北亚偏南部的朝鲜半岛，是联结东亚大陆和日本列岛的重要中介地。自古以来，朝鲜半岛和中国东北地区以及日本列岛之间，就保持着密切的交往和文化联系。中国大陆的许多文化成就，如稻作农耕、青铜器、儒家文化、佛教等，就是通过朝鲜半岛传播和扩散到了日本列岛。所以，即使不论其自身文化的产生、发展和特色，仅从文化扩散和传播的角度来看，朝鲜半岛也是一个需要关注的重要地区。

在以往的研究中，多数人比较注意和重视中国东北特别是辽东地区与朝鲜半岛之间的文化联系。不可否认，这两个地区地域毗邻，相互之间没有不可逾越的地理障碍，从史前到历史时期文化交织的现象比比皆是，仅就时代偏早的阶段而言，如新石器时代同属东北亚地区的筒形罐系统文化分布区，新石器时代晚期到青铜时代共同拥有的支石墓和以青铜剑为代表的青铜文化，以及后来铁器的传入和乐浪四郡的设置等，都是研究两个地区古代文化不可忽视的重要内容。

那么，除了上述辽东半岛与朝鲜半岛之间由陆地直接联接之外，朝鲜半岛与大陆之间的文化联系还有没有其他途径呢？

近年来，许多学者开始注意到山东半岛与朝鲜半岛之间的文化联系问题。其实，朝鲜半岛与山东半岛之间在历史时期一直存在着密切联系，并有一条通过海路连接两地的交通路线，如在新罗和百济时期，许多遣隋使、遣唐使就是从朝鲜半岛直接渡过黄海经山东半岛进入中国的。问题是时代更早的阶段，如青铜时代甚至新石器时代、旧石器时代，两个半岛之间的关系如何，这是需要我们研究和探讨的问题。十年前，我在研究海岱地区[1]新石器时代和早期青铜时代考古学文化的文化谱系关系时，曾经提出过山东半岛和朝鲜半岛的中南部之间，很可能在新石器时代偏早阶段就开始了文化上的联系[2]。现在，这一问题变得越来越清楚了，许多迹象表明，这两个地区可能从较早时期开始就一直存在着文化交往和联系。

地处黄海东西两岸的山东半岛和朝鲜半岛，最近处的直线距离只有200千米左右。所以，两地从更早时期存在着文化上的联系是完全可能的事情。

---

[1] 中国考古学对中国东部地区的一个专称，指以山东省为主包括苏北、皖北和豫东等地区在内的黄河、淮河下游地区。

[2] 栾丰实：《试论后李文化》，《海岱地区考古研究》，山东大学出版社，1997年。

二 山东半岛考古学文化的发展序列及年代

山东半岛地处黄海西部，广义的半岛地区包括偏西的潍坊和日照等地区在内，而狭义的半岛地区西部以胶莱河为界，故多称之为胶东半岛，面积2万多平方千米。山东半岛三面环海，除了半岛大陆之外，周边还有数量众多的大小岛屿，其中以北侧渤海和黄海分界处的庙岛群岛最为重要，这里是连结山东半岛和辽东半岛的陆桥。至迟从距今六七千年以前开始，庙岛群岛的一些岛屿上就出现了新石器时代的聚落遗址。

山东半岛的形状为东西狭长，南北较窄，东西向的山嵴将半岛分成南北两部分，河流多较短促，南北分流入海。地貌以丘陵为主，沿海地区有大小不一的河谷平地。

山东半岛地区的考古工作开展较早。1930年，日本学者驹井和爱、水野清一和江上波夫曾对山东半岛北部沿海地区进行过考古调查，在威海和龙口等地发现了数处新石器时代的贝丘遗址[1]。20世纪50年代以后，系统的田野考古工作在胶东地区陆续展开，先后发掘了一系列新石器时代和早期青铜时代遗址，如潍坊前埠下，平度东岳石和逄家庄，蓬莱紫荆山和大仲家，烟台白石村、芝罘岛和芝水，福山邱家庄，牟平照格庄和蛤堆顶，荣成河口，栖霞古镇都、杨家圈和北城子，长岛北庄、大口和珍珠门，乳山小管村和南黄庄，海阳司马台，莱阳于家店，招远老店，龙口楼子庄等。在这些遗址发掘资料的基础上，初步建立起山东半岛地区新石器和早期青铜时代的文化发展谱系，并确立了基本的年代关系。依据近年来的研究，该地区的考古学遗存从早到晚可以划分为八个大的时期。

1. 前埠下一期遗存

前埠下遗址位于山东半岛西部的胶莱河和潍河之间。其年代在公元前6000年前后，是目前半岛地区发现的时代最早的新石器文化遗存[2]。从总体上说，前埠下发现的遗存属于目前海岱地区较早阶段的后李文化。该遗址的地理位置已经进入广义的山东半岛的范围，与西部地区的后李文化相比，在文化面貌上具有自己的特色，如陶器中夹滑石和云母的现象比较普遍，这就为后来半岛地区的同类陶器找到了来源。

前埠下时期发现的遗迹不甚丰富，主要有柱洞和灰坑等。柱洞多为圆形或椭圆形，直壁。灰坑亦以圆形和椭圆形数量最多，也有一定数量的不规则灰坑。

石器以打制和磨制为主，器形有石斧、磨盘、磨棒等。陶器均为夹砂陶，没有出现经过淘洗的泥质陶。夹云母和滑石者较多是其特色。器形以筒形圜底釜（罐）数量最多。

这一时期的社会经济情况不甚清楚，但从西部的长清月庄等遗址，发现了同时期的碳化稻米和碳化黍等农作物来看，表明这一时期可能产生了农业经济。

2. 白石村类型

1973年以来发现和发掘的烟台白石村遗址，是当时所知半岛地区最早的新石器时代遗址[3]。同

---

[1] 驹井和爱：《山东省黄县龙口附近贝塚に就いて》，《东方学报》第1册，1931年，第187～195页。

[2] 山东省文物考古研究所等：《山东潍坊前埠下遗址发掘报告》，《山东省高速公路考古报告集》，科学出版社，2000年。

[3] 烟台市博物馆：《烟台白石村遗址发掘报告》，《胶东考古》，文物出版社，2000年。

类遗存后来在包括沿海岛屿的半岛地区均有发现，目前发现的遗址数量已超过了40处。依据已有的碳-14测年数据和与其他地区文化关系的比较，绝对年代可以推定在公元前5000～前4000年。关于白石村类型的文化性质，学术界还存在着不同看法：或认为其属于同时期海岱地区北辛文化的一个地方类型[1]；或认为其属于一支独立的考古学文化[2]。

这一时期完整的房屋建筑不多，在白石村和邱家庄等遗址均发现数量较多的柱洞。这些柱洞的特色是均挖得很深，多数在1米以上，并且分布也极为密集。如白石村遗址在不到100平方米的发掘面积内，就发现了200多个柱洞。多数柱洞的底部或铺有石板柱础，或经夯实。此外，还发现了大量与房屋建筑有关的草拌泥红烧土块。

石器以打制和琢制为主，器形有斧、锛、铲、磨盘、磨棒、石球、网坠和砺石等。骨器数量甚多，制作也比较精致，多通体磨光，器形有镞、锥、针、笄、匕、棒、管和渔具等。其中以镞和锥的数量最多。

陶器以夹砂陶为主，其中有较多的夹云母陶和少量夹滑石陶。器物表面的颜色多斑驳不纯，大部分呈红褐色和灰褐色，少数为红色，均为手制，有的器物内壁留有泥条盘筑的痕迹，表面粗糙。器表装饰以素面为主，纹饰主要有附加堆纹、乳丁纹、刻划纹、锥刺纹和指甲纹等。附加堆纹系用正面经按压的近似索状泥条组合成带形装饰，如波浪形、连续菱形等，刻划纹则有网格纹、波浪纹和平行格子纹等，线条细而浅。陶器中各种把手和器耳较多，其中以短柱形、钉头形和羊角形把手较有特色，以在器身上半部对称安置4个或2个短柱形或钉头形把手最具特色。

陶器的种类较少，形制也比较简单，多为直口圆底器。器形有钵形鼎、盆、直口圆底釜、小口双耳罐、圆底或小平底钵、牛角形和猪嘴形支脚等。

这一时期沿海遗址的文化堆积中散布着大量各种贝壳，故又称之为贝丘遗址。从对这些贝丘遗址进行的专题研究来看，农业经济在当时的生业经济中似乎不占主导地位，渔猎、捕捞和采集仍然是生业经济的主要手段[3]。

3. 北庄一期（大汶口文化早期）

这一时期的遗存最初发现于蓬莱紫荆山遗址，对其文化面貌的全面认识，则主要是基于北京大学1981～1987年期间大面积揭露的长岛北庄遗址建立起来的[4]。这一时期文化遗存的分布与白石村类型大体一致。从文化面貌上看，可以认为北庄一期是直接继承白石村类型而来，绝对年代大约在公元前4000～前3500年。

在长岛北庄发现了这一时期完整的聚落遗址。聚落内房址排列得比较规则，同一聚落分为南北两大组群，每一组群之内还可以进一步细分，这种聚落形态代表了当时聚落内部不同层级的社会组织和社会结构。房屋均为方形（或长方形）半地穴式建筑，面积多在10～20平方米。房址由经过铺垫的居住面、箕形灶坑、坡状门道、周边柱及中柱、柱外土台和土台外侧的矮墙等部分组成（图一）。

[1] 栾丰实：《北辛文化研究》，《考古学报》1998年第3期。

[2] 李步青、王锡平：《胶东半岛新石器文化初论》，《考古》1988年第1期。

[3] 中国社会科学院考古研究所：《胶东半岛贝丘遗址环境考古》，社会科学文献出版社，2007年。

[4] 北京大学考古实习队等：《山东长岛北庄遗址发掘简报》，《考古》1987年第5期。

生产工具以石器和骨器为主。种类有石斧、石锛、石凿、磨盘、磨棒、石网坠、骨镞、骨鱼钩、蚌刀和蚌镞等。其中，上部穿孔的秤砣形网坠和鱼钩较多，反映了这一时期的经济形态与内陆地区有所不同。

陶器以夹砂和泥质的灰褐陶为主，夹砂陶中存在掺滑石末的现象是其特色。均为手制。器表以素面为主，有的加以磨光或涂一层陶衣。纹饰有附加堆纹、刻划纹、锥刺纹等。彩陶数量不多，均绘于泥质陶之上，多为红衣饰黑彩，也有少数施白衣和黑、红二彩者。纹样多为波浪纹，也有少

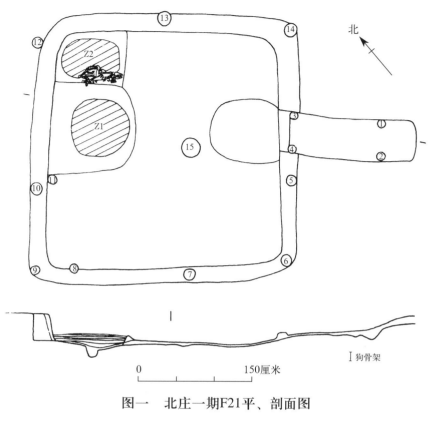

图一　北庄一期F21平、剖面图

量花瓣纹、弧边三角纹、勾连纹、八角星纹和连栅纹等。器形有盆形鼎、釜形鼎、小口罐、筒形罐、实足鬶、觚形杯、豆和钵等。

这一阶段的生业经济处于一个转变时期，即农业经济成分可能略有增多，如在茫茫大海之中长岛北庄遗址，从红烧土中发现了粟壳和黍壳遗存。由此可以推知，当时的半岛地区已经产生了农业，但在整个生业经济中所占比重不高。从以上发现的农作物种类分析，应该是以种植粟和黍为主的旱作农业。

4. 北庄二期（大汶口文化中期）

这一时期的遗址主要分布于胶莱平原以东的半岛地区及其沿海岛屿一带。从文化的继承和发展来分析，北庄二期是在北庄一期的基础上发展起来的，其绝对年代一般认为在公元前3500～前3000年。多数人主张，北庄二期阶段的主体文化因素已与泰山南北两侧地区的大汶口文化中期阶段基本一致。所以，学术界一般将其归入到大汶口文化之中。

居住的房址情况不甚清楚。墓葬的数量也不多，皆为长方形土坑竖穴墓，无葬具（图二）。以单人一次葬为主，有少量多人合葬墓。葬式除仰身直肢外，还有俯身、侧身、屈肢葬等。莱阳于家店发现的1座墓葬（M1），经鉴定为一壮年妇女，生前拔除了下颌上的6颗牙齿，这种情况与其他地区大汶口文化有较大差别[1]。

生产工具以石器为主，也有骨角牙器，多为琢制后经粗磨。器形有斧、锛、凿、锤、刀、矛、

[1]　北京大学考古实习队等：《莱阳于家店的小发掘》，《胶东考古》，文物出版社，2000年。

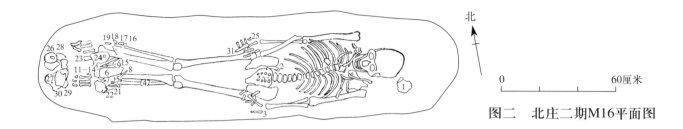

图二　北庄二期M16平面图

镞、磨石、纺轮等。

陶器以红陶和褐陶居多，夹砂陶中常掺滑石末、云母和蚌贝壳末，均为手制。器表以素面为主，泥质陶则多打磨光滑。纹饰有附加堆纹、弦纹、刻划纹、镂孔等。器形有鼎、鬶、觚形杯、筒形杯、豆、罐、壶、三足钵和器盖等。

这一时期没有发现与农业直接有关的资料。

5. 杨家圈一期（大汶口文化晚期）

这一时期相当于半岛以外大陆地区的大汶口文化晚期阶段，以杨家圈遗址的发现比较丰富[1]。绝对年代大约在公元前3000～前2600年。

属于此期的文化遗迹发现不多。房址结构为近方形的浅穴式建筑，通常在房址的四周挖有基槽，基槽内柱洞密布，由此可知墙体属于木骨泥墙结构。室内有柱，基槽四角拐弯处的柱洞则较大较深。

发现的墓葬数量较少，从杨家圈遗址的情况看，这一时期的墓葬以单人葬为主，但还存在多人合葬的现象。杨家圈发现的1座多人合葬墓（M3），为5人合葬，除了1位老年男性，其他4位分别是1位壮年男性、1位壮年女性、1位青年女性和1位儿童。其中有生前拔除上颌两颗侧门齿的习俗（图三）。

生产工具与前一阶段相比没有大的差别，石器的磨制程度有所提高，绝大多数为通体磨制。石器的器形有斧、锤、锛、凿、铲、刀、镞、臼、网坠、纺轮和砺石等。骨角牙器的数量较多，器形有镞、锥、针、簪等。

陶器仍以红褐陶和灰褐陶占多数，但灰黑陶的数量有明显增加。夹砂陶的数量甚多，其特色是在陶土中多掺加滑石末、云母和碎贝壳。制作方法仍以手制为主，多经慢轮修整，快轮制作的器物较少。器表装饰以素面或素面磨光为主，少量陶器表面施加红陶衣，有纹饰者的数量不多，主要有弦纹、附加堆纹、刻划纹、戳印纹、镂孔和篮纹等。有少量彩陶，皆红色单彩，纹样有平行线、网格等。器形种类

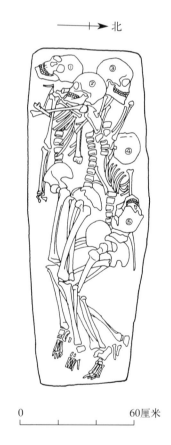

图三　杨家圈一期M3平面图

[1]　北京大学考古实习队等：《栖霞杨家圈遗址发掘报告》，《胶东考古》，文物出版社，2000年。

明显增多，主要有鼎、鬶、甗、罐、缸、大口尊、盆、杯、豆、壶、盉、钵、碗和器盖等。

这一时期有关农业的资料不多，只是在莱阳于家店遗址发现粟壳遗存[1]。所以，一般认为这一时期的农业经济状况没有大的改变。

6. 龙山文化杨家圈类型

以杨家圈二期为代表的龙山文化遗存，文化面貌与海岱地区其他区域基本一致，均属于龙山文化。在此基础上，一般认为山东半岛地区是整个海岱龙山文化的一个地方类型，可称之为杨家圈类型。这一类型继承了大汶口文化晚期的杨家圈一期遗存发展而来，主要分布于山东半岛及其沿海岛屿地区。同时，随着对大海对面辽东半岛移民和文化输出的增多，在大连市的老铁山、将军山和四平山等地发现了许多随葬龙山文化典型器物的墓葬。龙山文化杨家圈类型的绝对年代大约在公元前2600～前2000年。

这一时期的遗迹主要有房址、灰坑、兽坑和墓葬等。房址既有半地穴式建筑，也有地面式建筑，多为方形或长方形。地面式建筑四周挖有基槽，槽内有排列密集的柱洞，底部或以石板为柱础。如杨家圈F3，长8.2～9.1、宽8.4米，面积超过70平方米，为典型的基槽式建筑，基槽内有较多柱洞（图四）。

龙山文化时期的墓葬发现较少，主要发现于砣矶岛大口遗址。墓葬均为长方形土坑竖穴，无葬具。葬式以单人仰身直肢为主，也有侧身葬和屈肢葬，头向绝大多数朝东。大口发现的12座墓葬还存在一种特殊的葬俗，即在人骨架上部压有石块。这种奇特的葬俗极为罕见[2]（图五）。

生产工具以石、骨器为主，蚌器比较少。器形与杨家圈一期相比没有大的变化，只是用于农业生产活动的铲、镰、刀等工具数量增多，所占比例有较大提升。

陶器的变化较大，颜色以黑、灰陶为主，褐陶仍占有一定比例，绝大多数陶器为快轮制作而成，器底往往留有切割的偏心圆形痕迹。器表装饰以素面和素面磨光占绝大多数，器表纹饰以凹凸弦纹和附加堆纹多见，其他还有刻划纹、镂孔、戳印纹、篮纹等。器形有鼎、鬶、甗、罐、盆、豆、瓮、缸、环

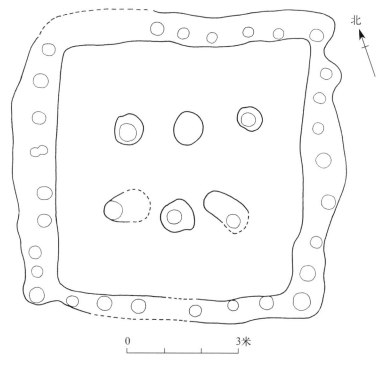

北

0　　　　　　　3米

图四　杨家圈龙山文化F3平面图

[1]　北京大学考古实习队等：《莱阳于家店的小发掘》，《胶东考古》，文物出版社，2000年。

[2]　中国社会科学院考古研究所山东队：《山东省长岛县砣矶岛大口遗址》，《考古》1985年第12期。

足盘、杯和各种器盖等。

这一时期生业经济与大汶口文化晚期相比产生了一个比较大的变化，就是不仅存在旱作农业，而且还出现了稻作农业。如在栖霞杨家圈遗址既发现有粟壳、粟叶和黍壳和黍叶一类遗存，同时也发现有稻壳、稻茎和稻叶，经鉴定有可能是粳稻[1]。新的研究表明，这一时期出现的稻类遗存，很有可能是在当地生产的。最近几年，连续在江苏省东北部和山东省东部沿海地区的多处遗址发现有稻作遗存，其中连云港藤花落[2]和胶州赵家庄遗址[3]还发现了可能是稻田的遗迹。于是，稻类作物和稻作农耕技术的由南向北扩散日益清晰起来。换言之，至少在2300B.C之前的龙山文化早中期，稻作农业已经扩散到了山东半岛一带。

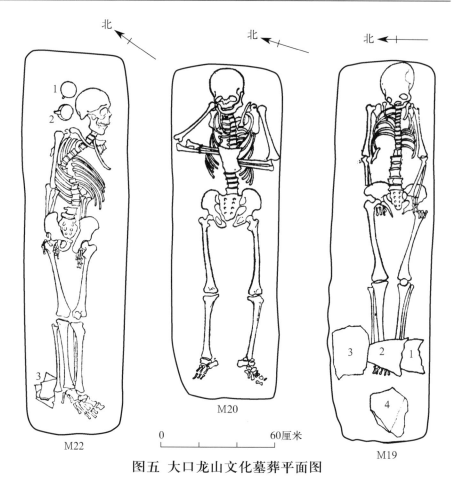

图五　大口龙山文化墓葬平面图

7. 岳石文化照格庄类型

由于部分岳石文化遗址开始出现一些小型的青铜器，如镞、锥、刀、环等，故一般认为岳石文化已经进入了青铜时代。照格庄类型在文化性质上属于海岱地区的岳石文化，其分布仍以山东半岛地区为主，并向北扩展到了辽东半岛南部一带。从文化面貌上看，这一地区仍然具有自己的特色。其绝对年代大约在公元前1900～前1300年。

这一时期的遗迹比较丰富，有房址、灰坑和墓葬等。房址的结构为圆角方形浅穴式建筑，地面坚硬，表面和墙壁内面或涂抹白灰，室内有排列规整的柱洞。灶址呈椭圆形，周围有泥条围住。居室内有斜坡状门道通向室外（图六）。照格庄遗址发现的半地穴式多间建筑遗存，可能是这一时期较为普通的居住遗迹或仓储类遗迹（图七）。

墓葬只是在大口遗址有少量发现，均为长方形土坑竖穴墓，无葬具。葬式以仰身直肢葬为主，头朝东者居多。均无随葬品，人骨架之上填一层马蹄螺是其特色，有的人骨架上还压有石块。这两种习

[1] 北京大学考古实习队等：《栖霞杨家圈遗址发掘报告》，《胶东考古》，文物出版社，2000年。

[2] 林留根：《江苏连云港藤花落遗址》，《2000中国重要考古发现》，文物出版社，2001年。

[3] 燕生东等：《山东胶州赵家庄先秦聚落考古获重要收获》，《中国文物报》2006年4月28日第1版。

俗均可在属于龙山文化的大口一期中找到渊源。

生产工具以石、骨器为主体，青铜器虽然已经出现，但数量甚少，并且多为小件器物。石器以扁薄单面刃石铲和半月形双孔石刀较具特色，石刀除半月形和新月形之外，还有近似梭形者，而在龙山文化时期比较流行的长方形石刀则基本不见。

陶器中的夹砂陶半数以上含云母细屑，少数含云母和滑石两种羼和料，这种现象在其他地区甚为罕见。夹砂陶以褐陶为主，绝大多数为手制，部分器物经慢轮修整，也有少量模制的器物部件，如鬶的袋足等。泥质陶则以灰陶和黑陶数量最多，绝大多数为轮制而成。器表装饰素面比例高达80%～90%，纹饰以凹凸弦纹最多，还有附加堆纹、刻划纹、戳刺纹、压印纹、拍印纹、捺窝和镂孔等。器表装饰中存在少量彩绘，颜色以朱红和粉白色为主。器形有鬶、鼎、平底罐、三足罐、瓮、盆、豆、尊、碗、盒和器盖等。

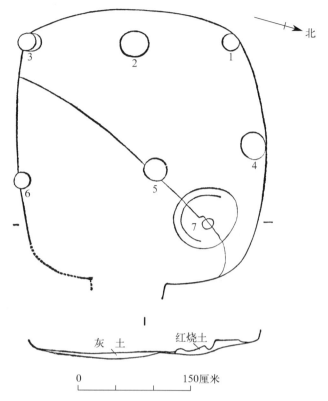

图六　长岛大口二期F1平、剖面图
1～6. 柱洞　7. 灶

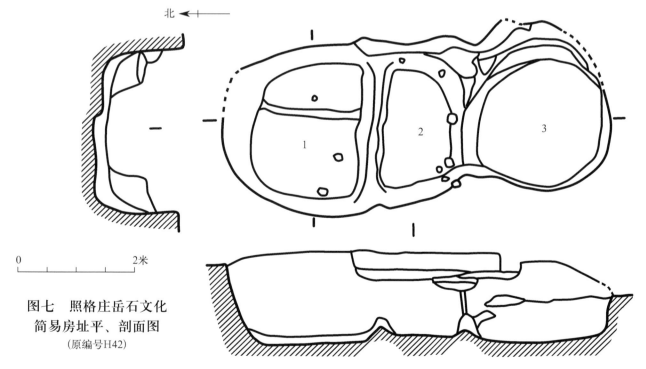

图七　照格庄岳石文化
简易房址平、剖面图
（原编号H42）

8. 珍珠门文化

由于商文化的向东扩展，东夷土著文化不断地向沿海地区后退，最后只保留着山东半岛及沿海岛屿一带。晚商和西周时期的珍珠门文化，是兴旺发达了数千年的东夷文化在海岱地区的最后一个阶段。这一文化主要分布于潍坊以东的山东半岛地区，往南或许可以到日照甚至连云港等邻近黄海的区域。珍珠门文化的文化内涵基本是继承了岳石文化而又有所变化。从目前经过发掘的几处遗址的情况看，是在自身文化占主导地位的基础上，存在着一些来自晚商和西周文化的因素。据此可知其与晚商和西周的年代大体相当，绝对年代可以推定在公元前1300～前800年前后。

珍珠门文化的遗迹发现较少，只有少量柱洞和灰坑等。出土遗物以陶器为主，兼有石、骨、牙、蚌器和少量的青铜器。陶器中80%以上为红色和褐色，器表多为素面，泥质陶多加以磨光，夹砂陶则有刮抹的篦纹痕迹，有少量饰绳纹者。陶器制作均采用手制而成，有的器物内壁保留泥条盘筑的痕迹，多数器物比较粗糙，胎壁厚重。器物造型比较简单，以前该地区习见的耳、鼻、把、流等装饰附件，在珍珠门文化中基本不见。器物种类也较少，主要有鬲、甗、簋、碗和罐等。此外，在珍珠门文化中还发现一些风格完全不同的陶器，如陶色均为灰陶，器表多饰绳纹，器形有鬲、豆、簋、罐和瓮等。就总体特征而言，这类器物基本上属于商式，一些可能晚到西周。而且，这一类器物往往与前面所说的珍珠门文化的典型陶器共存于同一个单位之中。

胶东半岛地处海岱文化区的东北方边陲，三面环海，与西部地区的交通主要依赖位于西南部的胶莱平原。在这一区域中，至今尚未发现商文化和西周文化因素占据主导地位的遗址。因此，在晚商和西周偏早时期，半岛一带是海岱文化区中唯一还保持着比较单纯的本地文化传统的地区。但是，在胶东地区甚至居于茫茫渤海之中的珍珠门文化遗存中，也发现了少量商文化因素，说明商人的影响已经到达这一地区。

西周以后，珍珠门文化加快了与周齐文化的融合。到战国时期，尽管局部还保留着东夷文化的一些因素（如所谓的"齐东野人"），但在文化因素的构成上，这些土著因素所占的比重已经较小。秦统一之后，单一的东夷文化在海岱地区已不复存在。

三　朝鲜半岛中南部地区新石器文化的编年

朝鲜半岛中南部地区的新石器文化产生较早，大致可以划分为四个时期，即草创期、前期、中期和后期。

1. 草创期

该期遗存在韩国发现较少，这一时期处于冰期结束之后的时期，新石器文化开始萌芽，年代在公元前8000～前6000年。

2. 前期

又可以分为两个阶段。

前段在公元前4000年之前，其上限不超过公元前6000年。这一阶段的代表性遗存有釜山东三洞和襄阳鳌山里等遗址的早期。陶器以褐色陶为主，器表装饰有附加堆纹（即所谓的隆起线纹）、刻划纹、指甲纹等。附加堆纹为较细的窄条状，多成三角形组合排列。刻划纹亦有一定规则，或为三角状组合纹，或为成排的分布。器形则有大口尖圜底罐、釜、钵等。

　　后段的年代在公元前4000～前3000年（韩国国立博物馆的展览定为公元前4000～前3500年）。这一阶段的遗址数量明显增多，代表性的遗址很多，如首尔江东区的岩寺洞、庆南金海水佳里、忠北清原双清里、全北群山飞鹰洞等遗址。这一时期的陶器制作十分发达，以手制为主，采用泥条盘筑法成型。器表装饰十分流行刻划纹（即所谓的栉纹），可以组合成各种不同的纹样，如折线、三角、排纹等。此外，也有篦点纹、锥刺纹、捺窝纹等。器形种类不多，以大小不一的筒形尖圆底罐最多，这种器形显然是由前一阶段的同类器形演化而来。此外，还有钵、罐、碗等器形。

3. 中期

　　年代约在公元前3000～前2000年。这一时期的资料相较少，陶器虽然仍然以红褐色为主，但器物表面的装饰较之早期有较大变化。如施加纹饰的范围明显变小，从以前的器物外表全部或者大部收缩到口沿之下呈带状分布，其以下部分基本为素面。纹饰仍以刻划纹为主，但相对比较稀疏。器形仍然以筒形尖圆底罐为主。也有平底罐、钵、碗等器形。

4. 后期

　　年代约在公元前2000～前1000年。这一时期的陶器开始了由有纹饰向素面无纹过渡。但中期的一些风格继续得以保持，如陶器以褐色为主，器表有装饰者多只是在口沿下施一周简化纹饰，有刻划纹、戳印纹等，但都比较疏朗且不甚规整。但随着时间的推移，素面陶器的数量逐渐增多。新石器时代后期之后，则进入青铜时代。

　　以上是朝鲜半岛中南部地区大致的考古学编年，如果与山东半岛地区进行对比，大体是前埠下遗存相当于草创期的末段；前期的前段相当于白石村类型时期，前期的后段大体与北庄一、二期同时；中期则与杨家圈一期和杨家圈二期，即大汶口文化晚期和龙山文化时代相当；后期与岳石文化照格庄类型和珍珠门文化早期时代一致；珍珠门文化晚期则相当于韩国青铜时代早期（表一）。

表一　山东半岛和朝鲜半岛中南部地区考古遗存的年代对应关系

年　代	山东半岛	朝鲜半岛中南部		年　代
800 B.C	珍珠门文化	青铜时代早期		1000 B.C 以内
1300 B.C		后　期		2000～1000 B.C
1900 B.C	照格庄类型			
2000 B.C	杨家圈二期	中　期		3000～2000 B.C
3000 B.C	杨家圈一期			
3000 B.C	北庄二期	前	后　段	4000～3000 B.C
4000 B.C	北庄一期			
4000 B.C	白石村类型	期	前　段	6000～4000 B.C
6000 B.C				
	前埠下遗存	草创期		8000～6000 B.C

四　关于两地区文化联系的几个问题

在考察山东半岛和朝鲜半岛中南部的文化内涵和发展序列时，我们注意到两地区之间在大的方面存在着三个值得注意的文化现象，或者说它们之间可能存在着文化上的接触和联系。

1. 新石器时代偏早阶段，两个地区在文化面貌上存在着一些共性因素

在考虑朝鲜半岛新石器文化的分布和分析区域文化特征时，许多学者注意到，半岛南、北地区的文化面貌存在着相当程度的差别，这一差别的地域界限大体在半岛西南部的清川江流域至东海岸中部偏南的鳌山里一线。这一差别在朝鲜半岛最主要的陶器器形——筒形罐的形态方面表现得十分清楚。北半部流行平底筒形罐，而南半部则为尖圜底筒形罐。

朝鲜半岛北部地区平底筒形罐的形态与中国东北甚至更远的北部地区具有明显的共同性。如中国东北地区从年代较早的小河西文化、兴隆洼文化，到后来的赵宝沟文化、红山文化、富河文化、新乐下层文化、左家山文化、新开流文化、小珠山下层文化、后洼文化等，大同小异的筒形平底罐在种类不多的陶器中一直占据着绝对优势，这也是有的中国学者将其称之为筒形罐文化区的根据所在。

朝鲜半岛南部地区的情况则不同，陶器绝大多数为尖圜底，平底者极为罕见。因为这一区域的西、南、东三侧皆为大海。所以，在一个相对封闭的较小区域内产生这样大的差别，我们只能从两个方面探寻其原因：一是当地自身文化的发展与变化，二是与外界之间是否存在着文化联系。

我们在观察两个区域的文化差异时发现，南北两个地区的分界存在一个有趣的现象，就是南北的分界是一个斜度很大的斜线，即分界的西部明显偏北，而东部则大大地向南延伸。所以，从实际的分布状况来看，把存在差异的两个部分别称为朝鲜半岛的东北部和西南部似乎更为贴切。那么问题是为什么会出现这样大的差别呢？为了看得更清楚一些，我们不妨扩大一下视野，把目光向外延伸到朝鲜半岛以外的地区。那么，西南部的外部主要有两个地区，一个是西面隔黄海相望的山东半岛，另一个是东南部朝鲜海峡对面的日本列岛。无独有偶，这两个地区在年代大体相当的时间范围内，都存在着筒形圜底陶器。所以，可以得出两种解释，就是朝鲜半岛西南部以尖圜底筒形罐为代表的新石器文化，可能受到了来自山东半岛或者日本列岛同时期文化的影响。

就目前已有的资料而言，我们似乎还不能断定这种与北方不同的尖圜底风格的器物到底是什么原因形成的。从山东半岛同期文化遗存的情况来看，除了两者从大的方面具有一定相似性之外，如陶器器形的个体较大，整体形状为筒形圜底。在纹饰方面也有一些共同因素，如刻划纹比较流行，刻划纹中以折线纹、人字形纹、三角形组合纹等较为常见。而且，除了筒形圜底罐之外，还存在其他一些相似或相近的器形，如大口折腹釜、圜底钵等。当然，他们之间的区别也是明显的，如山东半岛地区同类纹饰往往不是在同一件器物上出现，而是分置于不同类别的器物之上。同时，我们也注意到，类似的器形和纹饰在日本列岛的九州地区也有发现。那么，三者之间的源流关系是今后应该积极面对并予以探讨的一个重要课题。而这一问题的最终解决，需要对三个地区同一时期的文化做出更为准确的编年，进而梳理出其产生的时间、数量关系、变化过程及流传方向等，在这些研究工作的基础上做出明确的判断。

2. 关于稻作遗存的问题

朝鲜半岛地区的稻作农业来源于大陆地区，学术界基本没有异议，问题是其传播的途径和机制。关于稻作农业东传朝鲜半岛和日本列岛的途径，以往曾有过多种不同的见解。从大的方面来说，有南北两路或南、中、北三路等不同观点。随着中国大陆北方地区稻作遗存发现得越来越多，而且从北方地区向东扩散和传播的障碍也相对较少，北路说渐居上风。

北路扩散说之中，又有西、中、东三条途径：西途是绕道渤海湾西、北两侧，向东先扩散到辽东和朝鲜半岛北部，然后再向南发展，这一条路线由于缺少考古证据，特别是渤海西、北两侧没有发现新石器时代的稻作遗存，近年已不再有人坚持；中途则为由山东半岛经辽东半岛抵达朝鲜半岛，再渐次向南，最终到达日本列岛；南途则由山东半岛直接跨海东渡到达朝鲜半岛中部的西海岸，然后扩散到朝鲜半岛中南部地区，再向日本的九州地区传播。在目前学术界比较注重的后两条途径中，山东半岛都是至关重要的区域。

近年来，在江苏东北部和山东东部沿海地区，陆续在一些遗址发现龙山文化时期的稻作农业遗存。自南向北如江苏东北部连云港郊区的藤花落、赣榆后大堂、山东东部的日照六甲庄、尧王城和两城镇、胶州赵家庄、栖霞杨家圈等。尤其是其中的藤花落和赵家庄还发现了可能是水田的稻作遗存，为原来推测这一地区存在稻作农耕（如1980年代在杨家圈发现的稻茎、稻叶和稻壳）提供了证据。这样，我们就不仅在这些地区发现了炭化稻，而且知道至少在龙山文化时期，这一地区已经出现了稻作农耕。

在朝鲜半岛中南部地区属于新石器时代中期的遗址中，也不只一处遗址发现了炭化稻粒、稻壳、水稻植硅体和水稻花粉等与稻作相关的遗存[1]。尽管我们还不能证明这一时期在朝鲜半岛中南部地区已经开始了稻作农耕，但这些稻类遗存的出现则是明确的。那么，这些稻类遗存是从哪里来的，又是怎么来的呢？

从考古发现来看，辽东半岛地区目前所知年代最早的稻类遗存是大连大嘴子遗址。大嘴子遗址位于辽东半岛南部，这是一处延续时间较长的聚落遗址。该遗址的第三期遗存中发现了炭化稻，经专业人员鉴定属于粳稻[2]。大嘴子三期属于辽东半岛地区的双砣子三期文化，其时代晚于第二期的岳石文化，大体相当于商代晚期和西周，与山东半岛的珍珠门文化时代大体相当。该遗址出土的炭化谷物的碳-14测年数据，高精度校正值为公元前1157～前923年，属于同一时期的F14和92F1、92F4等房址，房内出土木炭测定的3个碳-14数据，高精度校正值分别为公元前1431～前1264年、前1691～前1459年、前1373～前1051年[3]。可见大嘴子遗址发现的稻类遗存，在年代上远远晚于朝鲜半岛中南部发现的稻类遗存。同时，在鸭绿江下游的丹东地区和朝鲜半岛北部地区，至今没有发现年代较早的稻类遗存。所以，如果没有新的年代更早的考古发现，稻作农业经由辽东半岛向朝鲜半岛中南部地区扩散的观点，至少在目前看来缺乏证据。

---

[1] 宫本一夫：《朝鲜半岛新石器时代の农耕と绳文农耕》，《古代文化》第55卷第7号；赵现钟：《我国稻作农耕的起源和稻作类型》，1982年。

[2] 大连市文物考古研究所：《大嘴子——青铜时代遗址1987年发掘报告》，大连出版社，2000年，附录二～五。

[3] 中国社会科学院考古研究所：《中国考古学中碳十四年代数据集（1965～1991）》，文物出版社，1991年，第70页。

依据目前已有的考古资料，山东半岛地区较大规模地出现稻作农耕是在龙山文化早中期，绝对年代大约在公元前2600～前2300年。这一时期恰好和朝鲜半岛中南部地区数处遗址发现的稻类遗存的年代相近。考虑到年代更早的新石器时代前期，两个半岛之间就可能开始了文化上的联系，所以，我们推测朝鲜半岛中南部地区的稻类遗存，有可能是由山东半岛直接渡海传播过来的。

3. 关于半月形石刀的问题

所谓半月形石刀，是相对于其他形状（如长方形）的石刀而言，其平面形状为半月形或小于半月形，有的则近似梭形。此外也有一些形状不甚规整者，如近似长方形、近似三角形等。依据刃部的位置，半月形石刀又可以分为两大类：一类是刃部在直边一侧磨出；另一类是刃部位于弧边一侧。从目前的发现来看，朝鲜半岛发现的石刀主要是第二类。

一般认为，石刀的主要用途是收割，是新石器时代至青铜时代主要的收获农作物的工具。所以，不少人将这类工具的数量及其在全部工具中所占有的比例等，作为农业经济的有无和发展水平高低的一项指标来对待。尽管近年来的模拟实验表明这种看法有一些片面和绝对化（认为石刀的功能并不单一，也用于收获谷物之外的其他活动），但从大的方面来说，将其作为农业生产工具则基本正确。

石刀在山东半岛出现略早，在相当于大汶口文化早期阶段的北庄一期遗存中就有发现，而其比较定型化则要晚到杨家圈一期。到杨家圈二期，收获工具主要是长方形双孔石刀，也有其他质料者，如用蚌壳做成的蚌刀等。照格庄类型时期，石刀和蚌刀的数量明显增多，形状以半月形为主，以上所说的两类都有，早期以第一类居多，到晚期则以第二类为主。如在牟平照格庄、平度东岳石、海阳司马台、烟台芝水、龙口楼子庄等许多遗址都发现过这两种形制的石刀或蚌刀。

朝鲜半岛中南部地区大约是在青铜时代早期开始出现半月形石刀。其特点是以第二类为主，形状也不是特别固定，平面形状除了以半月形为主之外，也有接近长方形甚至三角形者。这一类石刀在许多遗址都有发现，如骊州欣岩里、扶余松菊里等。

如果比较以上两个地区的半月形石刀，它们之间至少在四个方面存在共同点。一是形状相同或相近，均为半月形，而且其中绝大多数都是小于半月形者；二是都存在刃部位于弧边一侧的现象，只是山东半岛地区的更为复杂，有相当数量在直边磨刃，这种在直刃磨边的现象以早期居多；三是均以双孔为主，孔的位置在靠近背部一侧；四是两者钻孔的方法相同，如都有采用了两面相对琢打的方式钻孔，采用这种方法钻出来的孔，表面范围较大，而且也不甚规整。

基于上述，我认为山东半岛和朝鲜半岛中南部地区共有的半月形石刀可能有内在联系。这一时期，是朝鲜半岛中南部地区发现确凿稻作农耕的时期，而这种石刀或许就是以收获稻类作物为主的工具。

半月形石刀分布的范围相当广泛，除了以上所论述的两个地区之外，在中国长江下游地区和辽东半岛等地区也有发现。所以，上述推测性的论定还需要对朝鲜半岛北部地区和中国东北南部地区的相关遗存进行全面考察，在综合分析的基础上才能做出最后的结论。不过，作为研究和讨论山东半岛和朝鲜半岛中南部早期文化联系的线索，应该给予一定的重视则是没有疑问的。

五　结语

山东半岛从新石器时代偏早阶段就开始有人居住，在史前社会的长期发展过程中，他们创造了一连串的考古学文化。并且，随着自身的发展，他们不断地与外地和外界发生着各种各样的接触、交流和文化联系，在不断地丰富和发展自身文化的同时，也给其他地区送去了文化的营养和活力。同样，朝鲜半岛地区也大体经历了这样的发展过程，他们从采集、渔猎发展过渡到农耕社会，进而形成自己的稻作农业经济，其中既有文化的输入，也有对外的文化交流、扩散和传播。这些活动综合在一起，构成了东北亚地区史前文化丰富而多样化的历史发展进程。

朝鲜半岛与隔海相望的山东半岛之间，可能从新石器时代中期甚至更早时期就开始有了相互的交流活动。除了现在还不十分清楚的最后一次冰期之末的旧石器时代末期（或称为中石器时代），大概在新石器时代前期，两个地区就可能有了文化上的接触与联系，圜底筒形罐等陶器器形和刻划纹等纹样在两个地区同一时期史前文化中的出现，应该是两个地区开始了文化联系的证据。

随着时间的推移，在公元前3000～前2000年之间，以稻类遗存为联结点，两个地区又出现了同样的因素。这一时期，山东半岛一侧的稻作农耕获得较大发展，稻作生产活动逐渐成为当地经济生活的重要组成部分。而在同一阶段，稻类遗存在朝鲜半岛中南部地区开始出现，而这些新出现的稻类遗存，极有可能是来自黄海西侧的山东半岛东部地区。

到了青铜时代，两个地区的联系可能有了进一步的加强，作为证据之一的半月形双孔石刀，在两个地区共同出现，并且相互之间有着诸多共同之处。所以，如果确实存在联系的话，作为收获用具的双孔石刀，在两个地区的文化交流中扮演着十分重要的角色。并且，经过长时期的发展，稻作农耕已经在朝鲜半岛发展起来，成为当地社会经济活动的基础。

不可否认，以上所论述的内容还只是初步的，许多方面还带有推测甚至臆测的成分。我们希望在以后的考古学研究中，对这些现象的研究不断地加以深化，并且尽可能将其置于东北亚地区史前文化的大背景下进行研究，发掘出一些可给以肯定或否定的证据，最终得出可靠的结论，开拓两个地区史前文化演进研究的新视角。

（2005年7月，受韩国东北亚基金会的邀请，作为访问学者赴韩国一个月，本文是访问期间提交的研究报告）

2010年新石器时代考古

2010年的中国新石器时代考古研究，可以说是内涵丰富，特色鲜明。本年度新发表的田野考古资料，包括专刊和散见于各类杂志的调查、发掘报告共100余篇（部）。比较重要的专刊有《灵宝西坡墓地》（文物出版社）、《垣曲上毫》（科学出版社）、《邱承墩》（科学出版社）、《楼家桥、蚂塘山背、尖山湾——浦阳江流域考古报告之二》（文物出版社）、《黄梅塞墩》（文物出版社）、《西拉木伦河流域先秦时期遗存调查与试掘》（科学出版社）等，国家文物局主编的《2009中国重要考古发现》（文物出版社，以下简称《考古发现》），也介绍了多处重要考古发现。研究性论著数量略多，约200余篇（部）。研究专著有《中国考古学·新石器时代考古卷》（中国社会科学出版社）、《陶器生产、聚落形态与社会变迁》（文物出版社）、《新石器时代澧阳平原与汉东地区的文化和社会》（文物出版社）、《重庆地区的新石器文化》（巴蜀书社）、《香港考古学叙研》（文物出版社）等。除了期刊杂志之外，中国社会科学院考古所的《考古学集刊》、北京大学的《古代文明》、山东大学的《东方考古》、吉林大学的《边疆考古研究》、山东省文物考古研究所的《海岱考古》、安徽省文物考古研究所的《文物研究》等也是重要载体。而一些重要会议的论文集，则比较集中地收录了相关专题研究的内容。如《中国聚落考古的理论与实践（第一辑）》、《中国考古学年会第十一次年会论文集》（以下简称《十一次年会》）《中国考古学年会第十二次年会论文集》（以下简称《十二次年会》）、《鹿鸣集——纪念西阴村发掘八十周年学术研讨会暨山西省考古研究所侯马工作站建站五十周年学术研讨会论文集》等。

一 考古新发现和基础研究

（一）中原地区

广义的中原地区是指以豫、晋、陕邻界为中心的黄河中游地区，在资料的归并上，以下把冀中南、豫南和陕北也包括在内。这一地区本年度公布的资料十分丰富，研究成果也引人注目。

南庄头遗址的新石器时代遗存，因接近新石器文化的产生年代曾引起广泛关注。本年度公布了1997年第三次发掘资料（《1997年河北徐水南庄头遗址发掘报告》，《考古学报》3期），发现的遗迹有两条沟和两个灶址，遗物较前两次发掘更为丰富，发现陶片近50件，有夹砂灰陶和夹砂黄褐陶两类，可辨器形有罐和钵。石器种类不多，只有磨盘、磨棒、石锤，未发现周边其他遗址常见的细石器。22件骨角器是本次发掘的重要发现，器形有锥、笄、镞、针、匕等。

2009年秋发掘的河南新密李家沟遗址（《中国文物报》1月22日），主要收获为：发现了旧石器晚期、新石器早期和裴李岗文化依次叠压的地层堆积，新石器早期遗存的年代，经测定在距今10500～8600年之间；旧石器阶段遗存中，既有典型的船底形和梭柱形细石核、细石叶、端刮器、琢背刀、石镞、雕刻器等细石器组合，也发现数量较多的大型石制品，两者共存；新石器早期出现了较为成熟的制陶技术，陶片均为粗砂陶，颜色不纯，从灰黄到红褐都有，烧制火候较高，陶器的器形简单，表面多数有以绳纹为主的纹饰，与直接叠压其上的裴李岗文化明显不同。李家沟新石器早期遗存的发现，是近年来中原地区乃至黄河流域新石器考古的重大进展。

位于新郑西南13.5千米的唐户遗址发现了丰富的裴李岗文化遗存（《河南新郑市唐户遗址裴李岗文化遗存2007年发掘简报》《考古》5期）。唐户遗址面积达140余万平方米，是一处包含了裴李岗文化、仰韶文化、龙山文化、二里头文化、商周时期遗存的多重堆积的遗址，其中裴李岗文化遗存的分布面积约30万平方米。2007年发掘的主要收获是发现了41座裴李岗文化的房址。房址均为较浅的半地穴式，浅穴周边有一周柱洞，均有方向不一的斜坡式门道。房址在空间上成组分布，并且有围绕着较大房址布局的趋势，对于研究裴李岗时期的社会组织形态具有重要价值。

陕西华县梓里遗址的发掘资料（《陕西华县梓里遗址发掘纪要》，《文物》10期），包含了老官台文化、仰韶文化和龙山文化三个时期的遗存。其中以仰韶早期12座葬式各异的墓葬较为重要。周原老堡子遗址（《2004年秋季周原老堡子遗址发掘报告》，《考古学集刊·18》），包含了仰韶中晚期和龙山时期遗存，其中以龙山时期由前庭、门洞和洞室三部分组成的地穴式庭院窑洞建筑较具特色。乾县河里范遗址的发掘资料（《陕西乾县河里范遗址发掘简报》，《考古与文物》1期），包括了仰韶中、晚期和龙山文化早期的遗存，为区域研究提供了新资料。继七星河流域之后，2005年周原考古队对毗邻的美阳河流域进行了拉网式区域系统调查（《2005年陕西扶风美阳河流域考古调查》，《考古学报》2期）。此次调查遗址26处，其中仰韶遗址7处，龙山时期遗址6处。这一资料的公布增加了关中地区史前区域聚落信息。

深埋于现今地表8米以下的河北廊坊北旺遗址的新石器文化遗存（《廊坊北旺遗址发掘报告》，《文物春秋》1期），以直壁平底盆（盂）和倒靴形支脚为基本器类的陶器组合，与上坡一期和北福地一期文化相同或相近，测定年代在公元前6000～前5000年之间。这是同类遗存分布位置比较偏北的新发现。

河南灵宝西坡发掘的仰韶中期墓葬于本年度全面公布（《灵宝西坡墓地》，文物出版社），34座墓葬可以划分为四个等级，其中4座大型墓，墓室面积均超过12平方米。自20世纪50年代发掘庙底沟等遗址以来，经过50余年，终于捕捉到了与中原地区仰韶中期发达文化相适应的埋葬状况，其对于正确理解中原地区仰韶文化的社会分层乃至探讨中国文明起源均有重要意义。同时，该报告还对出土人骨、食性、植物遗存等进行了综合研究。李友谋认为灵宝仰韶聚落群的形成，与传说中的炎黄之战有关（《红叶集》，中州古籍出版社）。

地处丹江口水库淹没区的淅川沟湾遗址，2007～2009年进行了较大面积的发掘，本年度公布了部分仰韶文化的发掘资料（《河南淅川县沟湾遗址仰韶文化遗存发掘简报》，《考古》6期；《略论淅川沟湾遗址的仰韶文化遗存》，《华夏考古》3期）。沟湾遗址的仰韶文化遗存十分丰富，主要有早晚两期环壕、房址和墓葬。环壕为圆角长方形，早晚两期的范围基本重合。发现109座房址，基本上为地面式建筑，平面形状以方形为主，有一定数量的圆形房址。发现的80座墓葬均为长方形土坑竖穴墓，以单人一次葬为主，未见葬具，随葬品也较少。属于仰韶中晚期的遗址还有渑池笃忠（《河南渑池笃忠遗址2006年发掘简报》，《华夏考古》3期）。

在河南淮滨县进行的区域考古调查（《河南淮滨县黄土城地区区域考古调查简报》，《华夏考古》4期），以当地面积较大的黄土城遗址为中心展开。调查面积约200平方千米，调查和发现仰韶早、中、晚期、龙山早、晚期、二里头时期、商代、西周、东周和秦汉等10个时期的遗址76处，为了解和研究这一地区古代聚落形态变迁等提供了重要资料。

山西省考古研究所发掘的晋南垣曲上亳遗址（《垣曲上亳》，科学出版社），揭露面积2750平方米，包括仰韶中、晚期、庙底沟二期和龙山等四个时期的遗存。发现的遗迹以灰坑为主，有少量仰韶中期的房址和陶窑。报告以附录的形式公布了王小娟的《上亳遗址陶器研究》，内容包括上亳遗址新石器时代陶器的类型学分析、绝对年代的推定和陶器制作方法与使用痕迹观察、陶器化学成分检测分析等。该所发掘的平遥弓村遗址（《中国文物报》10月22日），揭露面积2000平方米，发现了丰富的房址、祭祀坑、陶窑和灰坑等仰韶晚期遗存。

博爱西金城遗址2006～2008年经过四次较大面积的发掘（《河南博爱县西金城龙山文化城址发掘简报》，《考古》6期），该遗址的文化堆积以龙山文化为主，最重要的收获是发现了一座龙山文化中晚期的城址，平面略呈圆角长方形，西南角因地形的原因而内收，东西长度超过500、南北宽400余米，城内面积25.8万平方米。城墙外侧有壕沟或小河环绕。城址和壕沟的时代约为龙山文化中晚期。西金城遗址的发掘过程中，围绕着复原龙山时期的人地关系，主动地将古地貌、古气候、植物、动物、石器、资源域等方面结合起来开展综合研究，取得了较好成效（《博爱西金城龙山文化城址的多学科研究实践与探索》，《华夏考古》3期）。

偃师灰嘴遗址的四次发掘（《河南偃师市灰嘴遗址2006年发掘简报》，《考古》4期；《2002～2003年河南偃师灰嘴遗址的发掘》，《考古学报》3期），明确了该遗址存在仰韶中晚期、龙山晚期、二里头二三期、东周时期的连续堆积。重要发现有二：一是找到了当地龙山时期加工和制作石器（以石铲为主）的场所，从数以千计的石料、毛坯、半成品和石片、石屑的发现情况看，表明此地的石器生产已经进入专业化阶段，甚至有可能是专门制作石铲的；二是发现仰韶灰坑中埋葬整牲和龙山灰坑中埋牲、埋人的现象，显示了文明社会产生初期社会冲突的加剧。

2007年9月，河南省考古学会等在河南新郑市召开了纪念裴李岗文化发现30周年暨学术研讨会，与会代表50余人，提交论文20余篇（《论裴李岗文化》，科学出版社）。研究的内容涉及裴李岗文化的聚落形态、生业经济、手工业、环境状况、分期与年代、地方类型、发现和研究史、与周边同时期文化的关系、发展去向、族属和刻划符号等，集中反映了学术界对裴李岗文化研究的现状。

2006年10月，山西省考古研究所等单位在山西夏县组织召开了纪念西阴村遗址发掘80周年学术研讨会。出席会议的代表40余人，提交论文20篇（《鹿鸣集》，科学出版社）。会议论文主要围绕着山西南部的新石器文化进行了深入探讨，内容从垣曲盆地的聚落与社会变迁、彩陶、陶窑与陶器到陶寺文化的相关研究等。此外，也涉及史前晋南和北方的文化交流与融合、公元前5000～前3000年中国北方文化的发展态势和文明的崛起等。

郭小宁从白家村、大地湾、北首岭等典型遗址的分析入手（《渭河流域老官台文化的分期研究》，《考古与文物》6期），将老官台文化重新划分为早、晚两期五段，绝对年代推定在公元前

5800~前5000年之间。程钟晓以大地湾发现的仰韶文化房址为例（《大地湾居住遗址的复原推测及初步研究》，《考古与文物》3期），研究和复原了大地湾、仰韶早、中、晚四个阶段的房屋。最后阶段的大型房址F901，复原为有双重散水的人字形两面坡加左右侧廊及门棚的高大建筑，为商周时期"四阿重屋"的雏形。

韩建业将晚于新石器时代中期而早于半坡类型的一类遗存，称为"初期仰韶文化"（《十一次年会》和《古代文明》第8卷）。认为初期仰韶文化的分布和仰韶文化基本一致，年代约在公元前5000~前4500年之间，可以进一步划分为京冀地区的下潘汪、关中和汉中的零口、晋西南地区的枣园、豫中南地区的大张等四个地方类型。

豫东拓城山台寺是比较早地开展中外合作考古发掘的遗址，发掘成果一直未予发表。高天麟执笔撰文（《山台寺龙山文化研究》，《考古》10期），将山台寺龙山遗存划分为早、中、晚三期六段，指出台基式建筑形式和连间排房是该遗址龙山文化房址的特色。同时，还探讨了与豫东地区同类遗存之间的关系。

魏兴涛探讨了目前发现的11座中原龙山城址的年代和兴废的原因（《中原龙山城址的年代与兴废原因》，《华夏考古》4期）。就龙山文化的考古发现而言，城址较多而高等级的大型建筑较少，新密古城寨龙山文化城址内的大型建筑F1和F4，是目前为数不多的重要发现。杜金鹏对其进行了分析和复原研究（《新密古城寨龙山文化大型建筑基址研究》《华夏考古》1期），认为这是一座主殿与廊庑组合起来的四合院式建筑，可能是最高施政者的原始宫殿。董琦和方燕明围绕着登封王城岗报告公布的龙山城址资料，就大城的面积、城堡的性质和夏文化的探索等展开了讨论和商榷（《中国历史文物》2、4期）。靳松安在分期的基础上（《王湾三期文化的南渐及其相关问题》，《中原文物》1期），提出王湾三期文化晚期向南扩张，在豫南取代石家河文化形成了杨庄二期和乱石滩两个新的地方类型，并认为这一变化与"禹征三苗"的历史事件有关。

张国硕从陶寺文化早、中、晚期文化的差异入手，结合相关文献记载，探讨了陶寺不同时期遗存的族属（《陶寺文化性质与族属探索》，《考古》6期）。认为陶寺文化早期的主体是一种外来文化，陶寺早期小城为陶唐氏尧都。陶寺文化中期则受到来自南北方向文化的影响，其中包括晋西南有虞氏舜的族群。到陶寺文化晚期，年代已经进入夏纪年，但其文化性质并不属夏。

（二）海岱地区

海岱地区（也包括以下其他地区）本年度新公布的田野考古资料和研究成果，明显少于中原地区，但也有亮点。

2001年春发掘的济宁玉皇顶遗址（《海岱考古》第三辑，科学出版社），主要为北辛文化和大汶口文化早期遗存。遗迹有5座柱洞式、基槽式、半地穴房址和400个零散柱洞等。同时，发现了粟和黍的稃壳植硅体。

西康留是海岱地区一处重要的大汶口文化遗址。1999年的勘探和发掘，又发现了早于大汶口的北辛文化遗存。大汶口晚期遗迹有2座夯土台基和4座墓葬等，未提及城址问题。枣庄建新是一处重要的大汶口文化中晚期遗址。2006年的发掘，又发现大汶口文化晚期房址1座、灰坑22个、陶窑1座和墓葬14座，增添了新的资料（均《海岱考古（第三辑）》，科学出版社）。

2009年发掘的临沭东盘遗址（《中国文物报》10月8日），文化堆积历经北辛、龙山、岳石文化等多个时期，其中以龙山遗存最为丰富。在1100平方米的范围内，发现龙山文化房址42座、灰坑146座、墓葬13座。房址均为地面式建筑，面积多在10平方米左右，成人墓葬多为一棺。苍山后杨官庄遗址，包含了大汶口中晚期、龙山和岳石文化等多个时期的遗存（《中国文物报》8月13日）。其中1座龙山墓葬，在男性墓主左膝内发现1枚角质箭头，应与战争有关。

江苏邳州梁王城遗址的第三次发掘（《考古发现》），发现面积达3000平方米的大汶口中晚期墓地，已清理墓葬142座。这批墓葬可以分为四期八段，为研究苏北大汶口文化的编年和社会变迁提供了一批重要资料。

安徽固镇垓下遗址的大汶口文化晚期城址的发现是一项重要收获（《中国文物报》2月5日）。垓下大汶口环壕城址，城墙内圈面积约15万平方米，东墙基部宽24.7、残存高度3.8米。北侧城墙基部宽22.5、残存高度1.5米，城墙系堆筑而成。北侧壕沟宽约15、深5.5米。在城内西北角发现一座西南－东北走向的台形基址，已揭露部分面积在100平方米以上，高1米左右。北城墙顶部发掘出一组五连间的排房，地面和墙壁均涂抹白灰。此外，还发现了大汶口晚期一次强烈地震的证据。蚌埠禹会村2009～2010年的两次发掘（《中国文物报》1月22日和10月4日），揭露出一座大型台基基址，台基位于遗址东北部，南北长100、东西宽25米，面积2500平方米。系挖槽堆筑而成，自下而上依次为灰土、黄土和白土。白土的现存厚度在7～30厘米之间，白土表面中轴位置分布着沟槽、圜底坑、火烧堆、方土台、长方形坑等遗迹。此外，还发现一条大型祭祀沟，总长35米，5座祭祀坑和3处建筑遗迹，其中F1东西长26.35、南北宽3.3米，面积达87平方米。从出土陶器分析，禹会村的主要遗存应属于龙山早中期，发掘者认为与"禹会诸侯于涂山"有关。

方拥比较了北辛、裴李岗和后李文化的房址和陶鼎之后认为（《从房址和陶鼎看北辛文化的成因》，《中国历史文物》4期），北辛文化主要是继承了裴李岗文化而发展起来的，而裴李岗人东迁的主要原因是中原地区发生了大洪水。

孙波分析了龙山城墙的解剖问题（《文物研究（第17辑）》，科学出版社），他从调查与勘探、解剖结构、城墙与壕沟的分期等方面，总结了山东地区龙山城址的分布规律及操作经验。这对于今后在黄河流域开展相同的工作具有参考和借鉴意义。

（三）甘青宁地区

河西走廊是甘青宁地区的重要组成部分，本年度公布了1980年代在河西走廊进行的考古调查资料（《河西走廊史前考古调查报告》，《考古学报》2期）。调查涉及24处遗址，包括了马家窑文化、半山文化、马厂文化、齐家文化、四坝文化等史前和青铜时代的遗存。这对于了解和研究河西走廊地区早期文化的分布以及与新疆地区早期文化的关系等，无疑是十分珍贵的资料。位于洮河流域的甘肃卓尼寺下川遗址（《甘肃卓尼县寺下川遗址发掘简报》，《考古与文物》2期），发现3座一字排开的半地穴式甲字型房址，为齐家文化研究增添了新资料。

丁见祥对马家窑文化的分期等问题进行了分析（《马家窑文化的分期、分布、来源及其与周边文化的关系》，《古代文明（第8卷）》，文物出版社）。该文以东乡林家遗址的分期为切入点，最终将马家窑文化划分为五期六段，并按期讨论了马家窑文化的类型与分布区域的变化，认同马家窑文化来源于石岭下类型。

临潭磨沟墓地的发掘，以其多样而奇特的埋葬方式引起了考古学界的极大关注，以往的报道中，均认为其属于齐家文化，叶茂林对此提出了异议（《中国文物报》10月15日）。他认为这一墓地已不属于齐家文化，其年代较齐家文化为晚，大约在距今3500年或更晚。

（四）长江中游地区

为了配合南水北调工程丹江口水库扩容而进行的考古发掘，湖北发现的新石器文化遗存主要有：郧西张家坪遗址发现了相当于仰韶文化早期的遗存（《湖北郧西张家坪遗址发掘简报》，《江汉考古》3期）。历经多次发掘的郧县青龙泉遗址，2008年武汉大学等又发掘了1600平方米（《湖北郧县青龙泉遗址2008年发掘简报》，《江汉考古》1期）。遗址的新石器时代遗存分为四期，分别为朱家台文化（仰韶文化）、屈家岭文化、石家河文化和龙山晚期阶段遗存。将少儿瓮棺置于成人土坑墓腰坑中的二次合葬现象，是石家河文化时期的一个新发现。李英华就汉水中游地区的同类墓葬进行了专门讨论（《汉水中游地区史前腰坑与瓮棺》，《江汉考古》1期），认为以往在这一区域发现的史前腰坑墓都有可能是这种成人与少儿的合葬。丹江口观音坪屈家岭文化遗址的大面积发掘（《2008年丹江口市观音坪遗址发掘报告》，《江汉考古》2期），对于认识鄂西北地区的屈家岭文化有一定价值。

本年度公布的三峡地区发掘资料中（《湖北库区考古报告集》第五卷，科学出版社），秭归缆子杆、独石子、大坨湾、何家坡和宜昌伍相庙等遗址有一部分大溪文化遗存，秭归缆子杆、何家岭、陶家坡等有少量石家河文化遗存。另巴东红庙岭遗址发现2座大溪文化墓葬（《巴东红庙岭》，科学出版社），其中1座为蹲踞式，身体上还压有石块。

湖南湘阴青山遗址，时代约当大溪文化中晚期（《考古发现》），发掘资料表明，该遗址的文化内涵丰富，文化因素复杂，可能代表了洞庭湖东南部地区一个相对独立的新文化类型。

湖北孝感郊区叶家庙发现一座屈家岭文化的环壕城址（《考古发现》），城址平面为规整的长方形，城垣外围有完整的环壕系统。城内外发现的遗迹主要有房址、灰坑和墓葬等。这一发现填补了鄂东北地区早期城址的空白。随州考古调查新发现和复查新石器时代遗址37处（《湖北随州新石器时代遗址调查》，《江汉考古》1期）。这些遗址基本上分布在涢水及其支流两岸，时代以屈家岭文化和石家河文化为主。湖北大冶蟹子地遗址的发掘（《湖北大冶蟹子地遗址2009年发掘报告》，《江汉考古》2期），增添了鄂东南地区石家河文化及其以后阶段的新资料。

王劲认为江汉地区早于屈家岭文化的主要有大溪文化和油子岭文化，两者大体以汉水为界，并且各具特色、各有自己的文化源流。屈家岭文化与油子岭文化的传承脉络十分清晰（《屈家岭文化溯源辨》，《江汉考古》4期）。

（五）环太湖地区

以环太湖地区为中心的长江下游地区，本年度有一系列新资料面世。

浙中浦阳江流域的考古工作近年来获得迅速发展，本年度公布了楼家桥、螺塘山背和尖山湾三处遗址的发掘资料（《楼家桥、螺塘山背、尖山湾》，文物出版社）。诸暨楼家桥遗址发现了一批时代与河姆渡文化相当的遗存，遗迹有房址、灰坑和石器制造场等，遗物也比较丰富。浦江螺塘山背遗址分东、西两区，主要是在西区发现了一处良渚文化中晚期墓地，已发掘44座，均为东西向土坑竖穴，绝大多数墓葬的随葬品在6件以下。诸暨尖山湾遗址的新石器遗存晚于良渚文化，大体与钱山漾和广富林时代相当。除了石器和陶器之外，还出土了一部分竹编和苇编，器形有篮、筐、箕畚、篾席等，木器残件也较多，器形有木桨、有柄木器及木器构件、玩具等。

江苏张家港东山村的遗址面积达25万平方米。2008～2010年的两次发掘，揭露面积2300平方米（《江苏张家港市东山村新石器时代遗址》，《考古》8期）。遗址包含马家浜文化和崧泽文化两个时期的遗存。马家浜文化主要发现10余座小型墓葬，并在文化层中漂洗出炭化稻和瓜子等遗物。崧泽文化的居住区发现房址5座，面积均较大。最重要的收获是发现了9座崧泽文化早中期高等级大型墓葬，其与大房址同时共存，与小型墓葬分区埋葬，表明当时社会已经有了明显的分层。同时，也为良渚文化高度发达的玉器文化找到了源头。

位于无锡鸿山镇的邱承墩遗址，现存面积4000平方米（《邱承墩》，文物出版社），新石器时代遗存包括了马家浜文化、崧泽文化和良渚文化三个时期。马家浜文化的主要发现是2座房址和12座小墓；崧泽文化的2座祭坛均为方形，整体呈中心高四周低的漫坡形态，JS1的底部为一座四周有基槽的方形房址。良渚文化的发现比较丰富，有高土台遗迹和打破高台遗迹的贵族墓葬两部分。高台遗迹的范围东西约45、南北约24米，分5层堆积。台上发现10座良渚文化墓葬，多数出土玉器。其中M3出土3琮7璧21钺，M5出土2琮9璧10钺，M11出土6璧13钺。可见是一处等级较高的良渚文化晚期贵族墓地。张敏撰文对邱承墩的2座祭坛进行了解读（《邱承墩史前双祭台初识》，《南艺学报》1期），认为双祭台应是男女生殖崇拜的祭祀场所。

位于杭州市余杭区茅山南麓的茅山遗址，分为坡上的居住区和坡下平地的稻田区两个部分（《中国文物报》3月12日）。居住区经历了马家浜文化晚期—崧泽文化早期、良渚文化中晚期和广富林文化三个大的阶段。其中良渚文化时期又可划分为居住区和墓葬区，发现有房址、水井、灰沟和灰坑、墓葬等遗迹。茅山遗址突破性的重大收获是在坡下平地发现了三层农耕稻田。揭露出来的良渚文化中晚期稻田区，包括了单块面积较大稻田、田间道路系统和灌溉系统。在发掘的范围内，由红烧土铺成的南北向小路（宽0.6～1米，兼有田埂的功能）分割开的稻田，最长超过60、宽度在17～31米，单块稻田的面积超过1亩。此外，还发现良渚文化的组合大石犁和广富林文化稻田中的牛蹄印、人脚印。余杭区茅山之北的玉架山遗址，2008年以来发掘面积7700平方米（《考古发现》），首次发现良渚文化的环壕聚落，面积约2万多平方米，环壕内有人工堆筑的土台、墓葬、居住址等，清理良渚文化中晚期墓葬155座，其中有出土玉琮、玉璧和石钺的较高等级的贵族墓葬。此外，还发现面积较大的疑似稻田遗迹。

2009年发掘的浙江海宁小兜里遗址（《2009年浙江海宁小兜里遗址良渚墓葬的发掘收获》，

《南方文物》2期)，发现了19座良渚中晚期墓葬，出土各类遗物273件组。值得一提的是，发掘者在墓葬清理过程中强调解剖性发掘实践和注重细节辨识的操作方法，获取了许多新颖的信息，如棺椁整体构造和细部结构、有朱绘木柄的石钺等。这些为学界认识良渚文化墓葬及其反映的社会和今后的墓葬发掘操作，都提供了有益并可借鉴的经验。

福泉山遗址的再次发掘（《考古发现》），在福泉山北侧数百米的吴家场地点发现有人工土台，台上清理出的2座良渚文化墓葬，其中M204为出土2琮、7璧、2钺的高等级贵族墓葬。这一发现不仅对福泉山遗址有了新的认识，而且对良渚文化的社会结构和区域研究也有重要意义。

位于杭嘉湖平原的钱山漾，曾作为典型的良渚文化遗址而写进了包括教科书在内的各种出版物。2005年钱山漾遗址较大面积的发掘（《浙江湖州钱山漾遗址第三次发掘简报》，《文物》7期），从根本上颠覆了这一传统认识。以钱山漾第一、二期为代表的新石器遗存，在年代上晚于良渚文化而早于马桥文化，与黄河流域的龙山文化约略相当，与近年来新认识的上海广富林文化相同。2009年，上海广富林遗址又进行了较大面积的发掘（《中国文物报》，4月16日），发现的各类遗存十分丰富，新石器时代遗存大体分为三个时期：即崧泽到良渚的过渡阶段、良渚文化晚期墓地和广富林文化。广富林文化遗存与钱山漾一、二期基本一致，本次发掘除了发现丰富的广富林文化晚期遗存之外，还有比较多的与钱山漾一期相当的广富林文化早期遗存。其中一个较大的长方形浅坑内，堆放了大量鹿的各部位骨骼，当有特殊意义。

浙江新石器时代偏早阶段遗存的发现，是近些年来浙江史前考古的重大进展。蒋乐平依据上山遗址的地层关系（《十二次年会》），提出分布于浙中山地和浙东平原一带的三支考古学文化，在年代上依次为上山文化、跨湖桥文化和河姆渡文化。并从建筑、陶器、木器、骨器、石器和生业经济等方面探讨了其内在的继承性。

跨湖桥文化的来源是学界关注的一个热点，韩建业在比较了长江中下游地区偏早阶段的各文化之后（《试论跨湖桥文化的来源和对外影响》，《东南文化》6期），推测跨湖桥文化是在当地上山文化的基础上接受了长江中游彭头山文化的影响而形成的，其后又反向影响长江中游，促成了彭头山文化向皂市下层文化的转变。从而形成了一个以釜、圈足盘和豆为主要特征的长江中下游文化系统。

太湖西侧的骆驼墩、西溪、神墩等遗址发掘之后，学界对马家浜文化的认识就成为环太湖地区史前文化研究的一个焦点。田名利认为可以将马家浜文化分为早晚两期（《略论环太湖西部马家浜文化的变迁》，《东南文化》6期），早期湖西和湖东分别存在着"骆驼墩－吴家埠类型"和"罗家角早期类型"。晚期文化面貌比较复杂，类型增多，有湖西的"西溪－神墩类型"、余杭地区的"庙前类型"、湖东南的"罗家角晚期类型"、湖东的"草鞋山－圩墩类型"和湖北的"祁头山－彭祖墩类文化遗存"。而金坛三星村遗存则纳入了宁镇地区的北阴阳营文化系统。

地处鄂皖赣交界的黄梅塞墩遗址，地处长江中下游之间，从更高层面的文化面貌分析之，其与长江下游的共性更多一些。1986～1988年，中国社科院考古所三次发掘塞墩遗址（《黄梅塞墩》，文物出版社），揭露面积达1680平方米，发现了一大批新石器时代的遗迹和遗物。报告将塞墩早期定为"黄鳝嘴文化"，晚期则归属于薛家岗文化，两者具有内在的传承关系。由于塞墩的发掘资料一直没有公布，所以本报告的出版，必将对认识长江中下游之间地带的文化性质及其与周边四大区域新石器文化的关系产生积极影响。

（六）长江上游地区

位于四川西北部的马尔康哈休遗址（《南方民族考古（第六辑）》，科学出版社），2006年经成都市文物考古研究所等单位的发掘，发现玉石器、骨角牙蚌器、陶器等大量遗物。认为哈休遗址的新石器文化包括了三类遗存，即与渭河上游一带近似的仰韶晚期因素、与马家窑文化类似的因素和川西北地方文化因素，其年代约在距今5000～4700年。为研究川甘陕地区新石器文化的联系和交流增添了珍贵的新资料。

2009年发掘的四川什邡桂圆桥遗址（《中国文物报》2月12日），发现了宝墩文化和叠压于其下的新石器文化遗存。桂圆桥早期新石器遗存的发现，不仅填补了成都平原新石器文化的空白，并为寻找宝墩文化的来源提供了重要线索。《成都考古发现（2008）》（科学出版社）公布3处新石器时代遗址的资料：岷江上游的茂县波西遗址，时代约当仰韶文化中晚期；成都高新区的顺江小区和新都褚家村遗址，虽然不甚丰富，但增加了宝墩文化的资料。

四川屏山县叫化岩遗址的发掘（《考古发现》），发现了比较丰富的新石器文化遗存，遗迹主要有房址7座和灰坑10个。从陶器所反映的文化特征看，属于川南地区一种新的新石器文化遗存。这一发现不仅填补了该地区新石器文化的空白，而且为成都平原和三峡之间的文化交流增添了过渡地区的材料。

2005年以来，为了研究该地区史前聚落模式，进而了解文化变迁和社会复杂化进程，成都市文物考古研究所、北京大学、台湾大学和美国圣路易斯华盛顿大学、哈佛大学组成联合考古队，在成都平原开展了区域系统调查（《成都平原区域考古调查（2005～2007）》，《南方民族考古（第六辑）》，科学出版社）。根据成都平原的实际地貌环境，调查工作采用了地表采集以陶片为主的遗物和钻探相结合的方法，钻探使用了"洛阳铲"、工兵铲和三种不同形式的人力钻，取得了较好的效果。此外，还尝试了地球物理勘探方法。调查采样按宝墩文化、商周和汉代三个时期进行记录，本年度公布了前3年的调查结果。

孔明坟是贵州北盘江流域第一处经过大面积发掘的新石器时代遗址。该遗址的新石器时代石器制造场和大量打制石器的发现，为了解这一地区的新石器文化提供了重要资料。

三峡西部本年度公布了2002年的发掘资料（《重庆库区考古报告集》，科学出版社），整体数量较多，但其中属于新石器时代的遗存较少。丰都石地坝、秦家院子、丰都沙溪嘴、涪陵蔺市等遗址有一定数量哨棚嘴文化（玉溪坪文化）遗存，丰都观石滩、忠县中坝遗址有少量中坝文化遗存。

白九江对重庆三峡地区的新石器文化进行了系统论述（《重庆地区的新石器文化》，巴蜀书社）。他在综述三峡地区的地理环境、考古发现和文化谱系研究的基础上，按四大时期（新石器时代早期、中期、晚期和末期）论述了三峡地区的新石器文化，后三个时期分别命名为玉溪下层文化、玉溪上层文化和玉溪坪文化、中坝文化。最后综合讨论了环境演变、聚落形态、生计经济、原始工业等。

江章华将三峡地区西部的哨棚嘴文化划分七期（《关于哨棚嘴文化的几个问题》，《四川文物》2期），绝对年代约在距今5000～3800年之间。同时，还讨论了关于文化命名及其来源等问题。赵宾福从老关庙遗址发现的4座土坑墓的年代分析入手（《试论重庆老关庙遗址土坑墓的年代和性质》，《江汉考古》4期），指出魏家梁子遗存应该晚于以老关庙下层和哨棚嘴等为代表的文化，前者相当于龙山时代，而后者则与仰韶时代中晚期相当。于孟洲将峡江地区的中坝文化分为四期（《重庆峡江地区中坝文化研究》，《考古与文物》3期），结合文化因素分析，认为中坝文化在继承当地玉溪坪文化的基础上，也吸收了周邻地区的其他文化因素。

（七）燕辽及东北地区

2009年对赤峰巴林右旗塔布敖包遗址进行的发掘（《中国文物报》7月30日），发现了一处包括4座房址在内的兴隆洼文化晚期居住遗址，特征与白音长汗等遗址的同期遗存相近。

西台遗址隶属于内蒙古赤峰敖汉旗，1987年发掘该遗址，揭露面积达5400平方米（《内蒙古敖汉旗红山文化西台类型遗址简述》，《北方文物》3期）。发现2座并列的环壕，壕内发掘出兴隆洼文化房址5座和红山文化房址15座。其中位于北壕内的红山文化F202，出土了两副完整的陶范，F4出土了一件完整的女性塑像和残陶范。

基于完善文化序列和廓清各文化之间的关系，2002~2003年开展了西拉木伦河流域北部地区的考古调查（《西拉木伦河流域先秦时期文化遗址调查与试掘》，科学出版社）。调查涉及克什克腾、林西和巴林右旗3个旗县，调查遗址25处，可以划分为9种文化遗存，其中属于新石器时代的有小河西文化、兴隆洼文化、赵宝沟文化、红山文化等。

红山文化是燕辽地区新石器文化发展的高峰阶段，出于探讨红山文化社会复杂化进程及其与环境的关系等，辽宁省文物考古研究所等在以喀左东山嘴为中心的大凌河上游地区，开展了中外合作的"红山文化社区项目"（《辽宁大凌河上游流域考古调查简报》，《考古》5期），在红山文化的核心区进行了面积约为200平方千米的区域系统调查。调查工作分红山文化、小河沿文化、夏家店下层文化、夏家店上层文化、战国至汉代和汉代以后等六个时代采集标本和确定采集区。在此基础上，运用所谓的区域密度指数法得到各个时期的人口规模，进而探讨社区行政组织和社会运行的机制。

位于内蒙古赤峰市元宝区的哈啦海沟（《内蒙古赤峰市哈啦海沟新石器时代墓地发掘简报》《考古》2期），是继大南沟和姜家梁之后发掘的又一处重要的小河沿文化墓地，清理墓葬51座。与大南沟相比，哈啦海沟墓地的显著特点是流行长方形土坑偏洞室墓，并且存在相当数量的男女合葬墓。5例人骨标本测年结果显示，其年代在公元前2600~前2200年之间。

辽宁长海县广鹿岛小珠山遗址，是辽东半岛南部几支考古学文化的命名地。2006~2009年，中国社科院考古所再次发掘该遗址（《中国文物报》3月12日），在聚落演变过程、贝丘的形成和废弃、生业经济的构成和精神文化等方面均有新的收获和认识。

杨虎和林秀贞在归纳了兴隆洼文化小河西类型的文化特征，将其分为早、晚两期（《考古学集刊·18》，科学出版社）。早期的年代早于兴隆洼文化一期，晚期晚于兴隆洼文化三期，两期之间的环节还需要继续探索。

张星德通过朝阳小东山遗址红山文化陶器的分期和比较（《十二次年会》），认为赵宝沟文化与红山文化早中期是并存的。陈国庆则从陶器、聚落、生产工具、玉器和埋葬习俗等五个方面探讨了红山文化的渊源（《边疆考古研究》，科学出版社），认为红山文化源自本地区的兴隆洼文化和赵宝沟文化。张星德将小河沿文化的陶器划分为三个组合，代表着早、中、晚三个阶段（《小河沿文化的时空框架》，《北方文物》3期）。她认为其早期曾与红山文化共存过一段时间，并且燕山以南多见早期遗址，不见晚期，而燕山以北早期遗址较少，中期以后增多。

张星德对分布于下辽河流域的新乐下层文化和偏堡子文化的陶器进行了分群探讨（《十一次年会》）。认为构成新乐下层文化主体的筒形罐，直接来源于查海－兴隆洼文化，而北辛文化是偏堡子文化的直接来源之一。

赵宾福分析了鸭绿江和图们江两侧的新石器文化（《边疆考古研究》，科学出版社），将其划分为三个阶段，自早至晚分属南北两个相对独立的文化区。

（八）华南地区

2009年发掘的黔东南天柱县的坡脚、学堂背和月山背三处遗址（《中国文物报》6月18日），发现了丰富的新石器时代文化遗存。三处遗址出土石制品近万件，其中绝大多数为打制石器，磨制者较少。从陶器反映的文化面貌和特征看，与湘西沅水流域的高庙文化中晚期遗存大同小异。

2005年在福建晋江流域开展的考古调查和试掘（《福建晋江流域考古调查与研究》，科学出版社），复查和新发现了一批新石器时代晚期遗址。认为福建南部沿海的新石器文化可以分为三个时期，即距今6800~5800年的富国墩文化、距今5500~5000年的腊洲山遗存和距今5000~4300年的大帽山遗存。焦天龙和范雪春则将福建沿海的新石器文化，统一划分为三个阶段（《福建与南岛语族》，中华书局），即早期的壳丘头文化，中期的昙石山文化（闽江口一带）和大帽山文化（闽南），晚期的黄瓜山文化。而西部内陆则有牛鼻山文化等。

何国俊对岭南地区新石器文化的宏观变迁进行了分析和归纳（《两翼－中轴：岭南新石器时代文化空间格局的演变》，《东南文化》6期）。他认为，岭南新石器时代早期为封闭的土著文化格局，中晚期由于外来文化（主要是北方文化）传入漓江、桂江、北江和珠三角的中轴地区，而分处东西两翼的韩江和西江流域则继续维持着封闭的状态，所以形成了"两翼（土著）－中轴（外来）"差异的空间格局。新石器时代末期，由于东翼文化融入中轴，从而形成"东－西"差异的新文化格局。

李珍从宏观角度讨论了广西地区新石器文化的格局（《十二次年会》），将其分为桂东北、桂中、桂南、桂东南和桂西等五区，并论述了每一区域的考古学文化发展序列，最后总结了各区域之间的文化联系。

商志覃、吴伟鸿在其关于香港考古的新作中（《香港考古叙研》，文物出版社），按遗址综述了香港回归十年来新石器考古的新发现，并把香港的新石器时代划分为早期、中期（分前后段）、晚期（分前后段）三大时期。

二 专题研究

（一）总括论述

中国社科院考古所编著的《中国考古学·新石器时代卷》（中国社会科学出版社），全面系统地概括和论述了中国新石器时代的考古发现和研究成果，构建起一个比较完整的中国新石器文化的时空框架和发展谱系。书中把公元前10000～前2000年前后的中国新石器时代，分为早、中、晚和末期四个时期，按黄河流域、北方地区、长江流域和华南地区四大区域依次展开予以论述和介绍。同时，还对中国新石器时代考古的发展历程、自然环境的变迁、居民的种系问题和社会发展阶段及文明起源等进行了专门论述。

在刘庆柱主编的《中国考古发现与研究（1949～2009）》一书中，朱乃诚对60年来的中国新石器时代考古研究进行了全面的回顾与总结。

钱耀鹏在以往柴尔德"新石器革命"、"城市革命"的基础上（《关于新石器时代的三次"革命"》，《华夏考古》1期），提出了"居住革命"的概念。认为人类以生存资源开发为目的的、以建筑资源及技术开发为途径的居住革命，最终导致各区域的旧石器文化过渡到新石器时代。

闫亚林通过黄河流域新石器时代四个时期文化格局变迁的历程，（《新石器时代黄河流域文化格局的变迁与筒形罐系统的文化趋势》，《中原文物》3期），考察了华北北部到东北地区筒形罐系统文化不同时期的地域性分化，指出了两者之间的因果关系。

区域文化之间的联系、交流、传播和影响，是中国新石器考古研究中的持久课题。随着时间的推移，各区域文化之间的联系不断强化，从而导致了各区域的社会发展进程逐渐加快，最终在一些先进区域率先跨入文明社会。许永杰从以陶器为主的遗物的比较入手（《距今五千年前后文化迁徙现象初探》，《考古学报》2期），勾勒出距今5000年前后的文化迁徙，涉及的区域遍及黄河、长江流域和北方地区。

宋建忠分析了中国历史上三次南北格局之后（《良渚和陶寺》，《文物》1期），将其渊源追溯到4000年以前由良渚和陶寺所代表的史前末期。良渚和陶寺，两者有许多相似之处，如最大的城址、高等级墓葬或王陵、宫殿、祭坛等。

郭伟民的《新石器时代澧阳平原与汉东地区的文化和社会》（文物出版社），是本年度出版的考古学研究古代社会论著中的一部力作。该书在详细占有基础资料的基础上，系统梳理、归纳、总结了澧阳平原和汉东两个地区史前文化的发展进程。随之用较大篇幅对这两个地区史前聚落形态的演进，分阶段进行了深入的具体分析和基本概括。进而对上述两个地区的地理环境、文化发展进程和聚落演进模式等做出详细的比较研究，并援引"中心－外围（边缘）"模式加概括。在此基础上，整体考察了长江中游史前社会的发展进程。认为到屈家岭－石家河文化时期，以石家河城址为中心的超大型聚落集群，可能已经存在四级聚落结构。至此，社会复杂化很高，并且形成了长江中游经济－社会共同体。

甘肃临潭磨沟墓地的发掘，向世人展现了齐家文化多样的埋葬习俗和复杂的埋葬过程。钱耀鹏以甘肃临潭磨沟墓地的发掘为例（《中原文物》2期），总结了解剖性发掘的操作及其收获，并进一步分析了破坏性解剖发掘的意义。闫亚林对磨沟解剖性发掘方法、寻找早期墓葬封土的问题和田野发掘的理念等进行了思考（《考古与文物》4期），认为为了解早期墓葬的埋葬过程而进行的解剖性发掘，这种实践活动由自发转变到自觉是近年来田野考古的一个重要进展。

（二）聚落考古

2009年下半年，山东大学东方考古研究中心和中国社科院考古所等单位，分别在山东济南和河南新郑组织了两次聚落考古的专题会议，前者的论文主要发表在《东方考古（第7集）》（科学出版社），后者则出版了《中国聚落考古的理论与实践》第一辑，（文物出版社）。

收入《东方考古》有关聚落考古的论文共6篇，涉及区域以黄河流域为主，兼及其他地区。马萧林以河南灵宝沙河和阳平河流域的新石器时代聚落变化为基础，着重分析了仰韶中期的中心聚落——西坡的聚落信息，如大型建筑基址的位置与功能，讨论了中心聚落的定位及其在社会发展进程中所担负的功能。运城盆地和赤峰地区是相距较远并且地貌环境差异较大的两个区域，周南和戴向明对两个地区的田野工作和分析方法、人口评估、聚落系统所反映的各自社会凝聚力的产生方式进行了比较研究，使人们从中可以得到有益的启示。孙波对龙山时期海岱地区的两个超大型中心聚落——两城镇和桐林的比较研究，是在分别分析了它们各自反映的聚落与社会的特质的基础上进行的。其对两个城址及所涵盖区域龙山时期聚落形态的划分、不同形态之间关系的认识、城址形态及其功能、社会对环境和资源的利用和适应、交通路线在社会演进中的价值等，经过深入的独立思考之后进行了发人深省的阐发和论述，学界应予以关注。

新郑会议聚落考古的论文主要分为两个专题：一是关于理念和方法的探讨。采用论文10篇，涉及方法论、环境与聚落、年代学研究、史前聚落群聚形态和目前中国开展的区域系统调查方法的讨论等。严文明先生认为聚落考古是以聚落为对象，来研究聚落形态所反映的社会形态及其发展轨迹。聚落考古的方法不可能是一个模式。首先要研究的是聚落的共时性和如何解决共时性的问题。在聚落内部，不但要进行功能区的划分，而且可以了解各功能区及至单体建筑之间的联系，借以复原当时的社会。要做到这一点，就需要引入地面的概念。余西云和赵新平在淅川马岭遗址的发掘中，从对探方的灵活掌握、遗迹的确认、遗迹组的判断、聚落面的建立、遗迹的记录及思维模式等方面，记录和回放了聚落考古田野操作的实践和体会，可能对今后的同类工作有一定借鉴意义。夏正楷等认为，切实重视开展围绕着聚落和聚落群的环境考古，可以更好地探讨聚落形态及其文化内涵的形成机制。朔知则对目前国内开展的中外合作和独立实施的区域系统调查工作，从名称、方法和存在问题等方面一一进行了辨析。

二是区域聚落形态研究。采用论文19篇，包括单个聚落形态的研究，如唐户裴李岗文化聚落、沟湾仰韶文化环壕聚落等。也有区域聚落形态研究的案例，如渭河流域的仰韶文化聚落、河南的仰韶文化聚落、大汶口－龙山文化的聚落形态、长江中游的新石器时代城址聚落、汉水中游地区的新石器时代聚落调查、成都平原的区域调查等。张弛和樊力主持的南阳盆地白河流域的考古调查，着重复查了51处新石器时代遗址，调查内容和重点都有新的考虑和设计，如GPS测绘成图、勘探确定堆积的范围、剖面和遗迹的测绘、不同时期聚落范围的确定和分层采土样等。调查按裴李岗、仰韶早期、仰韶中晚期、屈家岭、石家河早中期和龙山晚期等6个时期，讨论了各个时期聚落特点及其演变。郭伟民和方向明则分别对湖南西北部澧水流域的若干处典型聚落和浙北地区良渚文化的聚落模式进行了深入讨论。

从总体上看，中国的聚落考古研究，目前最大的发展和进步可以说是研究者观念的变化，即学界已经比较普遍地从思想和认识上重视了聚落考古研究。但无论是田野操作还是综合研究，尽管取得了一定成果，都还有待于进一步发展、完善和提高。

戴向明分析了垣曲盆地史前聚落形态的变迁（《陶器生产、聚落形态与社会变迁》，文物出版社）。他首先对社会进化和聚落形态研究的理论和方法论模式进行了讨论。然后分裴李岗、仰韶早、中、晚期、庙底沟二期、龙山、二里头、二里冈等八个时期分析了垣曲盆地史前到青铜时代聚落形态所反映的社会复杂化进程，经历了从部落到酋邦再到国家社会的发展过程。

王芬从聚落内部的布局、结构和聚落的区域空间关系两个方面（《崧泽文化聚落形态分析》，《华夏考古》1期），分析了崧泽文化的聚落形态所反映的社会组织和社会结构。

韩翀飞对公元前3000～前2000年之间龙山时代的聚落形态（《龙山时代聚落形态研究》《华夏考古》4期），从单个聚落和以城址为中心的聚落群两个方面进行了概括性的探讨，涉及范围包括了黄河和长江流域的广大区域。

任式楠把中国史前整栋多间（3间以上）地面房屋分为五类（《考古学集刊·18》，科学出版社），其主要存在于公元前3500～前2000年之间的黄河、长江两大流域的新石器文化之中。这种组合性住所是适应当时社会父权家庭（大家庭）内诸小家庭成员的居住需求而产生的。

（三）文明起源和形成研究

本年度文明起源的研究波澜不惊，整体上似乎没有前几年那么火热。但还是发表了一些有分量有内容的研究成果。

《历史研究》（6期）发表了一组关于探索"中国古代文明和国家起源"的文章。晁福林认为中国早期国家的起源和形成，走的是一条基于氏族制度之上，并且以"礼"作为相互关系准则的各部落各氏族和平共处的道路，而国家的管理功能要远远大于镇压功能。王震中对聚落等级层次的多少与社会组织形态简单对应的理论提出质疑，认为其有用简单方法解决文明起源和形成这一复杂问题之嫌，重申了将阶级阶层的分化和强制性权力的出现作为进入国家社会的标志。谢维扬认为应该推进中国国家起源研究中理论问题的探讨，包括国家定义和早期国家的证据、酋邦概念及相关理论的含义及其对中国个案的适用性等。

李伯谦讨论了文明形成的判断标准（《中国聚落考古的理论与实践》第一辑，科学出版社），认为抓住国家这个核心，采用聚落形态分析方法，着重围绕着大型、特大型聚落及相关重要设施的产生等十项内容进行考察。李伯谦诠释了苏秉琦关于中国古代文明发展的"古国－方国－帝国"三阶段说（《中国古代文明进程的三个阶段》，《古代文明通讯》47期）。他认为从社会复杂化到古国的诞生是第一个阶段；强制性权力的膨胀促成了古国向第二阶段王国的转化；中国集权的加强和维持统治秩序的制度化促成了帝国的建立。

　　李维明从宏观角度把中国文明起源和形成的发展过程划分为五个阶段，文明因素始于距今3万年，距今6000～4500年，古国形成，距今4500～4000年，出现众多方国，距今4000年前后，进入王朝国家。宋建则运用苏秉琦先生的古国学说，论述了红山文化的原生型古国，其要素包括礼仪建筑和权贵阶层的存在。其政治权力结构属于神权古国（均见《苏秉琦百年诞辰纪念文集》，辽宁大学出版社）。

　　袁建平认为湖南澧县以城头山遗址为代表的区域（《试论中国早期文明的产生》，《中原文物》5期），是中国目前最早城址的发现地，城头山地区是原生型的早期邦国文明，其产生经历了农耕聚落－中心聚落－邦国三个阶段。

　　林留根分析了江苏张家港东山村崧泽文化的房址与墓葬（《从东山村遗址看长江下游社会复杂化进程》，《东南文化》6期），认为大型房址的出现和大小墓分区埋葬的现象，证明距今5800年前后长江下游地区已经进入分层社会阶段。李伯谦分析了东山村早中期大墓之后（《崧泽文化大型墓葬的启示》，《历史研究》6期），进一步认为距今五千七八百年前后，长江下游地区社会明显分化，初级王权已经产生，社会已经进入"古国"阶段。进而认为在中国古代文明的演进过程中，长江下游地区早于中原和北方地区而率先开始了社会重大转型。

　　郭大顺从牛河梁遗址的具体分析入手，探讨了东北南部地区早期聚落的演变和文明进程（《中国聚落考古的理念与实践》第一辑，科学出版社），认为积石冢反映的是"一人独尊"的等级社会结构，共同的先祖维系着整个文化共同体，而"坛庙冢台"则是文化共同体的最高层次的聚落中心。

　　孙波把海岱地区发现的9座龙山城址分为鲁北山前和鲁东南苏北沿海两群（《中国聚落考古的理念与实践》第一辑，科学出版社）。认为经济关系是形成以上两个地带城市群的基础。各城址周围均有属于自己的聚落群，城址为区域性中心。而在单个城址之上的两个城市群内，还存在着超区域性的社会系统。城内居民的社会和职业身份均已分化，专业生产者、商人和管理者已经产生，其社会结构亦非传统的"金字塔"式。进而认为城址的产生主要是基于经济条件的聚落现象，不能完全用战争来解释。

　　韩建业比较分析了良渚、陶寺和二里头三处都城遗址（《良渚、陶寺与二里头——早期中国文明的演进之路》，《考古》11期），指出良渚文化为内向和封闭的性格，以陶寺遗址早中期为代表的陶寺类型具有多元文化特征和外向性性格，而王湾三期晚期到二里头文化则具有鲜明的多元文化特点与包容性和开放性。同时，认为它们都进入了早期文明社会，只是在发展层次上分属于古国（或邦国）、雏形王国和真正王国三个阶段。

　　关于古代文明社会产生的理论很多，卡内罗认为其动因就是战争，与国家演进有关的条件限制主要有地理环境限制、社会限制和资源集中三种，这就是所谓的"限制理论"。吴文祥采用卡内罗的"限制理论"讨论了中国古代文明的产生（《"限制理论"与中国古代文明的诞生》，《华夏考古》2期），他从武器的出现和改进、埋葬信息、城堡的出现等三个方面，论述龙山时代战争不仅存在而且日益加剧。进而把夏王朝这一中国最早国家在中原地区出现的原因，归结为距今4000年前后的气候巨变（降温事件）。

　　陈杰运用"文化生态史观"的方法（《文化生态史观视野下的文明化进程》，《中原文物》1期），分析了距今5000～4000年之间中原与太湖两个地区文明化进程中文化生态系统若干因素的差异性，内容涉及组织机制、文化特质、社会意识、生态环境和发展时机等具体内容。

朱乃诚对21世纪初的中国文明起源研究进行了归纳（《考古学集刊·18》，科学出版社）。其特点主要是开展了中华文明探源工程、以学术会议为主的系列学术交流活动和总结了20世纪中国文明起源研究的认识。取得一系列关于中国文明起源研究的成果和重大发现，并从理论和实践等不同方面对中国文明起源研究进行了展望。

（四）环境考古

山东兖州王因大汶口文化早期遗址的发掘，收集了大量淡水蚌壳，经鉴定有10属34种，被命名为王因丽蚌动物群，为确定当时的环境与气候提供了弥足珍贵的可靠证据。邵望平回顾了这一批资料的鉴定和研究过程（《考古学集刊·18》，科学出版社），并希望当代年轻学者要"挖空心思"地去做一个多学科合作研究复原古代社会全方位面貌的开拓者。

刘恒武考察了环太湖地区史前社会演进过程中的地理因素（《地理空间的闭合与区域社会的统合》，《考古与文物》3期）。从史前这一地区三面环海、西面有山的地理空间的相对闭合性，讨论了其对当地史前社会演进带来的四个方面的影响。

环境对人类生存方式的影响越来越受到学界的关注。韩茂莉以西辽河流域史前和青铜时代文化为例（《史前时期西辽河流域聚落与环境研究》，《考古学报》1期），就不同文化期聚落的环境选择、高程和地貌等环境因素对生业经济类别的影响、聚落持续使用时间与环境容量的关系等，进行了深入的分析和讨论，得出了一些新颖的看法。但把人口增加、农业发展和环境变化之间的关系归结为"气候变迁→动植物资源减少→原始农业发展→人口增加"这样一种因果关系，还需要更细致的研究。贾伟明采用稳定同位素分析和孢粉分析的方法（《古环境的复原及全新世时期的上辽河流域》，《华夏考古》4期），对上辽河流域全新世的环境进行了复原研究，涉及的内容包括气温与降雨量、植被复原和古地理复原等。

靳桂云利用海岱地区各区域考古遗址中检测到的植硅体资料，讨论和分析了环境与农业的相互关系。她认为不同的区域环境条件与早期农业的类型、种植的农作物种类等具有紧密的关联度，而气候变化与土地资源利用的关系也十分密切。

娄欣利分析了东江流域的深圳咸头岭组（距今7000～6000年）和东莞村上组（距今3600～3000年）两组新石器遗存（《先秦东江流域三组文化遗存分析与综合》，《文物》11期）。试图复原其生态环境和分析当时人们适应环境的情况，归纳了各自不同的文化特质。

（五）史前农业及植物和动物考古

靳桂云等分四个阶段论述了近年来山东半岛地区早期农业的新进展（《十二次年会》）。认为该地区的农业产生于后李文化时期，到龙山时代粟、黍、稻、小麦、大豆等均成为栽培作物，其中粟和稻的数量最多，农业成为主要的生业经济来源。

朱乃诚分析了兴隆洼、兴隆沟、南台子、白音长汗和查海等5个典型的兴隆洼文化遗址的经济结构后（《十二次年会》，文物出版社），认为兴隆洼文化时期原始农业与狩猎采集经济的比重大体相等，并且东部农业发展水平高于西部，当时并未饲养家猪，并指出在研究早期家畜或家畜起源过程中，开展动物考古分析研究和传统的考古学分析研究是不可偏废的两个方面。

苏海洋将渭河上游的史前农业分为三个阶段（《论渭河上游早期农业土地利用格局的演变》，《农业考古》4期），即前仰韶时期的"灰坑点种"、仰韶时期的"刀耕火种"和龙山时代的"休耕制"阶段。

笪浩波通过食物遗存及相关遗迹和工具的分析（《十二次年会》），揭示了长江中游新石器时代两湖平原、峡江和汉水中游三个区域的不同生计类型。并探讨了生计类型区域形成的环境因素。吴传仁等分析了湖北孝感叶家庙屈家岭文化环壕城址的植物遗存（《从孝感叶家庙遗址浮选结果谈江汉平原史前农业》，《南方文物》4期）。该遗址采集浮选样品61份，发现农作物和非农作物种子1万多粒，其中炭化稻米的比例高达90%以上。由于发现了大量炭化稻谷基盘和一些稻田杂草，所以可据此推测当时的稻作农业生产状况。

陈雪香等对河南博爱西金城遗址浮选出来的植物遗存进行了鉴定和分析（《河南博爱县西金城遗址2006～2007年浮选结果分析》，《华夏考古》3期），龙山时期的农作物种类已经包括了传统的五谷，即粟、黍、稻、大豆和小麦。刘昶等分析了禹州瓦店遗址149份浮选样品的炭化木屑和植物种子两大类植物遗存（《河南禹州瓦店遗址出土植物遗存分析》，《南方文物》4期），植物种子又分为农作物和非农作物两类。龙山晚期的农作物包括了粟、黍、稻、小麦和大豆五大类，从出土数量和概率来看，以粟最多，稻次之，大豆和黍再次之，小麦较少。这和黄河以北的西金城遗址既有相同之处，也存在显著差别。

食物加工是生业经济链条中的一环，植物淀粉粒方法在考古学中的运用，可以帮助我们获得更多的古人利用植物的信息。王强提取济南月庄遗址后李文化石磨盘和石磨棒上的残留物，进行植物淀粉粒的检测和分析，发现其中至少包含壳斗科栎属、禾本科稻属及禾本科黍属三种植物的淀粉粒，对探讨磨盘、磨棒的功能和了解古人的食谱有积极意义（《东方考古（第7集）》，科学出版社）。葛威等以小麦、薏苡、粟和黍为材料进行了模拟实验（《食物加工过程中淀粉粒损伤的实验研究及在考古学中的应用》，《考古》7期），揭示了包括碾磨、各种加热方法在内的食物准备过程中淀粉粒的形貌变化。认为损伤淀粉粒对于考古研究更具价值。葛威等在另一篇论文中（《小米能否制作面条的实验研究：兼论喇家面条的成分》，《南方文物》4期），进行了小米制作面条的模拟实验，并与颇有影响的青海喇家遗址出土的齐家文化面条进行了比较。实验表明，纯的粟黍面粉制成的面团不能拉伸成面条，煮过的粟黍淀粉粒形态与喇家面条遗存中的淀粉粒形态不符。所以他们对喇家面条的确实性存疑。

顾海滨通过对普通野生稻和栽培稻双峰硅质体峰间距、垭深、峰角度等形态参数的研究，建立了野生稻和栽培稻属性的判别公式，有助于判别考古遗址出土水稻的野生与栽培属性。陈辉等对现代小麦植株的植硅体形态、分类及分布情况进行了实验和研究，对于鉴定考古遗址出土的小麦类作物有一定参考意义（均见《东方考古（第7集）》，科学出版社）。

张修龙等对西方农业起源的理论进行了评述（《西方农业起源理论评述》，《中原文物》2期），将西方农业起源理论区分为环境解释方法、社会和人类文化模型、认识力解释和其他解释理论等四大类别，其下各分为若干模型或模式。

吕鹏等从软体动物的用途入手（《顶蛳山遗址出土蚌刀的动物考古学研究》，《南方文物》4期），选取顶蛳山遗址发掘出土的627件蚌刀，进行了蚌壳分区、选取部位和种属的动物考古研究以及制作工艺、流程的分析。王良智对河南博爱西金城遗址出土的龙山时期圆田螺的采集季节进行了探讨（《博爱西金城遗址出土圆田螺的采集季节分析》，《华夏考古》3期），认为采集季节是食物短缺的春季，可补食物之不足。

蔡大伟等采用分子考古学研究方法，探讨了中国绵羊的起源问题（《边疆考古研究（第9辑）》，科学出版社）。

王炜林从泉护村发现猫骨遗骸（《猫、鼠与人类的定居生活》，《考古与文物》1期），结合半坡等遗址发现的田鼠骨骼和文献记载，讨论了其与人类定居生活的关系。

（六）体质人类学和人口

王建华通过人均遗址占地面积的分析（《河南仰韶时代人口规模及相关问题的初步研究》，《华夏考古》4期），进而探讨了河南地区仰韶时代各时期的人口规模，从早到晚呈现出一个不断增长的趋势。人口平均寿命的状况和变化，直接影响着我们对不同时期社会的主体——人的认识。辛怡华统计分析了三星村等8处新石器时代墓地和2处青铜时代及以后墓地的人骨材料（《东灰山、三星村、平洋等墓地与新石器时代几处墓地人口平均寿命比较》，《华夏考古》4期），得出这些墓地的人口平均期望寿命。从中可以发现，男性的平均预期寿命高于女性，新石器时代居民的期望寿命有延长的趋势，而黄河流域新石器时代居民的平均寿命可能高于长江流域。陈靓、薛新明在鉴定出土人骨年龄与性别的基础上，分析了清凉寺新石器时代墓葬的人口寿命和性别比例（《山西芮城清凉寺新石器时代墓地人口构成研究》，《西北大学学报》6期），结果是人口死亡高峰集中在中年期，男性平均寿命高于女性，而早晚期性别比有较大变化。

张全超等检测了上海广富林遗址9例良渚文化墓葬人骨标本的微量元素（《上海松江区广富林遗址良渚时期人骨微量元素的初步研究》，《东南文化》1期），显示出以稻米为主的植物性食物是该组居民饮食结构的主体。同时，水网环境为当地居民提供了丰富的水产品，极大地补充了蛋白质的摄入。

（七）陶器和玉石器

段天璟探讨了陶器岩相分析在史前陶器产地和交流研究中的应用问题（《边疆考古研究（第9辑）》，科学出版社）。郭明从分区、演变、制作工艺、功能和纹饰方面综述了东北地区新石器时代筒形罐的研究（《辽宁考古文集（二）》，科学出版社）。

戴向明对于山西垣曲盆地史前至青铜时代陶器生产方式的变化和专业化的发展，分部落社会、酋邦社会和国家社会三个阶段进行了考察，认为陶器生产的组织形态分别为家庭生产、个体作坊生产和专业作坊生产。

栾丰实从产生、发展和对扩散以及社会功能等方面分析了大汶口、龙山文化的白陶（《海岱地区史前白陶初论》，《考古》4期）。认为海岱地区的白陶主要流行于大汶口晚期和龙山文化，并且随着文化的对外扩张而传播到周边其他地区。白陶的存续期正值中国文明社会的产生时期，白陶的独特性和贵重性使其成为衡量社会分化的一项重要指标。

娄欣利讨论了东江三角洲地区距今7000～5000年的陶器生产（《先秦东江三角洲陶器研究》，科学出版社），内容涉及陶器制作工艺、装饰、烧制和使用。

杨晶分辽西、辽东和吉黑三个地区讨论了东北地区史前玉器的编年（《十二次年会》），各自可以划分为三或两个阶段。在此基础上，分析了不同类别的玉器在时空上的存续情况。方向明选择红山文化两类典型玉器——玉雕龙和勾云形玉器（《十二次年会》），就其构图和展示方式进行了深入探讨。邓聪和刘国祥对牛河梁第十六地点M4的玉鹄（原称玉凤）、第二地点1号冢M27的勾云纹玉器，采用SEM精密观测了其片解技术（《苏秉琦百年诞辰纪念文集》，辽宁大学出版社）。刘景芝和赵越讨论了内蒙古呼伦贝尔地区恰克文化出土的玉器（《名家论玉（三）》，科学出版社），并就其年代、产地、意义等问题进行了简要分析。

方向明归纳了崧泽文化玉器的特点（《崧泽文化玉器及其相关问题的研究》，《东南文化》6期），如主体为透闪石玉、璜和钺等礼玉开始出现、玉器已经成为身份和等级的标志等。还就宁镇－芜湖地区早期玉器的地位、苏南沿江地区玉器的传播与传承、良渚玉器神人兽面像与崧泽文化圆、弧边三角组合图案的关系等，进行了相应的探讨。黄翠梅在梳理中国新石器晚期玉琮的分类和分期的基础上（《再论中国新石器时代晚期玉琮形制与角色之演变》，《南艺学报》1期），对玉琮的南传与北渐，特别是中国北方和西北地区玉琮的渊源关系及其发展进行了系统论述。

江富建介绍了河南南阳黄山遗址发现的独山玉生产工具，认为其时代从仰韶时代早期延续到屈家岭和龙山文化时期（《南阳黄山遗址独山玉生产工具的断代释考》，《农业考古》1期）。

栾丰实对晋南地区陶寺、下靳和清凉寺等遗址出土龙山玉器中的礼玉（《简论晋南地区龙山时代的玉器》，《文物》3期），按钺、刀、璧、琮、圭等类别进行了文化因素分析，认为其中相当部分与东方海岱地区大汶口－龙山文化关系密切。

1982年发掘的邯郸百家村遗址，发现了一处长约5、宽约2.5、高约0.6米的仰韶文化晚期石器堆。李海洋等公布了其中的研磨器、石钻、半成品和成品石环等，共13件，并探讨了石环的制作流程和工艺（《新石器时代石环加工初探》，《文物春秋》2期）。科杰夫采用实验考古学的方法，对两城镇出土的龙山文化抛射尖状器（主要是石镞和石矛）进行了详细研究（《东方考古（第7集）》，科学出版社）。实验采用三种硬度依次递减的石料，制作程序包括剥片、磨制、抛光、装柄等，对各种岩性的模拟品进行了穿射实验。他认为较软的滑石片岩制作的镞，可用于战争而不适于狩猎活动。

（八）宗教信仰与艺术

覃芳透过民族志中记载的屈肢葬埋葬习俗的比较（《广西邕宁顶蛳山史前屈肢葬与肢解葬的考察》，《南方文物》2期），考察了顶蛳山遗址的屈肢葬和肢解葬。认为屈肢葬的目的是限制亡魂，而肢解葬则与当时的部落战争有关。

林明昊在讨论了巫与宗教、早期历史时期的巫和从民族学看巫之后（《巫与文明》《文物研究（第17辑）》，科学出版社），对仰韶和龙山时期的行巫场所和巫的形象等进行了具体分析。

王芬在比较了海岱与环太湖两个地区的宗教信仰和礼制之后（《海岱和太湖地区宗教信仰与礼制的比较分析》，《江汉考古》1期），认为它们有着各具特色的社会复杂化发展道路，而两个地区的鼎盛期分属于两种不同的类型，即世俗型社会和宗教型社会。

赵春青从河南新密新砦遗址出土的猪首形陶器盖谈起（《考古学集刊·18》，科学出版社），论述了各地发现的新石器时代猪形器物，由此推及猪的发现及对猪的祭祀，认为猪形器有礼器的性质。郭静云认为作为中国天神的龙（《史前信仰中神龙形象来源刍议》，《中原文物》3期），其形象来自于昆虫。

叶茂林从喇家齐家文化玉器的特殊现象入手（《史前玉器与原始信仰——齐家文化玉器一些现象的初步观察与探讨》，《南艺学报》1期），对齐家文化的原始宗教信仰进行了解读。

王仁湘由庙底沟文化彩陶艺术的解读（《中国史前艺术的浪潮》，《文物》3期），看到了中国史前彩陶艺术自中原向四方扩散的浪潮背后，隐含着深刻的社会和历史背景。而彩陶研究的价值和意义，需要从考古学、艺术史、文化史和历史学等层面加以整体阐释。王仁湘在《庙底沟文化彩陶艺术原理探论》一文中（《考古学集刊·18》，科学出版社），将庙底沟文化的彩陶艺术原理归纳为：表现手法强调对比与反衬，表现形式突显连续与间断、对称与均衡、沉静与律动、定位与定向的特征，构图兼顾写实与简化、拆解与重组，立意追求写意与象征。这些原理的应用，从色彩、纹饰和图案的结合上提升了庙底沟文化彩陶艺术的魅力，并赋予彩陶以灵魂。费玲伢分黄淮和江淮两个地区讨论了江苏新石器时代的彩陶（《江苏新石器时代彩陶与彩陶系研究》，《东南文化》6期），认为黄淮地区以外彩为主的彩陶属于大汶口文化系列，江淮地区以内彩为主的彩陶可能来自仰韶文化。邵明杰对青海大通上孙家寨墓葬出土的彩陶盆舞蹈图案进行了新的解读（《上孙家寨彩陶盆舞蹈图案新论》，《四川文物》2期），认为其与武威磨嘴子和宗日的彩陶盆舞蹈图案表现女性舞者明显不同，用男性生殖器来表现舞者为男性。

栾丰实梳理了中国新石器时代各地发现的八角星图案（《中国史前文化中的八角星图案初探》，《南艺学报》1期），对其分类、年代、相互关系、含义和功能等进行了分析和解读。曹锦炎和方向明将浙江地区出土的新石器时代刻画符号分为四大类，即非象形符号、象形符号、表意性符号和组合符号，这些符号主要见于良渚文化时期（《十一次年会论文集》）。

崔乐泉通过对史前劳动工具所表现出来的人类生产实践活动的分析（《原始形态体育器械的考古学分析》，《南方文物》3期），指出各类工具与原始形态体育器械之间的关系，并将其功能总结为：远射类、投掷类、技击和格斗类、卫体和护体类、水上活动类、娱乐游戏类。正是人类的原始生产和生活的活动，推动着原始体育形态逐渐从其他社会活动中分离出来。

（原载《中国考古学年鉴·2011》，文物出版社，2012年，按原稿收入本文集）

2012年新石器时代考古

2012年的中国新石器时代考古研究，内容丰富，成果突出，体现了转型期中国考古学研究的鲜明特色。本年度新发表的田野考古资料，包括专刊和分布在各期刊杂志的调查、勘探和发掘报告共100余篇（部）。比较重要的考古报告专集有《查海——新石器时代聚落遗址发掘报告》（文物出版社）、《牛河梁——红山文化遗址发掘报告（1983~2003年度）》（文物出版社）、《濮阳西水坡》（中州古籍出版社）、《常州新岗》（文物出版社）、《赵陵山》（文物出版社）、《百色革新桥》（文物出版社）、《郾城郝家台》（大象出版社）、《伊川考古报告》（大象出版社）、《西安米家崖》（科学出版社）、《赤峰上机房营子与西梁》（科学出版社）、《鲁东南沿海地区系统考古调查报告》（文物出版社，以下简称为《鲁东南》）、《滹沱河上游先秦遗存调查报告（一）》（科学出版社，以下简称《滹沱河》）等，国家文物局主编的《2011中国重要考古发现》（文物出版社，以下简称《发现》）、《湖北省南水北调工程重要考古发现》（文物出版社，以下简称《南水北调》），也介绍了多处新的重要考古发现。

本年度的新石器文化研究论文数量较多，总数超过了300篇（部）。除了发表于期刊杂志之外，北京大学的《考古学研究（九）》、《考古学研究（十）》、山东大学的《东方考古（第9集）》、吉林大学的《边疆考古研究（第11辑）》、西北大学的《西部考古（第六辑）》、山东省文物考古研究所的《海岱考古（第五辑）》、安徽省文物考古研究所的《文物研究（第19辑）》、山西省考古研究所的《三晋考古（第四辑）》等大型学术年刊已经成为刊载研究成果的重要阵地。而一些学术会议或各种纪念性论文集，则收录了较多有关的专题研究成果。如《中国考古学年会第十四次年会论文集》（以下简称《十四次年会》）、《纪念国博百年考古文集》（以下简称《国博考古》）、《玉魂国魄（五）——中国古代玉器与传统文化学术讨论会文集》（以下简称《玉魂国魄》）、《苏秉琦百年纪念文集》、《庆祝宿白先生九十华诞文集》（以下简称《宿白华诞文集》）、《徐苹芳先生纪念文集》等。此外，本年度还出版了多部汇集个人考古研究成果的文集。

一 考古新发现和基础研究

（一）黄河下游地区

以山东、苏北、皖北、豫东和冀东南为主的黄河下游地区，本年度公布的新资料相对不多，但有一些值得注意的亮点。

地处苏北平原南部江苏泗洪顺山集遗址，2010~2012年连续三次发掘，揭露出距今8000年前后的环壕、墓地和居址等重要遗存。该遗址的三期遗存中，一二期为苏北地区目前所知最早的新石器文化遗存。属于一二期之际的环壕，宽15米左右，最深处超过3米，壕内面积近7.5万平方米。房址有地面式和浅穴式建筑两种。墓地位于西北侧环壕之外，墓葬均为长方形土坑竖穴，墓向多为北偏东，绝大多数为单人仰身直肢葬，墓葬之间排列有序，少见打破关系。多数墓葬无随葬品，有者均在3件之内。陶器以圜底釜为大宗，还有罐、钵、盆、支脚等。此外，还发现玉管、殉狗、炭化稻米等重要遗物。顺山集的新发现，将苏北地区的新石器文化由原来已知的北辛文化提前了约一千年（《中国文物报》11月23日）。

山东章丘西河是一处重要的后李文化遗址，重新确认的分布面积达40万平方米。2008年发掘的1070平方米范围内，又发现了8座后李文化的房址。其中除了1座面积为28平方米之外，余者均在40平方米以上，最大的2座，房内面积超过了70平方米。房址均为较浅的半地穴式，平面为圆角方形或长方形，南侧或有阶梯状门道。房内有睡眠、日常活动、储存和炊煮等功能分区，而由三个石支脚构成一个灶、互相依存的三个灶构成一座组合灶，是后李文化房内设施的显著特色。房内出土遗物以筒形圜底釜、圈足盘、罐、石磨盘、石磨棒、石斧等为主（《海岱考古（第五辑）》，科学出版社）。

位于胶东半岛东南端的荣成河口遗址，是白石类型的重要遗址之一，近期公布了1975年发掘的老资料（《海岱考古（第五辑）》，科学出版社）。河口遗址的面积约5万平方米，前后两次累计发掘400余平方米，可分为早晚两期。早期只有2座房址和部分零散柱洞，陶器有罐、钵、盆、鼎、支脚等，其中以有对称的两个柱状把手筒形罐最具特色。晚期出现少量夹滑石和云母的陶器，除了仍然流行柱状把手罐之外，盆形鼎的数量明显增多。

大汶口文化中晚期阶段的遗存，有江苏新沂花厅和山东苍山后杨官庄两处。花厅遗址的发掘，新发现了一批房址和3座墓葬。房址的结构较为清楚，平面为方形，面积约40平方米，四周有基槽，槽内设置密集的柱洞，为木骨泥墙结构的地面式建筑（《中国考古学年鉴》，以下简称《年鉴》）。

龙山文化的资料较为丰富。如山东后杨官庄、平邑邱上北墩、临朐古城、昌乐后于刘（《海岱考古（第五辑）》，科学出版社）和安徽蚌埠禹会村均有发现。这些资料中，较为重要的是：后杨官庄发现的一座龙山文化墓葬（M3），墓主左膝处插有一角镞，增添了新的非正常死亡实例；邱上北墩发现的一座龙山文化中型墓葬（M2），墓室长3.2、宽1.5米，使用一椁一棺，并有石钺和陶鬶等随葬品，表明该遗址具有一定等级；禹会村发现了龙山文化的祭祀台基、祭祀沟、祭祀坑和简易工棚等遗存，发掘者认为该遗址是一处以祭祀为主的礼仪性基址。本年度还公布了7个禹会村龙山文化遗存的碳-14测年数据，校正后的年代在公元前2470～前2190年之间（《考古》7期）（以上未注明出处者均见于《年鉴》）。

中美联合考古队在鲁东南沿海地区开展的考古调查工作，自1995年经国家文物局批准正式启动以来，一直持续到目前，是迄今为止国内历时最长、规模最大、成果最丰富的区域系统调查工作。本年度正式出版了前13年（1995～2007年）的调查报告。在公布的调查资料中，北辛文化遗址2处，大汶口文化遗址29处，龙山文化遗址536处。报告进一步把536处龙山文化遗址划分为四个等级，其中第一等级只有两城镇和尧王城2处，第二、三等级分别有10、20处，第四等级则多达504处，呈现出一种典型的金字塔状结构（《鲁东南沿海地区系统考古调查报告》，文物出版社）。

（二）黄河中游地区

以豫晋陕为主的中原地区，历来是中国新石器时代田野考古和后续研究的高产区域。本年度出版田野考古专集7部，发表考古简报十余篇，学术论文数十篇。

2009年再次发掘的新郑唐户遗址，发现了一批裴李岗文化房址和灰沟，特别是在裴李岗文化地层中发现了玉器，增添了新的资料。此外，在中牟县宋庄和伊川白土疙瘩遗址的发掘中，也发现少量裴李岗文化的灰坑，出土有石器、陶器等遗物（《考古》7期；《伊川考古报告》，大象出版社）。

河南濮阳西水坡遗址的发掘资料，历经多年整理，于本年度完整公布出来（《濮阳西水坡》，中州古籍出版社、文物出版社）。1987、1988年该遗址累计发掘面积达5000平方米，发现房址8座、墓葬200多座以及陶窑、灰坑、灰沟等遗迹。其中最重要的发现是用蚌壳堆塑的三组动物图案，动物的种类有龙、虎、鹿等，公布之后曾在学术界引起较大反响和广泛讨论。统一整理之后，报告将西水坡的新石器时代遗存分为五期，前四期属后冈一期文化。报告建议将其更名为"西水坡文化"，以豫北、冀南为其分布的中心，年代为公元前4300～前3900年。报告最后的专题研究，内容涉及软体动物的鉴定与分析、脊椎动物的鉴定与分析、孢粉分析、石器的岩性鉴定、人体骨骼的体质人类学研究等。河北文安太子务遗址的调查，发现有后冈一期文化的红顶钵、小口罐、盘以及后冈二期文化的鬲、罐等遗物（《文物春秋》3期）。

2002～2005年，西安鱼化寨遗址的发掘，揭露面积近3000平方米，发现了丰富的仰韶文化遗存，其中以早期阶段最为丰富。计有房址107座，还有灰坑、灶址、陶窑等。房址的形状和结构比较复杂，有方形、圆形、椭圆形等和半地穴式、地面式等，面积多在10～30平方米之间。此外，在白水南山峁遗址发现一座仰韶早期的房址，残长10米（《考古与文物》5期）。

河南郑州市站马屯遗址经过多次发掘，揭露面积超过6000平方米，发现了丰富的仰韶文化中晚期和庙底沟二期文化遗存。历次发掘土坑墓和瓮棺葬200余座，还有灰沟及围栏、房址、灰坑、陶窑、水井等遗迹（《考古》4期）。位于西峡县的老坟岗遗址，发掘面积达1200平方米，主要收获是发现了属于仰韶文化中期偏早阶段的20座房址和10余座墓葬。老坟岗遗址仰韶中期遗存的突出特点是：12座墓葬中有10座为石棺墓，有的还在墓上积石，这在中原地区新石器文化中极为罕见；陶器中存在相当数量的平底瓶（《考古学报》2期）。宝丰小店遗址发现较为丰富的仰韶文化早中期遗存，遗迹有房址、祭祀遗迹、灰沟和灰坑等。淅川下寨发现的仰韶文化中期环壕聚落和晚期墓地，为豫南地区仰韶文化研究增添了一批重要资料。作为连续发掘项目的邓州八里岗遗址，2010年发掘1250平方米，至此，八里岗遗址历年来的总发掘面积接近1万平方米。本次发掘发现仰韶文化中晚期房址10座，对于完整认识八里岗仰韶文化的聚落布局提供了新的资料。此外，华县泉户村和高陵杨官寨遗址等遗址进一步发掘，不断有新的收获问世。

面积达30万平方米的陕西蓝田新街遗址，发现了丰富的仰韶晚期遗存，有一系列重要收获：发现的圆角方形地面式建筑（F3），面积达68平方米，室内保存着大片白灰地面，户外似有平整的院落；发现有"板砖"建筑材料；出土大量玉制品及制玉工具等。陕北榆林杨沙界和大古界遗址的发掘，均发现数量较多的房址、灰坑、墓葬等仰韶晚期遗存。西安米家崖第一期遗存属于仰韶文化晚期，发现有灰坑166座，出土了大量石骨角牙器和陶器标本（《西安米家崖》，科学出版社）。

晋西南吉县穆家嘴遗址的新石器遗存，包括庙底沟期仰韶文化、陶寺文化早中期等不同阶段，各个时期均发现有房址、陶窑、灰坑等遗迹，出土遗物则以陶器为大宗。芮城桃花涧遗址发现有庙底沟期仰韶文化遗存（《三晋考古（第四辑）》，上海古籍出版社）。晋中北合流遗址也发现了丰富的仰韶晚期遗存，遗迹有房址、陶窑、灰坑等。

龙山时代的考古发现，以晚期阶段最为丰富。庙底沟二期文化遗存发现不多，主要有西安米家崖、绛县周家庄、襄汾杨威、武乡东村、芮城杏林、宁武石家庄（《三晋考古》，上海古籍出版社）、平顶山陶庄等。遗迹均以灰坑为主，也有少量房址，出土遗物数量不多。杨威遗址在不大范围内发现了4座庙底沟二期文化的横穴式陶窑，并且在形制上各有特色。

石峁遗址位于陕西神木县高家堡镇洞川沟附近的山梁上。2012年，经过细致勘察和重点发掘，确认了由"皇城台"、内城、外城三座石城组成的石峁大型龙山城址。"皇城台"位于内城偏西的中心位置，是一座四面包砌护坡石墙的台城，平面近方形，台顶面积8万多平方米。内城依山势而建，形状为椭圆形，城内面积210多万平方米。建于山脊的石砌城墙，现存长度5700多米，宽约2.5米，保存最好的地段尚高出地表1米多。外城利用了内城东南部墙体，并向外扩筑，石墙呈弧形，绝大部分墙体高出现今地面。城墙现存长约4200、宽2.5米左右。外城城内面积190余万平方米，石峁城址总面积超过400万平方米，是目前中国新石器时代最大的城址。在"皇城台"和内、外城的城墙上均发现有城门，内、外城城墙上还有墩台一类方形石建筑，外城城墙上发现有疑似"马面"的石建筑。位于外城东北部的东门经过重点发掘，门道为东北向，由"外瓮城"、两座包石夯土墩台、曲尺形"内瓮城"、"门塾"等部分组成，规模宏大，结构合理，做工精细，令人叹为观止。此外，在外瓮城南北向长墙外侧和门道入口处，发现两处集中埋放人头骨的遗迹，头骨以年轻女性居多，部分头骨有明显的砍斫痕迹，推测与修建城墙举行的奠基或祭祀活动有关（《中国文物报》11月21日）。

本年度出版的《郾城郝家台》（大象出版社），全面公布了1986和1987年的发掘资料。报告将郝家台的龙山文化遗存细分为五期。属于龙山文化第二期的城址，平面呈规整的长方形，南北长222、东西宽184米，面积3万多平方米，东城墙中部发现有城门。房址流行平地起建的排房建筑，与城址早期同时的F16和F18，虽然一端尚未到边，但已分别清理出6间和11间，房址的形制和结构，与安徽尉迟寺大汶口文化晚期房址基本相同。墓葬有土坑墓和瓮棺葬两种，多为零星分布的小型墓葬，未见到集中埋葬的整片墓地。

绛县周家庄遗址的面积近300万平方米，在龙山时代属超大型遗址，前后经过多次发掘，其中2011年发掘面积1700余平方米。发现壕沟、房址、陶窑、灰坑、墓葬和祭祀坑等遗迹。房址皆为圆角方形，半地穴式居多，面积多在10平方米以内。100多座墓葬有土坑墓和瓮棺葬两种，均成排、成组分布，其中土坑墓有大、中、小型的区别（《考古发现》，文物出版社）。此外，本年度还公布了2004年周家庄遗址的第一次发掘和围绕着周家庄遗址的系统调查资料（《中国国家博物馆馆刊》12期）。属于龙山文化时期的西安米家崖三期，发现有房址、灰坑、陶窑、灶等遗迹。房址既有单间，也有多间，均为白灰地面，从墙体碎块看，墙体表面也涂有白灰。陶窑为横穴窑，圆形窑室，火道呈"业"字形（《西安米家崖》，科学出版社）。

　　此外，河南汝州李楼、郑州梁湖、禹州后屯、平顶山陶庄、淅川老人仓、民权牛牧岗（《考古》2期）、伊川南寨和北寨（《伊川考古报告》，大象出版社）、陕西铜川上安、吴起新寨和山西河曲坪头、曲沃靳庄、大同高曹庄（《三晋考古（第四辑）》，上海古籍出版社）等遗址，均发现和发掘出龙山文化时期遗存。其中比较重要的是李楼遗址，发现了一段长110米的壕沟（环壕的一部分），环壕内侧还发现一处长80、宽25米的夯土台基，台基上分布着许多柱坑、柱洞等，应是一座大型建筑遗迹。而坪头遗址具有独立院落的窑洞式房址，也颇具地方特色。山西偏关楼沟遗址发现龙山时期的房址5座和灰坑等。5座房址分为三排，平面近圆角方形，从房址的位置和结构看，应为窑洞式建筑（《文物春秋》5期）。

　　魏继印从分期入手，重新分析了宝鸡北首岭仰韶文化早期遗存，认为其是关中地区继老官台文化之后兴起的又一支考古学文化，为仰韶文化最早阶段的遗存，可称为"仰韶文化一期北首岭类型"，绝对年代在公元前5100～前4500年之间。并认为这一类遗存不是直接从老官台文化中发展而来，而与东部的裴李岗、磁山文化有关（《考古》12期）。

　　朱雪菲和徐永杰从典型遗址和典型器物的分析、周邻地区的文化突变、遗民现象的出现等方面，分析了西阴文化的解体和仰韶晚期遗存的生成。认为西阴文化的解体形式的"骤然瓦解"，这一过程代表了一种突变模式（《考古与文物》6期）。

　　魏兴涛在分析豫西和晋西南地区16处仰韶文化晚期遗址的基础上，将这一地区的仰韶文化晚期遗存划分为前后两期六段，绝对年代在公元前3100～前2700年之间。并对西王类型的文化特征、形成和发展过程进行了探讨（《考古学研究（十）》，科学出版社）。

（三）以黄河上游为主的西北地区

　　包括甘肃、青海、宁夏、新疆四省区的西北地区，本年度公布的资料较少。

　　发现于1947年的甘肃礼县高寺头遗址，包含了仰韶文化和龙山文化各个阶段的遗存。发现的2座仰韶早期房址，均为半地穴式建筑，面积较小。属于仰韶晚期的F1，是一座大型半地穴式房址，因为破坏严重，整体规模和形状不详，但从残存的西壁看，现存长度已达20米，墙体保存高度在1.2～2.3米之间。出土遗物中陶环数量甚多是其特色，在全部可复原的640件陶器中，陶环多达586件（《考古与文物》4期）。

　　甘肃民乐五坝遗址发现的一批史前墓葬，分属于半山类型、马厂类型和齐家文化三个阶段。其中以马厂类型最多，有29座，形制有竖穴土坑和竖穴偏洞室墓两大类，葬式有仰身直肢葬和二次葬等。该遗址的发掘，对于认识半山类型的分布西界、河西地区马厂类型的葬制、齐家文化与四坝文化的关系等问题均有积极意义（《考古与文物》4期）。张掖西城驿遗址发现马厂至四坝文化时期的房址、灰坑、灶、窑和墓葬等遗迹180处。房址有地面土坯墙建筑、地面立柱式建筑、半地穴式建筑三类，其中圆形和方形的土坯墙建筑为河西地区首次发现。墓葬多位于房址之内，以小孩为主，形制为土坑竖穴墓。出土遗物中有铜器30余件，器形有刀、泡、环、锥等，还发现大量炼铜炉渣、矿石、炉壁、鼓风管和石范等，为中国早期冶金技术研究提供了新资料。此外，还发现炭化小麦等植物类遗存（《考古发现》，文物出版社）。

陈斌等公布了2009年在宁夏9县调查的11处新石器时代遗址，时代涉及仰韶文化、龙山文化、半山文化、菜园文化等，进而对宁夏新石器时代晚期的文化类型有了全新的认识（《国博百年考古》，科学出版社）。

王辉讨论了甘青地区早期文化的谱系和格局，认为仰韶文化中期以前，甘青地区的新石器文化与关中西部一致，而作为独立的文化区，则萌芽于仰韶文化晚期，形成于马家窑－齐家文化时期。复杂多变的甘青史前和青铜文化，始终与其东部文化密切相连，文化发展和格局改变与东部人群和文化的西渐密不可分（《考古学研究（九）》，文物出版社）。段小强讨论了马家窑文化的渊源和族属，认为马家窑文化是关中地区仰韶文化移民与当地土著居民融合之后形成的新族群，而与古羌族并不同源，所以不能说马家浜文化发展出古羌族（《东方考古》，科学出版社）。

陈洪海讨论了甘肃齐家文化大何庄遗址和秦魏家墓地。在分析了各自的基本特征之后，认为两地点属于同一遗址，聚落内的人群已经分化为统治和被统治的两个集团，殉人来自被统治集团。位于甘肃洮河南岸的磨沟遗址，截止2011年，发掘出以齐家文化末期为主的墓葬1530余座，钱耀鹏从发现概况、墓葬形制、埋葬方式、埋葬过程、墓道埋人现象等及其特点等方面，概括了墓地发掘的主要收获。其中确认一些墓葬上部存在坟丘和对齐家文化墓葬的埋葬过程与方式的详细了解，对于今后的墓葬发掘和后续研究有重要价值（《考古学研究（九）》，文物出版社）。

陈玭对乐都柳湾墓地出土的彩绘符号进行了研究。在统一整理和分析的基础上，依据构成和笔画，将柳湾墓地半山晚期至马厂晚期的彩绘符号分为独立式和组合式五大类，即直线型、曲线型、点型、直线加曲线型、直线加点型。认为符号直接来源于纹饰，其发展演变也受其影响。进而探讨了符号与所在器物、墓葬以及其他随葬品的关系。最后，讨论了符号的含义，认为符号与文字不同，符号的制造者应是陶工、画工和窑工（《南方文物》4期）。

郭物的《新疆史前晚期社会的考古学研究》（上海古籍出版社），是近年关于新疆考古的力作。全书从基础考古研究入手，分三个层次探讨了新疆地区考古遗存的年代和文化性质。第一层次是把整个新疆分为环东天山区、环塔里木盆地区和准噶尔盆地区三大区；第二、三层次是依次再分解为10个中等区域和更多的小区。在典型遗址、墓地分析的基础上，进而总结和提炼出各大区考古遗存的分期、年代和文化特征。随后，对新疆地区史前诸考古学文化的内外关系、游牧文化背景下古代社会的复杂化进程、青铜文化来源等关系新疆地区古代文化发展的重大问题，一一展开分析和讨论，取得了可喜成果。

（四）长江下游地区

广义的长江下游地区包括环太湖及以南的钱塘江流域、宁绍平原等区域。这一地区2012年发表了一批新的原始资料，研究成果较为突出。

位于太湖西北部的常州象岗遗址，2002～2008年先后经过五次发掘，累计发掘面积达1700平方米（《常州象岗》，文物出版社）。象岗遗址除了发现16座马家浜文化中晚期墓葬之外，主要遗存为崧泽文化的房址、灰坑、灰沟、水井和墓葬等，分布在南北两区101座崧泽文化墓葬，延续时间基本贯穿了崧泽文化的始终。随着时间的推移，马家浜、崧泽文化墓葬之间的分化逐渐加大，显示了当时该遗址社会复杂化的起步和初步发展。象岗遗址发掘资料的全面公布，对于认识环太湖地区马家浜、崧泽、良渚文化之间的文化演变、社会复杂化进程和长江下游地区不同区域之间的文化交流，提供了一批重要资料。

第三次文物普查新发现的浙江桐庐方家洲遗址，发掘出马家浜晚期至崧泽早中期的大型玉石器加工场。在600平方米的范围内，发现的与加工石器有关的石片堆、砾石断块堆以及各种半成品、废料等堆积，多达24处，还出土了加工玉石器的工具如"钻头"或"辘轳"等。（《中国文物报》1月6日、《中国遗产》6期）。面积达9万平方米的昆山姜里遗址，经2011、2012年的两次发掘，发现马家浜文化、崧泽文化、良渚文化等不同时期的堆积，其中以崧泽文化遗存最为丰富，有土台、房址、灰坑、水田、池塘和墓葬等遗迹（《中国文物报》11月23日）。

浙江慈溪童家岙遗址，出土丰富的河姆渡文化遗存，除了柱坑、灰坑等遗迹和陶器、石器等遗物之外，引人注目的是发现了一条两侧立柱并夹横木为护路边墙的道路。此外还发现一批保存较好的木锨、木杵、器柄、木饼等木器（《东南文化》2期）。

昆山赵陵山是一处重要的良渚文化高台遗址，1990～1995年，历经三次发掘，揭露面积累计1200多平方米（《赵陵山——1990～1995年度发掘报告》，文物出版社）。与环太湖地区其他良渚文化土台遗址一样，赵陵山也是一处人工堆筑的大型土台，其上分布着祭台、红烧土堆积和数量较多的良渚文化墓葬以及一定数量的灰坑等。三次发掘共发现墓葬90座，其中70座等级较高的墓葬位于土台之上，20座丛葬墓则埋在台西北的漫坡处。墓葬时代以良渚文化早期为主，少数延续到良渚文化偏晚时期。台上的墓葬均有较浅的土坑，不少还有木质葬具，随葬品的数量多在20件以下，许多男性墓葬使用石钺。个别墓葬的随葬品较多，如M77就多达157件，其中有包括玉琮、冠状饰、人和鸟的插件在内的玉器123件，象牙器和15件制作精致的石钺，还使用了彩绘木棺，墓主应是赵陵山的社会上层人物。而台西北坡下的20座丛葬墓，不仅没有墓坑，绝大多数也没有随葬品。

苏州彭家墩为一高出周围地面2～3米的良渚文化土墩，位于土墩中部的F1，面积达130平方米。土墩上发现的10座良渚文化墓葬，长度均在2米以上，宽度1米左右，随葬有玉石器、陶器和象牙器等（《中国文物报》11月23日）。浙江平湖戴墓墩发现了5座良渚文化墓葬，数量虽然不多，但提供了一些比较重要的信息。如在遗址采集到玉琮、玉璧和精致的石钺等玉石器；墓葬均有一定数量的随葬品，保存较好的3座墓葬均在13件（套）以上，并多出土小件玉器；随葬陶器的底部，发现了一些刻划符号，一件阔把杯外表刻满纤细的鸟、蛇、网格、直线等纹饰。这些发现以及16万平方米的规模，表明戴墓墩是一处等级较高的良渚文化遗址（《文物》6期）。此外，海宁小兜里为以崧泽文化晚期和良渚文化遗存为主的土台遗址，三次发掘发现52座墓葬及红烧土遗迹等。余杭玉架山位于良渚遗址群之东，发现有良渚文化的环壕和成片墓地，等级较高的墓葬位于土台中心，如M200，随葬品近200件，其中包括玉琮、冠状器、成双玉箸在内的大量玉器。位于良渚遗址群内的美人地遗址，发现了良渚文化临河而居的建筑基址和用纵横木板整修过的古河道。

江西靖安老虎墩遗址的新石器时代遗存，分为早晚两期。早期出土遗物主要为石器和陶器。石器有斧、锛、犁、镰、镞、针等，陶器以釜和盘为主，时代早于已知的拾年山一期文化。晚期遗迹丰富，有人工土台、祭祀坑和墓葬等。墓葬有火烤墓壁的二次葬习俗，出土遗物与其他新石器时代遗址不同，可能是一支新的文化类型。铜鼓平顶垴遗址发现的新石器时代遗存，文化特征与山背文化较为一致（《文物》6期）。

王明达分五个小区探讨了钱塘江流域的史前文化，认为基本框架已经建立，距今万年以来分别有上山文化、跨湖桥文化、河姆渡文化、河姆渡后续文化和良渚文化。其中最早的上山文化已经开始了早期稻作农业（《考古学研究（九）》，文物出版社）。蒋乐平详细分析了跨湖桥文化研究历程中每一阶段的认识和研究进展。明确提出跨湖桥文化的主体来源于当地的上山文化，并在钱塘江流域史前文明史中起到承前启后的作用。同时，也指出了跨湖桥文化研究中亟待解决的问题。陈淳等则从环境变迁、生计方式和陶器制作技术等方面，对跨湖桥文化进行了新的解读。认为跨湖桥文化是人类对资源富裕环境的特殊适应，社会虽有初步分化，但仍处于原始的平等社会阶段（《跨湖桥文化国际学术研讨会论文集》，文物出版社，以下简称为《跨湖桥》）。

随着良渚文化一系列重大发现的问世，新的研究成果层出不穷。刘斌以良渚遗址为例论述了大遗址考古的问题。他认为基于对大遗址所在地理单元的把握和完整性的认识，使良渚遗址由单一遗址上升到遗址群和聚落是认识上的一次飞跃，其中良渚古城的发现起到了关键性作用。王宁远对良渚古城外围结构进行了探索，认为借助于GIS和RS技术，发现了良渚古城外郭城和位置更外的庞大防洪水利工程。赵春青通过瑶山墓地出土玉器和陶器的分期，分析了墓葬的排序和整个墓地的布局。并讨论了瑶山与反山墓地的关系。翟杨在分析反山墓地编年和布局的基础上，认为反山存在分别以M12、M20为中心的两个男性贵族集团，进而推论良渚社会采用的是一种贵族集团联合的统治模式。杨月光、李伊萍把良渚文化的陶鬶分为实足和袋足两大类，分别出现于良渚文化中、晚期。良渚文化的实足鬶受到大汶口文化同类鬶的影响而产生，袋足鬶与大汶口文化的"地瓜鬶"在器形结构上也存在一定相似性。随着良渚文化的对外扩张，袋足鬶也在其外围文化中出现（以上均见于《十四次年会》，文物出版社）。

关于环太湖地区近年来新确立的广富林文化，基于对文化内涵和性质认识上的差异，在文化命名问题上学界存在着三种观点：一是把良渚文化和马桥文化之间以钱山漾、广富林为代表的文化遗存均作为广富林文化；二是将其中偏早的钱山漾一期，归入良渚文化，年代较晚的广富林晚期，单独命名为广富林文化；三是分别命名，即把前一阶段称为钱山漾文化，后一阶段称为广富林文化。栾丰实从文化内涵、年代关系、来源去向以及与其他地区同期文化的比较等方面讨论了这一问题。认为环太湖地区晚于良渚早于马桥文化的遗存，大体与黄河流域的龙山文化年代相当，并且存在着浓厚的龙山文化因素。故建议统一称之为广富林文化（《徐苹芳先生纪念文集》，上海古籍出版社）。

杨立新分皖南、皖西南和巢湖三个小区分析了皖江地区原始文化的发展谱系。进而与长江下游地区的原始文化进行比较，认为这一区域承东启西，贯通南北，是文化交流的冲撞之地（《十四次年会》，文物出版社）。

（五）长江中游地区

长江中游地区本年度的发掘资料，涉及彭头山文化、皂市下层文化、汤家岗文化、大溪文化、屈家岭文化、石家河文化等。

为实施"中美合作稻作农业起源研究项目"而发掘的湖南临澧杉龙岗遗址,以彭头山文化中晚期遗存为主。发现的遗物多为陶器,器形有罐、双耳罐、钵、釜、盘和支座等。石制品中包含了较多的细小打制石片、石核。经筛选和浮选,发现有动物骨骼和炭化的大豆、野葡萄和稻米等,为课题研究提供了重要资料(《考古发现》,文物出版社)。

澧县优周岗遗址的大面积发掘,发现了汤家岗文化、大溪文化、屈家岭文化和石家河文化等时期连续的文化遗存。其中大溪文化遗存较为丰富,除了房址、灰坑等遗迹之外,揭露出一座用纯净白色土堆筑的圆形台基,其上有密集的浅坑,坑中多有动物骨骼,应是一处重要的祭祀遗迹。屈家岭文化遗存包括建筑基址、灰坑、灰沟和墓葬等遗迹和大量遗物,遗物中保存尚好的竹木器较为难得,器形有船桨、木锥、苇席和建筑构件等。

总面积达56万平方米的孝感叶家庙聚落群,系由四个部分组成。2008年的发掘发现了新石器时代城址和环壕,环壕围起的面积达30万平方米,城址平面近似方形,城内面积约为15万平方米。城址分为两期,一期为屈家岭文化晚期,二期是在一期城墙的基础上加宽加高而成,属石家河文化早期。城内居住区发现有房址、灰坑和瓮棺葬等遗迹。属于叶家庙聚落群的家山遗址,位于城址西侧,发现近70座屈家岭文化的墓葬和房址、灰坑、灰沟等(《考古》8期)。

石家河是江汉平原一处重要的新石器时代晚期城址,其东南部低洼地带是否存在城垣一直悬而未决。2011年在石家河遗址东南部的勘探和发掘,揭示出这一区域明确存在着与其他地段同时的城垣遗存。至此,石家河城址除了东北部被周代土城打破外,其余部分的城垣全部得以确认,平面呈不规则长方形。在城垣之下发现排列整齐的木构遗迹,发掘者推测是早于石家河古城阶段连接两处古遗址的古桥遗迹(《考古》8期)。

位于江汉地区东部的黄陂张西湾遗址,经调查、勘探和发掘,发现了一座石家河文化时期的环壕和城址。城址平面为圆形,南北存长295、东西335米,面积约10万平方米。从目前保存情况看,除了西墙完全被水塘淹没和南侧为低洼地外,北墙和东墙保存较好,最高的东南角尚高出地表约4.5米。城址分为早晚两期,始建于石家河文化早期,一直延用到石家河文化中期,晚期废弃。围绕着城墙外侧的环形围壕,壕宽约25~35米。城内遗迹主要有房址、灰坑、灰沟和灰烬层等(《考古》8期)。地处鄂东北的广水四顾台遗址,发现有屈家岭文化晚期遗存,虽然遗迹遗物不甚丰富,但其文化内涵较为复杂,值得今后关注(《江汉考古》3期)。

地处汉江流域的湖北郧西归仙河遗址,发现的石家河文化遗存有房址、灰坑、残断基槽等,遗物以石器、陶器为主。发掘者认为,归仙河的发现与"青龙泉三期文化"有着极大的相似性,两者属同一文化。但以往界定的"青龙泉三期文化"内涵并不纯净,其中有早期阶段的遗物混入(《江汉考古》1期)。十堰双坟店遗址经2009和2011年两次发掘,揭露面积2500平方米,发现丰富的石家河文化遗存,遗迹有房址、灰坑、陶窑、墓葬等。房址为地面式排房建筑,保存较好的F2为面阔3间,内侧用土坯垒砌。陶窑平面为球拍形,火膛底还发现1具保存较好的人类头骨,可能与祭祀活动有关(《中国文物报》5月25日)。

丹江口水库淹没区内发掘的新石器时代遗址,还有郧县店子河(仰韶早期和龙山时期)、刘湾、郭家道子、郭家院、青龙泉、辽瓦店子等。坐落在汉江北岸的郧县刘湾遗址,发现了比较丰富的仰韶时期遗存,如房址、灰坑、陶窑、灶和墓葬等。从出土遗物看,这里是南北方文化因素的汇合之地。郭家院遗址2009年的发掘又有新收获，发现仰韶晚期和屈家岭文化时期的壕沟、房址、灰沟、灰坑、墓葬等遗迹。其中壕沟在鄂西北地区为首次发现，而环壕之内围绕着广场分布的房址，为研究当时的聚落布局以及社会组织结构奠定了基础。经过多次发掘的青龙泉遗址，本年度又有新资料公布。发现的遗迹有房址、灰坑、祭祀坑、奠基坑和墓葬等，分属于仰韶晚期、屈家岭文化和青龙泉三期文化（《南水北调》，文物出版社）。

郭伟民系统讨论了洞庭湖区的大溪文化。认为长江中游的新石器文化格局始于彭头山文化，几经变更，在汤家岗文化之后孕育出大溪文化。如果从动态变化过程来把握大溪文化的空间分布范围，可按核心区、重点影响区和文化传播区等三个层来划分。可以说，大溪文化整合了长江中游地区的新石器文化，开启了从环壕聚落向城壕聚落的演进过程（《考古学研究（九）》，文物出版社）。

刘辉、唐宁把随州金鸡岭发现的6座新石器时代窑址分为三类，即圆形窑、长条形分室窑和长方形馒头窑。在与长江、黄河流域的新石器时代陶窑比较之后，认为当时的窑业技术已经达到较高水平，其中长方形分室窑已经具有龙窑的初始形态，对于探讨龙窑的起源具有重要意义（《江汉考古》1期）。

（六）长江上游及西南地区

包括四川、重庆、云南、贵州和西藏等省市区的长江上游及西南地区，本年度又有一批新石器文化资料问世，研究工作也呈现多元化趋势。

四川西北部的金川刘家寨遗址，揭露面积3500平方米，发现了极其丰富的新石器时代晚期遗存。发掘出房址、灶址、陶窑、灰坑、灰沟和墓葬等遗迹多达350处。房址以石坎为界分为三排，早期均为木骨泥墙的方形或圆形房址，晚期出土石墙建筑。发现的陶窑多达26座，以致有学者认为这里可能是一处专业的制陶作坊。刘家寨遗址出土各类遗物6000余件。其中陶器的质地、纹饰和彩陶装饰、器物群的种类等，无不显示出与甘青地区马家窑文化相同的因素。因此，刘金寨新石器时代遗存的发现，对于研究川西与甘青地区古代文化的传播和互动，提供了新资料（《中国文物报》9月14日；《四川文物》5期）。经过多年调查，在川西北地区发现多处出土彩陶的仰韶文化遗址和时代略晚的龙山时代遗址，汶川布瓦和龙溪遗址就在其中。本年度公布了布瓦遗址的调查资料，陶器和石器的风格、特征与宝墩文化相似，应为龙山时代的遗存（《成都考古发现》，科学出版社）。

位于成都平原的郫县三观村遗址，下层为宝墩文化的遗存。在800平方米的范围内，发现房址、灰坑、灰沟、卵石堆和墓葬等遗迹。房址有长方形和"日"字形两种形制，面积多在30～40平方米之间，墙体结构为有基槽的木骨泥墙。墓葬则为长方形土坑竖穴，多与生活类遗存交织在一起，未发现集中分布的墓地（《考古》5期）。此外，本年度集中公布了一批成都平原试掘的宝墩文化资料，计有郫县曹家祠、温江新庄村、天乡路、范家碾、永福村三组和新都太平村等六处。这些遗址资料的共同特征是，发现的遗迹以灰坑为主，个别遗址有房址（如永福村三组发现1座有基槽的残房址）和墓葬（如曹家祠发现1座土坑竖穴墓）等；各遗址的新石器遗存主要属于宝墩文化三期，个别延续到四期；出土遗物以陶器、陶片和石器为主。这批新资料的发表，对于成都平原宝墩文化的区域研究具有积极意义（《成都考古发现》，科学出版社）。

汉源麦坪遗址第二次发掘，揭露面积500平方米，发现的新石器时代晚期遗存，主要有房址、灰坑和墓葬等。房址均为长方形地面式建筑，四周挖有基槽，槽内有排列整齐的柱洞。出土遗物以陶器为主，器形有各种罐、钵、瓮、豆等。器表多有细绳纹。石器以锛、斧、凿的数量最多，也有刀、磨盘、网坠等。此外，还检测出距今5000年前后的水稻植硅体和大量芦苇及禾本科植物（《四川文物》4期）。刘志岩将麦坪的文化因素划分为四类，并分析了其来源和性质（《三峡库区》，科学出版社）。

宜宾屏山石柱地遗址的最下层为新石器时代遗存，发现的遗迹有房址和灰坑。房址均为柱洞组成的方形干栏式建筑。出土遗物主要为陶器和石器。陶器有花边口沿绳纹罐、盘口器、侈口折沿罐、圈足器、器盖等。石器有打制和磨制两类，器形有斧、锛、杵、石球、砍砸器、刮削器等。石柱地新石器遗存的年代约在距今4500年前后，其中包含有重庆峡江地区和成都平原地区两种史前文化的因素。从整体特征看，可能代表了川南金沙江下游的一种新的考古学文化（《考古发现》，文物出版社）。

位于清水江支流的贵州锦屏培芽遗址，发掘出100多件石制品，类型有石核、石片、石块和石器等，石器有砍砸器、刮削器、盘状器等。黔西南的贞丰洒若桥遗址，采集到数量较多的各类遗物。采集的石器以打制石器居多，器形主要为砍砸器，刮削器较少。总体上看，这两处遗址均属于新石器时代早中期。王新金公布了红水河-北盘江流域新发现的3处新石器时代阶地遗址，出土遗物以打制石器为主，也有磨制石器和陶片，时代约为新石器时代中晚期。其发现为研究贵州古代人类由居住洞穴转向野外开发提供了证据（《第十三届中国古脊椎动物学学术年会论文集》，海洋出版社）。

云南澜沧江流域糯扎渡水电站淹没区内发掘了两处遗址。景谷县怕叠遗址发现有新石器时代的窑址和少量柱洞遗迹。陶窑整体呈靴形，体积较小，结构也简单，由火膛、火门和烟道等组成。出土遗物以石器居多，有打制和磨制两类，器形有斧、锛、铲、镞、环、镯、砺石、研磨器等。镇沅县庄房遗址发现有柱洞、灰坑和墓葬等遗迹。石器亦有打制和磨制两类，以打制石斧最多，磨制石器很少，推测当时居民主要以渔猎和采集为主要食物来源。金沙江鲁地拉水电站淹没区内也发掘了两处遗址。永胜枣子坪遗址发掘面积达5300平方米，发现有房址、灰坑、灰沟、灶、墓葬等遗迹。堆子新遗址揭露面积达1万平方米，发现新石器时代房址和墓葬等。这两处遗址的发掘，填补了金沙江中游地区古代文化的空白。

唐启翠从环境考古特别是"水与城"的关系方面，探讨了成都平原的史前聚落形态的特点（《华夏考古》1期）。

陈祖军重新对以拉萨曲贡遗址早期为代表的曲贡文化进行了分期。他在陶器类型学分析的基础上，将曲贡文化划分为两期三段，并对各期的特征进行了简单总结（《四川文物》5期）。

（七）岭南地区

南岭以南的华南地区，包括两广、海南和闽台等省区。本年度这一地区发表的新资料不多。

处于旧石器和新石器时代之交的奇和洞遗址，位于福建漳平灶头村东北。经2009～2011年三次发掘，洞内的人类早期堆积可以分为三个大的时期。依据层位关系和20余个测年数据，自下而上依次为旧石器晚期（距今17000～12000年）、新石器初期（距今12000～9000年）、新石器早期（距今9000～7000年）文化遗存。新石器时代的遗迹有火塘和灶、灰坑、灰沟、鹅卵石铺的地面等。出土遗物有陶器、石器、骨器以及动物骨骼等，其中陶器的器形有釜、罐、盆、钵、盘等（《中国文物报》3月2日）。

浦城黑岩头发现的7座新石器时代墓葬，报告分为早晚两期。墓葬形制为长方形土坑竖穴，随葬品以陶器为主，也有少量石器。陶器中既有浙江好川墓地的因素，也有福建牛鼻山文化的特点。在墓葬形制方面，如墓室的宽度较大，长宽比例不太协调，也与好川较为接近（《南方文物》3期）。在经过发掘的武夷山赤石渡头岗史前聚落群遗址中，第Ⅲ地点发现的新石器文化遗存，包括房址和零星分布的柱洞等遗迹。房址为浅穴式建筑，木骨泥墙结构，房内有用石块围成的灶塘。出土遗物与牛鼻山等相近，同属新石器时代晚期。

2009年发掘的广东普宁龟山遗址，可以分三期。早期属于新石器时代晚期的虎埔头文化。主要遗迹为7座横穴窑，可以分为两区：一区4座，呈半圆形分布，窑口多向西北；二区3座，并分别与3座灰坑相对应，窑口皆向西南。陶窑的完整结构包括窑室、窑床、火道、火膛和窑前工作面等五个部分。窑室近圆形，直径大者超过1.5、小者不足1米。还发现一些与制陶有关的器具，如陶拍、器垫、陶具等（《文物》2期）。

位于右江南岸一级阶地上的广西百色革新桥遗址，面积约5000平方米。2002～2003年的发掘，揭露面积达1625平方米，发现了一处文化内涵十分丰富的新石器时代石器制造场，并以此入选当年的十大考古新发现。革新桥的新石器文化遗存分为三个文化层，出土石制品的数量超过2万件。报告分期分类详细介绍了出土的石制品，并采用"操作链"方法，从石料的获取、石器的制作流程到石器的使用以至埋藏过程，对出土石器进行了系统的分析和研究。同时，还对遗址发现的动物和植物遗存，聘请专业人员进行了鉴定的研究。从而为全面理解和认识当时居民的经济模式奠定了基础。这样的研究思路和方法，应该在今后的考古学研究中推广（《百色革新桥》，文物出版社）。此外，本年度出版的《广西文物考古报告集（1990～2010）》（科学出版社），汇集了一批以往发表过的广西境内考古调查和发掘资料，涉及广西各地的数十处新石器时代遗址。

2012年在海南三亚市的史前遗址调查中，于仙郎洞内发现一批石制品和少量陶片。石制品有石核、石片、砍砸器、刮削器、石砧、石锤等。据地层和出土遗物，报告者将仙郎洞的时代确定为新石器时代早期，地质时代为全新世早期（《第十三届中国古脊椎动物学学术年会论文集》，海洋出版社）。

李岩将粤西地区的考古遗存划分为三期，一期为新石器时代晚期偏早阶段，二期相当于石峡文化阶段，三期是以封开塘角嘴为代表的遗存。魏峻把粤东和闽南地区的先秦考古遗存各划为六期，整体合为七期，在此基础上，探讨了这一地区考古学文化的文化性质和发展谱系（《考古学研究（九）》，文物出版社）。李岩从发现和研究史、分布和文化特征、器物组合的演变和分期、源流关系等方面，讨论和分析了广东新石器时代晚期的虎头埔文化。朱非素在石峡遗址文化分期的基础上，探讨了石峡文化的文化特征以及与珠三角同期新石器文化、良渚文化、樊城堆文化的关系。认为石峡遗址是石峡文化中规模较大的中心聚落（《考古学研究（十）》，科学出版社）。

（八）燕辽及东北地区

包括京津、河北北部、内蒙古东部和辽宁、吉林、黑龙江在内的燕辽及东北地区。本年度有大批资料公布，特别是年代较早的兴隆洼文化和时代略晚的红山文化，成果十分突出。

2007年发掘的吉林白城双塔遗址，出土遗存可以分为三个时期，分属三种考古学文化。其中第一期的遗迹有柱洞、灰坑、灰沟、陶片堆积层和墓葬。出土陶片多为火候不高的夹蚌粉黄褐陶，器形有筒形罐、鼓腹罐、敛口罐、瓮、盆、盂、豆、碗、钵、杯等，采用泥圈套接和用手捏制两种方法制成，以素面为主。出土石器以细石器为多，磨制石器较少。从陶器群的特征看，不同于嫩江中下游地区以往发现的任何一种文化。出土人骨标本（1例）和陶片标本（5例）的碳-14和热释光测年数据，约在距今11000～9000年之间。如这一测年结果可靠，双塔一期遗存是目前所知中国东北地区最早的新石器文化（《中国文物报》9月14日）。大安后套木嘎遗址的第一、二期遗存，分别为新石器时代早期和昂昂溪文化。第一期的文化堆积均为浅淡不一的黄灰色，叠压在全新世大暖期形成的黑沙土层之下，应形成于气候相对寒冷的时期。遗迹有灰坑和墓葬等。第二期的出土遗物与昂昂溪文化十分相似，时代约为距今6500～6000年（《中国文物报》8月17日）。

辽宁阜新查海遗址1987～1994年先后经过七次发掘，揭露面积达7000多平方米。其主要收获是比较完整地揭露出一座兴隆洼文化时期的聚落。查海聚落包括环壕、房址、墓葬、窖穴和龙形堆石等遗迹。环壕只发掘了东北角长37米的一段，壕沟呈倒梯形，上口最宽2、深度0.45～0.55米。从已清理部分的走势看，环壕整体可能是方形或长方形。报告将发现的55座房址划分为早中晚三期。房址均为半地穴式，平面为圆角长方形或方形，未见门道，房内中部设置1～2个灶址。聚落内南北各有一座特大型房址（F9、F46），面积分别为107、157平方米，应是南北房址群的中心。墓葬数量不多（共10座），普通的土坑竖穴墓位于聚落中部，另有6座居室墓葬。另外，在聚落中心位置发现一龙形石堆，全长19.7米。出土遗物以石器和陶器为主，也有一定数量的玉器，器形有斧、凿、玦、管、环和匕等（《查海》，文物出版社）。

牛河梁地区的红山文化"坛、庙、冢"，是20世纪80年代以来中国考古学的重大发现，曾一度引领了中国文明起源的研究。历年的调查和发掘工作，在牛河梁数百平方千米的范围内，发现红山文化的遗址和积石冢群40余处，其中第一、二、三、五、十六等地点经过规模不等的发掘，揭露面积超过1万平方米，发掘积石冢20余座和近百座红山文化墓葬，出土一大批有明确单位的玉器。这些资料对于研究红山文化乃至中国新石器时代晚期的社会复杂化进程，具有不可替代的重要价值。《牛河梁——红山文化遗址发掘报告（1983～2003年度）》（文物出版社），在统一介绍了牛河梁的概况和发掘、研究过程之后，按地点全面详细地公布了前20年牛河梁地区女神庙和积石冢群的发掘资料。报告把牛河梁地区的红山文化遗存分为早中晚三期，大体相当于整个红山文化的中晚期阶段。报告还附有环境、动物、植物、体质人类学、石器和石材、玉器工艺等的专题检测、分析和研究。

位于赤峰市郊区的上机房营子遗址，发现2座红山文化陶窑。Y1由窑室、火道和火膛等部分构成。窑室平面呈圆角长方形，内铺大量石块。火道为"目"字形，即周边有一周火道，中部有2条直火道连接成一个整体。火膛位于后方，平面为三角形。窑内出土了32件陶器，其中有28件为筒形罐

（《赤峰上机房营子与西梁》，科学出版社）。

坐落在内蒙古科尔沁草原腹地的哈民忙哈遗址，面积18万平方米，2010、2011年两次发掘4000多平方米，有一系列重要新发现。首先，发现一座平面呈椭圆形的环壕，东西350、南北270米，壕沟的截面呈倒梯形；其次，发现保存较好的房址43座，皆为半地穴式建筑，除个别连体套间，其余平面均呈凸字形，面积在10～40平方米之间。不少房址失火焚毁，发现时尚保持着木质构件坍塌的状态。少数房址内散布着大量人骨，如F40，进深4.25、面阔4.44米，房内堆压的凌乱人骨至少有97个个体。此外，还发现有灰坑和墓葬等遗迹。出土遗物种类齐全，数量甚多，有陶器、石器、玉器、骨角器和蚌器等，时代与红山文化相当（《考古》3期、7期）。

吉林叶赫流域开展的考古调查中，发现了5处新石器时代遗址，时代大约在距今5000年前后，有的甚至可以早到旧、新石器时代之交（《草原文物》2期）。黑龙江绥芬河调查发现的建新北、大岭下、鲍付沟3处遗址，也发现了新石器时代偏晚时期的石器和陶片（《北方文物》2期）。

兴隆洼文化是燕辽地区较早阶段的新石器文化，张星德将其划分为四期，认为经过一二期阶段的发展，在第三期达到了辽河流域新石器文化的第一个兴盛期。之后，随着环河北平原文化的涌入而衰退（《辽河寻根，文明溯源：中华文明起源学术研讨会论文集》，文物出版社，以下简称为《辽河寻根》）。

赵宝沟文化是燕辽地区新石器时代的一个重要阶段。索秀芬、李少兵在以往研究的基础上，将赵宝沟文化划分为小山类型、水泉类型和西寨类型，并分别探讨了各个类型的分布、典型遗址、文化特征和分期（《华夏考古》1期）。赵宾福等则不仅认同"富河文化"和赵宝沟文化处于相同的发展阶段，并从房屋结构、石器和骨器、陶器、地域分布等四个方面讨论了两者的关系，进而提出"富河文化"是赵宝沟文化分布于西拉木伦河以北地区的一个地方类型（《考古》11期）。

红山文化的分期和年代已有较多研究，但意见并不统一，赵宾福和薛振华重新探讨了这一问题。他们选取了牛河梁、西水泉进行分组并确定年代，并将其与三道湾子、二道梁、四棱山、转山子、兴隆洼等16处遗址进行比较分析。最后统一将红山文化划分为三个大的发展阶段，绝对年代分别在公元前4500～前4000年、公元前4000～前3500年和公元前3500～前3000年（《考古学报》1期）。陈国庆认为红山文化的主源来自兴隆洼文化的同时，彩陶等因素是在庙底沟类型仰韶文化的影响下出现的（《边疆考古》，科学出版社）。

陈国庆讨论了辽东半岛三堂一期文化的分期及其与偏堡类型文化的关系。华玉冰比较了西辽河、下辽河、鸭绿江流域和辽东半岛等四个区域的"偏堡类型"相关遗存，认为下辽河和辽东半岛地区可以统一称为偏堡类型，而西辽河和鸭绿江流域的同期文化应各自单独命名（《宿白华诞文集》，科学出版社）。张翠敏讨论了辽东半岛小珠山三期和双砣子一期文化的关系，认为以往将两者视为不同的文化谱系并将后者归入青铜时代均不确，两者应为同一文化的前后两个阶段，均为受到来自胶东半岛龙山文化强烈影响的土著文化（《北方文物》4期）。

二　专题研究

（一）总括论述和跨区域研究

张敏从理论层面探索了考古学文化的"区系类型"与"文化系统"。认为曾经在中国考古学研究中发挥过重要作用的"区系类型"理论，在实践中渐现不完善和局限性，应代之以"考古学文化系统"理论。整合考古学文化区和民族学文化区之后，他提出"仰韶文化系统"、"青莲岗文化系统"、"屈家岭文化系统"、"昙石山文化系统"、"昂昂溪文化系统"等五大文化系统，并分别与华夏、东夷、苗蛮、百越、北方草原等民族文化区相对应。并讨论了"文化系统"与文明起源的关系（《南方文物》2期）。

随着我国新石器时代中期以后文化发展谱系的建立和完善，关于新石器时代早期相关问题的探讨提上了研究日程。新石器时代的特征和起始标志，历来存在争议，钱耀鹏认为新石器时代的基本特征可以分为广域性（磨制石器、陶器、常年性建筑等）和狭域性（种植农业、家畜饲养、纺织等）两大方面，而新石器时代的起始标志存在于广域性特征之中，把磨制石器的出现作为起始标志最为妥当（《西部考古》，三秦出版社）。

江西仙人洞和湖南玉蟾岩是南方地区两处重要的新石器时代早期遗址。吴小红等公布了两处遗址的最新测年。仙人洞出土陶片的地层，经系列样品测定，年代最早在距今20000～19000年，比东亚其他地区早2000～3000年。这些陶器是由采集狩猎者所制造和使用的，从而证明在定居和农业产生之前就已经出现了陶器。玉蟾岩洞穴遗址是一处旧石器时代晚期采集狩猎者的营地。在该遗址还发现了若干陶器和陶片。经测定，陶片的年代在距今18000～17000年，提供了中国南方地区又一处最早出现陶器的证据（《南方文物》3期）。吴小红还对中国南方早期陶器的年代进行了专门讨论，认为中国最早的陶器在中国南方被发明之后，开始向周边扩散，距今16000年前后出现在日本和俄罗斯，并被保留和继承下来。至于被许多人认可的陶器作为新石器时代开始的标志之一的观点，她认为应重新考虑（《考古学研究（九）》，文物出版社）。

陈宥成、曲彤丽选取华北地区于家沟等6处距今1万年左右的遗址，搜集了技术革新和技术复杂化的证据，进而分析了人类行为和社会关系的发展，促使华北地区的人类社会在距今1万年左右进入一个新的发展阶段（《中原文物》3期）。巩启明从遗址的分布、规模、堆积情况、人类遗迹、打制和磨制石器、陶器、骨角蚌器、动物遗存、年代和经济形态等方面，概括了华北地区新石器时代早期遗存的文化特征。并探索了新石器时代早期的陶器特征、旱作农业的起源、定居聚落的出现等问题（《考古学研究（十）》，科学出版社）。赵春青分四区概述了新石器时代早期文化的发现，以公元前1万年为界划分为前后两段，并讨论了新石器时代的标志问题。韩建业认为，在距今1.1万年以前的更新世末期，中国南方地区已经进入新石器时代。距今11000～8200年间，从华北到岭南存在着五大文化系统。距今8200年以后，各大区域的新石器文化蓬勃发展，交流频繁，进而整合成四个区系。傅宪国讨论了岭南地区的新石器时代早期文化，内容涉及研究史和主要考古发现、共同的文化特征、以渔猎和采集为主的生计方式等（均见《考古学研究（九）》，文物出版社）。

魏兴涛和方燕明回顾和总结了新中国成立以来河南地区的新石器时代考古发现和研究。首先按考古工作的时间顺序综述了各时间段的重要考古发现，其次是评析了各新石器文化的主要考古发现和研究成果，最后对未来进行了展望（《华夏考古》2期）。

叶文宪认为文化断层是一种普遍现象，并以跨湖桥文化和河姆渡文化、良渚文化与马桥文化之间的文化断层为例予以说明。同时，认为这种现象也存在于黄河流域（《跨湖桥文化国际学术研讨会论文集》，文物出版社，以下简称《跨湖桥》）。

白九江、李大地等分别概括了近年来渝西、渝东南和川东北三个地区先秦时期的考古收获。渝西地区的新石器文化可以分为两期，每期可以再细分为若干段。渝东南地区的新石器文化可以粗分为中、晚、末三个时期，其中晚期可进一步分为三期，末期包含了玉溪坪文化和中坝文化两个阶段。川东北地区的新石器文化可分为四期：一期以中子铺早期为代表，属新石器时代中期；二期和三期为新石器时代晚期，分别与玉溪文化上层和玉溪坪文化相当；四期与中坝文化、宝墩文化时代相当（《"早期中国的文化交流与互动——以长江三峡库区为中心"学术研讨会论文集》，科学出版社，以下简称为《三峡库区》）。

随着工作的开展，川西、贵州地区发现的新石器文化遗存逐渐增多。万娇在概述川西和滇西地区考古发现的基础上，对两个地区的新石器文化进行了比较。陈苇从典型遗址的分析入手，把大渡河上游地区的新石器文化划分为四期，分别相当于仰韶时代早期、中期、晚期至龙山时代早期和龙山时代。吴小华在初步建立起贵州局部地区史前至商周时期考古学文化发展序列的基础上，将贵州高原上的新石器文化遗存划分为黔北和黔东北"巴蜀"文化区、黔东高庙文化区、黔南和黔西南百越文化区、黔西和黔西北混合型文化区、黔中腹部文化区等五大类型。并对各个区域的典型遗址、基本文化特征等进行了归纳和总结（均见《三峡库区》，科学出版社）。

赵宾福对东北地区目前已经识别出来的27支考古学文化从宏观上进行了探讨。认为可以将其划分为9区，各区的文化编年各有不同，绝对年代的上限在公元前6200年之前，下限为公元前2000年前后。上述27支考古学文化又可以归并为4个具有亲缘关系的考古学文化系统，即"之字纹系统"、"刻划纹系统"、"堆纹系统"和"滚压纹系统"（《宿白华诞文集》，科学出版社）。

吉平对内蒙古东部地区配合基本建设考古发掘和研究成果进行了概括和总结。他认为，这一地区的新石器文化编年基本清楚，可以分为四个阶段。第一阶段为兴隆洼文化时期，并可进一步分为三期。第二阶段以西拉木伦河为界分为南北两区，南区为赵宝沟文化和红山文化早段，北区为富河文化。第三阶段为红山文化中期偏晚，与仰韶中期大体相当。这一时期的遗存较多，重点分析了二道窝铺和老牛槽红山文化遗存。第四阶段为红山文化最晚一期和小河沿文化，由哈拉海沟和南宝力皋吐入手分析了小河沿文化时期各区域的共性和差异。最后，他认为内蒙古东部地区的新石器文化，在主体因素上基本体现了同一谱系的承上启下关系（《草原文物》2期）。朱永刚和郑钧夫综合分析了科尔沁沙地东北地区的新石器时代遗存之后，将其划分为五个阶段，分别为兴隆洼文化、赵宝沟文化、红山文化（左家山二期文化）、哈民忙哈文化和南宝力皋吐类型（《边疆考古》，科学出版社）。

（二）文明起源和形成研究

唐晓峰从聚落空间形态的地理学角度，讨论了原始社会聚落内部的分化问题。认为晚期单体聚落常常较大，聚落群的聚合性增强，其原因除了人口增多，更重要的是聚落内部活动的复杂化和多样化。从聚落内部出现利益的分化，到表现权力形态转换的位置、场所的形态变化，决定着聚落形态的社会属性。随着社会向文明形态演进，内部分化最终导致王权的绝对独立（《徐苹芳先生纪念文集》，上海古籍出版社）。

本年度是"中华文明探源工程（三）"的结题年，5月在江苏张家港市召开专题研讨会，会后刊发了一组文章（《东南文化》3期）。严文明提出，应以考古学研究为基础，多学科探讨中国文明的起源问题。陈淳对早期文明的标准，包括文化标准和社会标准进行了分析与解释。赵春青把60年来的中国文明起源研究分为三个阶段，在此基础上，提出五条关于中国文明起源研究的认识，即本土起源、多元一体、起源和形成不同、起源非一蹴而就、研究方法的改变。钱仁发和王吉怀由蚌埠禹会村发现的大型礼仪性建筑基址，结合文献记载，探讨了淮河中游地区龙山社会的文明化进程。

戴向明分阶段讨论了中原地区早期复杂社会的形成与发展，他认为：公元前7000年之前的新石器时代早期，人类的群体很小，分化尚未发生；进入中期，虽有分化，但整个社会仍然处于较平等的状态；仰韶早期，聚落形态显示仍然是以血缘为纽带、较平等的简单社会；仰韶中期，是中原地区复杂社会的肇始，但主要限于部分发达地区；仰韶晚期，社会基层组织逐渐小型化，社会复杂化有新的发展；庙底沟二期，部分地区（如以陶寺为中心的临汾盆地）发展出多层次的高度复杂的社会系统；龙山时期，出现全新的变化，城址普遍出现，从整体上看，仍以晋南地区发展水平最高，陶寺中期可能率先出现早期国家（《考古学研究（九）》，文物出版社，《考古学研究（十）》，科学出版社》）。

仰韶时代中期是中国上古史上一个大的变革和聚合时期。栾丰实讨论了仰韶时代中期各主要文化区由聚落和墓葬所反映的社会变化。认为中原地区的仰韶文化中期、海岱地区的大汶口文化早期、燕辽地区的红山文化中晚期、崧泽文化和凌家滩文化、大溪文化晚期等，大体在仰韶时代中期这一时间段内，文化发展速度明显加快，社会分化迅速加剧，从而为文明社会的到来奠定了基础（《东方考古（第9集）》，科学出版社）。韩建业认为，公元前4200～前3500年之间的时期，可以称为"庙底沟时代"，是在东庄－庙底沟类型强力扩张影响下形成的。东庄、庙底沟类型自身和对外影响的空间结构至少可以分为三个层次，晋南豫西是核心区，整体仰韶文化是主体区，黄河下游、长江中下游和东北等邻境是边缘区。这一时代的到来，标志着文化上的"早期中国"已经形成（《考古》3期）。

在罗泰划分的中国早期文明中"城市"的三个发展阶段中，公元前三千纪新石器时代晚期的城址被列为肇始阶段，属于"雏形城市聚落"（《徐苹芳先生纪念文集》，上海古籍出版社）。余西云、赵新平讨论了郑州西山仰韶文化城址的若干问题。认为该城址始建于西阴文化（仰韶中期）最晚一期。当时来自东方大汶口文化的势力已经占据大河村一带，位于西阴文化东方边际的西山遗址，就是在这种背景下构筑起城墙和环壕等防御体系（《考古学研究（十）》，科学出版社）。许宏考察了公元前2000年前后中原地区的大动荡和大变化，如陶寺文化的由盛转衰、嵩山周围显现的区域整合迹象、新砦的崛起等，从而为此后以二里头为先导的中原广域王权国家的发展奠定了基础。因此，他认为公元前2000年前后是中原文明史上的一个重要转折点（《东方考古》，科学出版社）。

袁广阔等的《河南早期刻画符号研究》（科学出版社），全面收集了河南地区裴李岗文化至二里冈文化时期出土的刻画符号资料。在此基础上讨论了刻画符号的定名与分类以及文字起源等问题。并对各个时期发现的典型陶器刻画符号，进行了广泛而深入的比较研究。田建文讨论了陶寺晚期陶扁壶上的朱书文字，认为从出土单位和扁壶本身的演变两个方面考订，朱书文字已经进入公元前2000年以内，并且应与占卜类活动有关（《考古学研究（十）》，科学出版社）。

近年来崧泽文化的一系列重要发现，使得学术界十分重视其在中国文明起源研究中的地位。朱乃诚从农业和手工业的发展、专用武器的出现、建筑成就、精神文化和墓葬分化等方面总结了崧泽时期的文化成就。认为至此已经形成环太湖文化传统，内部文化走向统一，对外影响扩大，从而不仅开始了环太湖地区的文明进程，也奠定了良渚文化时期大发展的基础。郭大顺重温苏秉琦的相关论述，认为崧泽文化较之其前身马家浜文化，在各个方面都有较大发展。崧泽时期聚落的分化达到相当程度，已具备出现最高层次聚落的条件（《十四次年会》，文物出版社）。李伯谦分析了崧泽文化和良渚文化高等级墓葬在随葬品上的差别，认为良渚文化高等级墓葬中宗教色彩浓厚的璧、琮和三叉形器等玉器以及神徽图像的大量出现，标志着从崧泽到良渚的文明演进模式发生了重大转折。而良渚新模式的出现不可能来自崧泽文化，而是与北方地区的红山文化有关（《考古学研究（十）》，科学出版社）。周润垦、胡顺芳以凌家滩和东山村为例，讨论了中国史前社会复杂化的演进模式。认为以王权为主的社会明显优于以神权为主的社会，不同区域走向文明的模式可能是不同的（《玉魂国魄（五）》，浙江古籍出版社）。

朔知以"玉石分野"为题，重点分析了距今6000～4600年之间的北阴阳营、凌家滩、薛家岗、瑶山和反山五处墓地出土的玉石器，进而讨论了由此带来的社会变革。认为长江下游玉石分野是在环境变化、经济需求、技术进步、社会需求的背景下出现的（《考古学研究（九）》，文物出版社）。

良渚文化的特质和是否已经进入文明社会，学界存在着多种意见。张忠培分析了福泉山、马桥和瑶山遗址的良渚文化墓地，将其统一划分为三个时间段六个级别。而基于墓主人身份划分的六个级别墓地，可据财富和权势的差异归并为四个等级。位居良渚文化金字塔社会顶层的第一等级者，执掌着包括神、军权在内的政权。所以，他认为良渚文化社会的性质是政教合一的神王国家（《考古学报》4期）。中村慎一从良渚城址的发现出发，追溯了长江下游地区环壕聚落的产生和发展。对于中国新石器晚期的一系列城址能否判定为城市，他现实地提出两条衡量标准，即聚落规模（100万平方米以上）和有无宫殿，目的在于检验从事农业生产的人口和政治权力的状况。他认为良渚已经达到了国家的水平。而这一新社会形态的基础是规模扩大、技术进步的犁耕稻作农业。至于良渚文化在距今4500年前后迅速消亡的原因，主要是因为与王权等值的玉料资源的枯竭（《考古学研究（九）》，文物出版社）。

郭大顺思考了辽河流域文明起源的道路和特点，认为辽河流域自兴隆洼文化至红山文化时期，生业经济一直是以采集渔猎为主，而渔猎人群盛行萨满教可能是红山文化祭祀、精神领域发展超前并产生社会变革的基础，进而导致牛河梁规模宏大的红山文化祭祀中心和政权管理中心的出现。同时，与以仰韶文化为主的周邻文化的文化交汇，也是辽河流域文明化过程的特点之一（《考古学研究（九）》，文物出版社）。刘国祥对牛河梁地区以16地点4号大墓为代表高等级墓葬，从墓葬形制和规格、出土玉器和用玉制度、墓主身份和地位等方面展开了分析和研究，认为红山文化晚期社会已经进入初级文明阶段（《辽河寻根》，文物出版社）。

（三）聚落考古

随着聚落考古和区域系统调查工作在中国考古研究实践中的运用和推广，逐渐提出了一些新的问题。栾丰实从宏观和微观聚落形态的角度对相关问题进行了探讨。内容涉及区域系统调查方法的可行性和优势、聚落遗址的界定、聚落布局研究、地层学和操作层面的探索等（《考古学研究（九）》，文物出版社）。裴安平批评了目前聚落形态分析中"按大小论等级"的现象。认为按大小论等级，再在遗址内容的支持下划分遗址群，构建史前各地聚落的等级化、文明化社会的思想与方法，从根本上割裂和虚构了历史，是"见物不见人"思想和方法的延续或再现（《考古学研究（十）》，科学出版社）。

孙波等对以临淄桐林遗址为中心的淄河、乌河、康浪河流域进行了系统调查，调查面积170平方千米。发现古遗址90余处，其中后李文化6处，北辛文化4处，大汶口文化20处，龙山文化51处（《海岱考古（第五辑）》，科学出版社）。孙波、高明奎分析了上述区域史前聚落的演变和龙山文化时期的聚落形态，认为作为区域中心的桐林特大型龙山聚落的出现，依托着淄河、乌河龙山聚落群甚至更大的鲁北腹地的地理背景。在桐林龙山聚落内部，有中心区和外围区的差别，中心区位于高台地上，有两周城圈，外围区由8处聚落组成，整体构成一个统一的城市集合体（《东方考古》，科学出版社）。卢建英、柯志强按石山子文化、大汶口文化、龙山文化、岳石文化等四个时期，讨论了皖北地区史前聚落形态的演变，总结了区域聚落形态变化的规律和特点。认为到大汶口文化中晚期和龙山文化时期，皖北地区聚落遗址的数量大增，聚落结构分化为二至三个层级，出现了区域中心，进入该地区史前文化发展的繁荣时期（《农业考古》3期）。

许顺湛的《豫晋陕史前聚落研究》（中州古籍出版社），在总括论述聚落研究的相关问题之后，对河南、山西、陕西三省的史前聚落进行了比较全面的整理与分析。方法是先分为若干个大的时期，如河南省就分为旧石器时代、裴李岗文化、仰韶文化和龙山文化四大期。在每个时期中再划分为不同的区域，如河南省的仰韶和龙山文化均分为豫北、豫东、豫南和豫西等四个区域，每区之下再按地市级行政区划分类。这种研究思路尽管出发点是好的，也查阅和收集了不少资料，但由于包括的时间过长、区域过大，相互之间缺乏内在联系，故很难廓清当时的社会组织状况，进而来探讨当时的社会。

陈星灿借鉴台湾早年调查的民族志材料，讨论了庙底沟期仰韶文化"大房子"的功能。认为仰韶文化发现的"大房子"，在结构和形式等方面与台湾民族志资料记载的大房子相同或相似，并据此推测它们可能具有相同的功能，即属于公共集会所的性质，是集行政、仪式、教育、保卫和集体劳动为一身的公共活动场所（《考古学研究（九）》，文物出版社）。王炜林等从建筑形式和年代、营造过程、白灰面及其起源、烧土及房屋的废弃、聚落与功能等方面，分析了陕西白水下河遗址发掘的3座大型仰韶文化中期的房址。3座房址复原面积均在200平方米以上，其中F1达364平方米，是目前仰韶文化最大的单体房址，其建筑过程包括基坑处理、立柱筑墙、处理地面立室内柱、设置门道和火塘、葺顶和室内整治。这样的大型房址，可能担负着宗教、议事和集会等功能，是聚落的中心（《考古》1期）。

2006～2008年，王力之等对晋东北的繁峙、代县、原平三县滹沱河上游两侧进行了区域系统调查。在对以往调查方法反思的基础上，本次调查有针对性地进行了一些改进，主要有：对调查所用的1：10000地形图进行矢量化；对发现的遗存全部采用GPS测点记录；把调查记录和遗物标签合二为一；建立相应的数据库来保存和管理调查数据和信息等。历时三年，调查面积2263平方千米，共发现先秦时期的遗址或文物分布点363处，为当地的文化遗产保护和考古研究奠定了良好的基础（《滹沱河》，科学出版社）。

把地理信息系统的手段和方法运用于田野考古资料的收集、信息处理和分析，特别是开展聚落考古研究，近年来得到普遍重视。张开广等采用地理信息系统技术对郑州地区的仰韶文化遗址及其空间聚类、演变特征等进行了分析。在中心聚落的形成和发展趋势、遗址群之间的文化交流和传播、遗址繁荣度与环境的关系等，提出了一些新的看法（《考古地理信息系统》，科学出版社）。张海等选择河南南水北调工程中的禹州段，进行了以WEB和3S技术支持下的区域系统调查。这种强调调查方法设计的尝试，有助于完善区域系统调查方法，并对聚落考古研究提供有力的支撑（《华夏考古》4期）。

以红烧土为特点的房址在长江中游从皂市下层一直持续到石家河文化，大溪文化是其盛行时期。李文杰讨论了大溪文化红烧土房址的清理方法、建筑形式、建筑材料和方法、成因等问题，认为墙壁、居住面、屋内设施均为人工特意烧烤，整体达到陶化的程度，在大溪文化晚期甚至出现了红烧土屋面（《国博馆刊》6期）。

张弛从聚落的分布与规模、环壕聚落与城址、建筑与社群、墓地与社群、经济与社会生活、社会崇拜等方面讨论了长江中游屈家岭－石家河文化所处的社会。认为与此前的大溪文化相比，这一时期的文化与社会均发生了巨大变化，聚落数量成倍增长，人口增加；具有防御功能的大型环壕和环壕土城聚落出现，代表了一种新的大型政治实体，这种有明确层次的新型社群组织应该是文献中记载的"国"。同时，以大规模的祭祀活动为代表的新的意识形态业已产生（《考古学研究（十）》，科学出版社）。

良渚遗址群以东的临平，在30平方千米的范围内发现13处不同规模和类型的良渚文化遗址，其中包括玉架山的6处环壕和茅山的大型水田遗迹。赵晔将其称为"临平遗址群"，其中玉架山的6处环壕整体构成一个完整聚落，每一个环壕代表着一个基层社会单位，整体属于一个更高等级的社会单位（《东南文化》3期）。

赣江下游的清江盆地是江西古遗址分布的密集地区，区域内有多处全国重点文物保护单位。2011～2012年度，江西省所选定清江盆地开展区域系统调查，为后续采用聚落考古方法研究该地区古代社会复杂化进程做前期基础工作。调查面积36平方千米，发现各个时期的遗址38处，其中新石器时代遗址10处（《南方文物》4期）。

中美合作滇池史前聚落考古研究，已开展两个年度的区域系统调查。2008年冬主要在滇池东南岸一带，2010年的调查区则在滇池西南侧，两次调查面积160多平方千米。调查采用踏查和重点钻探相结合的方法，并使用GPS对发现的遗址进行定位和记录。遗址主要分布于滇池沿岸的冲积平原及滇池出海口一带，且以贝丘遗址为主（《考古》1期）。

（四）墓葬及埋葬习俗

新石器时代的居室葬是一种特殊的埋葬习俗，刘建业和赵卿梳理了中国史前居住葬的资料，提出史前居室埋人现象可以分为两大类，即有序埋人（A类）和无序埋人（B类）。并对居室埋人的原因和意义进行了探讨（《江汉考古》3期）。

王芬以大汶口文化为例，讨论了墓地空间结构与“族”的分析、基层单位的规模、分化的发展、丧葬涵义等社会关系方面的问题。墓地反映的社会组织变化主要表现在核心家庭的出现和由氏族向宗族的演变。到晚期阶段，以家庭为核心，以家庭、家族、宗族为基本结构的新型社会形态逐渐成熟。在社会分化方面，大汶口文化早期开始起步，中晚期出现高、中、低三个等级的聚落，结构上呈现金字塔状分布，区域中心出现并不断发展（《东方考古》，科学出版社）。积石墓是东北亚地区新石器时代以来分布较广、特征明显的埋葬方式。宫本一夫从墓室构造和编年、随葬陶器的编年、积石墓及其反映的辽东半岛社会等方面，深入研究了大连四平山积石墓。经过排序后认为，这种连续的单列多室墓，是依据亲族结构而陆续追加形成的，而整个墓地可分为三段，整体年代属于龙山文化早期，与当地的小珠山上层文化相当。统计分析表明，四平山墓地的墓葬已分化为五个等级，在内容和性质上与山东龙山文化相同（《考古学研究（九）》，文物出版社）。

张弛认为庙底沟时期是“仰韶文化兴盛时期”，该期墓葬主要有单人一次葬和多人二次合葬两种埋葬方式，并且这两种葬式不在同一墓地中重复出现。大型墓葬和墓地均位于仰韶文化最发达的关中东部和豫西，显示了区域之间的分化。同时，与其他几个区域的同期文化比较之后认为，各区域的大型墓葬在主要方面十分接近。而二次合葬则从相反的方面说明，当时的社会群体出现严重的离散趋势（《考古与文物》6期）。

甘肃临潭磨沟不仅发现了数量可观、葬式复杂的齐家文化墓葬，重要的是在发掘中分析清楚了各种埋葬方式的形成过程及原因。钱耀鹏依据磨沟墓地的经验，分析了青海柳湾墓地半山期、马厂期、齐家文化墓葬的使用与埋葬过程，并对柳湾各期墓葬的封闭方式、地表存在坟丘的可能性等进行了探讨（《考古学研究（十）》，科学出版社）。

陈淑卿基于ACESS的数据库的数据挖掘技术，分析了内蒙古大南沟小河沿文化墓地，内容涉及墓地布局和人口信息、墓葬规模和葬式分析、随葬器物分析、性别年龄特征、社会分工的家族性等（《东方考古》，科学出版社）。

（五）文化交流

北辛文化的来源，学术界历来有不同意见。韩建业分析了济宁张山遗址J1出土遗物与双墩文化的关系，认为是双墩文化北上之后，与后李文化融合而形成了北辛文化（《江汉考古》2期）。彩绘石刀是薛家岗文化的突出特色，刘文强在史前彩绘石刀分析的基础上，提出薛家岗文化的彩绘石刀源于宁镇地区的多孔刀和太湖地区的彩绘钺，后来又为良渚文化所接受，并向西北传播到中原地区（《文物研究》，科学出版社）。方向明从图符考察了大汶口、良渚、好川三地文化之间观念形态的交流和融合。他分别总结出大汶口、良渚和好川三地各自的独特图符，这些图符在内容上交织出现，是三地文化交流和融会的重要证据（《十四次年会》，文物出版社）。王油坊类型龙山文化向东南地区的迁徙和传播可以说是一个老问题，徐峰再次提起，他在以往学者指出的东线之外，提出从王油坊至禹会村之后，在安徽境内还存在着一条西线（《中原文物》2期）。禹会村龙山文化遗存早于王油坊类型，所以，客观上不存在由王油坊向禹会村传播的问题。文化扩散研究应在细致的分期及年代学基础上进行，否则将会进入误区。

新石器时代晚期，各区域之间的文化联系日益加强。魏兴涛认为在庙底沟二期文化的形成过程中，接受了较多来自大汶口文化、屈家岭－石家河文化的文化因素。并从山西清凉寺墓地中外来因素的分析，探讨了来自东方地区和东南地区文化的影响在中原地区早期社会复杂化进程中的作用（《十四次年会》，文物出版社）。

李水城认为赤峰地区发现的权杖头属红山文化晚期和小河沿文化时期，年代在距今5000年前后。而西北地区的同类可早到距今5500～5000年之间。据此，他认为赤峰地区出现的此类遗物是传播的结果。对此，还需要年代学和类型学方面的确切证据（《宿白华诞文集》，科学出版社）。张鹏程在分期的基础上，把陕北史家湾的陶器群分为三类，代表了其文化因素的构成和来源。然后，在更大的范围内讨论了与史家湾一类遗存有密切关系的遗存，其中着重探讨了史家湾与陶寺早期文化的关系（《考古与文物》6期）。

近年来随着发现的增多，东南地区新石器文化之间的交流和扩散成为人们关注的重点之一。后藤雅彦把东南地区分为内陆和沿海两区，并把该区域的史前文化划分为四期，发展过程中出现两次大规模的文化交流。他认为东南沿海地区贝丘的消失和稻作的产生，都是受到外来影响的结果（《考古学研究（九）》，文物出版社）。黄运明、和奇综合牛鼻山、斗米山、下山尾等遗址的发掘资料，把闽北新石器时代晚期——牛鼻山文化划分为早晚两期，早期在距今5000年前后，晚期约在距今4500～4000年之间。分析后认为，早期受到来自赣鄱地区的郑家坳类型、樊城堆文化的影响，晚期出现浓厚的闽江下游昙石山文化的因素（《十四次年会》，文物出版社）。关于华南史前文化与南岛文化的关系，石荣传通过华南史前玉文化与太平洋原始艺术关系的讨论，认为华南史前玉文化由东南沿海进入台湾，再往东南亚扩散；经中南半岛进入东南亚诸岛。在漫长的传播过程中，文化的同源性始终有所保留（《十四次年会》，文物出版社）。

（六）玉器和石器

《玉魂国魄（五）》（浙江古籍出版社）集中刊载了2011年12月杭州良渚玉器会议的论文，其中涉及凌家滩文化玉器的有20篇。

杨建芳由凌家滩出土的玉鹰猪、玉龟和玉版、有角玉龙等器物，分析了它们的社会含义。张宏明讨论了凌家滩玉器的原料来源、玉器类型、工艺水平等内容，认为其是五千年玉器工艺的文明记忆。为了追寻凌家滩玉器原料的来源，石建城、徐红霞、张敬国在巢湖、含山、肥东等地进行了专题野外调查，并对采集的标本和凌家滩玉器标本进行了检测和比对分析，认为凌家滩的蛇纹石玉器来源于巢湖和肥东，石英岩质玉来自霍山和金寨，而透闪石玉的来源尚不清楚。魏正瑾从宏观角度分析了凌家滩文化的玉，内容涉及：出土玉器墓葬可分为大中小三类；玉器分为装饰、工具和特殊涵义器物三类；凌家滩玉器处于当地玉器发展的第二阶段。认为凌家滩文化属于长江下游地区中的苏皖沿江分区，良渚文化发达的玉器与这一分区玉器的东渐有关。

宋建重点讨论了凌家滩的戴冠玉人和玉冠徽，认为过去定为冠饰和兔饰的2件玉器应为人字形和鸟形冠徽，可与良渚文化的梳背比较，而人字形冠徽佩戴者属社会上层。进而引申到良渚、好川、大汶口文化发现的"台阶形"玉片，认为其与冠、冠徽密切相关。王明达认为凌家滩名为"玉喇叭"、"玉（或水晶）耳珰"、"玉菌状饰"的几件器物，均应为"玉器钮"，只是有机质的器盖已腐烂不存。

杨晶从形态、用途和源流方面全面讨论了凌家滩遗址的玉璜。认为玉璜的形态可以分为半环、折角、半璧三大类，分布上随时代而变化。玉璜在凌家滩墓地有礼仪性质，并承担着标志身份的功能。凌家滩玉璜的影响波及周边广大地区。杨立新则认为存在扁条形、扁片形、半璧形、齿边形、动物首形五类璜，并对其制作特点、用途、源流与传播等方面的问题进行了探讨。黄建秋、林留根研究了凌家滩出土的花边玉璜，内容涉及花边玉璜的造型和制作工艺、功能以及对外文化传播。

栾丰实比较了凌家滩与大汶口的共同文化因素，认为这些因素可以分为三大类：即普通类实物遗存、特殊类实物遗存和图像类遗存。这些共同因素的存在，表明两者之间存在着某种程度的文化联系，总体看凌家滩墓地主要与大汶口文化中期前段相当。蒋卫东指出，凌家滩和红山文化晚期的玉器之间，在器形、造型工艺及质料等方面存在着诸多相似因素，而凌家滩与红山文化晚期的年代大体相当。进而认为凌家滩与红山文化之间的文化联系，是以海岱地区大汶口文化为中介实现的，而海岱文化对两地的影响也显而易见。黄翠梅和郭大顺根据凌家滩07M23出土的斜筒龟壳形玉器的启示，从实体龟甲特征、加工痕迹、出土状态和位置、发展源流等方面，论证了红山文化的斜口筒形玉器亦为龟壳说。并且认为凌家滩和红山文化的龟壳演变过程，可能均受到大汶口文化骨牙雕筒的启发。玉龟壳应是一种与占卜活动有关的用具。

方向明从锯齿璜和出廓璜、环璧类玉器的向东扩散、龙首纹玉器与良渚神人兽面纹的关系，以及对八角星纹的传承等方面，分析了凌家滩玉器东渐对良渚文化早期玉器的影响。

关于良渚玉琮的讨论是良渚玉器研究的不衰课题。赵晔在统计和分析了119件良渚玉琮的出土和采集情况的基础上，把玉琮分为三大类，并讨论了其演变趋势以及节数与地域分布、可分割特性等问题。此外，也有一些涉及某些玉器类别和断代、文献考证方面的研究，如苏芳淑对史前玉镯、翁雪花对史前人面造型、费玲伢对长江下游玉耳饰、王宁远对嘉兴崧泽玉器的分期、徐琳对新石器时代治玉业、王永波对虞舜五瑞五器的研究等。

璇玑（牙璧）是一种形制特殊的史前玉器，主要流行于山东半岛和辽东半岛地区。王嗣洲从出土数量、类型、年代等方面比较了两个地区发现的璇玑，认为其最早产生于辽东半岛，始于佩饰，后运用于礼仪和宗教（《辽河寻根》，文物出版社）。

张锟从发现概况、年代、背景等几个方面，讨论了陕北地区发现的史前玉器。认为陕北玉器没有严整的体系，缺乏清晰的发展脉络，始终是对外来文化的被动接受。所以，不宜将这一地区定为中国古代玉器的中心之一（《文物世界》2期）。叶茂林对青海喇家遗址和墓葬出土的60余件齐家文化玉器，从工艺技术和显微痕迹方面进行了检测和分析。同时，也对器表现象、玉材特征、使用痕迹以及喇家齐家文化玉器与良渚文化的传承关系等进行了探讨（《玉魂国魄（五）》，浙江古籍出版社）。

中国新石器时代中晚期器物上被称为"人面"、"兽面"或"神人"的面纹，其特征是有一双眼睛或一张口吐獠牙的咧嘴，再加上"介"字冠等三种"神性元素"。邓淑苹认为其具有祖先崇拜特质，故称之为"神祖面纹"。她全面收集和探讨了新石器时代中晚期及青铜时代早期各地区发现的以玉雕为主的神祖面纹，并对其造型和演变进行归纳和总结（《玉魂国魄（五）》，浙江古籍出版社）。

黄建秋、林留根以江苏骆驼墩遗址出土的石器为例，讨论了磨制石器的各种痕迹，其中包括制作痕迹、研磨痕迹和使用痕迹的分类及特点。并分析了制作痕迹和使用痕迹的区别以及石器的改制问题（《十四次年会》，文物出版社）。庄丽娜详细分析了薛家岗文化的石器工业。她从石器的分类入手，延伸到石器的制作工艺、原料来源及利用率、石料与工艺的相关性、石器产区划分等，最后还讨论了石器的去向问题，认为除了满足自身消费，还与两湖、长江下游等地区进行长途贸易（《国博考古百年》，科学出版社）。

有肩有段石器的数量不多，但分布范围相当广泛，整个岭南地区都有发现，时代也从新石器时代晚期延续到青铜时代。彭长林等在分类和年代分析的基础上，认为有肩有段石器起源于粤北，盛行于珠三角，由海路经海南岛进入越南红河平原，再向越北和滇黔地区传播和发展（《边疆考古（第11辑）》，科学出版社）。

（七）陶器、漆木器及其他

采用新的科技手段研究我国新石器时代各区域文化的陶器，不仅十分必要，而且也不难实施。郎爱萍综合讨论了目前在陶器研究中常用的X光衍射光谱等6种光谱技术，认为这些技术可以应用于史前陶器生产和技术研究的各个方面（《文物研究》，科学出版社）。张怡等建立健全了测定低温陶器原始烧成温度的热膨胀方法，并将其运用于东胡林新石器时代早期4件陶片标本烧成温度的测定，结果显示的烧成温度在450℃～550℃之间，与以往测定的距今1万前的陶片烧成温度有较大差别（《南方文物》1期）。

张天恩对仰韶文化早期折腹罐的发现状况、来源和发展去向以及关中地区仰韶文化早中期的文化变迁等问题进行了专门探讨（《考古学研究（十）》，科学出版社）。鬲、斝、甗、鬹等四种袋足陶器，在各地的新石器时代有广泛分布。小泽正人对华北地区新石器时代晚期袋足器的分布，分早晚两个阶段进行了梳理。认为鬶起源于大汶口文化分布区，而斝产生于豫西、晋西南和关中一带。到龙山文化时期，袋足器不仅分布范围得到较大扩展，形制也越来越多样化，并且出现了甗和鬲（《考古学研究（九）》，文物出版社）。

2011年在浙江萧山召开的跨湖桥文化研讨会，有多篇论文讨论跨湖桥遗址出土的独木舟。讨论内容涉及独木舟的出土状况、独木舟的制造工具、独木舟与舟船的起源、独木舟与史前航海、独木舟的脱水保护和微生物危害综合防治以及中日独木舟的比较研究等（《跨湖桥》，文物出版社）。

赵晔讨论了良渚文化的木质遗存和漆器。迄今为止发现的良渚文化木质遗物，主要有建筑部件、水井或窖穴的护板、葬具、水上交通工具、生活用具、生产工具、兵器或法器、娱乐器具等八类。建筑部件以木桩为主，也有柱洞底部用于柱础的垫板和凿出企口、突榫、插销孔等接口的构件；水井的木构件有筒状井圈和木构井架两种形式；葬具的种类比较复杂，以各种不同的棺最为常见；水上交通工具目前所见主要为木桨；生活用具的种类较多，并且大多髹漆，器形有漆觚、漆盘、漆豆、漆杯、漆绘器盖以及木勺、木屐等；工具类有木锤、木杵、各种器具的木柄、纺轮等；兵器有木矛、木剑等；娱乐器具有陀螺、木球等（《南方文物》4期；《十四次年会》，文物出版社）。

王树芝等采用稳定同位素的方法，检测和分析了青海胡李家遗址出土的2件花卷状炭化物，结论是松杉目的次生韧皮部，即松杉目的内树皮，其用途有可能是食用（《华夏考古》4期）。

秦小丽在总结了发饰研究史和对发饰分类之后，分六大区梳理和讨论了中国古代的发饰，并结合图像资料反映的发饰佩带习俗及礼仪，对这一问题进行了系统探讨（《考古学研究（九）》，文物出版社）。

（八）环境考古

随着近代以来环境恶化的速度加快，全球变暖、环境污染、资源匮缺等无不困扰着人类。因此，以研究人地关系为核心的环境考古学逐渐兴起并越来越受到学界的重视。夏正楷的新作——《环境考古学——理论与实践》（北京大学出版社），对环境考古学的学科性质、发展历程、理论基础、自然环境与人类的关系等，进行了深入浅出的解释。他认为，要真正了解古代人类的行为和文化特征，就要考虑自然环境对人类的深刻影响以及人类的生物生态响应和文化生态响应。所以，阐述环境变化对古代人类及其文化的影响、人类对环境的适应以及对环境的作用，是环境考古学研究的主要任务。并具体讨论了旧、新石器文化过渡的环境背景和新石器文化的演进与全新世的环境。崔建新的《气候与文化——基于多元数据分析方法的环境考古学探索》（科学出版社），梳理了环境考古的发展历程和全新世气候与环境的变化，分析和介绍了遥感和GIS在环境考古研究中的应用。同时，在实践工作的基础上，对京津冀平原地区的全新世气候演化与新石器文化的变迁进行了比较研究，探讨了该地区新石器文化的分布和发展规律以及华北农业起源问题。

易诗雯、张萌从世界环境考古发展史的背景，论述了中国环境考古的简史，以20世纪80年代中期为界分为前后两个阶段，前段为描述阶段，后段为过程阶段。认为中国的环境考古，应实现三个转变，即概念体系、中心问题和研究方法。在实践中创造出适用于中国的环境考古学理论和发展道路（《南方文物》2期）。

主动把各种相关的自然科学方法运用于遗址的考古发掘和研究之中，班村是最早的一处，但一直未有成果面世。王建新等把班村遗址分为前仰韶文化、仰韶文化、庙底沟二期文化三个时期，分析了各个时期文化与生态环境的关系（《国博百年考古》，科学出版社）。袁广阔分析了豫东北地区龙山时代中期丘类遗址增多的原因，认为与水患的频繁出现密切相关，而这一时期该地区出现的城址，主要功能当是用于防水患（《南方文物》2期）。王树芝等鉴定了河南瓦店遗址发现的1030块龙山文化木炭标本，分属于26种植物。据此分析了瓦店一带龙山文化时期的植被和气候状况，认为当时这里处于亚热带和暖温带生态过渡区（《第四纪研究》2期）。

李小强等通过河西走廊西部条湖剖面沉积物元素地球化学分析，结合AMS测年，认为全新世以来这一地区经历了干－湿－干的变化过程。其中距今8100～5800年，气候相对湿润。之后，气候转干（《人类学学报》1期）。

史本恒认为，山东半岛的史前居民，为了适应海岛和沿海地区的较大风力，避免和减轻这种特殊环境对房屋安全造成的不利影响，采取了挖深柱洞和长期使用半地穴式房屋建筑的方法，以抵御强风侵蚀，进而保证了房屋安全（《四川文物》1期）。宋艳波分析了鲁南庄里西遗址出土的龙山文化动物骨骼，认为距今4000年前这一带水域广阔，有草地、竹林和森林植被，气候较现在更为温暖湿润（《东方考古》，科学出版社）。

根据统计分析、模型模拟等多种手段的分析，谢志林、袁林旺提出了全新世中国东部海面和全球平均海面千年尺度波动期的划分方案，分析了这些波动与同期全球和中国温度波动之间的对应关系。并对长江三角洲地区一万年以来的地貌发育和海陆环境发展过程进行了虚拟试验（《第四纪研究》6期）。张瑞虎从地形、气候、土壤和野生生物资源等方面比较了宁绍和太湖地区古今环境变化的差异，认为在全新世初到距今7000年前，宁绍地区适宜于人类居住，而太湖地区条件较差，缺少人类生存的基础。这也是新石器时代早期遗存前者发现较多而后者鲜有发现的基本原因（《农业考古》6期）。

（九）动物考古与家畜饲养

罗运兵的《中国古代猪类驯化、饲养与仪式性使用》（科学出版社），对中国自古迄今最重要的家畜——猪，进行了全面而深入地分析和研究。内容涉及家猪的系列判断标准、中国古代猪类驯化的探索、中国家猪饲养的早期发展以及古代猪牲的仪式性使用等。这些研究是建立在对已有资料的全面收集和系统梳理的基础之上。同时，基于南北方的差异，提出中国家猪的多中心起源说与"原生型"和"再生型"等起源模式。

马萧林等将牙齿年表法，运用于中国现代南北方的野猪和仰韶文化野猪的研究之中，进而来确定史前时期野猪被宰杀的季节。牙齿年表法作为一种新的分析手段，对于研究古代的动物饲养和消费模式有积极意义（《华夏考古》4期）。锶同位素分析技术引入到考古学之中，极大地改进了对不同时期人群和动物迁徙的研究。赵春燕等对河南瓦店龙山文化遗址出土的猪、绵羊、黄牛、鼠等动物标本进行了锶同位素检测分析，并分别讨论了它们的来源问题（《考古》11期）。

罗运兵讨论了环太湖及宁绍平原地区新石器时代的家畜，主要有狗和猪两种。从整体上看，这一地区早期家畜饲养规模较小，渔猎经济占主导地位。而从提供肉食角度分析，当时的饲养活动以家猪最重要（《十四次年会》，文物出版社）。赵静芳和袁东山鉴定和研究了丰都玉溪遗址1998～2001年出土的7755件动物骨骼，类别既有野生的鹿类、水牛、熊、獾及爬行类、鸟类、鱼类、软体动物等，也有家养的猪、狗等。在鉴定的基础上，还研究了人类对动物及其骨骼的利用（《江汉考古》3期）。

家猪的起源是中国考古学的重要研究内容。王志等选取喇家、南洼和青龙泉等3处遗址的14件猪骨标本，通过DNA提取等，系统分析了我国家猪的起源驯化，认为黄河上中游具有同样的驯化中心（《科学通报》12期）。张全超等选择吉林双塔遗址一期出土的5件动物骨骼标本（其中3件狗和2件猪），进行了碳、氮稳定同位素的检测分析。结果显示，猪在当时还没有被人类驯养，而狗则已经被人类驯化和利用（《边疆考古》，科学出版社）。

（十）植物考古与早期农业

秦岭从植物考古的角度，分别讨论了稻作和粟黍农业起源的研究现状，并对中国南北方农业起源的两条并进历史线索进行了比较。关于稻属植物的利用，可以分为四个阶段，前两个阶段，是稻属资源的采集利用和驯化时期，第三四阶段是稻作农业建立和发展时期。小米类农业起源和发展经历了三个阶段，特征分别为野生禾草类植物利用、以黍为主的农业形态和以粟为主的农业形态。此外，还分别探讨了稻作和粟作农业研究的方法。比较两种模式后认为，北方农业由小米类走向"五谷丰登"，南方则坚持"饭稻羹鱼"的单一经济。基于环境因素形成的两种模式，都成功支持了所在区域的人口增长和社会复杂化进程（《考古学研究（九）》，文物出版社）。

潘艳、陈淳回顾了近百年来农业起源研究的重要实践和理论成果，认为考古学和生命科学是研究农业起源的两个主要领域。考古学以多种技术获取和研究新资料，并且寻求其动力机制；生命科学的进化论、遗传学、生态学等也对农业起源研究有重要影响（《江汉考古》2期）。郭明建从理论和实践两个层面，探讨了中国北方地区农业起源研究。认为中国北方农业起源过程为：旧石器末期对植物的利用－新石器时代初期出现最早的栽培－兴隆洼和磁山阶段为最早的栽培向成熟农业的过渡（《华夏考古》1期）。

邓州八里岗是多次发掘过的重要遗址，2007年采集的系统浮选土样，发现大量炭化植物遗存，包含有谷物、果实和杂草三大类。其中谷物以稻最多，粟、黍次之，龙山晚期可能已有小麦。此外还发现少量野大豆（《南方文物》1期）。青龙泉遗址第三期的浮选结果表明，这一时期的农作物主要有水稻、粟和黍，同时，还在3个灰坑中浮选出炭化小麦，这是首次在长江流域龙山文化阶段发现小麦遗存。稳定同位素检测分析表明，青龙泉居民的食物结构为C_3类和C_4类植物兼而有之（《南水北调》，文物出版社）。郑州大河村仰韶文化晚期F2一个彩陶罐内发现的炭化植物，因鉴定为高粱曾引起广泛关注，后来又推测为葛或苜蓿。最近，刘莉等对保存在大河村博物馆的标本进行了重新鉴定，确定为豆科，形态显示为大豆属的特征，并且接近野生大豆（《考古》1期）。古城寨是中原龙山文化时期重要的城址，1998～2003年发掘期间采集的60份土样，包括了龙山文化至殷墟四个时期，龙山文化阶段的农作物主要是粟，有一定数量的黍，未见稻和小麦（《华夏考古》1期）。

靳桂云等对山东半岛早期农业的新进展进行了综述。认为后李文化时期农业初现，经北辛和大汶口文化早中期的缓慢发展之后，到龙山文化阶段，农业成为最主要的生业方式。龙山时期的农作物以粟、黍、稻为主，还出现了大麦和小麦等（《三峡库区》，科学出版社）。靳桂云从动植物遗存证据、生产工具、环境、聚落形态等方面探讨了后李文化的生业经济，认为后李文化处于由渔猎采集向农业经济转变的时期。这一时期的栽培植物有稻、黍和粟，虽然占比较低，但十分重要。总体而言，后李文化的生业经济还处于"低水平食物生产阶段"。王强、上条信彦对海岱地区后李、北辛、大汶口文化时期各3处遗址出土的石磨盘和石磨棒，进行了微痕和淀粉粒分析。三个时期均有加工坚果类和谷物类两种情况，但随着时间的推移，表现为坚果类呈减少而谷物类则增加的变化趋势（《东方考古》，科学出版社）。青岛沿海北阡贝丘遗址经多次发掘，发现大量大汶口文化早期阶段的人骨资料。王芬等通过对人骨碳、氮稳定同位素的检测分析，采用三元混合模型推测和复原了北阡大汶口人的食物结构，认为当时的食物来源包括约44.1%的海生类（可能是海中的贝类和鱼类），34.1%的C_4植物（可能是粟），21.8%的陆生动物，表明北阡大汶口人的生业经济以渔业和农耕为主、狩猎或养殖为辅（《科学通报》12期）。

焦天龙将"低水平食物生产经济"概念引入河姆渡文化食物生产研究之中。认为河姆渡文化时期的经济形态是多样的，除了种植水稻之外，还包括了狩猎、采集陆生和水生植物、海洋和河流捕捞、饲养家畜等。鉴于水稻在当时食物链中的重要性较低，将河姆渡文化的经济形态总结为典型的"低水平食物生产经济"（《考古学研究（九）》，文物出版社）。万智巍等对江西樊城堆等4处新石器时代晚期遗址的13件石器残留物进行了淀粉料检测，发现赣江中游的古人在植物利用方面至少包括了薏米、稻、豇豆、小麦属、姜类和其他块根块茎类植物，表明该地区新石器时代晚期对植物的利用是较为多样的（《中国科学》10期）。张童心、王斌认为马家浜文化是一种多元混合经济，包括了采集、渔猎、家畜饲养和农业等各种经济成分，其中稻作农业已经占据重要地位（《十四次年会》，文物出版社）。

近几年经过大面积发掘的赤峰魏家窝铺遗址，经浮选只发现了少量粟、黍等农作物。据此，孙永刚等认为，红山文化早期的生业经济活动以采集和渔猎为主，原始旱作农业所占比重较小（《北方文物》1期）。

甘肃东灰山遗址发现的小麦遗存，因其测年数据偏早和文化属性偏晚的矛盾，学界存在不同意见。李水城、王辉公布了16个新的AMS测年数据，均在公元前1600年前后，属四坝文化。但他们分析后仍然认为，不能否定存在早于公元前2000年小麦的可能（《考古学研究（十）》，科学出版社）。

（十一）人口和体质人类学

王建华分裴李岗、仰韶、龙山和二里头四个时期，探讨了黄河流域史前人口年龄构成问题。认为整体上男性的平均年龄要略高于女性的平均年龄，而人口年龄与社会复杂化进程、环境变迁、经济形态、人口健康状况等，均存在着密切的内在联系（《东方考古》，科学出版社）。赵小浩等根据考古资料和GIS工具，构建墓葬和遗址面积两种模式，来计算青海东部民和、乐都史前人类分布的密集区和核心区的人口数量，认为新石器时代晚期人口高峰达到36000人，进而探讨了区域史前人口的变迁（《干旱区资源与环境》11期）。

宋先杰、于世永选择山东王因等九处大汶口文化墓地的人骨年龄鉴定资料，采用定量统计的方法检验了人口死亡年龄分布特征，发现大汶口文化人口死亡年龄近似正态分布，进而探讨了当时人口低龄死亡的原因。

原海兵、朱泓统计和分析了牛河梁红山文化墓葬的31例人类牙齿龋病，归纳出龋齿在男女之间没有差别，而是随着年龄的增长比例上升，并主要见于臼齿咬合面，整体的患龋率和龋齿率较低。表明红山文化时期生业经济还处于以采集狩猎为主、农业发展水平较低（《人类学学报》1期）。

（十二）宗教、祭祀和艺术

王月前把中国北方地区的史前祭祀文化划分为四个区域，即燕辽、中原、甘青和海岱地区，并按地区分时代概述了祭祀文化的产生和发展。认为北方史前祭祀文化的面貌呈现多样、多变和相互交织的特征，表明它们在各自的发展过程中，始终保持着文化上的沟通和交流（《国博百年考古》，科学出版社）。

郭大顺认为，牛河梁等红山文化遗址中，存在着明确的"祖先崇拜"线索，例如：女神庙是等级更高的祭祀祖先的场所，而人物群像当是被祭祀的祖先形象，进而推定女神庙所祭祀的是远祖，积石冢所祭祖先则为近亲；女神庙所祭群像应为红山文化居民的"共祖"，各聚落所崇拜的偶像则为"个祖"；各积石冢出土的塔形陶器，应是男性崇拜的"祖形器"，进而推定有"女神与男祖"的区别（《辽河流域》，文物出版社）。

犬牲是中国古代一种重要文化行为，以往有过不少研究。郭志委收集和梳理了中国史前时期墓葬中的殉犬资料，对这一习俗的时空分布、殉犬的特点、殉犬墓葬的比较、殉犬的含义以及与商代同类习俗的关系等，进行了分析和探讨（《文物》8期）。

大汶口文化的刻画符号及其载体大口尊一直倍受学术界关注。孙波、张克思对其进行了探讨，认为大口尊的分布十分广泛，几乎包括黄河和长江中下游地区，主要出自墓葬、房子、灰坑或地层、祭祀遗迹之内。关于用途，他们认为大口尊是一种日常实用盛器，并且与大墓的关系密切。而大口尊上的刻符，只用于祭祀、节庆、丧葬活动，目的是团结族人、加强联系（《十四次年会》，文物出版社）。王树明和刘红英系统研究了安徽尉迟寺遗址出土的刻画图像文字及其他遗存。认为尉迟寺遗址的发现，是山东诸城、莒县一带帝舜太昊部族西徙，开展祭天等祭祀活动的遗留。而迁徙到这一地带的居民不以务农为主，侵犯和掠夺性战争成为他们的经常性职业（《华夏考古》4期）。

云雷纹是商周青铜上的重要纹饰，杨建芳讨论了云雷纹的起源、演变与传播。他认为云雷纹的原型为自然界的蛇，用于器物上的装饰则源于长江下游的新石器文化，后传播到长江中游和黄河下游等地区（《文物》3期）。玉琮及其纹饰是良渚文化玉器研究的重要内容之一。徐峰认为玉琮的形制形成过程中可能增加了龟的元素，而神人兽面纹中兽的原型亦为龟（《考古》2期）。

陈继玲、陈胜前运用符号分析理论和方法，对兴隆洼文化筒形罐三段式纹饰结构的组合关系进行了归纳，分析了纹饰艺术的直接象征、深层象征和象征的结构。认为兴隆洼文化筒形罐的纹饰艺术揭示了一个强调社会秩序、女性有较大权力的社会结构（《边疆考古》，科学出版社）。

彩陶是新石器时代重要的艺术载体，其研究也是常盛不衰。张朋川从跨湖桥遗址的彩陶入手，探讨了其彩陶的纹样、装饰手法及其在中国彩陶文化中的地位。并将其与大地湾和仰韶文化的彩陶进行了比较，进而认为中国彩陶是多元起源和发展的（《跨湖桥》，文物出版社）。

仰韶文化半坡期与庙底沟期孰早孰晚，是学界长期争论不休的问题。王仁湘以彩陶为中心，从彩陶器形的选择、彩陶的构图原理、典型纹饰等方面，讨论了半坡和庙底沟期文化之间存在着紧密联系，进而明确了半坡和庙底沟两个时期文化的渊源关系（《徐苹芳先生纪念文集》，上海古籍出版社）。张宏彦在分析和讨论仰韶文化鱼纹彩陶的时空演变基础上，认为庙底沟期的花卉类彩陶构图元素，多来自半坡期图案化了的鱼纹。进而得出仰韶文化半坡期和庙底沟期是同一族群文化前后相继的两个发展阶段的结论（《考古与文物》5期）。

邵锜等对贾湖遗址出土的骨笛，采用医学影像学和计算机辅助逆向工程设计等手段，进行了复原和虚拟修复（《华夏考古》1期）。汤威公布了在河南新砦遗址采集的1件陶铃，比较后认为，其形态和装饰均受到了来自东方文化的影响（《文物》1期）。

江苏三星村是一处重要的马家浜文化时期遗址，出土有4件刻有复杂纹饰的板状骨器。王鹏分析后认为其来源于簪，原本应连为一体，使用时一分为二，其功能除了记事之外，更能起到凭证作用，应称为"骨契"（《文物》9期）。

（原载《中国考古学年鉴·2013》，文物出版社，2014年，按原稿收入本文集）

两城地区考古及其主要收获

一 两城地区的概况

鲁东南和江苏省的东北部，从地理地貌上可以区分为两大部分，即低山丘陵和冲积平原，其分布大抵是北半部为丘陵而南半部为平原。其中在北部的沂、沭河中游地区也存在着相当大面积的河谷平原，而南半部也有少数低山丘陵，如西部的马陵山和东部沿海的小山丘等。在水系构成方面，这一地区亦有两大部分，即西半部的沂、沭河属于淮河流域，而东半部则为众多源于五莲山脉的短促河流，属独流入黄海的区域，两者大体以东北－西南走向的五莲山脉为界。

在众多独流入海的河流中，略具规模的自北而南依次有横河、白马河、吉利河、潮河、傅疃河、绣针河和龙王河等。在这些河流的下游至入海口地区，多有面积不一的河谷冲积平原。以莒县盆地为中心的沭河中游及其周围地区，自旧石器时代以来就与东部沿海在文化上有着千丝万缕的联系。基于此，我们把以上地区合起来称之为两城地区，其行政区划包括现今之日照市的东港、莒县、五莲，临沂市之莒南，连云港北部赣榆之一部，胶南和诸城两市南部，面积约6000平方千米。

两城地区是以著名的两城镇遗址为中心，它主要是一个人文地理概念，其内涵有广义和狭义之分。狭义的两城地区，是指潮河流域及其邻近地区，即后面所说的"丹土区"。广义的两城地区则如前所述。

大汶口文化早中期及其以前时期，两城地区发现的古文化遗址数量较少，从大汶口文化晚期开始，遗址的数量迅速增多，但遗址的分布以莒县盆地一带最为密集，目前已公布的大汶口文化晚期遗址就多达40余处。而这一时期的东部沿海地区，只是到大汶口文化末期才开始陆续出现遗址，如人们所熟知的尧王城、东海峪、丹土、苏家村等，均属于大汶口文化末期阶段。

到龙山文化时期，两城地区的遗址数量成倍增长。如东港区、五莲县和胶南市交界一带，经过中美联合考古队的细致调查，仅前五次就发现龙山文化遗址199处[1]，是同一地区大汶口文化遗址的十余倍。如果把古文化遗址的数量和所承载的人口相联系，那么，这一地区龙山文化时期的人口数量就达到了历史上第一个高峰。

从自然地理地貌和文化内涵的特征等因素考虑，龙山文化时期的两城地区可以划分为四个部分：即"陵阳河区"、"前寨区"、"丹土区"和"尧王城区"[2]。

随着社会生产的发展和人口数量的不断增多，两城地区众多的古文化遗址中，至少从大汶文

[1] 中美两城地区联合考古队：《山东日照地区系统区域调查的新收获》，《考古》2002年第5期。
[2] 栾丰实：《日照地区大汶口、龙山文化聚落形态之研究》，《中国考古学跨世纪的回顾与前瞻（1999年西陵国际学术研讨会文集）》，科学出版社，2000年，第227～244页。

化晚期开始，就已经产生了明显的社会分化。分化的直接后果就是形成了不同等级的遗址，这种现象应是当时社会分化并产生了社会分层的具体体现。在数量众多的古遗址中，真正位居社会顶端的中心遗址数量很少。就目前的资料而言，大汶口文化晚期阶段，本区的中心在莒县盆地中部的陵阳河，而到龙山文化时期则转移到东部沿海的两城镇。

二　两城考古的历史

回顾两城地区考古发现和研究的历史，可以将其划分为三个大的阶段。

（1）第一阶段，20世纪30年代

自1930～1931年发现和确立了龙山文化之后，学术界对了解龙山文化的分布进行了诸多努力，仅就山东地区而言，就在鲁中南和鲁东南地区进行了一系列的调查和发掘工作。1934年春，中央研究院历史语言研究所考古组的王湘、祁延霈先生，在山东东部沿海地区进行了为期两个月的田野考古调查，在日照市境内发现了包括两城镇、丹土、尧王城等在内的9处龙山文化遗址。其中以两城镇遗址的面积最大、文化堆积最厚、出土遗物也最多，尤其是发现的精美黑陶和玉器，与此前已知的城子崖遗址存在相当大的区别。有鉴于此，中央研究院历史语言研究所的梁思永、刘燿、祁延霈于1936年对两城镇遗址的几个位置进行了发掘，发现了当时最为丰富的龙山文化遗存[1]，得出了许多新的认识。

这一阶段之后的整个20世纪40年代，由于内外战争使两城地区考古进入了一个间歇时期，考古工作处于停滞阶段。

（2）第二阶段，20世纪50～80年代

这一阶段又可以分为前、后两期。

前期　是20世纪50年代至70年代中期。这一时期考古工作开展得相对较少，并且是以野外调查为主，科学的发掘工作不多。

新中国成立后的20世纪50年代，山东省文物管理处对日照的多处遗址进行过调查和勘探[2]；山东大学的刘敦愿先生也利用业余时间到日照沿海一带进行了一些考古调查工作，除了及时而详细地介绍了两城镇等遗址的概况和出土遗物外，还征集到一批龙山文化玉器等[3]，其中现藏于山东省博物馆的刻有兽面纹图案的龙山文化圭形玉器，就是刘敦愿先生这一时期在两城镇征集的[4]。

后期　是20世纪70年代中期至90年代中期。这一时期是两城地区各种考古工作较为活跃的时期，各文物考古单位在此区进行了一系列卓有成效的田野考古发掘工作，其中比较重要的有以下几处。

---

[1] 尹达：《中国新石器时代》，生活·读书·新知三联书店，1955年，第44～66页；南京博物院：《日照两城镇陶器》，文物出版社，1985年。

[2] 山东省文物管理处：《日照两城镇等七个遗址初步勘查》，《文物参考资料》1955年第12期；山东省文物管理处：《山东日照两城镇遗址勘察纪要》，《考古》1960年第9期。

[3] 刘敦愿：《日照两城镇龙山文化遗址调查》，《考古学报》1958年第1期；刘敦愿：《山东五莲、即墨两处龙山文化遗址的调查》，《考古通讯》1958年第4期；刘敦愿：《有关日照两城镇玉坑玉器的资料》，《考古》1988年第2期。

[4] 刘敦愿：《记两城镇遗址发现的两件石器》，《考古》1972年第4期。

1973～1975年，山东省博物馆对日照东海峪遗址进行了数次发掘，特别是1975年和山东大学考古专业合作进行的发掘中，发现了大汶口文化晚期、大汶口向龙山文化的过渡期和龙山文化早期依次相叠压的"三叠层"。同时，以陶器为主的出土遗物的形态演变关系也证实了大汶口与龙山文化之间具有内在的传承关系[1]。

1978年，临沂地区文管会等在多次调查的基础上对日照尧王城遗址进行了发掘，首次在山东地区发现龙山文化时期的土坯墙结构的房屋建筑[2]。1992～1993年，中国社会科学院考古研究所山东队又两次发掘尧王城遗址，发现了大汶口文化末期的刻画图像文字和龙山文化的水稻遗存[3]，使我们对尧王城遗址有了新的认识。

1979年，山东省博物馆发掘了莒县陵阳河和大朱家村等遗址，发现了一批重要的大汶口文化墓葬，第一次在不同的遗址找到了具有明确出土单位的陶器刻画图像文字[4]。1983年，在毗邻陵阳河的杭头遗址发掘了4座大汶口文化晚期墓葬，其中也发现了与陵阳河相同的陶器刻画图像文字[5]。

1980～1981年，北京大学考古专业等单位联合发掘诸城前寨遗址，发现一批大汶口文化晚期的墓葬，丰富了对两城地区大汶口文化晚期文化面貌和特征的认识[6]。前寨遗址位于两城地区的北部，诸城县博物馆业务人员曾在这里调查发现刻有与陵阳河完全相同的图像文字，故认为这里是一处小范围内的中心聚落遗址[7]。

应该说明的是，这一时期省地和各市县文物管理部门在辖区内开展了大量野外考古调查工作[8]，特别是几次全省性的文物普查，发现和记录了一大批各个时期的古文化遗址[9]，为两城地区的文物保护和考古研究奠定了良好的基础。

(3) 第三阶段，20世纪90年代中期以来

这一时期的考古工作中引入了中外合作考古的形式，如中美联合考古队在两城地区持续了八年的区域系统调查和采用新的方法对两城镇遗址的大面积发掘。同时，也进行了许多其他方面的研究工作。

1995年春以来，山东省文物考古研究所在五莲丹土遗址进行的勘探和发掘中，获得一系列重要发现。其中最重要的是发现了内、中、外三圈城墙和壕沟，内圈城墙的始建年代可以早到大汶口文化晚期，中、外两圈城墙则属于龙山文化早中期，进而使丹土成为海岱地区第一座年代关系确凿的大汶口文化城址[10]。

为了采用聚落考古方法开展中国古代文明起源的研究，经国家文物局批准，自1995年冬起，

[1] 山东省博物馆等：《一九七五年东海峪遗址的发掘》，《考古》1976年第6期。

[2] 临沂地区文物管理委员会等：《日照尧王城龙山文化遗址试掘简报》，《史前研究》1985年第4期。

[3] 中国社会科学院考古研究所：《尧王城遗址第二次发掘有重要发现》，《中国文物报》1994年1月23日第1版。

[4] 王树明：《陵阳河墓地刍议》，《史前研究》1987年第3期；山东考古所、山东省博物馆、莒县文管所：《山东莒县陵阳河大汶口文化墓葬发掘简报》，《史前研究》1987年第3期；山东省文物考古研究所等：《莒县大朱家村大汶口文化墓葬》，《考古学报》1991年第2期。

[5] 山东省文物考古研究所、莒县博物馆：《山东莒县杭头遗址》，《考古》1988年第12期。

[6] 发掘资料现存诸城市博物馆和北京大学赛克勒博物馆。

[7] 任日新：《山东诸城前寨遗址调查》，《文物》1974年第1期。

[8] 日照市图书馆、临沂地区文管会：《山东日照龙山文化遗址调查》，《考古》1986年第8期；苏兆庆编著：《莒县文物志》，齐鲁书社，1993年。

[9] 除见之于报道者之外，在各市县文管所、博物馆还馆藏有大量第一手调查资料。

[10] 山东省文物考古研究所：《五莲丹土发现大汶口文化城址》，《中国文物报》2001年1月17日第1版。

山东大学和美国耶鲁大学、芝加哥自然历史博物馆等单位组成联合考古队，在两城镇遗址及其周围地区开展考古调查工作。八年来，中美联合考古队投入较大的人力物力调查了潮河流域及其周围地区，并对两城镇遗址进行了为期三年发掘，取得令人鼓舞的阶段性成果[1]。

此外，这一时期在配合国家基本建设方面也做了许多工作。主要有1998年配合日（照）东（明）高速公路和2001年配合胶（州）新（沂）铁路所进行的考古调查、发掘工作。发现和发掘一批大汶口文化、龙山文化时期的遗址，比较重要的有莒县大略疃龙山文化遗址[2]、五莲董家营大汶口文化墓地、诸城薛家庄龙山文化遗址等。

三　两城考古的主要收获

总结两城地区历年来的考古工作，主要有以下收获。

1. 初步建立起两城地区古代文化的发展谱系和年代序列

就目前发现而言，两城地区最早的新石器时代遗存为北辛文化。2002年冬的调查中，在东港区奎山西麓的东两河村之东发现两处北辛文化至大汶口文化早期的遗址。此外，在莒县和诸城也有零星发现。总之，这一时期的遗址数量不多，发现的更少。考虑到此区的沿海一带曾在数个地点发现过细石器遗存，所以，可能会存在时代更早的新石器时代遗存。

大汶口文化时期遗址的数量明显增多，但细察之，不同时期仍有相当大的差别。早期阶段遗存的分布与北辛文化时期相似，数量很少，只有寥寥数处。中期阶段遗存的数量虽然有所增多，但仍然较少，经过发掘的只有五莲留村、董家营和诸城呈子遗址少数几处。与早中期阶段相比，晚期阶段的遗址迅速增多，如莒县发现的40多处大汶口文化遗址基本上都属于晚期阶段。经过发掘的遗址也有近10处，其中多数为墓地，陵阳河、大朱村、前寨和董家营等遗址发现的墓葬数量均在20座以上。分析这些大汶口文化晚期遗存，大体可划分为四个小的时期，其最晚一期，已具有浓厚的向龙山文化过渡的色彩。从聚落形态角度分析，这些遗址明显地可以分为三个不同的等级。最高一级的遗址只有陵阳河一处，第二级遗址则略多，而大量存在的是普通的聚落遗址。在数量关系上呈现金字塔状分布。

两城地区的龙山文化遗存十分丰富，遗址数量达到了创记录的水平，如果按中美两城联合考古队的调查资料推算，两城地区的龙山文化遗址数量当在千处以上，接近目前海岱地区所发现的龙山文化遗址的总量。如果按早中晚三个时期来划分两城地区的龙山文化遗址，则可以发现，它们绝大多数集中在龙山文化早中期阶段，而晚期的遗址数量明显减少。同时，两城地区的龙山文化遗址之间，分化进一步加大，出现了像两城镇这样特大型中心聚落遗址，遗址之间的分层十分明显和严整，已经出现四级聚落形态。不少学者认为两城地区已经进入早期国家阶段。

---

[1] 中美两城地区联合考古队：《山东日照市两城地区的考古调查》，《考古》1997年第4期；　Anne P. Underhill et al, Systematic, Regional Survey in se Shandong Province, China,. Journal of Field Archaeology, Volume 25 Number 4 Winter 1998; 中美两城地区联合考古队：《日照两城镇遗址1998～2001年发掘简报》，《考古》2004年第9期。

[2] 党浩：《莒县大略疃龙山文化及汉代遗址》，《中国考古学年鉴·2000》，文物出版社，2002年。

　　龙山文化之后是岳石文化，与龙山文化相比，岳石文化遗址的数量急剧减少，少到了令人难以置信的地步。如经过区域系统调查的东港区北半部、五莲东南部和胶南西南部地区，岳石文化遗址的数量不足龙山文化的十分之一。

　　岳石文化之后是商代，这一时期的遗存在两城地区也较少。因为涉及文化性质和族属等复杂的内容，许多问题（如这一地区的岳石文化延续到什么时间，商人的势力是否进入了两城地区，相当于商代时期两城地区的文化面貌如何，西周时期的两城地区的文化性质，等等）尚有待今后研究加以解决。

2. 为中国文明起源和史前社会研究提供了一批重要资料

　　文明起源研究是考古学历久不衰的重要课题，自中国考古学产生之日起，学术界就对中国文明起源问题予以关注，特别是20世纪80年代以来，中国文明起源与形成研究成为国内考古学界投入力量最多的研究领域之一。

　　就文明起源问题的研究方法而言，经历了文明要素对应和从社会发展进程中揭示文明社会的本质等不同阶段。两城地区提供的考古资料在这一研究中具有重要价值和作用。

　　大汶口文化有七处遗址发现了图像文字，其中六处在两城地区的范围之内[1]。如在陵阳河、大朱村、杭头、前寨、尧王城和丹土遗址的大汶口文化晚期墓葬等遗迹中，均发现数量不一的刻画图像文字。由于一些相同的图像文字在距离遥远的不同遗址重复出现，有的还出现了简化的现象，故一些学者认为，大汶口文化的图像文字是迄今为止发现的早期刻符中唯一可以直接与文字挂钩的，从而受到学术界的关注。

　　城的出现是社会分化发展到一定阶段的产物，故被不少人作为进入文明社会的重要特征和标志之一。两城地区已发现3座早期城址，即丹土大汶口文化晚期和龙山文化城址、两城镇龙山文化城址、尧王城龙山文化城址。其中，丹土大汶口文化城是目前海岱地区诸城址中最早的一座，而两城镇龙山文化城则是海岱地区最大的一座城址。这几处城址的发现，对于研究城的起源、发展和开展聚落考古研究具有重要意义。

　　玉器作为一种礼仪活动的载体日益受到学术界的重视，有人甚至认为成组玉器的出现是中国古代文明社会的重要内容和标志性特征。两城地区的许多遗址均发现有玉器，如陵阳河、丹土、两城镇和尧王城等，特别是丹土和两城镇遗址出土的成组玉礼器，为研究海岱地区早期用玉制度和与其他地区的比较研究提供了重要的第一手资料。

　　大汶口文化和龙山文化是中国史前社会内部发生重大变化的时期，采用聚落考古方法来研究当时的社会组织和社会结构及其他问题已逐渐成为学术界的共识。这一时期两城地区的聚落遗址资料十分丰富，如以莒县盆地为主的陵阳河区，发现的大汶口文化和龙山文化遗址不仅数量多，而且呈现明显的分层分级结构。丹土区和尧王城区也存在这种情况。这就为在这一地区开展聚落考古研究提供了不可多得的资料。

　　[1] 栾丰实：《关于大汶口文化刻画图像文字的分布和年代》，《纪念王懿荣发现甲骨文一百周年论文集》，齐鲁书社，2000年，第287～298页。

3. 区域系统调查方法的引入和实践

区域系统调查是进行聚落考古研究的一种配套方法，意为通过对特定区域进行无遗漏的全覆盖调查，将所有的不同时期、不同类型的遗址和人们活动的各种遗存调查、记录清楚，同时考虑人类活动所依托的环境等因素，进而开展聚落考古研究。这种方法经过在美洲等地长期而广泛的实践被证明是一种研究古代社会的行之有效的方法。将这种方法引入中国，并依据中国的实际情况加以改进，是在中国建立和完善聚落考古研究方法的一个重要内容。

经国家文物局批准，1995年冬以来，山东大学和美国耶鲁大学、芝加哥自然历史博物馆合作，在两城地区开展区域系统调查工作。经过长达八年的实践，联合考古队详细调查了800平方千米面积的地面，发现各个时期和各种不同类型的遗址近千处，为在小区域内开展聚落考古研究和文物保护提供了依据。

两城地区的区域系统调查工作，不仅仅是调查和记录了大量以前没有发现的古代遗址，更重要的是把一种新的聚落考古方法和思想，经过我们和其他兄弟单位的多年实践后引入中国。目前，两城地区的考古实践已经为国内开展聚落考古研究提供了有益的经验。

4. 田野考古发掘方法的改进

综观考古学发展的历史，考古学研究的进程具有明显的阶段性。不容否认，建立各个地区自身的文化发展谱系和年代序列是考古学首先要解决的课题，这是因为在不明确文化的发展序列、年代和分布的情况下，很难设想可以开展其他有意义的研究工作。目前，中国主要地区的文化发展谱系已经基本建立，考古学研究的重心开始向古代社会和人的行为方式方面转移。在这种情况下，作为提供基础资料的田野发掘工作必须在方法上进行相应的改进。基于此，我们在日照两城镇遗址的发掘中，采取了一系列改进发掘方法的实践，事实证明这一实践是建设性的。

两城镇遗址在发掘方法方面的改进主要表现在以下几个方面。

（1）指导思想

整个发掘工作从一开始就是围绕着聚落考古研究而展开的。所以各种具体方法的设定和提出，都是为了达到全面而完整地了解和研究古代社会和人的行为这一学术目的。

（2）大力开展多学科综合研究

随现代科学技术的发展和考古学研究目的的变化，尽可能多地在考古学研究中引入自然科学技术已经成为考古学界的共识。在两城镇遗址的发掘中，从发掘前的勘探、调查，发掘中各种具体方法的设定和提出，到发掘后的室内分析和研究，均广泛吸收不同学科的专家参与，已经取得良好的效果，也获得了丰富的经验。

（3）田野发掘方法的改进

发掘方法的改进主要是为了实现和完成研究目标，我们从探方设置、测量方法，到采样种类和方法、记录程序和方法等，进行了一系列新的实践[1]。事实证明，这些改进对于提高田野考古发掘的质量是十分必要的，而且具有广泛的推广价值。

---

[1] 栾丰实：《中美合作两城考古及其意义》，《文史哲》2003年第2期。

5. 关于中外合作考古研究

中外学者在中国开展合作考古研究是一个既老又新的课题。说其老，是指以田野考古为主要标志的中国近代考古学，本来就是从国外引入的，而且，早年的考古发掘和研究，或是由外国学者独立主持进行，或者采用中外合作的形式。如著名的北京郊区周口店北京猿人遗址的发掘和研究就是如此。说其新，是自新中国成立以来，直到20世纪90年代初《中华人民共和国考古涉外工作管理办法》问世，这期间的中国考古学基本上是在与外界分隔的状态下发展的，与外界的交流较少，特别是没有国外学者到中国参与田野考古工作[1]。

1991年，我国颁布了《中华人民共和国考古涉外工作管理办法》，从而使中外合作考古研究进入了一个新的阶段。但是，由于思想、方法、观念、认识和所受教育等方面的差异，中外学者在合作发掘和研究中有一个互相了解和不断磨合的过程。

经过八年来的实践，中美联合考古队在两城地区的田野考古调查、发掘和研究中，既有经验也有教训，认真加以总结必将有利于中外合作考古这一新的事物的健康发展。在如何开展合作研究的问题上，我们的体会是：合作双方应有一个明确的共同目标，在制订计划和研究工作的实施过程中要互相理解、互相信任和互相尊重，本着坦诚的态度进行充分的交流，求同存异。中外合作考古研究必将在国内进一步开展起来，我们希望两城地区的考古经验有助于这一事业的发展。

（原载《山东大学学报（哲学社会科学版）》2004年第1期）

---

[1]　这期间只有个别例外，如20世纪60年代前半期，中国科学院考古研究所与朝鲜的相关机构在辽东半岛地区进行过合作发掘和研究。

《两城镇遗址研究》前言

在考古学史上，两城镇是一个在国内外具有广泛影响的名字，因为这里坐落着一处面积大、内涵丰富并且在70多年之前就进行过科学发掘的龙山文化遗址。

20世纪30年代，在中国考古学刚刚起步的阶段，中央研究院历史语言研究所考古组的王湘、祁延霈先生，就跋涉于鲁东南沿海地区开展野外考古调查，发现了20余处不同时期的遗址，两城镇便是其中之一。所以，才有了1936年刘燿、祁延霈先生在两城镇遗址较大规模的考古发掘。这一次发掘成果卓著，发现了成批的龙山文化墓葬和其他遗迹，出土了大量精美的黑陶、白陶和质地优良的玉器。这些新的发现使人们对当时已经初步确立的龙山文化有了更为全面的认识。由于典型的龙山文化遗存位居东部沿海，而此前发现的仰韶文化则在中原内陆，故又有了两者起源地不同，逐渐形成了仰韶、龙山东西二元对立的学术观点。令人惋惜的是，这批珍贵的发掘资料，一部分毁于1937年的日本侵华战争，保存下来的则分散在南京博物院和台北"中研院史语所"。而正式的发掘报告至今未能面世，不能不说是一大遗憾。征得台湾史语所的同意，我们将刘燿先生1937年冬完成的《山东日照两城镇附近史前遗址》一文，收录于本文集的第一篇，以示纪念。

新中国成立之后的20世纪50年代，随着国内大环境的彻底改变，田野考古工作也逐渐得到恢复。此时，两城镇遗址重新引起相关业务机构和专业人员的关注，先后有山东省文物管理委员会和山东大学的学者到两城镇及其周围地区进行考古调查和勘探，1958年还在现在的村中水塘东南一带进行了小规模试掘。这次试掘的具体地点，在我们1998年冬调查访问两城镇年长（65～80岁）村民时，被其中多数人误传为1936年的发掘地。

2003年12月，主持1958年发掘的黄景略先生专程到两城镇遗址考察，并且找到了当年他们发掘的具体位置，就是村民们指认的地点，才使我们解开了这一误传的谜底。

要说两城镇遗址，不能不提到山东大学历史系的刘敦愿先生。20世纪50年代，山东大学的校址还在青岛，刘敦愿先生就数次利用节假日，自费坐公共汽车到两城镇调查这处著名遗址。在调查过程中，他与两城小学的老师、学生以及部分村民相识、相熟，有的甚至成了朋友，直到山东大学迁到济南以后还与他们中的一些人保持着来往和联系。如果两城镇遗址上有了什么新的发现，他们总会辗转告诉刘敦愿先生。如现在收藏于山东省博物馆的国家一级文物——著名的刻纹玉圭以及收藏于山东大学的部分玉器，都是这样得来的。

关于两城镇遗址，曾经有一种说法是长期担任山东省图书馆馆长的王献唐先生最先发现的。王献唐先生是著名的考古和历史学家，其出生地就在日照老县城东南的大韩家村，北距两城镇遗址仅20千米。在两城镇遗址发现之前，王献唐先生作为山东省的省方代表，参与了组建山东古迹研究会和协助城子崖遗址发掘的工作，故其较早就对龙山文化有一定认识。也可能是因为这样一些原因，许多人认为两城镇遗址是王献唐先生最先发现的。但台湾"中研院"历史语言研究所的李永迪先生，在负责整理两城镇发掘报告的过程中，查阅了参加鲁东南沿海地区考古调查和两城镇遗址发掘诸位先生当时的日记、书信等文献资料，其中完全没有提及王献唐先生，而以往也没有发现王献唐先生自己讲述这一问题的资料。

最近几年，随着纪念王献唐先生的各种活动的开展，陆续发现了一些具有史料价值的书信，例如：为了取得1934年春鲁东南沿海考古调查的山东省官方公文等，董作宾先生写给王献唐先生的信；王湘先生在调查工作结束的1934年5月5日写给王献唐先生的信；20世纪50年代初，山东省文管会的袁明先生等再次调查两城镇遗址期间，王献唐先生写给山东省文管会主任张静斋先生的信等。使我们明确了两城镇遗址虽然不是王献唐先生所发现，但确实是由于他的提议而促成了1934年的鲁东南沿海考古调查，进而发现了两城镇遗址。当然，两城镇遗址的发现，应该是负责这次调查工作的史语所考古组的王湘和祁延霈先生。

20世纪80年代以来，随着中国文明起源研究的升温，学术界也在思考探索研究文明起源的方法和途径，聚落考古的方法被介绍和引入到中国。1991年，《中华人民共和国考古涉外工作管理办法》经国家文物局发布后实施，解决了中外合作开展田野考古调查、发掘和研究无法律依据的难题。随后，中外合作考古逐渐开展起来。在这一背景下，1994年夏天，当时还在美国哈佛大学做博士后的文德安女士到中国的贵州省做现代制陶调查，期间她专程访问山东大学，表达了她自己的一个愿望：希望和山东大学开展合作考古研究，近期能够在山东某个地区进行区域系统调查，然后在调查成果的基础上向国家文物局申请合作开展田野考古发掘。文德安博士最初的意见是在当时刚发现不久的邹平丁公遗址一带开展工作，为此，我还专门陪同她去丁公遗址参观考察。考虑到丁公遗址地处泰沂山北侧山前平原和冲积平原的交接地带，遗址往北覆盖着厚厚的晚期淤土，遗址埋藏较深而不易发现。所以，我们建议在当时所知面积最大、并且已经在国内外有广泛影响的两城镇遗址一带进行合作调查，这一建议当即得到文德安博士的认可。

1995年，经国家文物局批准，山东大学和耶鲁大学（后来因为文德安博士工作调动的原因，美方合作单位改为芝加哥菲尔德博物馆）合作，在山东日照沿海以两城镇为中心的区域正式启动区域系统调查工作。联合调查队的队长为山东大学蔡凤书教授，文德安博士为美方负责人。自此到2008年冬，双方开展了长达14年的区域系统调查工作。

经过3年调查之后，双方联合向国家文物局提出发掘两城镇遗址的申请，经国务院的特别许可，从1998年12月开始，至2001年12月结束，中美联合考古队对两城镇遗址进行了为期3年的合作发掘。发掘期间，严文明先生、高广仁先生、邵望平先生、郭大顺先生等曾亲临发掘现场指导。山东大学展涛校长、美国芝加哥菲尔德博物馆麦卡锡馆长、日照市李兆前市长等也亲自到发掘现场观摩，给联合考古队以极大的鼓舞。

经过双方的真诚合作和不懈努力，两城镇地区的区域系统调查和两城镇遗址的发掘工作取得了圆满成功。这一合作对于在中国开展同类研究工作，特别是积极引入国外一些成熟的调查、发掘和多学科综合研究方面的成功经验，具有重要的借鉴意义，受到国内外学术界的关注和重视。为了认真总结合作考古的工作经验并检验考古研究成果，在日照市政府的大力支持下，山东大学东方考古研究中心于2005年10月，围绕着两城镇地区的考古收获，在山东日照成功召开了"龙山时代与早期国家"的国际学术研讨会。

今年，中美双方在两城镇地区的合作考古已经进行了15个年头。我们编写的两城镇遗址发掘报告和山东东南沿海地区区域调查的报告，将陆续呈现给关心两城镇考古的读者。为了使大家对两城镇遗址的考古工作有一个全面而系统的了解，我们特将70余年来的相关考古调查、发掘和研究文献，整理编辑成本集，以期对学术界了解和研究两城镇遗址有所帮助。所选文献，除了按原样重新绘制线图和把原文的繁体字统一改为简体字之外，基本未做改动。

在此，我们怀念为两城镇遗址的发现、调查、发掘和研究做出贡献的梁思永先生、刘燿先生、祁延霈先生、刘敦愿先生等老一辈学者。也感谢为保护两城镇遗址做出切实努力的日照市各级领导、文物干部和两城镇村民，没有他们的保护工作，位于十个行政村近万人口驻地的两城镇遗址很难能够保存下来和延续下去。

我们真诚的希望，动员能够动员的人力和物力，把两城镇遗址切实保护好，永远留给我们的子孙后代。

（原载《两城镇遗址研究》，文物出版社，2009年）

尧王城考古的主要收获及其意义

日照市位于山东省的东南部，东邻黄海，西依东北－西南走向的五莲山脉，整体上可以分为两大块：东部沿海地区为狭长的侵蚀和冲积平原，中西部为低山丘陵。在邻近黄海的平缓地带，密集分布着众多的各个时期的古文化遗址，如著名的两城镇、丹土、东海峪、苏家村和尧王城等遗址就坐落在这一区域。

尧王城遗址位于日照市东港区高兴镇安家尧王城村和南辛庄村之间，东北距日照约16千米、东距黄海不足10千米。遗址坐落在沿海冲积平原和丘陵的交接地带，西、南两侧有南辛庄河自北至南再折转向东流向黄海，海拔高度10余米。遗址整体上呈西北高、向东、南渐低的形态，高差2米左右。2006年，被国务院公布为第六批国家级文物保护单位。

尧王城遗址南北长800余米，东西宽700余米，总面积约为60万平方米。区域调查显示，有陶片分布的范围达300余万平方米。尧王城遗址的文化堆积厚约2～3米，分为若干个层次。包括了大汶口文化、龙山文化、周代和汉代等不同时期的遗存，其中以龙山文化遗存最为丰富。

1934年，中央研究院历史语言研究所考古组的王湘和祁延霈先生，在山东东部的日照、诸城、胶南沿海地区进行了为期两个月的考古调查，发现了包括两城镇和尧王城在内的一批新石器时代和其他时期的古文化遗址。

1949年以后，山东省文物管理委员会和山东大学、临沂市文管会、日照市博物馆等单位，先后多次调查尧王城遗址。

1978年秋和1979年春，为了配合农田基本建筑、农民用土和公路的拓宽，临沂地区文管会和日照县图书馆对尧王城遗址进行了两次考古发掘。发掘位置在遗址的东部偏南安家尧王城村西，揭露面积300平方米，发现龙山文化墓葬39座，房址5座，出土了石器、骨器、陶器等遗物数百件[1]。其中有的遗存可以早到大汶口文化末期，从而使学术界第一次对尧王城遗址的地层堆积和文化内涵有了比较清楚的了解和认识。

1992～1993年，中国社会科学院考古研究所山东队两次发掘尧王城遗址。这两次发掘的地点选择在遗址的西北角，即南辛庄村后较高的位置和沟西临河地段。结果发现了房址、墓葬和灰坑等遗迹，出土了数百件石器、骨器和陶器等重要资料[2]。

1995年以来，中美联合考古队数次到尧王城遗址实地考察，在遗址西北角农民取土形成的宽数十米的拐尺状大沟西、北两壁上，发现了比较清楚的夯土堆积，从沟西侧的完整断面上看，宽度有

---

[1] 临沂地区文物管理委员会、日照县图书馆：《日照尧王城龙山文化遗址试掘简报》，《史前研究》1985年第4期，第51～64页。
[2] 《尧王城遗址第二次发掘有重要发现》，《中国文物报》1994年1月23日第1版。

10余米，当时我们就推测是龙山文化的城墙遗迹。

1998年冬，山东省文物考古研究所对尧王城遗址的北侧和西北侧进行了局部勘探，发现宽10余米的夯土堆积，并向东延伸100余米，初步确定为龙山文化的城墙，从而证实了我们调查时的推测。

尧王城遗址历年来的调查和发掘，获取了一批有价值的资料，使我们有可能对尧王城遗址的性质和价值做进一步的认识和分析。归纳和综合尧王城的考古发现，我们可以从以下六个方面来探讨和认识尧王城在海岱地区史前考古乃至中国考古学中的学术价值和意义。

一　龙山文化城址的发现

城堡和城市的出现是社会分层发展和社会组织结构变化即社会分化的必然结果。从整个中国早期社会发展的历史来看，用于军事目的的防御性设施的出现，是社会关系产生重大变化或变革在物质文化遗存方面的具体表现。所以，不少学者曾把城市的出现作为人类社会进入文明时代和国家形成的几项重要标志之一。

龙山文化时期的鲁东南地区，在经历了大汶口文化早中期长时段的发展之后，至大汶口文化晚期和龙山文化时期，社会分化的程度达到了前所未有的高度，社会分化导致的社会分层日益明显，已经成为当时社会的一种普遍现象。这从我们十余年来在日照沿海地区所进行的区域系统调查成果中可以得到确证。在日照南部的尧王城地区，龙山文化时期的聚落遗址已经明确地分化出大、中、小三级的差别，并且在数量上呈现一种金字塔状结构，即大型遗址只有尧王城一处，面积在10万平方米左右的中型聚落遗址则有东海峪、小代疃等数处，小型聚落遗址则占绝大多数。尧王城遗址是日照市区以南、江苏赣榆北部以北地区最大的龙山文化遗址，是这一区域等级最高的中心聚落遗址。所以，在尧王城发现龙山文化时期的城址应该是顺理成章的事情。

从目前的勘探资料推测，尧王城的龙山文化城址面积应在30万平方米以上。如果以北南两侧的两城镇、藤花落龙山城址的具体发现来看，应该存在两重城址或环壕的可能。而尧王城遗址的面积，按过去历年考古调查成果，一般认为约60万平方米。据最近几年中美联合考古队的调查，地面散布陶片的范围超过了300万平方米，与两城镇遗址不相上下。

所以，仅仅根据区域调查资料就可以确认，尧王城遗址是这一区域大汶口文化末期至龙山文化时期聚落群中最大的一处，是本聚落群内的中心所在。如果这里的城址最后得到确认，我们就有比较充分的理由认为，他就是尧王城龙山古国的都城所在。

二　大汶口文化的刻画图像文字

在人类社会进入国家阶段的诸多标准或因素中，许多人非常重视文字的出现和使用。因为它是记录和传递信息时不可替代的载体和工具。所以，摩尔根曾将文字的发明作为人类社会进入文明时代最重要的标志来看待。以往，也有不少中国学者将文字的出现作为进入文明社会和国家诞生的几项基本要素之一。虽然我们不赞同这种把国家起源研究简单化的倾向，但文字的产生是人类文化高度发展的产物以及对人类社会的进一步发展具有巨大推动作用则是不容置疑的。

　　以往，山东省文物考古研究所在与日照邻近的莒县、诸城一带的大汶口文化晚期遗址的调查发掘中，如莒县陵阳河、大朱家村、杭头和诸城前寨等，在陶大口尊外表发现了一些单体或合体的刻画图像文字。这些文字的出现，受到了学术界的高度关注，多认为它们与中国汉字起源关系密切，并且是当时社会进入文明时代的重要标志之一。

　　1992年尧王城遗址的发掘，在最下一层堆积中也发现了与陵阳河等遗址相同的刻画图像文字。它们也是刻画在一种形制特殊的陶大口尊器物的外表。与陵阳河等遗址不同的是，尧王城遗址的刻画图像出自大汶口文化的文化层堆积中，而不是像其他遗址均出自大汶口文化墓葬之中。刻画图像既有与以往发现相同者，也有新的未识者。尧王城共出土两例：一例与陵阳河M17所出者在局部形状上极为相似，应是羽冠类图像；另外一例则未见于陵阳河等遗址，可能代表了一种新的图像[1]。

　　尧王城遗址刻画图像的发现，表明这里在早于龙山文化的大汶口文化晚期就已经是一处重要的遗址，到后来的龙山文化时期，成长为早期国家阶段的一个中心聚落，是有着深远的历史文化传统的。

三　龙山文化铜渣的发现

　　铜器的发明是人类手工业发展历史上的一个里程碑，早年丹麦博物学家汤姆逊依据人类发明和使用的生产工具，将人类历史划分为石器时代、青铜时代和铁器时代。这一后来被称为人类发展历史过程中的"三期论"的观点，直到今天还在被人们广泛使用。所以，铜器的出现和推广是人类社会生产发展过程中的一个重大转折，也可以称为一个标志性事件。

　　中国早于夏代的铜器被称为早期铜器，目前发现尚不多，并且多数分布在甘肃和青海等西北地区，如马家窑文化、齐家文化、四坝文化的发现等。中原及其他地区十分罕见。海岱地区目前所见早于夏代的铜器资料，比较确凿的只有4处，即三里河、尧王城、杨家圈和豫东鹿邑栾台遗址。

　　尧王城在T101第3层堆积中发现有铜渣[2]，尽管数量不多，但层位关系比较明确。这一发现为海岱地区龙山文化已经出现铜器增添了一份新的资料和证据，表明海岱地区东部沿海从北到南均发现了铜器遗存并不是一种偶然现象。

　　铜器作为一种新的生产力的代表，在中国大体出现于龙山文化时期或稍早，这一时期的发现还多以锻打的红铜（即纯铜）为主，制作水平低而原始，并且数量也很少，所以有学者把这一阶段称为"铜石并用时代"。夏代及其以后，铜器的冶炼水平迅速提高，合金技术逐渐得到推广和普及，铜器工业成为社会生产领域最高水平的代表。以往也有不少学者将其作为古代社会进入文明和国家的基本标志之一。

四　龙山文化的台基式房址和土坯墙房址

　　中国幅员辽阔，环境各异，适应不同环境而产生的房屋建筑形式自古以来就复杂多样。如南方

---

　　[1]　《尧王城遗址第二次发掘有重要发现》，《中国文物报》1994年1月23日第1版。

　　[2]　临沂地区文物管理委员会、日照县图书馆：《日照尧王城龙山文化遗址试掘简报》，《史前研究》1985年第4期，第64页。遗憾的是，至今没有公布尧王城遗址出土龙山文化铜渣的科学检测报告。

流行高于地面的干栏式建筑，西北地区适应严寒风沙的窑洞式建筑，东北地区为度过漫长的冬天而创造的地窖式建筑等。在黄河中下游地区，从房屋结构的发展变化看，先后经历了半地穴式建筑、地面式建筑、台基式建筑等三个大的发展阶段。每一个阶段新建筑形式的发明，都昭示着建筑技术水平的提高和人们居住条件的改善。

大汶口文化中期及其以前，海岱地区的房屋建筑基本上以半地穴式建筑为主，地面式建筑的数量较少。大汶口文化晚期至龙山文化时期，地面式建筑逐渐增多，成为主要的建筑形式之一。这一时期，在一部分发达地区，开始出现高于地面的台基式建筑，这就为后世那种宏伟的高台建筑（如临淄齐故城的桓公台、汉代长安城的未央宫、唐代长安城的大明宫、明清时期北京故宫的太和殿等）的出现奠定了基础。

尧王城遗址第二次发掘发现的房址中，明确存在台基式建筑。这种房屋的建筑方法是：在建房之前，先把预定的房基部分挖成平槽，然后用各色土进行铺垫并夯实，总厚度有的接近1米；最后在夯筑好的台基上挖槽筑墙建造房屋。这样建成的房屋与其他结构的房屋相比，在采光、防水等方面具有明显优势，故为后代所继承。

另外，尧王城遗址也是北方地区比较早地发现用土坯作为建筑材料建造的龙山文化房屋。土坯一般用黏土加水调和后制成，如果加以烧制，就是后世直到今天还在广泛使用的砖。尧王城遗址发现的龙山文化土坯较大，多用棕色黏土制成，主要用来垒砌房屋的墙壁，在砌墙技术上采用了错缝垒砌并用细泥粘接的技术。同时，尧王城遗址还发现了龙山文化的石灰，多用来涂抹地面和墙壁等。

综上所述，尧王城遗址龙山文化出现的台基式建筑和发明的土坯、石灰等建筑材料，在中国建筑史上具有重要的历史地位。

五 成群成组分布的龙山文化墓葬区

埋葬习俗和丧葬制度是古代社会文化的重要内容之一。从某种意义上可以说墓地是聚落的一个组成部分，如果说居址是活人居住的聚落，那么墓地就是相同的人群死后"居住"的聚落。所以，古代墓地在位置的选择、墓地内部墓葬的排列、组合和墓葬内部人体的安置方式，都是当时人们的思想意识和观念的折射和缩影。因此，研究和分析墓葬资料对于研究古代社会的基层社会组织和结构是极其重要的，在考古学研究中具有相当重要的地位。

尧王城遗址发掘面积不大，前后四次相加也只有1000平方米左右，其中前两次发掘的300平方米范围内，就发现了39座龙山文化墓葬。龙山文化的墓葬分布比较密集并且相对集中。从整体上看，尧王城遗址的龙山文化墓葬以长方形土坑竖穴墓为主，流行单人葬，大汶口文化时期曾经比较流行的合葬墓，到龙山文化时期已经基本不见。这里的墓葬方向不像其他遗址那样以单一的头向东为主，而是显得比较凌乱，从大的墓葬方向来看，以南向（包括东南和西南方向）为主，也有头向东者。埋葬方式以仰身直肢葬占据绝对多数，其他葬式者较少。目前发现的墓葬均为小型墓，没有发现葬具，多数墓葬没有随葬品，有随葬品的数量也不多，一般在1～4件之间。

尧王城遗址第一次发掘发现的39座墓葬，主要集中在东南和西北两个墓区。西北墓区共有20座，墓葬分布较为密集；东南墓区共有19座，又可以区分为两个墓组，分别为8座和11座，两组相距十余米。从墓葬的分布、数量和结构等看,他们应是以家族为基本单位的,所以,也可以称为家族墓地。

从整体情况分析,尧王城遗址目前发现的几个墓区均为小型墓葬,当属普通的社会下层的墓地。联系到其他遗址的发现,这种现象是社会分化的表现。

六 龙山文化栽培稻的发现

俗话说"民以食为天",生业经济的发展水平是衡量一个社会文明程度的重要指标之一,而农业的出现则是生业经济发展过程中的一场革命。距今一万年前后发明农业以来,人类开始进入了一个全新的时代,即新石器时代。这里,以农业为主的种植经济就成为文化发展和时代转换的最重要的标志。

传统的观点认为,中国南方是以种植水稻为主,称为稻作农业,而北方则是以种植粟和黍为主,称为旱作农业,两种农业类型的分界大体在现今之淮河与长江一线。1992年尧王城遗址的发掘,第一次在黄河下游地区发现了龙山文化的炭化稻(以往发现过稻壳印痕等),这就把文献中记载山东地区有稻作的历史提前了约二千年。同时,这一发现开启了后来海岱地区史前农业特别是稻作农业研究的先河,对后来的考古发掘和研究具有重要的启示。

现在已经清楚,海岱地区出现稻的时间已经向前推进到了距今8000年前的后李文化阶段,我们在济南市的长清月庄和章丘西河遗址均发现了炭化稻。同时,新的资料表明,海岱地区的农业经济结构是比较复杂的,存在着一个发展演变的过程。至少到龙山文化时期,已经形成了三种不同类型的农业区:即东南部沿海和南部地区以稻作为主的农业区、泰山周边及以西以北以粟黍为主的旱作农业区和胶东半岛等地以稻粟混作为主的农业区。

专业的检测和分析表明,不同等级的聚落和同一聚落内不同身份地位的人,其食物结构(即主要食用稻还是粟或其他)是有差别的。如贵族阶层可能先开始食用水稻,一般平民仍然以传统的食物为主,这就为我们进一步探讨和研究社会分化、社会分层等问题,提供了一个新的视角。

综上所述,我们认为时处大汶口文化末期和龙山文化时期的尧王城遗址,在探讨中国早期社会的发展和中华文明起源和形成的问题上,是一个极具分量和价值的遗址,值得引起学术界的关注和重视。

(原载《东方考古(第8集)》,科学出版社,2011年)

夏鼐先生与甘青地区史前考古

1944～1945年，夏鼐先生作为中央研究院和中央博物院筹备处等机构组成的"西北科学考察团"的主要成员，赴甘青地区进行了近两年的田野考古工作。两年中，他野外调查和发掘的足迹遍及河西走廊、兰州周边和洮河流域及青海西宁地区，考察所涉及的内容极其丰富，既有新石器时代和青铜时代的遗址、墓葬，也包括历史时期的遗址、墓葬、寺院、碑刻等。本文将主要回顾和讨论夏鼐先生关于甘青史前考古方面的工作和成就。

一

甘青地区是我国最早开展田野考古工作的区域之一[1]，而这一地区系统的史前考古工作始于瑞典学者安特生。1921年，在中原地区发现和确立了以红陶和彩陶为基本特征的仰韶文化之后，安特生和一些学者认为，仰韶文化的彩陶与中亚地区的同类器物、纹饰之间存在着密切关系，前者很可能是从后者传播过来的。针对这一问题，为了寻找仰韶文化与中亚新石器文化之间联系的证据，1923年，安特生一路西行，最后选择了到中西交通的必经之地——甘青地区开展田野考古工作，以期解决上述问题[2]。

安特生在甘青地区的考古工作，主要集中在三个不同的区域，即青海西宁及周边地区、兰州周边和洮河流域、河西走廊地区（图一）。

青海的青海湖及西宁周边地区是安特生首先开展工作的区域，他先后发掘了十里铺、罗汉堂、朱家寨、卡约和下西河、马厂等遗址，后来提出了马厂期和卡约类遗存。他认为卡约及下西河一类遗存的陶器型式与寺洼不同，但时代大体一致，故将其暂归入寺洼期。对此，安特生当时就明确指出，"异日更作较详研求，则所谓寺洼期者，当有再分之可能"。

兰州周边和洮河流域的考古发现最为丰富，安特生在这一区域调查和发掘了一系列新石器和青铜时代遗址。如辛店、齐家、马家窑、半山、瓦罐嘴、边家沟、寺洼、曹家坪、范家坪等。根据洮河流域调查和发掘所发现遗物的文化内涵和特征，安特生随后提出了齐家期、仰韶期、辛店期和寺洼期等四个文化期。

河西走廊地区的工作集中在武威和民勤一带，调查发现的遗址和进行的发掘工作不多。如安特生调查过三角城，发掘过柳胡村和沙井等遗址。其中的重点是沙井遗址，既有居住址也有墓地，发

---

[1] 安特生初到甘肃开展考古工作时，尚没有成立青海省，所以当时发表的资料均称为甘肃。1928年，青海省成立，以后对这一地区一般合称为"甘青地区"。为了行文方便，这里统一称为"甘青地区"。

[2] 安特生：《甘肃考古记》，文物出版社，2011年。以下未加注明的引文，均出自本书。

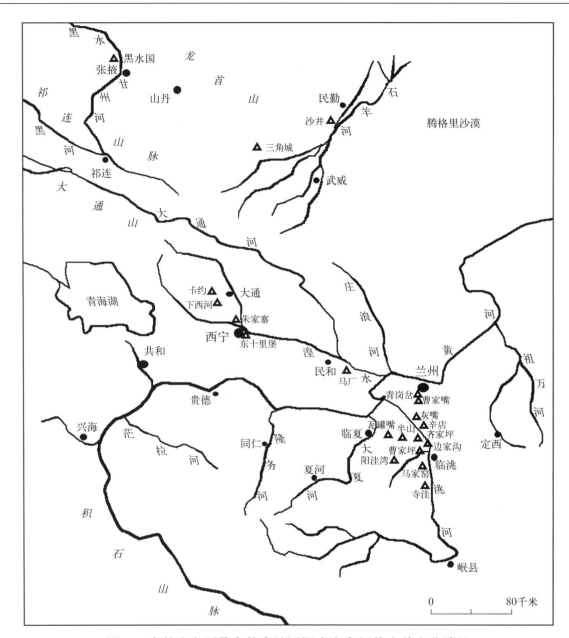

图一　安特生和夏鼐在甘青地区调查和发掘的史前文化遗址

现的铜器小件甚多，故安特生认为沙井一类遗存在已知的各期遗存中时代最晚，遂提出了沙井期文化的名称。

　　综上所述，安特生在甘青地区共发现和确认了七种新石器和青铜时代文化遗存，除了认为其中的寺洼和卡约同时，暂合并为一期，尚有六种。仰韶、齐家、马厂期属于新石器时代末期和新石器时代与铜器时代之过渡期，辛店、寺洼和沙井期属于紫铜时代及青铜时代之初期[1]。经过分析和排比，安特生将这六期遗存的相对年代关系依次排列为：

　　齐家期－仰韶期－马厂期－辛店期－寺洼期－沙井期

　　[1]　安特生：《甘肃考古记》，文物出版社，2011年，第21页。

前三期为新石器时代末期的铜石并用时期，后三期则属于青铜时代。在上述分期中，除了有发掘的地层关系证明辛店期晚于仰韶期之外，其他各期之间的先后关系都是依据出土遗物的分析所得出。安特生分析出土遗物的方法是，先以铜器的有无为标准划分前三期和后三期：即认为"绝无金属遗物之存在"的"齐家、仰韶及马厂三文化期"时代较早，将其放在前面；认为发现铜器的辛店、寺洼和沙井三期时代较晚，则排在了后面。而对前后三期内部各期早晚关系的排定，前三期主要是依据彩陶的有无和多少，后三期则根据铜器的发现情况加以确定。

安特生认为齐家期早于仰韶期的理由主要是：齐家坪的陶器均为单色，没有彩陶；仰韶期彩陶片，多散见于地表，而打破遗址的大道深谷中极少发现，他以此间接证明仰韶期的彩陶片散见于齐家期文化层之上，而大道深谷中发现的少量仰韶期彩陶片则推定为上部地层崩塌所致。但是安特生也注意到，在齐家坪一件残陶器领部发现有细长三角形彩绘，形状和颜色均与沙井期的同类纹饰近似，对此，他用"偶然之相符"予以解释。而将马厂期排在仰韶期之后，则是因为其彩陶更为发达，陶器的质料、形式及花纹与仰韶陶器相近，与齐家差别较大。

至于辛店、寺洼和沙井三期遗存，因为都出土了一定数量的铜器，故认为其时代整体上晚于不出铜器的齐家等文化期。关于这三期遗存年代早晚的排定，安特生采用了极为简洁的方法，即"就其铜器之多寡，而定其年代之先后"。发现铜器极为稀少辛店期，排在了最早的位置。虽然辛店期出土了较多彩陶，但陶器的质料、形式和花纹等与齐家、仰韶、马厂三期绝然不同，而辛店甲址的层位关系证明辛店期晚于仰韶期；寺洼遗存和卡约遗存的铜器较多，但两者陶器差别较大；把沙井一类遗存确定为甘青史前文化最晚一期，主要是因为该期发现的铜器数量多而精备。

至于甘青史前文化绝对年代的确定，安特生的依据有二：一是与近东的遗址进行比较，二是与可靠的中国史料进行比较。前者主要与斯堪的纳维亚的克利特比较，后者则以安阳殷墟为推定的可靠支点。两相结合，他将甘青史前六期的绝对年代推定在公元前三千五百年至公元前一千五百年之间。同时，他在分析比较时还注意到了区域和遗址等级的差别问题。

综上所述，安特生在甘青地区的田野考古调查和发掘，规模和范围远远超过了此前在河南和辽宁的工作。他对甘青地区史前文化的研究，特别是甘青新石器和青铜时代六期文化的提出和相互之间文化序列的排定，是中国史前文化考古学编年研究的开创性工作。这一研究成果，不仅代表了当时的最高水平，而且成为后来各种研究的基础。

二

19世纪末和20世纪初，以调查、发掘中国西北地区的古遗址（包括古城址）、古墓葬和石窟寺等为主要内容的科学考察工作，基本是由来自欧洲的西方学者所主导，如D.A.克列缅茨（俄）、S.A.赫定（瑞典）、A.斯坦因（英）、伯希和（法）等在新疆和甘肃等地的考察和发掘工作。后来，这一工作引起中国学界的广泛关注，遂于1927年由中国学术团体和瑞典人S.A.赫定合组成立"西北科学考察团"。对甘肃、新疆和内蒙古等西北地区进行了多种学科的科学考察，涉及地质学、古生物学、地理学、气象学、考古学、历史学、民俗学等多个领域，取得了一系列科研成果。

抗战期间，随着中东部地区的大片国土沦陷，中央研究院史语所撤至西南地区，田野考古工作主要集中在西南的云南、四川和西北的陕西、甘肃、青海地区。1944～1946年在西北地区开展的科学考察，就是其中较为重要工作之一。

由中央研究院历史语言研究所、中央博物院筹备处和北京大学文科研究所合组的西北科学考察团，成立于1943年4月，主要由向达、夏鼐和阎文儒三人组成。因各种原因，拖延到1944年春，向达和夏鼐才抵达兰州开始野外考察工作。

综观考察团在甘肃近两年的田野考古工作，向达只参加了前期半年，并以与地方的联络、接洽工作为主，并未实质性地参与田野调查和发掘工作。阎文儒是以北京大学文科研究所研究生的身份参加考察工作，也没有参与兰州周边和洮河流域的史前考古调查和发掘以及青海西宁的考察工作。所以，在将近两年的时间里，只有夏鼐一人自始至终坚持在田野工作一线。从1941年初回国至1950年夏进入中国科学院考古研究所的近十年时间内，西北地区的两年野外考古可以说是夏鼐最重要的考古工作。他在当时极其恶劣的环境条件下，争分夺秒，全力以赴，表现出了卓越的田野工作能力和高超的研究水平，得到了学界特别是史语所掌门人傅斯年的高度评价。后来，傅斯年亲自提出破格晋升夏鼐为史语所研究员，以及在傅出国期间由夏鼐代理史语所所长职务，即是对其高度信任之例证。

夏鼐在甘青地区的田野考古工作，可以分为四段。

第一段为1944年4月17日至1945年1月15日，赴敦煌地区开展田野调查和发掘工作。

第二段为1945年3至5月，主要在兰州郊区和洮河流域进行考古调查和发掘工作。

第三段为1945年6月28日至11月11日，赴河西武威、民勤、永昌等地开展调查和发掘工作。

第四段为1945年11月至12月，赴青海西宁做短期考古调查。

以上四个阶段的田野考古工作，以第一、二、三段最为重要，所用时间也最长。其中，第二至四段野外考古工作均与史前考古有关。分析和复原夏鼐几次史前考古调查和发掘的区域及具体遗址，与安特生当年的调查和发掘区域高度吻合。所以可以说，夏鼐在甘青地区史前考古工作的主线，基本上是循着安特生当年的田野工作足迹而展开的（图一）。1920年代安特生到过的史前遗址，夏鼐多数亲临其地，并对其中一些重要遗址进行过发掘。

以洮河流域的调查和发掘为例。夏鼐先后调查过临洮何家庄大坪（原属洮沙县，1950年并入临洮县）、灰嘴遗址（安特生发掘过）、四时定墓地（属临夏，安特生发掘过）、辛店遗址（分为A、B、C、D、E等地点，各不相同，安特生发掘过）、堡子嘴（辛店）、核桃湾（齐家）、梁家堡（仰韶）、杨家坪（齐家）、董坪（仰韶）、齐家坪（安特生发掘过）、瓦罐嘴（仰韶，安特生发掘过）、边家沟（安特生发掘过）、王家坪（仰韶、齐家）、寺洼山（A区、B区及附近遗址，安特生发掘过）、吴冯家、靳家坪（分A、B、C遗址，B为仰韶）、毛家坪（仰韶）、马家窑（仰韶，安特生发掘过）、临洮旧城垣皇坟（仰韶）、排子坪（仰韶，安特生调查过）、半山（包括多处遗址和墓地，安特生发掘过）、梁土墙（辛店）、魏家嘴（齐家）、阳洼湾（仰韶、齐家）、曹家坪（齐家，安特生在几个地点发掘过）、二十里铺和圆辘轳嘴等。

夏鼐在临洮地区发掘了6处遗址，按先后次序分别为辛店遗址A区（墓地，4月8日）、B区（遗址，4月10日）和C区（齐家文化遗址，4月11日），寺洼山遗址A区（4月26～29日）和B区（4月30日），齐家坪遗址（5月8日，夏先后三次调查齐家坪），半山附近的边家沟遗址（5月10日）和瓦罐嘴遗址（5月11日），齐家坪附近的阳洼湾遗址（5月13日）。以上6处地点中除了阳洼湾之外，均为安特生发掘过的遗址，而且分别是安特生甘青史前文化六期中的命名地。

关于安特生甘青地区史前文化六期划分方案中齐家早于仰韶的结论，在这之前就有中外学者提出过异议。夏鼐在西北考察期间，只身一人踏着安特生的足迹，用实地调查和发掘来一一核对安特生20年前的工作。夏鼐在最先发掘了辛店遗址之后，就对齐家期和仰韶期的关系产生疑问。如发掘辛店B区仰韶期遗址时，他在地表发现了1片疑为齐家文化陶片，发掘辛店C区齐家文化遗址时，在表土中发现2片仰韶期彩陶片，并在属于齐家文化的灰土坑中发现1片仰韶期彩陶片，"似可证明其（指齐家，引者注）时代不能早于仰韶，只能同时或较晚"[1]。

随后发掘的寺洼山遗址，在沟西的A区发现了寺洼期墓葬打破仰韶期文化堆积的地层关系。同时，在寺洼期的陶器中还发现有采用仰韶期彩陶碎片作为掺和料的现象。由此可以确证寺洼期晚于仰韶期，增添了一新的地层证据。

夏鼐认为，甘肃仰韶和马厂似属一期，可名之为半山马厂期，为新石器文化遗存，与河南的仰韶文化有相似之处，亦有不同的之处，似较齐家为早。除了辛店的地层证据外，齐家的陶器形式和白灰面与龙山文化较为相似，也证明其时代较晚。

在齐家坪遗址的发掘中，从距地表1米深的位置发现了1件仰韶期彩陶片，当时夏鼐就认为这"足证齐家期已在彩陶文化之后"。最后在阳洼湾遗址的发掘中，"于1号墓内填土发现彩陶二片，齐家期之较后，更得一明证矣。"[2]

从以上发掘和认识的过程中，我们可以看出夏鼐是如何通过实地调查和发掘，进而推翻安特生关于齐家期与仰韶期之间先后关系论断的。

事实上在安特生提出甘青史前六期说之后，已有学者不同意安氏关于齐家和仰韶期相互关系的观点[3]。夏鼐在甘青地区执着地开展史前考古调查和发掘，也是抱着解决这一问题的目的而来。他所开展的史前考古工作，紧密地围绕着当年安特生开展野外工作的区域，而实际发掘的四处遗址，均是当年安特生发掘过的。

应该加以说明的是，夏鼐发掘阳洼湾遗址的2座齐家文化墓葬，本身具有很大的偶然性。夏鼐在5月10日和11日分别发掘了边家沟和瓦罐嘴两处遗址之后，决定结束洮河流域的发掘工作，并于后天（5月13日）返回临洮县城。而恰好第二天（5月12日）傍晚，一村民在阳洼湾斜坡上发现了墓葬，并携回从墓葬中取出来的齐家期双耳瓶及单耳瓶各一件。夏鼐由此临时决定延期回城，第二天就组织发掘村民新发现的阳洼湾墓葬，因为时间紧迫，只发掘了其中2座齐家文化墓葬。从而有了后来在考古学界广为流传的夏鼐由两块陶片改订了安特生甘青史前文化六期年代的传奇。

由此看来，即使夏鼐最后没有发现和发掘阳洼湾的齐家期墓葬，也可以由辛店遗址、齐家坪遗址提供的地层证据，得出齐家期晚于仰韶期的结论。

后来夏鼐在分析甘肃仰韶文化和齐家文化的关系时，除了肯定后者晚于前者之外，也提出了另外的看法。如对辛店和齐家坪遗址发现的彩陶片，便认为"他们混入齐家期的遗物中，若不是较古

[1] 夏鼐：《夏鼐日记》卷三，华东师范大学出版社，2011年，第307页。
[2] 夏鼐：《夏鼐日记》卷三，华东师范大学出版社，2011年，第329页
[3] 如刘燿：《龙山文化与仰韶文化之分析》，《中国考古学报》第二册，1947年，第251～282页。

的仰韶文化的遗物，便是邻近残存的仰韶文化区的输入品。……当时的情形似乎是这样的：齐家文化抵达陇南的时候，甘肃仰韶文化的极盛时代已过去了。在有些地方，齐家文化便取而代之；在另外一些地方，齐家文化并没有侵入，当地的仰韶式的文化仍保守旧业，但各地逐渐各自演变，并且有时候与齐家文化相混合，相参杂。这个假设对于目前所知道的事实，可以解释得较为满意。因为我们知道在齐家坪及朱家寨二处，齐家陶片与晚期的仰韶陶片混合在一起，但是齐家坪以齐家陶为主，而朱家寨以仰韶陶为主。又这两种陶器，在旁的遗址也有混在一起的。"[1]

（原载《东方考古（第12集）》，科学出版社，2015年）

---

[1]　夏鼐：《齐家期墓葬的新发现及其年代的改订》，《中国考古学报》第三册，1948年，第111页。

创建考古专业，引导学术发展
——忆山东大学考古专业奠基人刘敦愿先生

明年就是山东大学考古专业创建40周年。40年来，经过几代人的艰苦努力，考古专业形成了从本科、硕士（包括专业硕士）、博士和博士后的完整人才培养体系，被列为山东省的重点学科和重点研究基地，是教育部的实践教学示范中心和引智基地，从而使考古学科逐渐发展成为山东大学的优势学科之一。在此之际，我们特别怀念山东大学考古专业的奠基人刘敦愿先生。

先生1918年生于湖北省汉阳，1947年进入山东大学执教，1972年创建山东大学考古专业，1997年逝世于济南，毕生精力献给了他所钟爱的山东大学。先生生前长期担任山东大学历史系考古教研室主任，曾兼任第一、二届中国考古学会理事、中国太平洋史学会理事、山东省考古学会副理事长、山东古国史研究会会长、中国农史学会顾问、山东大学学术委员会委员等职。先生为山东大学考古专业的创建和早期发展，四处奔波，呕心沥血，做出了巨大的贡献。先生视学术为生命，爱事业胜过一切，勤奋严谨、精诚执著的治学态度，至今令后学感动。

一 创建考古专业，推动学科发展

2000年，山东大学、山东医科大学和山东工业大学三校合并。此后，如果要追溯山东大学各个学科的渊源，则要延伸到三个学校的发展历史之中。从这一意义上说，山东大学的考古学科，可以追溯到山东医科大学的前身——齐鲁大学时期。在1920～1940年代，齐鲁大学聚集了一小批考古或与考古关系十分密切的学者，如加拿大学者明义士、英国学者林仰山、著名的古文字学家胡厚宣等。最初就读于齐鲁大学、后曾任齐鲁大学文学院院长的吴金鼎先生，就是从齐鲁大学前往平陵城的调查途中发现了著名的城子崖遗址，并促成了后来史语所的发掘工作和龙山文化的确立。

大体同时或略晚，中研院史语所考古组董作宾先生主持发掘的山东滕州安上村遗址，就有山东大学师生参与其中。田野发掘结束之后，参加工作的山东大学学生许星园和马维新整理写成的《滕县安上遗址发掘纪要》一文，洋洋万言，发表于山东大学《励学》1934年第1期。

创建于1972年、延续至今并不断发展壮大的山东大学考古专业，是在刘敦愿先生的直接主导下诞生的。1947年，经著名学者丁山教授推荐，先生来到山东大学中文系任教。1953年夏，参加了洛阳烧沟汉墓的发掘工作。此后，先生开始走上了考古研究的道路。

考古专业成立之初，正值"文化大革命"后期，办学条件十分简陋。当时山东大学的文科还在曲阜，考古专业只有2名专业教师，先生出任考古教研室主任。为了解决师资力量不足的问题，在相当长的一段时间内，先生到处奔走，采用两种不同的方式应对教学工作的需求。

一是从校内和校外引进专业教师。后来成为考古专业骨干的宋百川先生、马良民先生就是从校内其他单位调转过来的。而李发林先生和徐基先生，则是从山东单县和辽宁朝阳引进的。此外，还有一些虽然做了大量工作，甚至有的都发出了调令或调来了档案，但最终未能如愿调入的人选。如后来担任甘肃省博物馆馆长的初师宾先生、后来担任国家文物局局长的张文彬先生、内蒙古社会科学院的吉发习先生等。这其中大量的联系和协调工作无不浸透着先生的心血。

二是临时借调或聘请外校教师来校讲课，以解考古教学燃眉之急。如北京大学的李伯谦先生、北京国家图书馆的徐自强先生、中国社会科学院考古研究所邵望平先生、徐州师范学院的严孝慈先生、郑州大学的王兵翔先生、南京博物院的蔡书传先生、山东省博物馆的朱活先生、郑笑梅先生和韩树鸣先生等，都曾为考古专业担任过基础课和专业课的教学工作。

在考古专业的发展过程中，采取不同的措施来提高专业教师的整体业务水平。如不断地引进经过系统训练的新生力量，其中既有来自山东大学本校的毕业生，也积极从北京大学等兄弟院校争取分配名额。另一方面把专业教师派往国内开办考古专业最早的北京大学进修学习。如蔡凤书、宋百川、马良民、徐基、于海广、李淮生、王之厚、崔大庸等，都曾到外校进修学习过一年甚至更长的时间。经过这样的专业培训，从整体上大大提高了山东大学中青年教师的业务水平。

为了适应考古专业长期发展的需要，先生十分重视专业资料室的建设。郭宝钧先生去世后，先生几经努力，使郭老家属将其藏书全部捐赠给山东大学考古专业，从而成为我们今天考古资料室藏书的基础。先生晚年留下遗言，将家藏图书全部捐献给山东大学考古资料室，泽惠后学。

二　重视田野考古，身体力行实践

田野考古是近代考古学诞生的标志，换言之，离开田野考古也就谈不上近代考古学。1953年夏天，先生第一次到洛阳参加烧沟汉墓的发掘时，就对考古事业和未来充满了信心。发掘期间，每天的日记往往有十几页之多。先生第三个儿子出生时，亲自为其取名"陶"，可见对考古事业之执著与热爱。

先生虽然个人研究的重心在古代史和美术考古等领域，但对考古专业发展方向的把握上，一直把田野考古放在最重要的位置。特别是在对自己的研究生和青年教师的培养过程中，念念不忘田野考古发掘的实践。先生曾经把考古从业者从事田野工作的时间和经历，形象地比喻为飞行员的飞行小时，认为从事田野考古工作的时间和田野考古工作水平之高低密切相关。先生不仅这样说，也是这样安排的。考古专业的学生，都要进行三次田野实习：第一次是见习，时间一周；第二次是教学实习，时间两个月左右；第三次是毕业实习，时间一个学期。凡是新进来的青年教师，都要多次安排到田野第一线锻炼和实践。这一举措，我们当年这些新进入的青年教师都是直接的受惠者，也是山东大学田野考古水平上升较快并得到国内考古界认可的直接原因。后来山东大学的田野考古发掘项目多次入选全国十大考古新发现，获得过国家文物局田野考古质量奖，"田野考古实践"课程获得国家级优秀教学成果奖。这些成果的取得，都与先生特别重视田野考古实践的发展导向密切相关。

先生格外重视田野考古工作也与自己的经历有关。他认为自己非考古科班出身，田野考古发掘非其所长，但希望自己的学生能够补己之短。其实，先生从1953年洛阳发掘回来之后，不仅为历史系的学生开设了考古学通论的课程，并使之成为山东大学历史系未曾中断的基础课，而且一直身体力行，尽其所能地开展田野考古调查工作。1954年以来，先生经常在教课之余，或独自一人，或带领三五名热爱考古的学生，奔波于田野之中。先后调查了章丘城子崖、日照两城镇、五莲丹土、滕州岗上、宫庄和后堌堆、青岛霸王台、古镇和古城顶、即墨北阁、临沂土城子、毛官庄、援驾墩、重沟、护台和石埠、泰安大汶口、曲阜西夏侯、胶州三里河、济南大辛庄、甸柳庄、章丘平陵城等数十处史前和历史时期的遗址，留下了大量丰富的第一手资料。调查过程中一些事例，至今令人感动和难忘。如1957年寒假，先生一行冒着严寒从青岛到滕州做野外调查，连春节都是在当地度过的。特别值得一提的是，先生根据韩连琪教授提供的线索，在青岛市文物店看到清代画家高凤翰一幅陶鬶画作的摹本，并亲自前往高凤翰的故乡——胶州三里河进行调查，结果发现了一处重要的大汶口－龙山文化遗址，在学术界传为佳话。

获取资料和将其整理发表，是田野考古工作完整过程的两个阶段，不可偏废。先生在这一方面总是身体力行，把自己的调查所得尽快整理出来公布于众。如两城镇、丹土、岗上、甸柳庄等遗址的调查资料，都是在做田野调查的第二年就发表出来。这些资料的整理，包括从陶片的洗刷、拼对、修复到绘图、照相，基本上都是由先生一手完成，有时候还发动全家人参与，甚至把师母都培养成了修复陶器的高手。这些遗址的调查资料，虽然已经过去了半个世纪，但至今仍然具有重要学术价值。

三　考古文献结合，开展古史研究

先生在国立艺专学习期间，因为到中央大学旁听丁山教授的《商周史》和《史学名著选读》两门课程而开始了对古代史的学习。依照丁山教授的教导，先生从先秦文献读起，一本一本的读，一字不落的读，从而打下了深厚的国学功底。丁山教授还要求除了读书与资料之外，要选择几种传统与现代的科学一一专攻。后来先生在成都齐鲁大学利用一个学期的时间旁听吴金鼎先生的《田野考古学》，大约与此有关。

先生早期的论著，除了一部分考古调查报告之外，主要集中于中国古代史方面的研究。在这一研究领域中，先生深厚的文献功底发挥了绝好的作用，特别是把考古发现和文献记载结合起来探讨古史问题，形成了自己鲜明的研究特色。

《古史传说与典型龙山文化》一文，系统考证了古史传说中的有关东夷族资料，结合山东地区龙山文化的考古发现，提出典型龙山文化就是风姓东夷族所创造的文化。对于这种将文献资料与出土文物结合的研究方法，得到了顾颉刚、夏鼐、高亨等先生的赞同和肯定。

《云梦泽与商周之际的民族迁徙》一文，从发生在云梦泽中的"虎孩"和"随兕"故事入手，深入探讨了周公践奄，"驱虎、豹、犀、象而远之"的历史记载，认为这里的"虎、豹、犀、象"都是部落方国的名称或族名，上述文献记载了历史上的一次民族大迁徙。从而也证明商周之际存在着一条贯通黄淮下游到江汉地区的交通大道，这一交通路线在后来的文献中也有迹可寻。

如果说上文是从宏观角度探讨民族迁徙和交通路线的变迁，那么《春秋时期齐国故城的复原与城市布局》一文，则针对一个古代城市的布局和复原而展开。先生在文中以临淄齐国故城的钻探资料为基础，结合《左传》、《齐乘》等文献的相关记载，从城门的考辨和比对入手，分析齐国故城的布局。这一研究不仅对齐国故城的进一步田野工作有指导意义，而对同类考古工作也有借鉴和参考价值。

以上所举先生的三篇论文，采用文献记载与考古发现有机结合的方法，分别对史前、商周和春秋等各不同时期的历史问题做出了独特的研究，可谓经典之作。中国历史悠久，保存了丰富的传世文献资料，加上历年出土于地下的文献资料，是研究中国古代社会历史和文化取之不竭、用之不尽的宝库。这些文献资料对于古代历史和社会的研究具有不可替代的作用。有的外国学者不理解这一点，往往从人类学的视野先入为主地认为中国考古学家偏好文献。其实对于历史考古学来说，与没有文献记载的史前考古相比，最大的问题就在于，如何积极而妥当地将文献资料与考古资料相结合，进而探讨和解决历史学和考古学的各种问题。这是一个重要的方法论层面的问题，其不仅具有重要的理论意义，也具有十分现实的实践意义。先生早年的这些探索和研究，对于我们今天来说，仍然是一笔丰厚的遗产，具有很好的指导意义。

四　美术考古研究，探索新的领域

先生自小喜爱绘画，曾梦想将来成为一名伟大的画家。1939年如愿进入搬迁到昆明的国立艺专西画科学习，成绩优秀。由于主客观条件的限制，后来志趣转到了中国美术史方面，这可能是先生到中央大学旁听历史系课程的动因。抗战期间，重庆的条件极端恶化，各高校为了躲避敌机的轰炸而疏散在乡间，来往极其不便，更谈不上相互学习、交流和请教，用先生自己的话说，就是"只好怀着无限的怅惘，在黑暗中独自摸索了"。

1944年先生从国立艺专毕业之后，为了生计，先在四川省图书馆工作。1947年进入山东大学以后，先在中文系，1952年转到历史系。此起彼伏的政治运动，先生难有从事自己喜爱的美术史研究的时间和空间。1972年考古专业成立，创业初期的艰难已如前述，先生把相当的时间用在了考古专业的筹划、建设和发展方面。直到20世纪80年代，新生力量逐渐补充和完善，考古专业的队伍建设也初具规模，先生步入60岁之后，才真正把主要精力转到了美术考古的研究，大部分文章都是在这一阶段写就和发表的。

先生先后发表的40余篇美术考古研究的文章，按研究内容可以分为六个专题，即理论问题探索、山东史前陶器艺术、青铜器装饰艺术与纹样母题、古代雕刻艺术、战国青铜器风俗画题材和汉代绘画艺术。先生反对那种大而化之、泛泛而谈、空洞赞美式的研究，经常教导我们做学问要从大处着眼、小处着手，要做小题目，从小题目中发现和探讨问题。所以从总体上看，先生所从事的多为个案研究，就是从具体材料出发，旁征博引，反复论证，总是能发前人之未发，得出经得起时间考验的原创性和经典性的结论。

就美术考古而言，先生用力最多、成果最为卓著的当属青铜器装饰艺术的研究，约有半数文章属于这一研究领域。内容涉及饕餮、鸱鸮、鹰、虎、牛、豕、鹿、貘、蝉、鸡、鸟以及勾连纹、涡纹等几乎所有青铜器纹样。如《饕餮（兽面）纹样的起源与含义问题》一文，由《吕氏春秋》中记载的"周鼎铸饕餮，有首无身"谈起，从艺术的角度再现商周青铜器上变化多端的各种兽面纹样，主要是虎、牛、羊、鹿等动物的正面头像，并深刻地阐述了其避祸求福、恭敬严肃的"一般的含义"。而在关于兽面纹的起源问题上，较早地提出其产生可以追溯到时代更早的二里头文化铜牌、龙山文化玉圭和良渚文化的各种玉器之上的同类纹样。

先生早年亲自调查的山东地区史前遗址，多属大汶口－龙山文化系统，故对这一地区的史前陶器艺术也情有独钟。如《大汶口文化陶器与竹编艺术》、《论（山东）龙山文化陶器的技术与艺术》、《岳石文化的陶器艺术》等，就凝聚着先生的独特见解。特别是《论（山东）龙山文化陶器的技术与艺术》一文，写于20世纪50年代后期，是学界第一篇系统论述龙山文化陶器的技术和艺术的文章。为了这篇文章的写作，先生还专程去即墨西城汇现代制陶作坊现场考察，开展比较研究，以期得出正确的结论。

汉代绘画艺术是先生美术考古研究中的又一个重点。汉代是中国历史上一个非常重要的发展时期，中国国家制度的最终成熟、中华民族多元一体格局的定型，中国古代文化由多元走向统一，都是在这一时期。同时，汉代创造的文化也达到了空前的繁荣阶段。仅是保存下来的各种绘画艺术品，如分布于各地的画像石（砖）、壁画和帛画、各地的岩画以及各种器物上的画作等，其水平之高至今令人叹为观止。《汉画像石中的针灸图》、《汉画像石未详历史故事考》、《西汉动物画中的杰作——定县金错狩猎纹铜车饰画像分析》等，就是这一类研究的代表。

先生的贡献和研究并不限于以上所述。先生来山东大学之初，曾作为丁山教授的助手，为《中国古代宗教与神话考》一书的写作做过许多辅助工作，并深受其影响。后来也有许多涉及古代神话方面的研究，如《舜与弟象的关系以及舜迹的南移》、《干将莫邪铸剑神话故事试析》、《马王堆西汉帛画中的若干神话问题》等，就是这一类研究的代表。先生曾担任中国农史学会的顾问，十分重视从文献记载和考古发现的结合上研究古代生业经济、环境和资源等问题。如《试论黄河流域新石器时代晚期畜牧业的作用》、《我国舍饲养猪的起源问题》、《中国古代鹿类资源及其利用》、《中国古代对于蛙类的食用和观察》、《中国古代的食用昆虫及有关问题》等，填补了这一研究领域的空白。先生退休之后，还主动承担了山东省古籍整理重点项目《齐乘》校注的任务，前后达八年之久，为其付出了最后的心血。上述研究成果，今年将分别由科学出版社和中华书局出版，以慰先生在天之灵。

（原载《文史哲》2011年第5期）

黄河中下游地区史前人口研究——序

  人口的数量和构成对于人类社会的重要性是不言而喻的。最近五六十年，中国人口数量在庞大的基数上又急剧增多，造成了环境、资源、教育、就业等多方面的巨大压力，如果和世界上多数国家比较，我们有更为痛切的感受。

  在人类社会发展的诸多因素中，人类自身是第一位的。人的体力、智力、发明创造的科学技术等，都是生产力的基本要素。在科学技术不发达而导致的生产力水平较为低下的史前时期，群体人口的数量优势可能是区域社会文化发展的重要前提条件。从这一意义上说，"人多力量大"是极其自然而又合理的。同时，古代社会组织的形成和发展，社会结构的变化，也与人口数量和构成等因素密切相关。当一个区域内人口增加到一定数量，达到或超过与宜居地和资源的数量产生需求矛盾的高度时，社会内部的群体关系就会产生微妙的变化。为了获取人们生存所必需的宜居地、水源、食物、手工业原料等资源，就会产生争斗甚至战争。为了生存空间和所必需的资源而不惜诉诸武力的现象，即使到了当今社会也屡见不鲜。所以，要研究古代社会的复杂化进程，特别是要研究这一进程的内在动力，不把人口问题作为一个重要内容来对待至少是不完整的。

  中国有明确人口记载的历史，开始于汉代。汉代以前，则缺乏可靠的人口统计和记载。而没有文字记载的史前时期更是如此。从人类产生的历史来看，有文字记载的时间只是极为短暂的一段。即使是从我们的祖先发明农业以来的一万多年算起，也有80%以上时间的人口数量并不清楚。研究史前时期的人口问题，自然需要采用与有文献记载的历史时期完全不同的方法。对此，国外有不少学者进行过探讨和研究，总结出了聚落研究法、墓葬研究法、生物学分析法、生态学分析法等研究史前人口的方法。但真正用到中国史前社会的人口研究，还需要根据中国具体情况进行具体分析。

  与国外相比，国内的史前人口研究起步较晚，大约从20世纪80年代开始，一些学者开始涉足这一领域。综观国内的史前人口研究，有三个明显的特点：一是总体上研究比较分散，总量很少，没有开展系统的研究；二是多集中在发掘面积较大的单个聚落遗址或墓地的人口研究方面，缺乏区域性综合人口研究；三是研究内容局限于人口数量和性别等，其他方面内容较少涉及。史前人口研究的这种状况，应该说与当时的中国考古学研究的大势和取向是一致的。众所周知，20世纪中国考古学特别是史前考古研究的阶段性目标是建立考古学文化时空框架和文化发展序列，究明各区域的文化发展谱系，从而为开展综合性和专题性研究奠定基础。而属于社会考古研究范畴的人口问题，自然还没有提到研究日程上来。

  进入20世纪90年代，中国考古学研究的形势出现一些明显变化。

  首先是经过数十年来几代学者的努力，特别是20世纪70、80年代，苏秉琦先生"区、系、类型"的提出和实践，使得中国主要地区新石器时代和青铜时代早期的文化发展序列基本建立起来，以往需要反复研究后才能确定的内容，这时已经成为考古学的基本知识，考古专业的学生在课堂上就已经初步掌握。于是，中国考古学客观上有拓展研究领域和转变研究思路的要求，换言之，就是中国考古学研究需要转型。中国考古学需要新的理论支撑，需要新的研究思路，拓展和创新研究方法，需要改进和更新田野工作和室内研究的手段，需要运用现代自然科学技术，以获取更多的信息和资料。总之，需要把研究的重心转移到人和人类社会的方方面面上来。

第二，随着"改革、开放"的不断深入和成果的积累，国外特别是欧美的考古学理论、方法对中国的影响逐渐显现出来。越来越多的国内学者跨出国门，对国外考古学的发展现状有了切实的认识和感受，20年前国内开展的关于新考古学的讨论就与此密切相关。而国外学者进入国内不同层次的研究机构访问、研究和讲学，也使得他们对中国考古学的现状有了一定的了解。特别是国家文物局《中华人民共和国考古涉外工作管理办法》在1991年的发布和实施，使中外合作考古研究的层次产生了一个质的飞跃。不可否认，中国考古学研究的变化与对外开放是紧密地联系在一起的。

第三，现代自然科学技术在考古学中的运用越来越普遍，涉及的领域和内容也在不断拓展和增多。虽然考古学在中国被划入人文科学范畴，但从获取考古学资料的手段和考古学研究的方法分析，其自产生那一天起就天然地具有人文、自然科学融合的性质和特征。近年来，随着中国考古学研究的转型和古遗址保护的需要，客观上强烈要求更多的自然科学技术手段介入到从获取资料到综合研究的考古学研究过程之中。动物考古、植物考古、环境考古、水下考古、航空考古等，都切实地开展起来。人口考古也是一样，需要我们构建和发展。

与上述变化相适应，聚落考古研究方法逐渐地被学术界所接受，在社会考古研究中发挥着越来越大的作用。如最近一期中华文明探源工程，从子课题的选定上就可以看出，聚落考古成为古代社会发展进程研究最基本的方法。考古学研究的基本内容是古代的人类、环境、资源及其相互关系，是逝去的古代社会，其中人是第一位的。所以，人口的研究是与古代社会关联度很强的一个部分，忽视了这一部分内容，我们可能无法正确阐释古代社会的复杂化进程，无法探寻出社会发展背后的动力。基于这样的认识，我认为有必要系统地开展没有文献记载时期的人口考古研究。

王建华1995年进入山东大学考古专业学习考古学。1999年起，先后跟随我读硕士和博士，他勤奋好学，思维敏捷，作风严谨，喜欢学习和钻研新的知识。所以，在分析了中国人口考古的现状和发展前景之后，我希望他能够在这一领域有所发展和建树。于是，从硕士到博士再到博士后，他把史前人口考古研究作为自己的主要研究方向，经过十年的努力，已经颇有研究心得。最近几年，他先后在《文物》《考古》《考古学报》《中国文物报》等报刊上发表有关人口考古的专题论文多篇，受到学术界的关注。

本书是在博士论文的基础上修改完成的。选择黄河流域作为研究对象，主要是基于这样的考虑：一，黄河流域的史前考古工作开展得早，积累的资料十分丰富，现在已经基本建立起脉络清晰的考古学文化发展谱系，具有较好的基础研究条件；二，黄河流域在中国早期历史上一直是政治、经济、文化发展的重心地区，曾长时期引领中国古代社会的发展，而这种状况的形成，必有其长期孕育和发展的过程；三，我们对该区域的资料和研究成果相对更熟悉一些，这样，可以略微减轻庞大的查找资料和实地考察工作的压力，以期在预定的时间内完成论文写作。其实，在史前人口研究过程中，王建华也遇到了诸多困难，其中最主要的还是资料的不完备和不系统。所以，中途他数度有做不下去的感觉，摇摆一下也实属正常，但最后还是坚持下来了。

系统的人口考古研究在中国刚刚起步，应该说这一研究带有拓荒的性质。从这一意义上说，本书的研究还是初步的，许多方面还需要不断地完善。在研究方法上，我曾经设想，把文献中（包括出土文献）有明确人口统计的汉代的相关区域，与经过区域系统调查的同一区域相对照，计算出两者之间的误差，进而校正史前人口研究中人口数量和分布的相关数据。但由于种种原因，这一设想没有能够实施，这不能不说是一个遗憾。总之，我希望有更多的人能够投身于人口考古这一研究领域，并将其作为采用聚落考古方法研究古代社会的一个重要内容来看待，进而推动中国考古学研究的不断深入和发展。

2009年4月8日

（原载《黄河中下游地区史前人口研究》，科学出版社，2011年）

中国新石器时代考古的集成之作
——《中国考古学·新石器时代卷》评析

　　中国的新石器时代考古，自1921年瑞典学者安特生发掘河南省渑池县仰韶村遗址并确立仰韶文化开始，已经走过了90年的历程。90年来，有关中国新石器时代的考古发现和研究工作，可以说是从无到有、从少到多，积累了极其丰富的各类资料。其研究成果，使我们对这一没有可靠文献记载的历史阶段，有了一个基本的认识和了解。1970年代以来，特别是最近20多年来，随着国家经济建设步入飞速发展期，田野考古工作的数量和规模急剧扩大，有关新石器时代考古的资料成倍增加，不仅是初学者，即使是研究新石器时代考古多年的学者，也有资料越来越多而难以全面驾驭的感觉。在这样的形势下，无论是学习者还是研究者，均迫切需要一部能够全面反映中国新石器时代考古学的发展历史与研究现状的系统性总括论著。

　　继《新中国的考古收获》（1961年）和《新中国的考古发现和研究》（1984年）之后，编写一部能够全面而系统地反映中国考古学的考古发现和研究成果的大部头论著，在20世纪90年代即已启动。当时，由中国社会科学院考古研究所承担的九卷本《中国考古学》，作为国家重点项目正式立项。此后，全面反映中国考古学研究成果的多卷本《中国考古学》的出版，就成为国内外同行特别是在读的考古专业研究生、本科生的热切期盼。近几年来，从《中国考古学·夏商卷》开始，中国社会科学院考古研究所的九卷本《中国考古学》各卷陆续与读者见面，受到广泛好评。2010年7月，在中国社会科学院考古研究所六十华诞之际，《中国考古学·新石器时代卷》和《中国考古学·秦汉卷》同时出版，无疑是一件喜上加喜的好消息。

　　《中国考古学·新石器时代卷》由任式楠、吴耀利主编，王仁湘、王吉怀、王辉、任式楠、朱延平、李新伟、吴耀利、袁靖、梁中合、韩康信、傅宪国、谢端琚等执笔。他们长期在中国考古第一线进行考古发掘和研究，像任式楠、谢端琚、吴耀利先生更是把毕生精力都献给了中国的新石器考古事业。由他们合作来完成这样一部煌煌巨著，既当之无愧，也可以说舍我其谁。

　　在中国考古学发展的历史长河中，新石器时代是一个极为重要的发展时期。此前的旧石器时代，开启了中华大地人类最初的历史，尽管这是一个漫长的发展过程，从时间上其占据了人类99%以上的历史，但因为年代久远、人口稀少和生活方式不同等诸多原因，遗留下来可供我们观察到的遗存，少之又少。虽然经过近百年的努力，我们已经初步建构起200万年以来直立人和智人发展的大体脉络，但要想详细地了解和复原这一时期人类的生产生活方式特别是其社会状况，不是在短时间内能够完成的。而在以后的青铜时代和铁器时代，在中国则开始进入有文献记载的王朝历史时期，尽管其早期阶段的文献记载较少且不完备，但毕竟有了重要的参照，与完全没有文献记载的史前时期不可同日而语。作为延续时间长达近万年的新石器时代，人类的创造力获得了跨越式的发展，这一时期的人口数量、活动范围、生产力水平、生存方式、经济结构、社会组织形态、社会关系、艺术和宗教，等等，均与以往有天壤之别。人类产生以来的三大起源和发展的研究，即人类的起源和发展、农业的起源和发展、文明（或称为国家）的起源和发展，其中后两项均发生在新石器时代。这两项重大变革的孕育、形成和发展，从根本上改变了人类的生存和发展方式，是中国新石器考古乃至整个中国考古学经久不衰的研究课题。通过近百年来大量的田野考古调查和发掘工作，以及对这些田野考古资料进行系统整理、分析和综合研究，一个基本被人类遗忘了的历史时期，逐渐并且越来越清晰地展现在我们面前。人们从采集到农业，从渔猎到畜牧饲养，从野居穴居的游动到建造房屋形成聚落而开始定居，人们磨制石、骨、牙、蚌器，发明和使用陶器等，从而开创并进入了一个全新的时代。随着新石器时代文化的发展，中国南方稻作农业和北方旱作农业的基本格局逐渐定型，并各自经历了由初创到逐渐成熟的过程。而聚落方面的变迁，即由平等的聚落形态到分层的聚落形态再到以城市为中心的聚落形态，则反映了新石器时代的社会由平等到分层再到早期国家这样一个渐次递进的发展变化过程。同样的情况在墓地和墓葬中也有清楚的演变脉络。而新石器时代社会内部的这些发展和变化，都是以社会生产力和社会经济的发展为依托和基础的。于是，一个由简单到复杂、从低级到高级、从原始到文明的古代社会发展进程的大趋势就清楚地展示出来。在这样的情况下，对数量众多逐渐发展到很难全部阅读甚至浏览的新石器时代考古资料，在系统分析和研究的基础上，构建起一个完整的时空框架体系，并在此基础上分门别类地予以概括和归纳，对促进新石器时代考古研究的发展，无疑具有十分重要的现实价值和深远的历史意义。《中国考古学·新石器时代卷》正是这样一部划时代的巨著，相信在未来一段时间内，会对中国新石器时代考古甚至中国考古学的发展产生非常积极的影响。

阅读《中国考古学·新石器时代卷》，在以下几个方面给人以深刻印象。

首先，全书的整体结构合理，逻辑关系清晰，便于读者阅读和理解。全书先从发现和研究史谈起，将中国新石器时代考古的产生和发展划分为四个阶段，每个阶段内又根据考古发现和研究的实际，区分黄河流域、北方、长江流域、南方和西南等不同区域，依次介绍考古新发现和研究成果，每一阶段的最后有一个总括性的小结。这样安排会使读者一开始就对中国新石器时代考古产生和发展的整体过程和区域差异有一个粗略的纲领性认识。然后，分析和论述了中国新石器文化所依托的环境背景。众所周知，无论是古代还是现代，环境对人类生产生活乃至社会发展等各方面的影响，可以说是无处不在，某些时候或者在某些区域甚至还会起到决定性的作用。在影响人类生存和发展的环境因素中，最重要的莫过于地貌、气候和资源。在这一部分的论述中，本书力图把近年来学术界十分重视的环境考古研究成果和现代自然地理状况结合起来，从地貌演变和气候变化两个方面，系统地归纳和总结目前已有的研究成果。具体内容包括了河道下切及淤积与河流变迁、湖泊变迁、海平面变迁、沙丘固定与活化、区域气候变化和整个中国新石器时代气候变化的规律等。这些研究对于中国这样一个幅员辽阔和延续时间长达万年的时空范围，只能说是初步的或开创性的。但有了这样一个基础，相信今后会有更多的学者投身其中，会有涉及区域更多、探讨内容更为丰富、分辨率更为精细的成果问世，从而为我们认识和研究中国新石器时代的社会和文化，提供更好的环境背景，奠定坚实的基础。遗憾的是书中没有对人类生存和发展所必需的资源单独予以阐述，希望以后有机会予以补充。

在交待清楚发现、研究史和环境背景的基础上，全书用六章和超过总量85%的篇幅，论述了各阶段不同区域新石器的考古发现和研究成果。最后两章，则分别从人类自身体质形态与种族的演变和社会与文化的发展两个方面进行了全面总结和阐述。第八章，首先归纳和介绍了包括与蒙古人种起源有关的智人化石和各区域新石器时代人骨的发现和研究。然后，全面系统地介绍了关于新石器时代居民体质的区域差异和形态类型以及种族演变的讨论，进而提出新石器时代人骨形态变异和中国人的起源问题。同时，对一些具有特殊意义的特异习俗现象，如拔牙、枕骨变形和口含小球等，做了单独的讨论和解释。最后在统计学的基础上，对部分区域新石器时代人口的性别构成和死亡年龄，进行了讨论和分析。第九章则对中国新石器时代的文化和社会发展做了总体考察。在这一考察中，以前述的农业起源与发展、文明起源与发展两大内容为纲，分阶段进行概括和总结。论述中对社会组织和社会结构的演进过程和形式做出自己的判断：如认为公元前4000年之前的社会，基本上处于平等和谐的母系氏族社会；公元前4000年开始，一些主要地区相继转变为父权制社会；公元前2600年前后，分布于黄河流域和长江流域的龙山时代诸文化，已经进入初级文明社会，建立起邦国型国家。当然，对于中国新石器时代从早中期的平等社会发展过渡到晚期的分层社会以至于产生出早期国家，这样的基本思路和认识在学术界应该没有太大分歧。但具体的时间节点和表述方式，可能会有这样那样的不同意见和看法。如早期国家的产生，究竟是在公元前2600年前后，还是在公元前3000年前后（即距今5000年前后），拟或是在公元前2000年前后（传统认识中的夏代）？这个问题既牵涉到对这一时期若干考古学文化绝对年代的认识，也包含了如何理解这一时期的聚落形态、埋葬制度和其他因素所反映的社会组织、社会结构状况。而用母系氏族社会、父权制社会、初期文明社会等术语，且不说它们之间所反映的社会形态的内涵不相一致或难以区分，而其是否具有广泛的适用性也有讨论和推敲的余地。

总之，这种高屋建瓴和鸟瞰式的归纳和总结，对于从整体上把握中国新石器文化的产生、发展和最终转变为青铜文明的过程，无疑是必要的和正确的。

其次，重视考古学理论、方法和技术的新发展，注意多学科综合研究的新成果，是本书的一个重要特点。在世界学术之林中，考古学是一门较为年轻的学科，世界考古学的产生到今天也不到200年，而中国考古学还不足百年。不断地发明新技术，或者把新的自然科学技术运用到考古学之中，以获取更多的新资料，是现代考古学的一个显著特点和巨大优势。只有这样，才会源源不断地增加有助于了解古代社会的新资料和新信息。而要应对这些日新月异和数量庞大的新资料和新信息，并适应考古学研究的发展变化，就要不断地提出和创造新的理论和方法。这些可以说是推动考古学科迅速发展的内在动力。

如对考古遗址中文化堆积本身的处理历史，就清楚地展现了考古学中新技术的运用及其带来的新变化和新发展。最初，对于遗址内各类堆积中的土壤，除了个别特殊的情况，如烧过的土、建筑材料的土（如土坯）、有植物印痕的土（如硬化了的草拌泥）等，发掘中挑选少量标本之外，余者基本上都当作废物处理掉。后来，随着浮选技术和其他各种实验室检测、分析技术的发明（如孢粉分析、植硅体分析、淀粉粒分析等），考古遗址中不同类别单位中的土，就成了新资料和新信息的一个重要来源。也正是因为对土的重视和及时地引入各种检测、分析技术，才使古代农业和生业经济的研究有了突飞猛进的发展。我们今天再讨论古代农业的类型和形态，就有了农作物、农田（水田和旱田）、生产工具、食物构成等实实在在的大量资料和依据，而不是像以往那样只能泛泛而谈。

80年前，梁思永先生辨析出安阳后冈遗址的仰韶、龙山和小屯三叠层，不仅确立了黄河中下游地区已知古文化的相对年代关系，更重要的是指导中国田野考古发掘工作从此走上了正确轨道。50年前，夏鼐先生由考古学上文化的定名和探讨考古学文化的内涵，到提出正确理解考古学文化并准确而适时地予以命名，及时引导了中国考古学的健康发展。30年前，苏秉琦先生从地层学和类型学的讨论到提出考古学文化的区、系、类型的重要论说，极大地推动了中国新石器文化时空框架体系和文化发展谱系等基础研究的发展，为中国古代社会的研究奠定了坚实的基础。而1980年代以来对新考古学的讨论和中国考古学的反思、聚落考古及区域系统调查方法的引入和实践、中国文明起源和形成研究的长盛不衰、自然科学技术越来越多地被运用于考古学研究的各个环节、中外合作考古的蓬勃开展等，都在一定程度上推动和影响了中国考古学的发展。

第三，作为全书主体的第二至七章，全面总结和论述了中国近代考古学诞生以来各区域新石器时代考古的主要发现和重要研究成果，汇总出一个较为完整的关于中国新石器时代考古学文化的时空框架体系。这样一个初具规模的架构和体系（书中分为四大期和中晚期之交逐渐形成八大区域文化），是中国几代学者含辛茹苦为之奋斗的结果，将其建立起来并表述清楚，对于后学者和其他学科的研究者了解和认识数量十分巨大、内容极为复杂的新石器时代文化，无疑是一条捷径，价值和意义不言而喻。在新石器时代文化内涵的编排上，其实有两种基本的安排方式：一种是以区域为纲，先把中国的新石器文化划分成若干个区域，在各区域内循着自早至晚的顺序，对依次兴起和传承发展的考古学文化予以论述和分析讨论，《新中国的考古发现和研究》（1984年）中的新石器时代部分，大致就采用了这一方式；另一种是本书的做法，以时间为纲，先把中国的新石器时代统一划分为早期（公元前10000～前7500年）、中期（公元前7500～前5000年）、晚期（公元前5000～前3000年）和末期（公元前3000～前2000年）四个大的阶段，然后在各个时间段内按区域展开介绍和论述各考古学文化或考古遗存。新石器时代的中国，从总体上看，文化的存在和发展方式以区域文化为主，即多元演进是中国新石器文化发展的主基调，而各区域之间的文化交流、文化传播和影响，从无到有，从弱到强，呈现出一个渐进和逐渐加速的过程，在整体上显然还居于次要的位置。至于到新石器时代末期是不是形成了以中原地区为核心的发展模式，不是不经论证就可以确定的，其成立还需要提出明确的证据。这样，前一种编排方式，在区系观点的基础上，有利于了解每一个区域文化的发展史，即认识和廓清各区域的考古学文化及其所反映的社会各方面内涵的产生、发展和变迁的完整过程。而本书的编排方式，则从整体纵向发展的视角展现了中国新石器文化产生和发展最终转变为青铜时代的过程，并且从社会层面揭示了由平等社会到分层社会再到早期国家的历史发展轨迹。由于各区域文化发展的不平衡性，这样的安排势必会产生一些文化年代的交错现象。或者放在一个时期中的文化实际上跨越了两个时期的年代，如良渚文化，即使按照书中的年代观（公元前3300～前2000年之间，其实良渚文化结束时间要早得多），相当部分也属于第三阶段的新石器时代晚期。或者把一个文化分割成两半，安排在不同的期别之中，如甘青地区的马家窑文化，早期在新石器时代晚期，晚期则放到了新石器时代末期，人为地打断了阅读思路。

在新石器时代文化的总体架构方面，如果在绪论中明确地讨论和确定整个中国新石器时代的期别划分以及各个期别的大体年代，可能更有助于读者来理解和把握后面第二至七章的结构和内容。

把中国的新石器时代划分为四个大的发展时期，无疑是符合到目前为止的考古发现和研究实际的。四期分别称之为早期、中期、晚期和末期，现在看也是可以的，但每期的起止年代，则分散在文中不同的地方。如新石器时代开始的年代是与进入新石器时代的基本标志或内容联系在一起的，本书以人工栽培粮食作物（主要是以栽培稻）和陶器的出现为基本标志，甚至更看重于后者（第112页）。准此，将新石器时代开始的年代确定在"不晚于公元前10000年，或者可能早到公元前12000年左右"（第45页）。现在看来，这一问题比想像的要复杂，特别是在一些以细石器为主的遗址里陆续发现陶器，更加大了这一问题的复杂性。新石器时代早中期和中晚期的分界，书中给出了明确的年代，即公元前7500年和公元前5000年，而晚期和末期的分界，书中比较含糊，大体上犹疑在公元前3000年和公元前2600年之间。这样，就导致了对一些考古学文化的章节安排上，出现上述或前或后的不确定状况。

第四，条理清晰，体例统一，论述简练，详略得当，除了相应的图表之外，还配备了能够反映各时期各地区新石器文化发展水平的彩色图片60余幅，内容包括了聚落和建筑、城址和宫殿、墓地和墓葬、蚌塑和祭坛、生产工具、彩陶、黑陶和白陶、玉器和铜器、艺术品、文字资料等。在具体的论述中，根据考古发现和研究的实际，以考古学文化为基本单位进行简练的分析、归纳和综合。在对考古学文化的论述中，大体有两种情况。基础资料相对丰富和研究较为深入的，一般从发现与研究简史、分布区域与重点遗址、文化特征、分区与文化类型、年代与分期、聚落与建筑、经济生活、文化与艺术、信仰与习俗、葬制与葬俗、社会发展状况、与其他考古学文化的关系等若干不同方面，面面俱到地依次展开，并附有各种必要的插图，如主要遗址的分布、典型房址、墓地和墓葬、生产工具、装饰品和反映文化特征及分期的陶器图等，一应俱全，应有尽有。篇幅最长的，如大汶口文化，长达34页。这样，对于普通的学习者和研究者了解、掌握一支考古学文化，就会起到事半功倍的作用。而基础资料相对较少或研究的不甚充分者，则少分或不分更细的标题，而是整合起来统一介绍，尽可能把相关的考古发现和研究成果简练而合乎逻辑地归纳总结出来。篇幅最短的，只有一两页。为了说明书中的一些结论，常常还配有各种经过设计的表格，用统计数据作为分析的依据。例如，为了说明裴李岗文化农业生产的发展，就统计了九个主要遗址发现的石器资料，从中既可以间接看出农业生产过程的各个环节，也可以大体归纳出农业经济在社会经济中的发展状况，从而得出在诸文化中处于领先位置的结论。

第五，资料来源清楚，引用资料规范，一书在手，在某种程度上起到了工具书的作用。近百年来全国各地经过考古调查和发掘的新石器时代遗址不计其数。本书涉及的新石器时代考古学文化和类似考古学文化的遗存，数量多达近百处，关联的遗址数以千计。面对这么庞大的研究资料，要一一究明并表述清楚，只有依靠团队的力量才能胜任。书中从研究史到专题讨论，从具体的遗址到不同的考古学文化，从经济技术到社会文化，所议所论，均言之有据，尽可能注明了出处，体现了良好的学术规范。据统计，本书引用各种文献多达2750余条，其中既有原始的发掘资料和考古学的基础研究，也有关于社会结构的研究和理论与方法的探讨，还有环境变迁、体质人类学和各种自然科学技术的实验室检测、分析和研究成果。可以说是内容丰富，包罗万象，极大地方便了广大读者。当然，也有个别遗漏的现象，如湖南澧县城头山遗址的完整发掘报告于近年出版，而书中只引用了当年的发掘简报；辽东半岛早年发掘的两处重要地点，即文家屯遗址和四平山积石冢，近年来也都先后出版了最终发掘报告，全面系统地公布了当年的全部发掘资料，书中只引用了早年的简报。

关于新石器时代各区域文化的年代，书中引用了大量历年所测的碳−14数据，再结合不同文化相互之间的年代对应关系，给出了各考古学文化起止存续的绝对年代。碳−14测年数据是新石器时代各考古学文化绝对年代的直接来源和原始数据，其本身有两种年代：一是实测年代，又有半衰期5730年和半衰期5568年之分，国际上普遍使用的是后者；二是校正年代，又有达曼表校正年代和高精度表校正年代的区别，过去国内考古学界普遍使用达曼表校正年代。由于后出的高精度表校正年代更接近于实际日历年代，并且所有新石器时代的测年数据都可以校正（达曼表则受局限，实测年代超过一定年代则无法校正），所以近些年来考古学界广泛使用的是高精度表校正年代。因为牵涉到的文化遗存和年代数据的数量众多，最好是在相应位置把本书使用碳−14测年的方法和原则交待清楚，采用目前世界上广泛使用的一种即可，这样就会减少因为校正方法的不同而产生的人为误差。同时，因为同一个数据的实测年代与校正年代相差很大，所以在正文中似乎没有必要再使用未加校正的实测年代。书中在测年数据的使用上时有混用的现象，这样就容易让读者产生不必要的误解。好在全书最后设置了附录二，把新石器时代的绝大部分碳−14测年数据的实测年代、达曼表校正年代和高精度表校正年代一一列出，表面上看起来多占用了40多页，但益处多多，读者可以随时检核查验，然后做出自己的判断。书中有的文化年代归纳的不甚准确，如庙底沟二期文化的起始年代，书中所列的3个早期数据，校正年代分别为公元前3060±180年、前3015±205年（原文为±20年）和前2990±180年，如果不加说明，一般会认为其年代在公元前3000年前后，不知何因却认为"它们均在公元前2900年左右"（第519页）。

第六，求同存异，尽量把不同的学术观点和意见都予以中性的介绍和说明，便于读者了解学术研究发展的历史和现状。学术研究的本质特点或者说内核之一是鼓励创新，支持有坚实理论基础和充足资料依据的新学说和新观点。在这里，标新立异是值得尊重和给予肯定的。考古学资料均出自田野之中，在没有历史文献记载的新石器时代，出土的实物资料无法与传世文献相互印证。况且，由于研究者的学术背景、文化传统、理论素养、知识结构以及看问题的视角和侧重点等均有可能存在着或大或小的差异，对这些地下出土的"哑巴"材料产生这样那样的不同认识，进而得出不同甚至相反的结论，这不仅有可能并且也完全可以理解。在一部全面反映中国新石器时代考古发现和研究成果的论著中，如何处理这一现象，是一个现实而尖锐的问题。本书无论是对像农业起源和文明起源等重大学术课题，还是对某些阶段社会性质的判断、考古学文化的归并和划分、年代和分期的确定等中等级的学术问题，拟或是对具体考古学文化的名称、个别遗址文化性质的归属等小问题，均站在学术民主的立场上，采取了求同存异，尽可能予以全面介绍和说明的实事求是的科学态度，让读者既能够了解学术界的各种不同观点，也可以知道哪一种是主流意见，最终可以根据实际情况做出自己的判断。

由于参加编写的人数较多，历时很长，特别还牵涉到人员的变动。所以，书中也存在一些这样那样的问题。

关于节下小目的名称，有不恰当和前后不符的现象。如第三至五章的小结，均使用社会生活作为标题来概括当时社会结构和社会形态的状况及变化，似有些题文不符。而第六、七两章的小结，则使用了社会结构点题，比较符合所述内容。再如小结中涉及的文化艺术和原始宗教，或称为精神生活，或称为精神文化，应统一为后者为好。此外，关于中国考古学诞生的时间和标志，总序和绪论各自表述，不相统一。总序认为1928年安阳殷墟的发掘是中国考古学诞生的标志（总序第2页），而绪论中则把1921年渑池仰韶村的发掘作为中国考古学的开端（绪论第2页）。像这种关系较大似又不难取得一致意见的问题，还是统一以在学术界占主导地位的观点表述为宜。

近年来，聚落考古越来越受到学术界的重视，逐渐成为中国新石器考古的基本方法之一。聚落考古包括的内容很多，从本义上说，大体可以区分为微观聚落形态研究和宏观聚落形态研究两个大的方面：前者主要是分析和探讨单个聚落内的基本聚落组成单位，和由此逐级向上组合、连接起来的聚落内部的网络结构，后一部分也被称为聚落布局；后者则在更大的范围内进行聚落形态分析，包括了聚落的空间关系和历时演变两个方面。根据本书叙述方式的特点，至少应该依据基础资料的多少和详细程度，对各考古学文化的聚落布局和聚落的空间关系做些分析和讨论。本书中多在各考古学文化之下列出了"聚落与建筑"一小节。总体上看，书中把重点放在了建筑上，而对聚落这一部分的论述明显不足。但也有例外，如仰韶文化群和兴隆洼文化的论述中，就对几处典型遗址的聚落布局进行了简练的归纳。而王湾三期文化中，则引述了有关学者的聚落空间分布形态的研究成果。

到新石器时代晚期和末期之交，一些文化比较发达的区域相继出现了城址，并且有迅速增多的发展趋势。城址的出现，表明聚落群这一层级的社会内部开始形成较为复杂的控制网络，聚落群内通常只有一个大型的中心遗址，并很可能有城墙环绕；次一等级的聚落可能有若干个，往下随着等级的降低而数量依次增多，从而形成一种金字塔状聚落结构。这样的聚落形态昭示着社会内部较之以往产生了巨大变化。书中对城址的叙述、归纳和分析也比较简单，所用笔墨不多。如果能够把发现城址较多的区域，如屈家岭文化、石家河文化、王湾三期文化、后冈二期文化、龙山文化等，把城址单独设为一小节，并结合聚落群的形态予以分析和总结，可能效果更好一些。

在各考古学文化的论述中，相互之间的篇幅差别过大。如新石器时代早期的诸遗存，关于甑皮岩的叙述过细，篇幅远超其他同期遗存；再如关于"文化特征"部分的论述，黄河中游的庙底沟二期文化、王湾三期文化、后冈二期文化等，只有区区二三百字，黄河下游的龙山文化，多达一千余字，相差三五倍之多。在叙述的方式上，则或是总体论述，或是按期别分述，造成相互不一致的状况。如黄河下游的龙山文化，是按早期和晚期分别叙述的，而同章前后节的王湾三期文化、后冈二期文化、陶寺文化等，则是总体表述。这样的情况在其他部分中也同样存在。

仰韶文化是中国发现最早的新石器文化，由于历史的原因，仰韶文化的内涵和外延均比较复杂，学者们或者在仰韶文化内部划分类型，或者干脆把仰韶文化分解成若干不同的考古学文化。于是，目前学术界对仰韶文化的概念很不统一。如何处理这一问题，是一个十分棘手的难题。本书提出"仰韶文化群"和"典型仰韶文化"的新概念，先总括归纳仰韶文化群的发现研究史、分布与重点遗址、文化特征等，然后将其划分为七支考古学文化，即半坡文化、庙底沟文化、西王村文化、后冈一期文化、大司空文化、大河村文化和下王岗文化。之后又回归到年代与分期、聚落与建筑、经济生活、文化与艺术等常规内容。整体看似乎进行了调合，名义上把过去的类型升为文化，而实际上仍按类型层级介绍。而且，如果真把仰韶文化分解成七支考古学文化，那目前的处理方式也存在诸多问题。如晋陕豫交界区仰韶文化的早中晚期分别独立为半坡文化、庙底沟文化和西王村文化，而豫中和豫南地区，则各自贯穿早晚归为一支文化，延续时间与上述三支文化之和相当。

一些重要的新发现，可能因为资料截止时间等原因，未予以收录。如浙江中东部以浦江上山和嵊州小黄山为代表的新石器时代早期遗存，有包括稻作遗存在内的重要发现，代表了这一区域新石器文化的早期发展阶段，书中仅在晚一期别的跨湖桥文化一节中提及，而未单独介绍；再如月庄遗址发现的后李文化炭化稻遗存，对于探索野生稻的分布北限和北方地区的稻作起源模式是十分难得的重要资料，相关的章节中未予以收录。

一些资料的引用和归纳方面也存在问题，例如：在长江下游马家浜文化个别遗址发现的少量白陶，无论是器形还是纹饰，均与长江中游地区的同类器一致，而后者出现时间早、延续时间长且数量甚多，其源流关系一目了然，而书中将两者视为"分别出现的地区产物"（第508页）显然不确；辽东半岛的小珠山中层文化，认为有与大汶口文化花厅期相近的因素而定其为公元前3500～前3000年，就与实际相去较远，这一认识或许与把属于大汶口文化早期的长岛北庄一期误订为大汶口文化中期有关；桓台史家遗址的所谓龙山文化城址，没有正式而可靠的发掘资料，学术界未予承认（第36页）。而认为龙山文化城址以无壕台城类型居多的归纳（第603页），未结合实例现象做认真的分析和研究。

插图方面也存在一些问题，查原书认为龙山文化以环壕城类型居多，像一些重要考古学文化没有附主要遗址分布图，如后李文化、马家浜文化、河姆渡文化、小河沿文化、陶寺文化等。如果是为了节省篇幅，完全可以把两支甚至更多的考古学文化放在一张图上，如马家浜文化、河姆渡文化可以和崧泽文化共用一张图，只是用不同符号表示不同文化即可。资料比较丰富的考古学文化，都可以划分为不同的期别和区域类型，但在插图的设计上，有的只有分期图而无各类型图（如马家浜文化、崧泽文化、良渚文化、大汶口文化等）；有的只有各类型典型器物图而无分期图（如屈家岭文化）。插图内容有的未经仔细核实，以致出现差错。如大汶口文化早期陶器图中，三分之一实际上属于大汶口文化中期（第283页图4-27的5、8、9、12、13）；黄河下游的龙山文化，同一座墓葬出土的陶器则分别放在了早、晚期插图之中（第596、597页图6～39之8和27，均出自西朱封M203）。

以上所举，相对于全书的价值和意义，可以说是大醇小疵，瑕不掩瑜。总之，《中国考古学·新石器时代卷》是一本值得向读者推荐的好书，其对于向社会普及新石器时代各区域文化知识，便利读者的学习和研究，推进中国新石器时代考古研究的深入和发展，都将会产生重要作用。

《中国考古学·新石器时代卷》由中国社会科学院考古研究所编著，中国社会科学出版社2010年7月出版。

（原载《考古》2011年第7期）

中国文明起源研究的鸿篇力作

——读《牛河梁——红山文化遗址发掘报告（1983～2003年度）》

学术界翘首以盼的牛河梁遗址群发掘报告，于2012年11月由文物出版社正式出版发行。当年12月中旬在沈阳召开的"红山文化学术研讨会"上，拿到沉甸甸的三大本牛河梁考古发掘报告之后，许多人连夜翻阅，先睹牛河梁遗址群的全面发掘成果为快。此后，为了修改牛河梁地区的红山文化晚期社会的论文，我对报告进行了仔细研读和思考。虽然时间已经持续了一段时间，但报告深刻内涵散发出来的震撼力仍然没有消失。

一

关于中国文明起源和形成的研究，目前在中国已经逐渐形成燎原之势，成为中国学术研究的重中之重，甚至上升到以国家重点工程形式进行扶持的层面。回顾中国文明起源研究的历史，从考古学上提出这一研究课题的时间并不太长。20世纪60年代，夏鼐先生就前瞻性的提出了在考古学上研究中国古代社会结构和社会关系、国家起源和夏代文化以及城市的产生和发展等问题[1]。但在具体讨论中国古代什么时间进入阶级社会时，夏鼐先生认为："由于我国现下能确定为铜石并用期和早期青铜文化的遗存发现得不多，所以我们关于这阶段的知识很贫乏，我们对这问题还不能作十分确定的答复。"[2]进入70年代中期，随着大汶口墓地发掘报告的正式出版，学术界掀起了一股讨论大汶口文化社会性质的热潮，争论的焦点是以大汶口墓地为代表的大汶口文化，是处于原始社会末期还是已经进入了阶级社会。随后召开的"登封告成遗址发掘现场座谈会"，参加会议的学者达100余人，会议集中讨论了夏文化和夏文化考古的问题。此后，夏鼐先生于1983年春在日本做的关于中国考古学三次演讲中，有一讲就是"中国文明的起源"，结集出版时书名确定为《中国文明的起源》。

如果说在20世纪60年代还不具备从考古学上讨论和研究中国文明起源问题的条件，那么到了70年代，大汶口墓地所揭示的社会分化和王城岗龙山文化城址的发现等，都开始显示出新石器时代晚期的考古新发现与平等原始社会的传统认识之间南辕北辙，不相符合。也正是在这样的基础上，夏鼐先生敏锐地捕捉到这一中国学术研究的生长点，很快就在中国考古学上提出了中国文明起源研究这一关键性问题。

---

[1] 夏鼐：《新中国的考古学》，《考古》1962年第9期。

[2] 夏鼐：《中国原始社会史论文集·序》，历史教学社，1964年；先期以《解放后中国原始社会史的研究》为题载于《历史教学》1963年第4期。

20世纪80年代，可以说是考古学研究中国文明起源的大发现时期，各大文化区关于新石器时代晚期的重大考古发现精彩纷呈。中原地区平粮台、郝家台龙山文化城址和陶寺大型墓地的发现；海岱地区尹家城、西朱封龙山文化大型墓葬和边线王龙山文化城址的发现；环太湖地区的福泉山、寺墩、瑶山、反山良渚文化贵族墓地和莫角山大型建筑遗存的发现；江汉地区屈家岭、石家河文化城址的发现；燕辽地区大凌河上游"坛、庙、冢"的发现，等等。在这些重要发现之中，首先引起学术界重视的是北方辽西地区牛河梁和东山嘴等地发现的红山文化"坛、庙、冢"，随后是南方杭州湾地区出土大量玉器的瑶山和反山良渚文化贵族墓地和莫角山大型台基的发现和确认，在中国文明起源研究中形成北南两地遥相呼应之势。

苏秉琦先生最先认识到牛河梁、东山嘴一系列发现的重大意义，认为红山文化的"坛、庙、冢"是中华文明的象征，提炼出"古文化、古城、古国"这一用词简洁而内涵深刻的理论性总结。这一观点和后来提出的"古国、方国、帝国"等一起，指导并推动了中国文明起源研究的迅速发展和不断深入。同时，也推进了牛河梁遗址群的发掘工作的全面开展。

进入20世纪90年代，在探讨中国文明起源问题的方法和路径上，多数学者开始认识到，先确定进入文明社会的诸要素，然后采用对号入座的方法来探索和研究中国文明的起源和形成，是采用一个简单的方法来研究古代社会这样一个极其复杂的问题，最终也无法达到解决问题的目的。经过学术界不断地反思和讨论，认识的提高带来了方法论的转变。既然古代社会的发展和演变是由复杂的综合因素所推动，那么，要廓清中国古代社会的发展和变化，必先探求社会各种因素的量变与质变过程，特别是在考古遗存的收集、分析和研究中引入各种自然科学和工程科学的技术手段，以获取更多有价值的研究古代社会的信息和资料，进而综合探寻文明的起源、形成和发展过程，即在中国古代社会的发展过程中来探索文明的起源、形成和发展。这一路径成为此后学界探索和研究中国文明起源问题较为一致的认识。

回顾中国文明起源研究的历史，这一课题要取得大的进展或者突破，需要具备两个基本条件：一是要在正确的理论指导下，采用适当而有效的方法开展深入研究；二是需要发现能够阐释文明起源和形成的考古资料，而且这样的资料从点到面都要具有一定数量。关于前者，目前基本找到了研究的路径。近些年来学界较为一致的看法是，中国文明起源和形成的"多元一体"到"多元一统"理论，比较符合中国古代社会发展演变的实际，而聚落考古则是开展和推进这一研究行之有效的方法。至于作为开展这一研究基础的考古资料，无非是发现新资料和挖掘旧资料两条途径。近年来，新的考古资料迭有发现，如余杭莫角山良渚文化大城、陶寺龙山文化大城、石峁龙山和二里头文化大城等。而发现时间稍早的一些重要资料，如南方地区的瑶山、反山、汇观山和福泉山等良渚文化贵族墓地、中原地区西坡仰韶文化环壕和大型墓葬等，则陆续出版了披露全部资料的发掘报告，其对于深入研究中国文明起源这一重大课题，与新近发现的材料可以说是互为表里，同等重要。在这一形势下，学术界迫切期待着北方地区红山文化"坛、庙、冢"的发掘资料能够早日全部发表，以推进中国文明起源研究均衡地向纵深发展。现在，经过辽宁省文物考古研究所诸位同仁的勤奋努力，人们的这一期待已经变成现实。

二

牛河梁地区的红山文化积石冢发现于1979年，当年辽宁省博物馆就在城子山（现在统一编为牛河梁第十六地点）发掘了3座出土玉器的红山文化墓葬，开牛河梁地区红山文化积石冢发现和发掘的先声[1]。1981年，郭大顺先生在文物普查中发现牛河梁第二地点，并清理了2座受到破坏的残墓。1983年，开始了牛河梁遗址群的考古发掘，从而正式拉开了牛河梁地区持续多年考古工作的大幕。此后近30年的时间里，牛河梁地区先后发掘遗址8处，参加田野发掘和后期研究的学者、工作人员达四五十人之多，揭露面积超过1万平方米，发掘大大小小的积石冢20余座，清理红山文化墓葬91座，此外还有祭坛、祭祀坑、房屋、窖穴、灰沟、灰坑、石墙、石堆等各种遗迹，出土和采集以玉器为主的各类遗物数百件。正因为有这样重要的发现和成果，牛河梁遗址群入选"中国20世纪100项考古大发现"。同时，不仅被列为国家级文物保护单位，而且进入中国申请世界文化遗产名录的后备名单。牛河梁地区发掘成果的全面刊布，为学术界研究和认识红山文化特别是其晚期社会，奠定了一个良好的基础，提供了弥足珍贵的第一手资料。

牛河梁地区多年的考古工作，先后共发现了43处红山文化遗址，其中包括27处积石冢群。这些积石冢群的规模大小有别，分布错落有致，布局清晰明确。所以，从整体上看，牛河梁地区的积石冢群内部的相互联系十分紧密，并且在目前所知的红山文化分布区域内，本区的遗址等级和社会复杂化程度最高，文化最为发达，处于红山文化晚期社会的顶端。综合考察各积石冢群所反映的社会结构，可以发现牛河梁地区的20余处积石冢群，至少存在着三个等级，即以第二地点为代表的最高等级，以第五和十六地点为代表的中间等级，以第三地点为代表的最低等级。由此看来，以牛河梁地区积石冢为代表的红山文化晚期社会内部，已经出现了明确的三个层级的等级分化。

深入每一座积石冢群的内部，探讨和分析墓葬的规模和结构、所处位置和相互关系、随葬品的类别和数量等要素，我们确信红山文化晚期阶段的牛河梁地区，社会顶端内部的差别和分化已经成为一种普遍现象。埋葬在牛河梁积石冢群之内的人们，至少可以划分为六个等级，而这种不同等级的人在数量上呈现出典型的金字塔状态，即顶部或靠近顶部的人数较少，基底或靠近基底的人数较多。面对这样的分化和分层等现象，显然无法将其解释为平等社会。如果这些墓葬的宏大规模代表着权力和地位，精致的礼仪用玉代表着权力和财富，那么，红山文化晚期的牛河梁地区，确定无疑已经进入了分层社会阶段。

如果把比较的范围放大到牛河梁周边更大的大凌河上游地区，牛河梁积石冢群的地位就看得更为清楚。牛河梁东北60余千米处的内蒙古赤峰市敖汉旗四家子一带，在大凌河支流老虎山河两岸上下10千米的范围内，发现多处积石冢群。其中四家子东侧的草帽山就发现了3处[2]。而牛河梁以南50余千米的凌源市田家沟地区，目前已经发现4处积石冢群[3]。综观这两个区域的积石冢，文化内涵和特征与牛河梁地区的积石冢基本相同，时代相若，但积石冢和冢内墓葬的规模、等级以及随葬品的数量和质量，整体上明显低于牛河梁地区的第一、二等级，而大致与牛河梁等级最低的第三地点相

[1] 李恭笃：《辽宁凌源县三官甸子城子山遗址试掘报告》，《考古》1986年第6期。

[2] 邵国田：《草帽山祭祀遗址群》，《敖汉文物精华》，内蒙古文化出版社，2004年。

[3] 王来柱：《凌源市西梁头红山文化石棺墓地的发掘与研究》，《玉魂国魄——中国古代玉器与传统文化学术讨论会文集（四）》，浙江古籍出版社，2010年。

仿。如果把大凌河上游地区作为一个整体来对待，区域内目前发现的积石冢，明显存在着层级的差别，即牛河梁的等级和地位较高，而四家子和田家沟的地位较低，体现了区域之间的分化和差别。据现有线索，在牛河梁的外围地区，还有与四家子和田家沟积石冢规格相当的积石冢分布区[1]。

综合以上三种情况，即较大区域内、小区域内和每一处积石冢之内，由墓地和墓葬所代表的社会分化和差别不仅已经产生，而且达到了一定程度。这种状况在与红山文化晚期年代相当的黄河中下游地区、长江中下游地区都有发现，表明社会分化的加剧已经成为当时社会的普遍现象。

研读《牛河梁》报告可以发现，牛河梁不仅在社会分化和发展方面与其他地区之间存在着联动，由人工制品所体现的文化内涵也不是封闭和孤立的，而是与不同区域之间存在着千丝万缕的文化联系。例如：牛河梁地区发现的彩陶，从颜色到纹样与黄河中下游、内蒙古中南部、辽东半岛等地区，都存在着相同或相似的因素；牛河梁地区发达的玉器，也与黄河下游甚至更南的长江下游、辽东半岛、东北北部的吉林和黑龙江、甚至更北的俄罗斯远东等地区之间，或输出或输入，相互影响着向前发展。这样的一手资料对于建立和理解中国古代文化和文明的"多元一体"理论，无疑具有重要的支撑作用。

中国地域辽阔，不同区域之间在地理地貌、生态环境、经济类型、思想意识等方面，都存在着程度不等的差异。所以，不同地区古代文化的发展道路和文明社会的产生途径，可能存在着较大差别，或各有特点。就目前资料而言，牛河梁地区积石冢反映的红山文化晚期社会，具有鲜明的自身特色。例如：工程浩大、规划严谨的积石冢群修建于大大小小的山巅山脊；墓葬的随葬品较少，习用玉器而极少使用陶器随葬；玉器组合中不见作为兵器的玉钺，而在新石器时代晚期和青铜时代，用特殊材料做成的钺通常被认为是军权和王权的象征，其持有者的身份显贵地位较高，或为军事统帅甚至是最高首领；礼仪用玉中最重要的有两类，即用于宗教、巫术、祭祀或其他礼仪活动法器的神龟（玉龟形器）和神鸟（玉鸮形器）。代表牛河梁红山文化基本内涵的这些特征，基本不见于黄河、长江流域的同期文化。所以，我们认为以牛河梁地区高等级墓葬为代表的红山文化社会上层，多数可能是执掌沟通天地大权的巫师或祭司。如果认为社会分化达到较高程度的牛河梁地区已经进入了早期国家的行列，那么，这种早期国家的特质或者核心内涵，就是依靠巫术和宗教的力量来贯彻其管理职能。所以，红山文化走向分层社会的发展道路或文明化进程，是与中原、海岱地区完全不同的模式和类型。同时，与环太湖和江汉地区之间既有共性，也存在着显著区别。

三

《牛河梁》是继《天马－曲村（1980～1989）》[2]之后，又一本巨型田野考古发掘报告。检索和通读牛河梁遗址群的发掘报告，总体感觉是资料公布得准确翔实，章节安排逻辑连贯，文字描述简洁明了，表格设计充实完备，插图排列匀称整洁，图版印制清晰美观。

系统、全面发表全部发掘资料，是所有考古发掘报告获得信赖的基础。以往我们在考古学研究中，经常会因为发掘报告公布的资料过少，在进行细致的分析和研究时，总感觉缺这少那，发表的

---

[1] 例如，2006年修筑高速公路时，在牛河梁东北的建平县铁南街道办事处南沟村的东山岗发现一处红山文化积石冢，详细资料尚未发表。

[2] 北京大学考古学系商周组、山西省考古研究所：《天马－曲村（1980～1989）》，科学出版社，2000年。

资料不够使用，甚至有些研究工作根本无法开展。像1959年发掘的大汶口墓地[1]，报告的文字、表格、插图、图版等，在当时堪称一流水平，公认较好。但如果要对其做详细的再分析，包括基础研究的分期、年代和当时社会的分析等，处处觉得报告发布的资料明显偏少。133座墓葬，有简单文字描述的41座，其中附有平面图的只有21座。出土的2400多件器物，有图有文字介绍的不过400多件。可以说绝大多数墓葬和出土遗物资料没有公布出来。像这一类重要遗址和墓地的发掘报告，如果现在或以后条件允许，应该重新组织编写并出版，其潜在的研究价值应该非常大。近年来一些新的发掘报告，克服了上述发表资料过少的不足，不仅一座墓一座墓地公布了全部发掘资料，而且随后又会对出土器物按质地门类进行分型定式，再按以前传统的做法继续一遍。这样做的结果，就使得发掘报告人为加长，显得重复和拖沓，难免有矫枉过正之嫌。《牛河梁》发掘报告的编写，应该说顺应了时代的发展和要求，采用了一次性发表全部考古资料的方法，把编号的地点、积石冢和墓葬，按先整体、后局部的原则，对每一座墓葬和其他类遗迹都予以详细介绍，有的甚至连发掘日期、发掘者都一并公布出来。在全文之后不再对出土遗物进行综合的分类排比和重复介绍。这样做，既改变了以往的考古报告发表资料过少的缺点，同时，也避免了同一资料重复发表的问题。

随着中国考古学的研究重心逐渐由文化谱系转向了古代社会，进而对田野考古工作也提出了新的要求。在考古发掘工作正式开展之前，就要围绕着研究目标规划和设计好发掘项目所要开展的各项研究工作，特别是随着越来越多的现代科技手段运用于考古学研究，许多采样工作需要在发掘伊始就到现场全面介入。例如，全面收集各类动物标本，系统采集土样通过水洗等方法获取植物类遗存，审慎地收取全部人骨遗骸以开展各种后续的鉴定、测量、检测、分析和研究，采集不同研究所需要的土样（植硅体和孢粉分析、化学分析、土壤微形态分析等），收集加工玉石器和其他质料器物的废料，等等。这已经是当前田野考古工作的基本要求。这样的认识和要求，大约是最近10多年才逐渐得到普及和推广，而这之前的许多发掘工作，缺乏上述许多研究所需要的基础材料。《牛河梁》所运用和分析的材料主要是2003年以前发掘所得。为了给研究牛河梁红山文化社会提供更多的资料和信息，辽宁省文物考古研究所邀请了诸多相关领域的学者，对现有资料进行充分的检测、分析和研究，有的甚至还开展了专题调研，获取新的资料，以进行全面的研究。报告在最后专辟"多学科综合研究"一章，公布各个研究方向的研究成果，内容涉及牛河梁遗址及周边的古今环境、动物遗存的鉴定与分析、包括传统的体质人类学和DNA检测分析在内的人体遗骸研究、各积石冢所用石料和出土石器研究、玉器的材质鉴定和制作技术及工艺研究、出土红烧土墙皮的检测分析等。这些不同领域的研究成果，不仅在一定程度补充了基础材料不足的缺憾，而对于学术界全面、准确地认识牛河梁地区的红山文化社会，无疑具有不可替代的价值。

线图准确流畅、比例适当，图版印制的清晰而精美，是牛河梁考古发掘报告又一值得称道之处。我们看一本报告或者一篇简报，相信多数人大凡会先进行翻阅，翻阅的过程中，除了看报告的标题之外，主要是浏览报告的插图和图版照片，以期在最短的时间内，对报告所公布的主要考古遗存有一个直观而简洁的认识。线图的绘制，大体有这样几个层次：首先是准确，这是最重要的；其次是比例适当，过大浪费纸张，过小则体现不出遗存的特征；再次是线条流畅且粗细匀称；最后是一些特殊的器形可适当采用增加质感和立体感的画法。在这一方面，过去出版的考古报告，确实有

---

[1] 山东省文物管理处、济南市博物馆：《大汶口——新石器时代墓葬发掘报告》，文物出版社，1974年。

许多做得非常好，如前所述大汶口墓地的发掘报告，无论是墓葬平面图，还是各种遗物图，绘制水平堪称一流。照片也是一样，随着科学技术的进步和国家财力的增强，以往除个别精品用彩色照片外，绝大多数使用的是黑白照片，现在多替换成彩色，纸张越来越好，印制水平也越来越高，效果自然与已往不可同日而语。总体而言，《牛河梁》发掘报告的线图制作和图版印制均属一流水准。首先是线图的比例较大，遗迹图多采用1/20，器物图则以1/2居多，部分精美的玉器，则采用原大的比例，较好地表现出形制和纹样的特征；其次，一些特殊的器类，如人和动物类雕塑、玉器等，采用了加阴影等细部表现方法，增加了遗物的立体感和质感。报告的彩色图片多达340余版，几乎全部的墓葬和绝大多数遗物都附有彩色图片，这在迄今为止的中国田野考古报告中极为罕见，从而成为报告的重要特色。其中一些重要墓葬还增加了局部特写，至于出土的每件玉器，少则两幅，多者可达6~8幅，从不同的面和角度来透视和反映器形特征。通过这些印制精美、多角度反映器物特征的彩色图片，可聊补国内外多数研究者没有机会上手原件文物的缺憾。

还应该提及的是，《牛河梁》报告实事求是的编写态度。因为田野发掘和室内整理工作时间拉得太长，个别盛放陶片的袋子腐烂，一些文物标本的编号、层位缺失，都是有可能发生的事情。甚至早年有的工作因为当时做的不规范，遗漏了应该收集的资料和数据，也都是可以理解的。《牛河梁》报告的编写者，对这类事情不掩饰、不回避，据实写入报告。如第二地点四号冢上层积石冢（N2Z4B2）出土了49件陶筒形器，其中有14件遗失了当时的标签，报告据实说明情况后给予另外的临时编号（第187页）。这种实事求是的态度是应该提倡的。

编写《牛河梁》这样一部大型考古报告，是一项动员多人历时数年才得以完成的大工程。再加上发掘工作先后持续了20余年，参加工作人员的流动等，这些都给报告的编写工作增添了难度。因此，报告中也存在着一些缺憾和不足之处。

报告在开宗明义的"编辑说明"中，明确提出要对各积石冢的叙述程序和称谓"尽量求得统一"。但在报告中还是存在着诸多体例不统一的地方，以墓葬的介绍为例。第二地点墓葬的描述程序依次为：发掘时间（个别没有发掘时间，如第215页的N2Z6M1）、发掘者、墓葬类型、葬式、墓葬具体情况等，最后一部分的叙述不分小节，内容上按先形制、后随葬品的顺序。第十六地点则采用了另外的体例，先分成不同的小标题，然后在其之下进行不同内容的叙述。第三、五地点，又不一样，不设小标题，而是采取一体式的方式直接叙述。

数据和文字前后矛盾的现象虽然不是很多，但对于细致的后续分析和研究会产生一些不利影响。以第二地点为例：关于第二地点积石冢的总面积，或者说是长130、宽45米，面积5850平方米（第56页），或者说是长130、宽50米，面积近6000平方米（第218页）；第二地点的墓葬总数，或说是44座（第219页），或说是45座（第8页），或说是46座（第228页），附表一所登记的也是46座。如果把第二地点六号冢的M1计算在内，实际上应该是47座。

插图方面也存在一些问题。多数地图没有比例尺，如牛河梁地区积石冢的地形图（第2页图一，第4页图三，第6页图四，第9页图五），第一地点的地形图（第18页，N1图一）等。第一地点J1（女神庙）只有平面图而没有剖面图，南单室试掘到底的6平方米，平面位置也未标示出来。个别墓葬平面图中未标出随葬品的位置（如第95页，M47），有的插图或文字描述的尺寸不符（如第113页，N2Z1图六五，2，环；第417页，N16图八四的79M2）等。

此外，第一地点J4的室内堆积情况和出土遗物只是画出了剖面图和器物图，均未进行具体介绍，也与本报告的体例不符。论述部分对材料的运用有的不准确，如线粒体DNA分析中，将N2Z2M2标记为中心大墓（第504页、第507页）等。

牛河梁地区积石冢内有两项需要略加讨论和继续研究的重要发现。

一是第二地点四号冢上部第②层坡积土下发现3座墓葬（N2Z4－85M1～M3），其中M3在头骨旁发现了1件用铜丝（有模制和锻打痕迹）做成的耳饰。由于未做检测，是纯铜还是合金尚不清楚。这3座墓葬打破或叠压四号冢的上部冢体，相对年代晚于四号冢上层积石冢当无问题。但是否属于红山文化时期，报告未做分析。考虑到这件铜器的重要性，而墓葬又没有发现可供断代的随葬品，所以，采少许该墓葬人骨样品做一下碳－14测年，应该有助于确定墓葬的年代和文化属性。1987年在牛河梁第十三地点丘顶曾采集到带铜渣的坩埚片（炉壁片），随后又用三个年度对第十三地点进行了较大面积揭露，发现一座宏大的建筑遗存，报告认为其用料（硅质石灰岩）和垒砌方法与其他地点的积石冢相同。可惜这批重要资料未能随同报告一起发表。第十三地点出土的带铜渣坩埚由北京科技大学冶金及材料史研究所做过专门研究，认为粘附炉渣所含铜颗粒是纯铜，炉渣则是冶炼氧化矿石的冶炼渣。但从热释光测年的结果看，其坩埚（炉壁）的年代比用同样方法同一批次检测的红山文化陶片、红烧土晚1000年以上。故初步认为其不属于红山文化时期[1]。当然，这一问题要在第十三地点的全部发掘资料系统研究之后方可给出最后的结论。

二是在第二地点一号冢的冲沟里清理发现3枚白色玉贝。由于遗失了层位，报告公布了线图和照片，但对其未予以置评。宝贝属于海洋贝类的，产于中国的南海和印度洋等热带、亚热带海洋，由于其漂亮的颜色和纹饰及小巧的造型，极受人们的喜爱。所以，宝贝最初作为装饰进入人们的生活之中，后来被当作货币使用。中国新石器时代晚期发现的宝贝，多集中在甘青地区。而仿制宝贝的骨贝、石贝、玉贝、铜贝等，出现的时间则更晚一些。如果牛河梁发现的3件玉贝，其时代能够确定为红山文化，那无疑是一项重大发现。许多学者认为，红山文化与内蒙古中南部甚至位置更西的同期文化、海岱地区的大汶口文化、长江北岸的凌家滩文化，甚至江南地区一些新石器文化之间存在着文化上的交流，其文化联系的触角已到达相当广阔的区域。如果是这样，在牛河梁地区红山文化遗址中出现宝贝及其仿品，也不是完全没有可能。

《牛河梁》发掘报告的出版，对于目前正在大规模开展的中国文明起源研究，无疑将会产生较大的推动作用。同时，对于抓紧编写和出版积压多年的考古遗址和墓地的发掘报告，特别是那些重要的遗址和墓地，像陶寺、草鞋山、陵阳河、平粮台等，将会起到很好的示范效应。

《牛河梁——红山文化遗址发掘报告（1983～2003年度）》由辽宁省文物考古研究所编著，分上、中、下三册，文物出版社2012年出版。

（原载《考古》2015年第1期）

---

[1] 李延祥等：《牛河梁冶铜炉壁残片研究》，《文物》1999年第12期。

史前聚落考古的新成果
——读《蒙城尉迟寺——皖北新石器时代聚落遗存的发掘与研究》

　　十几年来，我去过两次尉迟寺遗址。第一次是1991年6月，当时在合肥召开第一届苏鲁豫皖考古座谈会，会前先统一组织去皖北地区进行了三天参观考察，其中包括蒙城县。记得当时正值淮河流域洪水，虽然进了遗址所在的毕集村，但却因大雨而未能到近在咫尺的尉迟寺遗址，只是在烟雨之中从公路上看了一眼遗址的轮廓。因此，为此事我后悔了好长一段时间。第二次是相隔11年之后的2002年5月，正值尉迟寺遗址第十一次大面积发掘，恰好又有山东大学考古系部分学生在这里实习。这一次，我不仅详细观摩了历年来的出土遗物，还在遗址上待了整整一天，了却了前一次的遗憾。在遗址发掘工地上，主持尉迟寺遗址发掘的王吉怀先生邀我为新近出版的《蒙城尉迟寺》写一书评，当时正在兴头上，便毫不犹豫地应承下来。岂知回来之后，由于各种事情不断，一直没有能够动笔。最近，因为完成北京大学中国考古学研究中心的聚落考古课题，我又仔细地研读尉迟寺遗址的聚落及墓葬资料，从中生出了一些体会，所以才想到把自己不成熟的认识和看法写出来，与关心这一问题的读者交流。

一

　　地处海岱、中原、江汉、太湖四大文化区交汇的鲁豫皖临界地区，由于其地理位置处于不同文化交汇地带，历来就倍受学术界的重视。早在中国考古学诞生不久的20世纪30年代，梁思永先生就认为这一地区的史前陶器具有南北不同文化的特征。至20世纪70年代以后，学术界对这一地区龙山时代遗存在文化性质归属上所表现出来的根深蒂固的分歧，就是本区文化面貌和文化内涵十分复杂的具体体现。中国社会科学院考古研究所于1989年组建安徽工作队，首选皖北地区开展史前考古调查和发掘工作，迅即抓住了这一问题的关键。几年下来，做出了令人瞩目的成就，其中在广泛调查基础上选择尉迟寺遗址进行持续的大面积揭露，是具有远见卓识的举措。

　　尉迟寺为一鲁豫皖交界地区习见的堌堆遗址，遗址中心部分的面积（环壕之内）约2万平方米。1989年至1995年，中国社科院考古研究所先后进行过九次发掘，如果加上此后的两次发掘，揭露面积超过了1万平方米，遗址核心部分面积的二分之一已经发掘，这在海岱地区新石器时代遗址中尚无出其右者。

　　尉迟寺遗址的新石器时代遗存包括大汶口文化和龙山文化两个时期，其中以大汶口文化遗存最为丰富。报告公布的大汶口文化晚期聚落遗存，为目前海岱地区所仅见。第一期发掘结束之后，立即开始了发掘报告的整理和编写工作，短短五六年的时间，一部包含了不同时代各种遗存的大型田野考古报告就得以出版。

二

正文部分包括四章。第一章介绍了地理环境、工作概况和地层堆积。第二章全面公布了大汶口文化晚期遗存，是报告的主要部分，其篇幅约占全书的五分之四。第三章为龙山文化遗存。第四章是对遗址收获的总体考察和论述。

系统而完整的附表和附录是报告不可缺少的有机组成部分。附表对全部大汶口文化和龙山文化的编号遗迹进行了详细而全面的记录，特别是对房址资料记录得最为详细。六篇附录包括了目前国内利用现代自然科学技术分析考古学资料的几个主要方面，如人骨的体质人类学研究、动物骨骼研究、植物硅酸体和孢粉的检测和分析、彩画颜料的化学成分分析和陶器烧成温度测试、石器原料的鉴定等。图版由12帧彩色图版和114帧黑白图版组成，质量上乘，内容几乎涉及各个时期的各个方面。

《蒙城尉迟寺》在内容的编排上基本延续了以往考古发掘报告的传统体例，但内容更加细致而丰富。一是各种插图配备整齐，大的方面有遗址位置图、遗址平面图、探方分布图、围壕和房址布局图、各种遗迹的平面分布图、典型遗迹的平剖面图等，一应俱全；二是资料公布的翔实、系统，以大汶口文化房址为例，在对建筑布局、特点、结构、技术等方面进行全面总结和概括的基础上，分类对全部房址资料一一详加解说描述，之后，又公布了近三分之一的房址的出土遗物组合图（当然，如果能把41座房址的出土遗物组合图全部公布就更好了），这就使人们不仅知道每一件出土遗物的形制特点，而且可以在房址图中查到它的确切出土位置，明确不同的遗物之间的相互位置关系，从而为进一步的分析和研究提供了极大的便利。大凡从事考古学研究的学者们都有过这样的体会，在使用国内以往的考古发掘报告时，大量的资料只是以极其简约的形式列于附表之中，往往为无法核对文字、图、表而深感遗憾和无能为力。当然，随着考古学的发展，这种情况正在逐渐减少，《蒙城尉迟寺》可以说是一个好的榜样。

三

尉迟寺遗址发掘的收获和学术意义，发掘报告和相关的研究文章已有不少的论述，这里择要述之。

作为不同文化区系交汇地带的豫东、皖北和鲁西南地区，虽然田野考古开展得比较早，但一直缺乏较大规模的发掘工作。最近十几年来，随着国家文物局苏鲁豫皖地区考古课题的提出，这一地区古代文化的发展序列逐渐被梳理出来。对于新石器时代晚期阶段遗存的文化归属，多数人的观点是：王油坊类型一类遗存属于中原龙山文化（或称为河南龙山文化），而这之前的遗存则为大汶口文化。尉迟寺遗址的大规模揭露，为我们全面认识这一问题奠定了一个良好的基础，同时也提出了新的问题。时至今日，可以肯定的一点是，这一地区的龙山文化主要来源于当地的大汶口文化，这对于认识王油坊类型龙山文化的文化性质具有决定性意义。同时，我们发现以尉迟寺遗址为代表的皖北豫东地区与其他地区的大汶口文化遗存之间，存在着相当大的差别。如这里的聚落居址以互不连通的排房建筑为主，墓葬中则极为盛行儿童瓮棺葬。如何看待和把握这种差别，对于认识考古学文化的内涵和界定考古学文化具有重要的实际意义。

众所周知，在以往发掘的大汶口文化遗存中，墓地和墓葬资料多而居址资料少，特别是保存较好并经过较大面积揭露的聚落居住遗存更少。由于性质和功能方面的差别，即使是同一时期的墓葬和居住资料之间也往往存在着相当大的差别，这对考古学研究来说，既可以进行契合分析也因为资料的片面性而给研究工作带来了一定的困难。尉迟寺遗址的发现是迄今为止大汶口文化中晚期阶段最为丰富的聚落遗存，它在一定程度上弥补了大汶口文化这一方面资料的缺憾。尤为难得的是，尉迟寺遗址的大汶口文化聚落是因为突发性灾难事件而同时焚毁的，绝大多数房屋内的日常生活设施还按原貌完整地保存着，再加上报告中详细地记录了这一批珍贵的聚落资料，从而为研究当时的社会组织结构和方方面面的问题提供了绝好的第一手资料。

图像文字是大汶口文化诸多文化成就中甚为引人注目的一种，许多学者对其进行过深入探讨。以往，图像文字在大汶口文化中仅发现于鲁东南地区一个狭小的范围之内，涉及的遗址也只有六七处。尉迟寺是上述地区之外唯一发现大汶口文化图像文字的遗址，其出土数量仅次于莒县陵阳河遗址。并且，两地的图像文字无论是载体、刻画和装饰技法，还是图像文字的类别和内容，均基本相同或极为相似。仅此一点，就充分体现了两者之间在文化上的内在联系。在大汶口文化中晚期之前，皖北和豫东地区并不是大汶口文化的分布区，所以，对于这一地区的原住民和当地固有文化而言，大汶口文化应该是一种外来文化。那么，大汶口文化由东向西迁徙的时间、形式、过程、原因、结果及其影响等，就成为学术界必须认真思考和解决的课题。而这一大规模的迁徙活动对中国古史带来的深远影响和如何理解古史传说中的相关记载，都有深入研究和发挥的空间。尉迟寺遗址系统而完整的发掘资料对于推进上述课题的解决，其重要价值是不言而喻的。

地处皖北的尉迟寺遗址，地理位置属于南北不同气候的临界地带。同时，这里地势低洼，河网密布，与海岱地区其他小区也有较大差别。报告中详细分析和研究了这里发现的动物遗存、植物硅酸体资料和孢粉资料，在此基础上复原了当时的景观和气候。认为大汶口文化晚期的尉迟寺一带，湖泊相连，水生植物茂盛，水源丰沛，气候温暖湿润，温度较现在要高，具有明显的亚热带气候特征。植物硅酸体分析结果表明，至少到大汶口文化晚期，水稻已成为尉迟寺所在的皖北地区主要的栽培作物之一，并且，与龙山文化时期水稻在海岱地区的大量种植和普及具有密切关系。所以，尉迟寺遗址的发掘和研究工作中所采取的聚落、墓地、环境和生态研究并重的科学态度，也是值得赞扬和推广的。

四

最近十年以来，随着考古学研究的基本任务逐渐地由文化序列和谱系的建构向古代社会研究方面的转移，聚落考古方法的重要性日益凸现。客观地说，1984年夏秋张光直先生第一次在北京大学和山东大学系统介绍国外的聚落考古时，尽管给国内学术界耳目一新的感觉，但对当时以建构文化发展谱系为主要任务的中国考古学并没有产生很大的冲击。进入20世纪90年代以后，随着考古学研究的转型，人们才逐渐重视聚落考古方法的运用和探讨。尉迟寺遗址报告的副题定为"皖北新石器时代聚落遗存的发掘与研究"，不能说与这种大环境没有关系。

聚落考古是一种研究古代社会的系统方法，它包括的内容十分丰富。如果就一个遗址的发掘而言，各种遗存横向的平面布局和纵向的聚落演变两个方面是其重点之一，这两者往往是交织在一起的。理想的结果是，能够在动态中把握一个聚落各种遗存的平面联系和纵向变化。比如我们在报告中看到的尉迟寺大汶口文化晚期聚落的41间房址，是作为一个整体来介绍的。那么，这些房址是预先经过规划而在一个很短的时间内同时建好的呢，还是在一个有一定长度的时间跨度内随着需要而陆续建起来的，我们所看到的情况只是其发展到鼎盛时期的景象呢，这两种情况对于我们认识尉迟寺聚落的内部社会显然是不同的。这一过程的认识主要应该在田野发掘中去思考和解决，当回到室内之后，许多细节已经无法再现，再好的考古学家也将无能为力。而且，这对于研究尉迟寺聚落的社会组织、社会结构的发展和变迁又具有至关重要的意义。只有这一过程揭示清楚了，我们才有可能从内部了解社会的发展和变化，从细微之中去把握社会变迁的脉搏。不可否认，尉迟寺遗址的聚落资料在这一方面存在一定的缺陷。此外，报告的结语中认为，尉迟寺是一处位居金字塔顶尖的中心聚落遗址（第328页）。对此，我们认为证据不足。从聚落居址和墓葬所反映的遗址规模、社会组织和社会结构状况以及社会分化等情况分析，如果说当时社会已经形成了三级聚落形态的话，尉迟寺遗址至多属于一处中间形态的二级聚落遗址。

近年来，随着考古学的发展，把各种现代科学技术和方法运用到考古学研究之中，进而获取更多的有用资料和信息，已逐渐成为考古学界同仁的共识，无论从哪一个方面说，这都是一个极大的进步，它对丰富中国的考古学研究具有重要意义。尉迟寺及其他一些遗址的发掘和研究已经在这一方面做了很好的工作，取得了令人鼓舞的成果。但我们发现，在一些地域邻近、时代相当的遗址中，采用相同自然科学方法进行了测试和分析，但结论却大相径庭。那么是什么原因造成了这种现象呢？我认为，除了测试中的一些误差之外，恐怕一个主要的原因还是在田野工作之中。试想，在一个偌大的遗址中，只是选取一个或几个点来采样进行分析，难保不会带有较大的片面性和偶然性。所以，我们极力主张摒弃孤立的采样方法，而在设定的发掘区内随机采样，样品应该覆盖发掘区每一个探方的每一个遗迹和每一个层位，我们称之为系统采样方法。这样做出来的结果，才有可能排除偶然因素导致的误差，进而得出接近实际的结论。所以，尉迟寺遗址只是在两个探方采集了不同层位的植物硅酸体样品和一个探方采集了不同层位的孢粉样品，应该说是远远不够的，需要在以后的工作中加以补充。同时，尉迟寺遗址没有采用浮选的方法收集植物和小动物遗骸，不能不说是一个很大的遗憾。

《蒙城尉迟寺》在技术上也有一些小的失误。例如：报告结语中说遗址的中心部分即壕沟之内的聚落面积为5万平方米（第340页），而按遗址平面图和所布探方计算，这一范围的面积只有约2万平方米，相差如此之大会使读者无所适从；尉迟寺遗址已测定12个碳-14测年数据，但报告只公布了其中10个，对未采用的2个数据（即ZK-2596和ZK-2848）未加说明；文内的表述中存在着一些前后不统一的地方，如同一类图像文字，或称为"日、月、山"（第112页，第222页，第228页，第243页，第255页，第342页，第343页），或称为"日、火、山"（第34页，第255页，），同是尉迟寺遗址大汶口文化遗存的年代，前面说是距今4800～4600年，延续了约200年（第323页），后面则说距今4800～4500年，延续了约300年（第344页）。技术方面的错误也有不少，图40房址标号有误，图104的比例尺不正确，表5的ZK-2690排成了2609，第330页的注释，第1和第5两条，篇名和所引杂志的年、期均不准确，诸如此类，等等。

　　以上存在的问题对于《蒙城尉迟寺》这样一部鸿篇巨著来说，只是一些小小的瑕疵，它并不影响我们对报告的总体评价。所以，我最后要说的是，如果我们要了解和研究海岱地区史前文化，甚至说要了解和研究中国史前文化，《蒙城尉迟寺》是一本必读之书。

　　中国社会科学院考古研究所编著的《蒙城尉迟寺——皖北新石器时代聚落遗存的发掘和研究》，科学出版社2001年出版。

　　（原载《考古》2004年第7期）

淮河中游地区文明探源的新进展

——读《蚌埠禹会村》

以文献记载的历史事件或史实为线索，有针对性地开展田野考古调查和发掘工作，进而开展特定阶段古代社会和历史的研究，是中国原史和历史时期考古学的特色之一。

中国近代考古学术机构主持的田野考古发掘工作最先涉足的是安阳殷墟，就是因为该地曾出土过大量殷商甲骨文，并且其地名见之于《史记》[1]。发掘成果与文献记载互相印证，不仅证实了文献记载的商代晚期文化的存在及都城的准确地望，而且从宫殿建筑、王陵、青铜器和甲骨文字等各个方面再现了晚商时期辉煌的文明成就。

与夏文化紧密联系在一起的偃师二里头遗址，也是首先由古史学家徐旭生先生1959年春在豫西开展的专题调查所发现。徐旭生先生梳理了关于夏族活动区域的传说文献，认为有两个区域应特别注意：一是洛阳平原及附近地区，特别是颍河上游的登封和禹县地带；二是山西南部汾水下游一带。尤其是吴起和魏武侯所谈到"夏桀之国"的四方地名，《战国策·魏策一》和《史记·孙子吴起列传》等记载的十分清楚[2]，明确指出其地望就在现今洛阳附近。所以，他当时调查之后就认为二里头遗址"实为一大都会"[3]。

在中华文明探源工程实施过程中，中国社会科学院考古研究所联系《左传·哀公七年》"禹合诸侯于涂山，执玉帛者万国"等记载，选择与其有密切关系的安徽蚌埠西郊涂山之南的禹会龙山文化遗址，在系统钻探的基础上，有针对性地连续5年进行了大面积发掘，取得了一系列重要成果。

经过两年多的系统整理和研究，禹会遗址的考古发掘报告近期由科学出版社出版发行。详细刊布了全部发掘资料和多学科合作研究成果。

一

淮河是中国自然地理的南北分界线，也是南北文化的交汇和过渡地带。在新石器时代，中原地区、海岱地区、江汉地区和环太湖地区等四大文化区系文化之间的文化传播和扩散、交汇和影响，都是通过淮河流域的中介而实现的。

淮河流域的面积广大，特别是位于淮河干流北侧的支流众多，如洪汝河、沙颍河、西淝河、涡

---

[1] 司马迁：《史记·项羽本纪》记载："章邯使人见项羽，……项羽乃与期洹水南殷虚上。"中华书局，1959年，第309、310页。

[2] 《战国策·魏一》记载："夏桀之国，左天门之阴，而右天谿之阳，庐睪在其北，伊、洛出其南。"上海古籍出版社，1985年，第782页；司马迁《史记·孙子吴起列传》记载："夏桀之居，左河济，右泰华，伊阙在其南，羊肠在其北"。中华书局，1959年，第2166页。

[3] 徐旭生：《1959年夏豫西调查"夏墟"的初步报告》，《考古》1959年第11期，第600页。

河、浍河、泗河、沂河和沭河等，呈扇形自西向东扩展开来。其西部延伸到了嵩山南麓，郑州以东甚至紧邻黄河干流，而东部则到达泰沂山脉主峰的南侧，黄河下游干流的南部几乎全部归属于淮河流域。在此基础上，有学者提出了"淮系文化"的概念。认为淮河流域的新石器和青铜时代文化，在中国古代文明的发展进程中独具特色，自成体系，从新石器时代偏早阶段的裴李岗文化（贾湖类型）开始，绵延不断，持续发展，一直延续到商周时期的淮夷诸文化[1]。所以，淮河流域在某种意义上可以和黄河、长江流域并列，它们共同创造了灿烂辉煌的中华古代文明。

作为淮河流域一部分的苏鲁豫皖交界地区，考古工作始于20世纪30年代，由于"黄泛区"的遗址埋藏较深等原因，这一地区的田野考古工作在较长时期内进展不大。20世纪70年代后期，苏秉琦先生最早提出并倡导开展"苏鲁豫皖考古"，认为"不能把黄河流域和长江流域的范围扩大到淮河流域来，很可能在这个地区存在着一个或多个重要的原始文化"[2]，旨在推动从某种程度具有一定相对独立性的四省交界区域考古工作的开展。此后，苏鲁豫皖交界地区的考古工作陆续展开，特别是豫东和皖北，有针对性地开展了一定数量的田野考古调查和发掘工作。如河南永城王油坊、夏邑清凉寺和三里堌堆、鹿邑武庄和栾台，安徽濉溪石山子、定远侯家寨、亳州傅庄、宿州芦城孜、灵璧玉石山等遗址的调查和发掘。

也是在这一形势下，中国社会科学院考古研究所于1989年组建成立了安徽工作队，该队和安徽省文物考古研究所等一起，在该地区开展了大量卓有成效的田野工作。小山口和古台寺、双墩、花甲寺、尉迟寺、垓下、禹会村和芦城子等一系列史前遗址的考古发掘，初步建立起距今8000～4000年之间的考古学文化发展序列和文化谱系。特别是尉迟寺遗址的大面积发掘，比较完整地揭示了一座大汶口文化晚期的环壕聚落遗址[3]，对认识距今四五千年前皖北地区基层社会的社会组织和社会结构，提供了重要的第一手资料。而皖北垓下遗址大汶口文化后期至龙山文化初期城址的发现[4]，使学术界越发认识到淮河中游地区在中国早期文明研究中的重要历史地位。

二

蚌埠禹会遗址的发掘和研究，其价值和意义主要体现在以下几个方面。

首先，从地理位置上看，禹会村位于传说中"禹合（会）诸侯"的涂山之下，以往的历史地理学者多半考订禹会诸侯之地就在这一带，这从"禹会"的村名就可见历史影像之一斑。在时间坐标方面，大禹所处的时代大体相当于龙山文化的某个阶段，已为不少学者所认可。现在恰恰从禹会村下发现了一处龙山文化遗址（后来证明其是一处规模很大、等级较高的大型中心遗址）。空间和时间的基本吻合是巧合还是必然，传说和现实之间有无联系，这些问题在未发掘之前就像密雾一样笼罩着学界。

[1] 高广仁、邵望平：《析中国文明主源之一——淮系文化》，《东方考古（第1集）》，科学出版社，2004年。

[2] 苏秉琦：《略谈我国东南地区的新石器时代考古——在长江下游新石器时代文化考古学术讨论会上的一次发言提纲》，《文物》1978年第3期。

[3] 中国社会科学院考古研究所、安徽省蒙城县文化局：《蒙城尉迟寺（第二部）》，科学出版社，2007年。

[4] 安徽省文物考古研究所、固镇县文物管理所：《安徽固镇县垓下遗址发掘的新进展》，《东方考古（第7集）》，科学出版社，2010年。

在史前时期，能够和传说时期的历史或历史事件进行具体对照的情况并不多，其原因当然主要是由于传说历史往往是虚中有实，真假难辨。禹会遗址作为一个个案，在把主动的田野考古调查发掘与古史传说记载结合起来研究中国上古史方面，进行了有意义的探索，在一定程度上提供了有益经验。

其次，地面调查和勘探工作表明，禹会遗址南北长达2500、东西宽度超过200米，总面积达50余万平方米。这样宏大规模的遗址在龙山文化时期显然属于大遗址的范畴，应是当地龙山文化一处大型中心性聚落遗址，其周边地区必定还会有一定数量的中、小型聚落遗址。就已经发掘的范围而言，禹会聚落遗址的时代较为单一，文化内涵较为单纯，为典型的龙山文化中期偏早至早期偏晚阶段遗存。并且遗址的使用时间不长，前后延续的时间大约在200年左右。

第三，禹会遗址的发掘发现了一系列的特殊遗迹和遗物。其中最重要的是用特殊的白色土堆筑起来的大型建筑遗存。这一座大型建筑遗存的整体形状近似梯形，南北长108、东西宽13～23.5米，目前揭露出来的面积近2000平方米。白土面上有长方形的烧土面、方形土台和南北纵向整齐排列的35个长方形土坑，每个长方形坑内的一端有圆形柱洞，场景十分壮观。在大型建筑遗存的西侧，相距1米左右有一平行分布的长圆形浅坑，南北长度达35.7、宽5.4～7.3米。坑内发现大量破碎遗物，仅陶片就有近18000件之多，时代与大型白土建筑遗存一致。此外，在大型建筑遗存西侧，还平行分布着一条用白土铺垫的特殊通道，从村南的居住区一直延伸过来，到北端拐向东与大型建筑相连接。从以上各种特殊的遗迹来看，这座用白土筑成的大型建筑遗存当是某些重要历史活动的载体。发掘者和研究者将其与"禹会诸侯"的历史事件相联系，或有一定根据的。

第四，禹会遗址的地理位置处于淮河近旁，属于文化的交汇地带。禹会遗址的龙山文化遗存，除了自身文化因素之外，既具有浓厚的海岱龙山文化因素，如石器中的各种镞，陶器中的龙山式鼎、实足鬶和袋足鬶、各种罐、瓮、壶、豆、盆等。也存在较多的来自南方文化的因素，其中最明显的是细颈瘦长袋足鬶（盉）等。由于禹会遗址特殊的地理位置、复杂的文化内涵，对于认识黄河和长江两大流域龙山文化时期势力的进退消长，相互之间的文化联系和交流甚至部族迁徙等，均具有重要的意义。

第五，禹会遗址的发掘和研究工作，紧紧把握住学科的发展趋势，聘请不同学科的专家学者，从野外工作阶段开始，收集各种有用的资料，对禹会遗址的出土资料进行全方位的检测、分析和研究，获得丰富的研究古代社会的各种信息，极大地加深了我们对禹会遗址龙山文化时期社会的全面认识。

综上所述，禹会遗址发掘和研究的新成果，结合此前尉迟寺大汶口文化晚期环壕聚落遗存、垓下和南城孜大汶口文化后期至龙山文化初期城址等系列考古资料，可以初步勾勒出淮河中游地区文明和国家产生前后古代社会的形态和特点，进而推动了中华文明探源工程向纵深发展。

三

田野考古发掘资料的整理和报告的编写本身就是对发掘资料的系统认识和深入研究的过程。并且，报告质量的优劣，也会直接影响到后续的综合性和专题性研究。在报告的编写方面，禹会遗址有许多值得称道和推广的做法。

　　近年来，学界和国家、省级文物管理部门越来越重视田野考古发掘资料的整理、报告的编写和出版工作。不仅采取列出具体项目、规定时间、资助出版经费等措施来完成以往积压的发掘资料的整理和出版。同时，对新开展的考古发掘项目，明确提出资料整理和报告编写、出版等时间约束。禹会遗址发掘之后的资料整理和报告编写工作，模范地落实了上述要求。

　　2007～2011年，禹会遗址经过连续五年的大面积发掘工作，揭露面积达7600多平方米。可以说，是目前国内短期内主动发掘揭露面积最大的龙山文化遗址。而在发掘工作结束之后短短两年的时间内，就出版了总量达73万字的正式田野考古报告，其速度之快，在国内考古界实属罕见。所以，对禹会遗址发掘团队认真负责、勤奋执着的工作态度，应该加以赞扬。在考古报告的编写和出版方面，他们是考古学界学习的榜样。

　　全面、详细地公布各种发掘和研究资料，成为近年来编写田野考古发掘报告的一个发展趋势，得到越来越多学者的响应。禹会报告较好地顺应和实践了这一理念。在该遗址较为单纯的龙山文化堆积中，各类遗迹不是十分丰富。报告系统地公布了全部发掘资料。以出土陶器为例，既有按单位全面公布资料，包括单个遗迹不同层次的平剖面图、出土遗物组合图和详细的统计表格等，这样就便于读者了解各遗迹的整体情况，进而可以依据明确的共存关系开展再研究；也有对出土陶器分门别类的概括和介绍，如在型式划分的基础上，选择典型器物进行重点介绍。这样的做法，兼顾了各个方面和不同层次研究的需求。在此基础上，作者对遗址进行了分期分段，探讨了各期遗存所延续的绝对年代范围，为后续的进一步研究奠定了良好的基础。

　　禹会遗址的发掘和研究，自觉引入了多种自然科学技术手段，从而获取到更多的科学资料和信息，为全面研究和复原禹会遗址龙山时期的社会提供了有力证据。这些工作和研究成果，既是禹会遗址发掘工作和后续研究基本内容的组成部分，也是禹会报告鲜明特色的具体体现。禹会报告共分九章，正文428页，其中第八章的"自然科学的测试和研究"一章，总量达到207页，占到了报告篇幅的一半，在整个报告中是名副其实的半壁江山。这种情况为目前已有的田野考古发掘报告所仅见。

　　报告内容涉及的学科领域较多，例如：环境考古研究的内容就涉及沉积物粒度、磁化率和正构烷烃分布特征等，在采样、检测和分析的同时，还调查了遗址区的地质、地貌，进而获得距今4500～4000年之间的各种古环境信息，初步建立起这一年代范围内的区域环境演变序列。认为该地区经历了"暖湿－冷干－暖湿－冷干"的气候变化过程。并且在距今4100年前后发生过大的洪水泛滥事件。此外，还对文化层的土壤样品进行了检测分析，探讨蚌埠地区龙山时期的古环境，得出了一些初步的认识和结论，如当时草本植物占绝对优势，水生植物多于现在，环境背景属于温凉湿润型等。

　　植物考古研究方面，禹会历年采集的浮选土样超过3000升，浮选出了水稻、小麦、大麦、粟、豆科及其他各种野生植物遗存。在全部农作物中，水稻的数量约占60%，应是当时人们的主要食物。而浮选发现的18粒小麦，数量仅次于稻谷，大麦发现2粒，它们较高的出土概率，则有些出乎我们的意料。众所周知，小麦和大麦最初起源于西亚地区，是较早时期由域外传入的农作物。历史文献记载，汉代前后小麦才在中国的黄河流域普及开来。近年来，随着在田野考古发掘中浮选技术的普及，大量的炭化植物种子和相关遗存被发现，小麦的发现也逐渐增多，禹会遗址的资料就是最新的例证。就目前的情况而言，小麦的分布呈现出东部地区较早，中部地区反而略晚的现象，进而提出了小麦向东传播的时间、路线、原因、文化关系和机制等一系列新问题。此外，通过浮选出来的炭屑，经鉴定后认为当时至少有五种以上树木种属，这有助于了解当时的生态环境和居民对木材的利用等活动。

陶器的检测分析主要包括化学成分、烧成温度的鉴定与分析和微量元素分析等方面的工作。选择的10件陶片标本，包括了白、黑、灰、红等各种不同颜色。常规测试温度结果显示，禹会龙山陶器的烧成温度落在700℃～900℃之间。与其他地区龙山文化陶器烧成温度相比，略显低一些，但在正常的变异范围之内。禹会遗址的土壤对陶器的腐蚀较为明显。我们看到的禹会陶器，表面磨光的部分多已不存，夹砂陶多裸露出陶胎中的砂粒。这种现象与两城镇遗址的陶器十分相似，可能在某种程度上影响了温度的测定。陶器微量元素的分析结果表明，禹会的多数陶器是在本地生产的，而薄胎黑陶可能来自外地。

此外，报告作者还对大型建筑遗存的白色土壤、部分陶器内的填土和薄胎黑陶表面的淀粉粒残留物等进行了检测分析。对出土石器做了专门的分析和研究。

禹会遗址的发掘和研究工作还将继续开展，其中有一些问题还应该进一步廓清和完善。首先是禹会外围的考古工作应该在聚落考古的理念指导下，组织以禹会遗址为中心的区域性系统调查，调查工作应围绕着禹会周边一定范围内古代遗址的分布、数量、遗址规模、年代、文化堆积情况及其与禹会遗址的关系等问题展开。在此基础上，方有可能从空间上确定禹会遗址的性质和地位。其次，关于禹会遗址内部的考古工作，需要确认的重要问题还有很多，例如：遗址西部邻近淮河一侧，是否有被淮河洪水冲毁的证据；遗址上有无城墙和环壕之类的大型防御设施，以及其他大型宫殿类建筑遗存；有无龙山时期的墓地和墓葬；大型白土建筑遗存西侧北端的准确边界延伸到何处？大型白土建筑遗存是一次建成还是多次建成？周代山西侯马和河南温县的盟誓遗址，均发现过与禹会大型建筑上相似的长方形土坑，应该对每一坑内的填土进行相应的检测分析，以确定其是否曾经掩埋过动物类遗存；应增加陶器检测标本的数量。同时，在更大范围内调查和寻找大型建筑的白色土、陶土、石料等特定资源的产地和来源；在遗址外围的不同区域，查找距今4100年前后的大洪水证据，等等。

禹会报告本身也存在一些需要分析和讨论的问题。

关于禹会龙山文化遗存分期和年代，报告尽管将其划分为三个阶段，但认为延续的时间较短，整体上处在整个龙山文化的中期晚段或晚期早段。禹会龙山文化遗存中，发现了数量较多的与北部海岱龙山文化相同或相近的因素，通过分析其中的鼎、鬶、罐、豆等典型器物的形态特征，发现禹会龙山遗存的年代，在整体上与海岱龙山文化前期相当，明显要早于报告所确定的龙山中期后段或晚期前段。同时，报告公布的8个碳-14测年数据，标本多数出自禹会龙山晚期，高精度校正值多数落在公元前2400～前2300年之间。如果与分期成果相对应，其起始年代还应再早一些。但从另一个方面看，禹会采用的测年标本多为木炭，而木炭测年较之实际年代往往偏早。故近年来实施的中华文明探源工程多采用一年生植物标本进行测年。为了保证测年的准确性，建议从禹会遗址浮选出来的一年生植物种子等遗存中选择标本，再做一批新的测年数据。

禹会龙山遗存的分期和年代清楚之后，讨论其与周边地区龙山文化遗存特别是豫东王油坊类型的关系便变得比较容易。就目前的发现而言，禹会龙山遗存要早于以王油坊遗址为代表的豫东地区的龙山文化遗存。从另一个角度分析，淮北地区的固镇垓下、南城孜等遗址，时代可以早到大汶口文化晚期偏后阶段。位置稍南的禹会，时代约当龙山文化前期，而南京浦口牛头岗遗址的龙山文化遗存[1]，地处长江下游北侧的滁河流域，其时代大体与禹会相当或略晚，相互之间展现了一条由北向南古代文化迁徙和发展的路线。其影响和扩散的势头越过了长江，向东南方向波及到环太湖及浙北、浙中等广大地区，嘉兴钱山漾甚至更南的仙居下汤等遗址的龙山文化前期因素[2]，就是在这种大的文化扩展背景下出现的。

　　报告第八章的篇幅太长，内容也过于庞杂。如果按研究内容和要探讨的问题区分为不同的章节，可能会较为明晰和更具逻辑性。如同属于环境考古检测和研究的第一、二、四节合并为一章；主要是进行植物及相关遗存分析和研究的第五、六、七、十一节可以独立为一章；第九、十节合为一章。而第八章第一、二节，在检测和分析的基本材料、内容、结论等方面有较多的重复，如合为一节会更好一些。

　　《蚌埠禹会村》，中国社会科学院考古研究所、安徽省蚌埠市博物馆编著，科学出版社2013年12月出版。

　　（原载《考古》2014年第10期）

---

　　[1]　华国荣：《南京牛头岗遗址的发掘》，《2003中国重要考古发现》，文物出版社，2004年。
　　[2]　丁品：《钱山漾遗址第三次发掘与"钱山漾类型"文化遗存》，《浙江省文物考古研究所学刊（第八辑）》，科学出版社，2006年；台州地区文管会、仙居县文化局：《浙江仙居下汤遗址调查简报》，《考古》1987年第12期。

大汶口、良渚文化的汇聚点
——读《花厅——新石器时代墓地发掘报告》

2003年6月，学术界一直期待着的江苏省新沂市花厅墓地的发掘报告，由南京博物院编著、文物出版社出版发行。从1952年算起，至1989年结束，花厅墓地的发掘工作前后有30多年的间隔，主持和参加发掘工作的业务人员也几经变更，编写这样一部反映全部墓葬资料的考古报告，难度之大可想而知，其中甘苦只有报告的编著者最为清楚。

一

花厅遗址位于苏北地区的沂、沭河之间，坐落在马陵山南部的高地之上，北距山东南部的郯城县仅20余千米。遗址分为居址和墓地两部分，总面积达50余万平方米。

花厅遗址是新中国成立之后发现的重要新石器时代遗址之一。1952年冬，即由南京博物院对该遗址进行了试掘。以后的1953、1987和1989年，南京博物院又先后组织了三次较大规模的发掘，累计发掘面积约3000平方米。历年发掘共清理墓葬87座，出土石器、玉器、骨角牙器、陶器等近2000件。花厅遗址是最早发现并经过正式发掘的大汶口文化遗址，如果不是由于早年将其与外延和内涵均不确定的"青莲岗文化"搅在了一起，或许今天的大汶口文化可以称为"花厅文化"。

《花厅》报告主要包括三个大的部分：一是正文，共四章，除了概述和结语外，重点是分南北两个墓区详细公布了花厅遗址的墓葬资料；二是附表和附录，包括墓葬登记表、出土遗物登记表、人骨鉴定报告、陶器产地研究和几篇简报发表以后的代表性论文；三是图版，共有64帧，其中彩色图片占四分之一。精装定价180元。

新中国成立初期的20世纪50年代，随着基本建设规模的不断扩大与专业人员的短缺，配合基本建设的考古发掘任务十分繁重，大批资料积累下来而未得到充分发表。仅以花厅遗址所在苏北地区为例，就有大墩子、刘林、二涧村、赵庄、万北等多处遗址的资料尚未全面公布，有的甚至连简报都没有发表。这种情况在全国绝不是个别现象，大量的考古资料是一笔沉睡在库房里的巨大财富。这些经年积累下来的考古资料，由于事过境迁，人员变更，许多当事人已离开原来的工作岗位甚至已经作古，而记录资料和实物资料的保存也程度不同地存在着这样那样问题，再加上当时的发掘水平和记录标准与今天的要求存在相当大的差别，整理起来的难度可以想见。我认为，应该大力提倡在尊重科学、尊重历史、保持原貌的前提下，知难而进，尽可能地按照目前的学科认识水平把这些资料整理出来予以详细发表，其对于中国考古学研究的重要价值是不言而喻的。所以，花厅墓地发掘资料的全面公布，是一件值得称道的有利于考古事业发展的好事，体现了南京博物院的远见卓识。因为报告不仅仅是增加了一份研究史前文化的资料，而对于各地多年来积压下来的发掘资料的整理、研究和发表，既是一种推动，也树立了一个好的榜样。

二

花厅墓地的发掘对于认识中国史前时期不同文化区之间的文化交流模式提供了例证和思考的空间。

花厅遗址位于苏北，与山东省的南部地区同属淮河流域，同时，地理位置与江淮地区毗邻，处于南北两个地区的交汇地带。所以，文化上与南北地区均存在着千丝万缕的联系，其文化内涵方面的兼容性就是这种文化联系的直接体现。

具体地说，就是花厅北区墓地中同时存在着数量可观的大汶口文化和良渚文化两种文化的文化因素，有学者将这种情况称之为"文化两合现象"。如何认识这种特殊的文化现象，是一个在史前文化研究中带有普遍性意义的课题。在解读这种文化现象时，出现了将其归为两种不同文化的判断和认识。

一种观点认为，花厅居民的族属一直都是大汶口文化，没有发生质的变化。而在一些墓葬特别是偏晚时期的墓葬中出现了大量来自南方良渚文化的文化因素，是因为文化联系的加强、交流的增多而形成的。这种现象并未改变当地原住民的文化性质，即花厅墓地的死者自始至终都是大汶口文化居民的墓葬。至于形成这种情况的具体原因，也有"文化交流"、"大汶口土著上层接受良渚文化礼制"和"联姻、通婚"等不同说法。

另一种观点认为，时代偏早的花厅南区墓地属于大汶口文化，而时代略晚的北区墓地则属于良渚文化，即大墓的墓主们为南来的良渚人，而墓中的殉人则是被俘虏的土著大汶口人。

诚然，就目前情况分析，以上两种观点哪一种更接近于历史的真实尚难遽定。但这种现象的存在为我们全面认识史前时期文化之间的文化联系方式以及探索其形成原因，提供了珍贵的资料和契机。所以，应该提倡和鼓励采用现代人类学的"DNA"分析技术介入此类问题的讨论。

三

花厅墓地包含南北地区两种文化因素的特定情况，为确定大汶口文化和良渚文化的年代对应关系奠定了基础，进而对良渚文化的年代提出了新的认识。

众所周知，因为花厅墓地的发现学术界一度提出了"花厅期"和"花厅类型"的名称，它是苏北鲁南地区史前文化一个发展阶段的标尺。"刘林期"、"花厅期"、"景芝期"，曾经作为前后相连接的三大期的典型代表而广为人知，实际上就是我们今天所说的大汶口文化早、中、晚三个时期。1987和1989年的两次发掘，在花厅北区发现了一小部分时代可以晚到大汶口文化晚期偏早阶段的遗存（如M5、M26、M34、M50等），使花厅墓地延续的年代有所加长，进而可以将这一墓地划分为早、中、晚三期。早、中期属于大汶口文化中期，晚期属于大汶口文化晚期前段，但距离大汶口文化的结束还有相当一段时间。

在以上各个时期的相当一批墓葬中，都发现有数量不等的良渚文化典型遗物，种类涉及玉器、石器和陶器等。这些典型的或具有良渚文化风格的遗物，时代以良渚文化中期为主，少量可以到达良渚文化早期，一部分可延伸到晚期。它们既然出自大汶口文化中期和晚期偏早时期的墓葬之中，两者在年代上必定相同或相近，至少不会晚于这一时期。由此，引发了学术界对良渚文化年代的重新认识，即良渚文化应与大汶口文化中晚期时代相当，而不是与龙山文化时代一致的传统看法。这一观点的提出，应当归功于花厅墓地的发掘和研究。

由花厅墓地引申出来的良渚文化年代的新认识，不仅仅是提出了一个具体问题，也使学术界对于如何采信和利用自然科学测年数据，进而如何对待越来越多地开展起来的将现代科学技术引入考古学研究中来的问题。即在目前条件下，应该积极支持和创造条件在考古学研究的各个环节中引入现代科学技术，开展真正意义上的多学科综合研究。但是，这种研究应该讲求系统性和科学性，避免片面性和不科学的做法，对于某些结论，要采取慎重态度，认真分析，将其与考古学研究结合起来，以求取得正确的结论。

四

花厅遗址对死者采用分区埋葬和在大墓中使用殉人的现象，为确定当时的社会组织、社会结构和社会性质提供了重要资料。

近年来，采用聚落考古学方法来研究墓地资料越来越受到学术界的重视。一般说来，因为房址等遗迹一般都建于地面之上，并且一个居住区往往长期使用，致使晚期建筑不断地破坏早期建筑。因此，我们通常很难在连续居住较长时期的遗址中发掘清理出一个相对完整的聚落。而墓葬则有所不同，因为墓地一般与居住区分开，并且墓葬是挖在地面以下，尽管也会受到破坏，但不易全部破坏。再加上墓葬内多半都有一定数量的随葬品，即使原来的开口层位受到破坏，也可以依据随葬品的类型学分析大体确定其相对年代关系。因此，保存较好并经过较大面积揭露的墓地，对于了解古代社会的社会组织和社会结构具有极为重要的价值和意义。

花厅遗址目前已发现的南北两个墓地，虽然从总体上说南区较早而北区较晚，但两者之间在时间上有一定的重叠，即至少有一期的时间是共时的。北区墓地在已发掘范围内则有两个墓群同时并存，两者之间相距30余米。在墓群的内部，根据墓葬的聚合程度和相互关系，还可以再细分不同的墓组。这样，花厅遗址的墓葬之间就存在着四个层级，自上而下依次是"聚落－墓地－墓群－墓组"，它们应该代表了四级社会组织。根据文献记载和中国的埋葬习俗，葬于同一墓地之内的人们，应是按照血缘关系的亲疏来排定位置的。

在不同的墓群和墓组中，墓葬的规模、等级和社会财富的拥有量相差极为悬殊，如北区墓地的富裕程度远远高于南区，而在北区内部，10座大型墓葬均集中于北侧墓群，南侧墓群则均为中、小型墓葬。这种现象与时代更早而地域相近的刘林等墓地所反映的情况差别甚为明显，从而表明花厅墓地的人们已经远离平等社会，进入了分层社会阶段。

花厅墓地另一个引人瞩目的现象是殉人的存在。据统计，10座大墓中有8座墓葬共使用了18个殉人，这种现象不仅在海岱地区绝无仅有，即使在中国同时期史前文化中也极为罕见。

对于花厅墓地的大墓中存在殉人的现象，学术界似无争议，但关于这些殉人的属性看法并不一致。或认为在墓葬中使用殉人的制度是良渚文化礼制的一部分，其在花厅的出现，与玉器等因素一样，是作为良渚文化一整套礼制的载体而传播过来的；或认为大墓的墓主为良渚文化异乡战死的英雄，殉人则是未能逃走的大汶口居民中妇女和儿童。就目前的认识水平而言，尚不足以论定那种观点更符合实际。但有一点可以明确，即花厅北区使用殉人的8座大墓并非同时，它们在时间上延续了较长的一段时间，具体说就是从大汶口文化中期偏晚一直持续到晚期偏早阶段。

五

花厅墓地的发掘和研究中，采用了一些值得称道和借鉴的方法。

专业人员到发掘现场鉴定人骨的做法。为了准确地鉴定墓主的年龄、性别，获取体质人类学方面的资料，他们专门聘请上海自然博物馆的黄象洪研究员在发掘期间数次亲临发掘工地，现场鉴定出土的人骨资料。新石器时代墓葬的人骨标本，由于年代久远、环境因素等原因，相当一部分保存不好，甚至很难完整或比较完整地取回室内，在这种情况下，现场鉴定的重要性就是不言而喻的。如花厅一些大墓中的殉人，现场清理时发现这样一种现象，保存略好的两脚胫骨下端都并合在一起，鉴定者认为这不是自然放置所形成的，而是下葬时双脚被捆扎在一起所致（如M50和M61的殉人）。这对确定大墓中殉人的性质增加了一项有力的证据。所以，南京博物院的这种做法值得学习和推广。

对出土陶器进行科学的检测和分析。他们针对花厅遗址同一墓地内出土有大量大汶口文化和良渚文化的遗物，与中国科技大学合作，采用"X射线衍射长石定量分析法"和"岩相分析法"检测分析了花厅墓地出土的陶器，对花厅遗址大汶口文化和良渚文化陶器的产地进行了有说服力的研究。

花厅报告在编排上也有自己的特色。如对南北两区墓葬分别进行介绍；全部墓葬中的绝大多数（南区23座公布了20座，北区62座公布了61座）都发表了平面图并配有文字描述；部分墓葬还附有典型遗物的组合图；文后除了附有人骨鉴定和陶器产地分析的专门研究外，还把十几年来探讨花厅墓地的代表性论文收于报告的附录之中，以方便读者了解学术界关于花厅墓地的基本看法，等等。

当然，花厅遗址在发掘和报告的编排上也存在着一些需要完善的方面，这里提出来，一方面可以作为以后编写同类报告的参考，另一方面，在未来的花厅遗址研究中予以补充。

花厅遗址分为居住区和墓葬区两大部分，20世纪50年代的发掘中曾经试掘过居住区，也出土过不少各种遗物，后来发掘的重点一直是在墓葬区。如果要了解花厅遗址的全貌，对遗址的居住区进行适当的发掘是十分必要的。特别后两次大规模发掘是在20世纪80年代末期，而20世纪50年代的发掘资料又难以整理，没有对遗址的居住区进行发掘不能不说是一个遗憾，我们希望今后有机会弥补这一方面的不足。

花厅墓地的出土遗物中，玉器是最为引人注目的一个类别，其数量之多、种类之丰富在海岱地区史前文化各遗址中，目前尚无出其右者。从形态上看，花厅出土玉器中有相当一部分与良渚文化关系密切，如果报告能够对这批玉器的玉料进行矿物学的检测和分析，进而寻找其产地，研究其制作技术和工艺，并与大汶口文化、良渚文化的玉器进行比较研究，最后论定其属性，想必会得到许多新的认识。

在资料的处理方面，有些做法值得商榷。如1953年发掘的南区墓葬，既然已经明确了原记录中有5座墓葬实际上各自都包含了2、3座墓葬，那么，在报告中就应该在说明原委的基础上将其分开，以免在统计分析中因为人为地减少了墓葬数量而得出不确切的结论；再如，1987年发掘的M16，其东、南两侧有4座小孩墓，文中只对其中2座予以编号（M11和M14），而另外2座则与M16混编，这种做法也令人费解，并且，这5座墓葬的相互位置关系在墓葬平面图（第55页）和墓地平面图（第44页后插页）中存在较大差异。

此外，报告中也有一些疏漏。北区墓地共有62座墓葬，除去1座在T104外，其余61座均应进入报告发表的北区墓葬平面图中，但图中只标明60座（另有1座残墓未计入），M24有位置未标出墓号（位于M50之东侧的小墓），M62连同其所在的T208均未标出，不知何故。同时，M51重号，位于T2的猪坑也未标明，会让人误以为是漏写了墓号的墓葬。正文的叙述中有8座墓葬使用了殉人，而墓葬登记表中则为9座，多出了M55（附表三备注中记有"殉葬少年1"），与正文的记述不符等等。

总之，花厅墓地发掘报告的出版，特别是把50年前的发掘资料一起整理发表，使学术界有机会看到花厅墓地的全貌，实在是做了一件值得称道的好事。我们也期盼着南京博物院正在整理的大墩子等遗址的资料早日面世。

（原载《文物》2004年第4期）

《海岱地区考古研究》前言

    海岱地区是海岱文化区、海岱历史文化区的略称，它作为一个考古学用语，应该有比较明确的时空界限，对此，学术界尚有不同看法。按我的理解，在空间分布上，海岱地区是以泰、沂山系为中心，不同时期的分布范围有一定差别，总体上呈逐渐扩大的趋势，鼎盛时期包括山东全省、苏皖两省北部、豫东、冀东南以及辽东半岛南部在内的广大地区，或被称为泰沂文化区。在时间上，大约包括了目前已知的整个新石器时代和青铜时代，经历了一个产生（后李文化）、发展（北辛文化和大汶口文化早中期）、鼎盛（大汶口文化晚期、海岱龙山文化和岳石文化）和衰落（商周时期）的过程，最终融入日益壮大的中华古代文化洪流之中，成为中华古代文化的几个主要来源之一。本书所收内容，主要是我最近十年来对海岱地区考古学文化谱系方面的研究。

    由于众所周知的原因，我们这一代人在耽搁了十几年之后，才有机会进入大学学习。幸运的是，我们一踏入考古学的门槛，就赶上了中国考古学蓬勃发展的黄金时代。考古调查和发掘的规模迅速扩大，令世人瞩目的重要发现层出不穷，研究领域日趋活跃，传统的思想和方法在稳步发展并多有创新，新的学术思潮不断由境外涌入，逐渐呈现出百花齐放、百家争鸣的局面。这种浓厚的学术氛围，为我们步入考古学殿堂，无疑提供了一个良好的外部环境。

    我对海岱地区考古学文化的直接接触和思考是从龙山文化开始的。1980年，我参加了地处鲁西平原的茌平县南陈庄遗址的发掘，这里发现的龙山文化遗存，和以姚官庄遗址为代表的山东东部地区的龙山文化之间，确实存在着很大差别。这种差别的性质，被不少学者判定为区域差别，有人甚至将其做为两种不同的考古学文化来对待。1981~1982年，我参加了泗水尹家城遗址的第三次发掘，并有机会与于海广、任相宏先生一起，对前三次的发掘资料进行了系统整理。尹家城遗址的龙山文化遗存极为丰富，延续时间很长，这里的层位关系表明，以姚官庄和尚庄为代表的两类龙山文化遗存的差别，主要是由于年代的早晚不同造成的。在这一认识基础上进行的后来两次较大面积的发掘，不仅仅是发现了十分丰富的龙山文化资料，还促使我们对龙山文化进行了全面而深入的思考和研究，在许多问题上，如详细的分期、年代、地方类型的划分、鲁西南豫东皖西北地区龙山文化的文化性质、龙山文化的去向以及龙山文化的社会性质等，都获得了突破性进展，产生了崭新的认识。应该承认，自己当年在尹家城遗址的发掘中，尤其是后来的资料整理上所花费的大量时间和精力，对促进我所从事的学术研究，有着极为重要的意义。后来，在龙山文化研究的基础上，又依次对大汶口文化、岳石文化、北辛文化和后李文化，就其谱系问题，逐个进行了探索和研究。

    按照我当初的设想，如果没有意外的话，自己的教学、研究工作可以分三步来走。第一步，从1982年毕业开始，用5年左右的时间，过好两关，即讲课关和田野考古发掘关。前者是掌握讲课的技巧和方法，争取在较短时间内讲好一至两门课；后者则首先使自己能够比较全面、熟练地掌握田野考古发掘技能，做到可以独立地指导学生的田野考古实习，进而要求自己能够组织、主持较大规模的发掘和研究工作。在研究方面，则主要是通过读书积累资料，发现问题，并注意新石器时代考古研究的动态和发展。第二步，用5～10年的时间，重点对海岱文化区的各个考古学文化进行全面梳理，作出比较细致的编年，搞清其发展演变的谱系及其与左邻右舍的关系。与此课题无关的内容，只涉猎而不深究。同时，积累进行相关社会研究的资料，注意社会历史研究的动态。第三步，拟在第二步的基础上，主要利用考古学资料，重点对海岱文化区的社会历史发展进程进行探索。现在看来，这一设想前两步的目标基本上是实现了，本书可以作为自己第二步研究工作的汇总。在编排上，大体按时间顺序，可分为五个部分。

第一部分是后李文化。后李文化是最近十年内才发现的一种新的考古学文化，也是海岱地区目前所发现的最早的新石器文化，许多问题还不清楚，尚处在探索阶段。收入本部分的《试论后李文化》，利用现有资料，归纳和概括了后李文化的基本文化内涵与特征，分析和比较了后李文化与周边地区同时期诸文化（主要是北方地区的兴隆洼文化、冀中南地区的磁山文化和河南中部的裴李岗文化）的异同，对后李文化的发展去向进行了简要地探索和讨论，提出了后李文化与江南地区马家浜文化、朝鲜半岛早期新石器文化的渊源关系问题，并对后李文化外徙的原因做了分析和推测。

第二部分是北辛文化。包括《北辛文化研究》一篇，另外个别内容（如彩陶、与中原地区的关系等）散见于其他部分。北辛文化发现略早，材料也相对丰富一些，但关于北辛文化的基础研究，如分期和年代、类型划分以及与其他文化的关系等，一直没有大的进展，缺乏系统研究。本文尽可能地依据相关遗址的层位关系，并主要通过陶器的类型学研究，对北辛文化进行了分期尝试，将其年代定在仰韶时代早期（即大致和仰韶文化半坡类型同时）。同时，对胶东半岛、苏北地区和泰山南北地区的同期遗存进行了分析比较，得出其属于同一个考古学文化——北辛文化的结论。此外，也涉及了北辛文化的来源问题。

第三部分是大汶口文化。收入论文七篇。这一部分的篇幅比较长，涉及的内容也较为广泛。主要有：回顾了大汶口文化的发现和研究历程，归纳和概括了其研究现状；在分成不同小区进行期别分析的基础上，对大汶口文化的分期问题作出"发展阶段、期、段"三个层次的划分，依次推定了其绝对年代，并按发展阶段讨论了地方类型问题；利用文化因素分析方法，分别对大汶口文化与中原地区、大汶口文化与太湖地区同时期文化的联系，分阶段予以分析讨论，并对不同时期文化联系的趋向作出判断；此外，还对大汶口文化的彩陶艺术的产生和发展、一部分具有特殊意义的器物和个别典型遗址，进行了专门探讨。

第四部分是海岱龙山文化。收入论文五篇。海岱龙山文化是最近几年提出来的名称（见《青堌堆龙山文化遗址之分析》，《中原文物》1991年第1期），在原来的山东龙山文化的基础上，又加入鲁西南豫东皖西北和辽东半岛南部地区的龙山文化遗存。这一部分的主要内容包括：海岱龙山文化发现和研究的历史进程及目前的研究现状；分期、年代和地方类型的划分；从基本文化面貌、特征的比较和来源、去向两个方面，分析讨论了鲁西南、豫东和皖西北地区龙山时代遗存的文化性质，得出其属于海岱龙山文化的结论；此外，还专门分析和讨论了鲁西北地区的城子崖类型与豫北冀南地区的后冈二期文化之间的关系，以及个别典型遗址的文化性质问题。

第五部分是岳石文化。收入论文三篇，另一篇通论辽东半岛古文化的论文，因也涉及到岳石文化，故附于其后。岳石文化尽管发现较早，但将其识别出来并独立为一支考古学文化，迄今不过十余年。相比较而言，岳石文化的考古资料不算丰富，至今尚未发现聚落和墓地，但由于岳石文化已进入夏商积年之内，并且与中原地区夏商文化关系密切，所以受到学术界的特别关注，发表的研究论文也相对较多。这一部分内容主要有：利用已发表的资料，对岳石文化的分期进行了初步探索，并论述了地方类型的划分；分析和讨论了岳石文化的来源问题；在比较了岳石文化和郑州地区早期商文化的关系的基础上，赞同商文化起源于东方说（即鲁西南和豫东地区）。《辽东半岛南部地区的原始文化》一文，则在分期的基础上，从文化发展和变迁的角度，按阶段分析了各种文化因素的消长，进而对辽东半岛南部地区的文化性质按时期作出了判断。

就目前的发现而言，中国的新石器文化可以划分为前裴李岗时代、裴李岗时代、仰韶时代和龙山时代四个大的时期。前两个时代是中国新石器文化形成和初步发展的时期，后两个时代则是加速发展和早期文明的形成时期。经过长时期的积聚，自仰韶时代晚期（即大汶口文化中期）开始，海岱文化区的发展速度加快，并很快在全国各大区系文化中居于领先地位。其以居民迁徙、文化传播、文化影响等形式表现出来的对外扩展，触角涉及到半个中国，影响的外围到达辽东、辽西、山西、陕东、湖北、江西、浙江一线。在海岱文化区内部，随着生产力水平的不断提高，各种文明因素逐步成长壮大，进而较早地跨入了初期文明社会。再加上海岱文化区的考古资料相对较为丰富，并有一定的研究基础。因此，有必要也有可能将这一地区考古学文化的基本问题，诸如分期、年代、类型、分布区的扩展、与周边地区不同谱系文化的关系等，研究得更深入、更细致一些，从而为海岱地区古代社会的研究打下坚实的基础。也正是出于这一考虑，我从实践出发，做了以上努力。

海岱文化区东西和南北均超过千里，鼎盛时期面积达二十余万平方公里，延续时间上下五千余年，居民迁徙和文化变迁错综复杂。要理出一个符合实际的体系，可以说是一个不小的工程，限于自己的学识水平，再加上资料的参差不齐，论述中肯定会有许多不足甚至是错误，敬希读者指正。对于本书所建立的分期体系，我个人认为，大汶口文化和海岱龙山文化把握性大一些，也划分得比较细致，北辛文化和岳石文化的一些部分则属于探索，划分得相对较粗，而后李文化，由于发现时间较短，其分布尚未搞清楚，为数不多的发掘资料，大都还没有发表，目前尚不具备进行分期的条件。

在我从事海岱地区考古学文化研究的过程中，曾得到导师刘敦愿先生的谆谆教悔和热情鼓励。同时，也得到了蔡凤书、郑笑梅、高广仁、邵望平、张学海、韩榕、杜在忠、于海广等先生的指教和帮助。一些观点和看法，是在和许多师友的交流中受到启发而产生的。英文提要是美国加州大学考古学博士关玉琳女士（Gwen Bennett）翻译的，山东大学出版社王桂琴女士认真负责的编辑工作，为本书增色不少。本书所研究的内容被列入山东大学跨世纪人材基金项目，也是山东省社联"九五"规划项目——"海岱地区考古研究"的主要部分之一。山东大学历史文化学院出版基金委员会资助了本书的出版。在此，一并致以衷心的感谢。

最后，我想特别提出来的是，要感谢我的妻子王彩玉，在我们结合的18年的时间中，有14年是属于两地分居，为了支持我的事业，她默默地承受着巨大压力，把本来应该由两个人承担的义务，全部压在了自己的肩上，至今无怨无悔，使我能够自由自在地往来于田野和课堂之间，将全部精力用于自己所献身的考古事业。

1996年7月27日于济南山东大学

（原载《海岱地区考古研究》，山东大学出版社，1997年）

笃实远思、践行明智

——栾丰实先生访谈录

栾丰实先生，1951年11月生，山东烟台人。现为山东大学二级教授、博士生导师。曾任山东大学历史系考古教研室主任和东方考古研究中心主任；为教育部"马克思主义理论研究和建设工程"——《考古学概论》首席专家、国家社科基金学科评审组专家、全国文博专业学位研究生教育指导委员会委员、《东方考古》主编；兼任中国考古学会理事、中国殷商文化学会理事、山东省考古学会副理事长等，在北京大学中国考古学研究中心、中国社会科学院古代文明研究中心、郑州大学、台南艺术大学、日本国学院大学等多所大学和科研机构任兼职教授或客座研究员。

1982年毕业于山东大学历史系考古专业，同年留校任教。1987年获历史学硕士学位，2000年获历史学博士学位。先后为本科生和研究生开设过旧石器时代考古、新石器时代考古、考古学理论与方法、考古学通论、考古学导论、田野考古学、东夷考古、文化人类学、中国文明起源研究等课程。1990和2013年，两次评为山东大学优秀教师，1990年被评为山东省优秀教师，2003年被评为山东大学首届十大教学名师，2013年获宝钢优秀教师奖。

先后主持了泗水尹家城、邹平丁公、日照两城镇、开县余家坝等遗址较大规模的发掘工作。主持编写的《泗水尹家城》（合著），获国家教委首届人文社科优秀研究成果二等奖。主持发掘的邹平丁公龙山文化城址被评为1991年全国十大考古新发现之一，主持的日照两城镇遗址发掘获国家文物局田野考古质量奖三等奖。20世纪末以来开展的以两城镇遗址为中心的鲁东南地区中美合作考古工作，着力探索了聚落考古和多学科合作研究的理论与方法，在学界产生较大影响。

出版著作8部（包括合著），发表学术论文近200篇，内容涉及到以年代和分期为中心的考古学基础研究、史前区域文化之间的互动、聚落考古的理论和方法、史前社会复杂化进程、生业经济和玉石器、陶器研究等。

王芬：感谢栾老师在忙碌中接受采访，我们还是按照常规的访谈模式，谈谈您是怎么开始学习考古的呢？

栾丰实：我们这一代人的命运具有很大的共性，"文化大革命"的特殊历史，给我们留下了太深的印记。在那个讲究出身的年代里，个人努力在你的成长道路上是很难起到决定作用的。因为我的家庭社会关系比较复杂，主要是外祖父那边是地主家庭，尤其是一个在海军服役的舅舅1949年还去了台湾。因为这个原因，在那个年代里，要实现什么个人理想，几乎是不可能的。你想，从十几岁到二十多岁，是人生中最好的时光，求知欲很强，并从心底对未来怀着美好的希望和憧憬。但对于我来说，一切好像已经有了结果。像参军、上学、招工、入党、提干等机会，都在我的面前出现过，结果是一样的。1973年等来一个很好的推荐上大学的机会，按我的实际表现，在公社里被推荐为第一名（共13名），在全县240名推荐生的文化课考试中，成绩排在前20名，后来因为张铁生的"白卷"事件，最后依然没有被录取，原因还是我的社会关系比较复杂。当时沮丧极了，甚至使我彻底失望。总而言之，在我还比较年轻的时候，就感受到了来自政治方面的强大压力。

从1966年学校全面停课到1978年，我一直待在农村，从生产队的记分员和普通的农活干起，先后当过小车队长、生产队会计、大队会计、大队团支部书记、生产队长等，曾被评为公社学大寨标兵和优秀团支部书记等，作为劳模代表出席过县群英会。后来，到当地的联办中学教书，主要教初中数学。

我的高考之路也是一波三折。1977年恢复高考，使我已经沉寂的"思想"死灰复燃。百般努力，最后还是因为超龄未能报上名参加考试。1978年，政策放宽，尽管这时已经结婚，有了家室，但还是毫不犹豫地报名参加了考试。其实当时也没有抱多大希望，就是想通过考试来释放一下多年被压抑的情绪。为什么这么说呢，我们这一代人受的中等教育很不正规，我自己实际上只读到初中二年级，1966年本该上初三，结果由于"文化大革命"，学校全面停课。后来虽然自己坚持读了一些书，但很不系统。而且，从报名到考试只有一个月，我也只是利用业余时间复习了一下要考试的课程。但最后的考试成绩却比较好，出乎家庭和学校里所有同事的意料。

在选择报考学校和专业的时候，最高的学校只填报了山东大学，原因是山东大学在山东招生较多，可能容易被录取。在专业的选择上，第一志愿就填报了考古专业。那时的想法非常简单，就是想离政治远一些，因为文科没有太多专业，学中文，将来就是写材料，肯定离不开政治；学历史，因为刚刚经历了评法批儒、批林批孔等运动，已经被搞得晕头转向，尽管我很喜欢历史，但还是不学为好；哲学、政治经济学等，在自己的认知上都属于政治类，离远一点好。所以想来想去还是觉得考古专业比较好。其实那时对考古完全不了解，只是觉得考古离现实政治比较远，是一个安静而独立的学问。就这样，在我27岁的时候，原以为自己会做一辈子中学数学老师，却奇迹般地走进了大学的校门。

王芬：机会来之不易，老师进入大学之后，学习生活自然是紧张的吧？

栾丰实：能够进入大学对于我们这一代人可以说是意外之福，所以大家都非常珍惜这个机会。抓紧时间多读书，把过去多年虚度过的青年时光弥补回来，是当时77、78级大学生的共识。那个时候，大学里的学习气氛非常浓厚，冬天的早上天还不亮，校园里的路灯下等地方，已经有很多学生在晨读和听英语广播，即使是在食堂排队打饭的间隙，多数人手里也会拿着一个记有外语单词的小卡片。这样一种自然形成的学习热情和刻苦精神在校园里蔚然成风，这种群体性的优良学风，也深深地感动了给我们上课的老师。山东大学是1972年建立的考古学专业，创立初期，在师资和办学条件等方面存在着很多困难。随着一部分老师的调入，到我们入校时，情况已经有了很大好转。除了基本的五大段考古学通论，即旧石器考古、新石器考古、商周考古、战国秦汉考古和三国至隋唐考古之外，还开设了一些专题课。但有一些课程，还是请外面的兼职老师来上，如山东省博物馆朱活先生讲古钱币，山东省文物考古研究所郑笑梅先生讲新石器时代考古，韩树鸣老师讲考古绘图，南京博物院蔡树传先生讲中国古代建筑等。

我们班共有25人，上学之前从事的工作，遍及工农兵学商，各行各业做什么的都有，可以说是整个78级的一个缩影。除此之外，这个班级还有几个特点：第一，平均年龄和年龄差都很大，入学时平均年龄超过27岁，班内最大的同学33岁，最小的只有18岁，相差15年；第二，25个人全部是男生，没有女生；第三，我们来自全国9个省市。这些不同年龄段又来自不同地区和不同行业的人凑到一起以后，思想特别活跃。班里的干部基本采用了轮流担任的方法，就连一个宿舍的8个同学，也是一人一学期轮着当组长，后来被一位教师批评为"轮流坐庄"。大家除了用功读书以外，也会有各种各样的讨论和交流。大学里有趣的事情很多，比如我们班王川平同学的文学功底非常好，诗、小说和剧本都在行，他的长诗——《雪舞》，就被《新华文摘》全文转载过；第一次人大代表选举，山东大学三名代表就有一名来自我们班。总之，那4年的大学生活，给我们留下了很多珍贵记忆。现在看，我们班的考古从业率还是比较高的，25个人约有20个人从事的是考古或者是与考古相关的行业。

王芬：考古专业的学习，最重要的应该是考古发掘实习了，老师谈谈您的考古实习吧？

栾丰实：田野考古发掘是考古学的基础，山东大学考古专业一直就非常重视学生的田野发掘训练这一环节。我们这一届学生在校期间的野外实习共有三次：第一次是在二年级上学期，名为考古见习。所谓考古见习，就是到考古工地上待7～10天左右，每人被安排到一个探方，通过实际操作，来了解基本的考古发掘方法和清理过程。这一次发掘的时间虽然很短，但能对田野发掘工作有一个概略的感性认识。第二次是考古实习，也称为生产实习，安排在三年级上学期，时间一般是两个月左右，即半个学期，我们班的考古实习在鲁西地区的茌平县南陈庄遗址。因为是第一次独立从事发掘，所以当时的安排是两三个同学合做一个探方，发掘之后还要做一些简单的资料整理工作。第三次安排在四年级上学期，称为毕业实习，进行一个学期的考古发掘实习。这里面有个故事，原来教研室想安排我们去日照两城镇遗址实习，暑假前就做了布置，开学回来之后又改到了泗水尹家城遗址，因为两城镇遗址的名气很大，许多同学为此事还挺有意见。其实，从实习的角度讲，尹家城虽然是一个小遗址，但时代拉的很长，包含了龙山、岳石、中晚商、西周、战国秦汉、唐宋等多个时代，文化堆积厚且十分复杂，对于训练和提高我们的田野发掘技能，十分难得。开始我们是两个人一个探方，一段时间之后，我又被分出来单独发掘一个探方。一个学期下来，不仅提高了自己的田野工作能力，也对田野考古有了较为深刻的理解和认识。

王芬：老师您是一开始就选择了新石器考古这个研究方向吗？

栾丰实：不能这么说，选择新石器时代考古作为自己未来的主要研究方向，有一定的偶然因素。大学期间，文物出版社出版了北京大学邹衡先生主编的《商周考古》（教材）和《夏商周考古学论文集》两本大作。那个时候考古学书籍相对比较少，邹衡先生的书出版以后，学术界评价很高，加上我本来就比较喜欢商周考古。所以，当时我的第一想法就报考北京大学的研究生，希望能够跟随邹衡先生进一步学习商周考古。为此，与商周考古有关的论著，大部分都认真的阅读过，并写下详细的摘要。后来，主要还是考虑到家庭的原因，放弃了考研的计划。

大学毕业前后，又差一点走上了旧石器考古的道路。1981年，山东沂源发现了猿人化石。1982

年春天，北京大学和山东省文物局组队对该遗址进行发掘，由于当时山东大学没有人做旧石器考古，考古教研室就考虑我毕业后是否可以留校做这方面的教学和研究工作。所以，在我大四临近毕业的时候，教研室安排我去参加沂源猿人的发掘。5月初，当我们班的同学集体去西安、洛阳、郑州、北京考察学习的时候，我一个人孤零零地扛着行李挤上长途汽车去了沂源，参加了为期一个半月的沂源猿人和附近一些旧石器洞穴遗址的发掘工作。发掘工作由北京大学吕遵谔教授主持，在谈及毕业之后选择旧石器研究方向时，吕先生建议我考北京大学旧石器方向的研究生，接受系统的专业训练。当时在北大进修的徐基老师回来后，也曾劝导过我。我当时确实心动过，但又觉得旧石器考古的难度较大，一切要从头开始学起，再加上自己年龄偏大，心里有些担心。

1982年夏，我毕业留校任教，在确定未来的研究方向时，我提出了是否可以做旧石器考古的想法。当时的考古教研室主任刘敦愿先生为我做了一番分析：旧石器考古要求的知识结构更偏重于自然科学，比如地质学、第四纪地貌学、生物学、体质人类学等，这些在一般的大学考古学专业都不太具备，山东大学更是欠缺。他认为，如果你要做旧石器考古，在很大程度上需要重新学习，并且山东大学也不具备这一方面的条件，要我先考虑一下不急于做决定。后来，刘先生明确建议我可以新石器考古为主，往前延伸可以到旧石器晚期，往后拉一拉也可以做夏商考古的研究。这样，将来研究和发展的空间、回旋的余地就比较大。我接受了刘先生的建议，就这样走上了新石器考古研究的道路。

王芬：老师早期的考古学研究是从龙山文化尹家城类型开始的，后来扩展到对整个海岱地区新石器时代文化谱系的研究吧？

栾丰实：确实如此。从龙山文化入手开始研究，这主要和当时手头上有尹家城遗址丰富的发掘资料有关。这个遗址在曲阜正东不足20千米，1973至1986年山东大学先后进行过五次发掘。遗址的面积虽然很小，但是文化堆积非常丰富，包括多个时期，其中最丰富的当属龙山文化。可以这么说，在目前经过科学发掘的一百多处龙山文化遗址中，龙山文化遗存的延续年代还没有超过尹家城遗址的。这样一个延续年代贯穿了整个龙山文化的遗址，又出土了一大批内涵丰富的实物资料，对我们研究和解决龙山文化的详细分期和年代，无疑是极其重要和珍贵的。想想真的是幸运，我一接触考古就碰上了这么一个重要的遗址。因为我先后三次参加过尹家城遗址的发掘，并且主持了最后两次较大面积的发掘，对遗址的层位关系、遗迹和遗物，都有亲身的感受和体验。这样，第五次发掘结束之后至1989年，前后近四年的时间，我的主要精力就投入到了尹家城遗址发掘资料的整理和报告的编写工作之中。1990年12月，我和于海广教授、任相宏教授合作完成的《泗水尹家城》由文物出版社出版，该报告得到严文明先生的高度评价，并先后获得山东省社科优秀成果二等奖和国家教委首届人文社科优秀成果二等奖。

你讲的龙山文化尹家城类型，是我做的硕士学位论文的题目，这篇论文就是在整理尹家城发掘资料的基础上做出来的。论文提出了龙山文化存在着五个或六个区域类型，"尹家城类型"是其中之一。这一研究的主要贡献是对龙山文化进行了比较细致的分期，探讨了这一类型的区域特点及其与大汶口文化、岳石文化的源流关系。这一分期结果出来之后，在一定程度上改变了以前学术界对龙山文化分期、年代问题认识上一些不确切的观点。比如过去有学者关于龙山文化的分期，实际他们所讲的内容主要是龙山文化的前半期；有的学者曾提出过龙山文化的姚官庄类型和青堌堆类型可能是两个文化的差别，而由我的研究结果发现，它们之间的差异主要是由于时间的早晚不同所形成的，即以姚官庄遗址为代表的龙山文化遗存年代要早一些，主要属于龙山文化的前半期，而以青堌堆遗址为代表的龙山文化遗存年代要晚一些，主要属于龙山文化的后半期。次要的原因是两者在地域上一东一西，在文化上各有一些属于自己的区域特点。由于年代一早一晚和地域一东一西，这样就造成了它们在文化面貌上存在很大差异。所以，尹家城龙山文化遗存的分期结果出来之后，使我们对龙山文化分期和年代问题的认识变得比较清楚了，从而为以后的其他研究奠定了一个坚实的基础。

1990年以前，我的主要精力集中在龙山文化的研究上，而且是由尹家城遗址的第一手资料带动起来的。尹家城遗址发掘报告和以分期、年代为中心的龙山文化基础研究完成之后，我发现，海岱地区的新石器文化，甚至包括早期青铜时代的文化发展谱系，或者说文化发展的年代框架还存在许多问题。有必要把这些内容做一个系统的梳理、分析和研究，进而建立一个可靠的考古学文化的时空框架和文化发展谱系。基于此，随后的几年，除了给本科生上课和从事野外工作的时间之外，我的研究主要集中在这一领域。首先开展的是大汶口文化的研究，随后向上追溯到北辛文化和后李文化，往后则是龙山文化的后续——岳石文化，甚至涉及到部分商代遗存。前后大约用了五六年的时间，基本完成了对海岱地区新石器时代到早期青铜时代考古学文化的发展谱系和演变过程的研究，建构起一个较为细致的年代框架。同时，采用文化因素分析的方法，对各个时期与周边地区同期文化之间的交流、影响和传播进行了深入探讨。最后，形成了一个较为完整的海岱地区新石器文化的认识体系。这些工作总体上属于考古学的基础研究，大部分成果都收录在由山东大学出版社1996年出版的《东夷考古》和1997年出版的《海岱地区考古研究》两本书里，算是对这一阶段研究工作的一个总结。

王芬：是不是就在这期间您发现了良渚文化的年代有问题？事先您想到由此引起的讨论吗？这个很重要的问题您是怎么发现的？

栾丰实：关于良渚文化的年代，这是一个在很多场合被别人问起过的话题，也是一个曾在学术界引起很大争议的问题。长期以来，学术界基本认为良渚文化（至少是其中晚期）的年代与龙山文化相当，在良渚文化发现的前20多年中，多数研究者甚至将其作为龙山文化之一部分来对待。如梁思永先生直接称其为龙山文化杭州湾区，有的称其为浙江龙山文化，等等。1959年，虽然在夏鼐先生的建议下将其从龙山文化中分离出来，单独命名为良渚文化，但对其年代的认识，则没有大的改变。直到20世纪90年代初，仍有不少学者还在探讨良渚文化和龙山文化的平行文化交流及相互影响的问题。

1987年苏北花厅墓地丰硕的发掘成果为我们重新审视良渚文化的年代提供了一个契机。1990年，我正在做大汶口文化的系统分期研究，花厅墓地1987年的新资料较为完整地公布出来（《文物》1990年第2期）。翻检这批新资料之后，在惊叹花厅墓地出土的数量可观的良渚式玉器、陶器的同时，发现两者在年代的对应关系上与传统认识之间存在着很大的错位。因为花厅墓地曾被作为大汶口文化"花厅期"或"花厅类型"的代表，在年代上介于刘林期（大汶口文化早期阶段）和景芝期（大汶口文化晚期阶段）之间，属于大汶口文化中期阶段。而过去一般认为良渚文化主要是和龙山文化同时，至多提前到大汶口文化晚期阶段。花厅墓地的这一发现，等于说相当于龙山文化时期的典型遗存出现在了大汶口文化中期阶段，这显然是无法解释的。刚发现这个问题的时候，我很是震惊，又非常激动！我当即把研究的重心暂时地转到了良渚文化，对良渚文化的发掘资料进行了系统梳理，做出了一个初步的分期并估定了其年代。经过这些工作之后，我得出了良渚文化在年代上基本不与龙山文化共时，而是同大汶口文化中晚期大体相当的结论，即其绝对年代大约距今5500～4500年前后。1991年1月，利用在福州参加全国考古工作汇报会的机会，我就这一问题当面请教过黄宣佩先生，后来又数次和他一起讨论过这一问题。会后，专程赴浙江文物考古研究所和上海博物馆及青浦博物馆、福泉山遗址观摩了良渚文化的陶器和玉器。同年6月，在合肥召开的"苏鲁豫皖考古座谈会"上，我第一次公开发表了这一看法。当时就这个问题写的一篇论文——《良渚文化的分期与年代》，历经一年辗转刊载于《中原文物》1992年第3期。后来，随着时间的推移，转而相信良渚文化新年代看法的人逐渐多了起来。

最初几年，江浙地区的多数学者并不赞同或不完全赞同这一新的良渚文化年代观，但他们的观点也在讨论中发生变化，双方之间开始出现共同认识。如对良渚文化有深入研究的黄宣佩先生，关于良渚文化年代的认识就在逐渐变化。至迟到1996年良渚文化发现60周年之际，他已经明确提出："良渚的年代与大汶口文化的中晚期大体相当"，"良渚的晚期年代应早于山东龙山，过去以为良渚晚期年代与龙山早期相当的见解，应予修改"。

2000年，在良渚文化中心区的上海广富林遗址，发现了具有浓厚的龙山文化因素的堆积叠压在良渚文化层之上的层位证据，为良渚文化年代问题的研究注入了新的刺激。从而使我们当年关于良渚文化和马桥文化之间有一个较大的缺环（即缺少一个相当于龙山文化的时期）的意见，至少是得到了部分的证实。随后浙江嘉兴钱山漾遗址相当于龙山文化前期阶段遗存的发现，进一步或者最终解决了良渚文化的年代问题。在良渚文化研究开始由基础性研究逐渐向社会考古研究转变的时候，统一对良渚文化所处年代这样最基本问题的认识，其意义是显而易见的。

根据中华文明探源工程以来新的测年研究，现在一般把良渚文化的绝对年代定在距今5300～4300年前后。我们知道，文明探源中的大量系列碳-14测年数据显示，各区域龙山文化的绝对年代普遍向后拉晚了200～300年。所以，这一年代与前述良渚文化在距今5500～4500年的估计是基本吻合的。特别是随着钱山漾和广富林文化的辨识和确立，良渚文化的年代问题已经得到解决。

王芬：刚才老师提到1991年的"苏鲁豫皖考古座谈会"，是不是在这个会上您对苏鲁豫皖交界区域的文化性质也提出了新的看法？

栾丰实：可以这样说，苏鲁豫皖特别是鲁西南、豫东和皖西北地区，处于南北分界的淮河中游地带，西南和东南又与长江流域的江汉、环太湖两个文化区相距不远。这种地理位置的特点，反映在考古学文化的文化面貌上，就呈现出比较复杂的状态。关于这一区域新石器文化的文化性质，我们应该动态地加以考察。从双墩到武庄时期，文化因素的主体呈现出当地特色。到富庄下层和栾台一期阶段，大汶口文化进入并逐渐占领鲁豫皖地区，在文化内涵上取代了当地的土著文化，成为大汶口文化的一个地方类型，对此学术界历来没有异议。此后，该地区进入龙山文化阶段，即所谓王油坊类型（或称为造律台类型）。关于这一阶段文化性质的争议最多，这种文化交汇地带的文化遗存，确定其文化性质及其成因，曾被苏秉琦先生称为当前学术上的前沿问题（1987年烟台和长岛考古座谈会讲话）。多数人认为王油坊类型应归属于中原文化系统，或者认为可以单独成为一区。经过系统地梳理和分析之后，我认为王油坊类型主要属于龙山文化后期阶段，其文化因素与海岱龙山文化接近的成分更多一些，并继承了当地的大汶口文化，最终又发展为岳石文化。尽管在其发展过程中受到较多来自中原地区的文化影响，而且这种影响一定时段内有增强的趋势，但就文化要素的主体而言，文化性质并没有发生质的变化，可以归为海岱龙山文化。在岳石文化时期，这一区域的文化虽然有一定的自身特色，但主体因素与鲁中南地区的岳石文化相近，与二里头文化迥异。从文化的分布区域和范围来看，岳石文化并不是像一些学者所认为的那样衰弱，其对分布区以外的影响，向南越过了淮河，部分地区甚至越过长江，向西到达豫西，东北方向则跨越渤海到达辽东半岛甚至更北的位置。

王芬：说到这个地区，很多人注意到，您比较早地从考古学上提出了豫东、鲁西南地区是商文化的起源地，能谈谈您对这个问题的研究历程吗？再细化一点就是岳石文化和先商文化的关系，您的观点有没有变化？

栾丰实：这个问题说来话长，也比较复杂。按照传统的观念，从王国维到张光直先生，他们从文献记载出发，都认为以豫东商丘为中心的区域是商族早期的活动地带。中国考古学产生之初，安阳小屯发掘出了晚商时期的都城和王陵。为了寻找商族的起源，史语所派人到文献记载的商人老家——豫东皖北一带做考古调查，后来发掘了造律台和其他几处遗址。也是相信豫东皖北地区是商族的发祥地。我对这个问题的认识，实际上还是源于尹家城遗址的发掘。该遗址的发掘在学术上有几个重要贡献：第一，就是在一个遗址上揭示出龙山文化的完整发展过程，以此为基础做出的详细分期，可以说基本解决了龙山文化的分期和年代问题。到目前为止，中国新石器时代考古学文化的分期，还没有一个像龙山文化做的这么细致，这与尹家城遗址提供了清晰的层位学资料和丰富的出土遗物有密切关系。第二，就是最终确立了岳石文化，并从层位上卡住了岳石文化的相对年代。其实岳石文化遗存很早就出现在考古学家的手下，1930、1931年中央研究院历史语言研究所考古组发掘的城子崖遗址，1933年日本学者在辽东半岛发掘的双砣子遗址，1958年南京博物院发掘的徐州高皇庙遗址，1959年南京博物院发掘的赣榆下庙墩遗址，1960年中国科学院考古研究所山东队发掘的平度东岳石遗址等，都存在着较为丰富的岳石文化遗存。限于当时的认识，没有能够将其从龙山文化中分辨出来，只是笼统地归入龙山文化之中。尹家城遗址的岳石文化堆积非常丰富，其下面叠压着龙山文化最晚期的堆积，之上又被二里冈上层的遗存所叠压和打破，当时曾称之为"尹家城二期文化"。这样，位于龙山文化最晚期和二里冈上层之间的岳石文化，年代上就和二里头文化和二里冈下层大体相当，或者说主要和二里头文化同时。所以，尹家城遗址的发掘成果对于岳石文化的确立和岳石文化相对年代的认识等提供了确凿证据。

尹家城遗址的地理位置，与当时几个重要的岳石文化遗址如牟平照格庄、平度东岳石等相比，位置更偏西南，离鲁西南和豫东相对较近。关于商族起源的问题，邹衡先生提出了豫北冀南的太行山东麓说。他认为商族从冀中南起源，后来到郑州，经历了三个阶段，即"漳河型""辉卫型"和"南关外型"，最后演变为二里冈下层文化，我上学期间就很熟悉邹先生这一观点。明确了岳石文化的文化内涵和基本特征，特别是熟悉了岳石文化的陶器特征之后，再来看郑州南关外下层出土的陶器，就发现其中有大量与岳石文化相似的因素，如大量的红褐陶，器物形态也十分接近。而且邹衡先生和在郑州从事多年考古发掘和研究工作的安金槐先生都认为其不是本地文化，是从外面突然插进来的，那么应该怎么解释这种现象呢？既然早于二里冈下层的南关外下层陶器与东方的岳石文化非常相似，文献上又有商族起源于东方的记载，是否可以理解为夷人通过征伐夏王朝从东方来到了中原地区。对中原地区来讲，商文化是外来文化，是征服者的文化，不是当地自然延续下来的文化。而且在考古学文化上，南关外下层遗存的年代刚好处在略早于早商，和岳石文化晚期的年代相当。再往后看，即使到了二里冈下层文化中，岳石文化的因素仍然很浓厚，这种现象一直延续到二里冈上层，到殷墟阶段以后才慢慢消失。可以说，郑州到安阳各个阶段中的岳石文化因素，是随着年代的推移而逐渐减少和消失的。据此，我认为南关外下层和岳石文化的关系十分密切，应该和文献记载的商族起源于东方有关联。基于这样一种认识，我写了《试论岳石文化与郑州地区早期商文化的关系——兼论商族起源问题》一文，提出鲁西南豫东地区的岳石文化可能就是先商文化。退一步说，至少也是商族灭夏过程中的一个重要同盟。

这个观点公布之后好像也没有引起多少人的注意。1997年，张光直和张长寿两位先生的《河南省商丘地区殷商文明调查发掘初步报告》在《考古》刊出，文中明确指出："在豫东发掘出来由山台寺可以代表的一支特殊的晚期龙山或岳石文化，它就是殷商文明的前身。"由于两位张先生的影响，许多人开始注意岳石文化和先商文化的关系。1998年在邢台召开的商文明研讨会上，曾用一个晚上就这一内容进行过热烈的讨论。我认为，夏、商、周三个族系的起源，是三代历史和考古的重要课题之一，既要积极进行研究，也要从长计议，不断地积累资料。我不赞成现在就把下七垣一类遗存直接称为先商文化，同样，也不要把二里头文化或者新砦期文化、王湾三期文化直接称为夏文化和先夏文化。历史时期考古，重视文献并将文献记载与考古发现结合起来进行研究是理所当然的。但由实物资料确立的考古学文化和文献记载的历史是两个不同的话语体系，不能简单的划等号。如果不是像殷墟、周、汉及以后时期那样有确凿的文献依据的话，学界有争议，就不要用族或王朝的名称来命名。所以，我认为豫北冀南地区早于商而晚于龙山文化的遗存，还是命名一个考古学文化为好，如下七垣文化，不宜直接称为"先商文化"。作为学术问题，可以自由讨论，以后随着资料的增多，最终是会清楚的。

王芬：在尹家城遗址的工作结束之后，您的工作重心是不是就转移到了丁公遗址？

栾丰实：在尹家城遗址的田野发掘工作结束之后，我们一边整理资料，一边在寻找下一处考古实习的遗址。因为北京大学一直在胶东半岛和潍坊地区开展工作，所以这两个区域不在我们的考虑之列。当时考虑的区域主要有两个，一个是鲁东南地区，另一个鲁西北地区。1985年尹家城遗址第四次发掘时，山东大学马良民先生曾对泰沂山北侧地区的丁公遗址进行了小规模试掘，知道这是一处面积较大、保存较好、文化内涵丰富且以龙山文化、岳石文化和商代遗存为主的遗址，可以作为备选之一。1987年春天，考古教研室组织了几位老师，专门到鲁东南的临沂地区考察了临沂市、莒县、莒南、临沭、苍山、郯城、沂水等地的多处遗址，最后决定当年秋天先小规模试掘其中的两处，即莒南县的化家庙和临沂市郊区的后明坡遗址，前者以龙山文化为主，后者主要是岳石文化。而大队人马就转到了泰沂山北侧的丁公遗址。

1985～1996年，我们七次发掘丁公遗址，有四届本科生在这里进行了毕业实习。丁公遗址的发掘收获很多，如早晚两座龙山文化城址以及城外的壕沟，还发现了著名的丁公陶文。这里着重谈一下城址的发现。

经过1985、1987、1989年三次发掘之后，我们对丁公遗址的基本文化内涵有了较为清楚的了解和认识。但遗址的面积有多大、周边有没有重要的设施等还不清楚。为此，在第四次发掘开始之前的1991年6月，我们请山东省文物考古研究所的技工对遗址外围进行了勘探。勘探工作的最大收获是发现了一条环绕遗址的"淤土沟"，推测是一圈围壕。当时认为，如果这一条"淤土沟"属于龙山文化，虽与城子崖的龙山城墙相比是差了许多，但也很重要，或许有"围壕"的丁公和有城墙的城子崖代表了龙山文化时期两个不同等级的聚落。

1991年秋天发掘期间，为了解剖"淤土沟"，在遗址东部试探性地开了一条长10、宽2米的东西方向探沟，横跨"淤土沟"内侧的里外。揭开之后，发现这条"沟"的堆积以大块白色、黄色、棕色花土为主，其中间或有薄薄的细沙层及其他土层。在分析了层位关系和土层结构后，得出两点结论：一，花土堆积的形成时代不晚于龙山文化中期；二，花土堆积中虽然有不少的大块淤土，但显然不是原生的淤土，因此，无法与"淤土沟"挂钩。受周围地形地物的限制，这条探沟无法向东延伸。所以，我们又在比较开阔的遗址北部开了南北长25米第二条探沟（后来为贯通城墙和壕沟而延长至55米）。11月2日下了一天小雨，第二天上工后，趁着土层湿润，把整个探沟内的地层刮了一遍。我站在探沟的旁边，仔细端详着探沟内的堆积，南端三四米是以灰坑为主灰黑色土，北段一二米是浅褐色土，中间的约二十米是黄白相杂的花土。猛然，一个念头涌上心头：这不就是一道夯土城墙吗！我为之一震，旋即向数百米外的第一条探沟奔去。经反复比较后认定，这就是我们未曾敢想的龙山文化城墙。此后一个上午我都处于极度的兴奋之中。随后，这一看法得到了同在工地指导学生发掘的许宏和方辉的赞同。尽管在考古发掘和研究中，因为有重要发现或凿通某些研究难点自己也曾为之兴奋过，但都远远无法和当时的心情相比。后来，丁公龙山文化城址被评为1991年度中国十大考古新发现。

丁公城址的发现和后续工作，使我们对龙山文化城址分布规律的认识有了一个质的飞跃。以往尽管在黄河流域也发现了王城岗、平粮台、郝家台和边线王等龙山文化城址，但不少人还有所怀疑。在城子崖第二轮发掘确认了龙山文化城址的存在之后，在丁公遗址又通过主动发掘而发现龙山城址，使我们认识到：城址在龙山文化时期应该已普遍出现，凡是那些规模较大（面积在10万平方米左右或者以上）、所处位置居中、交通便利和文化内涵丰富的中心遗址，都有可能是一处龙山文化城址。现在我们正在进行丁公遗址考古发掘报告的编写工作，再回忆起当时的情景，虽然已经过去了20多年，但对城墙的发现以及之后对城墙、围壕进行发掘的情形依然记忆犹新。正是通过丁公等城址的发掘，使我们对龙山文化城墙的起建、扩大和修补以及壕沟的开挖、清淤等有了全面的认识和了解。

王芬：在丁公城址确认之后，您对自己的考古学研究是不是又有了新的规划和想法？

栾丰实：应该说对龙山文化城址的思考是我在20世纪90年代中期的一项重要工作。在当时的条件下，中国主要地区考古学文化的分期、年代、文化特征、源流关系等基础性问题已经基本解决。而我重点研究的海岱地区，下一步该向哪个方向发展，即研究的重点是什么，田野工作应该怎么做，成为当时思考和需要解决的问题。正当此时，在耶鲁大学任教的文德安博士来到山大，希望能和我们合作，在山东选择一个地区开展聚落考古研究，包括区域系统调查和重点遗址的发掘工作。其实文德安博士第一次来的时候，丁公龙山文化城址刚刚公布不久，她原本是想调查丁公遗址及其周边地区。为此，我还专门陪同她前往丁公遗址现场考察。考虑到丁公遗址已经做过多次发掘，资料还没有进行系统整理，将来与新的调查资料如何协调以及怎么开展进一步的田野发掘工作，心中均没有数。在这种情况下，由蔡凤书教授与文德安教授协商，最后决定在日照两城镇遗址及周边地区合作进行聚落考古研究。这是因为有以下考虑：一，两城镇是一处超大规模的龙山文化遗址，面积在百万平方米左右，并且出土过数量可观、质量上乘的玉器、蛋壳陶等高端遗物，所以一般认为是一处区域中心；二是两城镇遗址在中国考古学产生之初就进行过一定规模的发掘，资料分散于台北和南京，在中国考古学史上占有相当重要的地位；三是两城镇周边没有做过详细的调查工作，经过区域系统调查取得突破的可能性比较大。这样，1995年末，经国家文物局批准，我们和来自美国耶鲁大学人类学系的文德安博士、威斯康星大学人类学系的费曼和琳达教授以及加州大学博士生关玉琳等同行合作，在两城镇地区进行了长达二十年的聚落考古研究。现在回过头来看，和文德安教授的合作在我的个人学术研究中，在某种意义可以看作是一个转折点，即由原来把主要精力放在文化谱系等考古学基础研究方面逐渐转向古代社会的研究。

王芬：也就是说，两城镇考古在您的学术生涯中占据特殊的地位，这一切也和您这些年来对聚落考古的思考密切有关，老师谈一下这其中的心路历程吧！

栾丰实：我们和美国同行在鲁东南地区的考古调查和两城镇遗址的田野发掘工作，自始至终秉持着聚落考古的理念，采用了聚落考古的野外工作方法。说到聚落考古，有学者认为中国的聚落考古从殷墟发掘时就已经开始了。实际上，认识到聚落考古是一个行之有效的研究古代社会的考古学方法，并且自觉地在考古实践中加以运用，我认为在中国比较晚。1984年夏天，张光直先生应国家教委的邀请到中国的大学做考古学专题演讲。他先在北京大学，后到山东大学，讲了同样的题目，即后来文物出版社结集出版的《考古学专题六讲》，其中一讲就是聚落考古。我听过张光直先生的全部演讲，并参加过和张先生进行学术交流的座谈会。现在回忆起来，当时对于张先生的演讲主要有两个明显的感受：一是感觉所讲的内容很新颖，很多东西都是没有听到的，和我们学的和做的不太一样；二是感觉许多地方听不太懂，比如说聚落考古，感觉很陌生。张先生说聚落考古是通过考古材料来研究古代社会的一种方法和途径，但是对于在田野考古和研究的实践中怎么具体操作，我们并不清楚。北美的聚落考古被系统地介绍到中国，大概就是以张先生的这两次演讲为标志。此后一段时间内，虽然有赵辉先生等在石家河周边地区开展的聚落考古调查，此前北京大学较为全面地揭露了北庄大汶口文化早期聚落遗址等聚落考古的工作，但总体上说聚落考古在中国考古■■没有产生很大的后续效应，这是为什么呢？我想主要有两个原因。首先，20世纪80年代中国■■

区新石器文化的发展谱系和年代框架还没有完全建立起来，大家的主要精力都放在这一工作上。而用聚落考古方法来研究古代社会的问题还没有提到研究的日程上来，或者说还没有作为基本研究内容提出来，这可能是主要的原因。其次，可能与我们当时考古从业者和研究者的知识结构、经验、受教育背景等有很大关系。所以聚落考古在当时并没有立即全面开展起来。到了90年代中期以后，情况发生了变化。我们知道，自苏秉琦先生在70年代末80年代初提出考古学文化的"区系类型"以后，各地都在积极建构本地区的考古学文化发展序列，研究文化发展谱系。经过十几年的努力，到90年代初，至少是在新石器文化比较发达的黄河流域、长江流域和北方的燕辽地区，文化发展序列和年代框架都基本建立起来了。此后，学术界开始考虑考古学研究重心的转移问题，或者说是中国考古学研究的转型问题。历史地看，考古学研究是有它的阶段性的，一个阶段只能做一个阶段的工作，有些时候虽然会有所超前，但往往不会成为研究的主流。

　　1995年开始的日照两城镇地区的聚落考古研究，是和美国学者合作进行的，已经持续了20年。合作项目的目标明确定位在，采用聚落考古的方法和利用各种科学技术手段来研究该地区的古代社会。聚落考古方面，我们主要做了两方面工作，即对以两城镇遗址为中心的鲁东南沿海地区进行了区域系统调查，对区域中心聚落——两城镇遗址进行了为期三年的发掘。无论调查还是发掘，或者后期的检测、分析和研究，都是本着聚落考古的理念开展工作，落脚点是考古遗存所反映的人和社会。当然，我们在认识上也走过一些弯路，有一个逐渐适应和调整的过程。通过目的明确、方法可行的实践，使我们不仅在理论上明白，更重要的是知道了在实践上如何操作和具体实施。在区域系统调查和两城镇遗址的发掘中，我们采取了一系列新的做法，特别是重视自然科学技术在考古学上的应用，取得了预期的成果。应该说，两城镇地区的中外合作考古工作，对我们研究导向上的变化起到了很好的促进作用。

　　王芬：因为我自己也经历了两城镇遗址的发掘工作，虽然已经过去了16年的时间，其采用的发掘理念和发掘方法，现在看来也还算是比较前沿。

　　栾丰实：两城镇遗址前后发掘了三次，揭露面积只有数百平方米，但是可以说是在我所有工作过的遗址中花费气力最大的。发掘工作从1998年冬开始，持续到2001年冬结束，随后就是漫长的资料整理以及各个子课题研究成果的收集和整合工作。特别是在工地发掘期间，天天都是只争朝夕的感觉，早上5点多就起床，晚上整理一天的工作，商量和考虑下一步怎么办。因为前两年主要精力都放在了发掘和后续研究工作上，2000和2001年两年间我只发表了一篇论文，而且还是前几年写的，这是从来没有过的状况。

　　从发掘方法来看，在布方、最小堆积单位的界定、对全部堆积物进行筛选、系统地收集浮选和检测土样、土质土色的描述、出土物的三维坐标、绘图等方面，与传统方法相比都有较大变动。另外，文字、表格、绘图和影像的记录方法以及资料的收集也在借鉴美国常用方法的基础上，针对遗址的具体情况作了调整和规定。当时我们的很多理念和做法，和2009年国家文物局新颁布的《田野考古工作规程》有很大的重合度。我们的总思路是，在聚落考古理念指导下规划田野考古工作。单就发掘工作的准备而言，小到器物标签的内容，大到发掘思路的整体设计，都要提前考虑和确定。发掘位置选在龙山居民的居住区，许多保存较好的龙山文化地面式房址修筑得十分讲究，也就是在这次发掘中，我们开始引入活动面的概念。除了细致地清理室内活动面和做各种采样工作外，还格外强调室外活动面的确定和清理，通过室外活动面来考察和连接房子之间的空间和时间关系。发掘中思考的一些问题在《关于聚落考古学研究中的共时性问题》（《考古》2002年第5期）中已有介绍。通过活动面的连接来揭示聚落组成单位及其内部更为细致的堆积行为和过程，进而考察和复原人类行为和聚落的演变过程，我们在两城镇遗址做了比较成功的尝试。虽然发掘面积不大，房址总数也不多，但是在发掘中确定了八个阶段的居住期，每期中有一个或数个以房址为中心的聚落组成单位。结合之前的分期和年代学研究，在大约200多年的时间跨度内，通过聚落考古发掘方法中对层位关系的把握，基本上可以做到二三十年的分期尺度，这在传统的发掘中是很难实现的。

两城镇遗址的发掘，除了重视对以房址为中心的聚落组成单位的考古发掘之外，多学科合作研究也是贯穿于发掘工作前、中、后各个阶段的重要内容。在某种程度上可以说这一实践是和整个中国考古学研究的转型联系在一起的。在合作考古的过程中，我们希望能借鉴一切有益的经验和操作方法，并与中国的考古研究实际结合起来。最近十年，聚落考古越来越得到国内考古学界的认可，区域系统调查、聚落发掘和多学科合作研究各个地方都在做。当然，系统调查也好，聚落理念指导下的发掘也好，多学科合作研究也好，在中国做的时间都还不长，对于我们这样的幅员辽阔、历史悠久、文化多样性极其复杂的国度，存在这样那样的问题是很自然的事情。所以，我们应该在实践中探索和创新，探索出一条适合于中国实际并且有效的田野工作方法和研究路径。

王芬：因为两城考古的开展，山东大学也成为国内较早系统开展聚落考古工作的单位，在这个过程中是不是对山大考古专业的学科建设、人才培养等也产生了一定程度的影响？

栾丰实：这是肯定的。最近20年以来，我们一直在思考一个问题，中国考古学的转型过程中应该把握的重点问题是什么？既然考古学面临着深刻的变革，考古学的研究领域空前拓宽，其理论、方法和实践等都需要做全面的反思。全面复原古代社会无疑是考古学的基本任务。而高等院校的考古学科，除了考古学研究，还肩负着学科建设和人才培养的重任。因此，必须在学科建设和考古学教育上花费气力，以保证我们的考古事业后继有人。2002年，山东大学创建东方考古研究中心，为我们建立了一个跨越发展的平台。中心成立之初，我们就从机构设置、人才队伍建设、重点研究方向、国际化等各个方面进行了规划设计。中心按照教育部重点研究基地的模式来建设和运作，在充分调研的基础上，先期设立了植物考古、动物考古、环境考古、石器分析、陶器分析等实验室，创办了大型学术年刊——《东方考古》，定期围绕学术热点问题召开不同规模的学术研讨会。要适应中国考古学研究从传统的以年代学为中心的文化史研究，向以人、环境、资源及其互动关系为主要内容的古代社会研究的转型，就必须造就若干个课题目标明确、有不同学科人才参与、人员梯队合理的科研团队。要秉持开放的心态，保持与国外大学和科研机构的长期有效合作。"博"不仅仅是指博学，更指的是博大和宽容，我们惟有敞开胸怀，敞开面向各种不同观点、面向全世界的大门，才能兼容并包，使为学具有世界眼光和开放胸襟，真正做到"海纳百川、有容乃大"。这些年我们也一直在朝着这个方向努力。正是坚持多学科合作和国际化的理念，脚踏实地的付诸实践，现在山东大学考古实验室已经逐渐发展壮大起来，成为门类较为齐全、综合研究能力较强的大学之一，走在了全国文科实验室建设的前列。

王芬：2000年之后，您好像已经把研究的主要着力点放在了聚落形态和社会复杂化进程等问题的讨论上？

栾丰实：可以这么说。新旧世纪之交以后，我个人研究的重心是转向了古代社会，特别社会组织和社会结构的演进方面。我从1990年代中期给研究生开设了"中国文明起源研究"课程，又实地参加了鲁东南地区的聚落考古调查、发掘和研究工作，所以在这之前就开始注意这一方面的研究。围绕着这一问题，主要从宏观和微观两个方面做了一些研究工作。

从宏观方面说，我在2002年的上海会议（上海博物馆主办的"长江下游地区文明化进程学术研讨会"）、2003年的济南会议（山东大学东方考古研究中心主办的"中国东方地区古代社会复杂化进程学术研讨会"）和2004年的徐州会议（南京博物院主办的"淮河流域古代社会文明化进程学术研讨会"）等三个会议上，比较系统地表述了我对中国古代文明发展进程的看法。上海会议着重论述了中国文明起源研究的历程、涉及的时空范围和研究的途径、方法，认为聚落考古是最为实用和最有效的方法。济南会议主要讨论了中国古代社会发展进程中的四个阶段和一些重要问题，如"多元演进与一体化进程"、"国家形成的原生与次生"、"古代文明发展的连续与断裂"、"中国史前社会文明化进程的两种模式"和"史前社会组织的演进"等。徐州会议则重点探讨了中国早期社会由史前时期的多元演进到最终形成以中原为中心的一统格局，中间经历了一个特殊时期，即"夷夏东西二元对立"这样一个发展阶段。

微观层面，主要是具体探讨了海岱地区古代社会的发展进程。2000年，在严文明先生的推荐下，我参加了北京大学中国考古学研究中心成立之后的第一个重大课题——"聚落演变与早期文明"课题组，负责以黄淮下游地区为主的海岱地区史前聚落演变与早期文明子课题的研究工作。从聚落演变的角度对海岱地区新石器时代社会组织和社会结构的演进进行了较为系统的分析和研究。此后，也部分地涉及到长江下游地区、中原地区、北方燕辽地区的同类内容。从而认识到中国史前时期的社会文化内涵与发展道路及模式是极其复杂的，但又有大体一致的相似阶段性。

当然，这些研究只是一个开始，也是初步的尝试，需要今后持之以恒地进行探索和研究。

王芬：近些年您在史前农业、玉器、白陶、制陶工艺等诸多领域都有所涉猎，这是基于怎样的考虑呢？

栾丰实：你说的这些研究与我前面所说的研究重心的转变有关。农业、手工业是新石器时代人类赖以生存和发展的支柱行业，研究一个区域的古代社会，它们是首先要面对的。全新世以来随着环境的变化，如气温和降水的变化、海岸线的变化、地貌的变化、植被的变化等，这些变化对一个地区人类的生存和发展必定会有直接或间接的影响。生业经济的发展状况，特别是农业的起源和发展，对于了解和研究当时的社会极其重要。而要对各个阶段的农业发展水平有一个较为准确的认识，需要不同专业的学者做大量的细致工作，如农作物的种类和数量、农田、农业工具、加工、储存、交换、消费等，既要一项一项展开，也要做系统的整合研究。农业经济的研究与文化密切相关，过去我们传统上认为北方种粟（黍），南方种稻，现在看北方也有稻，特别是到龙山文化时期，黄河流域的一些地区甚至发现了比较多的稻作遗存；过去认为北方的稻出现较晚，是从南方传播到北方地区的，近年来在年代较早的后李文化时期和纬度较高的泰山以北地区也发现了稻，这怎么解释？手工业领域的研究也是一样，有大量的工作需要做，如陶器和玉石器等的生产、流通、消费和使用的问题。很多研究工作，需要从田野发掘开始之前就有一个好的规划，发掘过程中系统、科学地提取和采集各种样品，而不是回到室内才考虑。所以从社会考古的角度来说，需要做的研究很多，需要开创的领域也很多，可以说是广阔天地，大有作为。总之，目前的中国考古学研究，从宏观上说进步很大，讨论的问题越来越广泛，但存在的问题也很多。我们必须要有创新思维，拓展研究的广度和深度，要从深入细致的田野工作做起，在聚落考古思想指导下，开展各种资料的采样、检测、分析、单项和综合的研究，使我们能够全面、系统、立体地了解和认识不同地区古代社会的横断面和整体演变，进而总结出社会运行和发展的规律。

王芬：2002年您出版了《考古学理论·方法·技术》，这本书在学生中流传甚广，到2015年，您主编的《考古学概论》业已出版。在这十几年中，关于考古学理论和方法层面，您有些什么思考？

栾丰实：20世纪80年代后期和90年代初，受国外新考古学理论思潮的影响，国内一些青年学者曾就中国考古学的历史、现状和未来发展进行过热烈的讨论，先后举行过几个规模不等的座谈会和讨论会。如何评价中国考古学发展的历史和现状以及老一辈考古学者的工作，新考古学是否适合于中国，这些问题应该说都是可以讨论的，也有必要，但是应该结合中国考古学发展的历史和现状。

1989年2~7月，我在文物出版社进行《泗水尹家城》考古报告的编辑工作，利用间隙，到北京大学去旁听两个美国学者讲授民族学和埃及考古的专题课。当时碰到好友蒋祖棣先生，他在哈佛大学跟随张光直先生学习，当时正在准备博士论文——《玛雅文化与中国古代文化的比较研究》。我们就中国考古学的相关问题（包括当时出现的考古学思潮）进行了长时间交谈。坦率地说，这次谈话对我有很大触动，感受较深的是我们关心中国考古学，就必须思考考古学的理论和方法问题，就必须学习和借鉴国外的经验并汲取他们的教训。坦白地说，之前这一类问题我考虑的比较少。

1991年8月，在一些青年学者的倡议下，由国家文物局文物处出面组织，在山东兖州召开了一次有二十几个人参加的"考古学理论座谈会"，会议为期一周，与会者除了三位年长的前辈专家之外，余者皆为来自北京和各地的中青年学者。会上就中国考古学的历史、现状与发展趋向等问题，不同观点之间从理论上展开了激烈的交锋和辩论。现在回顾起来这段历史，当时的一些场面仍然历历在目，不由地生出许多感慨。一个学科要发展，需要不断地注入新的思想和活力，不断地充实和完善自己的理论和方法。青年学者的锐气和对事业的执着，使他们满腔热情，慷慨激昂，特别是和国外做了比较之后，对中国考古学的前途有一种迫切的危机感。虽然这股风潮并没有像美国新考古学那样明显地改变考古学的发展方向，却也使中国考古学发生了和正在发生着许多变化。

20世纪90年代中期以来，我有机会先后到日本和美国做短期访问，也因为和美国耶鲁大学等单位的合作考古研究，使自己从主观上对理论和方法产生兴趣和追求，开始思考适合于中国考古学新变化的理论、方法和技术等问题。

1997年，山东大学教务处设立了一部分教学和教材改革项目，考虑到当时国内还没有一部系统论述考古学理论和方法的参考书，就和我的同事方辉、山东省文物考古研究所的靳桂云一起，申报了《考古学理论·方法·技术》这个题目。翌年还被列为省里的项目，钱虽然不多，但其定期的检查、汇报则在不断地督促着我们。项目经过三四年的时间完成，2002年由文物出版社出版。

至于刚刚看到的《考古学概论》，情况则不太一样，它是作为教育部"马克思主义理论研究和建设工程"重点教材立项的。自2009年启动编写工作以来至2015年1月出版面世，前后历时5年多。当时我们的目标就是编写一本反映中国考古学实际的教材。近些年来，虽然国内陆续翻译出版了一些水平较高的国外考古学教材，但与中国考古学的发展实际还是存在一定距离，不能满足我国考古学一线教师和专业学生的实际需求。课题组经过反复研讨和审慎编排，《概论》的架构和基本内容综合体现了国内考古学研究的现状，适度介绍了国外考古学的进展。

与中国考古学的转型发展趋势相适应，国内考古学研究的理论、方法和技术都在发生深刻变化。《概论》重点讨论了以下内容：考古学的基本概念和发展历史；获取考古资料基本途径的田野考古；对所获考古资料的整理、分析和基础性研究；研究内容扩展和上升到环境、经济、人类社会和思想文化的社会考古研究；文化遗产的保护、利用和面向大众的公共考古。我们注意把传统认识和新的发展有机结合起来。例如，在"田野考古"中，既重视传统田野考古工作的方法，又增加了区域系统调查、发掘和记录的精细化、考古遗存现场保护、航空考古和遥感考古等新内容。在基础资料的分析和研究中，特别强调对自然遗存的收集、检测、分析和研究。另外，关于古代环境变迁、生业经济和手工业经济、古代社会和人口、思想文化等这些以往研究较为薄弱的环节，教材辟出三章，围绕人和人类社会、人类与环境、资源的互动关系等展开了充分阐述。

王芬：从您的研究历程，我们也可以约略地看到中国考古学研究的发展，那么，就目前而言，您认为中国考古学下一步的发展方向是什么？

栾丰实：要说中国考古学研究会向哪个方向发展，我觉得应该从考古学发展的历史进程来加以分析。我个人30多年来所从事的考古学研究，实际上是与中国考古学的发展变化紧密联系在一起的。

中国考古学是世界考古学的一个组成部分，所以总结世界考古学发展的历史对于认识中国考古学的发展方向有一定借鉴意义。客观地说，中国考古学产生的比较晚，并且考古学在中国本身就是一个舶来品，也就是说，中国考古学无论是理论、方法，还是技术，都来自国外，并且和世界考古学的发展密切相关。如何认识世界考古学的发展历程，尽管目前学术界有各种不同的划分意见，但就大的方面来讲，没有质的区别。就是考古学发展到比较成熟以后，大致可以分为两大阶段。

第一个阶段，有学者称为"文化史研究"，重点是对各地区文化发展序列，文化发展时空框架，文化发展谱系关系的研究。这一阶段，那些变化特征最明显、敏感性最强的物品就成为研究的主要对象，如变化快、数量多、时代和区域特征明显的陶器。可以想一想，我们现在命名的考古学文化，实际上绝大多数是靠陶器群和典型陶器组合建立起来的，反过来大家也是主要以陶器来分辨和认识考古学文化的。所以，这一阶段人们都非常重视陶器的研究。地层学、类型学是这一时期最基本的研究方法，这与研究目标是密切联系在一起的。而和分期、年代、文化属性、源流关系、区域差别、文化交流等内容关系不大的研究就得不到大家的重视。如过去有的发掘根本就不采集人骨，或者有选择地采集一部分，并且多数只是用来鉴定一下年龄和性别，别的研究进行得比较少。其他方面如植物、动物等也是一样。考古学研究面对的是哑巴材料，特别是有文字记载以前的史前时期，我们对这些材料的认识首先要知道他们的时代和属性等，所以才会出现上述情况。第一阶段的考古学研究，就是在不同地区把人们完全不知道（或知之较少）的历史，从考古学上建构出物质文化的发展演变过程，建立起古代文化发展的时空框架或序列，总结出不同时期不同文化的内涵和特点等。

有学者认为世界考古学在20世纪五六十年代开始由描述阶段走向解释阶段，即从文化史的研究发展到对古代社会的研究，这样就进入了考古学研究的第二阶段。新考古学及其之后的一系列发展变化是其代表。考古学研究的这种变化是一个必然的趋势。中国现代考古学的产生比欧美考古学要晚近百年，也晚于我们的东邻日本。而这种研究阶段的转变，大致要晚30年，或者再略长一点。如前所述，中国考古学在20世纪90年代中期进入研究的转型时期，即从文化史的研究转向对古代社会的研究。由于研究的重心和主要内容发生了变化，相应地，理论、方法、技术也要有所更新。因此从方法论层面讲，聚落考古受到考古界的重视，是因为它适应了中国考古学研究转型的要求。古代社会的主体是人，人存在于特定的社会组织之中，所以考古学必然要研究社会组织、社会结构和社会制度及其发展变化；人要依托在一定的环境中生活，需要开发和利用各种资源，所以考古学要研究生业经济、手工业经济和环境等，而相应地就出现了植物考古、动物考古、环境考古、经济考古等。像浮选法、植硅体和淀粉粒、稳定同位素等检测分析方法的发明，都属于技术上的创造发明，从而使考古学获取新的信息和资料的能力大大增强，相信以后还会有更多的新科技被应用于考古学之中，并会获取更多的新资料、新信息。这就是我们非常重视和提倡自然科学技术应用于考古学研究之中的原因所在。

我们说中国考古学比较明显的转变始于20世纪90年代中期，直至现在还处于转型中，有很多例证。如聚落考古越来越受到考古学界的重视，其理论研究和田野实践逐渐成为当今考古学研究的主要内容之一；2009年版的《田野考古工作规程》，新增加的大量内容都体现了考古学研究重心的变化。当然，与中国考古学的发展和转型相匹配的一些理论、方法和技术，许多还需要在探索和实践中不断完善。如聚落考古，到底在考古实践中如何运用？可否总结出成功的范例？区域系统调查是与聚落考古相配套的重要田野操作方法之一，在中国已经有了20多年的实践，也应该总结出在不同地区实施的规范。如果我们简洁归纳中国考古学的发展历程，可以有这样的认识：1950年代以前，属于中国考古学的创立阶段；1950~1980年代，中国考古学研究的重心是建立考古学文化的时空框架、年代序列和文化发展谱系；1990年代以后开始转型并逐渐进入一个新的时期。现在中国考古学研究的重心是古代社会，所以也可以叫做"社会考古学"，它包括的内容非常丰富。中国考古学今后的发展，应该是围绕着"社会考古学"这一主题，在传统的基础上，引入和创造出更多的新理论、新方法和新技术，从而形成有中国特色的考古学体系。

王芬：作为研究生导师，之前有一些关于您对学生要求比较严格的说法，您觉得这个说法符合实际情况吗？

栾丰实：这个问题嘛，由你们学生来回答比较合适。我从比较年轻时就做教师，到现在快一辈子了。因为一直和年轻的学生们在一起，似乎没有老之将至的感觉。前几天山大校报的记者采访我，问我如何对待学生，我说有两条基本的原则：第一条是要对学生负责任，要有责任感。家长们把孩子送到你这里，我们就应该像对待自己的孩子一样对待这些学生。如果你从内心抱着一个负责任的态度，就会从心底爱护和关心他们，不遗余力地帮助他们，会为他们的喜而喜，会为他们的忧而忧。第二条就是要严格要求，不能放任自流。大家传说我厉害也好，严格也好，可能就是基于这一条。当然在实施过程中和具体做法上，既要有基本的要求和尺度，也要根据每个人的实际情况，采取灵活教育方法。在学术上，我经常鼓励学生提出自己的看法，包括和我不同的学术观点。所以我和我们历届毕业生的关系都很好，直到现在，一些学生有什么事情还会找我商量。我带过的研究生当然更是如此了。

我是1995年获得指导研究生资格的，1999年开始招收研究生。我曾预想到退休时，指导10名博士和10名硕士。而到目前为止，已经远远超过了当初的预想。在这些学生中，有科班出身的，也有从其他专业转过来的，但对学生的总体培养情况还算满意。在我指导的硕士或博士论文中，有3篇已经在《考古学报》上正式发表，有2篇被评为山东省优秀博士论文。毕业的学生多数已经成为单位的业务骨干，有的还担负着领导职务。从一些用人单位的反馈意见来看，他们的田野水平和研究功底都还不错，这也是我倍感欣慰的。

王芬：最后，我们还是把问题留给考古专业的学生吧，您认为他们需要具备怎样的素质？对于年轻考古学者的发展请您提一些建议。

栾丰实：作为一个考古专业的学生，想要学好这个专业，将来取得较好的成绩，我想应该具备一些条件。首先是基本的素质，比如智力条件和学习能力。同学们都是经过层层考试和筛选进来的，无论国内还是国外，考古专业大都设置在少数比较好的大学里，你既然考进了这些大学，应该具备了较好的素质。此外，我想还有这样几条：一是要有兴趣。这个兴趣既可以是进来之前就有的，也可以是进来以后慢慢培养出来的，总之要有兴趣，讨厌这个学科你肯定学不好。我一上大学时就报了考古专业，但对这个专业根本就是一无所知，慢慢地投入进去，一样会产生兴趣。二是要身体健康。考古要做田野调查、发掘的工作，调查时每天要在野外走六七个小时，发掘也要天天待在探方里，需要一定的体力，所以要有一个健康的身体。第三，要能吃苦，当然，苦和不苦并没有绝对的标准，我认为它在某种意义更是一种你自己的感受，不在别人怎么看。至于专业的理论、方法以及综合能力等是需要在学习和实践中逐渐提高的，勤奋、务实、善于思考和增强思辨能力，并持之以恒地坚持，10年、20年之后总会有成绩的。对于正在学习考古或打算学习考古的同学，我想说，考古是一门有着无穷魅力的学科，考古学所面对的是未知和遥远的过去，探索未知是人类的心灵追求，而探求社会发展规律是人类的永恒目标，考古可以满足你的愿望。所以，如果你选择了考古，经过一二十年的不懈努力，你会取得预期的成绩。其实以我的体验来讲，做考古学研究的人生可以有三个阶段，或者说三个境界：第一个阶段，是对考古比较有兴趣，喜欢它，愿意为之付出；经过若干年的考古生涯之后，会达到一个热爱考古的阶段，不愿意听贬低考古的话；再升华一步，你会感觉到考古已经和你融为一体，成为你生命的一个组成部分。

考古学的这个学科，尽管说来相对比较年轻，专业性也比较强，但是，我觉得从考古学的现状和未来发展看，对知识的要求是比较宽泛的。在学习阶段，你的眼睛不要只是盯在考古上，要拓宽自己的知识面，要把涉猎的领域拓宽到人文社会科学、自然科学和部分工程科学。所以，大家读书，要分成不同的层次，涉猎和浏览的范围、阅读的范围、精读和深入研读的范围是有区别的，我提倡带着批判性思维来读书。同时，要尽快地找到或者掌握适合自己的学习和研究方法，这一点我觉得很重要。当然，你读的书多，知识面就宽，可能受到的启发就比较多。我建议我的学生空闲时读读《夏鼐日记》，夏先生几乎天天读书，读的书特别多，也杂，所以后来成为学术大家是水到渠成的。但读书和学习过程中也存在一个方法问题，关键是要适合你自己。在本科生阶段，学习的方法很重要。到了研究生阶段，学习和研究的方法要并重。如果你选择了考古，基础打得宽而且坚实，又找到或掌握了适合自己的有效学习方法和研究方法，坚持下去，前途一定是光明的。

（原载《南方文物》2016年第2期）

论著目录

壹　著作

1．《泗水尹家城》，文物出版社，1990年。（合著）

2．《东夷考古》，山东大学出版社，1996年。

3．《海岱地区考古研究》，山东大学出版社，1997年。

4．《考古学理论·方法·技术》，文物出版社，2002年。（合著）

5．《大汶口文化》，文物出版社，2004年。（合著）

6．《大汶口文化——从原始到文明》，山东文艺出版社，2004年。

7．《鲁东南沿海地区系统考古调查报告》，文物出版社，2012年。（合著）

8．《两城镇——1998~2001年发掘报告》，文物出版社，2016年。（合著）

9．《山东龙山文化研究文集》，齐鲁书社，1992年。（与蔡凤书合作主编）

10．《海岱地区早期农业和人类学研究》，科学出版社，2008年。（与日本九州大学宫本一夫合作主编）

11．《两城镇遗址研究》，文物出版社，2009年。（主编）

12．Chinese Archaeology and Palaeoenvironment Ⅰ（《中国考古与古环境（第1集）》），2009年。（与德国考古学院欧亚考古研究所王睦合作主编）

13．《考古学概论》，高等教育出版社，2015年。（主编）

14．《东方考古》第1~13集，科学出版社，2004~2016年。（主编）

贰　文章

1984年

1．《试谈对岳石文化的认识》，《山东大学文科论文集刊》1984年第2期。（合著）

1985年

1．《尹家城遗址石质工具的考古学观察》，未刊稿。

2．《泗水尹家城遗址第二、三次发掘简报》，《考古》1985年第7期。（合著）

1987年

1．《试论富河文化的社会经济形态》，《史前研究》1987年第4期。

2．《山东泗水尹家城遗址第四次发掘简报》，《考古》1987年第4期。（合著）

1989年

1．《试论山东龙山文化的社会性质》，《山东大学学报（哲学社会科学版）》1989年第4期。

2．《山东邹平县苑城早期新石器文化遗址调查》，《考古》1989年第6期。（合著）

3．《山东邹平县古文化遗址调查》，《考古》1989年第6期。（合著）

1990年

1．《龙山文化研究的历程与展望》，《管子学刊》1990年第4期。（合著）

1991年

1．《青堌堆龙山文化遗存之分析》，《中原文物》1991年第2期；后收入《海岱地区考古研究》，山东大学出版社，1997年。

2．《从镇江马迹山遗存看前期湖熟文化的年代》，《史前研究》（辑刊），1990-1991年。

3．《山东省莒南县薛家窑村快轮制陶技术调查》，《东南文化》1991年第1期。（合著）

4．《关于苏鲁豫皖考古的几个问题》，《苏鲁豫皖考古座谈会纪要》，《文物研究（第七辑）》，黄山书社，1991年。

1992年

1．《山东龙山文化的发现与研究》，《山东龙山文化研究文集》，齐鲁书社，1992年。（合著）

2．《山东龙山文化社会经济初探》，《山东龙山文化研究文集》，齐鲁书社，1992年。

3．《花厅墓地初论》，《东南文化》1992年第1期；后收入《海岱地区考古研究》，山东大学出版社，1997年；又收入《花厅——新石器时代墓地发掘报告》附录，文物出版社，2003年。

4．《龙山文化尹家城类型的分期及其源流》，《华夏考古》1992年第2期。

5．《良渚文化的分期与年代》，《中原文物》1992年第3期。

6．《龙山文化王油坊类型初论》，《考古》1992年第10期；后以《王油坊类型初论》收入《海岱地区考古研究》，山东大学出版社，1997年。

7．《山东邹平丁公遗址第二、三次发掘简报》，《考古》1992年第6期。（合著）

8．《山东省泗水县柘沟镇快轮制陶技术调查》，《考古与文物》1992年第6期。（合著）

9．《试论新石器时代石器的定名及其用途》，《纪念山东大学考古专业创建20周年文集》，山东大学出版社，1992年。

10．《山东省邹平丁公发现龙山文化城址》，《走向世界》1992年第2期。

11．《邹平丁公发现龙山文化城址》，《中国文物报》1992年1月12日第1版。

1993年

1．《专家笔谈丁公遗址出土陶文》，《考古》1993年4期。（合著）

2．《山东邹平丁公遗址第四、五次发掘简报》，《考古》1993年第4期。（合著）

3．《论岳石文化的来源》，《纪念城子崖遗址发掘60周年国际学术讨论会文集》，齐鲁书社，1993年；后收入《海岱地区考古研究》，山东大学出版社，1997年；又收入李伯谦主编《商文化论集》，文物出版社，2003年。

4．《丁公龙山文化陶文辨析》，未刊稿。（合著）

5．《邹平丁公发现龙山文化文字》，《中国文物报》1993年1月3日第3版。

6．《邹平丁公遗址发现龙山文化文字》，《走向世界》1993年第3期。

1994年

1．《论城子崖类型与后冈类型的关系》，《考古》1994年第5期；后收入《海岱地区考古研究》，山东大学出版社，1997年。

2．《丁公龙山城址和龙山文字的发现及其意义》，《文史哲》1994年第3期。

3．《试论岳石文化与郑州地区早期商文化的关系——兼论商族起源问题》，《华夏考古》1994年第4期；后收入《海岱地区考古研究》，山东大学出版社，1997年；又收入李伯谦主编《商文化论集》，文物出版社，2003年。

4．《开县三峡工程淹没区地下文物调查、试掘获丰硕成果》，《中国文物报》1994年10月30日第1版。

1995年

1．《骨、牙雕筒——大汶口文化的特殊器物之一》，《故宫文物月刊》142，1995年1月。

2．《龟甲器——大汶口文化的特殊器物之二》，《故宫文物月刊》143，1995年2月。

3．《獐牙勾形器——大汶口文化的特殊器物之三》，《故宫文物月刊》144，1995年3月。

4．《海岱龙山文化研究综论》，《东岳论丛》1995年第3期。

5．《略论海岱龙山文化的地方类型》，《济南大学学报（综合版）》1995年第3期。

1996年

1．《试论仰韶时代东方与中原的关系》，《考古》1996年第4期；后收入《海岱地区考古研究》，山东大学出版社，1997年；又收入《历史文化论集》，齐鲁书社，2000年。

2．《良渚文化的分期与分区》，《东方文明之光——良渚文化发现60周年纪念文集》，海南国际新闻出版中心，1996年。

3．《良渚文化的北渐》，《中原文物》1996年第3期。

1997年

1．《试论后李文化》，《海岱地区考古研究》，山东大学出版社，1997年。

2．《北辛文化研究》，《海岱地区考古研究》，山东大学出版社，1997年；又载《考古学报》1998年第3期；后收入《历史文化论集》，齐鲁书社，2000年。

3．《大汶口文化的发现和研究》，《海岱地区考古研究》，山东大学出版社，1997年。

4．《大汶口文化的分期和类型》，《海岱地区考古研究》，山东大学出版社，1997年。

5．《论大汶口文化和崧泽、良渚文化的关系》，《中国考古学会第九次年会论文集》，文物出版社，1997年；又收入《海岱地区考古研究》，山东大学出版社，1997年。

6．《海岱地区彩陶艺术初探》，《海岱地区考古研究》，山东大学出版社，1997年；又载《刘敦愿先生纪念文集》，山东大学出版社，1998年。

7．《大汶口文化的骨牙雕筒、龟甲器和獐牙勾形器》，《海岱地区考古研究》，山东大学出版社，1997年。

8．《海岱龙山文化的发现和研究》，《海岱地区考古研究》，山东大学出版社，1997年。

9．《海岱龙山文化的分期和类型》，《海岱地区考古研究》，山东大学出版社，1997年。

10．《岳石文化的分期和类型》，《海岱地区考古研究》，山东大学出版社，1997年。

11．《辽东半岛南部地区的原始文化》，《海岱地区考古研究》，山东大学出版社，1997年。

12．《山东日照市两城地区的考古调查》，《考古》1997年第4期。（合著）

1998年

1．《山东地区龙山文化城址的发现和研究》，《人文与自然》1998年第1期。

2．Systematic, Regional Survey in SE Shandong Province, China. *Journal of Field Archaeology* 25, 1998.（合著）

3．《丁公遗址发掘记》，《山东重大考古发掘纪实》，齐鲁书社，1998年。

4．《刘敦愿传略》，《刘敦愿先生纪念文集》，山东大学出版社，1998年。（合著）

1999年

1．《关于江淮东部地区的新石器文化》，《淮河下游新石器时代的绚丽画卷——龙虬庄遗址与江淮地区古文化学术座谈会专家发言纪要》，《东南文化》1999年第3期。

2．《商时期鲁北地区的夷人遗存》，《三代文明研究（一）——1998年河北邢台中国商周文明国际学术研讨会论文集》，科学出版社，1999年。

3．《四川开县余家坝战国墓葬发掘简报》，《考古》1999年第1期。

2000年

1．《日照地区大汶口、龙山文化聚落形态之研究》，《中国考古学跨世纪的回顾与前瞻（1999年西陵国际学术研讨会文集）》，科学出版社，2000年。

2．《关于大汶口文化刻画图像文字的分布和年代》，《纪念王懿荣发现甲骨文一百周年论文集》，齐鲁书社，2000年。

3．《湖北省巴东县黎家沱遗址发掘报告》，《三峡考古之发现（二）》，湖北科学技术出版社，2000年。（合著）

4．《太昊和少昊传说的考古学研究》，《中国史研究》2000年第2期。

5．《论陆庄新石器时代遗存的文化性质和年代》，《考古》2000年第2期。

6．《大汶口文化研究》，博士学位论文，2000年答辩通过。

2002年

1．《论"夷"和"东夷"》，《中原文物》2002年第1期。

2．《海岱地区史前文化的发现和研究》，《21世纪中国考古学与世界考古学——纪念中国社会科学院考古研究所成立50周年大会暨21世纪中国考古学与世界考古学国际学术研讨会论文集》，中国社会科学出版社，2002年。

3．《关于聚落考古学研究中的共时性问题》，《考古》2002年第5期；后收入《考古学读本》，北京大学出版社，2006年。

4．《简论桓台史家岳石文化木构遗迹》，《齐鲁文博——山东省首届文物科学报告月文集》，齐鲁书社，2002年。

5．《山东日照地区系统区域调查的新收获》，《考古》2002年第5期。（合著）

6．Regional survey and the development of complex societies in SE Shandong, China. *Antiquity* 76 (293), 2002.（合著）

7．《三峡地区又发现一大规模巴人墓地》，《中国文物报》2002年4月12日第1版。

8．《启动龙山文化城址考古新认识——邹平丁公龙山文化城址》，《中国十年百大考古新发现》，文物出版社，2002年。

2003年

1．《再论良渚文化的年代》，《故宫学术季刊》第20卷第4期（2003年）；又载于《浙江学刊》2003年增刊《良渚文化论集》。

2．《海岱系文化在华夏文明形成过程中的作用——从海岱、中原两大文化区系的相互关系谈起》，《华夏文明的形成与发展——河南省文物考古研究所建所五十周年庆祝会暨华夏文明的形成与发展学术研讨会论文集》，大象出版社，2003年。

3．《大汶口文化的社会发展进程研究》，《古代文明（第2卷）》，文物出版社，2003年。

4．《中美合作两城考古及其意义》，《文史哲》2003年第2期。

5．《大辛庄商代遗址及其综合研究的意义》，《文史哲》2003年第4期。

6．《试论马陵山地区的细石器遗存及相关问题》，《中国史前考古学研究——祝贺石兴邦先生考古半世纪暨八秩华诞文集》，三秦出版社，2003年。

7．《重庆开县余家坝墓地2000年发掘简报》，《华夏考古》2003年第4期。（合著）

2004年

1．《关于中国文明起源和形成研究的几个问题》，《长江下游地区文明化进程学术研讨会论文集》，上海书画出版社，2004年。

2．《后李文化的社会组织及相关问题》，《庆祝张忠培先生七十岁论文集》，科学出版社，2004年。

3．《海岱地区古代社会的复杂化进程》，《文史哲》2004年第1期；《新华文摘》2004年第7期全文转摘。

4．《两城地区考古及其主要收获》，《山东大学学报（哲学社会科学版）》2004年第1期。

5．《海岱地区先史农业の生成、発展及び関連する问题》，《东亚と日本——交流と変容》，创刊号，日本九州大学21世纪COEプログラム（人文科学），2004年。

6．《大汶口、良渚文化的汇聚点——读〈花厅——新石器时代墓地发掘报告〉》，《文物》2004年第4期。

7．《史前聚落考古的新成果——读〈蒙城尉迟寺——皖北新石器时代聚落遗存的发掘与研究〉》，《考古》2004年第7期。

8．《中国古代社会的文明化进程和相关问题》，《东方考古（第1集）》，科学出版社，2004年。

9．《山东日照市两城镇遗址1998～2001年发掘简报》，《考古》2004年第9期。（合著）

10．《山东日照市两城镇遗址龙山文化植物遗存的初步分析》，《考古》2004年第9期。（合著）

11．《山东日照市两城镇遗址土壤样品植硅体研究》，《考古》2004年第9期。（合著）

12．《重庆市开县余家坝墓地2002年发掘简报》，《江汉考古》2004年第3期。（合著）

13．《论大汶口文化的刻画图像文字》，《桃李成蹊集——庆祝安志敏先生八十寿辰》，香港中文大学中国考古艺术研究中心，2004年。

2005年

1．《山东日照市两城镇遗址龙山文化酒遗存的化学分析——兼谈酒在史前时期的文化意义》，《考古》2005年第3期。（合著）

2．《山东日照市两城镇龙山文化陶器的初步研究》，《考古》2005年第8期。（合著）

3．《海岱地区史前时期稻作农业的产生、发展和扩散》，《文史哲》2005年第6期；《人大报刊复印资料，经济史》2006年第2期全文转载。

4．《牙璧研究》，《文物》2005年第7期。

5．《文化交汇与夷夏东西——淮河东西部地区史前文化发展的历史趋势》，《郑州大学学报（哲学社会科学版）》2005年第2期。

6．《黄河下游地区龙山文化城址的发现与早期国家的产生》，《黄河的变迁与东亚海文明——日本学习院大学国际会议论文集》，日本学习院大学，2005年。

7．《礼制的产生、发展和社会分层——以海岱地区史前贵族墓葬为例》，《日本列岛祭祀的起源——国学院大学国际学术会议论文集》，2005年。

8．《山东丹土和两城镇龙山文化遗址水稻植硅体定量研究》，《东方考古（第2集）》，科学出版社，2005年。（合著）

9．《关于连云港地区东夷文化研究的几个问题》，2005年12月在连云港市"夏及东夷文化研讨会"上的发言。

2006年

1．《论辽西和辽东南部史前时期的积石冢》，《红山文化研究——2004年红山文化国际学术研讨会论文集》，文物出版社，2006年。

2．《二里头遗址出土玉礼器中的东方因素》，《中原地区文明化进程学术研讨会文集》，科学出版社，2006年。

3．《关于海岱地区史前城址的几个问题》，《东方考古（第3集）》，科学出版社，2006年。

4．《海岱地区史前祭祀遗存二题》，《浙江省文物考古研究所学刊（第八辑）》，科学出版社，2006年；后收入《玉根国脉（一）——2011"岫岩玉与中国玉文化学术研讨会"文集》，科学出版社，2011年。

5．《史前棺椁的产生、发展和棺椁制度的形成》，《文物》2006年第6期。

6．《海岱地区史前考古的新进展》，《山东大学学报（哲学社会科学版）》2006年第5期。

7．《海岱龙山文化黑陶碳素的稳定同位素比分析》，《东方考古（第3集）》，科学出版社，2006年；后收入《海岱地区早期农业和人类学研究》，科学出版社，2008年。（合著）

8．《海岱地区龙山时代稻作农业研究的进展与问题》，《农业考古》2006年第1期。（合著）

9．《山东日照两城镇龙山文化（4600～4000 a B. P.）遗址出土木材的古气候意义》，《第四纪研究》，2006年，第26卷4期。（合著）

10．《海岱文化和文明的起源和发展》，《联合日报·史苑》2006年6月3日第3版。

11．《海岱地区史前农业的产生、发展及相关问题》，《二十一世纪的中国考古学——庆祝佟柱臣先生八十五华诞学术文集》，文物出版社，2006年。

12．《二里头遗址中的东方文化因素》，《华夏考古》2006年第3期。

13．《试论山东半岛和朝鲜半岛中南部新石器及早期青铜时代文化的关系》，2005年7～8月赴韩国担任访问学者期间的研究报告。

2007年

1．《连璧试析》，《中国玉文化玉学论丛（四编上）》，紫禁城出版社，2007年；后收入《玉根国脉（一）——2011"岫岩玉与中国玉文化学术研讨会"文集》，科学出版社，2011年。

2．《山东栖霞县杨家圈遗址稻作遗存的调查和初步研究》，《考古》2007年第12期；后收入《海岱地区早期农业和人类学研究》，科学出版社，2008年。（合著）

3．Some Issues in the Training and Practice of Archaeology. In: Ucko P., L.Qin and J. Hubert (ed.), *From Concepts of the Past to Practical Strategies: The Teaching of Archaeological Field Techniques.* London: saffron books, Eastern Art Publishing, 2007.

2008年

1．《简论海岱地区旧石器和新石器文化的衔接》，《考古学研究（七）——庆祝吕遵谔先生八十寿辰暨从事考古教学与研究五十五年论文集》，科学出版社，2008年。

2．《海岱地区早期农业的几个问题》，《庆祝何炳棣先生九十华诞论文集》，三秦出版社，2008年。

3．《探索发掘方法，拓展研究领域——中美合作两城镇考古的收获和意义》，《山东大学报》2008年10月15日D版，总1729期。

4．《利用C，N稳定同位素分析法鉴别家猪与野猪的初步尝试》，《中国科学（D辑：地球科学）》，2008年第38卷第6期；同文刊于 *Journal Archaeological Science* 35 (2008) 2960-2965.（合著）

5．《山东日照市两城镇遗址龙山文化先民食谱的稳定同位素分析》，《考古》2008年第8期。（合著）

6．《以胶东半岛为中心的石器群》，《海岱地区早期农业和人类学研究》，科学出版社，2008年。（合著）

7．《丁公遗址出土的龙山文化人骨——头盖骨》，《海岱地区早期农业和人类学研究》，科学出版社，2008年。（合著）

8．《丁公遗址出土的龙山文化时期人体的四肢骨》，《海岱地区早期农业和人类学研究》，科学出版社，2008年。（合著）

9．《鲁东南沿海地区聚落形态变迁与社会复杂化进程研究》，《东方考古（第4集）》，科学出版社，2008年。（合著）

2009年

1．《两城镇遗址研究·前言》，《两城镇遗址研究》，文物出版社，2009年。

2．The chronology and basic developmental sequence of archaeological cultures in the Haidai Region. In: Wagner M., F.S. Luan, P. Tarasov (ed.), *Chinese Archaeology and Palaeoenvironment I.* Mainz: Verlag Philipp von Zabern, 2009.（合著）

3．Beixin Culture - The Haidai Region in a Time of Transition. In: Wagner M., F.S. Luan, P. Tarasov (ed.), *Chinese Archaeology and Palaeoenvironment I.* Mainz: Verlag Philipp von Zabern, 2009.

4．Longshan Culture - The Golden Age of Neolithic Culture in the Haidai Region. In: Wagner M., F.S. Luan, P. Tarasov (ed.), *Chinese Archaeology and Palaeoenvironment I.* Mainz: Verlag Philipp von Zabern, 2009.

5．《中国古代陶器概论》，国家文物局2009年青州陶质彩绘文物保护培训班讲稿，后经整理刊于《陶质彩绘文物保护修复二十讲》，文物出版社，2017年。

6．《海岱地区史前聚落结构的演变》，2009年为参加日本金泽大学的学术会议而撰写，后刊于《东方考古（第13集）》，科学出版社，2016年。

2010年

1．《简论晋南地区龙山时代的玉器》，《文物》2010年第3期。

2．《海岱地区史前白陶初论》，《考古》2010年第4期。

3．《中国史前文化中的八角星图案初探》，台南《南艺学报》创刊号，2010年。

4．《试论裴李岗文化与周边地区同时期文化的关系及其发展去向》，《论裴李岗文化——纪念裴李岗文化发现30周年暨学术研讨会》，科学出版社，2010年。

5．《湖北郧县后房村唐代崖墓群的调查与发掘》，《考古》2010年第1期。（合著）

6．《湖北郧县前房遗址发掘简报》，《考古》2010年第5期。（合著）

7．《考古学——一门有着无穷魅力的学科——栾丰实教授访谈录》，王育茜、张小雷采访，《山东大学研究生学志》，总第34期，2010年。

2011年

1．《尧王城考古的主要收获及其意义》，《东方考古（第8集）》，科学出版社，2011年。

2．《中国新石器时代考古的集成之作——〈中国考古学·新石器时代卷〉评析》，《考古》2011年第7期。

3．《创建考古专业，引导学术发展——忆山东大学考古专业奠基人刘敦愿先生》，《文史哲》2011年第5期。

4．《青岛考古·序》，《青岛考古（一）》，科学出版社，2011年。

5．《五莲文物荟萃·序》，《五莲文物荟萃》，齐鲁书社，2011年。

6．《黄河中下游地区史前人口研究·序》，《黄河中下游地区史前人口研究》，科学出版社，2011年。

7．《山东即墨市北阡遗址2007年发掘简报》，《考古》2011年第11期。（合著）

8．《关于骆驼墩一类遗存的几点认识》，《东南文化》2011年第6期。

9．《日照地区汉文化研究·序》，《日照汉文化考古研究》，中国书籍出版社，2011年。

2012年

1．《试论广富林文化》，《徐苹芳先生纪念文集》，上海古籍出版社，2012年。

2．《聚落考古田野实践的思考》，《考古学研究（九）——庆祝严文明先生八十寿辰论文集》（下册），文物出版社，2012年。

3．《2010年新石器时代考古》，《中国考古学年鉴·2011》，文物出版社，2012年。

4．《试论仰韶时代中期的社会分层》，《东方考古（第9集）》（上册），科学出版社，2012年。

5．《回顾发展历程，开创辉煌未来——庆祝山东大学考古专业建立40周年》，《东方考古（第9集）》（上册），科学出版社，2012年。（合著）

6．《凌家滩与大汶口》，《玉魂国魄——中国古代玉器与传统文化学术讨论会文集（五）》，浙江古籍出版社，2012年。

7．《从宏观角度来认识广富林文化》，《松江报》2012年11月22日第6版。

8．《中国新石器时代的宗教信仰》，《祭祀礼仪与景观考古学》，日本国学院大学传统文化研究中心，2012年。（合著）

9．《即墨北阡遗址人骨稳定同位素分析：沿海先民的食物结构》，《科学通报》2012年第12期。（合著）

2013年

1．《山东济南长清月庄遗址植物遗存的初步分析》，《江汉考古》2013年第2期。（合著）

2．《胶东半岛区域视野下的北阡考古》，《东方考古（第10集）》，科学出版社，2013年。（合著）

3．The Dawenkou Culture in the Lower Yellow River and Huai River Basin Areas. In: Underhill A. P. (ed.), *A Companion to Chinese Archaeology*. New York: A John wiley&Sons, Ltd, Publication, 2013.

4．《试论牛河梁及周边地区的红山文化晚期社会》，《红山文化学术研讨会论文集》，辽宁人民出版社，2013年。

5．《山东北阡遗址出土之大汶口时期人骨》，《东方考古（第10集）》，科学出版社，2013年。（合著）

6．《山东省即墨北阡遗址出土大汶口文化人骨牙齿形态之研究》，《东方考古（第10集）》，科学出版社，2013年。（合著）

7．《山东省即墨市北阡遗址出土大汶口文化时期人骨之口腔病理研究》，《东方考古（第10集）》，科学出版社，2013年。（合著）

8．《山东即墨北阡遗址出土磨盘、磨棒类工具研究》，《东方考古（第10集）》，科学出版社，2013年。（合著）

2014年

1．《禹会村龙山文化遗存之分析》，《禹会村遗址研究——禹会村遗址与淮河流域文明研讨会论文集》，科学出版社，2014年。

2．《海岱龙山文化的陶器成型技术研究》，《澳门黑沙史前轮轴机械国际会议论文集》，澳门特别行政区民政总署文化康体部，2014年。

3．《2012年新石器时代考古》，《中国考古学年鉴·2013》，文物出版社，2014年。

4．《淮河中游地区文明探源的新进展——读〈蚌埠禹会村〉》，《考古》2014年第10期。

5．《大汶口和良渚》，《玉润东方：大汶口－龙山·良渚玉器文化展》，文物出版社，

2014年。

6．《东亚最早的牙璋——山东龙山式牙璋初论》，《玉润东方：大汶口－龙山·良渚玉器文化展》，文物出版社，2014年。（合著）

2015年

1．《海岱地区的史前聚落演变与早期文明》，《聚落演变与早期文明》，文物出版社，2015年。

2．《海岱地区史前陶器的精华——彩陶、黑陶和白陶》，《大河上下——黄河流域史前陶器展》，文物出版社，2015年。

3．《崧泽文化向北方地区的扩散》，《东南文化》2015年第1期；又载《崧泽文化学术研讨会论文集（2014）》，文物出版社，2016年。

4．《夏鼐先生与甘青地区史前考古》，《东方考古（第12集）》，科学出版社，2015年。

5．《中国文明起源研究的鸿篇力作——读〈牛河梁——红山文化遗址发掘报告（1983～2003年度）〉》，《考古》2015年第1期。

6．《刘敦愿（1918～1997）》，《20世纪中国知名科学家学术成就概览》，科学出版社，2015年。

7．Low Mitochondrial DNA Diversity in an Ancient Population from China: Insight into Social Organization at the Fujia Site. *Human Biology*.（合著）

2016年

1．《试析海岱龙山文化东、西部遗址分布的区域差异》，《海岱考古（第九辑）》，科学出版社，2016年。

2．《鲁东南沿海地区龙山文化时期的聚落结构和人口》，《"城市与文明"学术研讨会论文集》，上海古籍出版社，2016年。

3．《牛河梁红山文化积石冢的分期和年代》，《中原文物》2016年第4期。（合著）

4．《海岱地区史前绿松石研究——兼谈与二里头遗址出土绿松石的渊源关系》，未刊稿。

5．《笃实远思、践行明智——栾丰实先生访谈录》，《南方文物》2016年第2期。

6．People and plant interaction at the Houli Culture Yuezhuang site in Shandong Province, China. *The Holocene*.（合著）